任乃强◎著

任乃强全集

【第十五卷】

民族文化研究论文集

主　编　任新建
副主编　何　洁

四川人民出版社

图书在版编目（CIP）数据

民族文化研究论文集 / 任乃强著. — 成都：四川人民出版社，2021.12
（任乃强全集；第十五卷）
ISBN 978-7-220-12479-2

Ⅰ.①民… Ⅱ.①任… Ⅲ.①民族文化－中国－文集 Ⅳ.①K28-53

中国版本图书馆CIP数据核字（2022）第005616号

MINZU WENHUA YANJIU LUNWENJI
民族文化研究论文集

任乃强 著

主　　编	任新建
副主编	何　洁

总 策 划	罗桑道吉
出 版 人	黄立新
组稿统筹	喻　磊
项目执行	邹　近　章　涛
责任编辑	邓泽玲
装帧设计	戴雨虹
封面画像	蒋骊霄
责任印制	祝　健
出版发行	四川人民出版社（成都三色路238号）
网　　址	http://www.scpph.com
E-mail	scrmcbs@sina.com
新浪微博	@四川人民出版社
微信公众号	四川人民出版社
发行部业务电话	（028）86361653　86361656
防盗版举报电话	（028）86361653
照　　排	四川胜翔数码印务设计有限公司
印　　刷	成都东江印务有限公司
成品尺寸	185mm×260mm
印　　张	29.25
字　　数	522千
版　　次	2021年12月第1版
印　　次	2021年12月第1次印刷
书　　号	ISBN 978-7-220-12479-2
定　　价	2500.00元（全十五卷）

■版权所有·侵权必究

本书若出现印装质量问题，请与我社发行部联系调换
电话：（028）86361656

目　录

吐蕃开国考 …………………………………………………………… (001)
吐蕃音义考 …………………………………………………………… (005)
唐蕃甥舅和盟碑考 …………………………………………………… (010)
　　一、大唐与大蕃 ………………………………………………… (015)
　　二、唐蕃两帝名号 ……………………………………………… (015)
　　三、甥舅之义 …………………………………………………… (016)
　　四、唐蕃和盟旧事 ……………………………………………… (018)
　　五、此盟所定疆界 ……………………………………………… (020)
　　六、日月二石 …………………………………………………… (020)
文成公主下嫁考 ……………………………………………………… (022)
松赞干布年谱 ………………………………………………………… (033)
跋丁实存《驻藏大臣考》 …………………………………………… (051)
《吐蕃传》地名考释 ………………………………………………… (054)
释吐蕃 ………………………………………………………………… (110)
　　一、发，白，蕃与 Bod ………………………………………… (110)
　　二、释蕃字 ……………………………………………………… (111)
　　三、释吐字 ……………………………………………………… (112)
　　四、诸异说 ……………………………………………………… (113)
　　五、蕃人不自知其称吐蕃之原因 ……………………………… (115)
隋唐之女国 …………………………………………………………… (116)
　　一、女性中心社会之产生 ……………………………………… (116)
　　二、记载女国之书 ……………………………………………… (117)
　　三、葱岭外之女国 ……………………………………………… (118)

四、西康之东女国 …………………………………………………… (125)

　　五、结　论 …………………………………………………………… (134)

附国非吐蕃——与岑仲勉先生商榷 ………………………………………… (135)

　　一、位　置 …………………………………………………………… (135)

　　二、河　流 …………………………………………………………… (136)

　　三、国　名 …………………………………………………………… (136)

　　四、王　号 …………………………………………………………… (138)

　　五、城　栅 …………………………………………………………… (138)

　　六、物　产 …………………………………………………………… (139)

"朵甘思"考略 ……………………………………………………………… (140)

　　一、"多康"辨 ………………………………………………………… (140)

　　二、元代在朵甘思的设治 …………………………………………… (146)

从历史了解西藏 ……………………………………………………………… (154)

　　一、西藏古史 ………………………………………………………… (154)

　　二、松赞冈波时代 …………………………………………………… (155)

　　三、赤松德赞与赤热巴金 …………………………………………… (156)

　　四、"黑暗时期" ……………………………………………………… (156)

　　五、吐蕃崩裂以后 …………………………………………………… (156)

　　六、宗教革新运动 …………………………………………………… (157)

　　七、佛法与吐蕃民族 ………………………………………………… (157)

　　八、花教之黄金时代 ………………………………………………… (158)

　　九、白教之黄金时代 ………………………………………………… (158)

　　十、黄教得志于蒙古 ………………………………………………… (159)

　　十一、平定西藏因缘 ………………………………………………… (160)

　　十二、清前期之西藏政局 …………………………………………… (160)

　　十三、最大之一关键 ………………………………………………… (161)

　　十四、另一最大关键 ………………………………………………… (161)

　　十五、达赖连续早夭 ………………………………………………… (162)

　　十六、政教不分之弊 ………………………………………………… (162)

十七、西藏问题之发生 ………………………………………… (163)

十八、英俄角逐下之西藏 ……………………………………… (163)

十九、英军攻入拉萨 …………………………………………… (164)

二十、张荫棠与联豫 …………………………………………… (164)

二十一、赵尔丰经略川边 ……………………………………… (165)

二十二、达赖出奔印度 ………………………………………… (166)

二十三、藏人驱逐汉军 ………………………………………… (167)

二十四、达赖自印返藏以后 …………………………………… (167)

二十五、尹昌衡西征 …………………………………………… (168)

二十六、陈步三之乱 …………………………………………… (168)

二十七、陈遐龄与绒坝岔条约 ………………………………… (169)

二十八、恢复与鱼烂 …………………………………………… (169)

康藏与中原地区早期交往试探 …………………………………… (171)

禄东赞的姓 ………………………………………………………… (179)

喇嘛教徒之圣城 …………………………………………………… (182)

一、喇嘛教徒 …………………………………………………… (182)

二、拉萨发展小史 ……………………………………………… (183)

三、圣城之核心 ………………………………………………… (186)

四、圣城三环 …………………………………………………… (188)

五、三大柱石及其他名寺 ……………………………………… (191)

塔弓寺与其神话 …………………………………………………… (194)

德格土司世谱 ……………………………………………………… (199)

一、德格本源 …………………………………………………… (199)

二、最初二十四代 ……………………………………………… (201)

三、萨玛政权（八世）………………………………………… (202)

四、初兴期（六世）…………………………………………… (204)

五、极盛期（五世）…………………………………………… (205)

六、极盛五世增拓之土地 ……………………………………… (208)

七、衰乱期（五世）…………………………………………… (211)

八、光、宣间德格内乱实况 ………………………………………… (214)

　　九、最近二世 …………………………………………………………… (215)

　　十、夏克刀登 …………………………………………………………… (216)

　　十一、土妇转房事件 …………………………………………………… (217)

　　十二、行政区域纠纷 …………………………………………………… (218)

天全土司世系考 ……………………………………………………………… (220)

　　一、天全六番名义考 …………………………………………………… (220)

　　二、天全高土司世系 …………………………………………………… (223)

　　三、天全杨土司世系 …………………………………………………… (228)

"藏三国"的初步介绍 ……………………………………………………… (233)

　　一、何谓"藏三国" …………………………………………………… (233)

　　二、普遍流传的禁书 …………………………………………………… (234)

　　三、卷帙概略 …………………………………………………………… (235)

　　四、格萨尔确有其人 …………………………………………………… (237)

　　五、引人入胜之点 ……………………………………………………… (240)

　　六、何以叫"藏关公" ………………………………………………… (242)

关于"藏三国" ……………………………………………………………… (243)

六字真言——唵嘛呢叭咪吽 ………………………………………………… (246)

喇嘛教民之转经生活 ………………………………………………………… (249)

　　一、僧侣与教民 ………………………………………………………… (249)

　　二、转　经 ……………………………………………………………… (250)

　　三、转经种类 …………………………………………………………… (252)

　　四、转经之变体 ………………………………………………………… (253)

　　五、法轮内容 …………………………………………………………… (255)

　　六、黑教徒之转经式 …………………………………………………… (257)

　　七、结　语 ……………………………………………………………… (258)

谈藏俗的一妻多夫与一夫多妻 ……………………………………………… (259)

从康藏的婚俗与庄房制看殷周井田制 ……………………………………… (261)

康藏问题的关键 ……………………………………………………………… (264)

  一、尊重宗教 …………………………………………………………（266）
  二、学习藏语、藏文 ………………………………………………（267）
  三、移民殖边 ………………………………………………………（268）
西康蕴藏的富力与建设的途径 ………………………………………（270）
  一、世对西康富源之误解 …………………………………………（270）
  二、产业与地形之配置 ……………………………………………（271）
  三、农垦绝望与谷物之补充 ………………………………………（272）
  四、西康蕴含未露之真富源 ………………………………………（273）
  五、森林之虚伪价值与真实价值 …………………………………（274）
  六、西康矿产 ………………………………………………………（275）
  七、工业动力之新给源 ……………………………………………（276）
  八、开发西康的三大困难 …………………………………………（277）
  九、西康经济建设方案 ……………………………………………（277）
西藏的喇嘛政治 ………………………………………………………（279）
  一、喇嘛教控制的地盘 ……………………………………………（279）
  二、宗教政治之养成 ………………………………………………（280）
  三、六大教派 ………………………………………………………（282）
  四、黄教与白教的争斗 ……………………………………………（284）
  五、驻藏大臣遗失了实权 …………………………………………（286）
  六、达赖十三 ………………………………………………………（287）
  七、喇嘛政治的现况 ………………………………………………（288）
  八、现在各派概况 …………………………………………………（291）
黄河入川与俄洛界务 …………………………………………………（293）
  一、黄河上游是块什么地方 ………………………………………（293）
  二、俄洛何以隶属松潘 ……………………………………………（295）
  三、何者是可靠的地图 ……………………………………………（297）
  四、这块地究应如何处置 …………………………………………（298）
记西藏热振事变 ………………………………………………………（301）
论边腹变迁与西康前途 ………………………………………………（306）

大积石山与俄洛藏族——献与大积石探测队 (309)

一、伟大之探测队评价 (309)

二、阿尼玛靖与黄河释名 (309)

三、俄洛藏族史略 (310)

四、四省界务纠纷 (311)

五、何以称为大积石山 (312)

六、此山之发见者与探险者 (314)

四川第十六区民族之分布 (315)

一、地理因素 (315)

二、历史因素 (317)

三、民族分布情形 (318)

达布人的族源问题 (326)

一、达布人是否就是氏族？ (326)

二、达布人应否属于藏族 (330)

三、达布族别问题如何解决 (333)

四、达布、宕昌与古羌族的历史关系 (335)

五、古羌语的"化石" (338)

六、结束语 (340)

西藏的自然区划 (343)

一、喜马拉雅与闷域 (343)

二、雅鲁藏布流域 (344)

三、念靖唐纳与羌塘 (344)

四、丹达山脉与康区 (345)

五、未允当之旧时区划 (346)

六、西藏之自然区域 (346)

多康的自然区划 (349)

一、释"多康" (349)

二、多康六冈 (350)

三、六冈以外之多康地方 (351)

四、多康之自然区划 …………………………………………… (352)

西藏辖县的探索 ……………………………………………………… (354)

《西康通志》撰修纲要 ……………………………………………… (364)

西康建省委员会实施工作计划书 …………………………………… (375)
　　一、建省前亟当先决事项 ……………………………………… (375)
　　二、建省后亟当推行事项 ……………………………………… (380)

开办牧站联运以期永废乌拉（附：论牧站十便） ………………… (383)

道炉行船计划书 ……………………………………………………… (389)
　　一、河道略测 …………………………………………………… (389)
　　二、行船计划 …………………………………………………… (390)
　　三、通船利益 …………………………………………………… (391)

开凿大渡河计划书 …………………………………………………… (393)
　　一、设计理由 …………………………………………………… (393)
　　二、沿河地势 …………………………………………………… (394)
　　三、筑路工程 …………………………………………………… (394)
　　四、经费预算 …………………………………………………… (395)

开办康泸丹三县茶务计划书 ………………………………………… (396)
　　一、总　说 ……………………………………………………… (396)
　　二、计　划 ……………………………………………………… (397)

青藏高原采金刍议 …………………………………………………… (399)
　　一、总　论 ……………………………………………………… (399)
　　二、分区论述 …………………………………………………… (404)

记西康奇药——独一味 ……………………………………………… (412)

再谈西康奇药独一味 ………………………………………………… (415)
　　一、真正之发明者 ……………………………………………… (415)
　　二、名称种种 …………………………………………………… (416)
　　三、产地之限制 ………………………………………………… (417)
　　四、形态与其生活方法 ………………………………………… (418)
　　五、独一味别种——又一味 …………………………………… (420)

六、真赝良劣之鉴别 …………………………………………………… (421)

七、药性宜忌 …………………………………………………………… (422)

八、独一味标本 ………………………………………………………… (424)

我所知道的夷族土司岭光电先生 ………………………………………… (425)

悼罗哲情错 ………………………………………………………………… (428)

回忆贺老总召谈解放西藏 ………………………………………………… (445)

后　记 ……………………………………………………………………… (456)

吐蕃开国考①

(1940)

萨迦高僧沈郎绛村②所撰《西藏政教史鉴》③成书于明洪武二十一年（1388年）。是书证吐蕃王朝世系、概综纳《王诰窗柱》《大历日纪》《如意宝树》等藏史之说，称吐蕃先祖聂赤尊波为印度阿育王之裔，"初降于拉日若波山巅，见亚隆地方美胜，遂止于尊塘贡马山，为诸牧人所见，趋至其前，问所从来。王以手指天。众相谓曰：'或是自天所降之帝子，我辈宜奉为君。'遂以肩为之座，迎之以归，故号聂赤尊波（意为"肩座者"。时在佛灭度后二千余年）是为西藏最初之王。""自聂赤尊波王历二十七代，至圣普贤化身之拉脱惹蔺夏王在位，始有如来之法。"此二十七代王，习分为"天赤七，上登二，中烈六，地德八，下真三"。天赤七王"天神之身，弃世以去，如虹散空，无尸体遗留"。上登二王时，"自波斯输入本教"，有了烧炭、制胶、冶铁等业。又云："拉脱惹蔺夏王，寿一百二十岁"，四传至郎日松赞王，"此王在位时自中原传入医术与历法，征服中原与祝孤，自北方得盐，在位六十余年而崩。"④传位于松赞干布，遂扫平四部，统一西藏，建吐蕃王朝于拉萨。

藏文古史多出于僧人之手，故宗教附会与史实相混，令阅者扑朔迷离，真伪难辨。兹为刘立千先生译本校注之机，于吐蕃开国事略作考辨。

任何民族每自举极盛时代以自豪，他民族亦恒以其极盛时代之名称名之。故汉族曰"汉人"、曰"秦人"、曰"唐人"，称"华人"、"夏人"者反少。藏族以吐蕃世为最强，我国世称之为"蕃人"，或"番人"，以此故也。顾藏人并不自称其为"吐蕃"，但称其国曰"博巴"（དོད་པ་）。非惟今世自称如此，即记载吐蕃时代之史籍亦如

---

① 此文系作者为刘立千先生译《西藏政教史鉴》所作注释之一。载《康导月刊》3卷4期。
② 今译索南坚赞。——编者注
③ 又名《西藏王统记》。
④ 以上引文俱据刘立千译本。

此。西人称西藏为"底伯特"（Tibet）盖由阿拉伯语之"吐伯特"（Tubot）演变而来。阿拉伯古之大食国也，吐蕃盛时，已与大食通商、通使。则其所称国名，当较后世转译者正确。质言之，即：西藏古国名原为"吐伯特"，唐人译之为"吐蕃"，省一尾音矣。近世藏人自称为"伯巴"，则省一首音，而尾音亦微变矣。惟中间字音始终未变。唐时"蕃"字原读如"博"，与播、鄱同为谐声字，非如近世之读如"藩"，或读如"翻"也。即宋、元、明史所称之"番人""番僧"等"番"字，亦当读为"博"音，则与"白巴"音义皆合。清以来从蒙古人语，呼西藏人为"吐伯特"或"唐古忒"。又后，径呼为藏人"番"字，始废"蕃"字。名废遂无能通此义者。兹考西藏开国史，先明吐蕃之义如此。

吐蕃自松赞干布始制文字，则沈郎绛村此书所传藏地古史，概出传闻，亦如我国三皇五帝之说。时代考订概多诬罔，未足据为信史。兹以别无依据故，姑妄从其说而断之以理，考订吐蕃开国时代如下：

兹书云：自聂赤尊波至拉脱惹蔺夏王凡二十七代，"约五百年"。拉脱惹蔺夏王寿120岁，过此四世至朗日松赞时"仅一百一十年"。后文谓太子松赞干布"嗣立年十三岁"，又云：松赞干布"金阳犬年卒，年八十二"。查松赞干布生年或云丁丑，或云己丑，藏僧早已纷争无定。惟卒年为唐高宗永徽元年庚戌（金阳犬），则汉藏史籍皆同。自此逆推82年，既非丁丑，亦非己丑。比较以己丑为近似，兹姑从己丑说。自己丑顺推13年，为壬寅（阳水虎），即隋文帝开皇二年（582）、陈宣帝太建十四年，亦即朗日松赞卒年也。（此书又谓朗日松赞卒于阳金虎年〔庚寅〕，早12年，尤不合。"金"字当系"水"字之误）。自壬寅逆推110年，为宋末帝永徽初岁，即拉脱惹蔺夏王卒年也。再逆推120年，为东晋康帝建元元年，是为拉脱惹蔺夏王生年。再逆推500年，当汉景帝之世，为聂赤尊波开国之时也。此书谓聂赤尊波为印度阿育王之后裔。阿育王与秦始皇同时，其后裔于汉景时入藏，时距虽促，尚能强通。若谓朗日松赞时已经"征服中原与祝孤，自中原传入医术与历法"则不可信也。据上推算，朗日松赞在位时约与西魏及宇文周氏相终始。即当唐高祖之祖与父李虎、李晒之世。前文谓朗日松赞与唐高祖之父同时，本可强合。李虎、李晒，魏、周、隋书皆无传（《周太祖本纪》略见虎事），《唐书》本纪文亦甚略。大抵李虎从周太祖征伐，先太祖卒，为时约当朗日松赞即位之四十年前后。李晒袭唐公，为隋安州总管。安州在今四川梓潼等县境，不与吐蕃相接，应无与吐蕃往来事。且方后魏盛时，西域及羌戎诸国多来贡献。故《魏书》所记"蛮夷"诸国至繁，然西南至"夷獠"（今彝族）、宕昌、邓至、吐谷浑（皆今青海，西康地）而止，西包西域（今新疆及中亚诸部），远及天竺诸国（今印度），独不及吐蕃。《周书》亦然。《隋书》始记附国、嘉良（今昌都、甘孜等地）诸国于大业中内附。亦尚不及吐蕃。则吐蕃自唐以前境域不出雅鲁藏布江流域，未与中原交通可知。朗日松赞安能径自中原传入医术与历法乎？以中原当时情势言之，时值南北朝末期。北自河湟，南至滇蜀，皆为魏、周、隋之领域。治兵讲武，连年东伐，武事之备极盛一时。西南羌戎畏威宾服，未敢叛乱者凡百余年。彼新兴吐蕃，何得远逾羌戎诸国来相犯乎？

《隋书·西域传》云："党项羌者，三苗之后也。其中有宕昌、白狼，皆自称猕猴种"。《周书·异域传》：太祖以宕昌王"击定为南洮州刺史，要安蕃王"。"蕃"字于此为初见。"猕猴种"一语亦与藏史人种来源说相合。由是推之，凡今喜马拉雅山以北，积石山以南，大雪山以西，西康、西藏及青海南部之地，古代党项、宕昌、白狼、附国、嘉良、吐蕃、羊同诸部，原皆自称"白巴"。自称为神猴之裔。中原人不尽晓其部分，概目为"羌"。《唐书》云："吐蕃本西羌属"是也。诸羌既"姓别自为部落，不相统摄"。则聂赤尊波所属，初亦不过藏地偏西之一小部落耳。大抵西汉之世，聂赤尊波为一牧部酋长，其部落似在今雅鲁藏布江中上游。所谓天赤七王之世，皆游牧无定所，故无遗迹可考。后人妄谓其虹散入天也。牧部转徙渐东至肉列吉中兴之世，或已迁至亚隆河谷，于是始兴农业，有居宅，因农业而有水利；因需器用多而有采矿、冶炼之业；因农业兴而森林败，燃料渐被重视，又始有烧炭之制。农业既兴，人有定居，宗教由是渐萌（苯教），人死亦有坟墓矣。于时约为后汉之初，神猴衍种之说，或即出自此时之师巫。后之宗教徒，更演之为神话耳。再历"中烈六王"，"地德八王"，至拉脱惹蔺夏王时，约当我国南北朝中朝。中国与印度之佛教徒，争为经像流传事业。或有印度僧始以经咒输入，因当时西藏尚无文字，无译人，不能阐明教义。其僧或因不耐高寒，未几即死，蕃王重其物自远来，敬谨供祀，而不明其旨，是即所谓"蔺波桑瓦"①。更历五世，而至松赞干布，始有文记，而传者已不能具"蔺波桑瓦"之来历，遂谬以为天降耳。如此聂赤尊波一系相传之部落，即所谓吐蕃或土伯特也。大约因酋族优秀之故，在诸蕃部（换言之为群羌或白巴）中最占优势，顾当周、隋以前，其领域尚未越雅鲁藏布江而北。雅鲁藏布江之北为党项、宕昌、附国、嘉良、羊同、苏毗、贡波（即今之工布，民国置太

---

① "蔺波桑瓦"意为"尊严秘宝"。《西藏王统记》等书记载，拉脱惹蔺夏王有一天在屋顶上仰望，突然从空中降下《百拜补证忏悔经》、金塔、《佛说大乘庄严宝王经心要六字真言》、《枳达嘛呢法门》（心宝法门）等物，由于当时无人能识经文，故将这些东西封存于王官中，直至第五代松赞干布时才知晓这些经文，广为传播。

昭县者是也）、玻波（即今之波密）、娘波等部。但皆已模仿吐蕃，或已有吐蕃之人来此，经商寓处，或为酋长。故诸部皆冒猕猴种，而称曰"蕃"也。直至朗日松赞，始渐兼并雅鲁藏布江北岸之部落。至松赞干布始徙国于拉萨。自拉萨建都后，康地诸部亦在其统治之下，得以迅速兼并，始与唐境相接矣。

《唐书》谓吐蕃为羌属，确有因缘，而实未当。至谓"南凉秃发氏之裔"，则尤谬误不通，不足置驳也。

吐蕃音义考

（1943）

十四年前，我到西康考察，拿"吐蕃"这个名称，去问喇嘛们，竟无一人解得。我问："你们康藏，从前有个皇帝，娶了唐朝的公主，他的国名，叫做什么？"他说："叫做'播'。"又问："康藏这块地方，现在有个总名称没有？"他说："叫做'播巴'。"我问："这块地方的人，有个总称呼没有？"他说："通叫'播巴'。"我一时猜想，中原人因汉朝强盛，遂称"汉人"。这播巴必定与吐蕃有些关系。从番的字，如播、鄱、幡，多作 Bod 音。窃疑蕃字当读如"播"。回川后，以询巴县燕子才先生。他说："番字，本意为虎掌留痕，原读若婆。"于是我大胆在《西康图经》里，写了一条考释，说吐蕃之"蕃"，当读如"播"。驳斥《唐书》吐蕃出于秃发之说。那时，我尚未知藏文"播"作何字，更未知有劳费与伯希和之论文，即冯承钧先生译印的《西域南海史地考证译丛》，亦尚未出书。国内谈康藏的书籍文章，一概依照新旧《唐书》在说话。我便不揣冒昧，著出书来，及今念及，无任惭汗。但我"勇于自信"的短处，却也寸有所长，瞎扪乱撞，渐渐得些资料，增长了我的自信力。知道英文的 Bod 的确是藏文བོད的对译，亦即是汉文"蕃"字的对音。虽然见到伯希和的《汉译吐蕃名称》另有他说，也不能动摇我的信念。

"蕃"字读"播"，虽已可确定了，"吐"字又何所指，则仍茫然。我初以为：与吐谷浑的"吐"字，都是唐人加于河湟以西夷国的冠词。迨查《吐谷浑传》，始知吐谷浑只是他这部族较早一个名王的名字。他的国族，至今尚无名号可考。于是废然自返，不再向这个方向寻义。一直苦思十年，迄无解答，这也是我僻居康地过久，孤陋寡闻之过。前年遇着蓬安张逸僧，讨论及此。他说："吐蕃是大蕃的别写"，以拉萨长庆盟碑文中，称"大蕃神圣赞普"作证。又说："唐人恶称大蕃，故以同音的

---

① 本文原载《康导月刊》5卷4期。

'土'字代之。加口旁，是我国写变音字的惯例"。我听此解，拊掌半日。随即搜查证据，阐演此说。结果在《旧唐书》找得可以作证的资料了。

《旧唐书·吐蕃传》保存有些唐蕃交涉中的文书和官衔。如：大历二年，薛景仙为"和蕃使"。十四年"韦伦持节使吐蕃，统蕃俘五百人归之"。建中二年"入蕃使判官常鲁……至自蕃中"。又"景龙二年勅书云，'唐使到彼，外甥先与盟誓。蕃使到比阿舅亦亲与盟'。"三年"放先没蕃将士……报归蕃俘也"，"和蕃使殿中少监兼御史中丞崔汉衡与蕃使区类赞至。"此外，清水盟文中亦数见"蕃落""蕃国""蕃界"字样。续复有"蕃相""蕃使""入蕃会盟使""蕃中"等记载。可见清水会盟以前，唐人只称吐蕃为"蕃"，不但自书于史，且对吐蕃行使之公文，亦只用此一字。① 若像突厥、回纥、高昌，便无摘取一字为称之例。若这"蕃"字读"播"，则正与藏人说松赞干布王朝的国名曰"播巴"之说吻合。

又建中二年（781），赞普使人谓崔汉衡曰："我大蕃与唐，甥舅国耳，何得以臣礼见处"。（《旧唐书·吐蕃传》）于此足见蕃人自侵没陇右诸州后，颇染唐朝习气，自称"大蕃"，或即由陇右诸州的汉人，教使他干的。譬如近世上海租界的外国人，都要在他招牌上写上"大法国""大英国""大美国"字样一般。像英国国名，本含有个大字，还不足怪。若法、美等国，国名本无此义，偏要加上此字，自夸国格，这亦是千古同辙的事。但是，从前的皇朝，极其珍惜名器，断不轻假名分与人，所以清水会盟时代，蕃人尽管自称"大蕃"，唐朝却只称他作"蕃"。清水盟文，似已发生有争执，所以委曲求全，把"大唐"的大字，一并删去，只称"唐"、称"蕃"。这盟文未能使吐蕃满意，所以才隔两年，就议修改。修改要点，大约必有称谓问题。何以见得呢？且看贞元二年（786）"命仓部郎中兼侍御史赵聿为入吐蕃使"的记载，便可窥见了。"入蕃使"与"和蕃使"，都是十年来现成的官名，这次忽然加入一个吐字，试问有何意义？若说吐蕃是他固有的国名，从前就不该作"入蕃使"。清水盟文，亦不能弃"大唐"、"吐蕃"不用，节称一个"唐"字和"蕃"字。其后长庆盟文，亦不得擅改称之为"大蕃"了。我想必定由于此时蕃人一定要唐人称他作"大蕃"，唐人强不过他，却又不肯称他为大，因为那时大、土同音（大读如杜），故写

---

① 原注：此说不太确切，已在所写《释吐蕃》一文中修正，兹节录其文附后："吐蕃为'大蕃'之音译，余旧曾略沦之。惟判断蕃人之称'大蕃'始于乾元以后一点，今当修正。缘同年中，高宗、武后时郭正一谏用兵疏，陈子昂谏用兵凿道两疏，中宗时降金城公主诏，于休烈谏赐书文，皆曾明用'吐蕃'二字，此当视为固定性遗文。以此知蕃人称'大蕃'，唐人之译作'吐蕃'。早在高宗时已有之矣。'大'字，古原有度泰切、他盖切、唐佐切、吐卧切、徒计切等音。今沪人尚读如'杜'。唐人固读与吐字同音，非如今人之读一驾切也。"——任乃强 1987 年 6 月附记。

个吐字去欺骗他。以蕃朝不解汉文字义，只要读音可以，马虎就罢了。但是赵聿此去，并无下文。第二年，便有平凉劫盟的大惨案发生。其后唐蕃相攻，断绝聘使者三十余年。

平凉劫盟的原因，《唐书》上找不出来，但从《唐书》其他各节看，蕃人都是坦直不欺者，独叙平凉之役，说他是毫无理由，蓄意欺骗，这是不近情的。试想那时，蕃强汉弱，京畿附近，都是蕃人势力。蕃人仇汉，自有堂堂之鼓，攻城略地，却来骗劫你这六十多个文弱官吏，与四五百将士作甚？我想必因争执盟文，至于决裂。盟文争执，应不出于三点。一是疆界问题。这原是实力分布问题，应该无大争执，并且清水盟约，已经划得很清楚，未见吐蕃提议修改的痕迹。即后来的长庆盟文，亦仍是清水旧界，足见此次争端，未尝在此。次为名分问题。但自赤松德赞以来，历系甥舅相称，也是清水、长庆二盟所同的。此外便只有称谓问题了。清水之盟，不称"大蕃"，则旋即破裂。长庆之盟，改称"大蕃"，则永敦和好。可见平凉之盟争执焦点，实唯这个"大"字。

长庆初的甥舅和盟碑，共有两通，文各不同。一通是长庆元年蕃使到长安来会盟的文，全载《旧唐书》。中称"中夏见管，维唐是君。西裔一方，大蕃为主"。一通是长庆二年（822），唐使入拉萨去会盟的文，《唐书》不载，蕃人镌于大昭外方石柱上，汉文藏文分占东西二面，义皆吻合。首称"大唐文武孝德皇帝，大蕃神圣赞普，甥舅二人……"云云。乾、嘉之际，文全可读，纪藏诸书，多曾录有。

这里的"大蕃"，与建中二年（781）赞普口中的"大蕃"，和建中以前之"蕃"，贞元时之"吐蕃"，都由依据旧档，不甚雕饰的《旧唐书》保存下来。《新唐书》则将此等资料一概删削。后人利他文省事增，舍弃《旧唐书》，致此公案一千年以来，无人注意，也很可叹。

贞元朝之称"吐蕃"，原是一件无谓的行为，但在珍护名分的唐朝心里，却认为这是一件很艺术的事。上下遵用，历久不改。到宋人纂修《唐书》时，已只知其为吐蕃，莫知其本音本义了。士夫妄揣，俗人流传，遂有秃发氏后裔等说。新、旧《唐书》虽曾收录，但皆不敢置信，故加"或曰"二字，以表并不负责之意。其实蕃发同音，当读如"拨"，与"播"音近。《旧唐书》之"秃发语讹，谓之吐蕃"，《新唐书》之"蕃发声近"，皆仍依播音成义。元、明以来始将此等字读如伐、翻等音也。

伯希和在敦煌所得 10 世纪末年的汉语、吐蕃语合璧一书，可惜无缘亲见。但就冯译伯希和文云："曾见其中西藏语 Bod 的对称是特番。"自注："读若 Dǎk－pw' ad."足见此书中,具有藏文吐蕃字。且与汉文"大蕃"二字对列,表示其为一义。以"大"作 Dǎk,以"蕃"作 pw'ad 音,则当北宋初世(10世纪末年),瓜、沙、敦煌一带(今甘肃极西近新疆之部),似已把"大蕃"二音读得与唐人不同了。唯伯希和根本否认"蕃"字具有"播"、"波"之音的。所注音读,未必即是原书所具。纵使为原书所具,亦不得即谓唐代"蕃"字之音如此。因此一带地方,自唐中叶沦陷于吐蕃,唐宋复为回鹘所据,宋代又复沦于西夏。中仅唐末宋初极短时间,曾奉中华正朔。中华文物,在于此部,落寞已极。胡语夹杂,字音之流变甚易。即如腹地,每当"异族"统治一度,汉文音读,恒为之变异若干。况极边孤悬,长在"异族"控驭之下呢?大约"蕃"字与"大"字的音变,即从此部滥觞。总之,西藏文的这个"吐蕃",即是汉文的"大蕃",是无疑的了。无论汉人把"蕃"字如何读法,通译之初,只是译的"播"音,亦无可疑。

"大"字的读音,变革很大。汉以前,都读如"泰"。并且秦以前"大"、"太"可以不分。唐代读如"土",与今日江苏有人读如"杜"音相似。元明时读如"代",与今日河南有人读如"带"音相似。在伯希和这材料里,知道敦煌一带,当北宋初时,已读如"挞",与今日四川人读"大"的音相似。古今字音,既然流变不居,即至今日,亦各地不同,则唐宋人书 Dǎk、Bod 为"吐蕃",就不足怪的了。

吐蕃既占领大唐陇右诸州与天山南北之地,自号"大蕃"。大食诸国入唐商路,被其截断,自不免仰其鼻息,遵用其称号,于是 Tubot、Tubat、Tubut 一类的译字,分入中亚诸国载记,并由回教徒传入欧洲,由拉丁文衍为英、法、德文,乃成 Tibet 字。此字英、法同形而异音,足见是传形字,非传声字。中国自元以后,书作"吐蕃"、"土番"不一,而读音不变,这也正是传形不传声的例子。但中亚蒙古这带土人,他们却能把吐蕃的本音,遗传下来。所以清代初年,称西藏为"图伯特"。(天命、顺治两朝都是如此。)

至于西藏人民中,则并不普遍明白这"吐"字的意义,只知道他们原称是"播"或"播特"(因为བོད的第二字母具有"特"音),所以并不流行"大蕃"这个名词。正如法国虽对我国称"大法国",而他本国人,却只自称为 France 是一样。

因为有这些复杂的原因,所以吐蕃、图伯特、Tibet 等一类同母异貌的名词,无人能汇通了。而且一花五叶,愈闹愈分歧,又有秃发、土番、土伯特、播巴、播域等新字。清军入藏后,因"图伯特"三字,仍不合实际应用,遂复有"唐古特""西招""卫藏""西藏"等名称,踵事增华,闹得满天都是金箍棒。我撰《康藏史地大纲》,很想断用一个"蕃"字,所以开宗明义,便以 166 字做一正名工作。篇幅太吝，语焉不详，今特补成其义于此。

至于藏文"播"字，究作何义，则凡我所遇的西藏人及藏文学者，都不能确切解释。他们只知道是代表西藏这块地方的专用名词。原来吐蕃的文字，制作于开国六七百年以后，名称产生在先，文字据音拼成，自然无有包含意义之必要，譬如我国古史，有"摄提""赫胥"等名，正当以不寻意意为是。若必强寻其义，则似与其最古之宗教有关。蕃人最古奉行一种巫教，称为"本"，其音与"播"颇近。且其藏文首一字母与其音符皆同，所以疑到他们有些相互的渊源。但我的程度，是够不上考订这个的，只能引出一条绪来，请博学通儒指教。

唐蕃甥舅和盟碑考[①]

(1943)

唐穆宗长庆元年（821）九月，吐蕃遣使来请盟，许之。先是，赤松德赞后，历世赞普，沉迷佛法，厌闻兵事，至热巴金时为极。值唐宪宗亦好佛，吐蕃教相钵掣逋（即陈康白几永登。陈康为地名。白几永登之对音为钵掣逋）[②] 因佛法以媾和议，自元和四年（809）至是，已十二年，始定盟。吐蕃使者论纳罗来京师，诏宰相崔植、王播、杜元颖与尚书右仆射韩皋、御史中丞牛僧儒、吏部尚书李绛、兵部尚书肖俛、户部尚书韩于陵、礼部尚书章绶、太常卿赵宗儒、司农卿裴武、京兆尹柳公绰、右金吾将军郭纵，与吐蕃使者盟于京师西郊。大臣豫盟者，悉载名于册。吐蕃列名大臣，自论纳罗外，有宰相钵掣逋、尚绮心儿等。同时，命大理寺卿兼御史大夫刘元鼎为西蕃会盟使，兵部郎中兼御史中丞刘师老副之，尚舍奉御兼监察御史李武、京兆府奉先县丞兼监察御史李公度为判官，（此云所兼各职，皆奉使临时所加衔也），与论纳罗同赴吐蕃国都就盟，仍敕宰相以下各大臣，各于所赍盟文后自书名。（《旧唐书》作"仍敕元鼎到彼，令宰相以下，各于盟文后自书名"。夫元鼎安能令吐蕃臣僚。此明是令唐廷大臣签名于约后，再嘱元鼎邀吐蕃预盟大臣，同样签名耳。）元鼎等于长庆二年（822）四月二十四日到吐蕃赞普夏牙，地名麋谷（今云业党是也）。五月六日，与吐蕃大臣十余辈，酋长百余人，筑坛歃血为盟，钵掣逋主盟，不歃。盟毕，复以浮图重为誓。六月，元鼎归自吐蕃，蕃使论悉诺息等随来谢，唐复命左卫大将军令狐通、太仆少卿杜戴为使以答之。自是以后，唐蕃信使往还，无复战争。

此次约文，依藏史共镌有三碑：一在大唐京师，一在墨儒之唐蕃界间，一在拉

[①] 原载《康导月刊》5卷7、8期。
[②] 钵掣逋即《西藏王统记》所说的热巴金首相白几永登（又译丹吉允贝）译音之别写。《唐书》又称其为"钵阐布"（藏语"大德"之译音）。乃是据其在佛教中的尊号而称。

萨。今长安与墨儒两碑已湮灭，唯拉萨碑存，在大昭寺外。碑为四方石柱，高1丈5尺，宽约3尺，厚约2尺，凡四面，正面汉藏两体文对镌，左面镜汉文，右和背两面镌藏文。足见此次盟文，汉蕃各别。三碑所刊，共为六通。而此六通中，蕃文三通，似颇一致；汉文三通，则文质均有出入。兹录《旧唐书》所存京师盟文，与拉萨盟碑所镌汉藏两文，以见一斑。

一是，《旧唐书·吐蕃传》所载长庆元年京师盟文：

维唐承天，抚有八纮，声教所臻，靡不来廷。就业齐栗，惧其陨颠，缵武绍文，叠庆重光。克彰濬哲，罔悉洪绪，十有二叶，二百有四载。则我太祖，权明号而建不拔，铺鸿名而垂永久，类上帝以答嘉应。享皇灵以酬景福，曷有怠已。越岁在癸丑，冬十月癸酉，文武孝德皇帝诏臣植、臣播、臣元颖等，与大将军和蕃使礼部尚书纳罗论等，会盟于京师。坛于城之西郊，坎于坛北。凡读誓、刑牲、加书、复壤、陟降、周旋之礼，动无违者。盖所以偃兵息人，崇姻继好，懋建远略，规恢长利故也。原夫昊穹上临，黄祇下载，茫茫蠢蠢之类，必资官司，为厥宰臣，苟无统纪，则相灭绝。中夏见管，维唐是君；西裔一方，大蕃为主。自今而后，屏去兵革，宿忿旧恶，廓焉消除，追崇舅甥，曩昔结援。边堠撤警，戍烽韬烟，患难相恤，暴掠不作；亭障瓯脱，绝其交侵；襟带要害，谨守如故；彼无此诈，此无彼虞。呜呼！爱人为仁，保境为信，畏天为智，是神为礼，有一不至，构灾于躬。塞山重重，河水汤汤，日吉辰良，奠其两疆，西为大蕃，东实巨唐。大臣执简，播告秋方。

此文称"论纳罗"为"纳罗论"，足见"论"为官名，与今"噶伦"之伦"字同义。论纳罗来时，赍有赞普及宰相钵掣逋、尚绮心儿等所缮之蕃字盟文。《旧唐书》曾节录其要义云："唐蕃二邦，各守见管本界，彼此不得征，不得讨，不得相为寇雠，不得侵谋境土。若有所疑，或要捉生问事，便给衣粮放还。"又云："今并依从，更无添改。"① 查此要节文意，上文并未收入，亦无"今并依从，更无添改"句。所谓"依从无改"者，谓刘元鼎赍赴吐蕃之汉文盟书，系照吐蕃来文直译，更无添改也。其文自当与此文不同。《唐书》未载，而吐蕃，则并其蕃文原书合刊于大昭外石柱上，保存至今。

二是拉萨大昭外石柱所镌汉文盟约。此文今已剥蚀漫漶，不可句读。乾、嘉时

---

① 见《旧唐书·吐蕃传》。

入藏文士,多携其拓本归,诸家审字,各各不同,故《竺国纪游》《卫藏图识》《卫藏通志》《西藏记》《大清一统志》(《四川通志》与其文全同)、《西藏图考》《西藏通览》等书,所载其文,互有出入。亦有删去冗繁字句,以顺文理者。不知此系直译之文,固与中原典雅文体不合,碑以存真为贵,未宜以爱憎删改。兹故参合诸家,调其文理,冀复唐本之旧也:

大唐文武孝德皇帝,大蕃神圣赞普,甥舅二主商议,社稷如一,结立大和盟约(《卫藏通志》以"结"作"统",属之上句。误也),永无沦替,神人俱以证之(《图考》作"证知",兹依《大清一统志》)。世世代代,使其称赞,是以盟文当传之于后世也(《大清一统志》云:"是以勒石留传之于后也"。《图考》作"是以盟大节",《卫藏通志》作"是以盟文即日"。皆非)。文武孝德皇帝,与神圣赞普绮德之黎赞陛下,二圣甥舅(《大清一统志》将"德之黎赞陛下"六字删去。《通志》①则云:"大蕃神圣普绮德之黎赞陛下二圣甥舅",验以藏文,《通志》为是),睿哲鸿被,晓永久之化《图考》作"晓之今屯",《通志》作"晓今永之屯",兹依《一统志》②)享矜愍之情,(《一统志》"享"作"垂",按原意谓两君互通矜悯之情也,垂字不合)恩覆并无内外,商议协同,务念万姓安泰,所思如一(《一统志》作"施恩如一",非),成久远大治之绩。兹者(《通志》作"慈靓",《西藏记》作"兹观",《图考》作"兹靓"),同心以申邻好之义,共成厥美。今蕃汉(《通志》作"燕义",《一统志》作"汉蕃",并非)二国,所守见管封疆,洮岷之东,属大唐国界;其塞之西,尽是大蕃地土(《通志》"尽"作"方","地"作"境")。彼此不为杀敌,不举兵革,不相侵谋封疆。(《一统志》作"封境"。《图考》作"封域")或有猜阻(各书皆作"积阻",兹依《通志》),捉生(《通志》作"挺生",属上句)问事讫(《西藏志》作"设",《一统志》删此字,并非。《通志》作讫。是)给以衣粮放归,令社稷山川无扰,各敬人神。然甥舅(《一统志》作"舅甥")相好之义苦难(《通志》作"不朽",)每须通传,彼此相倚。二国(《通志》作"一任")常相往来。两路所差(《一统志》作"遣")唐差蕃使,并于将军谷交马(《通志》作"两路汉蕃臣,以将军谷交马",谬)。其洮岷之东,大唐供应。清水县之西,大蕃供应。须合甥舅亲近之礼("合"字,诸书皆作"令",余改作"合"。《通志》删去"须令"二字。又《西藏

---

① 指《卫藏通志》,以下同。
② 指《大清一统志》,以下同。

志》与《图考》"礼"作"体")使其(《西藏志》无"其"字)两界烟尘不扬,同闻颂德之名(《西藏志》作"盛德之名",非。原意谓互闻称颂之声也),须无惊恐之虑(《一统志》作"永无",《通志》作"永无惊恐之患"。兹依《西藏图考》)。行人撒备(《通志》作"情备",谬。备,谓备盗之武备也),乡土俱安,并无相扰之犯(《西藏志》作"礼无相扰之犯"。《通志》作"如始斯乐业之"。兹从《一统志》),垂恩万代,则称美之声(《西藏志》作"称美")遍于日月所照矣!蕃于蕃国受安,汉亦汉国受乐,兹合其大业耳(《通志》"合"作"舍"。《一统志》与《四川通志》则全削此句。并非)。各依此盟誓,永不移易。当三宝及诸贤,日、月、星、辰之下,共陈刑牲为盟,设此大誓约(《图考》"共"作"其"。《通览》作"且"。《一统志》与《四川通志》,则缩此二句为"刑牲设誓"四字)。如有不依此誓(《一统志》作"此言"),背约破盟者,受其祸殃也("受"字从《一统志》。《通志》则作"来"。《西藏志》与《图考》作"求")。倘倾覆,以及动阴谋者,不在破盟之限。(《一统志》与《四川通志》全删此二句。大非)蕃汉君臣,并稽首告立(《通志》作"稽古立誓"),周细为文。二君之德,万载称扬,内外蒙麻,人民咸颂矣(《通志》作"称扬之内",无"外"字)。

各书文字不同,不尽由于审字互异,实多由迂儒不识其为译品,嫌其文未雅训,而删削之。如《四川通志》与《大清一统志》,其着例也。余未得拓片,无从知其字数,特用藏文原意,以参诸家之说,拟定其文如此。他日入藏,当摩挲原石,再订正之。

三是拉萨大昭外石碑所镌藏文盟约。(按贝尔《西藏今昔》[①] 英文译本转译)

神圣灵异吐蕃君王,与中华大君皇帝,甥舅二主,协商一致,缔结两国和约。自立此大盟约后,忠实遵守,永久无变。所有神人,均证此言。并将成立此种关系之条约,郑重镌于此碑,垂于后世(原意为'代复一代'。正与汉文'世世代代'义合)。

灵异君王提德尊(Ti—de—tsen,即《卫藏通志》之绮德之黎赞)与中华文武孝德皇帝,甥舅二人,使其邦国联合,尊重蕃汉双方福利。俾内外臣民,大受其赐,使众庶长得欢乐繁昌。彼此同意,诚虔维持旧日关系,及与国幸福。蕃汉各守原管

---

① 又译《西藏史》,英人查理·贝尔(Charles Bell)著。商务印书馆曾出版过官廷璋先生译本。

疆界。界石以东，尽属大唐；界以西者，确是大蕃境土。（此文并未言及"洮岷"二字，与前文微异）

自兹以后，不得有仇视斗杀（不为杀敌），亦不应从事战争（不举兵革），侵略他邦（不得侵谋封疆）。若有嫌疑之人（或有猜阻），可加以逮捕（捉生）审问（问事），仍遣送回境（给衣粮放归）。夫此大盟约之立，所以缔二国之好，致甥舅二君之福也。为满足此福祉起见，必须遣行人往还（每须通传），传致情好（彼此相倚）。至于双方行人来往（唐差蕃使），皆循以前旧道，按诸成例，应在两国交界之将军谷（Chang-hun-yok）换马。自奇松石（Che-Shung-Shek）抵华界，此下，由中国供应。自尊宿湾（Tsen-Shu-hwan）抵蕃界，此上，由蕃国供应。

甥舅二人，既臻亲密，即当各依习俗，互相尊重，不可骤起忿怒（烟尘不扬）。即仇敌一语，亦不出诸于口（同闻颂德之名）。乃至守卫边界人士，亦不使有所惊惧，有所震恐（须无惊恐之虑）。土是土，床是床（贝尔原注云：吐蕃古谚，土不受侵，则能安寝，无所备虞也。强按：唐人译作"行人撤备，乡土俱安"者，是此二语也），则福祉可保也。福祉树立，则万代繁昌（恩垂万代），行见日月所照，颂声盈耳矣。（则称美之声，遍于日月所照矣）

此约之立，所以使蕃人享乐于蕃境，华人享乐于华境（蕃于蕃国受安，汉于汉国受乐），且使二大邦之联合，永久不变（兹合其大业耳）。三宝（佛、法、僧），诸至尊（唐译作"诸贤"，谓诸天菩萨也），日、月、星、辰等，将证凭之。郑重之言已出，牺牲已刑，盟誓已具，信约于以成立。（共陈刑牲为盟，设此大誓约）

如此信约，讵不当谨守乎？如有不遵此约，无论蕃汉，何方先犯，即为祸首；则对方无论取何种报复手段，均不认为违约。（唐译作"蕃汉背约破盟者，受其祸殃也。倘倾覆以及动阴谋者，不在破盟之限"。字面相似，而含义大殊。当俟得藏文原拓后校正之）蕃华二邦君臣，如是设誓，并将约文详载此碑。两邦大君，各盖其玺。诸臣之预此约者，亲笔书名。如此信约，双方均应遵也。

以此译文与汉文对照，可知此碑汉文，全系依照吐蕃盟文翻译。世有议其猥鄙不典者，未知此义也。

西藏古文，已与今文微异，碑复多所漫漶。兹更由英文转译，自当与唐时译本，大相径庭。然其层次与要点，称谓与风格，大体可合。所有歧出之处，究当以何者为是，应取决于藏文拓本。余今尚未能得此拓本，仓促写此，自不能使人满意。徒念株守涸辙，以待西江之水，非计。故先写为此考，以待他日增订焉耳。

此盟文中，有当考订者，并附于次：

一、大唐与大蕃

大唐，自应是当时一定称呼。顾贝尔所译藏文，中间绝无"唐"字，其译文中，仅作中国大君皇帝（The great King of China Hwang Te），与大中国（Great China）等字。所云"大中国"，当是藏文之རྒྱ་ནག་二字，而非大唐（ཆེ་ཐང་）二字明矣。可知唐代汉蕃交涉虽繁，而蕃书则只称中国为"甲拉"，未呼为唐。盖"甲拉"为周隋时其人已经习用之称呼，隋唐等国号，彼等每常误为帝王之姓名也。（参见《西藏王统记》中国古史章）唯中国对蕃行文，必曰"大唐"，未识蕃人何以未解。

"大蕃"二字，余已另有《吐蕃音义考》，在《康导》五卷四期发表。贝尔所译藏碑中之 Great Tibet，原文当是"蕃钦"（即"大蕃"之义）。盖蕃人见中国对四夷国书称大，亦自用之。唐人初未许其僭称"大蕃"只作"吐蕃"。直至此盟，始用"大蕃"二字也。

二、唐蕃两帝名号

《唐书·穆宗本纪》长庆元年（821）七月，"群臣上尊号曰'文武孝德皇帝'"。此盟文为是年九月以后所缮，故得用之。其文未记年月（往返道远，会盟无定期，故预缮之文，未记年月）。《西藏志》《卫藏图识》等书，遂因"德"字，指为德宗时事。适德宗时有"清水之盟"，遂又误此为清水盟文。皆由读史疏忽所致。德宗生前尊号为"神武孝文皇帝"。"德"为其谥。安有生前盟文，用及死谥者耶？

蕃史称其王为"赞普"，《唐书》亦屡称之，且解之曰："其俗谓强雄曰赞，丈夫曰普。故称君长曰'赞普'。"[①] 乃贝尔所译藏碑，并无赞普之音。但云"神圣灵异吐蕃君王"（The sove－reing of Tibet the Diving King of Miraeies）。此一 King 字，或自藏文"甲波"所译成。"甲波"二字，未可转为"赞普"。唯既云"丈夫曰普"，则此"普"字，当是今日藏语之"波"英文对音为 po，男子之美称也。"赞"字，就《唐书》诸蕃王名字考，其对音当是"尊"字。然则赞普为"尊波"之旧译也。蕃王名称"尊波"者甚多，而不尽云"尊波"。如贡日贡尊，孟松孟尊，赤德祖尊，

---

① 见《旧唐书·吐蕃传》。

赤松德尊，皆不云"波"。杜松孟波，则不云"尊"。敬定、定赤、蓝得马，则并"尊"与"波"无之。松赞干布则于"尊"与"波"间多一干字。或疑《唐书》称松赞干布为"弃苏农"，仅曾译一"松"字。又作"弃宗弄赞"，则仅曾截译"松赞"二字（"宗弄""苏农"，切音并为"松"），盖以"冈布"二字为"赞普"也。意为"涵宏者"。或谓赞普即"藏波"，"圣洁者"之义。皆与"强雄"之说不合。

亦唯存疑而已。

此时吐蕃赞普，为热巴金。藏史：热巴金又名赤祖德赞（赤祖德尊）。阳火犬（丙戌）年生。年十二父殁，即王位。其父定赤（赤德松赞），阴火鸡（丁酉）年卒。距丙戌恰十二年。而《唐书》亦云元和十二年（丁酉）赞普卒，蕃使来告丧，遣右卫将军乌重玘往吊祭。汉藏两史皆合。《旧唐书》不记新赞普名。《新唐书》则云"可黎可足立为赞普"。其音与热巴金及赤祖德赞皆不合。赖此盟文，知其赞普为"绮德之黎赞"。"绮德之黎赞"之对音，正好为"赤祖德赞"。以此知可"黎"可"足"，为传闻或传写之误，"可"字当是"赤"字之讹。即藏史之赤祖德赞，而诸书录此碑文者，唯《卫藏通志》所录此名独合，亦即于此知之。

三、甥舅之义

甥舅字有三义：姊妹之子曰甥，母之兄弟为舅，一也。女之婿为甥，夫之父曰舅，二也。女族为甥，妻族为舅，三也。唐蕃称甥舅者，一般谓：由金城公主生子赤松德赞，为吐蕃第二名王。于时藏境最宽，国势最盛，王初生时，为嫡后拉郎女细顿所夺，伪为己子。公主不能争。迨周岁，其父为设汤饼，召拉郎与汉人分坐两列，金杯盛酒，以付此子，命献其舅。子趋汉人，且曰，"我乃汉人之甥，拉郎非我舅也。"① 甥舅之谊，实定于此。此取第一义也。（查中宗景龙二年敕书，已有"唐使到彼，外甥先与盟誓，蕃使到此，阿舅亦亲与盟"之语。其时金城公主尚未下嫁。可知此说为不足据。）又《唐书》有弃宗弄赞贺平高丽表，对唐太宗称"忝预子婿"。则蕃王旧以甥馆自居，所援为第二义也。又《新唐书》：咸亨初，吐蕃遣仲琮入朝，高宗谓之曰："吐谷浑与大唐本甥舅国……"② 此言吐谷浑与吐蕃，皆与唐为甥舅国也。其时宏化公主嫁吐谷浑，文成公主嫁吐蕃，皆无生育。则甥舅国一语，所取为

---

① 见刘立千译《西藏政教史鉴》（即《西藏王统纪》）。
② 见《新唐书·吐蕃传》。

第三义。且出自唐王之口。大抵唐时和亲之国，皆得称甥舅国也。于此，足见甥舅二字，绝不能胶执于第一义中。兹盟之用此字，只以表示两国之亲谊。在蕃人方面，并非含有舅尊甥卑之义。故其文，恒以蕃述唐前，甥列舅上。若在唐方面，则姑谓舅甥有尊卑之义，聊以自欺。实则其时唐蕃之间，为敌体礼也。

顾唐蕃之用敌体礼，始于肃、代之后。天宝以前，固不如此也。松赞干布之于太宗，以子婿自居（见前，实则其时太宗年五十，松赞八十矣）。开元初岁，"吐蕃自恃兵强，每通疏表，求敌国礼。言词悖慢，上甚怒之。"①（时墨阿葱王在位，即尚金城公主者）开元七年（719），吐蕃请和，"使至临洮，诏不纳。金城公主上书求听修好，且言赞普君臣欲与天子共署誓刻。吐蕃复遣使者上书，言……张玄表、李之古侵暴甥国，故违誓而战。今舅许煎贷前恶……甥自总国事，不牵于下。欲使百姓久安。舅虽及和，而意不专，于言何益？……即日甥舅如初，不与交矣（指突厥）。因奉宝瓶杯以献。帝谓昔已和亲，有成言，寻前盟（指中宗神龙时誓书）可矣。不许复誓。礼其使而遣，且厚赐赞普。自是，岁朝贡，不犯边。"② 此言玄宗对蕃使之态度，至为明白。蕃使请和则拒之。金城公主请，乃许之。彼称甥舅，则听之。请盟则不许。来贡献，则礼遣而赐与之。犯边疆，则张挞伐焉。

开元十年（722），因救小勃律国，唐蕃复战。至十七年（729），吐蕃复称舅甥，请和。上因皇甫惟明言，遣使往视金城公主。赞普因上表曰："外甥是先皇帝舅宿亲。又蒙降金城公主。……外甥以先代文成公主及今金城公主故，深识尊卑，岂敢失礼。……伏望皇帝远查赤心，许依旧好……千年万岁，外甥终不敢先违盟"。③ 此表措词甚卑，唐蕃由是复和，竖界碑于赤岭，而未许誓盟，盖誓盟为敌国礼也。

由此史事，可知吐蕃初求用敌国礼，为玄宗所斥。攻战数年，无以胜唐，乃巧用舅甥二字，稍崇唐以求和。继复由和决裂，屡为唐所败，乃更卑其词为"外甥"与"皇帝舅"等字义。其实文成公主无出。金城公主为玄宗堂侄女。赞普对玄宗之称甥舅，原非允当。故玄宗并不以舅甥之称报之，许其和而拒其盟也。然则，谓舅甥为和亲国之通称，可也。谓舅甥为吐蕃对唐求为敌体而不可得时，所借用为微示轩轾之字义，亦可也。因其含义间微有轩轾，故长庆吐蕃盟文，必称"甥舅"以示矫。若开元时，求为盟而不得，则必云"舅甥"。且云"皇帝舅"与"外甥"也。德宗时，曾降敕云："今赐外甥少信物。至领取。"赤松德赞曰："我大蕃与唐，甥舅国

---

① 见《旧唐书·吐蕃传》。
② 见《新唐书·吐蕃传》。
③ 见《旧唐书·吐蕃传》。

耳。何得以臣礼见处?"① 迨汉使还改敕书往，乃受。盖"舅甥"二字，含义轻重，随时变异如此。

四、唐蕃和盟旧事

唐蕃盟约，唐史或彰之，或讳之。今可考者计凡八次：

一次，在中宗神龙元年（705），史未明载。然如《新唐书·吐蕃传》云："国人立器隶缩赞为赞普，始七岁。使者来告表，且请盟。"又云："玄宗开元二年（714），其相岔达延上书宰相，请载盟定境于河源（今西宁），乞左散骑常侍解琬涖盟。帝令姚崇报书。命琬持神龙誓往。""吐蕃又遣使者上书言：孝和皇帝（即中宗，中宗尊号为太和圣昭孝皇帝也）尝赐盟。是时，唐宰相豆卢钦望、魏元忠、李峤、纪处讷等凡二十二人及吐蕃君臣同誓。"是神龙元年（705），曾令宰相与蕃使盟，有誓约，亦如长庆元年（821）也。

二次，为玄宗开元二年（714）。吐蕃请盟，解琬已往。"吐蕃亦遣尚钦藏，御史名悉腊献载词。未及定，岔延达将兵十万寇临洮"，② 由是罢盟。七年（719）、十七年（729），吐蕃再请盟，皆未许。

三次，为肃宗至德初。吐蕃来使诏宰相郭子仪、肖华、裴遵度（《旧唐书》作张遵度）与盟誓于光宅寺，取三牲血歃之。已而循蕃使请，改在鸿胪寺歃血。两《唐书》俱载，而略其文。时值安禄山之乱，陇右为吐蕃所并。玄宗奔蜀。肃宗包侤周旋，委曲安边，盟事必于唐朝有损。蕃史谓其曾许吐蕃岁绢五万疋，应即此盟约中事。史臣故讳言之也。

四次，为代宗永泰元年（765）。"三月，吐蕃请和。遣宰相元载、杜鸿渐等于兴唐寺与之盟而罢。"③ 时在吐蕃破唐京师后，其军仍据原、会、成、渭诸州，逼畿辅。此盟当亦不过重申前盟约而已。蕃史谓代宗悔给岁币，故吐蕃攻陷长安。然则此盟当重许岁币，故史亦讳之也。

五次，代宗永泰二年（766）。宰相与吐蕃使者盟。《新唐书》既记永泰元年之盟与仆固怀恩之乱，后又云："永泰大历间，再遣使者来聘。于是户部尚书薛景仙往

---
① 见《旧唐书·吐蕃传》。
② 见《新唐书·吐蕃传》。
③ 见《旧唐书·吐蕃传》。

报。诏宰相与吐蕃使者盟。"① 查永泰二年，即大历元年。然则永泰、大历间者，是永泰二年。非即永泰元年之盟也。此盟大约为追寻前盟，内容有当讳者。《旧唐书》云："永泰二年二月，命……杨济修好于吐蕃。四月，吐蕃遣首领论泣藏等百余人随济来朝，且谢申好。"② 大约宰相所与盟之蕃使，即此辈也。此约亦曾调理边界。因《旧唐书·吐蕃传》记有："薛景仙自吐蕃使还。首领论泣陵随景仙来朝，奏云：'赞普请以凤林关为界。'" 于以知之。

六次，为德宗建中四年（783），清水之盟。先是代宗末期，唐蕃互相攻掠，聘使前后数辈，皆为吐蕃所留。德宗即位，遣太常少卿韦伦，归蕃俘五百，议和。时当赤松德赞晚岁，厌兵革，遂复修好。三年九月，与吐蕃订以来年正月十五日盟于清水县西。届期，诏陇右节度使张镒与吐蕃大相尚结赞筑坛为盟。预盟者：有镒宾佐齐映、齐抗，会盟官崔汉衡、樊泽、常鲁、于顿，及吐蕃大臣论悉颊藏、论臧热、论利陀、论力徐等汉蕃各七人，盟文载《旧唐书》。约以"泾州西至弹筝峡西门，陇州西至清水县，凤州西至同谷县及剑南西山、大渡河东，为汉界，蕃国守镇，在兰、渭、原、会，西至临洮，东至成州，抵剑南西界磨西诸蛮、大渡水西南，为蕃界……其黄河之北，从故新泉军，直北至大碛，直南至贺兰山骆驼岭为界。中间悉为闲田"。其仪式甚为隆重，史颇郑重纪之。云"结赞亦出盟文"，③则其文亦是汉蕃各自一通也。盟毕，复就坛西南隅佛幢为誓。二月复命宰相与蕃相区颊藏盟于丰邑里坛，未果行。七月，复以礼部尚书李揆为入蕃会盟使，又命宰相李忠臣、卢杞、关播，及九卿诸臣，与蕃使区颊藏等盟于京师右郊。礼如清水。是此次盟誓，亦分三地举行。唐京、蕃京，及两国界间，与长庆会盟正同也。

七次，为德宗贞元三年（787），平凉劫盟之役。清水之盟虽结，疆界尚多纷争。尚结赞复陷盐、夏两州，屡遣使请盟会定界。德宗不许，而以兵威胁之。尚结赞困，赂边将马燧请寻盟。燧说上许之。五月，命浑瑊、崔汉衡等与尚结赞盟于平凉。吐蕃伏甲袭击汉衡等官吏六十余人，卒徒千余人以去。瑊逸归，吏士死者五百人。自是役后，直至长庆元年（821），始复为盟。

八次，穆宗长庆元、二年之盟。即本题所记者。

---

① 见《新唐书·吐蕃传》。
② 见《旧唐书·吐蕃传》。
③ 见《旧唐书·吐蕃传》。

五、此盟所定疆界

此次盟约，所言疆界，远不似清水盟约之详。且汉蕃所指，颇有出入。其中要领，只有"各守见管本界"一语。盖以当时双方戍军所及为见管本界地。此时唐蕃疆界，与清水会盟时较：盐、夏两州，原为唐境，贞元三年，为吐蕃所陷。九年，唐军复取盐州城之（故城在今宁夏省盐池县境）。是为唐极西北戍地。西南，则韦皋收复维州（今理番县地）、嶲州（今西昌县地），拓境至大渡河外，此外无甚变更也。

此盟约中所言疆界，专注意于使节往还之支差问题。云"将军谷换马"者，将军谷应是唐界极西当大道处。又西即蕃境也。藏文所云奇松石、尊宿湾两地，当即将军谷左右两程站名。奇松石三字，或即"清水县"，或"清水西"之伪。因汉文盟词中，有"清水县之西大蕃供应"语。是将军谷在清水县西界也。查唐清水县故城，在今甘肃清水县西。唐初曾置邽州。旋废州，以县属秦州。乾元以后陷没，历为唐蕃争夺地。代、德之际，似曾收复，暂隶陇州，故建中四年（783），唐蕃会盟于此。而盟文中有"陇州西至清水县"一语也。其后似曾复陷，至宣宗大中二年（848）收复。故《新唐书·地理志》有"大中二年先收复，权隶凤翔府，三年来属"之语。其复陷，当在长庆以后。故长庆盟时，县仍属唐。县在清水河流域，当秦陇孔道。东逾龙坂至凤翔、长安，西循渭水通洮、岷二州，沿道小地名甚多。似有小地名"清水西"，"西"，藏语"小水沟"之义。今译作"石"，如"蒙子石"、"少坞石"、"莫拉石"、"冷卡石"等地是也。即清水会盟筑坛处。英文 shek 似"西"字音，不作"县"音，故疑反之。

洮州，今临潭县；岷州，今岷县，皆在洮水中上游，为唐蕃往来要地。其与清水县间，相距尚远。中间渭州、秦州诸县，自乾元时即已陷于吐蕃，迄未收复。而此盟约汉文译本，竟以"尊宿湾"当之者，似由唐臣未知"尊宿湾"所在，但知洮、岷在清水之西，即便引用。不指渭、秦两州县名者，似为留为恢复余地故也。若对照拉萨碑上汉蕃两文，则"奇松石"相当洮、岷。"尊宿湾"相当清水县。唯以当时实际形势核之，殊不可合。疑此是唐人狡猾，故为误译，以欺唐帝与蕃人耳。

六、日月二石

秦、陇、兰、会、原、渭、洮、岷诸州地方，蕃人呼为"墨儒"。故藏史不云于清水划界，而云"于中国墨儒地方，甥舅各修一庙，画日月于石，以为盟誓"①。其所云庙，即汉史所云坛也。盟坛有日月二石，以昭信誓，似为唐蕃会盟之必要点缀。开元时，竖立赤岭界碑，即曾并竖日月二石。其后碑毁，二石独存。今日尚得见之。此岭亦因是，更名为日月山（今青海湟源县南）。长庆盟文，两言日月，则藏史所云"大石画日与月，象天上日月相系，地上霸主甥舅和好"（《西藏王统记》）之语为真实也。世又有因此文而误长庆盟约，划界于日月山者。不知日月山在今青海省境。长庆时唐蕃疆界，在今甘肃、陕西两省界间，去日月山殆千里矣。

---

① 见刘立千译《西藏政教史鉴》（即《西藏王统纪》）。

文成公主下嫁考[①]

(1944)

一

藏文史籍对于文成公主事迹，记载极繁。文成公主影响藏地人心极深。在汉文史籍中，则仅《唐书·吐蕃传》中寥寥数语。兹搜录于次，略考订之。

《旧唐书·吐蕃传》："贞观八年，其赞普弃宗弄赞（即松赞干布。《新唐书》云：'弃宗弄赞亦名弃苏农，亦号弗夜氏。'）始遣使朝贡。弄赞弱冠嗣位，性骁武多英略，其邻国羊同及诸羌竞宾服之。太宗遣行人冯德遐往抚慰之。见德遐，大悦。闻突厥及吐谷浑皆尚公主，乃遣使随德遐入朝，多赍金宝，奉表求婚。太宗未之许。使者既返，言于弄赞曰：'初至，大国待我甚厚，许嫁公主。会吐谷浑王入朝，有相离间，由是礼薄，遂不许嫁。'弄赞遂与羊同连，发兵以击吐谷浑。吐谷浑不能支，遁于青海之上，以避其锋。其国人畜尽为吐蕃所掠。于是进兵攻破党项及白兰诸羌，率其众二十余万，顿于松州西境，遣使贡金帛，云来迎公主（《新唐书》作'命使者贡金甲，具言迎公主'，金甲二字较合。藏史亦云：'献琉璃宝甲为公主聘礼。'且当时藏地实无帛也）。又谓其属曰：'若大国不嫁公主与我，即当入寇。'遂进攻松州。都督韩威轻骑觇贼，反为所败。边人大扰。太宗遣吏部尚书侯君集，为当弥道行营大总管。右领军大将军执失思力，为白兰道行军总管。左武卫将军牛进达，为阔水道行军总管。右领军将军刘兰，为洮河道行军总管。率步骑五万击之。进达先锋自松州夜袭其营，斩千余级。弄赞大惧，引兵而退。遣使谢罪，因复请婚。太宗许之。弄赞乃遣其相禄东赞（《新唐书》作'遣大论薛禄东赞'，论即相也）致礼，献金五

[①] 本文系作者校注、刘立千译《西藏政教史鉴》时所写之考释之一。原载《康导月刊》3卷8、9期。关于文成公主入藏路线及所经的一些地名地望，作者后来在《吐蕃传地名考释》中略有修正。

千两、其余宝玩数百事。贞观十五年（辛丑），太宗以文成公主妻之（《新唐书》作'妻以宗女文成公主'加'宗女'二字。明为非帝女）。令礼部尚书江夏郡王道宗主婚，持节送公主于吐蕃。弄赞率其部兵次柏海，亲迎于河源。见道宗，执子婿之礼甚恭。既而叹大国服饰礼仪之美，俯仰有愧沮之色。及与公主归国，谓所亲曰：'我父祖未有通婚上国者。今我得尚大唐公主，为幸实多，当为公主筑一城以夸示后代。'遂筑城邑，立栋宇以居处焉。公主恶其人赭面，弄赞令国中权且罢之。（《新唐书》作'下令国中禁之'，赭面之风至今仍存。《旧唐书》作'权且罢之为合'。）自释毡裘，袭纨绮，渐慕华风。乃遣豪酋子弟请入国学，以习诗书。又请中国识文之人典其疏表。太宗伐辽东还，遣禄东赞来贺，奉表曰：'……夷狄才闻陛下发驾，少进之间，已闻归国。雁飞迅越，不及速疾。奴忝预子婿，喜百常夷。夫鹅犹雁也，故作金鹅奉献。'其鹅黄金铸成，其高七尺，中可实酒三斛。二十五年，右卫率府王玄策使往西域，为中天竺所掠。吐蕃发精兵与玄策击天竺，大破之。遣使来献捷。（按玄策被掠后，走尼婆罗，即尼泊尔。檄尼婆罗与吐蕃往讨。松赞干布以文成公主故，尼泊尔以松赞干布故，皆助兵，大破中天竺。藏史传松赞干布征服印度，即指此事。）高宗嗣位，授弄赞为附马都尉，封西海郡王，赐物二千段。弄赞因致书于司徒长孙无忌等，云：'天子初即位，若臣下有不忠之心者，当勒兵赴国除讨。'并献金银珠宝十五种，请置太宗灵座之前。高宗嘉之，进封为賨王（《新唐书》作'王'，賨王较合），赐杂彩三千段。因请蚕种及造酒、碾、硙、纸、墨之匠，诏并许焉。（此亦应文成公主所教。今养蚕与碾，皆不行于西藏。唯造酒、水硙盛行。）乃刊石象其形，列昭陵玄阙之下。永徽元年，弄赞卒。高宗为之举哀，遣右武卫将军鲜于臣济持节赍玺书吊祭。弄赞子早死，其孙继立，复号赞普。时年幼，国事皆委禄东赞。……仪凤四年，赞普卒。其子器弩悉弄嗣位，复号赞普。时年八岁，国政复委于钦陵。遣其大臣论恐热来告丧，且请和。高宗遣郎将宋令文人蕃会葬。永隆元年，文成公主薨，高宗又遣使吊祭之。"

汉籍属于文成公主与其相关之记载仅此。《新唐书·公主传》，无文成公主。大抵唐代下嫁"外国"之公主，皆非帝女。《新唐书》加"宗女"二字，盖纪实也。下嫁虽非帝女，度当时必以帝女欺外夷；或临时抚为假女而嫁之。其女必宗女之有色有仪者，加以夜饰之美，仪从之盛，固有足使异国信其真为帝女处。观于赞普娶文成公主后，其执子婿礼之恭，与效忠之忱，皆可见其确信公主即为帝女。夫宫中事秘，虽当日随从入藏之臣仆，当亦不知公主之非帝女。况藏人乎！藏人至今，尚信文成公主为太宗亲女，无足怪也。究竟文成公主为帝族谁人之女，已无可考。意者，或是江夏王李道宗之族。

　　文成公主于贞观十五年（641）下嫁，是年辛丑，与藏史所称金牛年合。嫁后八年，为永徽元年庚戌，赞普卒。与藏史阴金犬年松赞干布卒合。据《西藏政教史鉴》等书云：松赞干布卒，年八十二岁。则娶文成公主时，已年七十三岁矣。赞普卒后，又三十年（永隆元年680），文成公主薨。在此期间，嗣王孟松孟赞（《唐书》失其名。兹依藏史补入）既非公主所出，又复年幼，国事委于禄东赞父子。历年与唐相攻，使节皆绝。想见公主处境之困难。忧郁憔悴，其死必速。史虽未著其寿，揣想亦不能过六十岁。大约公主十余岁下嫁，五十余龄薨。纵使其活至六十岁，其下嫁时亦才二十二岁耳。以七十余龄之老翁，娶得十余龄之中原贵女，则其嬖爱之忱，必逾常度。其为之建城邑，罢赭面，襡毡罽，袭纨绮，献金鹅，讨天竺，请蚕种、碾、硙、纸墨之匠，遣豪酋子弟入国学读书，舍其本俗，以慕华风，有由然也。（关于松赞干布之年龄另有考。）

　　由文成公主输入西藏之文物，就《唐书》所记：为"服饰礼仪之美""纨绮、诗书，蚕种及酒、碾、硙、纸、墨诸工匠"等。藏籍所传，则有"觉阿佛象""书典三百又六卷""诸种金玉器""诸种造食器皿""食谱""玉磬与金鞍""诸种花缎""术数书三百卷""工艺六十法""四百又四医方""百诊五观六行术""四部配剂术""锦绫与诸色衣料二万疋""美女二十五名""蔓菁种子""车舆""马、骡、骆驼""力士若干人"及雕刻匠等。见刘立千译《西藏政教史鉴》第13章。大抵日常用品，及珍奇服御饮食诸物，莫不赅备。另一藏史云："松赞干布之孙，始自中原输入茶叶。"（德格版《汉藏文书》）松赞之孙，即杜松孟波，先文成公主一年卒。则茶叶，亦自文成公主时输入藏地也。唐时呼茶曰"槚"，今藏语亦曰"槚"。唐时呼磨曰"硙"，今藏语仍呼曰"硙"。其他藏语读音与我国古音相同者尚多，要皆足为文成公主输入此种物品、确定此种名词之证。因此时吐蕃始有文字，故能因汉语以定名文，传于后世。若其距创字之时过远，则译名易于从义，难于从音。今藏人以鸭为水鸡。此其证也。（文成公主下嫁，雁随往，而无鸭。故赞普献金鹅疏，比之于雁，知中原呼为雁也。）

　　金城公主下嫁后，曾请赐《毛诗》《礼记》《文选》《左氏春秋》等书。可见，文成公主所携书籍虽多，经史之属多阙。（或此等书原已输入，因从人嗜之者多，至金城时已佚，故请补颁，亦未可知。）所携实多方书。公主或是特嗜方术之人。藏史传其精于天文、术数，于理可通。盖不仅曾习天文术数，或亦兼通内典与医方。所云"书典三百又六卷"，藏文原义，系兼指内典书籍与普通书籍。大约所包佛典甚多，经史较少。当时西藏虽已有佛教,但教义不甚明澈,苯教势力并未消失。经文成公主入藏后,佛教始益光明。更百余年,遂有正规佛教宗派产生。使苯教不能长据藏地,实文成、金城两公主之力,而文成公主又其先导也。由是言之,文成公主除输入各种物质文化于藏地外,又实输入天文术数、医药方术及中原文学于藏地。且使藏地佛法增进,孕育西藏物质、精神两部之整个文化。公主虽无所出,谓其为"西藏文化之母",应无不可也。

文成公主通术数学,曾屡见藏籍。余初疑公主以十余龄贵族女子,安能学习天文术数。纵使习之,亦不能精。或系从人中有精此者,藏人归其名于公主耳。嗣经详察,谓此女精于术数亦可通。唐室隆兴未久,武德之世,天下尚乱,公主实生此时。大凡乱世,人多好习术数,或习武略,盖皆图所以自救而已。太宗之姊琅琊公主,能治军作战。则宗女之习方术,亦不足怪。犹可怪者,为此"文成"二字。"文成""武利",乃汉武赐与方士之封号,后世极少用之者。其字义,亦殊不适于普通应用。公主乃用此名,或因其通方术故。除通方术外,其字义便难解也。当时,唐朝有李淳风等,甚以天文术数见称。文成公主或其女弟子欤?

因汉史所传文成公主之事迹绝少,而藏籍传之甚丰。故会合考订之如此,欲以补汉史之缺文,正藏史之乖误。惜皆暗中摸索之语,更无明确证据。然虽无确证,识者阅之,必不斥为妄测,或有可取者也。

二

文成公主入蕃路线,汉史未详。藏史则言之颇多,而其地名又难考订。以理度之,当时吐谷浑国未灭,吐蕃与唐,唯松州接界(当时剑南西边亦尚为大唐羁縻羌州,未为吐蕃征服)。故赞普寇边胁婚,亦唯至松州(今松潘县)。则当时拉萨(《唐书》作逻些城。"些"当读如"萨")与长安之间往来,应以经由松州为最合。如此,则公主入蕃,应由松州经西康之石渠、青海之玉树入藏矣。唯当赞普寇松州,先已破逐吐谷浑于青海之阴,则日月山以南之青海地方,已属吐蕃,故自今贵德渡黄河,由青海省之大河坝经玉树入藏,理亦可通。又,当时吐谷浑系在大唐保护之下,公主入蕃,假道吐谷浑境,自今兰州经西宁日月山大道入藏,亦无不可。此三线外即非合理。故藏史之地名,虽无适当图籍对译,而其部位,则约略可考矣。《旧唐书》云:"弄赞率其部兵次柏海,亲迎于河源。"(见《旧唐书·吐蕃传》。)《新唐书》则云:"诏江夏王道宗持节护送,筑馆河源王之国。"(见《新唐书·吐蕃传》。)查吐谷浑王诺曷钵，贞观中入朝，封河源郡王。则此所谓河源，实在当时吐谷浑国内。其后吐谷浑为吐蕃所灭，诺曷钵与弘化公主奔唐，求内徙，唐蕃相攻。高宗时取鄯州地，置河源军，即仍旧名。鄯州，即今西宁是也。然则公主入蕃，确系假道当时吐谷浑境，筑馆于今西宁之地。弄赞当时已占有日月山以南之地，故其大部次于柏海，而亲迎于河源也。

如此，则可知公主系由西宁日月山大道入蕃。既已确定，则此道沿途地名，有可考者。穆宗长庆二年（822），遣大理卿刘元鼎入蕃会盟。《新唐书》记其路线为"逾成纪、武川，抵河广武梁（今甘肃省地，当时并陷吐蕃）……兰州……龙支城……过石堡城（今湟源县西南日月山下），赤岭（即日月山）……赤岭距长安三千里而赢，盖陇右故地也。"自此入吐蕃旧界，遂未详列经过。其中有云："闷恒卢川（《旧唐书》作闷惧卢川），直逻娑川之南，臧河所流也。"又云："度悉结罗岭，凿石通车，逆金城公主道也。"又云："至糜谷，就馆臧河之北川，赞普之夏牙也。"大抵所谓闷恒卢川，即今之仔塘，雅鲁藏布江（唐曰臧河）南故都也。所谓逻娑川，即今拉萨，古今地名未改，仅译字有异耳。所谓糜谷，即今干坝，在羊卓湖侧，地较高爽，故为赞普夏牙。其春、冬、秋三季仍居逻娑川。羊卓湖，在唐曰跋布海。

《旧唐书·地理志》鄯州、鄯城县条注文，记此道沿途情形甚详。大约亦系据元鼎日记。兹并录其全文，分段稍加注释，以便考照：

鄯城（今湟源县），仪凤三年置。有土楼山，有河源军。西六十里有临蕃城。又西六十里有白水军，绥戎城又西南六十里有定戎城。又南隔涧七里有天威军。军故石堡城（在日月山北麓，今尚存其遗址）开元十七年置，初曰振武军（开元十七年朔方大总管信安王祎率兵赴陇右，拔吐蕃石堡城置振武军，献俘于庙。于是吐蕃请和，许之。约于赤岭竖界碑，更不相侵）。二十九年没吐蕃。（二十二年建碑，二十五年毁碑复战，二十九年十二月吐蕃袭石堡城，节度使盖嘉运不能守，玄宗愤之。）天宝克之更名（天宝七年哥舒翰节度陇右、攻拔石堡城，更号神武军）。又西二十里至赤岭（即日月山）。其西吐蕃（谓山外皆蕃人也）。有开元中分界碑（《新唐书·吐蕃传》云："土石皆赤，虏曰赤岭而信安王祎、张守硅所定封石皆仆。独虏所立石犹存。"按今日月山得名由山顶有二石像日与月，盖即唐代界碑遗石也。藏史云："石象日月，以示日月监盟之意也今名文成公主庙。自振武经尉迟川，若拔海，王孝杰米栅，九十里至莫离驿。又经公主佛堂，大非川，二百八十里至那禄驿，吐谷浑界也。"

考日月山以下皆草原，无人户市镇，所谓驿，皆只设帐支差而已。此乃云"公主佛堂"，当即文成公主遗迹。并可判其必非瓦屋与茅舍，因此带无建筑也。于理必为石室，或凿岩为之。藏史云："已至邓马崖前，即于岩上刻七肘高之弥勒菩萨像一尊，及普贤行愿品文两部，于此候一月久。"（见刘立千译《西藏政教史鉴》第13章。）公主佛堂，应可确指为邓马崖。其地在大非川以北。大非川之名，曾见《唐书》。咸亨元年（670），诏以薛仁贵为逻些道行军大总管，率众十余万救吐谷浑。与吐蕃大将论钦陵战于大非川，大败绩。吐谷浑由是覆亡。《地名大辞典》谓大非川为今布喀河。余考非是。查布喀河在青海湖西，日月山在青海湖东。自西宁湟源入藏者凡二道：经日月山者为东道，须更渡黄河之上游，经过金沙江之农村地方，与《唐书·地理志》所载唐蕃往来路及藏史所记公主入蕃道路皆合；经布喀河者为西道，自都兰以西，草地数千里，直达藏地，始见农村。与《唐书·地理志》及藏史皆不合。故知唐之大非川，非布喀河，而应是日月山以南之某一河谷也。更以唐代道里为准，推其地位，当是今之大河坝一带地方。所谓莫离驿者，当在呼裕云河（入黄河）河谷。所谓那禄驿者，应在大河坝稍南。公主佛堂，应在大河坝之北，呼裕云河之南。凿石遗迹，今应存在。特因此带皆牧场，考古者未至，今日尚未发现耳。又此云"吐浑界"，意谓大非川战役时，吐谷浑南界也。亦即文成公主出嫁时吐谷浑南界也。吐谷浑，例得缩称为"吐浑"。

"又经暖泉，列谟海（今喀拉海）四百四十里，渡黄河（黄河上游大积石山外之黄河）。又四百七里至众龙驿。又渡西月河（此指雅砻江上源），二百一十里至多弥国西界（多弥国，诸羌部落之一，其地当是今玉树、石渠县境。党项之属也）。又经犛牛河（即金沙江上游也。金沙江上游，当青海入藏道间，有小支流。其上源部分有大石象牛，名犛牛石，藏人以为瑞物。故金沙江亦名犛牛河。'犛'应读如'旄'。俗读如'犁'。故《江源考》作犁牛石）渡藤桥，百里至列驿。又经食堂，吐蕃村，截支桥，两石南北相当。又经截支川，四百四十里至婆驿。"

考此段所叙，盖大河坝至玉树县一带路线也。自日月山以南，皆无农村。唯玉树附近，因属金沙江河谷，海拔低，有农业村落。所云"吐蕃村"，决不能逸出此部之外。大抵唐时使节往还，自石堡城（振武军）入草地，一千六百唐里，始见农村。即金沙江侧玉树附近也。又千四百唐里，再见吐蕃垦田。再八百唐里，至拉萨附近，重见城邑。玉树居全线正中，为适当之休息地点，兼筹备途间粮秣之处。偏于东，则路线过于纡曲而崎岖。偏于西，则中途粮食无从筹备。以此玉树为汉蕃往来所必经。文成公主下嫁，自亦必取道于此。如此理智判断以外，尚有一事足证，即玉树（结古）东南数十里之巴塘乡（班青寺）有"汉人寺"一座（见刘立千译《西藏政教史鉴》第13章），依崖凿二丈高之文成公主大石像，建屋覆之，因以为寺。旁藏文。其像历经风蚀，今尚未坏，以有屋庇故也。查唐代石像，凡有屋庇者，今多完在。此像凿于唐代，自属可能。唐代凿岩造像之术盛行，文成公主入蕃，又曾携有石工匠。则此崖像，即公主自造像，亦未可知。总之，可证公主入蕃曾经此地。寺外之水，流经玉树，折入金沙江。今日自邓柯县径赴玉树县者，须经此寺。自青海赴玉树县者，渡通天河（即金沙江）后，折向西北行达玉树，不经此寺。疑唐代路线，与今微异。唐代渡通天河后，乃向西南，出班青寺。更自班青入草地。所谓"藤桥"，当即跨玉树河下游之桥。所谓"食堂"，当即班青寺所在地。"食堂"二字，或与享堂同义。意者，公主驰行草原过久，骤得此农村地方，曾有滞留之意，而势不可，故造食堂于此。后人因造其像于崖，以志其恋（应不出金城公主与赤松德赞之世）。当时称为享堂，后乃讹为食堂欤。藏史云：公主"遂前至烹波山，诸使臣或开山间崎路。……又前行至康之白马乡，耘田，安设水磨，候二月久"。（见刘立千译《西藏政教史鉴》第13章。）藏人习呼玉树一带与西康省地为"康"。而班青寺又译白靖寺，首字作"B"，与白马乡之首字相同。"靖"字藏义，为灵地之义。盖白靖寺之命名，犹云白马灵地之寺，乃专以记文成公主滞留此间之遗迹者也。顾但云"耘田，建水磨"。不云造像，则寺内公主遗像，为后人补造可知。藏史所谓"烹波山"，即今巴颜喀拉山脉之拍穹拉也。《唐书·地理志》所云"吐蕃村"，即班青寺至玉树一带沿河之农村。过此农村，再入草原。所谓截支川，应即澜沧江上游札曲河谷也。

乃渡大河、罗桥，经潭地，五百三十里至悉诺罗驿。又经乞量宁水桥。又经火速水桥，三百二十里至鹘莽驿。唐使入蕃，公主每使人迎劳于此。又经鹘莽峡，十余里两山相鋈，上有小桥，三瀑水注如缶，其下如烟雾。百里至野马驿。

按此段全属草地。其路线系循杂曲（澜沧江上游）之低浅河谷，转入木鲁乌苏河谷（金沙江上源），逾当拉岭，转入哈剌乌苏河谷（怒江上源）。盖以绕避唐古拉大雪山。古今选道皆同也。所谓鹘莽驿，应在鹘莽峡侧。即藏史之"郭洞门"也。野马驿，又在峡之南端。唐百里，合今六七十里，两驿相距一日程耳。考其地，当在当拉岭南，哈剌乌苏上游索克河近源部分。

经吐蕃垦田，又经乐桥汤，四百里至川驿。又经恕谌海，百三十里至蛤不烂驿。旁有三罗骨山，积雪不消。又六十里至骨录济驿，唐使至，赞普每遣使慰劳于此。

此段俱属怒江上游部分。亦皆接近羌塘之高寒牧场。所谓吐蕃垦田者，皆在怒江上游阿克河谷之内。此带唯此河谷有沃原可垦，究以海拔过高（四千公尺左右），难以建设农村，故不曰吐蕃村而曰垦田也。乐桥汤，当是温泉。川驿，当是今之马捏地方，属阿克河谷之另一支流。蛤不烂驿，当在三罗骨山下，四时寒冽，故曰蛤不烂。抑或因山岩有蛤之化石而名。盖准备登山之山半宿所，非在河谷。三罗骨山者，即藏之"吉米拉古"，为雅鲁藏布江流域之北方缘山，羌塘荒原之南界，斯文海定所称为"外喜玛拉耶山脉"之一山口也（藏语山口为"拉"，极尽头为"古"）。骨录济驿，在此山下羊八井河谷之中游，相当旁吾之北。藏人以吉米拉以北为"霍尔"。以山以南之地为"卫"（中部或畿辅之义）。故赞普迎劳唐使，恒于此地。自此以下，行于卫部温暖之河谷。故藏史云："如经黑暗处，骤得明灯。紫坛之林排列道右，慈梨之林排立道左，无复障碍，直入藏卫。"（见刘立千译《西藏政教史鉴》第13章。）

又经抑谷，莽布支庄，有温汤，涌高二丈，气如烟云，可以熟米。又经汤罗叶遗山，及赞普祭神所，二百五十里至农歌驿。逻些在东南，距农歌二百里。唐使至吐蕃驿，宰相每遣使迎候于此。又经盐池，暖泉，江布灵河，百一十里渡姜济河，经吐蕃垦田，二百六十里至卒歌驿，乃渡藏河（即雅鲁藏布江）。经佛堂，百八十里至勃令驿，鸿胪馆，至赞普牙帐。其西南拔布海。

按此段叙在藏卫境内路线，未经拉萨（逻些）。盖刘元鼎谒赞普于闷恒卢川路线，非公主入拉萨路也。入拉萨正路，自旁吾南行，直达列乌塘（拉萨北大草坝）。元鼎此行，乃系自骨录济驿折西，经羊八井。所谓莽布支庄，即羊八井也。温汤犹在。自羊八井逾山，循河谷，出桑鸢寺，复达拉萨河谷。已在拉萨之西。所谓农歌驿者，即在山下河谷开始处。藏语：河谷曰"龙"（农同音），尽头曰"古"（歌同音），今其名犹存。所谓卒歌驿者，今名曲水，即雅鲁藏布江渡头。卒为曲之异译，藏语水也。卒歌，犹云水边也。勃令驿即在闷恒卢川。拔布海即羊卓湖。

以上所记刘元鼎入蕃会盟全部路线，道里距离、沿途情形，皆与今日自西宁经玉树入藏路线吻合。亦与藏史所传文成公主入蕃路线，及《唐书》所传公主入蕃事皆合，更无可疑之义。世乃有谓公主系自打箭炉入藏者，实属荒谬。并驳如下：

世云文成公主系自打箭炉入藏者，曾提三种证据：（1）康定塔弓寺①，有文成公主像及塔。寺僧相传，公主自此入藏，并归老于此。（2）自康入藏途中，如甘孜、南敦等处，多有"汉人寺"。祀卫送公主入藏之力士，并有公主遗物。（3）嘉裕桥下之怒江，藏名"甲摩恶曲"。藏人以"甲摩"为文成公主之专称。"恶"意为泪。传公主至河而泣，故有此名也。

余查唐代打箭炉一路，尚未开辟。《唐书》既明云"筑馆于河源王之国"。则公主非自打箭炉入藏甚明。余曾至塔弓寺考查。其寺建于河侧冲积浅平原上。此平原出水不过二尺，大水常浸及寺基。计当一千余年前（唐时）此河原尚未出水，安得遂能建寺，而有公主塔墓及遗像。测其寺，仅元明所建，所有公主遗迹，皆伪托耳。甘孜汉人寺，有公主像，系小足弓鞋。此制宋以后始有，唐人因天足也（《上阳宫人诗》称天宝末年时装，但云"小头鞋履"，不云"莲钩弓鞋"）。则汉人寺非唐时人纪公主游迹而建，又可知矣。怒江上源，本为公主所经，或曾洒泪渡头。因源及尾，通称全水，自无不可。何必一定经过嘉裕桥哉！

藏史所称迎娶公主之大臣噶尔，即《旧唐书》之禄东赞也。所称之"邸妇"，即《唐书》之琅琊长公主外孙女段氏也。兹并录《旧唐书》关于禄东赞之文于此，以便参证：

禄东赞姓薛氏（《新唐书》作薛禄东赞）。虽不识文记，而性明毅严重，讲兵训师，雅有节制。吐蕃之并诸羌，雄霸本土，多其谋也。初，太宗既许降文成公主，赞普使禄东赞来迎。召见顾问，进对合旨。太宗礼之有异诸蕃。乃拜禄东赞为右卫大将军，又以琅琊长公主女段氏妻之。禄东赞辞曰："臣本国有妇，父母所聘，情不忍乖。且赞普未谒公主，陪臣安敢辄娶。"太宗嘉之，欲抚以厚恩，虽奇其答而不遂其言。（《新唐书》此段省字太多不如旧书详备。）

则迎娶文成公主大使为禄东赞。未得公主，先自得妇，皆与藏史合。藏史先不云帝所赐婚，但云"邸妇"，意谓使馆主妇。夫款异国使臣，而以妇人主之。唐室方盛，安得有此？又云"此妇习知宫廷一切及公主形貌衣饰"。夫宫闱至称，非帝室内戚，安得知之！所云"邸妇"，为指琅琊长公主外孙，为必然也。《唐书》称段氏，

---

① 现多译塔公寺。——编者注

疑系已嫁而寡，再以婚禄东赞耳。藏史又云："于是噶与主妇媾合，极表眷好，诱以酒食，作诸情谈。"邸妇既为一馆之主，非孤身弱女，岂该使所能诱奸？其为唐帝以妻该使之贵妇，无疑矣。凡此种种，皆足证噶即禄东赞，邸妇即段氏。当以《唐书》为信。藏史作者，未谙唐廷风俗礼制，辄以藏情揣测影写之，扣盘扪烛之误，自不能免耳。藏史云：既得公主，噶被留，"帝为噶纳一汉妇，赐一大宅与居。"实有叙述颠倒之处。此所纳妇人应即前所称之主妇耳。（以上藏史之文俱引自刘立千译《西藏政教史鉴》）

关于禄东赞之史事，著在《新唐书》《旧唐书》者，亦并汇录其要如下：

贞观八年吐蕃使人请婚，太宗不许，遂寇松州，太宗遣侯君集等击破之，弄赞引去后，遣使谢罪复请婚，许之。乃"遣大论薛禄东赞献黄金五千两、他宝称是，以为聘"（此用《新唐书》文）。按当禄东赞来时，应已是十年至十四年时矣。藏史云，丙申年（贞观十年），应是丙申年出发。至辛丑年始得公主。

太宗伐辽东还，遣禄东赞来贺。

永徽元年（庚戌）弄赞卒，无子，立其孙，禄东赞相其国。显庆三年（戊午），复请婚。未几吐谷浑内附，禄东赞怨怼，率锐兵击之。而吐谷浑大臣素和贵奔吐蕃，悉以虚实，故吐蕃能破其国。

龙朔三年（癸亥）诏凉州都督郑仁泰等定吐谷浑之乱。吐蕃使仲琮入朝，表吐谷浑罪，高宗遣使谯让。乃使来请与吐谷浑平憾，求赤水地牧马，不许。会禄东赞死。（考禄东赞死年应在麟德、乾封之间——甲子年至丁卯年间——汉藏两史皆未著年。推上文自龙朔三年后使节再往返而禄东赞死。以一年一往返计，应死于麟德二年。以两年一往返计，应死于乾封二年也。）

禄东赞有子五人，长曰赞悉若，早死。次钦陵，次赞婆，次悉多干，次勃论。及东赞死，钦陵弟兄复专其国。

咸亨元年（庚午）钦陵大败薛仁贵于大非川，遂灭吐谷浑。当悉诸州羌尽降之。安西、于阗、龟兹、碎叶四镇皆陷。

调露元年（己卯）赞普死子器弩悉弄立。

武后长寿元年，王孝杰复安西四镇。

圣历二年（己亥）赞普诛钦陵。其弟赞婆奔唐。钦陵专国久，常居中制事，诸弟皆领方面兵，而赞婆专东方。几三十年为边患。器弩悉弄既长，欲自得国，渐不平。乃与大臣论岩等密图之。时钦陵提兵居外。赞普乃佯言将猎，召兵，执钦陵亲党二千余人诛之。发使诛钦陵赞婆等。钦陵与兵不受召，赞普自率众讨之。未战，钦陵兵溃自杀。左右殉而死者百余人。赞婆率所部千余及兄子莽布支等款塞，则天遣羽林飞骑迎劳，授赞婆辅国大将军归德郡王，莽布支安国公，皆赐铁券，优赐甚厚，仍令领其部兵于洪源谷（《新唐书》作河源）讨击。寻卒，赠安西大都护。

  大抵禄东赞与钦陵弟兄当国之际穷兵黩武，略地甚广。自弄赞卒至钦陵被诛，凡专国五十年也。《唐书》云太宗优礼禄东赞异于他使，藏史谓"汉人皆藐视我等"，"特彼唐帝偏见尤重"。以及其施于文成公主之报复行为，想皆非当时实事。或由元明以来汉人轻视蕃族，借写此事以泄其忿耳。

  藏史记白布公主妒相稽，及文成公主琵琶幽怨事，颇近情理。弄赞以七十余老翁娶上国贵女，或将虑其骄傲难制，故避不见，纵令臣妾挫抑其气而后抚之，事或有也。此等细节，唐史不载，端赖藏史传之，亦殊可珍。

松赞干布年谱[①]

(1944)

松赞干布,《旧唐书》作"弃宗弄赞",有时简称"弄赞"。《新唐书》作"弃宗弄赞","亦名弃苏农,亦号弗夜氏"。《卫藏通志》作"曲结松赞噶木布",《中华佛教史》作"双赞思甘普",或"双赞王"。《蒙古源流考》作"特勒德苏隆赞",其余各书,或作"桑赞甘普"、"松赞冈波"、松赞干布等。藏文松赞,端庄尊严之义,干布,深邃沈宏之义。曲结为依佛法而统治之王,即法王之义。或吐蕃致唐国书,称"曲结松赞干布",唐人误认"曲结松赞"为名,而译作"弃宗弄赞",以"干布"为尊号,译作"赞普"也。《蒙古源流考》所称"特勒德苏隆赞"的"特勒德"三字,藏文无对音可寻,疑为蒙古语"法王"之义。其余各字皆有对音可查。惟《西藏志》以"干布"为"赞普",则系误解。查《新唐书》,"其俗谓强雄曰赞,丈夫曰普,故号君长曰赞普"。其本义与《新唐书》的解释同,与"干布"意义有别。

公元569年,丁丑,陈宣帝太建元年,松赞干布生于吐蕃旧都亚伦札对园之降巴木决龄王宫。1岁。

松赞干布的父亲叫朗日松赞,母名萨颏格姆。藏族传说:他是千手观音的化身,生而头有肉髻,作阿弥陀佛像,发青蓝色,手与足皆现法轮相。还说:当时天降花雨,地作六种震动,诸天神佛为之赞颂、加持。又说他从小聪慧,沉毅,多才多艺,故其臣僚奉以尊号"松赞干布"。

关于松赞干布的生年,说法各异。宗喀巴的老师沈朗绛村(汉语福德幢)著有

[①] 原载《康导月刊》6卷1期,1981年略作修改后重新发表于《西藏研究》创刊号。关于松赞干布享年,藏文史籍记载多歧,主要有82岁及32岁说两种。作者本文采用前者。

一部流行藏区的史书,译意为《正法源流和法王世代明镜》。刘立千先生 1940 年译作《西藏政教史鉴》,王沂暖先生节译为《西藏王统记》。本文用刘译本简称《史鉴》或《福幢史鉴》。这部书说:"松赞干布阴火牛年(丁丑)生,与唐太宗同时,年八十二,卒于阳金狗年(庚戌)"。查他死在唐高宗永徽元年庚戌(650),曾经讣告于唐,载在国史,是正确无误的。永徽前一个丁丑,是隋炀帝大业十三年(617),相距只有 34 年,他不可能活得这样短。再上推一个丁丑,为陈武帝永定元年(557),则有 94 年,亦与 82 岁不合。又曾见 1937 年的藏文历书,说:"松赞干布土牛年(己丑)生,距今(谓民国二十六年丁丑)一千三百零八年"。算来这个土牛年(己丑),应该是公元 629 年,即唐太宗贞观三年,说他仅活了 26 岁,更是绝对不可靠的。若还再上推一个己丑,则为陈宣帝太建元年(569),恰是 82 岁。看来《福幢史鉴》的说法,是错算了一个小甲子(十二年)。藏文历书的说法,是错了一大甲子(六十年)。说他 82 岁,生于公元 569 年应是可信的。

按《福幢史鉴》说:吐蕃始祖为聂赤尊波,生于佛寂后二千年。更阅九代,为补德贡稼王,时黑教已盛,雅鲁藏布河谷已有农耕和采矿了。凡历二十七代约五百年,至拉脱脱惹蔺夏王(《新唐书》作"佗土度")时,始有印度经像传入,但不能识。又四代至朗日松赞王(《新唐书》作"论素赞"),国始强盛,他就是松赞干布的父亲。

考《后汉书·西羌传》里的"发羌",就是指的补德贡稼王时的蕃部。蕃与发的古音都读如 bo。吐蕃,原是羌族分支发展起来的,故汉代译为"发羌"。

公元 573 年,太建五年,癸巳,5 岁。
公元 577 年,太建九年,丁酉,9 岁。是岁,宇文周灭北齐。
公无 578 年,太建十年,10 岁。是岁,周武帝崩。
公元 581 年,隋文帝开皇元年,辛丑,13 岁。父朗日松赞卒。嗣王位。

朗日松赞生于梁武帝天监年代,即第六世纪初叶。他的一生,把立国于雅鲁藏布南侧的蕃国地盘推展到了北岸。他征服了彭波的补尔哇部落,使拉萨平原归入版图。以后,又陆续征服了达波和藏部。到他晚年,几乎把雅鲁藏布河谷地区全都占领,其臣僚为他上尊号为"赞普"。他实际是吐蕃的开国皇帝。以前的三十代蕃王,都只算得部落酋长。

公元583年，隋开皇三年，癸卯，15岁。迁都拉萨，约在此时。

王忠考证，为在633年。《福幢史鉴》说："松赞既即位，谓臣下曰：'昔我祖拉脱脱惹蕳夏王，乃圣普贤之化身，曾住在拉萨红山顶上。我亦当履先王遗迹，在此吉祥喜庆之处，作一切有利事情。'当夜宿于亚伦札对园，次日即裹粮至亚场就浴，示现神异，虹光集射于岩石，现六字明咒。因名此处为'稼当'（意为虹泽）。王既至此，遂筑宫室于红山顶上居之"。红山，即今布达拉山。虹泽，即今山下水边岩石上镌有六字明咒（唵嘛呢叭咪吽六字藏文，传是千手观音用来代表他的法力的咒语），与诸神像之处。那时吐蕃还没有文字，也没有甲子纪年之法。这些传说，显然是既有文字以后的附会之词。不过，不能因他是神话无稽，便一概抹煞。考松赞干布毕生的事业，主要在于开拓雅鲁藏布江以北的领土，和拉萨地区的文化建设。说他即位不久，便已迁都拉萨，应该可信。

公元584年，甲辰，开皇四年，16岁。遣使迎聘泥婆罗王女为后。

公元585年，开皇五年，乙巳，17岁。尼后尺尊来藏，并输入佛法。

据尼泊尔历史记载，约在公元606年即位的阿姆苏·瓦尔马王（Amshu-varman）把他的女儿布里库蒂（Bhrikuti Deri）嫁给了吐蕃王松赞干布。时间与汉藏文献记载不同。

藏文（《史鉴》）记载：松赞干布16岁时向泥婆罗①纳聘，其婚当在翌年。又说：泥婆罗公主入藏时，带有释迦佛八岁身像，称觉阿像。藏族认为此像与汉地的释迦佛12岁时身量像，及印度金刚座上佛33岁时身量像，同为佛的化身，极其名贵。三像所在地，大乘佛法显扬光大。泥婆罗公主还携有同样名贵之慈氏像，和能满足一切欲求的琉璃宝钵，珍宝绫罗，仆从男女。二像系用犏牛负载，遇险处，诸像皆能自动下地步行，等等传说故事甚多。大抵其时泥婆罗早已有文字与佛教。尼后输入佛法属实。

公元587年开皇七年，丁未，19岁。营造布达拉宫。

---

① 尼泊尔的旧译。——编者注

《福幢史鉴》记载:"其时尺尊公主,心自思维,藏王英明俊逸,具诸功德。然不外出,必招边患,今当预为防范。于是以无量酒食招致众民,请命于王,建一广大城堡。于乙未年奠基,高达三十围墙,既高且宏,每边约一里余。大门南向,红宫九百,合顶上之王宫,共一千间,一切宫檐,以宝为饰。走廊台阁,铃铎泠然,堂皇美丽。"

另有记载说筑宫为阴木羊(丁未),时松赞王19岁。尼后入藏,即筑建此宫,至此年完成,于理为合。但是,从布达拉宫修建的历史来看,松赞干布时代尼泊尔公主和文成公主可能都先后在布达拉宫建有宫室,但规模不大。吐蕃王朝崩溃时此宫毁于兵火。现在看到的布达拉宫,是17世纪重建的。佛家称观世音菩萨应化地为普陀,谓天下有三普陀,一在印度,一在中华南海,一在拉萨,藏语"布达拉",即普陀的异译。

公元588年,开皇八年,戊申,20岁。

公年589年,开皇九年,己酉,21岁,筹建大昭寺。是年,隋灭陈,统一中国。

公元590年,开皇十年,庚戌,22岁,填倭塘湖。

公元591年,开皇十一年,辛亥,23岁。填湖竣工,建筑大昭寺。

公元592年,开皇十二年,壬子,24岁。大昭寺竣工,举行隆重的开光仪轨。

《福幢史鉴》记载:西藏雪城,为罗刹女魔仰卧之形,倭塘湖为女魔心血。须填平此湖,建神殿其上。尼泊尔公主请文成公主为之占卜,按其所告,用白山羊负土填湖建寺。

大抵拉萨河谷冲积平原,古时尚多沼泽地。松赞干布与尼后填湖泽建寺,以供养自泥婆罗输入之佛像属实。初用山羊负土,故称该地为"山羊土",并以此作为拉萨古名。其时文成公主尚未入藏。由文成公主占卜之说不可靠。

公元593年,开皇十三年,癸丑,25岁。派遣大臣子弟吐弥桑布扎等赴印度留学,应为此五年(588—593)内事。

公元598年,开皇十八年,戊午,30岁。吐弥桑布扎自天竺返国,创制蕃文。

公元604年,仁寿四年,甲子,36岁。隋文帝崩,炀帝立。

公元607年,隋炀帝大业三年,丁卯,39岁。制颁法律,当在此四年内。

创制文字与颁布法律，为松赞干布一生两大伟业。以理揣度，其时当在迎娶尼泊尔公主之后，受佛教文化影响，派遣留学生往印度。从而采用梵文字形译写本族语言，是为藏文之始。又用藏文制定法律，巩固奴隶主阶级的统治。按藏人传统的说法：他凡两次派人到印度学习文字，第一批7人，皆未学成。第二批16人，只有吐弥一人学成回来，创立了藏文。创制文字，不一定是吐弥一人的功劳，但他应是有较多贡献的。贝尔的《西藏今昔》谓松赞干布曾闭关四年，学习文字。则其制颁法律，可能在隋大业初年。藏历以丁卯年为周甲的开始，不取甲子与阳年为首岁，或许与松赞干布颁布法律之年有关。当时颁布的二十条律文，主要内容在于："令行善者劝，作恶者惩。强梁者以律绳之，贫弱者以法扶之。设四兵以为禁卫。高原畜为水池，谷水导入沟渠"（后二句是比喻，非律文含义）。"定度量衡之法，设阡陌之制。教民习书，为马装备（意为体恤牲畜），创兴礼仪。"

以上皆言法意，下五条似为律文。"争斗者罚金，杀人者依其大小抵偿。盗窃财物者，罚赔八倍，并原物为九。通奸者，断肢体而流之。诳语者，割舌"（见刘立千译《史鉴》）。大约其法律严酷，为后世佛教徒所厌恶，历代曾多次修改，俱仍说为松赞干布所宣布的。有十六条、十八条与二十条不同。通称"十善法律"。贝尔的书说："松赞干布曾颁布德行诫命十八条"，乃是近世所传文本。兹亦录列如下，以资印证：

一、皈依三宝（佛、法、僧）。二、恭敬诚信。三、孝顺父母，报答慈仁。四、于有恩者及尊长，勿拂其意。五、以德报德。六、顺从贤俊及善良人，勿与争斗。七、凡诸行事，力争上流。八、熟读经书。九、信因果。十、畏绝纯恶品（不作恶事）。十一、顾恤亲友，勿施危害。十二、品行端正，心存天良。十三、饮食有节。知耻，守礼。十四、按期偿债。十五、勿用伪度量器。十六、非受命事勿辄受理。十七、所有筹谋，应自保守，勿听妇言。十八、遇是非难判时，宜依地神、护法神为证发誓。

公元608年，大业四年，戊辰，40岁。始经略东部诸羌部，同年，附国入朝于隋。

公元609年，大业五年，己巳，41岁。庶妃孟妇赤姜（从孟地娶入者）生王子贡日贡尊。是年，附国、嘉良诸羌部落，遣使向隋朝入贡。

公元613年，大业九年，癸酉，45岁。隋末农民大起义爆发。

公元616年，大业十二年，丙子，48岁。

公元617年，大业十三年，丁丑，49岁。唐高祖在关中起兵。

公元618年，唐高祖武德元年，戊寅，50岁。平定东部诸羌部落。

"诸羌"，指原西康诸部落，如东女、附国、嘉良、白兰等。大业三年（丁卯）之后，诸羌纷纷向隋朝朝贡，显然是受吐蕃的军事压力，故来依附隋朝。其后，这些部落虽已臣属于吐蕃，但尚不能直接统治，仍然保留国王，作为外藩。迨吐蕃对诸羌实行蕃化政策时，以附国为首的诸羌曾入朝于隋，意图结隋抗蕃。《隋书·附国传》说，"大业四年，其王遣使素福等八人入朝。明年，又遣其弟子宜林率嘉良夷六十人朝贡……请开山道以修职贡"。那时的附国，在今康北地区。他又代表大小左封、昔卫、葛延、白狗、春桑、白兰、北利、当迷、千碉等二十余部落，于大业中同来朝贡，要求隋帝为他们"开山道"，以便往来，说明受逼于吐蕃的情况。入唐朝后，除嘉良为羁縻州外，附国等二十余部就都不见于记载，说明他们已被吐蕃兼并。大抵这些羌部，靠隋朝援助，尚能抵抗吐蕃。隋末，中原大乱，外援无望，就只好彻底降服吐蕃了。

公元623年，武德六年，癸未，55岁。是时，中天竺王尸罗逸多，雄霸五印度。松赞干布遣使入天竺迎请经像。

《旧唐书·天竺传》："当武德中，其国大乱。其嗣王尸罗逸多练兵聚众，所向无敌，象不解鞍，人不释甲，居六载而四天竺之君皆北面以臣之，威势远振，刑政甚肃。"此时，印度国内佛教兴盛。《福幢史鉴》说吐蕃遣使迎请经像，应有可能。

公元626年，武德九年，丙戌，58岁。王孙芒松芒赞出生。这年，唐高祖崩，唐太宗即位。泥婆罗王位被篡，王太子那陵提婆投奔吐蕃。松赞干布发兵讨平尼乱，送王太子回国复位。于是，泥婆罗称臣于吐蕃，迎入哈日旃檀自生之喀萨巴里像，应是此时。

《旧唐书·泥婆罗传》："那陵提婆之父，为其叔父所篡，那陵提婆逃难于外，吐蕃因而纳焉，克复其位，遂羁属吐蕃。贞观中，卫尉丞李义表往使天竺，途经其国，那陵提婆见之大喜，与义表同出观阿耆婆洱池。"查李义表使天竺，在贞观十六年

(642)。泥婆罗内乱与那陵提婆复国，均在武德末年。迎请哈日旃檀像在贞观初年。那陵提婆，永徽初年（650）卒。永徽二年，泥婆罗王名尸利那连陀，曾入贡于唐。此人似即尼后尺尊之胞弟，复国时应已50余岁，卒时在80岁左右，常人不易致此，疑为尺尊之胞侄。总之，与松赞干布有亲戚关系。此时，松赞干布遣人去泥婆罗迎回四佛像，三座佛像均安置途中，唯有圣喀萨巴里像迎入吐蕃，供奉于布达拉宫，作为松赞干布的本尊。估计是那陵提婆复国后益宏佛法，造此四像，分赠松赞干布一尊。

公元630年，贞观四年，庚寅，62岁。始侵党项。
公元657年，贞观五年，辛卯，63岁。党项军事结束。

《新唐书·东女国传》："武德时，王汤滂氏始遣使入贡……贞观中，使复至。"考东女国在今昌都等地方，属附国之西，距吐蕃最近。附国和嘉良，已于隋末覆灭，东女国应亦降属吐蕃。大抵东女与哥邻、白狗、逋租、南水、弱水、悉董、清远、咄霸等八国初皆臣服吐蕃，不胜其压迫，曾经反抗。

其后，党项、吐谷浑境亦皆为吐蕃所并，这些羌族部落的王臣民众又走避到剑南西徼，求唐保护，是为"西山八国"。安史乱后，唐朝自顾不暇，这些部落又复附吐蕃，故世称之为"两面羌"。康区的羌人部落，不肯臣服吐蕃，在一百多年中，流离转徙，以求依唐自立，实际离开了他的故土。

《新唐书·党项传》："贞观三年……其酋细封步赖举部降……请率兵讨吐谷浑。其后诸酋长悉内属。"可见此时，党项尚未受到吐蕃的威胁，而是受到吐谷浑的压力。又说："其后吐蕃寖盛，拓跋畏逼，请内徙。始诏庆州（今甘肃庆阳）置静边等州处之。地乃入于吐蕃。其处者，为吐蕃所役属。"

又查《新唐书·地理志》党项诸州条载，"静边州都督府，贞观中置。初在陇右，后侨置庆州之境。"再查静边各州，如：佑州、蟑州、盖州，皆于贞观四年（630）设置，嵯州、诺州皆于贞观五年（631）设置。其余各州，多半未注明设置年代，可见吐蕃兼并党项，是在贞观四年到贞观五年。

公元633年，贞观七年，癸巳，65岁。命太子贡日贡尊留守本土，自己率军经略东方。

藏文《史鉴》说：松赞干布的泥婆罗王妃和汉妃文成公主均未生子，又纳象雄妃、木雅妃，也无子，最后自盂地纳孟妃赤姜，于阴铁蛇年（辛巳621）生王子贡日贡尊（《王统记》译作巩日巩赞），他13岁即位。其王后于阳火狗（丙戌）年生孟松孟尊（《王统记》译作芒松芒赞）。辛巳至丙戌只6年，再推一丙戌就是66岁，皆非得子的年龄。可知其所记这两父子的生年必有一个是错误的。若还把王子的生年下推一个小甲子，说为"阳土狗年"（戊戌），则王子已18岁，可以生子，也可以监国，让他父亲经营东方了。

吐蕃在松赞干布即位初期，还只有黑教徒用十二生肖纪年之法，即子鼠，丑牛，寅虎，卯兔，辰龙，巳蛇，午马，未羊，申猴，酉鸡，戌狗，亥猪，十二年一回环的方法。文成公主下嫁后，才有六十年为一周甲的纪年之法。正规的藏历，是宋代才有的。故史家考订年代，极易错一小甲子，有时竟错一大甲子。

上文说的"贡日贡尊十三即位"，与他生于己巳年是符合的。这种即位，在汉语说来，只当叫作"监国"。例如唐太宗伐高丽，命太子监国。

公元634年，贞观八年，甲午，66岁。始通于唐。同年，唐朝大举讨伐吐谷浑。

《旧唐书·吐蕃传》说是"朝贡"，《新唐书》作"来朝"，总之是通使了。两书均未记月份。估计当为冬十二月。当时，吐蕃与吐谷浑势均力敌，以巴颜喀拉山脉为界，中间隔着白兰、党项两个部落，暂时互不相犯。松赞干布驻兵康地，推广其宗教与文化，对诸羌实行蕃化政策。同年十日，唐军大破吐谷浑于青海南部，虏其牛羊二万余头，吐蕃始知唐朝的威风，遂遣使通聘，自称法王。吐蕃军队畏惧酷暑，行军或出使到汉地，常在秋冬之季，此次遣使可能是在十月左右。到达唐朝都城，应在十二月间。

公元635年，贞观九年，乙未，67岁。冯德遐随蕃使报聘于行牙。春季，唐军征讨吐谷浑。夏季，破土谷浑，擒其王伏允，立其子顺为王。十二月，顺为其属下所杀，立顺之子诺曷钵为王。

《旧唐书》："太宗遣行人冯德遐往抚慰之"。《新唐书》作"临抚"，并接叙于八年来朝条下，似属贞观八年（634）内事，实际并非如此。蕃使随冯德遐入朝请婚在贞观十年（636），可知贞观八年蕃使来朝在年底，贞观九年（635）唐使与蕃使一同到吐蕃，贞观十年，蕃使又与唐使同来唐朝。其时两国使节初通，语文扞格，道路陌生，而松赞干布经略康地，行无定居，唐使只有在蕃使的陪同下才容易到达松赞干布的行牙。当时，行牙所在必为水草丰美之地，且转徙无定，有似游牧，大约今日玉树、囊谦、竹青、大塘坝、玉隆、昌台、理塘、木雅塔弓寺等处均留有行牙之迹。自从党项羌内徙后，唐太宗已知吐蕃为羌中强国。此时，正在大举攻伐吐谷浑，自然有必要同吐蕃建立联系。

公元636年，贞观十年，丙申，68岁。遣使随德遐来献金币，请降公主。太宗未许。同年十二月，吐谷浑王诺曷钵入朝于唐。

《旧唐书·吐蕃传》云："见德遐，大悦。闻突厥及吐谷浑皆尚公主，乃遣使随德遐入朝，多赍金宝，奉表求婚，太宗未之许。"

《新唐书》作"赍币求昏"。

《政教史鉴》："王授与金钱七枚，谓以此作觐仪。复出朱砂宝石装嵌之珍贵铠甲一袭，谓以此作公主聘礼。并赐金沙一升，属必要时舍之。王又给三锦囊，谓能继续予以指示……于是臣噶尔携王所赐，驱赶骡马，皆同大臣百人，于阳火猴（丙申）年四月初八胜曜之日，向汉地出发。"

以上《旧唐书》所谓金宝，《新唐书》所谓币，藏史所谓金钱七枚，当为西域古金币（《史记》记：大宛"铸金为币，不用银铜"。此币似隋唐时由大食商人输入吐蕃者）。其时为丙申年，其使臣是否是噶尔禄东赞，不得而知，有材料说禄东赞为第三次使者，藏史并三次出使为一次，都说是禄东赞。

吐蕃初期，突厥处罗可汗和颉利可汗弟兄同娶隋义城公主为妻，突利可汗娶隋淮南公主为妻。唐太宗时，吐谷浑王伏允为王子尊王求婚，太宗提出要王子亲自前来迎娶公主，王子借口生病不肯入朝，诏令停婚。伏允死后，立其子顺为王，顺被杀，立其子诺曷钵。诺曷钵于贞观十年（636）十二月入唐请婚。贞观十四年（640）始遣弘化公主，为唐公主下嫁外蕃之始。在该年四月以前不可能有"闻突厥及吐谷浑皆尚公主"之事。

大约松赞干布从出使唐朝的使臣口中得知中原地区富庶丰乐，崇信佛法，因而见到唐朝使者时"大悦"。又从唐朝使者那里听到关于突厥和吐谷浑的事情，因而向唐朝求尚公主。冯德遐可能考虑到为了对付吐谷浑，争取吐蕃归附唐朝，从而怂恿吐蕃向唐朝请婚。后来吐蕃已经攻破吐谷浑，占领吐谷浑南部地方，才知突厥、吐谷浑尚唐朝公主之事。从而亦向唐朝请婚的。此时松赞干布已68岁，王子贡日贡尊已28岁，王孙芒松芒赞11岁，究竟是哪一个人请尚公主呢？史未明言。以理推之，松赞干布已与唐朝使者相见，必不能掩盖其皓首，而为他自己请尚公主。因而他有可能是援照吐谷浑王伏允为其王子或王孙请婚之例，为贡日贡尊请婚。迨文成公主入蕃后，由于某种变故才自纳为妃。

公元637年，贞观十一年，丁酉，69岁。发羊同兵击吐谷浑，吐谷浑不支，走避于青海之阴。

《旧唐书》："使者既返，言于弄赞曰：'初至大国，待我甚厚，许嫁公主。会吐谷浑王入朝，有相离间，由是礼薄，遂不许嫁'。弄赞遂与羊同连，发兵以击吐谷浑。吐谷浑不能支，遁于青海之上，以避其锋，其国人畜并为吐蕃所掠。"

《新唐书》："使者还，妄语曰：'天子遇我厚，几得公主，会吐谷浑王入朝，遂不许，殆有以间我乎？'弄赞怒，率羊同共击吐谷浑。"

大抵吐蕃误认文成公主为唐太宗亲女，且误认为只此一女，因而吐蕃使臣见太宗许吐谷浑王婚事而拒绝自己，误以为吐谷浑后至，与己争聘，故松赞干布以为唐朝重吐谷浑而轻视吐蕃，遂大发兵耀武于吐谷浑。实际上是向唐朝示强。当时，松赞驻于康地，兵力不集中，征集羊同（今为羌塘）等部兵力共同出击。诸曷钵于十年十二月朝于唐，则蕃使之归，与松赞出兵，皆当在贞观十一年内。

公元638年，贞观十二年，戊戌，70岁。破白兰、党项诸羌。逼唐松州，遣贡使胁婚。太宗遣候君集率军击之。蕃军退，仍遣使请婚。太宗许之。同年，吐蕃王子贡日贡尊卒，大臣等复奉王孙孟松孟尊为监国。

《旧唐书》："于是进兵攻破党项及白兰诸羌，率其众二十余万，顿于松州西境。遣使贡金帛，云来迎公主。又谓其属曰：'若大国不嫁公主与我，即当入寇'；遂进攻松州。都督韩威轻骑觇贼，反为所败，边人大扰。太宗遣吏部尚书候君集为当弥道行营大总管，右领军大将军执失思力为白兰道行军总管，左武卫将军牛进达为阔水道行军总管，右领将军刘兰为洮河道行军总管，率步骑五万以击之。进达先锋自松州夜袭其营，斩千余级。弄赞大惧，引兵而退，遣使谢罪，因复请婚。"

《新唐书·本记》："八月壬寅，吐蕃寇松州，候君集为当弥道行军大总管，率三总管兵以伐之。九年辛亥，阔水道行军总管牛进达与吐蕃战于松州，败之。"

《新唐书·吐蕃传》："初东寇也，连岁不解，其大臣请返国，不听，自杀者八人。至是弄赞始惧，引而去。"

按：松州之役并非大战役，"弄赞大惧"似乎过分夸张。松赞干布胁逼松州，意在求婚，非为占地。及见唐朝不肯示弱，乃退兵以避冲突，但仍遣使请婚，非得公主不可。是松赞干布并未因兵败而畏惧。

《新唐书》补叙八大臣尸谏事，说是厌战，其实不然。估计是为监国王子贡日贡尊之死，担心国内生乱，盼望松赞返回本部所致。藏文《史鉴》说贡日贡尊在位五年，薨于布达拉山。又说孟松孟尊十三岁时掌理国政。查自武德九年（626）到贞观十二年（638）恰为13岁。刚为贡日贡尊监国五年。似乎他是死在吐蕃攻松州之前，故大臣坚决要求松赞撤军返国，以至于尸谏。估计松赞干布当得到消息时，十分沉着冷静，认为蕃众不敢叛乱，王孙仍可继续监国，实权仍在松赞本人掌握。对唐朝的请婚打算坚持到底，后来发现唐军势锐，威胁不了。而大臣们都主张撤军，才返回拉萨。在归途中仍然遣发请婚使节，表示非迎娶唐朝公主不可。

这次发遣吐蕃使臣，所献"金帛"的"帛"字，应是《旧唐书》字误。帛为中原特产，当时吐蕃所无，不会作为贡品。《新唐书》作："命使者贡金甲，且言迎公主"。改作"甲"字，是正确的。藏文《史鉴》也说，这次贡献的是金甲。并说使臣禄东赞夸称"此琉璃宝甲，具有诸种功德。若遇人畜瘟疫，着之绕行城市一周，疫自消除。着之周行田间，能克化冰雹霜冻之害。着之战争，必获胜利。南瞻部州内，此甲价值无量。以此为公主聘礼"。按：松赞干布以金甲为聘礼，是隐约暗示武力胁婚之意。并非因此甲就是唯一的宝物。

公元639年，贞观十三年，己亥，71岁。返拉萨，复亲庶政。这年，唐朝征伐高昌（今吐鲁番）。吐谷浑王诺曷钵入朝迎女。

藏文《史鉴》说："贡日贡尊卒于父王生前。于是松赞自松州退返拉萨，重理国政。"

公元640年，贞观十四年，庚子，72岁。遣禄东赞献黄金器千斤。这年，唐朝攻克高昌，置西州，弘化公主出嫁于吐谷浑。

《旧唐书·太宗纪》说：这年闰十月，"丙辰，吐蕃遣使献黄金器千斤以求婚"。说求婚，证明以前请婚未得许可。《旧唐书·吐蕃传》说："遣使谢罪，因复请婚，太宗许之。弄赞乃遣其相禄东赞致礼，献金五千两，自余宝玩数百事。"

《新唐书·吐蕃传》说："以使者来谢罪，固请婚，许之。遣大论薛禄东赞献黄金五千两，它宝称是，以为聘。"说明是许婚之后，再来致聘。估计许婚在贞观十二年（638）冬。此时，只是纳聘。《本纪》之文可能有误。以前吐蕃赴唐使臣并非禄东赞，此次才是禄东赞。藏文史料上说：噶尔（禄东赞）最后把一升金沙送给旅店主妇，才在她的协助下认出文成公主，得以迎回吐蕃。另详《文成公主下嫁考》。

公元641年，贞观十五年，辛丑，73岁。禄东赞来长安迎公主。太宗以宗女文成公主下嫁吐蕃，松赞干布命令王孙孟松孟尊率军抵柏海，亲迎于河源。这年，天竺王尸罗逸多遣使朝贡于唐。

《旧唐书·太宗本纪》载：这年，"正月丁卯，吐蕃遣其国相禄东赞来逆〔迎〕女。丁丑，礼部尚书、江夏王道宗送文成公主归吐蕃。"

《旧唐书·吐蕃传》："贞观十五年，太宗以文成公主妻之，令礼部尚书、江夏郡王道宗主婚，持节送公主于吐蕃。弄赞率其部兵次柏海，亲迎于河源。见道宗，执子婿之礼甚恭。既而叹大国服饰礼仪之美，俯仰有愧沮之色。"

《新唐书·吐蕃传》："妻以宗女文成公主"。"宗女"二字说明非亲生女儿。太宗共有二十一女，并无文成公主与弘化公主。

道宗为太宗族叔，唐初名将，在宗室诸王中最贤明。吐谷浑之役，穷追伏允至碛尾，声誉很高，在吐蕃亦有一定影响。因此，太宗命其主婚。当时吐谷浑王诺曷钵受封河源王，其境域南至大非川而止。其南旧领土的柏海等处已被吐蕃占据，故王孙候婚于柏海。唐代曾置河源军于鄯城县境（今西宁西南）。《新唐书·吐蕃传》说："筑馆河源王之国"，即谓吐谷浑的王庭所在（考在今青海兴海县）。因当时吐谷浑亲唐，其国即为唐境，故在其境内筑馆，为吐蕃迎接文成公主之所。但是，吐蕃不久之前攻破吐谷浑，双方为敌国，故此次越境亲迎，不能不担心遭到袭击。所以又先派大军驻于柏海应援。柏海即今青海鄂陵湖，有下列史证：

《新唐书·吐谷浑传》："柏海近河源，古未有至者。"又说："行空荒二千里……阅月，次星宿川，达柏海上，望积石山，览观河源"，所说的河源，指星宿海黄河水源。其附近纵横千里，辽阔草原一望无际，无树木。黄河河谷两侧除沮淤地之外，生长有桧柏枝松等灌木林，因而称为"柏海"。自贞观十一年（637）之后，这一带地方为吐蕃北境，故蕃人顿军于此。

到河源去迎亲的人是谁？新旧《唐书》均说是松赞干布本人。其实，那时松赞已73岁高龄，未必会来"执子婿礼"。同时，冒险通过吐谷浑境内，还不免有被袭击的危险。从以上情况来看，到河源迎亲的人不一定是松赞本人，也可能由外人冒充，或为王孙孟松孟尊。当时王孙已有16岁，见识不广，在富丽堂皇、纷华热闹场所表现出愧惧神态，是有可能的。

公元642年，贞观十六年，壬寅，74岁。文成公主至吐蕃，松赞干布纳之为妃。建造慈莫其神殿，即小昭寺，用以供奉公主带来的觉阿佛像。这年，唐朝遣李义表经过吐蕃和泥婆罗报聘天竺。

藏文《史鉴》说："文成公主一行在邓马岩刻弥勒佛像一尊，普贤行愿品文两部，停留了一月。又至彭波山停与行猎，然后到白马乡耕地安置水磨，停留两个月。到了郭洞门之后，禄东赞才从后赶到。行程共计半年。"文成公主到拉萨后，未与孟松孟尊成亲而与松赞配偶，可推断为多种原因：一、松赞干布虽老而精神矍铄，爱慕中华文化与公主之美，因而自纳。二、禄东赞等大臣见公主精明能干，虑其将来外仗唐朝之势，内控幼主孟松孟尊，不利于大臣专国，故劝松赞干布自纳为妃。藏文《史鉴》中记载文成公主到拉萨后，禄东赞久不让与藏王晤面，可能事出有因。三、吐蕃人当时的伦理观念与中原不同，父子祖孙可以相承同娶一妻，如赤松德赞与王子木列尊波（《王统记》作木内赞宝），即先后以藩扬女为妃（《王统记》作抛容女），藏史并不讳言。这种习俗，匈奴、突厥、唐朝也有，载在汉、唐史籍。

藏人传说：文成公主仪从极盛，嫁奁甚丰。其中使吐蕃人最注意的为释迦十二岁身量的一尊觉阿佛像。说它就是佛陀法、应、化三身之一，是佛法的灵源，原供奉在小昭寺内，后因松赞干布死后谣传中原要出兵来取回此像，蕃人把它埋藏到大昭寺内。后来唐蕃和好，金城公主入藏后，又才掘出，供奉在大昭寺正殿。即是现在大昭寺内那座珍贵佛像。另外，还说有一座慈氏佛像，也很珍贵。更还有琉璃宝钵，及其他金银宝物绫罗装具、生活用品甚多。是用"大象，骆驼、骡马"和大力士贾拉噶、鲁噶等用车子运载的。

《旧唐书·吐蕃传》："及与公主归国，谓所亲曰：'我父祖未有通婚上国者。今我得尚大唐公主、为幸实多。当为公主筑一城，以夸示后代'。遂筑城邑，立栋宇以居处焉。"

《西藏王统记》上记载说，在文成公主入藏前拉萨已开始大兴土木，戊戌年（638年）完成了在平原沼泽地带填土的工程，同年开始修筑拉萨市街，乙亥年（639年）建筑神殿，请来许多技艺高超的尼泊尔与汉地的工匠。公主入藏之后，按照公主的心愿先后修建了小昭寺及十二座神殿，并为尼泊尔公主修建了大昭寺。另有史料记载说，相传松赞干布为文成公主在布达拉红山上修建了999间房屋，连山顶心楼共计1000间，以夸后世。这种传说缺乏根据，今日布达拉宫的规模是17世纪时五世达赖和第巴桑结嘉错下令扩建而成的，非唐代即有如此规模。

公元643年，贞观十七年，癸卯，75岁。转慕华风，派遣子弟就唐太学，当是此年前后间之事。这年，李义表至天竺。

《旧唐书·吐蕃传》："公主恶其人赭面，弄赞令国中权且罢之（《新唐书》作'下令国中禁之'）。自亦释毡裘，袭纨绮，渐慕华风。仍遣酋豪子弟，请入国学以习诗、书。又请中国识文之人典其表疏。"这可见文成公主的才干，足使一世雄主在晚年放弃长期仰慕的印度文化而转慕华风，进而着力于沟通吐蕃与中原的文化，派遣子弟入唐太学读书，延请中原儒士典其疏表。《唐书》中说的仲琮、名悉腊二人就是当时学有成就后才回吐蕃，屡次出使来唐，没有语文扞格的吐蕃学生。

《新唐书·吐蕃传》说："吐蕃遣大臣仲琮入朝。仲琮少游太学，颇知书。帝召见问曰：'赞普（指孟松孟尊）孰与其祖（指松赞干布）贤？'对曰：'勇果善断不逮也，然勤以治国，下无敢欺，令〔今〕主也。且吐蕃居寒露之野，物产寡薄，乌海之阴，盛夏积雪，暑氇冬裘。随水草以牧，寒则城处，施庐帐，器用不当中国万分一。但上下一力，议事自下，因人所利而行，是能久而强也。'帝曰：'吐谷浑与吐蕃本甥舅国，素和贵叛其主，吐蕃任之，夺其土地。薛仁贵等往定慕容氏，又伏击之，而寇我凉州。何邪？'仲琮顿首曰：'臣奉命来献，它非所闻'。帝媿其答。"足见这个人的文化水平。

《旧唐书·吐蕃传》谓："（开元）十八年十月，名悉腊等至京师……悉腊颇晓书记，先曾迎金城公主至长安，当时朝廷皆称其才辩。及是上引入内宴，与语，甚礼之，赐紫袍金带及鱼袋，并时服、缯彩、银盘、胡瓶，仍于别馆供拟甚厚。悉腊受袍带器物而却进鱼袋，辞曰：'本国无此章服，不敢当殊异之赏'，上嘉而许之。"他们虽是较晚出生的人，却要算作松赞培养起来的。汉籍上未记载有汉人习藏文者，只记载了这两个学习汉文的吐蕃人，足见当时松赞干布吸收和借鉴先进文化来促进吐蕃的社会经济文化向前发展，而不怕先进文化打破他的奴隶制统治，的确是个了不起的人物。

《旧唐书·天竺传》："贞观十五年，尸罗逸多自称摩伽陀王，遣使朝贡，太宗隆玺书慰问，尸罗逸多大惊，问诸国人曰：'自古曾有摩阿震旦使人至吾国乎？'皆曰：'未之有也。'乃膜拜而受诏书，因遣使朝贡。太宗以其地远，礼之甚厚，复遣卫尉丞李义表报使。尸罗逸多遣大臣郊迎，倾城邑以纵观，焚香夹道。逸多率其臣下东面拜受敕书，复遣使献火珠及郁金香、菩提树"。从路程上所需时间来推算，义表到达天竺应在贞观十七年（643）。他是从吐蕃去的。

公元645年，贞观十九年，乙巳，77岁。唐太宗亲征高丽。

公元646年，贞观二十年，丙午，78岁。太宗征高丽归，松赞遣禄东赞来献金鹅，奉表贺。

《旧唐书·吐蕃传》："太宗伐辽东还，遣禄东赞来贺，奉表曰，'圣天子平定四方，日月所照之国，并为臣妾，而高丽恃远，阙于臣礼。天子自领百万，渡辽致讨，辽城陷阵，指日凯旋。夷狄才闻陛下发驾，少进之间，已闻归国。雁飞迅越，不及陛下速疾。奴忝预子婿，喜百常夷。夫鹅，犹雁也，故作金鹅奉献'。其鹅黄金铸成，其高七尺，中可实酒三斛"。按此表应系松赞延请的汉族儒生所撰。其他书表上称皇帝，自称外甥，此表独称"陛下""夷狄""奴"等，文中所用"臣妾""臣礼""度辽""致讨""子婿"等均是汉族古典文学上具有典型性的语，在翻译文字中极少见到。太宗伐辽东，于贞观十九年（645）二月出发，六月至安市城，九月班师，贞观二十年（646）三月至京师。松赞闻太宗返京而后奉表。其表送到唐朝应在冬初之时。

公元647年，贞观二十一年，丁未，79岁。王玄策使天竺，为中天竺所掠，走入吐蕃。松赞发兵助之，还讨天竺。

公元648年，贞观二十二年，戊申，80岁。吐蕃与泥婆罗军助王玄策击破天竺，献捷于长安。

《旧唐书·天竺传》："遣右率府长史王玄策使天竺，其四天竺国王咸遣使朝贡。

会中天竺王尸罗逸多死，国中大乱，其臣那伏帝阿罗那顺篡立，乃尽发胡兵以拒玄策。玄策从骑三十人与胡御战，不敌，矢尽，悉被擒。胡并掠诸国贡献之物。玄策乃挺身宵遁，走至吐蕃，发精锐一千二百人，并泥婆罗国七千余骑，以从玄策。玄策与副使蒋师仁率二国兵进至中天竺国城，连战三日，大破之，斩首三千余级，赴水溺死者且万人，阿罗那顺弃城而遁，师仁进擒获之。虏男女万二千人，牛马三万余头匹。于是天竺震惧，俘阿罗那顺以归。二十二年至京师。"《旧唐书·太宗本纪》载：（二十二年）"五月庚子，右卫率长史王玄策击帝那伏帝国，大破之，获其王阿罗那顺及王妃、子等，虏男女万二千人、牛马二万余以诣阙。"又："吐蕃赞普击破中天竺国，遣使献捷。"由此可见，王玄策在中天竺被掠和走入吐蕃，均当在二十一年。破中天竺，当在二十一年冬末，或二十二年初春。王玄策与吐蕃分别献俘，均在同年五月。

《新唐书·西域上》作："二十二年，遣右卫率府长史王玄策使其国，以蒋师仁为副……玄策挺身奔吐蕃西鄙，檄召邻国兵。吐蕃以兵千人来，泥婆罗以七千骑来，玄策分部进战茶铺和罗城，三月破之。斩首三千级，溺水死万人。阿罗那顺委国走，合散兵复阵。师仁禽之，俘斩千计。余众奉王妻息阻乾陀卫江，师仁击之，大溃，获其妃、王子，虏男女万二千人，杂畜三万，降城邑五百八十所。东天竺王尸鸠摩送牛马三万馈军，及弓、刀、宝璎络。迦设路国献异物，并上地图，请老子像。玄策执阿罗那顺献阙下。"

从以上记载来看，这些战役是很壮烈的。阅时当有一年多。唐史说在贞观二十二年（648），是不准确的。实际帮助大唐作战的人，以尼泊尔人为多。但那时的泥婆罗臣服于吐蕃。实际仍是松赞干布帮助大唐取得这场胜利的。松赞干布由于娶了文成公主，与唐室亲密，才能出兵援助王玄策。又由于吐蕃人对热带气候不适应，所以又多用泥婆罗军队出击。这次战役使五天竺人重视大唐，亦重视吐蕃，也使吐蕃之名在亚洲西南部及欧洲各民族的史籍中记载下来。藏族史学家夸耀吐蕃版图包括北印度，也是就此次战役言之。

王玄策归国，显然是取道吐蕃，与吐蕃献捷使者同时到达。玄策的表文先到，吐蕃的表文后到。唐史臣便分作两次载入国史。故必须综合两唐书的《本纪》、《吐蕃传》与《天竺传》分析，才易看清全局。

公元649年，贞观二十三年，己酉，81岁。唐太宗崩。高宗即位，封松赞驸马都尉、西海郡王。松赞致书司徒长孙无忌，献金琲15种，以荐昭陵。高宗嘉之，进封賓王。又请蚕种及造酒、碾、硙、纸、墨之匠，并许之。镌其像于昭陵。

《旧唐书·吐蕃传》，"高宗嗣位，授弄赞为驸马都尉，封西海郡王。赐物二千段。弄赞因致书于司徒长孙无忌等云：'天子初即位，若臣下有不忠之心者，当勒兵以赴国除讨。'并献金银珠宝十五种，请置太宗灵座之前。高宗嘉之，进封为宾王，赐杂彩三千段。因请蚕种及造酒、碾、硙、纸、墨之匠，并许焉。乃刊石像其形，列昭陵玄阙之下"。

估计此次表文系松赞干布亲笔藏文函件，所以文字风格与"贺平高丽表"迥然不同，也与其他函件译文有所不同。确实是松赞的口气。他这函件不写给新君而是致宰相书，正因为按吐蕃的习俗：新君即位初期，国政一般是由大臣主持。太宗五月去世，松赞闻讣致献，应在秋冬之间。其请蚕种请匠人等事可能是嘱咐使臣参谒时当面请求或且出自文成公主之意。要养育蚕种，离不了桑树，而吐蕃植桑不适宜，因而蚕桑在吐蕃未能发展，硙即石磨的古称，水硙创自魏晋年代，今在西藏是磨糌粑的主要工具。纸墨等也是松赞干布输入唐朝文化的标志，后来吐蕃人已能自己制造纸墨，但还不习用毛笔。

公元650年，高宗永徽元年，庚戌，82岁。卒于彭玉色莫冈。在位七十年。王孙芒松芒赞即位。讣至唐，高宗遣鲜于匡济赍书入蕃吊祭。

大抵松赞干布因养病，住在彭玉色莫冈别墅，在庚戌年春季逝世。讣使于夏五月到达唐朝京城长安。故《旧唐书·高宗纪》有永徽元年（650）五月条载："吐蕃赞普死，遣右武卫将军鲜于匡济赍玺书往吊祭"。藏文《史鉴》说他于"八月初十圆寂"，是历法未精的错误。

《敦煌古藏文历史文书》编年史第一条云：及至狗年（650），安置赞普祖墀松赞之遗骸于琼瓦，长期匿丧不报。孙墀芒伦芒赞赞普驻于美尔盖，为时一年。（见王尧译：《吐蕃古藏文历史文书》）其中"长期匿丧不报"是何原因不可解。吐蕃讣使于650年夏季到达唐朝。而唐书与吐蕃文书均记载其去世于650年。可见对唐朝来说是立即报丧的。对吐蕃境内人民是否宣布，则不得而知，可能由于怕国内有人因丧作乱，因而秘不发丧。迨唐朝致祭使到，又才发丧。举行祭祀。

泥婆罗王妃何时死的，无从查考。于理，当在松赞卒之前。至于文成公主则后于松赞30年，史有明文：

《旧唐书·高宗本纪》：调露元年（仪凤四年六月改元）十月云："癸亥，吐蕃文成公主遣其大臣论塞调傍来告丧（赞普芒松芒赞之丧），请和亲。"又《吐蕃传》载："永隆元年，文成公主薨，高宗又遣使吊祭之。"调露三年八月，改永隆元年。因而文成公主逝世，应在这年八月之后。估计吐蕃历史学家把文成公主于八月初十日卒，统加于松赞与泥婆罗王妃三人头上，加以神话渲染。

从松赞干布开始，吐蕃历代赞普去世后都派人到唐朝去告丧。当唐朝皇帝更替时，吐蕃也照例遣使吊祭。从公元634年到846年之间，唐蕃双方官员往来次数达到191次之多。平均一年零一月就有一次往来，在当时交通极不便利的情况下，这是汉藏两族人民友好关系的证据，为西藏加入祖国版图起到了良好的重要作用。

跋丁实存《驻藏大臣考》

(1944)

丁实存著《驻藏大臣考》,约十万言,蒙藏委员会印,边疆丛书之一,三十二年(1943)十月出版。承丁君寄赠一册,工暇读之,逾月始竟。旧读丁君《康藏书录解题》,服其博洽。后游北碚,访其人,参观其工作,服其精勤。兹读此书,服其翔实有证。佩慰之余,率跋数纸,即以介绍研究西藏问题者。

关于西藏之著述,中、西、新、旧约五百种,其取材精博,断制谨严,体要明备,文质两佳,无愧于著作之林者,不远百种。略为汇分,可得四宗:

1. 点的记载

描写一山一水、一城一邑、一家一族之文。如哈姆之《木雅贡噶》,法尊之《宗喀巴传》等。此类非真知切识者不能为,故多佳品。然汉文未见有之。近来科学考察之作,散见各杂志中,不乏佳作,然概未成书也。

2. 线的记载

地理方面,以游记为多。心境空明,眼光锐利,记叙忠实,见解卓越者为上。国内之著,图籍佳者,如姚莹《康輶纪行》,陈渠珍《艽野尘梦》,殊不多见。短篇较多,如《入藏驿站》《藏行纪程》《西輶日记》《草地日记》,及赵一清、庄学本、赵玉双等未发表之日记,俱有特殊价值。惟如陈重生《西行艳遇记》、柯羽操《西藏游记》,一类全部妄造者,亦属不少。历史方面,则以家谱、世谱为多。藏籍颇丰,汉籍则鲜矣。汉文西藏历史之线的记载,旧有魏源《抚绥西藏记》,近有谢彬《西藏交涉史略》、张其勤《宗教源流考》。魏氏简略而多讳饰,谢氏仅小册,张氏则取材未善,俱不能使人无憾。

---

① 载《边政公论》1944年第3卷第7期。

3. 面的记载

就足迹之所至，见闻之所及，搜讨之所得，总述一地之全貌，一事之原委，旁及相关之一切条件，以为专书，如古教士之《川边与滇边》，傅大臣之《西康建省记》，华德尔之《西藏喇嘛教》，台克满之《西康旅行记》者，皆已展拓线的范围，至于全面。其难在涉览宏博，考订翔实，悉得其要，而无所遗。非如点线两类著述，直记见闻，无用纂组辑集者比也。

4. 体的记载

综记全藏一切情形之书，我国旧有《西招图略》《西藏赋》《卫藏通志》《卫藏图识》《西藏图考》等，近有法尊之《近代西藏》。西文则唯贝尔《西藏之今昔》足以当之。《西藏图考》等，皆述而不作。通志缺略其名。松筠、和宁、法尊、贝尔四氏，因驻藏久，观察较周，其书始有可取。夫集点成线，点不明则线无所取矣；集线成面，线不密则面无所取矣；集面成体，面不足则体无所取矣。世儒或尚未能明其一点一线，辄欲杂凑所知以为全体描述，扣盘扪烛，必所难免。此近世坊间西藏问题各书所以鲜可观者也。

丁君此书，虽仅属于线的记载，然其选点之精博，展拓之广泛，纂组之细致，实足代表有清一代对藏政治之全面。谓为清代西藏政治史，亦无不可。综其优点，约有五端：

（1）史学家易，莫易于点的叙述与断线的叙述；难，莫难于断线的补缀与面或体之创作。西藏书籍，虽已汗牛充栋，迄无一骨干完整，首尾美备之全面著作。夫治一国之史，先得其帝王传承之年表，以为提纲，然后可使细密无讹。地方史书，则必依行政最高首长之承替，以考政治兴衰之痕迹。此方志所以必载职官也。驻藏大臣之贤否，关系一代西藏政局者甚巨。《卫藏通志》所载，至乾隆六十年（1795）而止。嘉庆《四川通志》，也不能有若保增益。《清史稿·疆臣年表》，辑列较备，亦无帮办大臣。且皆不详其事实，于研究藏事无甚裨补。惟此书于二百年来驻藏正副大臣，考得一百一十人之多，均各搜讨其行事，与在职年月，承替因缘，及其关系藏局之重大事实，旁及设置驻藏大臣之缘由，与西藏政治宗教之特殊关系，大臣之职权与政绩，及其批评。在我国史籍中一一体现，使此工作，施于内地各省疆臣，亦且为不朽盛业，况于史料贫乏、史迹模糊之西藏，成此巨著，参考价值可得而知矣。

（2）本书取材于《东华录》《西藏通志》《大清会典》《耆献类征初编》《宣统政纪》《清史稿》《清季筹藏奏牍》及其他西藏书籍甚繁，即《东华录》一种，合蒋良骐、王先谦、潘颐福、朱寿明诸人正续各录，及金静盦《宣统政纪》已达千卷，《耆献类征初编》纂辑先正事略及清代史馆传记，与私家碑文集，成书亦六百余卷。《清史稿》有五百余卷。关于驻藏大臣之材料，散见其中，非经检阅全文，不能掇拾。况所参考，不止此乎。丁君以一人之力，驰骋书城，披砂觅金，纂成如此巨帙，不啻为全国研究边疆人士，省却十年读书工夫。值此抗战方酣，后方书籍困难之际，其有功于士林者，为何如耶！

（3）著书有述而不作者，如黄需翘《西藏图考》，其弊失在于呆滞；有作而不述者，如近世若干边疆论文，其弊失在于嫖轻；有汇纂诸书，毁其本来面目，自为一家之言者，如通志、通典之类，其弊失在于偷巧；有述作参互，引用必记起讫，标以符号，如近世诸考据论文者，其弊失在于繁累耗纸。丁君此书，消化众材而纂述之，去其枝叶，植其体干，不必存用原文，而多志其出处，使读者浏览则可省时，钻研则知所趣，体大而端，文省而备，抗战期中出书，当以此为良范也。

（4）其书第三章对创设驻藏大臣之时间，先从《圣武记》《西藏图考》两书记年之歧出，出发考订，博参《大清会典事例》《东华录》《耆献类征初编》，而以设置大臣之原因与事实为判，断为雍正五年（1724）正月丁巳，可谓善于考订。又第五章，考普福系继舒濂，更正《清史·疆臣年表》之误。第五章，考雅满泰仅为帮办大臣，又足正本传之误。此外如佛智，如锡缜及各大臣之到职时间，皆详细考订，又非漫为纂述，任其牴牾者比也。

（5）末章搜集乾隆上论，福康安奏书、张荫棠弹章、吴丰培评骘，参以本人比较观察之批评，综为结论，著字不繁，于上下二百年中人物臧否，藏政得失，列于指掌。中间既无刻薄之吹求，亦非国人为口舌，忠恕严肃，足称允当。人地译名歧出，各仍原书，未加划一，尤以地名为甚。据序例目，正副大臣中，缺者尚约十人，未经辑得。是皆今日著作决不能免之小疵，未足为创作病也。深盼丁君更进一步，搜讨余书补足全录，旁及左右参赞与达赖噶伦等，更纂为驻藏大臣年表，或西藏正丛等类。在丁君仅一篑之功，于来者无边之善。丁君其纳之耶？

《吐蕃传》地名考释

(1982—1984)

《旧唐书》《新唐书》皆有"吐蕃传"。其他如《通典》《唐会要》《册府元龟》《通志》及《太平寰宇记》等史、地名著,也都有专记唐代吐蕃情俗的章篇。历史事实,已多有人考订。惟独地名,几乎无人考订。但如地名不能落实到地图上来,则历史事实也成了悬空缥缈的故事,不可能收古为今用之效。我们综合参验上列各书,与近世实测地图,考订传文中的地名,只是初步工作。希望从此开始,引出多种见解不同的讨论,去粗取精,求得一是。

一

(一) 吐 蕃

吐蕃国名,本只有"蕃"(བོད=Dod)一个字,唐初译音字作"蕃"。其"蕃"字以"番"为声,古音"鄱"(婆、播、波同),鄱阳湖的"鄱",古原作"番"。《史记·伍子胥传》之"伐楚取番",《索隐》云"盖鄱阳也"。《诗·小雅·十月》之"番维司徒";《汉书·高帝纪》之衡山王吴芮号"番君",与《诗·大雅·崧高》之"申伯番番",诸"番"字皆读如"鄱","婆"音。《汉书·地理志》,鲁国有蕃县,应劭注曰:"邾国也,音皮。"《后汉书·党锢列传》,有人名"蕃响",即番君之裔。其字皆读如"婆"。应劭云"音皮"者,皮字古音亦读如"婆",蒲何反。《诗·召南·羔羊》"羔羊之皮,素丝五紽。退食自公,委蛇委蛇。"紽、蛇皆读"沱"音,皮与之叶。又《左传》宣二年,宋华元与筑城者对讴之辞云:"牛则有皮,犀、兕尚多,弃甲则那"(音罗)。与"从其有皮,丹漆若何。"皆可证"皮"字在周代只读

---

① 本文原载《西藏研究》2—9期,系与曾文琼合作。

"婆"。至后汉末,可能尚读如"婆"。故应说如此。婆、播、鄱、波、今仍是 bo 音。番、蕃与此四字,在周、秦、汉世,皆无"翻"(fan)音。经六朝、隋、唐乃有读为"翻"者。唐人译 བོད་ 为"蕃",其音固不当是 fan,只当读为 bō,或 bó(播或婆),微带"特"之尾音而已。宋以来汉人乃皆读"蕃"与"番"皆为 fan 音。

这个蕃国,原是位于雅鲁藏布河谷的一个羌族部落发展起来的。所以《后汉书·西羌传》把他称为"发羌"。"发"字,古音也只读如 bo。如《诗·豳风·七月》"一之日觱发",《卫风·硕人》"鳣鲔发发",皆当读如"拨"字之音,汉儒已有成说。清顾亭林考证尤详。由后汉伏无忌已译 བོད་ 为"发羌",其后范晔仍用其字,足知汉魏世"发"字仍是 bo 音。"拨""泼"等字为"发"字的演变,义仍相近,音则无改。刘昫《旧唐书》说,"南凉秃发利鹿孤之后也。……济黄河,逾积石,于羌中建国。……遂改姓为窣勃野,以秃发为国号。语讹谓之吐蕃"。所谓"或云",不知是指何人何书,其荒谬是可以肯定的。

《西羌传》说,"发羌、唐旄等绝远,未尝往来"。又说,"徕唐遂弱,其种众不满千人,远逾赐支河首,依发羌居"。又"隃麋相曹凤上言……烧当种……余胜兵者,不过数百,逃亡栖窜,远依发羌"。足见两汉之际,བོད་ 这个羌落,虽未直接与中原交通,在烧当羌蟠据赐支河首(今青海果洛州地)的时候,已间接为华人知道了。到了北魏、周、隋三世,中原与蕃互相了解之处更多。《隋书》无他的传记,也只是由于其时蕃国没有朝贡聘问的使者,并非那时还没有蕃国。但看"贞观八年(公元 634)其赞普弃宗弄赞始遣使朝贡"就已能"率其众二十余万顿于松州西境,遣使贡金帛",胁唐朝嫁公主给他(上引用《旧唐书》文。《新唐书》及其他汉藏史籍并用)。就可相信他在十几世前,已经发展成为康青藏高原上最强大的国家了①,哪还会容许秃发樊尼来此建国。

宋代欧阳修和宋祁等撰成的《新唐书·吐蕃传》,就比较有见识,能把"发羌"这条资料抓出来。但他又说:"蕃发声近,故其子孙曰吐蕃"。查蕃字与发字,在秦汉以前的古音为 bo,是相同的,在宋代的音变为 fan 与 fa,才是相近的。他这句话的语病还小,再下一句,"故其子孙曰吐蕃"语病就更大了。

"吐蕃"二字,原不是发羌后裔的自称。他的自称用藏文写出只是 བོད་ 一个字,只应译为"发"或"蕃"的一个字。《两唐书吐蕃传》所记入蕃使臣的职称,如"入蕃

---

① 藏文史籍载自聂直赞普为王,至松赞干布已传了三十二世。(《福幢史鉴》与英人查理贝尔的书皆如此说)

使""和蕃使""答蕃使""入蕃会盟使""西蕃会盟使"等，皆只单称为蕃，不带吐字。元和以前所载盟文，亦皆单称曰"蕃"，不作"吐蕃"。唯长庆二年（822）盟文，乃以"大蕃"与"巨唐"或"大唐"对称。其碑原是三个，长安、赤岭二碑今已没了。惟在拉萨一碑，今尚保存。系汉、藏文对照译刻，如此对译"大蕃"二字多到二十余次，皆作 bo tsx，即"大蕃"之义。很明显，这个羌族部落，原就称为"蕃"，直到国已强大，还是只称为蕃，没有"吐蕃"的自称。不过当已强大到与唐匹敌时，见中华行文屡自为"大唐"，知道"大"字是骄傲邻国的帽子字，遂亦袭用"大蕃"格式，对唐行文，叫"典其疏表"的华文仲译在蕃字前面加个"大"字（实际是把 tsx 字译为大，依唐俗改写在蕃字之前）。但中华的皇帝和大臣总不愿接受"大蕃"的称呼，初期行文总只称他为"蕃"。例如《吐蕃传》中的清水盟文，就是以"唐"字与"蕃"字对称的。到长庆二年（822）的甥舅盟碑，才用"大唐"与"大蕃"对称起来。但蕃国方面，则自文成公主死后，对唐行文都是称"大蕃"的。这可由《吐蕃传》里建中二年（781），入蕃使判官常鲁奏赞普责使臣崔汉衡云："我大蕃与唐，甥舅国耳，何得以臣礼见处？"可知蕃国对唐，是自称"大蕃"的。

为什么唐人偏要把"大蕃"叫作"吐蕃"呢？这是因为唐代关中人把"大"字读音为"代"（《集韵》《韵会》《正韵》："他盖切"），为"堕"（吐卧切），与"杜"字音近。非如今人读"一驾切"（《正字通》引杨慎说云："大无音一驾切者。韵书二十二码不收"）。同时把土字读音如杜（《唐韵》《正韵》"他鲁切，音杜"。《集韵》《韵会》："统五切，音杜"）。今吴语尚呼"大少"作"杜少"音。足见这是唐朝君臣不肯称他作"大蕃"而又不能抹灭他来文的大蕃字，误为大蕃是其本称，故别写为"吐蕃"字。"土"字加口旁，是表示的译音字（明清间写"荷兰""英吉利"字，皆加口旁）。最初使用"吐蕃"二字在武则天实际执政的高宗年代。武则天喜欢改造新字。可以猜想：把"大蕃"写作"吐蕃"，就是武则天示意搞的。

唐代与吐蕃争夺西域百多年，因而"吐蕃"这个称呼，随着唐朝的政治、军事和经济、文化的优势流行到西域去了。于是西域葱岭内外和西亚的民族也都称蕃国为 Tubo（吐蕃），或 Tubot，辗转传入欧洲，变成拉丁文的 Tibet。元明清再从西文把西藏地方转译回来，遂有"底伯特""土伯忒"这些称谓了。两唐书不明白这些音变的历史，所以发出了吐蕃秃发音转的误解。我们今天作《吐蕃传》的地名改释，便不能不先把吐蕃这个名称改订出来。

元明世人，全都把番、蕃二字读为翻字的音了，又把土与大字读得不大相同，弄得藏族自称"播巴"，汉人却联想不到吐蕃去。汉人说到吐蕃，藏族人也联想不到他们自己的本称。同样使用西语 Tibet 的人也多不知其缘 botsx 转变而来。藏族与汉族以及其他一些研究西藏历史的学者把这些辞义汇通不了。例如法国汉学大师伯希和还坚持执蕃字无 bo 音。岭南学者岑仲勉，也坚执《隋书》的附国传就是吐蕃传。这些错误看法，虽在今日都还未曾肃清。这也是研究《吐蕃传》的人必先弄清楚的问题。

（二）黄河与积石

《旧唐书》："樊尼乃率众西奔，济黄河，逾积石，于羌中建国，开地千里。"《新唐书》亦云："樊尼率兵西济河，逾积石，遂抚有群羌云。"秃发樊尼以临松太守率众逃入羌中建国，或有其事。但他不是建成的吐蕃国。唐宋人根本搞错了（已详一条）。本文只考《吐蕃传》的地名，不考吐蕃的人名和史事，对此可以不论。这里只考樊尼所渡的黄河与积石山。

临松郡故城，在今甘肃河西张掖县南。樊尼自此之入羌中，只需逾南山（祁连山）峡石，即是羌地。无须渡黄河，逾积石。黄河源《后汉书·西羌传》称为"河首"，今为青海省果洛州的玛多县地。在当时为党项羌地。黄河经党项、宕昌地界，绕大积石山（藏名阿尼玛靖），500 里再经积石关（今青海循化县地）入陇西界。如其樊尼率众从河首渡黄河，即不会再逾积石入羌。如其是从陇西渡黄河入羌，才会逾积石（无论是大积石山或积石关），然其首纡远，不近情理。故知新、旧《唐书》中的吐蕃传此段为妄语。不值考订。

（三）逻些城、逻娑川

皆指今拉萨市区。藏文 lh'a—sa 意为"神地"。藏人相传蕃王松赞干布营造布达拉宫，自孜塘徙都于此。《新唐书》谓其"地直京师（长安）西八千里，距都善（西域国）五百里"，即就此处言之（非泛指其国境）。"神地"，亦非指布达拉山，而是拉萨平原的全部。包括布达拉山与铁山（原藏历藏医一门孜康所在地），大寺与琉璃桥，珍珠园与纳乌塘，臧河桥与蔡里村，以及沿机曲河南策觉林，西山色拉寺，哲蚌寺等地方。大平原中有山，有水，耕牧皆宜，又位于大高原中心，大道四通，为大高原内最佳的经济中心，故古羌人即已呼为"神地"，原是苏毗女王属地。当周、隋之际，为崛起于跋布川之松赞干布所夺得，定为国都，遂以兼并高原全部。

《旧唐书》称逻些城，实无城垣，但布达拉宫宫垣崇厚而已。些字古音读如娑，以沙为声，羌语、藏语皆"土地"之义。今藏语呼天神为"纳"，古羌语音如逻。汉音"大逻天""罗汉""罗天大醮"等罗字，皆缘羌语天神曰逻为称。松赞干布初建都于此时尚未制文字，唯行羌语。亦无佛法。唯奉"苯教"（黑教）。其初制藏文，只取印度文体写羌语之音,唯关于佛法辞义乃用印度语音。故唐代此地译名作逻娑字,近代此地译名作拉萨字。这乃是羌蕃语音之变,不是汉族古字译字不同。与"大蕃"和"吐蕃"作字不同有别。

《新唐书》不作"逻些城"而作"逻娑川",是比《旧唐书》译得正确些。《旧唐书》是唐初沿边译人者语音,闻其是国都,遂以为有城。《新唐书》是宋代人依据刘元鼎贞元时入蕃亲身察见的地理记载,故不曰城而正名曰川。川字,今人每以为其意为河流。古义不是如此。汉族造此字时原是表达有河水贯穿的冲积平原。左右两画,表示两岸山和平原的分界。中间一画表示河流贯穿。秦灭韩,置三川郡,即取韩国地跨有伊川、洛川与沿河三大河谷平原为义。诸葛亮《隆中对》曰:"将军身率益州之众以出秦川",所指为关中的渭水平原。刘备攻斩夏候渊奄有汉中后喜曰:"孟德虽来,无能为矣,我汉有汉川也。"这汉川,正是指的汉中平原。唐分剑南蜀地为东西川,成都平原为西川,清水平原为东川。皆以川表达河谷大平原而不是表示河,与古义符合。宋元词曲还把平原叫做"平川",把拉萨叫做逻娑川,乃是刘元鼎和贾耽们的准确译称。

唐代对青藏大高原上地名,称川者尚多,皆是大平原之义。统释于此。

(四)跋布川

跋布藏文对音为 bobu,意为蕃族主宰者,跋布川,谓孜塘河原。孜塘一作泽当,在拉萨南200里,逾南山(那喀拉)渡雅鲁藏布江乃至。有河水自哥张拉山流出,经琼结(穷结)宗、乃东宗,至此入雅鲁藏布江。琼结以下,河源开展,温暖宜农。将汇藏布大江处,河原尤广阔,故特著孜塘之称。山南地面,惟此处农业发育最早,民族部落兴盛最早。吐蕃王朝祖先,兴于琼结,大于孜塘,阅十余世,遂据有整个青藏大高原,故称孜塘为"跋布川"。孜塘对音为 ziton 意为顶好的平原。

凡从发之字,如拔(拨同)魃、发、黻,皆具 bo 音,与"蕃"的古音殆同。唐初ᠪᠠ译为蕃。刘元鼎入蕃至此时,乃译用"跋"字。贾耽著《四夷县道记》,不能会通蕃、跋音义,遂并存之至今。

(五)羊 同

羊同的对音为 tson ton 羌塘,原是羌族发祥之地。羌族在亚洲大陆中心最先形成牧业文化最高部落。周秦以前,以女子为王,华人称之为"西王母"。至隋、唐世,仍以女子为君,华人称之为"女国"。女国分东、中、西三大部,东女国原统雅鲁藏布与澜、怒地区,以昌都为中心,统辖二十余个半农半牧部落。西女国原统印度河上游,今阿里与喀什各尔地区,以列城为中心,唐时亦已进入农牧兼营的社会。

中间羌塘地高寒无农业，无城邑，独牧业发达，兼产食盐，人民经济生活优裕，历世保持其为大国。东女、西女皆系自此分出，同为苏毗一姓（一曰孙波）。羌塘为中部牧国之总称，唐人译作"羊同"也。羌为其族名，塘为其地名（大平原）。《后汉书·西羌传》称曰"唐旄"，《旧唐书》称曰"羊同"，皆译羌语而异其字。

吐蕃定都拉萨后，为需其食盐故，先征服之。不灭其王，因其俗，以为藩国，农牧相济。故吐蕃每出征，恒用羊同兵。

（六）吐谷浑

《旧唐书》云："弄赞遂与羊同连，发兵以击吐谷浑。吐谷浑不能支，遁于青海之上，以避其锋，其国人畜并为吐蕃所掠。"（《新唐书》文意同）

吐谷浑一作吐浑，本鲜卑人名，率其众西徙于青海湖，征服附近诸羌部，建成国家，子孙遂以吐谷浑为国号。其国境相当于今天的青海全省。其民多为羌族，以牧业为主，有城郭而弗居。其南境为多弥国，本属羊同分部，位吐浑、羊同、吐蕃、东女四国间，地多黄金。四国皆欲得之，原多争执。吐蕃既已征服羊同、东女，故与羊同军共夺此地（仍存其王为藩国），直接与吐谷浑抗衡。至唐高宗时，竟灭其国。吐谷浑王尚唐公主，故唐蕃冲突自吐谷浑始。《隋书》《唐书》并有传。

（七）党　项

《旧唐书》续云："于是进兵攻破党项及白兰诸羌。"《隋书》《唐书》亦并有传。"其种有宕昌、白兰，皆自称猕猴种。"（《隋书·列传》第48）"周灭宕昌、邓至，而党项始强。其地，古析支也"。（《新唐书·列传》第146上）析支即赐支。其地即青海果洛自治州（《西羌传》）。其人"自称猕猴种"。藏族古史，亦谓他们是神猴的后裔，福幢的《西藏政教史鉴》（刘立千译本）有专章叙述神猴演种故事。看来党项、白兰诸羌与吐蕃的先民同一族源，即同是羌族，才能够地隔千里，古无往来而有共同传说。但羌族为什么会说他是猕猴种呢？值得深考。现在党项遗裔还有跳母猴传种故事的盛会。这可以证明吐蕃与党项诸羌族源是相同的，即是说他们都是羌族分化出来的。[①] 所以吐蕃虽只从孜塘一个小小的河源勃兴起来，却能很轻易地统一了羌族故地。而从北方兴起的匈奴、突厥、回纥、蒙古和满洲与文化很高的汉唐，却难于征服这个大高原。直到今天才有真正的大统一。

（八）白兰诸羌

"白兰"这个羌种名称，最早见于《华阳国志》的汶山郡的"九种之戎"。《北

[①] 参看《羌族源流探索》。

史·附国传》说:"附国……西有女国。其东北连绵亘数千里,接于党项。往往有羌:大、小左封,昔卫、葛延、白狗、向人、皇族、林台、春桑、利豆、迷桑、婢药、大硙、白兰、北利摸徙、那鄂、当迷、渠步桑悟、千碉并在深山穷谷,无大君长。其风俗略同于党项。或役属吐谷浑。或附国。"(北利摸徙,《隋书》与《通典》俱连称,中华书局校点本缘以误为一国。当分为二)《新唐书·西域·党项传》云:"又有白兰羌,吐蕃谓之丁零,左属党项,右与多弥接。胜兵万人,勇战斗,兽作兵。俗与党项同。……龙朔后,白兰春桑及白狗羌为吐蕃所臣,籍其兵为前驱。"分析这些资料,可以肯定《旧唐书》所谓"白兰诸羌",就指《北史·附国传》所说"女国东北连山亘数千里接于党项"的21种羌落。其地恰好包括今四川甘孜自治州的全部和阿坝州的大部。这一广大地面与黄河上游(析支河首)的党项部落隔了一座巴颜喀拉山脉,故虽同是羌种,分化成为若干支系。山脉以北的羌部落比较团结一致,只曾有党项、宕昌、邓至等别称,周灭宕昌、邓至,以其地为郡县之后,便只有党项保存其为独立部落。山脉以南的羌部落就因少与外界接触,还保持古羌族社会的民族组织形式,分散为许多的部落名称。隋大业中,这些部落曾入中原与隋中央政权联系,实际是因吐蕃威胁,想来求援。《隋书》说:"缘西南遣置诸道行军总管以遥领之",实际是接受了他们的投降,纳入大隋的保护圈来,但因不了解其山川地理和民族历史的实际,并未克尽保护的责任。不久炀帝死于江都,中原大乱,这些部落(包括女国、多弥、党项、附国在内)全都臣属于吐蕃了。吐蕃征服这些部落后,有些是保存其部落王族的,有些是消灭了的。也有一些是自己逃跑了的。例如多弥和党项,在《旧唐书》里还是以独立部落存在。还有"东女国"显然就是《隋书·附国传》的"西有女国"。它到贞元年代才逃到中原求庇。还有白狗、左封这些部落,就是当时已逃入汉地求庇,未曾降附吐蕃。至于白兰这个部落,则是降附吐蕃,并获得吐蕃扶植作为康区群羌的表率。所以吐蕃能向它征兵,说明唐时他成了原西康最大的一个吐蕃部,与羊同、党项相似了。可以说:甘孜州这个地区,隋代是附国强大。唐代附国被吐蕃灭了,白兰代之而兴,成了东方最大一个藩部。只因它未与唐朝接头,故《旧唐书》不列专传。又因它与党项同俗而名声颇大,故附述于《党项传》。

附国与嘉良是今何地?也得说到。按《隋书》文,附国国邑,应在今甘孜道孚这个阔谷地带。嘉良,则当在今大小金川的狭谷地带。所谓"嘉良有水阔六七十丈",指的是今丹巴县大渡河,水量虽大,山势狭深,河面不宽。东面嘉良这个部落,唐宋迄今都是独立部落(即清代的大小金川),故藏名叫"嘉绒"。它原是奉黑教（苯波）的。可以肯定：吐蕃虽已灭了附国，当时并未能征服它。它降附于唐，唐置为羁縻州，属雅州。"附国有水阔百余丈"，指的是今甘孜的雅砻江，或道孚的鲜水河，难定。甘孜的雅砻江水量大，河面宽，都可说得上康区第一。道孚的鲜水河，水量虽比较小，河面却是很宽的。《隋书》所举女国东北21个羌部落中，部位可考的有"北利"，即今甘孜的白利乡。这是康区很早的一个古国，原奉黑教，蒙古固始汗征服了他以后才改奉黄教，建北利寺。由于这个部落的历史悠久，所以虽至亡国改教以后，仍能保持他的自尊心，每每把林葱土司和大金寺的地盘认为是他旧有的领地，发生牧场与差民归属权的争执，从清代一直闹到解放以前。据说，他们在黑教统治区的年代里是康北唯一的大国。林格萨都是从他的属国成长起来的。看来甘孜在隋代，是北利国邑所在，附国的国邑只能是道孚。但北利可能也是他的属部。《附国传》说："大业四年，其王遣使素福等八人入朝。明年，又遣其弟子，宜林率嘉良夷六十人入朝。欲献良马，以路险不通，请开山以修职贡。炀帝以劳人不许。"他以前未通中国，此时忽然朝贡得如此热烈。时人看来，是莫明其故的。若还结合吐蕃历史看，就很清楚地看出来，那是由于吐蕃松赞干布已经征服了羊同、女国，兵力压迫到附国、嘉良来了。他们希望得到大隋的援助，所以突然如此热烈。所请开道修职贡，其实是为了援军的往来之便。隋炀帝既然未许，他们抵抗力微，自不免于为吐蕃所破灭了。所以唐代就再不见有附国（只嘉良因地险，不利于吐蕃骑兵，得以保存）。

道孚人相传古代有个"虎山王"之国都在此，国号道鸥，其王与松赞干布同时。疑《隋书》附国，即道鸥的省译。au与附音近。《隋书》的"林台"，疑即今之林葱部，在宋代为林格萨之国。《隋书》之"桑悟"，疑即今乾宁县之"少鸥石"，蕃语石，河谷之义。《隋书》之"千碉"，疑是译义，今丹巴的宗龙、大寨二村，碉房连为一片，望之如上海浦东之烟囱。千碉之名或取于此。

至于"白兰"部落的部位，疑是今白玉、巴塘两县地。白玉藏文作beyu（白域）即是白国之义。巴塘土司地古国但只一巴字（藏文作b∧），其喇嘛寺，原称"丁零寺"（《川边档案》）。《新唐书》音"吐蕃谓之丁零"。足见巴塘可能是唐代的白兰都邑所在。即如甘孜的白利，亦可能是白兰的支系。隋唐书里的"白狗"，也是一个大部族，疑其族系亦与白兰有关，但其部位在康区东南方，与白兰之位于康区西北方不同。又《后汉书·西羌传》之"发羌"，即原分布于雅鲁藏布河谷的蕃族，发蕃的古音皆同，他们的族源是相同的，就不可因藏文字异而判为无关。因为藏文是写的唐代羌民的语言。唐代羌民的语音，已经与羌族初形成时的语音有了地域性的

（九）松 州

《旧唐书·吐蕃传》："贞观八年，其赞普弃宗弄赞（即松赞干布）始遣使朝贡。……攻破党项及白兰诸羌，率其众二十余万，顿于松州西境。遣使贡金帛（按：吐蕃产金无帛。按藏人自己的史书与《新唐书》当作"金甲"），云来迎公主。""松州"是今松潘县治，毫无问题。传云"顿于松州西境"未确指何地。按藏人传说，是顿兵于阿坝。阿坝的地名即松赞干布所取，意为战鼓。或云：当作努力向前之意（谢国安先生说）。吐蕃因水草好，利于行军。相传赞普自率大军入康，平定各部落时，先驻康定之塔弓寺。嗣由噶达（今乾宁）、榆柯一带草原入驻阿坝。遣使入贡长安，求娶公主。并声言若不遣嫁公主，就进攻松州。于理是可信的。

赞普此次是以兵威胁唐允婚，不是攻城。由于松州都督韩威轻视蕃军，率兵出战，大败回来，有损大唐国威。唐太宗便起了四路大军向松州去讨伐吐蕃。

阿坝距松州400余里。由于弄赞志在收抚羌落，还不敢侵犯大唐，目的只在娶得唐公主。《旧唐书·吐蕃传》（以下称《旧传》）说"顿于松州西境"，是真实的。《新唐书·吐蕃传》（以下省称《新传》）说为"入寇松州"，不太适当。可能是他的游骑曾到松州城下，不是主力。若还是弄赞的主力攻城，韩威轻骑出战，必然不免于败死或被俘，并会破城。韩威之能生还，奏报，到长安。唐朝廷派四路大军援，交战之后又才许婚，就不会是打了胜战。

这次战役，"旧新传"皆叙在贞观八年（634），是从蕃使第一次来朝叙起的。《新唐书·本纪》说：贞观十二年"八月壬寅，吐蕃寇松州，侯君集为当弥道行军大总管，率三总管兵以伐之。九月辛亥，阔水道行军总管牛进达与吐蕃战于松州，败之。"（《旧唐书·本纪》无）至贞观十五年，遣嫁文成公主。《新传》云："初东寇也，连岁不解。其大臣诸返国，不听，自杀者八人。至是弄赞始惧，引而去。"由"连岁"二字，足知此次战役，不是一年以内的事。大概从贞观八年（634）弄赞就已出师，已达康地（可能就是到达了今康定的塔弓寺①）遣使请娶公主，慢慢逐水草移进，招抚草地木雅、白兰诸羌落，候婚于阿坝。所以他并未攻松州城。迨与唐军多次接战后，两个顽强自负的皇帝都已认清了对方的力量，这才两厢情愿地和亲了。

---

① 现多译塔公寺。——编者注

（十）当弥道

《新传》："侯君集为行军大总管，出当弥道"（《旧传》作"为当弥道行营大总管"）。当弥即《隋书·附国传》的"当迷"。羌语称人民曰弥（迷）。"当迷"，盖谓宕昌故地之人。宇文周灭宕昌国，置宕州，隋末州废，故唐廷依羌俗称其地为当弥。宕昌故地包括今甘肃省甘南自治州与四川省阿坝自治州，主要部分为宕昌、舟曲、迭部、若尔盖、南坪等县，为一大草原。长安至松州阿坝，此道最捷。故由主师领之，直趋松州，一月而达。

（十一）白兰道

"右领军大将军执失思力出白兰道"。白兰，是党项西南一大部落，其名早著于《华阳国志》与《隋书·附国传》（《唐书》附党项传）。今四川省甘孜自治州的康北石渠、色达、甘孜、炉霍、道孚诸县的草原，皆其故地。执失思力，突厥降将，能耐风雪远征，故胜此任。按《唐书》本传，他曾招降吐浑。盖欲连吐浑，从青海草地绕出阿坝后方，断蕃军归路而夹击之。似无功而罢。

（十二）阔水道

"右（旧传作左）武卫大将军牛进达出阔水道。"《隋书·附国传》言："嘉良有水阔六七十丈。附国有水阔百余丈。"考其地，为今大小金川与道孚、炉霍、甘孜等县的河谷农业地区，唐人重其水，因呼为阔水部也。盖亦欲从左路趋茂汶，绕出阿坝后方与中、右两路夹击，消灭蕃军。此路行于内地，故先到立有战功。

（十三）洮河道

"右领军将军刘兰出洮河道"。洮州、河州，在今为甘肃临夏、临洮两县，当时为唐陇西极边。四路大军合称五万，军食、马粮耗量甚大，右路从草原远征，后勤尤为主要，故又遣刘兰一路出北。二州皆可藉黄河水运，又能兼为三路后备故也。

看此部署目的，原在一举消灭蕃军。然草地作战，唐短于蕃，故终归无功，而出于和亲。

（十四）柏　海

《旧传》："弄赞率其部兵次柏海。亲迎于河源。"柏海，旧无考者。今按，弄赞驻军地必为草原辽阔，水源丰富，人畜两便之处。因唐许嫁公主，故移军候之。唐既要他到吐谷浑国内迎亲，则其军必驻候于吐谷浑南界。所云柏海，当是今果洛州西界玛多县的鄂陵湖。沿湖诸丘陵，海拔全在 4000 公尺以上，高寒无乔木，但生卷柏，盘偃于山石间，故唐人称之为"柏海"。地当河源，草原辽阔，有哈姜盐池，纵横千里间蕃民所仰给。水草丰茂，有卷柏为燃料。故为当时吐蕃北界重地。吐蕃时已臣党项（即今果洛州地）。党项与吐浑间隔有沮洳地带，唯此玛多（旧称黄河沿）一线可以行马（今为青海西宁至玉树公路所经）。故知蕃王候婚，必在此处，不可能更是他处（玛多以北，还有托索湖和若海两个小湖，但都在吐浑界内）。

柏海之名，又见于《吐谷浑传》。贞观九年（635），唐遣李靖率六路大军征讨吐谷浑王伏允。伏允谋入碛（星宿海柴达木一带沮洳地区）疲唐军。鄯善道总管任城王道宗曰："柏海近河源，古未有至者。伏允西走，未知其在，（我）方马癯粮乏，难远入，不如按军鄯州，须马壮更图之。"积石道总管侯君集曰："……我乘其困，可以得志。柏海虽远，可鼓而至也。"李靖用君集谋。"君集、道宗行空荒二千里，盛夏降霜，乏水草，士糜冰，马秣雪。阅月，次星宿川，达柏海上，望积石山，览观河源"（《新唐书》文）。这说明李靖所遣侯君集、李道宗合力追击军，是从青海湖西南（伏允原住地）穷追伏允，入碛，经今都兰县地，入星宿海，至玛多县。所以他们看到了黄河源，望见了大积石山（蕃名阿尼玛靖，在果洛州北，为陇西海南最大的雪山）。其时吐蕃尚未至，柏海在吐浑界内。但不久柏海就被吐蕃占领了。

（十五）河　源（河源王之国）

《新传》云："（贞观）十五年，妻以宗女文成公主，诏江夏王道宗持节护送，筑馆河源王之国。弄赞率兵次柏海亲迎。"《旧传》云："亲迎于河源。见道宗，执子婿礼甚恭。"

按："河源"二字，似可说为黄河发源处，则柏海西之星宿海，即河源也。其处为沮洳地，不可居人，亦难作牧场，筑馆决不可能。且唐亦不能在吐蕃界内筑甥馆。当如《新传》作"河源王之国"。吐谷浑王伏允败死后，唐立其质子名顺者为王。顺为其部下所杀，更立诺曷钵为王。唐封诺曷钵为河源郡王，以宗女为弘化公主嫁之。故改称其国为河源王之国。至唐高宗时，诺曷钵不胜吐蕃凌逼，请内徙。咸亨元年（670）唐遣薛仁贵率军五万助讨吐蕃，败于大非川（另详第二十条）。吐蕃夺得了青海湖与日月山以外之地。诺曷钵徙国于浩门水以南（即今青海省海北州门源县地）。时在咸亨三年（673）。未久，再被逼内徙于灵州，国土全失。

按《隋书·地理志》谓大业五年，平吐谷浑，置鄯善郡。"并置且末、西海、河源，总四郡"。其河源郡云："置在古赤水城。有曼头城。积石山河所出，有七乌海。统县二：化远，赤水。"查《隋书》卷六十一《宇文述传》："大业三年，加开府仪同三司。……从幸榆林。时铁勒契弊歌棱攻败吐谷浑，其部携散，遂遣使请降求救。帝令述以兵屯西平之临羌城，抚纳降附。吐谷浑见述拥强兵，惧不敢降，遂西遁。述领鹰扬郎将梁元礼、张峻、崔师等追之。至曼头城，攻拔之，斩三千余级。乘胜至赤水城，复拔之。其余党走屯丘尼川。述进击，大破之，获其王公、尚书、将军二百人，前后虏男女四千口而还。浑主南走雪山。"

从这条线索来考赤水城，则当估定在青海省海南自治州的兴海县界内。《隋书》西平郡治鄯州，领湟水、化隆两县，无临羌城。《汉书·地理志》陇西郡有临羌县，辖境包有"仙海盐池"，即今之茶卡盐海。其县城必当盐海运盐入陇西要津。由此推之，隋临羌城，合当是今兴海县黄河渡口之唐乃亥或加日亥附近，周隋时为吐谷浑属地。而其时吐谷浑降附于隋，与隋市易于鄯州，故《述传》称"西平（即鄯州）之临羌城"也。其城依近黄河，海拔低于3000公尺，附近有农田，产粮食，与西宁相似，故宇文述驻军于此。赤水，应即是青根河（大河坝河）。赤水城，疑即在青根河与水塔拉河汇合处（今西宁至玉树公路十七道班处）。所谓曼头城，当在今兴海县治附近。浑主本驻茶卡池附近，闻隋师来援，赴迎于临羌城。因侦知隋军众盛，惧袭擒，故命其人守曼头、赤水二城而自己西遁。宇文述攻破二城，又进击其余众于丘尼川。浑主南走雪山，应即指大积石山脉（阿尼玛卿大雪山脉，西延抵柴达木区），其南即柏海草原。述未能更追。故其前后所斩不过3000余，所携不过4000口而已。若然，则所谓丘宜川，就必然是曲什安河与若海子（西玉公路六道班处）这两大草原之间的温泉站了。温泉车站旁这条河谷多温泉，有大草原与林木和煤矿；北距大河坝，与南距花石峡（穿过大积石山脉的峡道，即马拉驿山道的北口），距离相当。核对《地理志》与《宇文述传》形势吻合。《地理志》断言"乌海"，即今之托索湖，在大积石山脉北侧一大草原内。当花石峡口，原有一列小湖，遥连托索湖，即《隋志》所谓"七乌海"，今尚有"黑海"这样的名称（黑海车站，在花石峡东）。《通典·吐蕃传》谓"出鄯城郡五百里过乌海，入吐浑部落弥多弥，苏毗及白兰等国至吐蕃界"。系就隋代吐蕃境域言之，隋时吐蕃尚未征服多弥与苏毗和白兰三部。三部附吐浑，故云。《隋志》所云"大积石，河源所出"，即谓阿尼玛卿山脉西段的郭达素齐老峰下的星宿海为黄河源。

由此考得：唐送文成公主入蕃，"筑馆于河源王之国"的准确地点，就在赤水城，即今大河坝草原内十七道班附近。这也就是当时吐谷浑诺曷钵屯积辎重之处。吐浑之俗"有城郭而不居，随水草，帐室，肉粮"，故无所谓都邑，只大河坝草原为其王常住之野而已。青根河长200里，自临羌故城入于黄河，历世皆为茶卡盐运销陇西郡县的主要商道，故吐浑重视其地。汉族商人亦常至其地。自此以南为大积石雪山脉所障，当时汉人所不至，遂以其地为积石河源。故隋于赤水城置河源郡，唐封诺曷钵为河源王。遣嫁文成公主亦筑馆于此，以待吐蕃赞普亲迎。《旧传》称"亲迎于河源"，援隋"河源郡"旧名，原不误。《新传》云"河源王之国"者，缘唐无河源郡，而有"河源军"，在鄯州西120里，湟源县界，去赤水城已远，且是大唐界内，非吐浑地，嫌称河源易混，故加"王之国"字，以示其为吐浑国畿之地，与历史情实为合。凡两国联姻，亲迎于途中者，必在国界之本国境内。赤水城为河源王畿内。河源王臣服于唐，则亦唐界也。柏海草原其时已属吐蕃，距赤水城马行500余里，为防吐蕃劫婚，故不能去唐界甚远。其时吐浑王诺曷钵新娶弘化公主，对唐忠顺。太宗遣侯君集经纪其国政（据吐浑本传），能调集吐浑之众以卫公主行馆，故选地于赤水城为最适当。

文成公主入蕃的道路，古今说者不同。有人误河源亲迎地为"河源军"，遂谓是从西宁、日月山、茶卡、柴达木一路，是错的。河源军的设置与日月山界碑，是唐玄宗年代吐蕃占有青海盐池以后才开置的。太宗时唐蕃间往来，则是由清水驿、赤水河源、柏海一路。又有人说：康定有公主桥，相传由文成公主经过得名。木雅乡的塔弓寺，由文成公主留下弓鞋得名。洛隆宗的潞江桥（晓叶桑巴），因文成公主至此与其侍女皆大哭，泪水成河，故藏人称潞江为"甲姆厄曲"（汉女泪水）。这一切也都是谬说。泸定至康定的峡路，元代始开，唐代由川入蕃，北道由维州、松州，南道由雅州、黎州与巂州，不由康定。塔弓寺虽是松赞干布曾经驻过之处，迎亲时已在柏海，不能再绕由塔弓寺与潞江桥回拉萨。惟玉树县东南十里有山崖凿大佛像，不是藏式而是唐式。相传：文成公主入蕃，携带有许多工匠，沿途留恋刻石。此崖佛即其所刻。长庆时，刘元鼎入蕃会盟亦从玉树一路，称此地为"公主佛堂"，足知，文成公主是从玉树一路入蕃的。从玉树入蕃，就必然要经过兴海大河坝、花石峡、柏海、黄河沿、野马滩与通天河沿至玉树。上面这样考订，应该是比较正确的。

（十六）中天竺

《旧唐书·太宗纪》：贞观二十二年（648）"五月庚子，右卫率长史王玄策击帝那伏帝国，大破之，获其王阿罗那顺及王妃、子等，虏男女万二千人，牛马二万余以诣阙。……吐蕃赞普击破中天竺，遣使献捷"。《旧唐书·吐蕃传》则云："二十二年，右卫率府长史王玄策使往西域，为中天竺所掠。吐蕃发精兵与玄策击天竺，大破之。遣使来献捷。"（《新传》意同，文微异）

本纪把王玄策与吐蕃战胜中天竺分为两回事。《吐蕃传》把它合为一回事。传文，是依据玄奘《大唐西域记》叙述的，那是道地实在的调查资料。本纪是节略王玄策表奏文字，由于王玄策捷报来得快，吐蕃表报来得慢，便分为两次写入实录。刘峋未能会通，便成了纪传互歧了。把二者对比分析，可以看出：《吐蕃传》文是正确的。

天竺,《汉书》叫作"身毒",今天叫做印度,古今译字不同。隋、唐时的印度分为中、北、西、南、东五大部,故有五天竺的称呼。中天竺是最主要的一部分,它是释迦牟尼生前活动地面,也是恒河中游大平原生产和文化最发达的部分,可说是印度政治、经济、文化的核心。它本在大唐的西南方,属于南亚地区。但中国对印度的往来道路,从张骞发现这个国名开始,就是在西域地面的大夏国(今阿富汗),以后又一直是从西域的丝绸之路分支往来的。所以隋唐汉文史籍都把天竺列入西域之内的。

中国与印度这两个文化古国的京城,相距一万里左右,还隔在喜马拉雅大山脉和中亚沙漠的两边,几千年来只打过两回战。一次是最近在喜马拉雅山脊附近双方正规军队作战,我军追击到山麓平地而止;一次便是1300年前王玄策率吐蕃军来中天竺,破了国都,俘虏了国王和王妃、王子,献俘长安的胜利。这是中印关系史上一件大事。

《新唐书·西域·天竺国传》(卷二百二十一)记述此役较简明,节录如下:

二十二年,遣右卫率府长史王玄策使其国,以蒋师仁为副,未至,尸罗逸多死,国人乱,其臣那伏帝阿罗那顺自立,发兵拒玄策。时从骑才数十,战不胜,皆没,遂剽诸国贡物。玄策挺身奔吐蕃西鄙,檄召邻国兵。吐蕃以兵千人来(《旧唐书》作吐蕃发精锐一千二百人,并泥婆罗国七千余骑以从玄策),泥婆罗以七千骑来。玄策部分(义同部署)进战茶镈和罗城,三日破之,斩首三千级,溺水死万人。阿罗那顺委国走(谓弃其国都),合散兵复阵,师仁禽之,俘斩千计。余众奉王妻息(王妃和王子)阻乾陀卫江,师仁击之,大溃,获其妃、王子,虏男女万二千人,杂畜三万,降城邑五百八十所。东天竺王尸鸠摩送牛马三万馈军,及弓、刀、宝缨络。迦没路国献异物,并上地图,请老子象。玄策执阿罗那顺献阙下。

那时印度,不是统一的。不但五个天竺不统一,即中天竺亦有若干小国分立,只宗教信仰和文化习俗是一致的。玄策至中天竺时其王名尸罗逸多,称摩伽陀王。贞观十五年(641)遣使朝贡,称中华为"摩诃震旦"。王死国乱。阿罗那顺本是前王属国之君,定乱称帝,是为那伏帝。闻唐使将至,发兵拒于境上,并把其从人杀了,财物掠去。内中有唐使携带的分赐西域各国的珍物,和西域与北天竺诸国贡献的物品。王玄策与蒋师仁只身逃脱,从吐蕃西界奔向拉萨。那时吐蕃赞普(松赞干布）早已征服印度河上游的大小勃律（今克什米尔）和北印度的孟瑜地方，臣服泥婆罗（今尼泊尔），娶其女为皇后，又新娶文成公主。唐、蕃、尼三国亲好。故王、蒋二使者只身奔投吐蕃，说其出兵往讨，能获得成功。"奔吐蕃西鄙"，说明他二人是从北天竺奔入蕃界到达拉萨的。吐蕃出兵一千，泥婆罗则出七千，是赞普权力能贯彻到泥婆罗全国之证。说"玄策部置进战"和"师仁击"之，足见破其国都和渡江破敌都是吐蕃与尼军同是受唐使指挥的。这把唐蕃和好所发的威力，表现得异常突出，也表现为和亲的好处。

文中的"茶镈和罗城"，即当时中天竺的都城，遗址在今印度新德里东500里恒河近岸。本传云"都城曰茶镈和罗城，滨迦毗黎河"。迦毗黎河即恒河正流。所云"乾陀卫江"，即今恒河西支的朱木拿河。参考《大唐西域记》得其大略如此。

由于中天竺是吐蕃以外的地方，故不详考。

（十七）西海郡

《旧传》："高宋嗣位，授弄赞为驸马都尉，封西海郡王"（《新传》改授为擢，省封字）。

《隋书·地理志》鄯善郡："大业五年，平吐谷浑……并置且末、西海、河源，总四郡"。其西海郡云"置在古伏俟城，即吐谷浑国都。有西王母石窟、青海、盐池。统县二，宣德、威定"。所云"青海"指今青海湖。"盐池"指今茶卡盐湖。即《汉书·地理志》陇西郡临羌县所云"仙海盐池"。所云"西王母石窟"，亦见临羌县，作"石室"。其地大约在今都兰寺附近的希里沟。古伏俟城亦当在此。其时称青海湖为西海。王莽已置西海郡于此，未久复废。隋平吐谷浑复用此名。

都尉衔。当时他对唐的文书都称"臣"，称"子婿"，故唐朝给他的衔称如此。吐蕃在松赞干布娶文成公主后，的确是臣服于唐的。唐蕃对立，是吐蕃征服了吐谷浑以后的事。其时松赞干布已死九年了。

西海二字的取义，不是指青海湖为西海的意思。那时青海湖还在吐浑界内，也不是指西藏高原内的那一个大湖，是取《尔雅》"九夷、八狄、七戎、六蛮，谓之四海"的海字之义。由于吐蕃受封西海郡王未满十年唐蕃便成为敌国，所以西海这个地名使用时间并不久。

吐谷浑国在南北朝时，受刘宋"河南王"封号，汉文书史，每称其国为"河南"。在唐受"河源王"封号，唐书每称其为"河源"（已见上文）。吐蕃受封为"西海王"，而唐人不见称之为西海，就是这个原因（当时唐蕃行文，当是称作西海，而不称作吐蕃的）。

唐封吐蕃国主为西海郡王，是不适当的。那时，青海、茶卡盐池与西王母石室这块地方，还是吐浑的王畿（其王夏季居此，冬季居赤水草原。即隋河源郡地），并非吐蕃地界。其后二十年，吐蕃灭吐浑，才算占有此地。

唐封吐蕃赞普为西海郡王，可能别有取义。《尔雅·释地》："九夷、八狄、七戎、六蛮，谓之四海"。是西方异民族地区，就可叫作西海。这样解释，就与当时吐蕃国地面符合了。这就是说：唐代并未置西海郡，"西海"是泛言吐蕃国境的广阔，"郡王"是秩级（比宗室诸王低一级）的用字，与隋代的西海郡无关。即吐浑王封"河源郡王"，也是如此。但这样解释，似乎是牵强了些。其实，只由于当时的唐人弄不清古今地名界线，错录隋置吐浑四郡的旧名，因而使用讹误了。

（十八）凉州凉、鄯赤水

《旧传》："后与吐谷浑不和，龙朔、麟德中（661—665）递相表奏，各论曲直。国家（谓唐朝廷）依违，未为与夺。吐蕃怨怒，遂率兵以击吐谷浑。吐谷浑大败。河源王慕容诺曷钵及弘化公主脱身走投凉州。"

《帝纪》龙朔三年，"六月，吐蕃攻吐谷浑，凉州都督郑仁泰为青海道行军大总管以救之。"

《新传》系显庆三年（658）下云"未几，吐谷浑内附，禄东赞怨忿，率锐兵击之。……故吐蕃能破其国。慕容诺曷钵与弘化公主引残落走凉州，诏凉州都督郑仁泰为青海道行军大总管，率将军独孤卿云等屯凉、鄯，左武侯大将军苏定方为安集大使，为诸将节度，以定其乱。……乃使来请与吐谷浑平憾，求赤水地牧马，不许。……自是岁入边，尽破有诸羌羁縻十二州""总章中（668—669），议徙吐谷浑部于凉州旁南山。"

《吐谷浑传》云："既而与吐蕃相攻，上书相曲直，并来请师，天子两不许。吐谷浑大臣素和贵奔吐蕃，言其情。吐蕃出兵捣虚，破其众黄河上。诺曷钵不支，与公主引数千帐走凉州。帝遣左武卫大将军苏定方为安集大使，平两国怨。吐蕃遂有其地。"

合拢这些材料看，吐蕃灭吐谷浑的战争，是从公元658年开始，669年结束。先后逾十年的唐对浑、蕃两国关系，最先是平待的。蕃强浑弱，但同尊唐室，未便相并。由唐室疏于调停平憾，吐蕃攻浑了。唐遂助浑抗蕃，又不彻底，致吐浑灭亡，蕃亦携离。这是关系唐蕃全局的大事，旧、新两书都未交代清楚。兹辑集诸史，释其相关地名如次：

〔凉州〕　唐凉州，中都督府，治姑臧，即今甘肃省武威县治，属陇右道，辖五县，外领突厥州三，府二十七。于时郑仁泰为都督。吐浑王诺曷钵驻牧于赤水，即上（十五条）所说的"河源王国"的大河坝草原。吐蕃军是从柏海草原来进攻的。诺曷钵兵败于"黄河上者"，应是他想退过黄河拒守，但仍被击破了。所以他率残部退入唐界诸羁縻州内，而自己跑到凉州去向郑仁泰请援。他走凉州的路线，当系从今天青海省的贵南县草原到贵德县渡黄河到西宁（唐时的鄯州），再从互助县、门源县界逾南山（祁连山）到武威的。沿途安插他的残部在附唐的十二个羁縻州地界（下详）。唐朝廷不能不助他复国，所以派遣大将苏定方，督凉州、鄯州兵向吐蕃问罪。当时估计吐蕃人不会反抗唐军，必然受诏即退。因为他的统帅是禄东赞，是入唐请娶公主，受到太宗厚抚的人。但也不能不虚张声势，摆宗祖大国的架子，所以既遣独孤卿云一军随苏定方进驻鄯州（今西宁），又任命郑仁泰为"青海道行军大总管"，表示要向青海湖进军占领盐场进行夹击。果然禄东赞给唐朝廷保留面子，派人入贡、解释。但是不说退还侵地，并请唐朝许他占领赤水大河坝这一带牧场。唐朝虽然不许，他亦不理。这下可僵了。唐朝既不能轻易用兵，又不便放下架子。僵持一段时间，恰逢禄东赞死去，其子钦陵为帅，是个强硬派，公开要消灭吐谷浑，向其残部所在的十二个羁縻州进击。唐亦无可如何，苏定方等军也只好撤退。可能也还有过接触，只是唐史讳败，未写入史，只以"吐蕃遂有其地"一语代之。

此役所破"诸羌羁縻十二州"，其名不可考。仅就"诸羌羁縻"四字推断，必然是指的鄯州都督府所属的诸羌牧部，原属吐谷浑，又于吐浑衰乱时降附于唐者。其地当在今甘肃夏河县以西，黄河南北，与青海湖附近的草原地带。吐蕃追击诺曷钵残部，故破陷了这些羁縻州。凡羁縻州皆因其部酋为刺史仍其旧俗以为治，无汉官政令，故吐蕃不认为唐朝土地，径占领之。

（十九）安西四镇拨换城

《新传》："咸亨元年（670），入残羁縻十八州。率于阗，取龟兹拨换城，于是安西四镇并废"。《高宗本纪》作："四月癸卯，吐蕃陷龟兹拨换城。废安西四镇。"

〔**安西四镇**〕 唐太宗贞观二十二年（643）讨平焉耆、龟兹诸国置四镇。《新唐书·西域·龟兹传》云："（阿史那）社尔次碛石，去王城三百里。先遣伊州刺史韩威以千骑居前，右骁卫将军曹继叔次之，至多褐，与王遇。……大破之，追奔八十里。王婴城，社尔将围之，王引突骑西走，城遂拔，（郭）孝恪居守。沙州刺史苏海政、行军长史薛万备以精骑穷蹑六百里，王计穷，保拨换城，社尔围之。阅月，执王及羯猎颠。……社尔凡破五大城，男女数万。遣使者谕降小城七百余，西域震惧……始徙安西都护于其都（原治西州交河郡，今吐鲁番）。统于阗、碎叶、疏勒，号'四镇'。……仪凤时，吐蕃攻焉耆以西，四镇皆没。"又《疏勒传》云"仪凤时，吐蕃破其国。"

《旧唐书·西戎·龟兹传》云："高宗嗣位，不欲广地劳人，复命有司弃龟兹等四镇，移安西依旧于西州。其后吐蕃大入，焉耆以西四镇城堡，并为贼所陷。"

《新唐书·地理志》云："安西大都护府，初治西州。……西尽波斯国，皆隶安西，又从治高昌故地。（显庆）三年从治龟兹都督府，而故府复为西州。咸亨元年，吐蕃陷都护府。"又"西州交河郡，中都督府。贞观十四年平高昌，以其地置"。

考高昌故地，即今乌鲁木齐、吐鲁番，东至哈密一带。唐灭高昌，置西州。本汉车师前庭，今吐鲁番是。领高昌（前庭）、柳中、交河、蒲昌、天山五县，置安西大都护府。显庆三年（568）都护府从治龟兹。咸亨元年（670），并四镇陷于吐蕃。至武后长寿二年（693）收复四镇仍置都护府，护天山南路诸国。又有北庭都护府，治庭州，今乌鲁木齐，护天山北路诸国。抵抗吐蕃至贞元三年（787）乃陷。

〔拨换城〕 龟兹国地也。考安西四镇：首龟兹镇，以龟兹国地置，治龟兹王城，在今沙雅县北的新和县境内。沙原古城易毁。突厥东回时屠龟兹，城随之灭。拨换城为龟兹第二大城，位于龟兹西界，阿克苏河以西，接近疏勒国境，地形险要，故为西域名城。贞观二十二年（648），唐军先平焉耆（国在高昌与龟兹间，即今博斯腾湖与开都河流域地区），进讨龟兹。龟兹王拒于东界，不利，退守王城。再不利，自王城退守此城，至于被俘。缘唐军系自东攻入也。咸亨元年（670）吐蕃先取于阗、疏勒。自疏勒向东进攻龟兹，故唐军扼拨换城以拒之。拨换城陷，则安西更无坚城，全境俱沦没也。

安西四镇最西者为疏勒，在葱岭下，属喀什噶尔河流域，为塔里木沙漠中最大和最肥沃之绿洲，故历世为西域大国。唐因之为镇，戍兵以护之。

于阗国在塔里木沙漠西南，为玉龙喀什、喀拉喀什两河流域的大绿洲，以产玉石著名。历世皆为西域大国。地邻吐蕃，当蕃军入侵西域门户，而距都护最远，故吐蕃最先侵据之（当在上元时，即公元675年前后）。

碎叶镇，在天山之北，属伊犁河流域，原为焉耆国属地。焉耆溯开都河逾天山山道有路通连此区。唐平焉耆，置戍于此，故不称焉耆镇而称碎叶。因碎叶川为名。因其在天山北，故于四镇中最后陷没。调露元年（679）尚筑碎叶城。《旧唐书·西域传》谓："焉耆以西四镇城堡，并为贼所陷"者，谓天山南路城堡皆为吐蕃占据，并未包括碎叶。碎叶时尚无城，唐军犹守西州。蕃军虽占焉耆，不能逾天山入占碎叶。碎叶陷落在德宗贞元三年（787），是故《唐书·吐蕃传》说"安西四镇并废"

是失于斟酌的。《西域传》只说"焉耆以西四镇城堡"陷没是准确的。

（二十）大非川附乌海城

《新传》咸亨元年（670）续云："召右威卫大将军薛仁贵为逻娑（旧传作婆）道行军大总管，左卫员外大将军阿史那道真，左卫将军郭待封副之，出讨吐蕃，并护吐谷浑还国。师凡十余万。至大非川，为钦陵所拒，王师败绩。"（《旧传》作："率众十余万以讨之。军至大非川，为吐蕃大将论钦陵所败。仁贵等并坐除名。吐谷浑全国尽没"。）《高宗纪》系于咸亨元年（670），七月，云："薛仁贵及吐蕃战于大非川，败绩"。《薛仁贵传》云："咸亨元年，吐蕃入寇，命为逻娑道行军大总管，率将军阿史那道真、郭待封击之，以援吐谷浑。待封尝为鄯城镇守，与仁贵等夷；及是耻居其下，颇违节度。初，军次大非川，将趋乌海。仁贵曰：'乌海地险而瘴。吾入死地，可谓危道，然速则有功，迟则败。今大非岭宽平，可置二栅，悉内辎重，留万人守之，吾倍道掩贼不整，灭之矣'。乃约赍，至河口，遇贼，破之，多所杀掠，获牛羊万计。进（当作退）至乌海城，以待后援。待封初不从，领辎重踵进，吐蕃率众二十万邀击取之，粮仗尽没，待封保险。仁贵退军大非川，吐蕃益兵四十万来战，王师大败。仁贵与吐蕃将论钦陵约和，乃得还。"（郭待封，即讨平焉耆和龟兹建成安西四镇的郭孝恪的次子。《新唐书》附孝恪传云："副薛仁贵讨吐蕃。战大非川，败绩。贷死为民。"）

《通典》与新、旧《唐书》皆系大非川之败于咸亨元年（670）。而《唐会要》云："通天元年（697），薛仁贵为钦陵所败于大非川。"迟三十年，当误。

《通鉴》用《新唐书》文。末云："唐兵大败，死伤略尽。仁贵、待封与阿史那道真并脱身免，与钦陵约和而还。"

〔大非川〕 综合上文分析，唐朝廷狂妄自大，小视吐蕃，实欲大举平蕃，为吐谷浑复国。故用了薛仁贵这一威镇朝鲜与突厥的大将，出兵十万之多。结果是全军覆没。薛仁贵等三人实际是被俘虏了的。由于吐蕃还不愿与大唐为敌，释放他三人回来。借以警告唐廷：不要对蕃用兵。唐史官讳言被俘，但云："与钦陵约和乃得归。"一个乃字，含义是明显的。《通鉴》体会为三人"并脱身免"之后，才"与钦陵约和而还"，是错误的。这个错误，从旧史字面上不可能校订出来。一经考订出大非川的实际部位与其地理条件，就会看出来了。

大非川是今何地？从来无人考订。《中国地名大辞典》用《一统治》说，估为青海西之布哈河。它的基本推断就错了。汉、魏、隋、唐人所谓"川"，都是指的大平原，不是说的河流。不过平原中也有河流罢了。例如《三国志》诸葛亮隆中对："率益州之众以出秦川"指渭水平原。刘备说"我必有汉川也",指的汉中平原。至于蕃、浑、突、回地区地名带川字的,都是指的大草原,不是说的哪一条河。青海湖西的布喀河流域,虽也是一个草原,却不当唐蕃往来的要道,不会是这次唐蕃交战地。唐蕃往来要道,有两条。一条是文成公主入蕃的大路,如上所考,是由陇西出赤水河原,经乌海、柏海、玉树向拉萨的。一条出金城(今兰州市),逾日月山,经都兰、柴达木、昆仑山口、通天河草原向拉萨,金城公主入蕃即循此道。

按《薛仁贵传》文,大非川应在乌海之北。《隋书·地理志》河源郡"有七乌海",即今青海省海南州的托索湖(冬结错拉湖),已考在河源郡条,则大非川当于入蕃东道的乌海北近求之,审度地形,只能是苦海温泉间大草原。《薛仁贵传》谓:"军次大非川,将趋乌海",就说明大非川在乌海之北。他说:"乌海地险而瘴"(这是说的寒瘴,不是说的疫痢),应即是说的从花石峡到马拉驿山口这一带连山(大积石山脉)高寒险峻,为往时吐蕃与吐谷浑界,宜趁早抢先占领,创造追击蕃军的条件。这在吐蕃已经侵占吐谷浑的地面之后,唐朝用十万大军,选薛仁贵这样的超级名将率领,号为逻娑道行军大总管往讨吐蕃,表示是要扫穴犁庭大振国威的(逻娑即拉萨)。所以他不能不以把吐蕃大将钦陵的主力击破为目的,否则纵然恢复吐谷浑境宇也不定保守得住。这是薛仁贵决心抢先占据乌海雪山口布置后勤阵地的原因。至于吐蕃军那方面呢,原是已经占领了吐谷浑全境了的。赤水草原和仙海盐池,是原吐浑王冬夏住在的王畿牧场(已详河源郡条),论钦陵亦必屯军于此一带,徐徐收地抚民。今闻大唐名将十万之众的劲旅压来,自度难与拒战,兼以本无与唐开衅之意,自必敛军暂退过吐谷浑旧界之外的柏海地区,准备唐师凯旋后再来夺取。这是薛仁贵军不战而抵乌海与河口的原因。从赤水城地区起,全是草原和雪山,无农村,去大唐州郡远,十万大军的粮秣器械的供应,是极其重要的。所以他安排两万大军在大非山筑栅,护守粮秣辎重,才敢进军去抢乌海南的马拉山口。抢占马拉山口以后,必然要把大非山总台的粮,推进至乌海马拉山口来扎一分台,然后再进军一步。迨进到河口(黄河沿,今为玛多县),又当把粮台推进到此,方可前进。然就在这时,吐蕃钦陵也饬别处蕃军绕出大非山北,趁郭待封推进粮台纷乱之际,攻夺大非山总粮台。薛仁贵回军护粮,但已经无及。其时郭待封督运往乌海分台的粮仗,亦在途中被夺。待封仅得据乌海城(分台木栅,今黑海站)自保,以待大军回救。仁贵退至乌海城,与待封合力回争大非山粮台,军已饥疲,遭到钦陵四十万生力军围攻,遂至全军覆没。

肯定大非川就是今天西宁至玉树公路所经过的苦海子大草原,即第六道班与温泉煤矿之间纵横各二十千米的大草原。所谓"大非山",即今温泉站附近的鄂拉山口。所谓"乌海城"即今西宁至玉树公路的黑海站,当时为唐军的第二座粮台(分台)。大非山总粮台距赤水城与乌海城各约四五百里。乌海城距黄河沿亦约四五百里,建立三个粮台,对当时草地行军说来,是最适当的。但未建城而败。

唐军这次惨败,不但吐谷浑随之灭国,西域地面的大唐属国也沦陷于吐蕃了。

(二十一)鄯州、灵州与当悉等州

《旧传》:"仁贵等并坐除名。吐谷浑全国尽没,唯慕容诺曷钵及其亲信数千帐来内属,仍从于灵州。自是吐蕃连岁寇边。当悉等州诸羌尽降之。"《新唐书·吐谷浑传》云:"吐蕃遂有其地。诺曷钵请内徙。乾封初,更封青海国王。帝欲徙其部于凉州之南山,群臣议不同,帝难之。咸亨元年……总兵五万讨吐蕃,且纳诺曷钵于故廷,王师败于大非川,举吐谷浑地皆陷。诺曷钵举亲近数千帐才免(犹言仅得免)。三年,乃徙浩亹水南。诺曷钵以吐蕃盛,势不抗,而鄯州地狭,又徙灵州。帝为置安乐州,即拜刺史。欲其安且乐云。"

吐谷浑在薛仁贵尚未出军征讨吐蕃时,曾经有几千家人跟随其王诺曷钵逃到大唐的鄯州地界。鄯州,即隋代的西平郡,领湟水(今西宁)、化隆(旧曰浇河)两县。唐改鄯州,统湟水、龙支、鄯城(今湟源)三县。立下都督府与若干羌浑部落(羁縻州)。今青海省湟水与大通河流域皆其领地。吐蕃未敢与唐开衅,未犯鄯州。

〔**鄯州**〕 今青海省湟水与大通河流域地,治湟水县。辖境与凉州只隔冷龙岭一山,即所谓"凉州南山"也。冷龙山南侧为浩亹水河谷,即今门源县地。又其南为大通山与达坂山区。山南又乃为湟水河谷,即州治湟水县地。薛仁贵出兵之时,诺曷钵当率其众回居赤水故地。大非川兵败后,吐蕃再度占有吐浑全境。诺曷钵与其亲随浑人,因在大非岭后方,闻败便又逃奔鄯州了。吐蕃仍未入侵鄯州,故浑众得暂居于大通山与达坂山放牧。那时,吐蕃虽不犯鄯州,却仍从大通河上游草原来掠劫大通山和达坂山诸羌浑部落。吐浑无力自卫,再向唐朝请内徙,以避吐蕃。唐朝把他远远迁徙到灵州地界来保得他永远不再受吐蕃凌逼。这下便完全离开本国,既不成其为河源国,也不成青海国王,只合称为"安乐州刺史"了(国王虚衔自亦仍在)。

〔**灵州**〕 后魏时置。隋为灵武郡。唐为灵州大都督府,领四县,属关内道,不设采访使,由京官直领,比于畿辅。今宁夏回族自治区地,皆唐灵州地也,州治即是今银川市。安乐州为草原牧区,在州西北沙原就水草,无定住。诺曷钵子孙世袭可汗号,至传四世至慕容兆,仍为吐蕃所灭。残部再内徙于朔方、河东等郡(今山西省地)。唐人仍呼之为"退浑"。

"吐谷浑自晋永嘉时有国,至唐龙朔三年(663)吐蕃取其地,凡三百五十年"(《新唐书》文)。内徙后,贞元十四年(798)慕容复还封长乐都督、青海国王,袭可汗号。其后遂绝。

吐谷浑国,本鲜卑人为羌族王,能管理羌众。极盛时,占有青海全境,西北至蒲类海(今罗布泊)与焉耆界接,西尽且末,与于阗界接。东有青海湖与黄河上游地区。隋平其地,置鄯善(玉门关外原鄯善国地)、且末(今新疆且末县地)、西海(今青海海北、海西两区地)、河源(今青海海南区地)四郡。其湟水流域的可耕河谷,魏、周、隋、唐皆置州县如内地,唐人、吐谷浑人杂居。其牧民部落降附于唐者,唐置羁縻州,以其酋为刺史,自大非川军败后亦皆转附吐蕃。

〔当悉诸州〕 皆在岷江上游地区,属剑南道,原宕昌、邓至诸羌属地。魏、周、隋、唐间,皆降附于华夏,未能建成国家,唐置羁縻诸州,隶松州都督府。其倾慕真切,请置郡县如内地者,亦每因形势利便,遂为州县。惟皆叛服不常,往往未久罢废。惟松州以都督府重兵所在,与当、悉两州比较安静,故史官称之为"当悉等州诸羌"。松州治即今松潘县城。当州,贞观二十一年(647),析松州置,因地产当归为名,治通轨县,即今黄胜关以北若尔盖县地。悉州,显庆元年(656)置,治悉唐县,即今毛儿盖地。咸亨元年陷蕃,徙治左封(今大姓毛牛沟)。后皆没于吐蕃。

以上,为自吐蕃开国,至其占有整个青、康、藏大高原与塔里木盆地的时间内,《吐蕃传》文涉及之地名考订。本来该只考地名位置,不考史实。由于有许多属于草原上的地名,过去无人考订,或大体指出部位,亦与史实不合,必须考核史文,对证今地,落实到现在实测地图的位置上来,故亦不能不参验史事,并还须订正史文谬误,得其真实,才有可能正确得到今地。要做到考订既定,验于其他文记都不抵牾,工作是很困难的。但必须做到起码要把一部分重要地名的今地部位弄清楚,譬如在汪洋大海里制定航标,建成灯塔一样,才有可能推断一些细小地名的部位,才有可能把前人留下来的断烂残阙的史事认识得清楚。

以上有几个地名,用了许多文字,反复推究,那是少不得的麻烦。虽然已经尽力做出来了,如河源郡、大非川、乌海、柏海、拨换、碎叶这些地名,还只是凿空探索,不可能是全面正确的。大路推轮,才只开始。所盼抛砖引玉,来者益多,获使数千年残阙未备的边疆地名,克收古今对勘之益,为研究民族历史者建立航标为幸。

二

吐蕃自松赞干布卒后，赞普幼，禄东赞之子钦陵当国政，因侵灭吐谷浑与唐发生冲突。唐军覆败于大非川后，吐谷浑之地悉入吐蕃。蕃军开始侵扰大唐缘边诸州县。唐蕃关系转入第二阶段。自唐高宗咸亨（670—673）至武后久视（700）三十年间，为唐蕃交恶时期，其重大战役与其关系地名，纷庞复杂。兹为分组考释，以清眉目。

（一）仪凤初入侵州县

《新唐书·高宗本纪》：仪凤元年（676）闰三月己巳"吐蕃寇鄯、廓、河、芳四州"。七月乙未"吐蕃寇叠州"。二年五月"吐蕃寇扶州"。又"是岁，西突厥及吐蕃寇安西。"三年正月丙子"李敬玄为洮河道行军大总管，以伐吐蕃……"。

〔鄯州〕 汉建安中于破羌县置西平郡，治西都县（破羌改名）。东晋世为鄯州，南凉秃发乌孤以为都邑。隋大业二年（606）复为西平郡。"唐武德二年平薛举，又置鄯州。治故乐都城。贞观中置都督府"（《寰宇记》）。《隋志》①："西平郡，旧置鄯州。统县二（湟水、化隆）。"其湟水县云："旧曰西都。后周置乐都郡。开皇初，郡废，十八年改县曰湟水。"《新唐志》② 鄯州领三县：湟水、鄯城、龙支。"肃宗上元二年（761），州没吐蕃，以龙支、鄯城隶河州。"（《寰宇记》鄯州云："上元二年为吐蕃所陷，遂废。所管鄯州等三县入河州管。"）《清一统志》："宋崇宁二年（1103）复建陇右都护府，改鄯州名为西宁州。翌年，加宾德军节度，属熙河路，后没于西夏。元仍曰西宁州。"明为卫，清为府，治所皆在湟水河原，今西宁市是也。（龙支、鄯城另详。）

〔廓州〕 《隋书》卷二十九记浇河郡统县二：河津、达化。云："后周武帝逐吐谷浑，以置廓州总管府。开皇初府废。"又所辖河津县云："后周置洮河郡，领洮河、广威、安戎三县。开皇初郡废，并三县入焉。大业初至浇河郡。"《新唐志》："廓州宁塞郡，下，本浇河郡。天宝元年更名。统县三：广威、达化、米川。"州治广威县云："本化隆，先天元年曰化成，天宝元年又更名。"《元和志》云："献帝建安中，分金城置西平郡。南凉秃发乌孤又以河南地（指吐谷浑地）为浇河郡。周建德五年

---

① 即《隋书·地理志》。
② 即《新唐书·地理志》。

(576）于今州理（治字避讳改）西南达化县界浇河故城置廓州。盖以开廓边境为义。隋大业三年（607）罢州，复为浇河郡。隋乱，陷于寇贼（指薛举，国号秦）。武德二年（619），西土平定，改置廓州。乾元元年（758）陷于吐蕃。"

强按：魏、周、隋、唐时，在河湟地区，抚定羌落，开置郡县，治所随时变迁，以适各时期统治之便。名称则因袭前世，以适羌人循旧之习。缘羌众叛服不常，故新开郡县，多不筑城，迁就时便于转徙为治。必待局势稳定，商旅麇集，汉人住户增多，已成定局，才有城邑。历世不徙，或不易徙动，才会沿革相因。这是考订边区郡县必须有的认识。还有一件：边区郡县治所，即汉官驻地，必然是河谷平原，或台阶地上，可以耕种粮食和蔬菜的地面，决不会营邑在草原上。而边区河谷的温暖平地总是很狭窄破碎，分散在河水两岸，隔以山爪，或隔有绝壁不相联贯。往往一个固定的河谷内，郡县治也可能有时在这块河原上，有时又在那块河原上。

廓州地面，位于鄯州与河州之间，即湟水与大夏河之间，应该是今青海省化隆、循化、同仁与贵德县地，包括龙羊峡，或松巴峡以下到刘家峡之间的一大段黄河河谷及其支谷的地面。后魏的廓州，州治可能在黄河北面今化隆县位置，或黄河南面今同仁县位置。因为后魏的官吏畏热喜凉，厌农重牧，州治必须在凉爽之处，不在河谷。后周的浇河郡，就可能设在黄河沿岸了。因为周、隋、唐的官吏，喜暖畏寒，重农贱牧，这段黄河沿岸已渐开垦有农村了。周总管府所在，可能在今循化县或尖扎县位置。所谓"浇河"，就指黄南自治州的隆务河。这个都督府所管的羌落，应在黄河上游地区，即原吐谷浑部的降羌。吐谷浑王旧曾驻牧于浇河地区，故南北朝时，被称为"河南王"（明清时蒙古族居此者仍称河南亲王）。是故《元和志》言："南凉秃发乌孤以河南地为浇河郡。"隋唐仍为浇河郡。天宝元年复称廓州。这段时间，郡治可能也有移动。要必在这段黄河沿岸。《元和志》记州治化城县云："黄河在县南八十步。"则唐廓州是今化隆之甘都也。

《元和志》廓州三县，首，化城县，云："郭下即谓州治。"又云："黄河在县南八十步"，则故城在今化隆县之甘都附近可定（《新唐志》作广威，天宝元年改名也）。次，达化县，"东至州三十里"。又云："黄沙戍在县东六十里。"（《新唐志》云："西有积石军，东有黄沙戍。"）盖县在黄河南。今循化县西之东庄，当是其所治处。黄沙戍疑在今乐都附近。三，米川县云："西至州一百里。"又云："贞观十年，于本县东一百二十里黄河南岸置米川县，属河州。永徽六年移于河北，属廓州。"则贞观时县治在今循化县，隶河州。永徽后徙治北岸，属廓州。皆在积石峡以西的黄河两岸。又次，积石军云："在州西南一百五十里，仪凤二年置。西临大涧，北枕黄河。即隋浇河郡所理。"则其地是今尖札县南黄河疾转向东处的河硖，与河州之小积石山相去200余里，因其皆跨黄河成绝硖，地形相似，被以同名。所谓"大涧"，即今之同仁河也。唐于积石军以西，尚有威胜军、金天军、武宁军、曜武军皆在黄河南，隶属廓州。曜武军最远，临黑硖川（今松巴峡附近），已至今贵德县境。然黄河南皆羌蕃，易叛乱，唯北岸倚鄯州支援较稳固耳。

〔河州〕 唐河州领枹罕、大夏、凤林三县。《元和志》枹罕县云："郭下。本汉旧县，属金城郡。故罕羌侯邑，秦灭为县，后遂因之。"其地为今临夏市。又"积石山，今名小积石山，在县西北七十里"即今之积石峡。又"凤林山，在北三十五里。河水在县北五十里"。皆今临潭县地。"凤林县，东南至州八十里。"在凤林山下，今莲花村是。"大夏县，西北至州七十里"，去大夏水十步，今为临潭县治。汉人沿河居住为多，故曰河州也。

〔芳州〕 《元和志》云："秦汉至魏晋皆诸羌所居。至后魏，吐谷浑入侵据焉。周明帝武成中，西逐诸戎始有其地。乃于三交口筑城置甘松防。武帝建德中改为芳州。领恒香、深泉二郡。隋大业二年郡州废，以县属扶州。隋氏丧乱，陷于寇贼。武德元年，西边平定，复于常芬县置芳州。高宗上元二年（675）陷于吐蕃。"领县三："常芬县，郭下。……神龙元年（705）州废，移县属叠州。"次"恒香县，东北至州一十五里"。又次"丹岭县，东南至二十里"。

《新唐志》叠州（下条详）常芬县云："武德元年以县置芳州，并置丹岭县。四年，以丹岭隶洮州。贞观二年，置恒香县，侨置恒香戍。复以丹岭隶芳州。高宗上元二年陷吐蕃。神龙元年州废。省丹岭、恒香，以常芬来属。"是芳州地面虽早已陷于吐蕃，仍侨置州于叠州常芬县阅三十年久乃废。盖其地羌人多不服吐蕃统治，仍遥附于唐故也。以此推断，上元以前的芳州，辖地相当于今天的玛曲、碌曲、迭部三县。

〔叠州〕 唐武德二年（619）分洮州之合川、乐州、叠州三县置。《新唐书·吐蕃传》上元二年（675）"二王不克行"句下续云："吐蕃进攻叠州，破密恭、丹岭二县。又攻扶州，败守将。乃高选尚书左仆射刘仁轨为洮河镇守使。久之，无功。"刘仁轨，是唐初以刚正著称的大臣。以平百济、新罗、高丽和辽海功，封乐城县公。拜尚书左仆射兼太子宾客，仍知政事。本传云："吐蕃入寇，命为洮河道行军镇守大使。永隆二年，加太子少傅。数乞骸骨，听解左仆射。"盖其时吐蕃强盛，羌浑依附，唐已不能制。仁轨虽名将，不能克。凡在洮河三年，故曰"久之无功"。而以李敬玄代之也。

《元和志》叠州云："《禹贡》梁州之域。历秦、汉、魏、晋，诸羌常保据焉。至后魏，其地入吐谷浑。周武帝建德六年（577），西逐诸戎，始统有其地，乃置叠州。盖取山川重叠为义。隋大业元年废叠州，以县属洮州。武德二年（617），西土内附，于今州西二十九里合川故城置叠州。五年，陷吐谷浑。七年，讨平之，复置叠州。今州城在独山上，西临绝涧，南枕羌水。（贞观）十三年（639）置都护府。永徽元年（650）罢。天宝元年（742），改为合川郡。乾元元年（758）复为叠州。"

今按：隋、唐、宋人考订唐蕃所争夺的边疆各州地理沿革，已很细致，如上文所引，州郡县名目繁多，给后人提供考证线索，为功甚大。其缺点，在图籍丧佚，难于确定今地部位。如上所言，叠州与芳、扶、洮州属县屡转分合的关系，由于洮州已有定位，即可以推断芳州在洮州与叠州之间，并皆在洮州的西南。因他们原是分洮州属县来设州，而洮州的东北二面都是唐人腹地金城、陇西旧郡县，全是农村，无草原，唐之初也，蕃骑所不到。这样就可以把各州所在的大体方位定下来了。跟着考核这个洮州西南地区的地理，有草原，有山林，有河谷，也还有雪山。由于唐初时吐蕃的作战，还是用的奴隶军队，不携粮秣，随地牧马，掠食牛羊，无须有辎重、后勤，故离开草原就难于活动。唐朝的官军与他们相反，进退须有辎重，离开农村与城邑，便寸步难行。所以唐朝对蕃作战，必须征用羌浑民军，方敢深入。另外介于高原草地与腹地农村之间的，有一个摆幅相当大的山谷盘错，森林茂密，人马难于通行的地带，即青、康、藏大高原与陇西、滇、蜀腹里州县之海拔1000至3000米之间的地带，它是唐军与吐蕃行军都感到困难的地带。恰好有许多羌浑部居住进去。他们本愿既不欢迎吐蕃，也不欢迎大唐，但力量不能抗拒外来压力，只好摇摆于农牧两大政权之间，苟且自存。其中属于河谷上游，接近草原之部，牧地多于耕地，则受吐蕃征服为易；河谷渐深，农地渐多，则其人自然习近唐地，憎恶吐蕃，从而乐于接受唐朝保护，由羁縻州转为郡县。整个《吐蕃传》里所举吐蕃陷没的州县，便以这样地带的州县为多。明白这些情形，就有方法考订这些州县地名的部位，把它落实到今天经过实测绘制的地图上来。

以芳州为例，《元和志》说他的取义是因为土产名香。从来香料没有高过麝香的。麝鹿这种动物，只能生活在高原的森林里，不能生于草原内和温暖的农地。于是可以肯定"芳州"与"常芬"县、"恒香戍"这些地方，是接近草原的森林地。洮州西南的高寒森林地，应该是洮水、白龙江上源的浅山浅谷地区，即今甘肃极西南的碌曲、迭部、玛曲三县地方。而叠州，又当在芳州更东的白龙江（羌水）河谷。所以芳州很早陷落，而叠州就要到吐蕃已经占有陇右以后才得陷没。

用上述这些原则来检定文献资料，就可初步找出芳、叠二州的位置了。这种运用地理资料与文献资料综合分析的方法，对于古今地名沿革断绝了的古地名的考订，是特别适用的。如，照此考订芳州州治，可以判断它曾有过多次变动。《元和志》说的三交口，应该是迭部县治的附近。这里地形，北逾光盖山、石门，道通临潭、洮州，西循白龙江，经南木寺至黄河沿（玛曲县），通赤水城与仙海盐地，东南循白龙江岸通叠州，都是当时的要道，便在今天也仍是三条公路交会处。那里也正是开始有森林密蔽的山区，应是麝香集中运售的地点，也应为常芬（恒香）县得名的原因。至于曾改隶洮州的丹岭县，就必然在洮河上源地区了；可能就是今天临潭县的卓尼老官寨，也可能是今天的碌曲县治（深泉县，未考）。

同样可以肯定叠州治也是在白龙江河谷内屡经迁移的。即如《元和志》所说：唐武德二年（619）的叠州和武德七年（624）的叠州就相距了29里。武德二年州治在合川故城。顾名思义，应在白龙江大支流交汇口。这段白龙江的大支流有两条，其一是自四川若尔盖东界三包座流出的达拉沟（包座河）。江口有卡坝村，其下游经尼傲、旺藏两大村，至麻牙寺又有阿夏河自南来江。又下经花园乡，至洛大，入舟曲县界。各著名大村皆在北岸。自达拉沟口至麻牙约30里不足，自麻牙至洛30里有余。以此推断：武德二年之州治在卡坝附近，亦可估为麻牙。武德七年之州治在麻牙附近，亦可估为洛大。但须求得"西临绝涧，南枕江水"之独山险地方可定也。

或问："唐陇右道河、渭、兰、阶、洮、廓、叠、宕八州土贡有麝香，不必芳州才有。芳州即不当专有芳香之名。"答：惟其此八州皆有山谷森林，独产麝香，其他如河西诸沙漠州与秦岷等内地州，无森林故不贡麝香。此贡麝八州皆魏、周、隋旧置，其时无上贡，故州不及芳香。芳州唐置，已有土贡制，所以特以芳称。其陷吐蕃最早者，地接草原，不如叠州易守。芳州废而常芬一县犹存，还隶叠州，亦可知其州境多草地，只州治（常芬）在白龙江河谷，能为唐守故也。

〔扶州〕 《新唐志》属山西道。《隋志》同昌郡云："西魏逐吐谷浑，置邓州。开皇七年（587）改曰扶州。统县八。"一、尚安县云："有黑水。"二、钳川县云："有白水。"三、帖夷县，无地理特征。四、同昌县云："有邓至山，云邓艾所至，故名焉。"四县皆西魏置。五、嘉诚县云："后周置县，并龙涸郡，及扶州总管府。开皇初府废；三年，郡废；七年，州废；有雪山。"六、封德县云："后魏置，又立芳州，有芳泉郡。开皇初郡废，又省理定县入焉。大业初，州废。"七、常芬县云："后周置，及立恒香郡。开皇初郡废。有弱水。"八、金崖县云："后周置。"《通典》略同，云领县四："同昌、帖夷、尚安、钳川。"

《旧唐志》① 松州原属陇右道，永徽之后，割属剑南道，治嘉诚县。云："历代生羌之地。汉帝招慰之，置护羌校尉，别无州县。至后魏，白水羌像舒治自称邓至王，据此地。其子舒彭，遣使朝贡，乃拜龙骧将军、甘松县子，始置甘松县。魏末大乱，又绝。后周复招慰之，于此置龙涸防。天和六年（571）改置扶州，领龙涸郡。隋改甘松为嘉诚县，属同昌郡。武德元年于县置松州。取州界甘松岭为名。"

合观上两文，可知：扶州与松州，皆因邓至羌地，故有邓至山（名出羌语。隋志谓"邓艾所至"非也）。西魏曰邓州。后周置龙涸郡，领于扶州。州上又置总管府。其治所皆在龙涸。龙涸者，邓至诸羌之神山，在今松潘县东五十里之三舍驿。泉流三级为三池。池底为龙鳞状的钟乳石盘，备五色，映射出水。附近密林弥漫，多珍奇鸟兽，今为黄龙寺。每年有朝山盛集，因以进行市易。其北为九寨沟，并以优美风景著名。龙涸水东流，经水晶堡、平武县为涪江源。九寨沟北流为白水江，与北来之黑水汇合，经南坪县东流，入甘肃文县境会白龙江。故北周把统治宕昌、邓至诸羌落的都督府设在这里。所谓龙涸雪山，指的是今松潘县东，龙涸南的"雪宝顶"，海拔5555公尺，百里内皆可望见。距龙涸只有20里外。西魏改龙涸为同昌郡，置邓州。隋改扶州，徙治尚安县。尚安"有黑水"，则应在今南坪县西北的"黑河区"（红旗区）。钳川县"有白水"，则当是今南坪县东南部地方。其帖夷县地，当是今若尔盖县的铁布七寨，古今译字不同也；帖夷为纯牧区，故无特殊地名标识。

魏、周、隋皆无松州。今松潘县地，其时全隶扶州。唐初乃分扶州之嘉诚、封德、常芬、金崖四县立松州。嘉诚县亦是龙涸旧称。隋改龙涸为同昌，而别立嘉诚县于今松潘位置。唐遂于此置松州，移扶州都督府于此。原帖夷县并曾立潘州，后乃合并于松州。隋之封德县，即唐之深泉县。隋之常芬县，即唐之叠州治。隋之金崖县，即唐之丹岭县。此等建置，皆随羌落附叛为置废。治所随宜转徙。名称或沿旧，或革新。单凭书本记录，则淆乱而不可理。验于地理实际，则历历如在指掌矣。

〔**密恭县**〕　《元和志》宕州有良恭县，云："本周之阳谷县也。武帝天和五年（570）置宕昌郡。隋开皇三年（583）罢郡、县属宕州。十八年改名为良恭县。"按《隋志》宕昌郡统县三。首，良恭。云："后周置。初曰阳宕，置宕昌郡。开皇初，郡废，十八年改名焉。大业初（复）置宕昌郡。"次，和戎"有良恭山。"又次，怀道"后周置甘松郡。开皇初郡废"。《新唐志》："宕州怀道郡，本宕昌郡。天宝元年更名。"县二：怀道、良恭。故宕州境当为今甘肃宕昌、临潭、卓尼三县。良恭县

---

① 即《旧唐书·地理志》。

云:"贞观元年,以成州之潭水来属,后省入焉。"则其地是今之临潭县可定;唐初曾改称为密恭,地近草原,故吐蕃早年侵及之。

〔丹岭〕 原芳州属县,已如前考。《元和志》云:"所管百姓,皆是党项诸羌界内。虽立县名,无城郭居处。"故最早没于吐蕃。

(二)西突厥与吐蕃寇安西后大出师的相关地名

《新唐书·吐蕃传》承"无功"下云:"吐蕃与西突厥连兵攻安西,复命中书令李敬玄为洮河道行军大总管、西河镇抚大使、鄯州都督,代仁轨。下诏募猛士,毋限籍役痕负,帝自临遣①。又敕益州长史李孝逸、巂州都督拓王奉益发剑南、山南士。先战龙支,吐蕃败。"这是大非川兵败后,唐对吐蕃第二次下了决心的大举讨伐。第一次因二王不行,自己作了"冷么台"。这次是因吐蕃不但占据了吐谷浑全境与安西都护地面,并且与西突厥联合陷西域全境。故唐再图一次大举讨伐。虽名大出兵,仅得龙支小胜而已。

〔西突厥〕 突厥在隋世,已分为东西两部。东突厥居长城以北,与隋唐交涉频繁。遭隋炀帝与唐太宗武力征服多次,玄宗时为回纥所灭。西突厥居碎叶川东西大草原,与唐安西都护领地逼近。其国有南庭北庭。"自焉耆西七日行至其南庭。又正北八日行至其北庭。"(《通典》)。初亦受唐封拜,听约束。及吐蕃强盛,兼并吐谷浑与安西四镇地,唐犹保存焉耆以北之地,徙安西都护于西州,已如前述。有贺鲁者,"居多逻斯川,直西州北千五百里",初降唐,"会讨龟兹,请先驰为向导。诏授昆丘道行军总管。""累擢左骁卫将军、瑶池都督,处其部于庭州莫贺城。"太宗崩,遂叛。高宗显庆讨平之。"裂其地为州县,以处诸部。"设六都督府,二都护,与州刺史,皆以诸部酋充任。其地包括今天山北路与中亚细亚。"西尽波斯,并隶安西都护府。"(《新唐书·突厥传下》)

"仪凤中,都支自号十姓可汗,与吐蕃连和,寇安西(《本纪》在仪凤二年十二月),诏吏部侍郎裴行俭讨之。行俭请勿发兵,可以计取。即诏行俭册送波斯王子,并安抚大食,若道西蕃者。都支果不疑,率子弟上谒,遂禽之,召执诸部渠长,降别帅李遮匐以归,调露元年也。"(《新唐书·突厥传下》)西突厥自此以后部落稍衰。然唐也未能占领其地。武后时,又与吐蕃寇西州。

〔关内,河东〕 唐分国境为十道,其中关内道22州,为畿府;今陕西全省与

---

① 《旧唐书·吐蕃传》作:"召募关内及河东诸州骁勇以为猛士,不简色役。亦有常任文武官者,召入殿廷赐宴。遣往击之。"系仪凤三年。

甘肃东部、宁夏及内蒙的河套之部皆属之。河东道18州，今山西全省与内蒙乌兰察布盟皆是。陇右道20州，陇山以西极于玉门，今甘肃、青海大部分地方皆是。剑南道26州，今四川省嘉陵江以西地皆属之。山南道33州，包括今川东、陕南与湖北的大江和汉水流域地面。此五道外，为河北、河南、淮南、江南、岭南五道。

"关内道"即汉三辅地面。唐为京畿。领京兆府，与华、同、商、岐、邠五州（岐州后升为凤翔府）。陇、泾、原、渭、宁、庆、鄜、邠、坊、丹、延、灵、会、盐、夏、绥、银、麟、胜、斗二十旧州，与新析置的安乐、雄、警、宥、麟五新州，及单于、安北、镇北三都护府等皆属关内道，统于长安京官。

"河东道"唐治河中府，即蒲州。更辖晋、绛、慈、隰、并（开元升为太原府）、汾、沁、辽、岚、石、忻、代、云、朔、蔚、潞、泽等旧州及宪、武等新州，领于河东采访使。

关内与河东诸州，世遭边患，人民习于强武。唐既屡挫于吐蕃，又考虑到征募的府兵不足用，便增募猛士，不拘品格，各用其长，天子召见，赐宴以遣之。这是兵役历史中的特殊盛典，说明唐朝这时是要决心大振国威的。

〔益州〕 属剑南道地面，自汉历经魏、晋、齐、梁、周、隋，直至唐初都称益州，州治成都。领其职者，时而称刺史，时而称州牧，或称总管、都督、经略使、节度使，皆为一方行政最高长官，开府置长史、司马、从事等官属。有时方面大臣未到任，即以长史代行政务。如仪凤中的李孝逸，开元中的章仇兼琼就是以长史代行大都督与经略使职务的人。

〔嶲州〕 嶲州亦隶属于剑南道，为38州之一。领越嶲（今西昌）、台登（今冕宁）、邛部（今越西）、苏祁（今礼州）、西泸（今德昌）、昆明（今盐源）、昌明（今渡口）、会川（今会理）八县。地多白蛮、乌蛮与西蕃等民族部落，故更置都府于此以理之。内地编户，按籍供兵役，是为府兵。都督府所辖"夷落"，亦有军役，是为夷兵。皆按版籍轮流征用。此次大举讨蕃，因剑南与吐蕃连界，故饬益州与嶲州皆调集正兵，并募猛士，以备蕃兵突逸。

〔山南〕 唐山南道35州，州治在今汉中。夔、忠、涪、万（四州后属山南东道）、利、集、壁、巴、蓬、通、开、阆、果、渠、复15州在今四川境；金、梁（梁州，兴元元年更名为兴元府。今汉中城是也）、洋、凤、兴、成、文、扶8州在今陕南与甘南。其余12州在今湖北省境（开元时升荆州为江陵府，为山南东道治所）。

〔龙支〕 《隋志》枹罕郡有龙支县，云："后魏曰北金城。西魏改焉。有唐述山。"《新唐志》龙支县属鄯州。唐述山，即今青海省循化县之积石关之小积石山。其名早见于《水经注》，其卷二云：

河水又东北会两川，右合二水，参差夹岸连壤，负险相望（按：此言循化县河原形势）。河北有层山，山甚灵秀。山峰之上，立石数百（下原衍文字），亭亭桀竖，竞势争高。远望崚崚，若攒图之托霄上。其下层岩峭举，壁岸无阶。悬岩之中多石室焉。室中若有积卷矣，而世士罕有津达者（一刻作逮，一刻作造，皆到达之意）。因谓之积书岩。岩堂之内，每时见神人往还矣。盖鸿衣羽裳之士，练精饵食之夫耳。俗人不悟其仙者，乃谓之神鬼。彼羌目鬼曰唐述，后因名之为唐述山。

《元和志》云：枹罕县"积石山，一名唐述山。今名小积石山。在县西北七十里"。又龙支县"积石山，在县西九十八里。南与河州枹罕县分界"。盖南北两山夹河对峙，中为河关。唐枹罕县在河南岸，属河州枹罕郡治。距南岸积石山近。龙支县在河北岸。两县即以河峡为界。则故龙支县在今甘肃永靖县的黄河北岸，积石关之东（约当官亭附近），介于河州鄯州之间。

仪凤时廓州地面已为蕃有，唐蕃以积石关为界。蕃军主力在青海湖区。李敬玄当从鄯州进军。其蕃军窜入龙支界者应只是小股游骑。《新唐书·吐蕃传》所云：上元三年，"先战龙支，吐蕃败"者，亦不过地方守军驱逐吐蕃游军报捷。适逢李敬玄出师，因攘以为功。实非双方正面作战。

（三）青海：承凤岭战役相关地名

《旧传》："其年（仪凤三年）秋，敬玄与工部尚书刘审礼率兵与吐蕃战于青海，官军败绩。审礼殁于阵。敬玄按军不敢救。俄而收军却出，顿于承凤岭，阻泥沟不能动，贼屯于高冈以压之。偏将左领军员外将军黑齿常之率敢死之士五百人，夜斫贼营，贼遂溃乱，自相蹂践，死者三百余人。敬玄拥众鄯州，坐改为衡州刺史。"《新唐书·吐蕃传》云："虏惊，自相蹸藉而死者甚众，乃引去。敬玄仅脱。"

《新唐书·李敬玄传》云："刘仁轨西讨吐蕃，有所建请，敬玄数持异，由是有隙，因奏河西镇守非敬玄不可。敬玄辞以非将帅才，且仁轨逗憾，故强臣以不能。帝厌之，因曰：'仁轨若须朕，朕且行，卿安得辞？'乃拜洮河道大总管，兼镇抚大使，检校鄯州都督，统兵十八万，代仁轨，与吐蕃将论钦陵战青海，使刘审礼为先锋，鏖虏，敬玄按军自如，审礼战殁，尚首鼠不进，乃屯承凤岭。又阻沟淖，莫能前。贼屯高压其营，偏将黑齿常之率敢死士夜击贼。敬玄始得至鄯州。又战湟川，遂大败。数称疾求罢归,许之。"又《诸蕃将传》云:"黑齿常之,百济西部人……龙朔中,高宗遣使招谕。乃诣刘仁轨降……仪凤三年,从李敬玄、刘审礼击吐蕃。审礼败,敬玄欲引还,阻泥沟,兵不得出,贼屯高压官军。常之夜率敢死士五百人掩其营,杀掠数百人,贼酋跋地设弃军走。"

综合如上史文分析:李敬玄实不知兵,昧于蕃情敌势,对刘仁轨部署掣肘。激怒仁轨,使身亲其役。高宗懵然遂遣之。皆视边事如儿戏,致其败。此足为后世鉴戒也。敬玄初以战斗委审礼,败没于青海。敬玄顿兵承凤岭不敢救。退又阻于泥淖,为蕃将跋地设所乘,亦几覆灭。赖仁轨部将黑齿常之夜突蕃营,迫使退却,唐军乃得越泥淖归鄯州,仍复大败于湟水。从而可以推定:唐军是从青海湖东南面进退的。沿途地名考订如下:

〔**青海**〕 此指青海湖。湖西布喀河流域为一大草原,今为天峻县(新源县改名)吐蕃论钦陵大军当屯于其处。其地距茶卡盐湖近便。刘审礼军必是进夺盐湖,与蕃军决战。盐湖区多沮洳,不利军行,钦陵以吐蕃骑兵压来而敬玄不敢救,故全军陷没。

〔**承凤岭**〕 青海湖南岸200里皆浅山,宜于屯军,刘审礼军陷没处当在今黑马洞(公路站名)附近。敬玄拥大军为后继,应扎营于江沟附近。见审礼军覆没而欲撤还鄯州,必向日月山口。中间须经"倒淌河"这个沮洳水沟。若非善于绕行,而误直东取捷,即投往绝路。承凤岭旧无考订其确地点,但由阻泥沟一语推断,必当是今倒淌河车站西北的浅山。相当于今"东坝"之北的位置。敬玄所领多新募勇士,不谙地形,营于山麓以就水泉。留下后方高地,为蕃将跋地设所据,遂陷于进退不得的绝地。然跋地设系疾驰追至的蕃将,率军亦不多。尚待凭高阻遏,以待钦陵大军。故遭黑齿常之夜袭后,遂即撤回。唐军乃得脱走。

(四)良非川战役相关地名

《新传》:"仪凤四年(679),赞普死,子器弩悉弄立。钦陵复擅政,使大臣来告丧。帝遣使者往会葬。明年(680),赞婆、素和贵率兵三万攻河源,屯良非川。敬玄与战湟川,败绩。左武卫将军黑齿常之以精骑三千夜捣其营。赞婆惧,引去"。《旧传》作"黑齿常之破吐蕃大将赞婆、素和贵于良非川,杀获二千余级,吐蕃遂引退"。(叙在仪凤四年前。)查黑齿常之本传云:"仪凤三年……贼酋跋地设弃军走。帝叹其才,擢左武卫将军,检校左羽林军,赐金帛等。进为河源军副使。"此谓承凤岭之役在仪凤三年也。续云:"调露中,吐蕃使赞婆等入寇,屯良非川。李敬玄之败,常之引精骑三千夜袭其军,斩首二千级,获羊马数万。赞婆等单骑去,即拜河源道经略大使。"又《新唐书·高宗本纪》："永隆元年（680），七月己卯，吐蕃寇河源。辛巳，李敬玄及吐蕃战于湟川，败绩。左武卫将军黑齿常之为河源军经略大使。"又"开耀元年（681），五月己丑，黑齿常之及吐蕃战于良非川，败之。"皆可证良非川战役与承风岭战役为二事。常之本传，谓其"莅军七年"，即谓自仪凤三年（678）至光宅元年（684）调江南道行军大总管，平徐敬业之乱。此七年中，唐对突厥用兵频繁，敕常之在河源道，稳固西陲，有备无患。

〔良非川〕 究竟在何处？过去无人考订。按上引史料，可知钦陵大破唐军于大非川后，整个青海草原已为吐蕃所据。唐人只于河湟诸谷有农村处筑垒戍守。农牧分界部分，即唐蕃互相劫掠，拉锯作战部分。青海湖北、西、南侧皆大草原，黄河与湟水分从其南、北两方草原流出，汇于其东之河州，当其自海拔3000米以上之草原进入海拔3000米以下之河谷时，土沃田肥，农耕利厚，从来即为羌蕃与华汉两民族互争之地。尤其是湟水河谷，华夏恒以鄯州（西宁）为重镇，羌蕃恒以西海盐池（茶卡盐海）为核心，恒绕青海湖的东南与西北两面进行剽掠。唐时，湖东南之日月山最当冲要。唐人出兵必由此道。故李敬玄先败于承风岭。蕃将赞婆、素和贵等每值秋成，亦当由此进掠鄯州粮食。故李敬玄拒战于湟川。唯蕃军行进，恒与大量牲畜同行，依水草就牧，唯轻骑出掠与作战。故李敬玄虽败于湟川，而黑齿常之亦同时以精骑三千袭击其屯牧大本营良非川，获牲畜数万头，使得胜之蕃将不能不去。

如此推测则良非川应在今湟源县西的佛海、巴燕部分。因凡汉唐时言"川"，皆属辽阔之河谷平原。如秦川（渭水平原）、汉川（汉中平原）、西川（成都平原）、东川（涪江平原），以及邈川、大非川、逻些川、跋布川等"川"字皆是。湟水平原是为"湟川"。湟川平原，上至海晏，下至民和长300里，农耕之地汉时推进仅至湟中（西宁附近）。唐时推进仅至石堡（今湟源）。湟源以上海拔超过2000米即无农业。近年开垦，亦至巴燕而止。以此知唐代吐蕃出兵侵掠鄯州，无论自日月山来，或从海西刚察草原来，俱必扎大本营于近农之草原内，而以轻骑出劫。海晏县之金银滩，草原辽阔，而海拔过高，当时已为吐蕃后勤之牧部，非进军扎营之处，故不得拟为良非川。因其距当时农地尚在百里以外，亦非汉骑所得进袭之地。唯湟源部分，乃可以三千精骑袭取也。但这亦只推测得一个大方向，具体部位，仍待青海学者考察决定。

〔湟川〕 自当是鄯州附近的湟水大平原的名称。其时唯鄯州有城。李敬玄自承风岭败后，退守于此。城外尽是垦军与农民耕种之地。蕃军来犯，自必出兵卫垦。蕃骑轻锐，利于野战，故官军败绩。蕃骑胜而肆掠，本营空虚，仅留老弱看守家畜，故黑齿常之能大破之"斩二千级，获羊马数万"。不言牛者，蕃军贪，劫掠多，牛悉驱往搬运，尚在归途中，不与常之相值，或已径从日月山路归去故也。

由于新、旧《唐书》两吐蕃传叙述承风、良非两役时次参差，未能指出地理位置，甚易使览者混为一役之事，并把湟川与良非混为一地（《李敬玄传》于此役云："又战湟川，遂大败。"即合承风岭之役与此为一事），故特考订区别之。

〔河源军〕 《黑齿常之传》说他以战承风岭功"进为河源军副使"，又以战良非川功"即拜（按：即拜，是就原地拜命之义）河源道经略大使。因建言河源当贼冲，宜增兵镇守，而运饷须广。乃斥地置烽七十所，垦田五千顷，岁收粟百余万斛。由是食衍士精，戍逻有备。……凡莅军七年，吐蕃惮畏，不敢盗边"。他的奏议，直称其经略地面为"河源"。这个"河源"，与《旧传》贞观十五年（641）所云"亲迎于河源"（河源王之国）的河源是否为一地？答语是否定的。那个河源，指黄河赤水城附近之地（已前订），是唐初的名称，此时已不存在了。这个河源，是此时制出的新地名，所指为今青海海北州地面，即唐鄯州有都督府统辖的地面。《元和志》鄯州有河源军，云："州西一百二十里。仪凤二年，中郎将李乙支置。管兵一万四千人，马六百五十三匹。"即黑齿常之所领者也。

〔鄯州、土楼山〕 唐鄯州辖境包括今湟水、大通河与青海湖区。州领湟水、龙支、鄯城三县。《新唐志》鄯城县云："仪凤三年置。有土楼山，有河源军，西六十里有临蕃城……"（以下叙一线地名至拉隆。系刘元鼎记述的入蕃路线。后将详考）土楼山一名早著于《水经注》，谓："湟水东径土楼南。楼北倚山原，峰高三百尺，有若削成。楼下有神祠。"盖羌浑人民神祠也。《隋志》属湟水县。唐析湟水置鄯城县，乃划入鄯城。《元和志》谓此山"在湟水县西一百三十里"。又云："鄯城县，东至州百二十里。北枕湟水，西即土楼山。"据此以推，则鄯城县治即今湟源县治。湟水县治即今西宁市地。河源军应即在鄯城县土楼山附近。取其神祠为吐谷浑王臣所信奉，故沿用诺曷钵封号的"河源"字（此时吐浑国灭）。故两地先后同名耳。

李敬玄既征还，青海一方军政权属黑齿常之。因其职，称"河源道"，故朝野即称鄯州地面为"河源"。实则去黄河之源已甚远矣。

（五）7世纪末叶吐蕃的疆域

吐蕃疆域，自松赞干布时已统一青、康、藏整个大高原与喜马拉雅山脉南侧斜面地区及拉达克，深入塔里木盆地，占领天山以南全部地面。惟对唐境州县未有侵犯。松赞干布卒后，钦陵执掌政权，由大非川一战与唐决裂，始屡犯唐境，寇掠沿边诸州。然所侵占限于草地，抄掠沿边农村而已。沿边诸将贪功，亦常出其边境掠人畜以相报复。故虽屡有边衅，未为大患。中华史家每偏重边将之言，夸大边境冲突。新、旧《唐书》两吐蕃传，皆不免此。《旧唐书·吐蕃传》于李敬玄败后，特提出吐蕃疆域一段云：

往剑南募兵，于茂州之西筑安戎城以压其境。俄有生羌为吐蕃乡导，攻陷其城，遂引兵守之。时吐蕃尽收羊同、党项及诸羌之地，东与凉、松、茂、巂等州相接，南至婆罗门，西又攻陷龟兹、疏勒等四镇，北抵突厥，地方万余里，自汉魏以来，西戎之盛，未之有也。（叙在仪凤四年之前）

《新传》文微异，叙在仪凤四年（679）之后，永隆元年（680）文成公主薨之前，皆从安戎城说起。暗示此城关系重大，仿佛吐蕃之强盛系于此者。实皆受李德裕诟斥牛僧儒破坏收复安戎城的疏奏影响。唐蕃边防更重于安戎城者百千座。安戎只算广大边徼之一城，其得失无关于唐蕃全局也。兹比列《新传》文以便核对：

初，剑南度茂镇之西筑安戎城，以逼其鄙。俄为生羌导虏取之以守，因并西洱河诸蛮，尽臣羊同、党项诸羌。其地东与松、茂、巂接，南接婆罗门，西取四镇，北抵突厥，幅员余万里，汉、魏诸戎所无也。

〔安戎城〕 《清·一统志》云："仪凤二年，益州长史李孝逸筑，以绝吐蕃通蛮之道。"盖取李德裕疏表之说。考安戎城，在今四川省理县之薛城镇。清末民初为理藩厅（理县）治，当杂谷河（威州入岷江，古称駹水）中下游南岸一山爪之端，扼制西山蕃羌进入岷江河谷的要道。固属一方要塞，然与西洱河及南诏与吐蕃往来无关。《新传》云"因并西洱河蛮"与《清·一统志》云"以绝吐蕃通蛮之道"，皆谬语也。其地实在生羌中，生羌摇摆于唐蕃之间，故号"两面羌"。唐招之则附唐，蕃招之则附蕃。故唐虽置维州于此，屡得屡失，置废不常，亦无关于大局。盖其地介于农牧之间，唐虽得之亦不能推其境入草地。蕃虽得之，亦不能逾威州索桥以犯茂汶。故曰无关大局，只是边徼要隘而已。

《元和志》维州云："本徼外羌，冉駹之别种也。初，蜀将姜维、马忠，北讨汶山叛羌，此其地也。今名姜维城，即维所筑。自晋以后，羌夷或降或叛。隋开皇四年（584）讨叛羌，以其地置薛城戍，属会州。后又没贼。武德七年（624），白狗首领内附，于姜维城置维州以统之。其城甚险固。乾元二年（759）没（于）西戎"。

又八到云"东至真州①一百里。东至茂州二百二十里"。又"管县三：薛城、定廉、盐溪。薛城县，下，本隋薛城戍，武德七年改为县。与州同置。姜维山，在县西一里。"

《旧唐书·地理志》维州云："武德元年（618）白狗羌降附，乃于姜维故城置维州，领金川、定廉二县。贞观元年，羌叛，州县皆罢。二年，生羌首领董屈占者请吏，复立维州。移治于姜维城东，始属茂州为羁縻州。麟德二年（665）进为正州。寻叛。羌降，为羁縻州。（《新唐志》作"以羌叛，复降，为羁縻州"。）② 垂拱三年（687）又为正州。天宝元年（742）改为维川郡。乾元元年（758）复为维州。上元元年（760）后，河西陇右州县悉陷吐蕃。赞普更欲图蜀川，屡急攻维州，不下。乃以妇人嫁维州门者，二十年中，生二子，及蕃兵攻城，二子内应，城遂陷。吐蕃得之，号无忧城。累入兵寇扰西川。韦皋在蜀二十年，收复不遂③。至大中末（859），杜悰镇蜀，维州首领内附，方复隶西川。又薛城县云："……隋初，蜀帅讨叛羌，于其地置薛城戍。大业末又没于羌。武德七年，白狗羌酋邓贤佐内附，乃于姜维城置维州，领金川、定廉二县。贞观元年，贤佐叛，罢郡县。三年左上封生羌酋董屈占等举族内附，复置维州及（薛城、小封）二县。薛城，在州西南二百步也。"又，小封县云："咸亨二年（671）刺史董弄，招慰生羌置也。"

分析上举资料，《旧唐志》虽较后出，所据簿笈与《元和志》同，而收录更较详备。参合审订，可得结论三条：

1. 维州与薛城县，皆因姜维故城与薛城戍之地险置立。先后置废多次，皆缘羌人顺逆而定，不在于地之夷险。险固，只是建置城戍相地之语，不能成为边防的主要依据。

2. "安戎城"，是唐人贴于此城的标签。"无忧城"，是蕃人贴上的标签。原所取义皆对当地生羌而言。当地生羌，无论是冉駹遗种，或其后迁入的白狗羌种，以及贞元中迁居的西山八国残民（见《东女国传》），都不是愿意接受吐蕃管制的，也不是愿意大唐管制的；但他们又没有独立建国的条件。在唐、蕃政权都未注意到他们而"置之度外"的时候，他们便是独立部落。到了唐、蕃边境都向他们逼来并且发生激荡冲突的时候，他们不能保持世外桃源了，只好顺应局势，摇摆离附于两大国之间。唐人靠这座城捍御吐蕃，使这部分羌人安居乐业，所以叫安戎城。吐蕃得之，

---

① 真州，天宝三年置真符县，乾元元年置真州，故城在今威州索桥之西。
② 两书"降"字，俱当读为投降之降，不读为升降之降。正州，以流官为刺史，羁縻州以土官为刺史。
③ 以上多用李德裕疏表语，夸其险要。

利用民族渊源同化其人,期于不叛,故曰无忧城。实则其人之叛与不叛,关系在政治,不在地险。

3. 地不自名。地名自是人类给它帖上的标签。研究史地,重在剖析史地关系的实质。正如检验商品,不能看看商品的标签就罢了。解说安戎城,只是个适当的举例。

〔西洱河〕　今云南洱海。《汉书》作"叶榆泽"。至隋,南人已称为"西洱河",又称滇池为"东洱河",均见《唐书·南蛮传》与《太宗本纪》。盖爨语及南诏语皆呼湖为河。故邛海为"陷河",洱海蛮称"河蛮"。河阳县本治湖中洲上,而《华阳国志》云"在河中源洲上也"。胜休县有杞簏湖,而曰"有水也"。洱,谓湖水狭长而附丽于点苍山,似人耳。汉语为加水。其地距嶲州1500里。嶲州至成都1290里。薛城至成都300余里,与洱海西戎一方,安能不由草地勾通蕃、诏而必从安戎城绕蜀川以通之耶。故可知其为《新唐志》之谬文也。

此时,蒙诏初兴,尚未联合五诏建成南诏,所谓"西洱河诸蛮",包括洱海附近诸昆弥部落,故《通典》又称之为"昆弥海"。昆弥部落,包括有摩些、邓睒等诏,即统一于蒙诏建成国家后乃立都于太和城,号南诏国。此时诸部尚以族源相同,习俗相近的关系附于吐蕃。故新旧两传此文,亦是纪实。大抵蕃使自云如此而汉族史学家录存之。皆只谓剑南以安戎城下为止,滇南至洱海为止,为蕃境。

〔羊同、党项诸羌〕　包括青藏高原上诸游牧部落言之。皆西羌遗存之部落,保持游牧幕居旧俗,未进入农业生产者。吐蕃每远征,皆征用其兵为主力,举家行,随地放牧,利在藉吐蕃兵械与壮军威,凌轹富裕之区多所劫掠,乐为其用。其人本性犷悍,敢死。故吐蕃亦乐于调用之。终吐蕃立国之世,此两部与其他牧部未尝叛乱。其已进入农业社会之部落,如东女国、西女国与多康六冈之河谷部落,则多羡慕大唐,不竟心服吐蕃。是为《吐蕃传》中历次唐蕃边衅的主要导火线。注意此点,乃可以研讨《吐蕃传》。(羊同、党项二部,已前见)。

〔凉、松、茂、嶲等州〕　凉州本汉武威郡。汉武帝开河西四郡断匈奴右臂。自金城逾河而西直至玉门,利用南山雪水,开屯田,置烽燧,西联西域,抚月氏,遣民以制匈奴。历世称为"河西走廊",遂皆成内地。四郡中,武威距汉区最近,离长安只1000余里,故为四郡之首。张掖郡较远(距凉州500里),在唐为甘州。酒泉郡又远400里,在唐为肃州。敦煌郡最远,去长安3700里,在唐为沙州。唐又于玉门关置瓜州。今北疆置伊州、西州。北庭置庭州,是为安西四镇。天山南北诸国皆就抚焉。河西历以凉州为重镇,故史以代表河西地区,不更列举。当时界线凭祁连山（南山），山以北农田烽堠相望，蕃不能犯。

"松州"，已详前。唐建有都督府，抚河首诸羌，实不能制。故城即今松潘，已是农耕地带，历驻重兵，能捍卫川西北而已。

"茂州"，今茂汶羌族自治县地。岷江至此河谷开展，多耕土。汉为冉駹夷国，开置汶山郡。宇文周改汶州。隋改曰会州。唐贞观八年（634）改茂州，置都督府，为松州后继，兼以防备西山诸羌。世以松茂连称，以为西山屏蔽。

"巂州"，汉越巂郡，治邛海旁。后陷于夷。周武帝复开，置严州。隋改巂州。其后没于吐蕃。贞元十三年（797）收复，徙治台登。后仍陷于南诏。此时犹未陷没亦只保安宁以东而已，故曰相接。

〔婆罗门〕 为印度前期佛教之名称。释迦牟尼圆寂后至唐已千余年，正规佛教虽曾广泛流行东南亚洲地面，其在印度反转衰微，而古老之婆罗门教更大流行。其僧侣即称婆罗门，天竺分裂为数十国，皆奉婆罗门法，故蕃人即以婆罗门为天竺之代称。

〔龟兹、疏勒等四镇〕 《旧唐书·地理志》记安西都护所统四镇云："龟兹都督府，本龟兹国，其王姓白，理白山（白山今云天山，是唐龟兹国城，当在今南疆库车、拜城间，即木札提河灌溉地，本汉代龟兹国地也）之南。去瓜州三千里，胜①兵数千。贞观二十二年（648），阿史那社尔破之，掳龟兹王而还。乃于其地置都督府，领蕃州之九。至显庆三年（658），破贺鲁，仍自西州移安西府置于龟兹国城。"又"毗沙都督府，本于阗国，在葱岭北二百里。胜兵数千。俗多机巧。其王伏阇信，贞观二十二年入朝。上元二年正月置毗沙都督府。初管蕃州五，上元元年分为十，在安西都护府西南二千里"。（此葱岭，谓喀喇昆仑山，与帕米尔之葱岭为一脉而纳通称也。凡今和田、于田、墨玉策勒、洛浦四县地皆古于阗国，其人以善于治玉著称，故云"多机巧"，其地最先降附吐蕃。上元中乃收复为四镇之一。故两传于此虽言"四镇"而未言毗沙。）又"疏勒都督府，本疏勒国，在白山之南，胜兵三千，去瓜州四千六百里。贞观九年遣使朝贡，自是不绝。上元中，置疏勒都督府，在安西都护府南二千里。"（汉疏勒国地，包括今疏勒、疏附、喀什、阿克苏、英吉沙尔等县，为葱岭内一大沙漠绿洲，当丝绸之路的要冲，数十国商贾汇集于此，故其王亲附中原王朝最久，因而《旧传》言四镇，特别提到他。其国西南诸山属于葱岭，西北诸山属天山山脉，故云"在白山之南"。其东则塔里木大沙漠盆地也。）又

---

① 胜读上平声，谓国人胜任兵役者。

"焉耆都督府，本焉耆国。其王姓龙，名突骑支，常役于西突厥。俗有鱼鳖之利。贞观十八年，郭孝恪平之，由是臣属。上元中置都督府处其部落，无蕃州。在安西都护府东八百里。"（今焉耆回族自治县，本汉焉耆国地。开都河从天山流出，潴为博斯腾湖，故云"有鱼鳖之利"，而"在安西都护府东八百里"。按《唐休璟传》武后垂拱中乃为吐蕃破据，在安西四镇中最后陷落者，位于都护府内方故也）

《新传》于此但言四镇，亦是指此四镇。《通典》卷一百七十二（州郡二）谓唐"高宗平高丽、百济……又开四镇，即西境拓数千里，于阗、疏勒、龟兹、焉耆诸国矣。"今按《旧唐书》高宗纪、地理志三，皆谓贞观十四年（640），侯君集平高昌"置安西都护府"（地理志作西州都护府）。《寰宇记》同。是安西四镇不始于高宗时。只高宗时西突厥乃徙安西都护府于龟兹王城耳。唐制凡夷国请内属者，分择其重要处置都督府，派武将率兵驻守以保护之，仍藉其附近诸国本兵供调遣，而隶于都护府。安西都护府初只辖四都督府，于阗、疏勒、龟兹、焉耆，分统天山以南，葱岭以内，塔里木大沙漠边缘的绿洲诸国是为"安西四镇"，省称"四镇"。其东北高昌、伊吾故地，已置西、庭、伊、沙诸州，分立县镇如内地，即不在安西都护属下。其西北为西突厥牧邑，亦不是安西府属。至显庆二年（657）平定西突厥后另立蒙池、昆陵两都护府管理其地。直至陷于吐蕃亦未隶属安西都护府。惟至长寿二年收复西域，乃统葱岭内外隶属安西大都护府。是故凡武周以前称"安西四镇"，皆只指今塔里木盆地诸国之地。长寿以后乃兼指葱岭内外诸国。

〔**突厥**〕　新旧两传于此皆云"北抵突厥"。考两书《突厥传》，东突厥贞观中已为唐太宗所破灭，余众大都西徙入地中海地区，或降唐为编户。西突厥阿史那贺鲁（沙钵罗可汗）贞观时最强大，"统摄十姓首领所部，胜兵数十万，西域诸多附隶焉"（《通典》卷199文）。显庆二年（657）为苏定方所破擒。高宗"分其种落，置昆陵、蒙池二都护府。其所役属诸胡国皆分置州府，西尽于波斯，并隶安西都护府"。此后虽唐立阿史那弥射为"兴昔亡可汗，兼左卫大将军昆陵都护"，与阿史那步真为"竭忠事主可汗兼蒙池都护"及其子阿史那道为"蒙池十姓可汗"，皆只相当于中原地区的流官，不得为独立国。是此传云"北抵突厥"，只可说为西突厥十姓种族居住地区，不可视为突厥国界。此史臣叙事误笔，读者须当辨订者也。

《通典》又云："自垂拱以后，十姓部落（谓十姓可汗部落）频被突厥默啜侵掠，死散殆尽。乃随斛瑟罗，统六七万人徙居内地。西突厥阿史那氏于是遂绝"。其地尽为默啜与吐蕃所有。后复转入回纥。吐蕃首次攻陷安西都护，在咸亨二年（671），上距唐灭西突厥已14年。传文此所述吐蕃疆域为永隆（680）以前事，则是突厥灭国 30 年内之事。安得谓 "北抵突厥" 乎？

（六）大度水之役相关地名

高宗永隆元年（680），文成公主薨，唐遣使吊祭。吐蕃亦归十年前所留唐使臣之丧。唐蕃暂和好。然赞婆仍曾入犯良非川，为黑齿常之击走。

武后永昌元年（689），天授元年（690），两次诏大出兵从河西讨吐蕃，大臣畏懦皆未竟行。

如意元年（692），有大渡水之役。《旧传》云："吐蕃大首领曷苏率所属并贵川部落请降（《新传》云"与党项种三十万降"）。则天令右玉钤卫大将军张玄遇率精卒二万充安抚使以纳之。师次大渡水，曷苏事泄，为本国所擒。又有大首领昝捶率羌蛮部落八千余人诣玄遇内附，玄遇以其部落置叶川州，以昝捶为刺史，仍于大渡西山勒石纪功而还。"（新传略同）

此二事惟见吐蕃传，其他纪、传未言。就传文推断当为四川云南间事。

〔**贵川部落**〕 由于别无史事参订，未能考确是今何地。惟云"率兵（精卒）二万迎之"，则贵川为大部落，曷苏为一重要酋长可知矣。《新传》并有"与党项种三十万降"句，又可知其与党项有联系。唐师"次大渡水"以待其至，则其部在今康定县境可定。今康定县境可分为两大自然区。折多山脉（即木雅贡嘎之北支）以西为 3500 米以上的大草原，在汉代为旄牛王牧邑，今为康定木雅乡。木雅草原北连"党岭"大雪山。党岭之西为道孚县之鱼科、龙步等草原，其东为丹东、革什咱两蕃落。相传其土民原自党项迁来，故至今仍称其山为党岭，即木雅乡，亦有本是弭药（党项别称）之说。是康定县之草原部分古为党项分支之依据。折多山脉以东，水皆流入大渡河。其中自折多山口流经康定者名"折曲"，与其支流"打曲"（二道桥沟）汇合于郭达山下。折多与郭达两大山脉并行，中间成为狭长之"康定盆地"，海拔降到 3000 米以下，可农可牧，另自为一暖区。二水自郭达山下汇合，横穿郭达山脉，成为长达 60 里之一绝峡，东注大渡河（今云瓦斯沟）。大渡河海拔低到 1500 米以下（两岸并行之郭达山脉与二郎山脉皆高出 3000 米至 4000 余米），故气候常温，为适于稻作之农业区。康定古名"打折多"，谓打折二水汇合之意也。羌蕃谓鬼为"折"，故康定盆地原有鬼原之义。唐人谓河原为川；故称其地为"鬼川"。又官文书讳言鬼字，而鬼与贵双声，故写作贵川也（贵州得名，原取鬼方之义。而书字作贵。江西贵溪县，本义亦是鬼溪）。

康定至瓦斯沟之河峡，两岸原无通路。故在汉代旄牛夷入蜀之路不由康定瓦斯沟而是从木雅草原逾雅加埂出磨西面，至咱威河坝渡大渡河至沈村与汉人市易。其道平缓斜下自然成路，可行牛马。沈村，汉沈黎郡治也。大渡河水湍急，惟此处稍平缓可渡皮船亦可施溜索于两山之间，故沈黎郡治又称"筰都"。并因商业之盛发展成为筰国，为汉开沈黎郡奠基。直至唐代，汉藏交通仍以沈村大渡为要道。鬼川部落入蜀，初亦枉道于此。然商贾轻赍奸出物者，为避关税，巧于别寻艰险小道。故已有从马鞍山、五里沟出大渡河谷，绕行冷竹关、大冈山咀，穿日地、申阝间长峡至打折多（贵川）之鸟道以入蕃境。（此路最险而捷，在宋元间，已逐渐开凿成为运茶小道。清代修建泸定桥后乃另开运茶新道自桥至冷竹关劈崖通瓦斯沟，循峡江西岸开路至打箭炉。又至1941年始开拓为汽车公路。当清康熙时平西炉仍是从大冈进兵，今日已无人知晓有大冈旧路。）

曷苏，有可能是因吐蕃征徭苛虐，密遣使者出小道通使于西川节度，求内附。节度闻于武则天，时则天已改号周，除唐宗室，思启边功以自张，故命张玄遇率二万大军往迎之，欲曷苏入朝。迨玄遇大军已在大渡河。而曷苏不愿入朝，使人托言被吐蕃擒去。实则唐已收贵川为羁縻州，隶黎州都督府。《新唐书·地理七》（卷四十三下），黎州都督府属"奉上州"以下二十二州之"上贵州"是也。上贵州有注云"此下二十八州开元十七年置"。则上贵州以上二十三州为开元前置可知。上贵州列最后，当是武周时置，时间合。按史文地理位置，亦合。按蕃汉古今语言文字衍变求义，亦可吻合。故知其即贵川部也。不云贵川部而云"上贵州"者，疑因开元十七年（719）置之二十八州中更有"贵林州"亦原贵川属地（疑为今康定之鱼通河区），故于贵川州加"上"字称"上贵州"，而以下贵川为贵林州也。

张玄遇，两唐书别无名见，疑是武周时西川节度使，加"右玉钤卫将军"衔。二万大军，不可能由长安卒至，只当是令西川节度就近迎之。武后时节度使，唐人所贬，故不更见于唐书。徒因其同时招抚吐蕃二属部，勒石大度西山，获侧名于《吐蕃传》耳。

〔叶川州〕　《通典》、两《唐书》皆无"叶川州"名。按此传文，为张玄遇同时置，著于勒石，则其地亦应在大渡河附近。唐宋所称"大渡河"，指今泸定、汉源两县河段，因有三个渡口皆凶险而名（除此三处皆不可舟渡）。这三个渡为今之泸定至沈村渡，石棉至老鸦漩渡，汉源至大树堡渡。以此推叶川州不能出此三渡之外。言川者皆属河原。昝捶称吐蕃"大首领"，所部有8000余，即约近2000户。又因张玄遇大军二万压大渡水而降，则其地惟今泸定之湾东磨西面，或石棉之安顺场、田湾足以当之。置为羁縻州后，必应隶属黎州都督府。查《新唐志》黎州都督府所隶五十一羁縻州中有"野川州"，在开元十七年（719）置二十八州的前列。野叶音近，疑是一地。凡羁縻州，皆以其部酋为刺史。部酋叛服不常，州之置废即亦不常。部酋代谢不常，又往往顺逆不同，从而置废又不常。每废置代易，文书名字亦往往小异。叶川与野川，鬼川与贵川，上贵与贵林，或者都是因此而有不同之称。

凡唐代羁縻州，只能用此方法去求其大概的轮廓。孔子云："文献足，则吾能征之矣。"

〔大度山〕 《旧传》作"大度西山"，顾名思义，应在大渡河西岸。我们查寻大渡河西岸各地，也未见到有汉文勒石。唐代至今不过1300年，石刻不应磨灭耗尽不存点滴痕迹，可见西岸可能原来就没有。但在沈村渡口的东岸，见一孤立石质山阜，山丘上凿有石穴。当地群众传说：古时为冬季溜索桥东岸施桩处，石穴为待渡者所凿。石阜的前端有摩崖大字，由于河面历年下降，今天已离地面甚远，但可望见仿佛，不得逼近看望。因无路攀登，未知其详。然此石阜，实为东岸山爪之"离堆"，原系古代河床中一孤岛，冬季河水降落，则与沈村连成一片陆地。夏季水涨则岸绝。故虽在东岸，唐代人称为"西山"。故可认为张玄遇刻石当在此地。千余年来，西岸河床下降10余公尺，东岸石阜乃兀立陆上，西山之名乃不复存耳。大渡河长数千里，两岸皆是大山，"大度山"之名，不能具体指出任何一山，唯此石阜，当此大渡之要冲，把它称为"大渡山"最为贴切。想来为张玄遇刻石纪功之处，比较恰当。当然我们这种看法，有待于今后进一步调查证实是否正确。

（七）收复安西四镇相关地名

《旧传》："长寿元年，武威总管王孝杰大破吐蕃之众，克复龟兹、于阗、疏勒、碎叶等四镇，乃于龟兹置安西都护府，发兵以镇守之。"

《新传》较详，云："是岁，又诏右鹰扬卫将军王孝杰为武威道行军总管，率西州都督唐休璟、左武卫大将军阿史那忠节击吐蕃，大破其众，复取四镇，更置安西都护府于龟兹，以兵镇守。议者请废四镇勿有也，右史崔融献议曰：'戎狄为中国患尚矣，五帝、三王所不臣。汉以百万众困平城，其后武帝赫然发愤，甘心四夷，张骞始通西域，列四郡，据两关，断匈奴右臂，稍稍度河、湟，筑令居，以绝南羌。于是郭候亭燧出长城数千里，倾府库，殚士马，行人使者岁月不绝，至作皮币，算缗法，税舟车，榷酒酤。夫岂不怀，为长久计然也！匈奴于是孤特远窜，遂开西域，置使者领护。光武中兴，皆复内属，至于延光，三绝三通。太宗文皇帝践汉旧迹，并南山抵葱岭，剖裂府镇，烟火相望，吐蕃不敢内侮。高宗时，有司无状，弃四镇不能有，而吐蕃遂张，入焉耆之西，长鼓右驱，逾高昌、历车师、钞常乐，绝莫贺延碛，以临敦煌。今孝杰一举而取四镇，还先帝旧封，若又弃之，是自毁成功而破完策也。夫四镇无守，胡兵必临西域，西域震，威慑南羌，南羌连衡，河西必危。且莫贺延碛袤二千里，无水草，若北接虏，唐兵不可度而北，则伊西、北庭、安西诸蕃悉亡。'议乃格。于是首领勃论赞与突厥伪可汗阿史那俀子南侵，与孝杰战冷泉，败走。碎叶镇守使韩思忠破泥熟没斯城。"

兹以次考释其地名如下：

〔碎叶〕 与龟兹、于阗、疏勒并为安西四镇之一，已详26条。《旧传》于此言"四镇"，无焉耆而有碎叶，加等字。《新传》乃但言"四镇"不举名。上海辞书出版社1979年出版《辞海》2296页"安西四镇"条云，"焉耆（一作碎叶）"。又3765页"碎叶"条云："唐军镇名。治碎叶城。约自贞观二十二年（648）至开元七年（719）间，以碎叶和龟兹、于阗、疏勒为安西四镇。开元七年突厥十姓可汗居碎叶，改以焉耆为四镇之一"。又："古水名。亦称素叶水、细叶川、垂河、吹没辇、吹河，即今中亚细亚楚河。"查今地图，天山西麓阿拉木图之南有一湖名曰伊塞克湖，与湖相邻的自南向西北流去的河流，是为"楚河"，即古碎叶水。其东北与伊犁河相距300里，距巴尔喀什湖六七百里，应是西突厥十姓牧部集中之地。唐碎叶城，已是亚欧各国商贾汇萃之地。西突厥降唐后，唐设都督于此，理有可能。然十姓地面，应不只此一都督府。即如平贺鲁后，即以设置蒙池、昆陵二都护府。按《旧唐志·地理三》所载；"龙朔元午（661）西域诸国遣使来内属，乃分置十六都督府，州八十，县一百一十，军府一百二十六，皆隶安西都护府。仍与吐火罗国立碑以纪之。"所列十六都督府名有月氏、太汗（厌哒）、条枝、大马、高附、修鲜（罽宾）、写凤、悦般、奇沙、和默、旅獒、昆墟、至拔、鸟飞、王庭、波斯，十六国皆在葱岭之西，碎叶之南，悉以其国王为都督。并云："自天宝十四载（755）以前朝贡不绝。"则安西都护所隶，除原有龟兹、于阗、疏勒、焉耆四镇外，所在葱岭以外军镇尤多。即如西突厥地区，亦"置昆陵、蒙池二都护府。其所役属诸胡国皆分置州府"（《通典》文），则又不只一碎叶城有都督为镇而已。焉耆在葱岭内，为汉魏故国，属塔里木沙漠盆地边缘农地。碎叶在葱岭外，为汉乌孙国，地属中亚细亚沙漠草原中的绿洲，中隔龟兹国，不可能与焉耆通为一镇。《辞海》未著明所据原作。我们怀疑是近代人考订，有所误解。误解症结即在于《旧唐书·吐蕃传》有此一句。窃疑"安西四镇"为贞观年代已习称之成语，所指限于塔里木盆地四都督府辖区，亦可称"四镇"，与碎叶无关。薛收于此传云："克复龟兹、于阗、疏勒、碎叶等四镇"者，谓当时吐蕃已占有塔里木盆地与蒙池、昆陵两都护所领西突厥地区，此战一体克复，举此甚为重要之四个都督府以代表之，原不止此四镇，故加等字。测其所据原史料，亦必只云"等镇"，无四字。徒以"四镇"久为成语，所代表地方尤重要，故衍四字。又所上举恰是四地，遂使后世误解碎叶为"四镇"之一耶！

我们兹所拟，亦徒以历史地理学的考订方法为主，非更有其他史料及前人之说为依据。惟可引玄奘法师《大唐西域记》以资参考。记云：

出高昌故地，自近者始曰阿耆尼国（原注："旧曰焉耆"）……从此西南行二百余里，逾一小山，越二大河，西行平川，行七百余里至屈支国（原注："屈，居勿反。旧曰龟兹。"）……国大都城周十七八里。宜糜麦，有粳稻，出葡萄、石榴，多梨、李、桃、杏。土产黄金、铜、铁、铅、锡，气叙和，风俗质，文字取则印度，粗有改变。管弦伎乐，特善诸国。……从此西行六百余里，经小沙碛，至跋禄迦国（原注"旧曰始墨。又曰亟墨"。今按：始当作姑，即汉之姑墨国）……国大都城周五六里。土宜、气叙、人性、风俗、文字法则，同屈支国。语言少异。细氀细褐邻国所重。伽蓝数十所，僧徒千余人……国西北行三百余里，度石碛，至凌山。此则葱岭北原，水多东流矣。山谷积雪，春夏含冻，虽时消泮，寻复积冰。经途险阻，寒风惨烈，多暴龙，难陵犯。行人由此路者，不得赫衣，持瓠，大声叫。微有违犯，灾祸目覩，暴风奋发，飞砂雨石，遇者丧殁，难以全身。山行四百余里至大清池（原注："或名热海。又谓咸海"。今按，即伊塞克湖也），周千余里，东西长，南北狭，四面负山，众流交凑，色带青黑，味兼咸苦，洪涛浩瀚，惊波泪急，龙鱼杂处，灵怪间起。所以往来行旅祷以祈福。水族虽多，莫敢渔捕。清池西北行，五百余里至素叶水城。城周六七里，诸国商胡杂居也。土宜糜、麦、葡萄。林树稀疏。气叙风寒。人衣毡褐。素叶以西，数十孤城，城皆立长。虽不相禀命，然皆役属突厥。……素叶城西行四百余里至千泉。千泉者，地方二百余里，南面雪山，三垂平陆，水土沃润，林树扶疏。暮春月，杂花若绮。泉池千所，故以名焉。突厥可汗每来避暑。中有群鹿，多饰铃镮，驯狎于人，不甚惊走，可汗爱赏。

所言姑墨与素叶城间之凌山，即今中苏界上之哈尔克山。主峰汗腾格里山，海拔6995米，实为天山山脉最高之一峰。此山脉西连葱岭，与喀剌昆仑环绕塔里木盆地之北西南三面，前人每混称之为"葱岭"。玄奘亦然。此所谓"凌山"，盖即汗腾格里北麓之山口通道部分。过此即入于伊湖盆地。伊塞克湖水面海拔才1609米，故气候烦热，称为"热海"。沿湖西北行至湖西端之雷巴契耶城，进入楚河沙原。所谓素叶城，即碎叶城，楚、吹、垂、素叶、碎叶，皆康居语一音之异译。碎叶城最近河，（碎叶川，或吹河）为大绿洲，由于人户多树木璀璨，农田、园圃特盛，各国商贾会聚，故唐平贺鲁后，设置都镇于此。碎叶之名始著。（李白生于此）贞观时，但为西突厥一商埠，有十姓小酋驻此（可汗则居其西之千泉，不常居此）。玄奘译称为素叶（与今楚河音合），未言其为可汗国邑。盖突厥俗重牧轻农，故可汗居于千泉为多（今吉尔吉斯都邑亦在阿拉木图，不在楚河与伊犁河沿岸）。惟唐人重农轻牧，故城邑必在农田密处。此碎叶之所以特别著名于葱岭之外，史官举以为突厥诸州之表率，而被史家误混于"四镇"之内也。

《大唐西域记》还说："千泉西行四百五十里至呾逻私城，城周八九里，诸国商胡杂处其居，土宜、气叙大同素叶。南行十余里有小孤城三百余户，本中国人也，昔为突厥所掠，后遂鸠集同国共保此城，于中宅居。衣服去就遂同突厥，言辞仪范犹存本国"。此城未著名称，疑是玄奘行所未至，但听人言如此。其地距呾逻私仅 10 余里。呾逻私距千泉仅百四五十里。千泉距素叶城 400 余里，同属于楚河浸灌地区。唐之碎叶都督是否即在该处？尚宜纳入商讨碎叶问题范围内。盖缘有华人创此奇迹而置都督为镇，故能保持甚久，情理可通。迨其亦陷没于吐蕃，尤为唐朝所痛心，故特与四镇同著于史耶。总之，"碎叶等"二字所代表者为西突厥地区之若干镇，不与葱岭内"四镇"相混。镇所也不必即在今楚河岸之托克马克；亦可在今伏龙芝以西之勃尔科克（呾逻私）附近。在唐时呾逻私城与素叶城同为碎叶水岸之国际商场，呾逻私城更大于素叶城，唐人更多于素叶城；又同是西突厥十姓地为吐蕃所没，同是长寿元年（692）唐军收复之地，谓碎叶军镇在今勃尔科克，讵遂不可乎？

附：（崔融献议中诸地名）崔融议中地名多抽象，难落实。其属于汉代者可以不考。兹考订唐太宗以下议及的部分：

"南山"，谓河西四郡南之祁连山脉。

"葱岭"，谓疏勒西南的葱岭，属帕米尔高原的一个山口。皆仍汉世名称。

"四镇"，指葱岭内的安西四镇。由此议盖足知初唐时人们所言"四镇"，不包括葱岭以外的军镇。

"焉耆之西"，指天山之西，即西突厥诸州府。龟兹陷，焉耆犹未陷。故曰"焉耆之西"。

"高昌"，用故国为称，实指西州。今吐鲁番县。

"车师"，用汉故国称，实指庭州与伊州，本汉车师前庭地也。四镇既陷，此诸州亦受吐蕃侵越，无宁岁。卒至不保。

"常乐"，唐瓜州之别称。本汉敦煌郡极西之冥安、广至两县地。隋为常乐县。

唐武德五年（622）置瓜州，立总管府，领晋昌、常乐二县1164户，逼近伊、西诸州，隔以白龙堆沙漠。吐蕃既占伊、西州，常以驼队入掠此诸县（至天宝时仅存400余户。见《唐志》）。

"莫贺延碛"，即白龙堆沙漠，又称碛尾。塔里木大沙漠面积辽阔至此渐缩，易于通行，故曰碛尾。其间只两线有泉水偶出，识其向者可以驼队通行。北线绝漠通伊州，南线缘山至且末。以玉门与阳关徼。历为华夏与西域之界线。今则已通铁路与公路矣。

"敦煌"，亦用汉郡旧名。

"西域"，此处所指为安西四镇以外的西域诸国，实指西突厥诸牧部。其时唐人称西亚细亚与中亚细亚及突厥人为胡人。

"南羌"，指吐蕃，本羌之南支发展成国。若与突厥连衡以临河西走廊，亦必陷没。

"伊、西、北庭、安西诸蕃"，谓伊、西二州与北庭、安西两都护府所领诸蕃部，皆隔在莫贺延碛之外。吐蕃来侵，若还四镇军不足自卫，河西之陇右唐军隔限于碛漠，不能赴援，不足恢复。四镇军因西域之众以拒吐蕃。唐安西都护府所领常备镇军24000人，马2700匹。见《旧唐志》。

〔冷泉与泥熟没斯城〕 《新唐书·则天皇后纪》：延载元年（694）二月己卯"武威道大总管王孝杰与吐蕃战于冷泉，败之"。《突厥传下》亦载："西突厥部立阿史那俀子为可汗，与吐蕃寇。武威道大总管王孝杰与战冷泉、大领谷，破之；碎叶镇守使韩思忠又破泥熟俟斤及突厥施质汗、胡禄等，因拔吐蕃泥熟没斯城。"

"冷泉"与"大领谷"，皆无可考。然王孝杰是时方以功迁左卫大将军在京，出为武威道大总管与突厥吐蕃联军战，则其地当在河西走廊之南山，大约是酒泉、敦煌县山段。

至于"泥熟没斯城"，则应在葱岭之碎叶地区，属今苏联地界。既别无史料参证，唯可指出其大体部，聊胜于无考而已。《新传》有此两条以证崔融所策之正确。

（八）素罗汗山之役相关地名

《旧传》："万岁登封元年，孝杰复为肃边道大总管，率副总管娄师德与吐蕃将论钦陵、赞婆战于素罗汗山，官军败绩，孝杰坐免官。"《新传》作："证圣元年，钦陵、赞婆攻临洮，孝杰以肃边道大总管战素罗汗山，虏败还。"胜、败不同。查武则天改唐为后周，更历法，屡改元。天授三年（692）四月丙申朔，因日蚀，改曰"如意"。九月戊戌，因大露又改元长寿。其实皆是公元692年。长寿三年（694）五月甲午，因加号"越古金轮圣神皇帝"改元延载，其实皆为公元694年。其次年正月辛巳，因再加号"慈氏越古金轮圣神皇帝"，改元"证圣"。九月甲寅，再加号"天册金轮大圣皇帝"改元"天册万岁"。腊月甲戌，因封禅神岳，又改元"万岁登封"。其实皆在公元695年。次年三月，有素罗汗山之役。《新唐书·本纪》云："天册万岁元年正月……丙午，王孝杰为朔方行军总管，以击突厥。"公元695年也。又万岁通天元年（696）"一月甲寅，娄师德为肃边道行军副总管，以击吐蕃。……三月壬寅，王孝杰、娄师德及吐蕃战于素罗汗山，败绩。……九月丁巳，吐蕃寇凉州，都督许钦明死之。"皆公元696年之事。《王孝杰传》但云："证圣初，复为朔州方道总管，与吐蕃战不利，免。"《娄师德传》云："证圣中，与王孝杰拒吐蕃于洮州，战素罗汗山，败绩，贬原州员外司马。"

〔素罗汗山〕 综核上各资料，素罗汗山之役，始于证圣元年（695）七月吐蕃寇临洮，王孝杰受命为肃边道行军大总管，娄师德副之，往讨。战于万岁登封元年（696）之三月，唐军败绩。惟吐蕃亦未进取洮州，而是自退。唐洮州治临潭县，位于洮河上游农牧交接处（今临潭县），辖境西至黄河东岸的西倾山。居民羌汉杂居，兼营农牧业。其牧民暗通吐蕃暴掠农民，而农民亦依恃汉官庇护欺凌牧民，从而导致唐蕃冲突。武后时吐蕃钦陵、赞婆兄弟皆率大军屯青海湖西南以防唐军。缘陇西边缘地带经常发生边民冲突，各引本国边将进军大掠。州县张惶，报为犯边，唐蕃从而出军征讨，素罗汗山一役就是其例之一。以此推断，素罗汗山当在今甘肃碌曲县西倾山附近。当系唐军深追至草原旷野中埋伏而败。所谓素罗汗山，即西倾山的一个山口之名，非大山名也。

〔凉州城下〕 《旧传》云："万岁通天元年，吐蕃四万众奄至凉州城下，都督许钦明初不之觉，轻出按部，遂遇贼，拒战久之，力屈为贼所杀。"《新传》只"又攻凉州，杀都督"七字。而卷九十《许绍传》附钦明传云："以军功擢左玉钤卫将军、安西大都护、盐山郡公，出为凉州都督。尝轻骑按部，会突厥默啜兵奄至，被执。贼与皆至灵州，使说之降。……而城中无寤其庚（庚，谓隐语）者，遂见害。"则所遇为默啜所率之突厥兵，非"吐蕃又攻凉州"，亦非"吐蕃四万众奄至"。旧新两唐书皆误入吐蕃传矣。唯默啜实与吐蕃联络犯唐。或突厥中亦杂有吐蕃军，故史家混言之。应是钦陵与默啜约同出兵犯陇右，故同年犯界。缘唐方兵强守固，故吐蕃犯洮州，虽战胜，未克至陷城而还。突厥犯凉州，虽抵城下，执都督，竟未入城。挟许钦明至灵州（今宁夏）亦未能入城而退。史家未详攻核，竟误为一事也。

（九）议和使郭元振与钦陵论述的地名

《旧传》承上文云："时吐蕃又遣使请和，则天将许之。论钦陵乃请去安西四镇兵，仍索分十姓之地，则天竟不许之。"

《新传》与《通典》增补郭元振与钦陵论难一段如下（括弧内系笔者核对《通典》所加异文）：

遣使者请和。约罢四镇兵，求分十姓地。武后诏通泉尉郭元振往使，道与钦陵遇。（万岁通天"二年，吐蕃大论钦陵遣使请和。武太后遣前梓州通泉县尉郭元振往。至野狐河，与陵遇。陵曰：'大国久不许陵和。陵久不遣蕃使，以久无报命。故去秋有甘沙之抄。斯实陵罪。今欲和好，能无俱乎？'振乃谓曰：'论先考东赞，以宏才大略服事先朝，结好通亲，荷荣承宠。本期传之永代，垂于无穷。论不慕守旧恩，中致猜阻。无故自绝，日寻干戈，屡犯我河、湟，频扰我边鄙……孝乎……忠乎？然，论之英声藉甚，遐外各自为主，奚为俱乎？"）元振曰："东赞事朝廷誓好无穷。今猥自绝，岁扰边。父通之，子绝之，孝乎？父事之，子叛之，忠乎？"钦陵曰："然。然天子许和，得罢二国戎。使十姓突厥、四镇各建君长，俾其国自守，若何？"（"……十姓突厥、四镇诸国，或时附蕃，或时归汉，皆类多翻覆。伏乞恩含弘，拨去镇守，分离属国，各建侯王，使其国君人自为守。既不款汉，又不属蕃，岂不人免忧虞。荒陬幸甚。"）元振曰："唐以十姓、四镇抚西土，为列国主，道非有它。且诸部与吐蕃异，久为唐编人矣。"（论曰："使人此词，诚为实论。然缘边守将，多好功名，见利而动，罕守诚信，此蕃国之所以为深忧也。"振曰："十姓诸部与论，种类不同，山川亦异。罗览古昔，各自区分。复为我编人，积有年岁。今论欲一言而分离数部，得非昧弱苟利乎？"陵曰……）钦陵曰："使者意我规削诸部为唐边患邪？我若贪土地、财赋，彼青海、湟川近矣。今舍不争何哉？突厥诸部碛漠广莽，去中国远甚，安有争地万里外邪？（安有争地于万里外而能为汉边患哉？舍近务远，计岂然也）且四夷唐皆臣并之，虽海外地际，靡不磨灭。吐蕃适独在者，徒以兄弟小心，得相保耳。（实陵兄弟小心谨密得保守之耳。）十姓五咄陆近安西，于吐蕃远。（十姓中，五咄六部诸落，僻近安西，是与吐蕃颇为辽远）俟斤距我裁一碛，骑士腾突，不易旬至。（旬日即可以蹂践蕃庭）是以为忧也。乌海、黄河，关源阻奥，多疠毒，唐必不能入；则弱甲屏将易以为蕃患，故我欲得之，非窥诸部也。（且乌海、黄河，关源阻深，风土疫疠，纵有谋将，亦不能为蕃患也。故陵无敢谬求。西边沙路坦达，夷漫故纵，羸兵庸将亦易以蕃患，故陵有此请。实非欲侵渔诸部以生心于边汉。陵若实有谋汉之怀，有伺隙之意，则甘凉右地暨于积石，此道绵细几二千里，其广者不过二三百里，狭者才百里。陵若遣兵，或出张掖，或出玉门，使大国春不遑种，秋无所获，五六岁中，或可断汉右界矣。又何以弃所易而窥所难乎？此足明陵心矣）甘、凉距积石道二千里，其广不数百，狭才百里，我若出张掖、玉门，使大国春不耕，秋不获，不五六年，可断其右。今弃不为，亦无虞于我矣。青海之役，黄仁素约和，边守不戒，崔知辩径俟斤掠我牛羊万计，是以求之。"（"往者，高宗以刘审礼有青海之役，乃使黄仁素、贾守义求和。陵之上下将士咸无猜忌，故边守不戒严。和事会未毕，已为好功名人崔知辩从五俟斤路乘我间隙，疮痍我众，驱掠牛羊盖以万计。自此之后，陵之国人大危栗和事矣。今之此求，但惧好功名者之吞噬，冀此为翰屏以虞之，实非有他怀焉。"振曰："兹事漫汗体大，非末吏所能明论，当发使奉章以闻，取裁于圣主。"陵乃以郎宗乞思若为使。……）使使者固请。元振固言不可许。后从之。

按：元振与钦陵问答，《新传》与《通典》同载，而详略微异。当以《通典》为长。如钦陵论远近利便一段，《新传》径谓乌海、黄河"唐必不能"即云"易以为蕃患，故我欲得之"。意自矛盾。验证《通典》则显然脱去"西边沙路"一节，为蕃所必争，东方乌海、黄河，足为天然界线，则非吐蕃所欲得者。其意乃通。细审词句异同，乃明史实。

郭元振本名震，魏州贵乡人。以字显，长七尺，美须髯，少有大志。新旧两唐书皆有传。《新唐书·郭元振传》云："十八举进士，为通泉尉，拨去小节，尝盗铸及掠卖部中口千余，以饷遗宾客，百姓厌苦。武后知所为，召欲诘，既与语，奇之，索所为文章，上宝剑篇。后览嘉叹，诏示学士李峤等，即授右武卫铠曹参军，进奉宸监丞。会吐蕃乞和，其大将论钦陵请罢四镇兵，披十姓之地，乃以元振充使，因觇房情。还，上疏……后从之。"郭元振力主索吐浑故地，以易俟斤部落。以此"杜钦陵口，而和议未绝"。坚主不弃四镇。不久，突厥、吐蕃联兵寇凉州。拜元振为凉州都督。元振于南硖口置和戎城，北碛置北亭军，拓境1500百里，蕃虏不复能直抵城下。辟屯田谷支十年，牛羊被野。"治凉五岁，善抚御，夷夏畏慕，令行禁止，道不举遗，河西诸郡置生祠，揭碑颂德。神龙中，迁左骁卫将军、安西大都护"，多著奇功。睿宗立，召为太仆卿，将行，安西酋长有剺面哭送者，旌节下玉门关，去凉州犹800里，城中争具壶浆欢迎，都督嗟叹以闻。因助玄宗平韦氏之乱，晋封代国公。不久又兼御史大夫，又转为朔方大总管。后因玄宗怒其军容不整，当斩。以其旧功免斩刑，流放新州。开元年，玄宗思旧功，起用元振为饶州司马，但因其怏怏不得志，途中病卒，年58。综其生平事迹，足资吐蕃、突厥两传参订者颇多。此其一事，足征其余矣。

以下只考订郭元振言议相关的地名：

〔野狐河〕 旧无考订者。今按钦陵与赞婆兄弟二人长期屯牧于青海西南（今青海省青海湖西之都兰、乌兰、天峻、茶卡地区），所谓"道与钦陵遇"者，实系谒钦陵于其幕庭所在之野狐河原。即为今日都兰县外之察汗乌苏河原。因地产黄毛野狐，故唐代人称野狐河。

〔甘沙〕 指甘州与沙州。"甘沙之抄"，谓万岁通天元年（696），吐蕃与突厥联合入寇之役，即杀凉州都督许钦明之役。实亦抄掠整个河西诸州县，不只抵凉州城下和侵及灵州。因其时唐军只坚守州县城，未有野战，故史官不著其事，但著素罗汗山之战与许钦明之死而已。

〔十姓突厥与四镇诸国〕 《新传》省为"十姓突厥"与"四镇"，亦省为"十姓、四镇"，每使人误为一个地区。是为行文太省之弊。

"十姓突厥"或"十姓诸部"者，皆指天山、葱岭外之西突厥部落。西突厥，统叶护可汗勇而有谋，战必胜，（隋末时期）"并铁勒、下波斯、罽宾，控弦数十万。徙廷石国北之千泉，遂霸西域诸国"，是为西突厥最强盛之时期。然其国多乱，部族纷立，强者代兴，能统治一时，复又为新起者所代。至沙钵罗咥利失可汗（唐初时期）乃"分其国为十部，部以一人统之，人授一箭，号十设，亦曰十箭。为左、右：左五咄陆部，置五大啜，居碎叶东（今伊犁河与巴尔喀什湖以东北的地方）；右五弩失毕部，置五大俟斤，居碎叶西（今苏联阿拉木图以南，中亚细亚地区）。其下称一箭曰一部落，号十姓部落云。"（见《新唐书·突厥传下》）后遂成为西突厥部落之代称。其人多以游牧为业，地皆草原，微有农利，故吐蕃切欲得之。

"四镇"与"四镇诸国"，则指葱岭以内塔里木盆地内于阗、疏勒、龟兹、焉耆四大国与其附近沙漠绿洲诸小国。吐蕃易吞并，而唐设安西都护与四都督府，驻重兵，内联西、伊、瓜、庭诸州以护之。阻其联络西突厥地区之路，故吐蕃亦必欲得之。既难以兵力与唐争夺，乃以和议摇撼唐廷。崔融与郭元振皆力主保存四镇，是具有卓识远见。后世史家徒高其言议。实未能明其义旨，故记述未能清晰，有待说明如此。

〔十姓五咄〕 《通典》作"十姓中五咄六部"亦较清楚。如上条言，五咄，即左方的"五咄陆部"（《通典》伪陆为六）。当时已与默啜联为一气。钦陵谓与吐蕃颇为辽远。其实是因隔在唐之四镇与河西诸州之北,时为默啜地盘,吐蕃不能有,只合与之联合以侵唐。故钦陵表示非所欲得。

〔俟斤〕 《通典》作俟斤诸部,密近蕃境,其所恨者,唯界一碛。骑士腾突,旬日即可以蹂践蕃庭。为吐蕃之巨蠹者唯斯一隅。钦陵作为求罢四镇的借口。今按"俟斤"即上条引"右、五弩失毕部置五大俟斤"之"俟斤"。后遂因其官号为部族称,以至为所居地区之称。高宗与武后时,俟斤五部与五咄陆部离立。咄陆诸部附默啜,而俟斤诸部附唐之碎叶都督,倚安西都护府援。曾经吐蕃攻陷。此时已经收复安西四镇与碎叶地区。钦陵欲复据而许不犯唐河西诸郡县以与唐和,故其借口如此。所谓"唯界一碛"者,谓只隔一塔里木大沙漠(实指"四镇"之地)。意谓俟斤诸部骑兵穿过疏勒、于阗诸绿洲国即能侵犯吐蕃本土。(去拉萨还有万里之遥,而谓"不易旬至",亦夸诞欺唐之语言。)其实俟斤尚不敢犯唐四镇。安可能越四镇而"蹂践蕃庭"。其言之欺伪显明可见。(唯其后四镇再沦陷后,吐蕃奄有西域之地,实曾征用俟斤诸部东侵唐之陇西,致河西亦有俟斤部落居留,则实然矣。)

〔甘、凉、积石〕 即甘肃"河西走廊"地带。甘州,今武威县。凉州,今张掖县。"积石"谓积石关,即今刘家峡附近之小积石山硖,其时为兰州(金城郡)之西界。亦即当时唐蕃最显著的一个界线。故蕃人言河西走廊自此起讫。自此处黄河沿岸起,经甘、凉、瓜、沙等州一线郡县至玉门长2000里,南傍祁连(南山),北为大沙漠,中间宽仅100里左右地带,插在诸夷落间,本易沦没于蕃夷。但是,正因如此,其人习于战守,凭借烽燧与坚城,不但中国强盛时蕃夷不能侵占,即中国积弱,至于陇西与西域郡县全已陷没于吐蕃时,河西孤立被包围数十年,亦仍未曾陷落。钦陵此言,是因其无力攻下这带城镇,假言不图占有以达到欺骗唐使目的,其实无时无日不想占有。其率重兵久驻青海西南,联突厥默啜以攻取河西州县,是为力图占有此狭长地带之明证。

〔五俟斤路〕 此言述青海之役,《通典》中言之特别详细。所指盖即仪凤三年(678),刘审礼战没于青海之役。已在前文第三条青海"承凤岭战役"条详述。此役因唐军惨败,汉人史学者言其事不详。吐蕃则夸言之。并斥言崔知辨劫掠之罪。可以补新旧《唐书·吐蕃传》所未及。

《新唐书·高宗本纪》:仪凤二年(677),"是岁,西突厥及吐蕃寇安西。""三年正月丙子,李敬玄为洮河道行军大总管,以伐吐蕃。……九月丙寅,李敬玄、刘审礼及吐蕃战于青海,败绩,审礼死之。"《新唐书·刘审礼传》:"仪凤三年,吐蕃寇凉州,副中书令李敬玄讨之。遇虏青海上,与战,敬玄逗挠不前;审礼败,为虏执。"死于吐蕃军中。

崔知辨，事迹不详。《新唐书·突厥传》有永淳后突厥骨咄禄叛，"执丰州都督崔知辨"（唐休璟传作崔智辨）即其人也。唐丰州在河套内（今内蒙五原县地），去当时蕃界辽远，不可能劫掠蕃界人畜。疑是崔知辨在仪凤时为碎叶都督，缘塔里木沙漠西侧，进掠吐蕃牧场，以报青海之役。故《通典》称其取径为"五俟斤路"。"五俟斤"为碎叶以西之西突厥专称。在吐蕃初陷四镇，尚未侵占碎叶时，正是李敬玄大败于青海与湟川之后。崔知辨有可能得西突厥之助，从碎叶出军，袭夺四镇，虽未能收复四镇，亦给予吐蕃以重创。故钦陵曰"疮痍我众，驱掠牛羊以万计"。知辨似以此役功升内任，后又再出任丰州以备突厥（当时西方名将转调河朔以备突厥者甚多，如王孝杰、黑齿常之皆是）。因其被擒没于异域，故两唐书无传，此役亦即不传。赖此可以补出。若非如此，则钦陵之言为毫无依据也。

唐蕃势敌，每有大胜败后，即有和使以缓和形势。知辨出军，适当唐遣黄仁素、贾守义入蕃议和之时，故钦陵执以为言。其实和战决于朝廷，贪功出于边将，地距数千里，邮传旬月然后达，两事本不相同，未可执为"索十姓地"之理由。钦陵徒以借口而已。

（十）赞婆来降之役相关地名

《旧传》："吐蕃自论钦陵兄弟专统兵马，钦陵每居中用事，诸弟分据方面，赞婆则专在东境，与中国为邻，三十余年，常为边患①。其兄弟皆有才略，诸蕃惮之。圣历二年，其赞普器弩悉弄②年渐长，乃与其大臣论岩等密图之。时钦陵在外③，赞普乃伴言将猎，召兵执钦陵亲党二千余人，杀之。发使召铁陵、赞婆等，钦陵举不受召，赞普自帅众讨之，钦陵未战而溃，遂自杀，其亲信左右同日自杀者百余人④。赞婆率部千余人及其兄子莽布支等来降，则天遣羽林飞骑郊外迎之，授赞婆辅国大将军、行右卫大将军，封归德郡王，优赐甚厚，仍令其部兵于洪源谷讨击。寻卒。赠安西大都护。"（《新传》略同，但有"莽布支左羽林大将军、安国公，皆赐铁卷"句。）

"久视元年，吐蕃又遣其将趋莽布支⑤寇凉州。围逼昌松县。陇右诸军大使唐休

---

① 赞婆常居青海西之大草原，已前见。赞婆来降，在圣历二年（699）十月，前推三十年则咸亨元年（670）也。中有数年钦陵亦在其处。
② 器弩悉弄（又称墀德祖赞），娶金城公主者。另详《吐蕃帝系谱》。
③ 时钦陵统兵屯野狐河。
④ 吐蕃有"共命"之俗，贵贱相友者结盟为"共命"，一人死，则共命人皆自杀同死。此俗为奴隶社会时已有。进入农奴社会后渐废。
⑤ 《新唐书·唐休璟传》又作"麴莽布支"。

璟与莽布支战于洪源谷，斩其副将二人，获首二千五百级。"(《新传》接上文作"又遣左肃政台御史大夫魏元忠为陇右诸军大总管，率陇右诸军大使唐休璟出讨。方虏攻凉州，休璟击之，斩首二千级"。)

《新唐书·唐休璟传》云："垂拱中，迁安西副都护。会吐蕃破焉耆，安息道大总管韦待价等败，休璟收其溃亡，以定西土，授灵州都督。乃陈方略，请复四镇。武后遣王孝杰拔龟兹等城，自休璟倡之。""圣历中，授凉州都督，右肃政御史大夫、持节陇右诸军副大使。吐蕃大将麹莽布支率骑数万寇凉州，入洪源谷，休璟以兵数千临高望之，见贼旗铠鲜明，谓麾下曰：'吐蕃自钦陵死，赞婆降，莽布支新将兵，欲以示威，且其下皆贵臣酋豪子弟，骑虽精，不习战，吾为诸君取之。'乃被甲先登，六战皆克，斩二将，获首二千五百，筑京观而还。"

〔洪源谷〕　此地旧无人考订。今按赞婆率数千众降唐，唐安置之于洪源谷使击吐蕃。久视元年（700），吐蕃入侵凉州，先围昌松县，乃会战洪源谷。则洪源谷在凉州南山地区可知矣。考订洪源谷，当先了解凉州地形。查《旧唐书·地理志》卷四十，凉州，中都督府："咸亨元年（670）为大都督府，督凉、甘、肃、伊、瓜、沙、雄七州。上元二年（675）为中都督府。"州辖姑臧、神鸟、昌松、天宝、嘉麟五县。天宝县云："汉番禾县，属张掖郡。县南山曰天山，又名雪山。咸亨元年于县置雄州。调露元年（679）废雄州。番禾还凉州。天宝三年改为天宝县。"昌松县云："汉苍松县，属武威郡。后后凉吕光改为昌松。"《新唐书·地理志》昌松县云："东北五十里有白山戍。"天宝县云："本番禾，咸亨元年以县置雄州，调露元年州废，来属。天宝三载以山出醴泉，更名。有通化镇。有焉支山。"《清一统志》卷二〇六，谓"番和故县，在永昌县西。"又"昌松故城，在古浪县西"引《魏书·地理志》昌松郡治温泉县。《隋书·地理志》：昌松县，"后魏置昌松郡。后周废郡。开皇初，改县为永世。后改曰昌松。"《元和志》昌松县，"西北至州一百二十里。本汉苍松县。后凉昌松郡，县属焉。隋开皇三年改为永年县，后以重名复改为昌松。金山在县南一百八十里。仓松故城在县东北十里，汉苍松县也。"（核《元和郡县志》略有改正）

再查《汉书·地理志》，武威郡，苍松县云："南山，松陕水所出，北至揟次入海。莽曰射楚。"颜师古注："陕，音下夹反，两山之间也。松陕，峡名。"又郡治姑臧县云："南山，谷水所出，北至武威入海，行七百九十里。"

今按：此所谓"南山谷水"，为自南山流出诸水统称。汉所谓"南山"，即今人所谓祁连山脉，主峰在酒泉县南，海拔5564米。西接玉门，东连永登乌梢岭，横亘2000里。南侧陡峻，北坡缓斜。雪山融解，其水北流浸润沙源，成为绿洲，余沥没于流沙。从来西域与中原交通，皆缘此绿洲地带一线出入。汉因其便，开为河西四郡。直至今世，皆为中原郡县。其中武威郡（凉州）最与陇右接近，缓急得相援助，故历世皆为重镇，表率河西诸州。南山在此州界，又特高起，海拔近5000公尺，今云冷龙岭。凡沙原地区，山愈高则积雪量愈大，从而所得浸灌沙原之面积亦愈宽。冷龙雪山，流出之水，十分之九汇于凉州（武威）沙原，几数十条，皆称"南山谷水"。历经华人开渠作堰，灌浸面积最大，故凉州户口，从来为河西之冠。（开元户26165。占河西诸州总户数一半以上。）

自冷龙雪山北流诸水中，西大河为最大，其上源直抵冷龙最高峰下（属今青海门源县境），穿峡谷而出。因其山口甚低，从来为青海与凉州的主要通道。其中游之老树湾、九条岭一带，山势已相当平缓，可耕可牧，即汉代小月氏"走保南山"的地区。在唐代，其南之叠源河谷，原为吐谷浑地，后转入吐蕃。吐蕃赞婆弟兄，恒从此峡谷侵掠凉州。赞婆率部降唐，唐即安置于此，以御吐蕃入侵凉州之路。理或然也。

今所谓"武威西大河"（另有"东大河"即古浪河），即汉"南山松陕水"也。陕，本古峡字，音"挟"，与陕西之陕字有别。（陕字从二人，陕西字从二人。）冷龙山下诸水源山谷多松树，古称"松峡"。（颜师古注正音"下夹反"即言后世"峡"字。）凡雪山水，盛夏雪融，则水暴发，俗称"洪水"。洪源之名，盖取于此。凉州汉人乐居沙原灌溉区，不乐于居住如此河谷深峡，河水起落无常，只适于牧而不便农之中上游部分。此亦当为安置赞婆之部于此的又一个原因。

此所谓"武威西大河"的中上游地区（洪源谷），今日并不隶属武威县，而是因住民的族属关系，作为南山西端肃南裕固族自治县之飞地。这亦可以说明：洪源谷地区，从来就是汉人所原居住，而委为少数民族牧场的地面。从小月氏，到吐谷浑，到吐蕃，到裕固族，已经是若干次更易主人了。这亦可为推断其地理沿革之一助。

〔昌松县〕 洪源谷部位既定，从而就考订昌松县的今地了。《汉书·地理志》苍松县为松峡水所出（改陕从今字）则其县境在洪源谷之南，仍包有松峡水的上游部分（即洪源谷部分）可知。苍松得名如此。"苍松""昌松"后世虽屡改字，地固未变。《新唐书·地理志》云："东北百五十里有白山戍"。古人每称雪山为"白山"（天山——白山）。此谓冷龙山为白山。冷龙山下，洪源谷之隘口置戍，曰白山戍也。然则唐昌松县城，在冷龙山南，距洪源谷地面150里，当是今日门源县地了。青海省大通河北支，古云亹水（今亹改写为同音"门"，作门水），其上源在青海刚察县北，属大草原，唐时为吐蕃牧场。中游自青石咀以下，河原温暖可耕，即今门源县地。后魏曾置昌松郡。自门源而北出冷龙山下即洪源谷，道通凉州最便。故吐蕃侵掠凉州，必先经此。是昌松县为今门源县可定。《清一统志》谓"昌松故城在古浪县西"未言道里远近。世遂有以古浪县西数十里之古城拟为昌松县者，非矣。以古今置县疏密度及地理形势论，只能是远在古浪县之青海界内的门源县。

今人拘于省界，总图从"南山"以北的河西绿洲求古甘、凉州辖县。不知汉开四郡时，即已就小月氏保据南山分水线以南之地置县。凡今青海门源、祁连两县地，皆汉小月氏"保据南山羌中"之地，汉皆已置县分隶河西四郡，历魏、周、隋、唐皆未放弃。宋元以后乃归青海耳。

附〔雄州、番禾县〕 唐于番禾县置雄州，九年而罢（670—679）。置雄州时，昌松为其属县。似因昌松后魏已置为郡，而地悬在番中，故拟立为州治。兼领番禾县。又因刺史畏居番中，乃改治番禾。《汉志》张掖郡番和县云"农都尉治，莽曰罗虏"。（如淳注："番"音盘）。则番和为张掖郡极东，界连武威，为汉代新开屯垦之绿洲。其为今永昌县西，河沿子、红山窑附近的绿洲可定。其灌溉水从金瑶岭（4353米）来。唐改番和为天宝。长庆中又改天宝为番禾。《新唐书·地理志》云："有焉支山"，即指金瑶山。其山北延入于山丹县，古产紫石脂，匈奴妇女用以涂脸。故匈奴之歌曰"夺我焉支，使我妇女无颜色"。中原人称唇红曰胭脂，取此义也。金瑶山南不百里即青石咀。青石咀东约50里即门源县。郭元振拜凉州都督"于南峡口置和戎城"，即青石咀城也。雄州废于高宗调露元年（679）。应是当时昌松县没于吐蕃，雄州只领番禾一县，故废州，并其县入凉州。元振为凉州都督在武后垂拱中（687前后）置和戎城"拓地千五百里"（元振本传已在前文引用），则已收复昌松县地矣。莽布支随赞婆来降，被安置其众于洪源谷。赞婆死，莽布支代领其众。未一年，吐蕃即来围昌松城，进军洪源谷，则昌松又已陷落可知。幸唐休璟战洪源谷获胜，蕃军退，克安凉州，而昌松县则遂不收复又可知矣。唐代的昌松县，应是凉州所辖县中最不稳定的一县。

于此不能回避一个问题：新旧《唐书》两吐蕃传上文已言赞婆率其兄子莽布支降唐。唐封莽布支安国公。未曾说安置何处，则当然是赞婆部队一同安置到洪源谷的。赞婆死后，自当是莽布支统其部队。《旧传》说"吐蕃又遣其将趋莽布支"。《新唐书·唐休璟传》则作"麹莽布支"，但下文又皆只作"莽布支"。这个麹字，和《旧唐书·吐蕃传》的趋字，又当如何解释呢？笔者认为：《旧唐书》"趋莽布支"的趋字是动词，意谓吐蕃赞普已知唐朝把赞婆叔侄安置到洪源谷，便派遣"其将"率军趋向洪源谷来讨。此时赞婆已死，故只云"趋莽布支"。可能原所依据的唐代史文就是趋字，有乘其无备，趋利急进之义。《新唐书·唐休璟传》作"麹莽布支"的麹字，是趋字之伪。下文"莽布支新将兵"的莽布支，虽然是作战对方的蕃将，却不是另有一个莽布支，而即是随赞婆来降的莽布支。可能是他又投降吐蕃，反戈向唐，所以唐休璟说他是"新将兵"。若还他是从吐蕃来攻的蕃将，唐人又如何知道他是"新将兵"呢？这是第一点。至于说他"旗铠鲜明"，也不像是从吐蕃新派来的队伍。当时的吐蕃，既缺乏铜铁，又缺乏布帛，军队行进并不讲究威仪彰饰。只有赞婆、莽布支投降唐朝后，唐朝优予赐赉，才会给他的部队一套色彩鲜明的旗铠。这是第二点。还有第三点，是《唐书》说吐蕃赞普杀绝了钦陵亲党 2000 余人，只剩下赞婆与莽布支二人。但德格土司家自记其世系谱则云出自禄东赞，并能够一代一代举出名字和事迹来。他把禄东赞叫作噶尔东赞（agar—stong—btsan）。《旧唐书》谓"禄东姓薐氏"（《通典》卷一九〇，《寰宇记》一八五作"薛氏"。）薐为噶尔 agar 的对音。禄为论（大臣）的别译。故禄东赞即噶尔东赞。《德格世系谱》又说：东赞生雍登结宋（yan—tan—gyal—bzun）即《唐书》的钦陵。结宋有二子，长子赤聂赤贾，为刹巴万户长。无下文，大概是在器弩悉弄所杀钦陵亲党二千余人之内。次子阿尼札哇摆（A—mze—gdge—wa—dyal）却未被杀。不但括下来了，而且发展了后代，号为"噶靖"（agar—ch—en），即噶族昌大者之义。很可能他就是随赞婆投唐的莽布支。可能是钦陵自杀前把他托与赞婆，叫他们逃生降唐。后因不安于洪源谷的湫隘，又与其蕃部暗通吐蕃。吐蕃赞普亦念其前人之旧功而招抚了他。他遂反戈向唐。虽被唐休璟击败，但他却回归吐蕃故地，而成为噶族之仅存下来的一支。阅二十五世，始再得有噶玛地方政权。到三十三世，又才发展成为德格土司。（详见《德格世谱》）若其不然，则禄东赞之族全被杀戮或投降唐朝了，又如何能在吐蕃境内留下这个"噶靖"一支后代呢？

释吐蕃

(1947)

一、发，白，蕃与 Bod

西藏民族，从古即称播巴（Bod Pa）。此巴，为表人身之追加字。故单用一插字（Bod），已足代表一部族。此字在藏文中之拼写法为 Baxo＋Pa＝Bod，在藏人读之，只一 Baxo 字音。其 da 为后音字。发音轻熟者，例不读出后音。唯藏北之羌塘人，与蒙古人，川边之甲绒人，则常将此字读为沉重之 Bo－ta 二音。缘藏文同音异形之字甚多。诵读轻巧，本部人士，自能辨别词意，外人则否。外族人学习藏语，自以将后音读出，始便于听者之领悟也。

原字是何取义，藏人亦不自解。缘西藏文字，制作于民族语言完备，固有文化奠定以后拼音成字，故难从字形以求其义也。若缘谐声、转注等方法，勉求其义：则藏文 Bor 为袋，Bon 为容量，Bol 为胫（含有上方体干之义），Bon 为其最古宗教（黑教）：皆从 Bo 音，或有相关意义。意者，黑教徒之所命名，义取高尚能容，奉行黑教者欤？总之，Bod 为代表此部族之专名，第一世纪已为华人所知。

《后汉书·西羌传》中之发羌，与《莋都夷传》之白狼，皆藏族也。发与白，俱当读如 Bod 音。先零烧当诸族，自河湟传说入于中华，则华人录其音为发（拔）。氐筰斯叟诸夷，自大渡河谷导其人谒朱辅，则辅译其字为白（拔）。转译之人易，地异，时异，录音者不能会通，范氏兼采入书，遂为异文。唯白狼亦不必即为发羌。大约发羌指西藏之部族，白狼为西康南部诸部落，只其同称 Bod 则可知矣。

吾人可立一假定，为此民族之称 Bod 与奉行黑教有关。黑教自北印度传入西藏西部，与佛法自西域传入中华，同在秦始皇时出发。则后汉时传入西康，为可能事。

---

① 原载 1947 年《康导月刊》。现据手稿刊出。

因此，亦可推断魏、周、隋、唐书中白兰、白狗、北利诸部落之冠首字，皆为 Bod 之译文。缘在当时，此大高原中，唯藏地之播巴，文化高于一切，势力大于一切。高原诸族，远如党项，亦谬讬为其同种。（《隋书·党项传》"此其人皆自称猕猴种"。猴传人种为播巴最古之神话。）近如东女，附国且径采用其文化。（如建筑农业、宗教等，具详隋唐书本传。）则诸部冒 Bod 之名，为当然也。

唐初，始与播巴直接通使，国书互递，译其字为蕃。永徽以前，皆只使用此字。龙朔麟德以后，唐蕃交恶，蕃人屡扰洮湟，败唐军，灭吐谷浑，兼并西域诸国，与唐比肩抗衡。始摩拟大唐字样，亦称大蕃。其时华人读大为 Tü 音，故唐人译 Tü–Bod 作"吐蕃"。不愿书作"大"字。此解，余十七年前，曾于《西康图经》中冒昧言之。于是未得理据，不敢自信。十余年来扪索日有进境，今可得较充实之论证矣。兹遂字辨之。

二、释蕃字

蕃字，唐人读如播，系藏文 Bod 之译音，今已无庸絮絮解说。兹所论者二点：一是何以削去后音？二是何必加一草头？

此 Bod 字，转译入中亚、南亚、西亚、西欧任何民族口中，皆具有特字后音。如：Bhautae, Bhauta, bhotra 或 Tu lu, Tu tot, Tulat, Tiboth, Tibet 与图伯特，土伯特皆是。唐人译外国名，喜用二字：如诏曰"南诏"，薛延陀曰"铁勒"，吐谷浑曰"吐浑"等是。唯于播特截译作一"蕃"字。唐人用之，初颇不便。故初唐期涉及蕃国之诏令、奏议，多有"彼蕃"之语，强增一字，以便行文。使最初即译"蕃特"，不唯录音全尽，使用亦殊字然也。乃不如此，故可疑原非 Bod 字。余于此点，解释如下：

唐蕃初次交通，在贞观八年（634），赞普弃宗弄赞东征党项之际。所用通译为康地人（附国，东女皆早已通贡中国），康人今读此字，不具后音，与藏人同。而唐使冯德遐，与赞普会晤于军旅之中，所接皆来自拉萨之卫藏人，发音更为轻巧，故只聆得一播字音，无法系入特音。若西域诸国与蕃交通，则不能免于用羌塘译人，羌塘人读此音重浊，有强烈之后音，故初译即成 Bhauta 字。其南方之尼泊尔与印度人，则因文字出于一源，故亦能就字形发出后音。唯华人既不辨其字体，又初无聆得后音之机会，故译成单音字也。

蕃字全用番字为音。今人皆读如翻，古人皆读如播。诚译 Bod 为单音，则一番字已足，何必赘以草头？（贞观以前，似尚无以番字为夷狄通称之例。漫称西戎为番或蕃，乃在吐蕃盛大以后。）此点，余作解释如下：

唐初，唐蕃通道有二：一为自临洮出松潘一路，一为自鄯州出河源一路。无论何路，一过洮、鄯，即入莽原，诗曰"艽野"，今云"草地"是也。冯德遐初与赞普会晤于大草原中（其地应不出今黄河上游及康省之石渠县地。蕃人行军必依水草，不喜驻农村地域故也），实未曾至拉萨（另详《松赞冈布年谱》，载《康导月刊》），彼以赞普结牙处，弥望莽原，以为牧国，故加草头。盖文人初创译字，例颇斟酌。此亦袭用荷戈曰戎，挟弓曰夷，向火为狄，弄虫曰蛮之遗意，以志彼国之依凭草原也。

此说更有一旁证，颇为确切，是余近所获得。《旧唐书·吐蕃传》"禄东赞姓薮氏"。此字不见字书，无音可读。西藏史籍，皆书此人姓名为 Hagerstown-btsan-yul-bgun 读如噶东赞瑜宋。东赞瑜宋为名，得省称为东赞。噶为族姓，其人为权倾人至之首相，故亦得称为大臣噶（Blon-Hgar）或 Blon-Ston-btsan。禄字，显为 Blon 之译音。（但唐书又云大相曰论，译字不同，当由所采译籍不同未能会通。）则"姓薮氏"者，恰为 Hgar 之译音甚明也。说文巩、薮二字，"拥也，抱也。"其音如拱，与 Hgar 音近。虽无薮字，但如以拥抱之义闻合，则从手从女，皆当可通。可知唐时原有婪字，读音如噶，即挈字之俗写。冯德遐或其同时之译人，以译东赞之姓，亦别加草头。此皆本无庸加草头，或不当更加草头之字，唐初译人乃必加之，致迄今人不能读，或误读甚远。（《新唐书》此段全袭《旧唐书》文，而改其字为薛云"薛禄东赞"谬之甚矣。）似此无聊事件，在当时人实颇矜慎为之。探寻古义，殊未可忽。

三、释吐字

吐蕃为"大蕃"之音译。余旧曾略论之。（载《康导月刊》第五卷第四期）当时所用理据，为《旧唐书》中所保存之清水盟文、长庆盟文，与其前后入蕃使臣之官衔，皆不用吐蕃字。官衔如"入蕃使""和蕃使""答蕃使""入蕃会盟使""西蕃会盟使"等，盟文中，亦屡单称"蕃"不言吐蕃。足见"吐蕃"之吐字，非当时彼之国名所固有。又因清水盟文，单以"唐"字与"蕃"字对称，皆不称大。长庆盟文，则以"大蕃"与"巨唐"及"大唐"对称，皆得称大。而建中二年（781），入蕃使判官常鲁，转奏赞普责使者崔汉衡语云："我大蕃与唐，甥舅国耳。何得以臣礼见处。"以此判断吐字系唐人不愿称彼国为大蕃，而改书其字为"吐蕃"也。其余吐蕃二字，余认为史家追述之文，苟从习惯，非原档如此。唯判断蕃人之称大蕃，始于乾元以后一点，今当修正。缘同书中，高宗武后时，郭正一谏用兵疏、陈子昂谏用兵凿道两疏。中宗时，降金城公主诏、于休烈谏赐书文，皆曾明用"吐蕃"二字。此亦当视为固定性遗文。以此知蕃人之称大蕃，华人之译吐蕃，早在高宗时已有之矣。

大字，古原有度奈切、他盖切、唐佐切、吐卧切、徒计切等音。今泸人尚读如杜。唐人固读与吐字同音，非如今人之读一驾切也。或谓：如果唐人读大如吐，则译作"土"已足，何必增画作吐？余谓加口旁，正所以明其为译音字，亦正如番字之加草也。

此说有三铁证：一是福幢《西藏史鉴》，谓宋祁所修《吐蕃传》，经吴绛祖（Hu—Byan—dsus 译音，其人似为宋代陇右人）译为藏文，又经喇嘛固始仁青（Gu—Cuh—rin—chen 大宝国师，当是元初人）校改刊行。其中述唐遣萨亚提将滚（Za—ya—thih—byan—kun）、杨国衡（Gyan—guhi—hen）二人率兵，护送金城公主入藏。查对唐书，是"左卫大将军杨矩"。此为唐宋时蕃人读大字为 thih 音，甚近于吐字音之证。则唐人译 Thih—Bod 为吐蕃，与西域人译作 Tulot 皆无是怪。二是长庆盟文中"大蕃"二字，明明镌在拉萨石柱上，至今犹存。亦曾单用蕃字。并无吐蕃，与大吐蕃字样。三是藏只知其古今称 Bod，未曾知其号吐蕃。

余疑吐蕃之吐字，系武后所制。因余所见唐人遗称用"吐蕃"二字最早者，如郭守一、陈子昂等皆武后当政时人。武后卑视异国，好作无谓之贬称，多为奇字。其时恰值蕃国强梁，与唐抗衡，争霸中亚，互夺四镇之际，蕃人称大之始。宜其有译大作吐之举。且似曾通饬全国遵用，故能迅速普遍流传也。

四、诸异说

释吐蕃为秃发者，始于《旧唐书》，宋人之文也。本非原档所有，故曰："或云：南凉秃发利鹿孤之后也。"此"或云"二字，明为修史者集采后世臆测之文。故《新唐书》已别取"发羌"一义。只附著秃发说数语，亦加"或曰"字样，明其非正。宋人读发，如拔，读发如拔。拔拔音近，存疑及此，尚无足怪。后世读蕃发，发音别近于 Fan，全失 Bod 一音，遂谓秃发与吐蕃巧合，径采两唐书存疑之说，以为正解（明清地理书皆然）。不知 Bod 之名，早于汉代成立，迄今未改。此安能与樊尼之姓秃发，有关系耶。

《新唐书·吐蕃传》，出宋祁手。祁撰此传于剑南任中（见《成都记》），似曾招西山蕃人询问。故修订旧传之处颇多。"发羌"一说，为范晔以来数百年中国人所不能发。祁始发之，则非访得蕃人自呼国名之原音不可也。而竟为后世地理家所忽，殊可惜也。

近人发表诸新说中，当推黄子翼《藏族名称商榷》一文（《边政》一卷八期）态度最为审慎，高出过去诸家。唯所引断之吐字解释则未有当。兹略以己意补订之如下：

1. 洛克喜耳 Teu-beu 说洛克喜耳自蒙古入羌塘，折出昌都、打箭炉，并未入藏。亦未详究藏文。故访问虽详、观察虽细，仍有妄逞臆说之处。即如此处，即系倒置其文，以使读音近于 Tibet。实误解也。原书 Stod Bod 系二藏文字（སྟོད་བོད）发音可为 Teuleu。但藏文 Stod（上部）为形容字，例当置于主词之后，书作 Bod-stod，断无置于 Bod 前方之理。且 Bod-stod 指羌塘、阿里一带，亦不能成为唐时拉萨政府之国名。黄氏对此说虽无明白论断。但如云"按：藏语吐或唐，均为崇高之意。吐番者，盖崇高的博族之意也"，实暗袭洛克喜耳之说，亦沿误也。又上下藏之说，藏中实曾有之。但不甚通行。当时到京藏人，或未之知耳。

2. 日本寺本牟尼佛陀之说黄氏驳之甚是。所谓博特友耳，即藏文之 Bod-yul，今仍通行。意为蕃地。此亦蕃为其部族固有名称之证。

3. 黄氏自立之崇高说藏文读如吐与唐音之字，实无此义。或系取 Stod 与 than 二字。stod 解为上部，不当用。已如（一）解。than 为荒漠原野之义，或译为沙漠，专指高寒乏于生产力之区。虽含高出之义，实贬性文词，蕃人当不至以饰其国名。前人亦未有是说也。两唐书所载，对蕃国行文皆用吐蕃二字。独长庆盟文用大蕃字，不能指为"译文之不同"。因此系唐室入蕃之文，非蕃国入唐之文也。

姚薇元《藏族考源》（《边政》二卷）又取黄氏崇高之说。而辨吐大同音，则又似参取敝著。念他时辗转掇拾者应多，故并附此分别订正。

蒙古源流，曾取藏人传说，谓印度阿育王裔某，争国失败率其众奔西藏为王。研究所同事刘立千君近得见藏文原书，谓此王族名 Du-Pi-ti 显然可以影射 Tu-let 音。但未明言其为图伯特得名之由。余谓：此明清间喇嘛欲傅会藏人出于印度之狡猾伎俩也。藏人自古相传为神猴之裔。佛教输入后，亦有聂赤尊波自印度来王之说（但非来传种）。宋元以来，其人迷信印度日深，甚欲托为同种。而历史上成说未可推翻。此喇嘛盖乘蒙满人呼之为土伯特，而同族茫然不解之际，造此一说以影射之也。

五、蕃人不自知其称吐蕃之原因

或问"诚使吐为大字音义，则亦形容字也，讵独可冠于蕃字前耶"？此问当解答如次。

蕃国之称大蕃，系模仿唐人之称大唐。且专用于对唐行文，及唐室政治势力浸被已久之西域诸部，皆已习用大唐称呼者。并未用以对内。亦未用以对尼泊尔与印度诸国。其事正如近日、法、美、奥、意人，在上海门牌上，镌大法国、大美国等字样。对内语文中，则未曾用此字义也。华文形容字在主词前，蕃文形容字在主词后。彼如依蕃法意译之，则其文当作 Bod－Chen 或 Bod－Che。（藏文 chen 与 che，皆与大字义合。如禄东赞姓蓥氏，其孙号 Hgar－chen 意为大蓥。萨嘉初祖号 Sa－chen 意为萨嘉大喇嘛。藏人尊称达顿，班禅，及硕德重望之高僧云 Rin－po－Che，意为大宝；皆置主词之后。出此亦无例外。）如此施于解其文字之国民，则为无谓。用于不解其文字之外国，则人亦不过误解其国名改变，绝不能因此而有尊严之感。即不能用此字义以表其与唐室比肩抗衡之意。唯沿"大唐"之全形，仍其音训，舍弃本身之文法，称云大蕃，方是以表傲睨唐人之态度也。假使当时国书，附有汉译，固必自称为大蕃。假使其占领秦、陇、西域以后，对沦陷汉人行文，尤不能不自称大蕃或 Tu－Bod 也。

于此牵涉"大"是否用以对内问题。查藏人中，虽有 Hgar－chen、Sa－Chan 等习用语。但迄未闻有称 Bod－chen 者，故知其未曾用大字文义对内。即如我国秦汉时，亦并无以大秦、大汉行文之例。汉武以后，恰有天汉之称，专用于异域之人，亦未当以之对内。隋唐以来，始有以大字冠于国号行文之例。足见国号尊严，初不必由于饰以大字。称大，乃晚世之颓俗，初始质朴之民所不为也。今藏人不解土伯特为何义，即由此故。蕃帝不但未以"大"字对内，亦且未曾以之用于尼泊尔与印度两国。故尼印两国人从来只称西藏为播札 Boh－tra 或 Boh－ta，无大字或吐字音，亦无系 Chan 与 Che 字音者也。

隋唐之女国[①]

（1947）

一、女性中心社会之产生

西藏古为女性中心社会，实无可疑。此社会初似发生于中亚之游牧部落，并随游牧部落之固驻一区，而成为女性中心之国家。

游牧部落，因居无屏障，易受外敌侵袭。故壮健男子皆当担任保卫家族之事，管理牲畜帐幕则委于妇女与老弱。在对偶婚姻制度尚未严格建立以前，如此社会之妇女，具有厌胜一切之魔力者有三点：

1. 以性的关系，使全群健勇有力之男子颠倒。
2. 以掌握衣食资粮之关系，使全群男性无形中受其羁勒。
3. 以乳哺婴孩之关系，博全群爱护。

以此自然形成为女性中心之制度。唯因女性一般柔弱，乏于控制多数之力。故当其群体发展到十分盛大，常需与他族争战时，则必有男子崛起为王，改造为男性中心之社会。设其社会长久沉滞于渺小、孤立、和平、幽静之中，则此女性中心制度可能延续至于甚久。我国古史有"女娲氏"，顾名思义，可推断其为远古之女性中心部落。其后，周穆王曾至"西王母国"。《竹书纪年》谓虞时已有"西王母"来朝。则"西王母"非一人名，乃数千年中一西方部落之名。顾名思义，又可知其为女性中心之部落矣。

前撰《冈底斯与昆仑》一文，曾提及冈底斯附近，古为女性中心社会。兹再述隋唐之女国，将以申证之。

[①] 本文原载《康藏研究月刊》1947年第5、第6期。

二、记载女国之书

　　隋唐迄宋各书之记载西方异国者，多曾志述"女国"，或称"东女国"。其部位准望，率在今西藏境内。然只记有其人来中国，未闻华夏人入其境内。故各书所志山川情俗，恍恍不明。史家又辗转抄袭，不著出处。今则其国已亡，其俗亦灭，其人复无史记遗传。徒使我研究边荒古史人士，扣盘扪烛，酿为聚讼。兹为检讨资料，剖析渊源之便，先将各书条举如次：

　　1.《西域图记》。隋大业初裴矩撰。今佚。《隋书》矩本传云："知炀帝方勤远略，诸商胡至者，矩诱令言其国俗、山川险易，撰《西域图记》三卷，入朝奏之。……合四十四国，仍别造地图，穷其要害。从西倾以去，北海之南，纵横所亘，将二万里。……其山居之属，非有国名，及部落小者，多亦不载。发自敦煌，至于西海，凡为三道，各有襟带。……其三道诸国，各自有路，南北交通。其东女国、南婆罗门国等，并随其所往，诸处得达……"①

　　2.《隋书》。唐贞观十五年（641），长孙无忌等撰。其《西域传》（卷八十三）所列23国，大都取材于裴矩之《西域图记》。矩书凡44国，此仅过半，足见所割弃者甚多。唯"女国传"，当是全文。

　　3.《大唐西域记》。唐贞观二十年（646），玄奘法师撰。所记"女国"，系自婆罗吸摩补罗国传闻得之。

　　4.《北史》。武后时李延寿撰。其《西域传》凡70国，较裴矩更多26国，序文引及裴矩，盖曾全采矩书，更增以魏、周时诸朝贡国也。其记"女国"文，与《隋书》雷同，仅用字微异。盖与《隋书》同用裴矩之文故，非径袭《隋书》也。

　　5.《古今郡国县道四夷述》。贞元十七年（800）贾耽撰。今佚。《唐书》耽本传云："筮仕之辰，注意地理，究观研考，垂三十年。绝域之比邻，异蕃之习俗，梯山献琛之路，乘舶来朝之人，咸究竟其源流，访求其居处，间阎之行贾，戎貊之遗老，莫不听其言而掇其要。间阎之琐语，风瑶之小说，亦收其是而芟其伪。"耽为宰相而勤于记闻如此，故所得异域新资料甚多。《新唐书·地理志》与《四裔传》多甄采之。

　　6.《通典》。贞元十七年（801）杜佑撰。内容依于开元时刘秩之政典。其《女

---

① 见《隋书》卷六十七。

国传》（卷一百九十三）用《隋书》《北史》之意极少，新增文意颇多。当是唐代所得之新资料。唐初女国使臣曾来朝，此当是当时译使传述之语。非出裴矩。

7.《唐会要》。唐德宗时苏冕等撰四十卷。宣宗时，崔铉又续四十卷。宋建隆二年，王溥再续宣宗以来故事，合为百卷。其卷九十九，记有二"女国"：一"女国在葱岭之西"，盖以《隋书》之女国当之。一曰"东女，西羌别称"，即《唐书》所述之女国也。两国地异而俗多雷同，为特别值得注意之点。

8.《旧唐书》。石晋天福中刘昫撰。卷一百九十七有《东女国传》。全采自苏冕、崔铉等之《唐会要》。

9.《新唐书》。宋嘉祐时欧阳修、宋祁等撰。其异域各传，实出祁手。卷二百二十一上有《东女国传》较《旧唐书》资料为多，盖兼采贾耽之书也。其卷二百二十一下，杂述西域诸小国，有"西女种"远在拂菻海岛，当在今地中海内，与西藏无关。又曾再述"东女"，则葱岭外之女国也，与《大唐西域记》合，而其文异。盖直接出于贾耽。耽固先取《大唐西域记》耳。

10. 其他各书。如《太平寰宇记》《资治通鉴》，及其他宋代地书，尚多有收录"女国"文记者，要皆不能出上列诸书之外，故可不论。

近人朱希祖先生撰《唐代西南地理研究》一文（载《说文》第四卷），谓："《唐会要》误合'东女''羌女'二国为一国。又误分'东女国'为二国。"又谓"唐书东女国疆域错误"。窃谓朱先生根柢坚实，治学方法亦值人钦佩。唯于西藏地理历史之检讨，尚有未尽，致论判显有错误。欲为辨正，几经搁笔。总觉千头万绪，欲不重复引据，而克明彻解说之也甚难。昨为写《附国非吐蕃》一文，涉及女国。兹已不能不写。念莫如取各书本文，分段解释之，既可以省重复，又不致紊乱。遂取《隋书·女国传》为解释葱岭外女国之主文。取《新唐书·东女国传》为解说西康中女国之主文，分段剖析之。他书不同处，概附于解说文内。

三、葱岭外之女国

《隋书·女国传》云："女国在葱岭之南。其国代（《北史》作世，盖照录裴著。此改为'代'忌避太宗讳也）以女王。"

按《大唐西域记》记婆罗吸摩补罗国云："此国境北大雪山中，有苏伐剌拏瞿咀逻国。唐言金氏。出上黄金，故以名焉。东西长，南北狭。即东女国也。世以女为王，因以女为国。……东接土蕃国。北接于阗国。西接三波诃多。"此释女国部位，名义均甚详确。足补裴矩之书。婆罗吸摩补罗国在恒河上游,今尼泊尔西境,德里之东北。以喜马拉雅山脉与女国为界,即所谓大雪山是。玄奘游印时,吐蕃国西界达冈底斯,与女国接。北界接羌塘,亦女国地(后详)。印度人但知女国之东为吐蕃,未知女国极东尚包有羌塘,接于党项也。北接于阗,当系以昆仑山脉为界。"三波诃多"究是何地?《西域记》与其他各书,皆无记述。以《隋书》勘之,应亦在葱岭之南。余疑即勃律之异译。同书记乌仗那国 Uddiyana（旧译乌苌）云:"从此东北行,逾岭越谷,逆上信度河,飞梁栈道,履危涉险,经五百余里,至钵露罗国,周四千余里,在大雪山间……"此所谓钵露罗,亦即勃律,为印度河上游大国。沿河农地,南北雪山。吐蕃侵中亚,入葱岭,必出其境。唐与吐蕃,曾瓦争小勃律甚久,小勃律位最西。其东南为大勃律。又东则非唐人所曾至。缘唐时大勃律已降吐蕃也。以理推之,印度河上游沿河之国,女国为最近吐蕃。其下为勃律。勃律故分为三部,大勃律居中,当喀多城（Skardo）附近,小勃律最西,当索色城（Sussi）附近,即葱岭之南。印度河自此穿大雪山脉为峡,入乌苌国。玄奘所曾至,旋折回也。迨后转赴中印度,于婆罗吸摩补罗国,闻女国事,而未知其西北即钵露罗,更译为"波诃多"。北印与中印异语,转译歧出,未能通为一地,实无足怪。冠三字者,勃律原系三部,后并为大小二部,最后且全并于吐蕃耳。

《隋书》谓女国在葱岭南者,缘女国使节经勃律,逾葱岭乃入华界。译人与史官,遂谓在葱岭南。正如天竺,本在我国西南,因自西域相通,史家恒以之入《西域传》。《唐会要》云"在葱岭西",尤误。《通典》云"女国,隋时通焉。在葱岭之南,世以女为王,因以女为国"。盖摘取《隋书》与《西域记》成文。径以"女"字为其国名,殊失玄奘原旨。原旨谓其自有国名,亦有义译。但为汉人便口,因以女国呼之。正如明清称荷兰人为"红毛夷",作"红毛夷传",弃荷兰不解,而曰"其人红毛,因以红毛为国"则谬矣。

至于《西域记》称此国为"东女"者,盖因知西方拂菻海中,尚有女国,故加"东、西"二字为别。拂菻女国,见《新唐书》列传第百四十六下,云:"拂菻西南际海岛,有西女种,皆女子,多珍货,附拂菻。拂菻君长岁遣男子配焉。俗产男不举。"其地当在地中海中。疑裴矩之书原传如此。玄奘曾见之,故于此女国加东字。由此东字,惹起今世学者纷争,另于唐东女国传文剖释之。

王姓苏毗,字末羯。在位二十年。

四夷无姓，姓即族也。多数牧部，即以祖名为姓，亦为部号，华夏人更以之为国名。如先零，如烧当，如今日凉山猓族（今之彝族）之"戈鸡支""罗侯支"，皆以祖名为部落称号之例。如吐谷浑，如党项，为华夏人以部号认为国名之例。苏毗部落散布甚广。大抵今日康藏高原之羌塘地方，东至松洮，西至阿里皆有之。而中心根据地，则在怒江上游之甲得三十九族地方。《新唐书·西域传》云："苏毗，本西羌族，为吐蕃所并，号孙波，在诸部中最大。东与多弥接。西距鹘莽硖。户三万。天宝中，王没陵赞欲举国内附，为吐蕃所杀。其子悉诺，率首领奔陇右。节度使哥舒翰护送阙下，玄宗厚礼之。"（此材料似得于贾耽之书）于此可知苏毗本羌中大国，唐时为吐蕃征服，未废其王。至天宝时，尚欲结援唐朝以抗吐蕃。蕃虽擒杀其王，王子尚得率众远奔投唐。唐以前，势力之大可知。以理度之，当与吐谷浑，党项、附国相伯仲也。

谓其本部在今玉树（甲得）二十五族地者。可以多弥与鹘莽二地定之。同书谓多弥"滨犁牛河"。犁牛河即氂牛河，今日通天河（玉树县境之金沙江）。鹘莽，见同书《地理志》鄯城县注，云："渡西月河二百一十里至多弥国西界。又经犁牛河，度篾桥百里至列驿。……四百四十里至婆驿……五百三十里至悉诺罗驿……三百二十里至鹘莽驿。唐使入蕃，公主每使人迎劳于此。又经鹘莽硖。"以今地理揆之，鹘莽峡即今在那曲、当雄界上之朗陇拉附近。盖吐蕃与苏毗旧界标，故唐使入蕃，公主每使人迎劳于此，为最远也。

《新唐书·吐蕃传》又称："后二年（天宝十四年）苏毗悉诺逻来降，封怀义王，赐姓李氏。苏毗，疆部也。"参校上引文，知苏毗王子悉诺，当作悉诺逻。距鹘莽峡三百二十里之悉诺罗驿，应是其未奔唐以前驻牧之处。又同传云："尚思罗败走松州，合苏毗、吐浑、羊同兵八万，保洮河自守。"足见苏毗族分布地，又不止"东距多弥、西距鹘莽"而已。且远达于今松潘、临洮地界。盖游牧民族，迁徙鸟举，极易扩散。原不必固驻于一定区域。例如今理塘县之毛桠、曲登等土司，原自俄洛之瓦述部落迁来，今仍自称为"瓦述"部落。又如藏北羌塘之霍尔牧部，曾于明清之间，来甘孜炉霍一带，建立麻书、章谷、孔撒等五个农业部落。迄今尚称"霍尔五部"。苏毗之中心地域，虽在玉树一带，其民族分布则曾随羌塘之辽阔牧场，东延入于松、洮，西延入于阿里。女国，即其族西延后所建立之半农半牧国家，故其王姓苏毗也。女国王之姓苏毗，正如毛桠土司之姓瓦述。女王末羯"在位二十年"，乃就开皇六年来贡时逆计之也。

女王之夫,号曰金聚,不知政事。国内丈夫,唯以征伐为务。

《西域记》为:"夫亦为王,不知政事。丈夫唯征伐种田而已。"《通典》为:"妇人为吏职,男子为军士。女子贵,则多有侍男。男子不得有侍女。虽贱庶之女,尽为家长,有数夫焉。生子该从母姓。"(《唐会要》同)《隋书》出于贡使传述之说。《西域记》为玄奘迹访之文。《通典》则贞观八年(634)贡使语也。合此三种,适可将此国女性中心之政治制度说明为:国王与官吏皆女子。虽有丈夫,不预政务,仅任征战与种田之役。或为女子玩物而已。大抵因女子少,又贵而多劳,故为多夫制。夫妇名分,必难明确,大抵喜则收之,不喜则被弃,又顾而之他。贵女之夫,实执奔走洒扫之役如奴婢。女王之夫曰金聚,当亦不止一人。

山上为城,方五六里,人有万家。王居九层之楼,侍女数百人。五日一听朝。复有小王共知国政。

此言女国京城情形也。所谓城,即西藏之所谓宗(RdSong)。碉房依集,有似汉之城邑,实无城垣。今自康定以西,直至北印度,所有都市皆如此。西康境内,巴塘、昌都为大。西藏境内,拉萨、江孜、日喀则为大。阿里、拉达克境,列城为大。列城(1eh)在印度河上游北岸山间,为拉达克首府。市内崎岖不平,今有人千余家。为西部土伯特重镇者千余年。1869年始为英国侵占。今尚保存西藏风俗。此所言女国京城,颇与相似。当时北印度与西域商人之出入西藏者,此为转口巨埠,"有人万家",足见其盛。

西藏式建筑,各层梁柱不相通贯,但以碎石叠墙,缭固外方以支柱之。可以逐层上增,略无制限。富贵之家,以住宅高出众宅自异。然亦鲜过六层者,以过高则升降费力也。拉萨布达拉宫,为唐代建筑,因山为之,有十余层。但有数层,不过因山为级,非尽居人之所。宫人所居,仍不过五六层耳。女国王宫九层,其制亦当如此。

所谓侍女数百人,实女官也。五日一听政,五日一见外官也。《唐会要》云:"以女为王,居层楼,侍女数百,五日一听政。"似袭此文。

其俗贵妇人,轻丈夫,而性不妒忌。

《唐会要》云:"其俗贵女子,贱丈夫。"义同。又谓:"女子贵则多有侍男,男子贵不得有侍女。"则非"性不妒忌"。大抵因婚姻制度未备,所谓"丈夫",实仅为发生性关系之侍从,留逐无常,亦不禁其与他女结合。在华夏人则视之为不妒忌耳。

> 男女皆以彩色涂面,一日之中,或数度改变之。人皆被发,以皮为鞋。

涂面为印度之俗,今尚保存。西藏民族,旧亦染之。《唐书·吐蕃传》云:"公主恶其人赭面"是也。女国人染此俗尤深。至于日数度易之,盖由与印度发生关系甚早。《唐会要》云:"男女披发,以青绿涂面。妇人辫发而萦之。"《通典》云:"男子被发。妇人辫发而萦之。"以注此文,较为美备。被发或披发,谓不栉沐也。今西藏牧民尚多如此。女子亦被发、理或不然。今西藏牧民妇女,例以发缕为小辫满头。披于后左右三方,而以其端相维系如璎曼。即所谓"辫发而萦之"是也。

以皮为鞋者,即今之谓"蛮鞋"(藏靴)。藏语曰 Lham。《新唐书·东女国传》曰:"鞣鞯"。"鞯"读如"铎",叶 Lham 音。藏文 Lh 可读如 T 音,《隋书》译作鞋者。(见拉萨汉蕃对照文唐碑)隋唐时之鞋似靴,有长颈,缚于胫上,与蕃中之 Lham 相似故也。古于鞋之无颈者曰履,别以带系之。颈之尤长者曰靴,以便骑射,武夫用之。若常人则用鞋,行则缚胫,止则解之。《释名》:"鞋,解也。著时,缩其上如履然。解共上则舒解也。"今仍以履为鞋,以鞋为短靴。

> 课税无常。

今藏俗课税不止一物,多至数十种,各就地产,衣食玩好之物皆征之。唯征取有定额,有定时。当女国时,政治制度尚未完备,应尚无定量与定时,随王所需而取之,亦当不止一物。此课税无常之解。

> 气候多寒。以射猎为业。出逾石、朱砂、麝香、牦牛、骏马、蜀马,尤多盐,恒将盐向天竺兴贩,其利数倍。

此言气候物产,未及农谷。《西域记》云:"土宜宿麦,多畜羊马,气候寒冽,人性躁暴。"《唐会要》云:"土宜六畜,多骏马。"三者合观,其义仍备。今印度河上游,自噶大克以上为牧场。以下河岸渐有农地。女国都城有万家,必非无农之地。但仍系高寒农地。只堪种麦而已。主要产物仍唯家畜与矿产。家畜六畜皆备,尤以牦牛、羊、马为主。骏马为牧产。蜀马,大马也。矿产之最多者为盐与金。盐之产地,在羌塘中。羌塘各湖皆碱水。湖滨积盐各数尺,任人掘取百千年不能尽。又多硼砂,皆为西藏大宗输出品。北印度去海远,溪谷阻深,无水运,故海盐不能入,历世专销西藏羌塘盐。女国适当转运枢纽地,故其人贩盐利厚。朱砂,疑是硼砂之误。麝香者,土伯特高原四周斜坡森林地带之特产。海拔低过1500公尺、高过4000公尺之地皆不能生。女国地跨印度河上游,河谷森林内应能产之。以此诸文推测:女国当有百分之九十以上之地为牧场,大部在羌塘内。百分之一二地为麦田。百分之五六地为森林,俱在印度河谷内。然则女国境界又可得而知矣。瑜石即玉石,国近于阗,故亦产之。

亦数与天竺及党项战。

《西域记》云"人性躁暴",谓其野蛮好斗也。大凡女性中心之民族,男子莫不以雄武自炫于女子。好斗成为常性。此国既与天竺接壤而经济文化相侵袭,则数与天竺接战为必然。至数与党项接战,则可知其东境之广远,实包有羌塘全部,与党项相接。隋代党项疆域,东起洮岷,西达且末,南并白兰山(巴颜喀拉山脉)与多弥、苏毗相接。女国与党项接境,自亦必与苏毗接境。其接境处,应在今青海、西藏交界处。大抵柴达木盆地属党项,金沙江流域属苏毗,羌塘之湖泊区域属女国。若羊同故国,则在藏北天湖附近与怒江上游之地。唯苏毗实与女国同族,或常结为一体以御党项。且可能为一国,或为弟兄姊妹之同族联邦。

其女王死,国中厚敛金钱,求死者族中之贤女二人,一为女王,次为小王。

《唐会要》云:"其王若死无女嗣位,国人乃调敛金钱,还于死王之族,买女而立之。"王姓苏毗,则死王之族,即苏毗族也。疑此王位,原是苏毗派女子前来为之。或苏毗便是女性中心制度,为此国之母国。昔苏毗征服此区域时,派小女酋来此,主持政务,一依苏毗故俗以为治。为女王有时分娩疾病,不能理事,故又以一小王副之。两王有死者,仍须自苏毗请新王,为属国之礼。新王不至,则如蜂群失王,将致纷乱,故其贵人必敛金币远向苏毗请之。此其情形,颇似汉唐时回夷诸国之迎立质子。又似今日西藏寺庙之迎取呼图克图。苟非迎得,则不足以安众心,故必聚集多金,以满其母家之愿欲。

夫牧国以畜为富。实物交易，无贵金钱。迎请女王则必以金钱者，足知其道甚远，唯以赍致金钱为便。此亦足见所迎之王是苏毗王族也。又钱币在西藏行使甚迟。在印度则行用甚早。此云敛金钱迎王，足见此国已有钱币，由其与印度接壤通商贸故也。苏毗等牧部，贪金币为衣饰，非用为货币。

贵人死，剥取皮，以金屑和骨肉，置于瓶内（《北史》作"甕中"）而埋之。经一年，又以其皮内于铁器埋之。

此似为佛教未输入前之一种巫教葬法。亦足见其地多金。此所以印度人艳称其为"苏伐剌挐瞿怛罗"（金氏）也。

俗事阿修罗神。又有树神。岁初，以人祭，或用弥（猕）猴。祭毕，入山祝之，有一鸟如雌雉，来集掌上。破其腹而视之，有粟（《北史》作"众粟"）则年丰，沙石则有灾。谓之鸟卜。

佛家之说：阿修罗介在天人之间，好战争，常与诸天神佛作斗。阿修罗神，义犹战神也。此国人好战，译人谓其所奉战神为阿修罗神耳，非即其人名之固如此也。战神、树神、人祭、鸟卜、诸俗，全是巫教气习。当隋唐前，整个西藏高原，巫教（苯教）流行。巫师有甚负声誉者。初期之佛教，亦曾被其征服。中唐以后，因吐蕃国王力扶佛教，巫法始被排。虽在今日，巫教徒在牧部中，仍有势力。（别于苯教文中论之）

女国此时，虽已采用印度文化之一部（如建筑、农业等）尚未接受其佛教。此为数与天竺作战之主因。

开皇六年遣使朝贡，其后遂绝。（《北史》文同）

《唐会要》于此女国，有"贞观八年十二月朝贡使至"一句。《隋书》修成于贞观十五年（641），虽断自隋代，不当赘"其后遂绝"一语。由有此语，足见系裴矩原文。

此女国之西北为三"波诃多"，即大小勃律。至玄宗时，大勃律已为吐蕃所并。则此女国亦已亡于吐蕃可知。其亡国时间，大约高宗之世，与苏毗同时。《新唐书·

吐蕃传》永隆元年（680）"尽臣羊同、党项诸羌。其地东与松、茂、巂接，南极婆罗门，西取四镇，北抵突厥。"版图至此，则苏毗与女国，皆当已降附吐蕃矣。

四、西康之东女国

西康之东女国，入唐始通于华。武后玄宗之世，其王再入朝。至贞元时，竟率八国内徙，韦皋处之西山。其人物情俗，唐代史地学者，如贾耽、杜佑、苏冕、崔铉、刘昫、王溥辈应能知之。《唐会要》创于贞元，续于大中，结于建隆。所记东女国传，当不至错误太甚。朱希祖氏谓"《唐会要》误合东女、羌女二国为一国，又误分东女一国为二国"，盖缘《新唐书》之误入《西域记》于东女国传内，所引起一切误解也。

兹分疏《新唐书·东女国传》文，藉伸此说：

东女，亦曰苏伐刺拏瞿呾罗，羌别种也。西海亦有女自王，故称"东"别之。东与吐蕃、党项、茂州接，西属三波诃，北距于阗，东南属雅州罗女蛮、白狼夷。东西行尽九日，南北行尽二十日。有八十城。

此段系纂合《大唐西域记》《唐会要》《旧唐书》三种成文，甚为明显。兹比列其文如表。

《西域记》	《唐会要》（原注并附）	《旧唐书》
北大雪山中有苏伐剌拏瞿呾逻国，唐言金氏，出上黄金，故以名焉。东西长，南北狭。即东女国也。……东接土蕃国，北接于阗国，西接三波诃多。（按此所指为葱岭外女国）	东女，西羌之别种。（以西海中有女国，故称东女国也）俗以女为王。东与茂州党项接界，隔罗女蛮及白狼夷。有八十余城。……	东女国，西羌之别种。以西海中复有女国，故称东女焉。俗以女为王。东与茂州党项接。东南与雅州接界，隔罗女蛮及白狼夷。其境东西九日行，南北二十日行。有大小八十余城

夫女字本非国名，由其为女性中心制，外人呼作女国耳。《西域记》加东字者，谓西方拂菻海中，尚有女国，故于此加东字。盖裴矩原文已然。（详前）《唐会要》缘《隋书》之旧，称葱岭外者为"女国"，称西康之女国为"东女国"，并立传。注中所言"西海中有女国"，实即指葱岭外女国。盖裴矩记拂菻女国，以雪山女国为"东女国"。《隋书》不收西海女国，故单称雪山女国为"女国"。贾耽由之，谓在葱岭外者为女国，在康地者为东女国。《唐会要》因贾耽之称，而用裴矩"西海更有女

国"之文入注"东女传"内。实当删去"海"字。刘昫遂并"海"字收入为正文。宋祁更因《西域记》之文而合编之。朱希祖氏又因《新唐书》文而斥为《唐会要》误解也。

《新唐书·东女国传》所指实为康中女国，而杂合《西域记》《唐会要》《旧唐书》为文，故于此段发生下列错误：

1. "苏伐刺拏瞿呾罗"，为印度人加于雪山女国之专称，不当牵附于此。

2. "西海亦有女自王"，系缘《唐会要》注文误加'海'字故，与《旧唐书》同误。

3. "东接土蕃"，乃雪山女国疆界。若康中女国，则已在吐蕃之东，党项与唐茂州之西南。宋祁误缀为一，地位大谬。

4. "西属三波诃，北距于阗"，乃雪山女国疆界，宋祁并误援《西域记》乱入此"东女"国。

《隋书·附国传》云："附国南有薄缘夷，西有女国。"余前考附国为今道孚、炉霍、甘孜、邓柯诸县地。薄缘夷为白狼夷故地，即今理化、雅江、巴塘一带，唐时已为吐蕃所征服。女国亦已同受征服，但尚存其王，与苏毗同耳。女王不甘役属吐蕃，潜率其属，远奔依唐。至贾耽、苏冕时，其地早已并入吐蕃。贾耽、苏冕等所记之疆界，皆凭其人率意自指，非尽真实。大抵东女亦苏毗族。因其族人分布远达茂州党项界上，遂谓其"东与茂州党项接"。又因其商道东通雅州，须经白狼夷与罗女蛮地，遂云"东南与雅州接，隔罗女蛮及白狼夷"。罗女蛮他书未见，余疑其即大渡河外之"猓夷"，猓与罗，古为通称（元罗罗斯宣慰司，清始作"猓猓"字），且亦系女性中心社会，故曰"罗女蛮"也。白狼夷早著于《后汉书·莋都夷传》，盖康南旧部族之灭于吐蕃者。唐雅州都督府所辖夷部四十六："距州三百四十余里之外，有百坡、当品、严城、中川、钳矣、昌逼、钳井七部落。四百余里之外，有罗岩、当马、三井、束锋、名耶、钳恭、画重、罗林、笼羊、林波、林烧、龙逢、索古、敢川、惊川、祸眉、不烛十七部落。五百余里之外，有诺莋、三恭、布岚、欠马、论川、让川、远南、卑卢、夔龙、曜川、金川、东嘉良、西嘉良十三部落。六百余里之外，有椎梅、作重、祸林、金林、逻蓬五部落。皆羁縻州也"①。此大渡河流域以内之地，无罗女、白狼之名。则白狼为今雅江、理塘、巴塘等地，汉唐皆合。罗女蛮当系指勿邓部落，今越嶲县地也。贞元时，女国人屡从吐蕃征伐。时吐蕃据有

---

① 见《新唐书》卷二百二十二下。

嶲州（今西昌），与雅、黎间隔勿邓部，此部为僳族当时最强之部，故女国入归唐者举之。盖吐蕃之东方通道，南唯剑山铁桥，通南诏与松外诸蛮。东南唯昆明、嶲州，通诸僳部。东唯松、茂西山，通剑南节度地。东北则陇山清水，直通唐京。北则由盐、夏、瓜、沙等州，通回纥。此为唐蕃双方言形势者所必道。东女国人从征有年，具知其地。今归唐，欲使唐人知其准望所在，故言及茂州、雅州与罗女、白狼、党项等部落。实则贞元之时，关陇四十余州并已没于吐蕃。勿邓诸彝部与南诏国亦曾降附，更何有于党项，白狼等羌落？此不过是女国人追述其旧时疆界，而及党项、白狼，又为欲使唐人知其地望而及茂、雅二州也。贾耽录记其语，不能详辨其地。苏冕、崔铉，剽用贾耽旧文而删省之，遂有"东与茂州党项接界，隔罗女蛮及白狼夷"之谬语。刘昫《旧唐书》，多存旧文。此处多"东南与雅州接界"一句，理势大通。余疑其是贾耽原文也。《新唐书》采录贾耽之书甚多（如《地理志》与《西域》《南蛮》等传中夹注多是），但多删省其文。于此，舍《唐会要》而从《旧唐书》，即由有贾耽旧本作证故也。

葱岭外之女国，"东西长，南北狭"（《西域记》）。西康之女国，"东西九日行，南北二十日行"，则东西狭，南北长。盖金沙、澜沧、怒江之河谷，皆南北纵列。此国境在此诸河谷之内故也。"有大小八十余城"，即谓其国辖有八十余"宗"（Rdsong）。宗，藏语指农之聚邑。其国多农地可知。大抵今昌都、察雅、贡觉、八宿、类乌齐、察哇龙一带，北至隆庆，西至丹达山之地皆其旧境。

以女为君，居康延川，中有弱水南流，缝革为船。

《唐会要》作"王所居名康延川，中有弱水南流，缝革为船。用牛皮为船以渡"。《旧唐书》同。此言王都形势极与今昌都情形相合。藏语"昌都"，水会之义。亦可作政治中心解，义实双管。其地当杂曲、昂曲两河之会口，南流即澜沧江。二水会口处为舌状浅台地，后倚大山，只沿昂曲北岸一线西通俄洛桥。东侧之杂曲东岸皆绝壁，有盘道逾山通德格。清代经营西藏，此地为交通枢要，始于上游建"四川桥"，并沿壁凿岩路数十里，沿河以通于察雅。西南侧昂曲西岸亦皆峭壁，唯沿江地势较缓，间有小幅河原可作操场。清代建桥跨昂曲，通云南，名"云南桥"。二桥古并无有，但用牛皮船渡。凡康藏名城百余，虽皆依近大河，然多在距河数里之支流上，其直临大河，不易架桥，只用皮船渡者，唯道孚、甘孜、邓柯、昌都、拉萨、日喀则数城。唯昌都之水南流。又诸城皆距山岩远，唯昌都足当"岩险四缭"四字。

且此城历为康藏间政治中心。藏人例以之代表康区。犹以拉萨代表卫区，日喀则代表藏区。"康延川"三字，显然为昌都之古地名。例如拉萨，古名红山（dMar－Ri），道孚，古名日斯尼（Ri－sen，山头）。大约入吐蕃管后，始名 Chab－redo（昌都）。而蕃俗呼丹达山以东为"康地"（khams－yul），亦仍是缘女国旧称也。

户四万，胜兵万人。

《唐会要》作："户口四万。"《旧唐书》作："户口四万余众，胜兵万余人，散在山谷间。"康地高寒，人口不能稠密。此女国占地，果为今澜沧、怒江两河谷，以地产所可能赡养之人口估计，至少应有 6 万户，30 万人左右。以 80 余城，每城所辖 3000 人计，亦当 20 万－30 万，此只言户口 4 万，胜兵万人者，盖就内徙之众言之，非谓其本国所辖如此。果其本国所辖如此，亦当叙于"八十余城"句下，不至叙于此处。

王号宾就。官曰高霸黎，犹言宰相也。官在外者，率男子为之。凡号令，女官自内传，男官受而行。王侍女数百，五日一听政。

《唐会要》云："女王号为宾就。有女官号曰高霸，许议同事。在外官寮，悉男夫为之。五日一听政。"《旧唐书》全同，只多"其王侍女数百人"句在"五日一听政"上，文义较佳，《新唐书》依之为是。其王侍女数百，五日一听政，与葱岭外女国同俗。此为两国王族同出于牧部苏毗之一证。此女国王号宾就，官号高霸（《新唐书》多"黎"字）。葱岭外女国未云有此诸号。彼云"国王之夫号金聚"，此亦未如此云。是皆最初录两国译言者，各从质实，未相参合之证。后人因其同俗之文，遂认为是一国，斯大谬矣。

王死，国人以金钱数万纳王族，求淑女二立之。次为小王，王死，因以为嗣。或姑死妇继，无篡夺。

《唐会要》云："女王若死，国中多敛金钱，动至数万，更于王族求令女二人而立之。大者为大王（唐书无大字），小者为小王。若大王死，则小王立。或姑死而妇继，无有篡夺。"《旧唐书》略同。此亦与葱岭外女国同俗，非相剽袭也。所云王族，当即苏毗族。

所居皆重屋，王九层，国人六层。王服青毛绫裙，被青袍，袖委于地，冬羔裘，饰以文锦。为小鬟髻，耳垂铛，足曳靴靽。靴靽，履也。

《唐会要》云："其所居皆起重楼，王至九层，国人至六层。其王服青毛绫裙，下领衫，上披青袍，其袖委地。冬则羔裘，饰以纹锦。为小环髻，饰之以金。耳垂珰。足履靴靽。"《旧唐书》全同。此言女国居处衣服之俗，皆康藏一般旧俗也。毛绫即细褐，今云氆氇。靴靽前详。

俗轻男子，女贵者咸有侍男。被发，以青涂面，惟务战活耕而已。子从母姓。

《唐会要》云："俗重妇人而轻丈夫。"只此一句。（《旧唐书》并同）而记葱岭外之女国，则有"其俗贵女子，贱丈夫。妇人为吏，男子为军士。女子贵者则多有侍男。男子贵不得有侍女。虽贱庶之女尽为家长，有数夫焉，生子皆从母姓。男子披发，以青绿涂面，妇人辫发而縈之"等句。最易使人误认《新唐书》为误采《唐会要》之文。然细察之，其文叙次方法，与用字浅深并异，非出于相袭。盖由两国同俗，两使所言，详略互异，采录者原异其文故也。

地寒，宜麦，畜羊马，出黄金。风俗大抵与天竺同，以十一月为正。

《唐会要》云："文字同于天竺，以十一月为正。"（《旧唐书》同）此国去天竺甚远，其俗自是藏俗，应不与天竺相同。且不当有文字。云文字同于天竺者，谓藏文也。藏文系借天竺字母为之，创于唐初，随吐蕃政治势力推行于西康诸被征服部落。至贞元时，女国之人已奉行也。追其人降唐，向及其文字，遂以为同于天竺文耳。又十一月为正，亦印度俗也。吐蕃自松赞干布输入印度文化，其后赤松德赞王，更多量输入之，故历法亦仿印度。于此二事，足见东女国最早被吐蕃征服，接受其文化。但未灭其王族耳。

巫者以十月诣山中，布糟麦，咒呼群鸟。俄有鸟来如鸡状，剖视之，有谷者丰岁，否即有灾。名曰鸟卜。

《唐会要》云:"每至十月,令巫者赍酒殽诣山中,散糟麦于空,大咒呼鸟。俄顷,有鸟如雉,飞入巫者怀中,因刳其腹视之,有一谷,来岁必登,有霜雪,必多异灾。其俗信之,名为鸟卜。"(《旧唐书》同文,但改"酒殽"为"楮")此记鸟卜,与《隋书·女国传》大致相同,而文颇异。为东西两女国同俗,而译使述说之辞异所致之又一明证。

居丧三年不易服,不栉沐。贵人死,例藏其皮,内骨瓮中,揉金屑瘗之。王之葬,殉死至数十人。

《旧唐书》云:"其居丧,服饰不改。为父母,则三年不栉沐。贵人死者,或剥其皮而藏之内骨于瓶中,揉以金屑而埋之。"《唐会要》无此节。盖于贾耽之文,或删,或存,或改窜之不同也。与《隋书·女国传》所记葬俗,又大同小异。为东西两女国同俗而译使述说异辞之又一证。

以下记东女国入朝各事,《唐会要》《旧唐书》与《新唐书》文,互有详略。兹比列之如次:

《唐会要》文	《旧唐书》文	《新唐书》文
—	大业中,蜀王秀遣使招之。拒而不受	—
武德中,女王汤滂氏遣使贡方物	武德中,女王汤滂氏始遣使贡方物。高祖厚资而遣之,还至陇右,会突厥入寇,被掠于虏庭	武德时,王汤滂氏遣使入贡。高祖厚报,为突厥所掠,不得通
—	及颉利平,其使复来入朝,太宗送令返国并降玺书慰抚之	贞观中,使复至,太宗玺制慰抚
永徽七年正月,其国遣女使高霸黎文并其主男三卢等来朝		显庆初,遣使高霸黎文与王子三卢来朝,授右监门中郎将
垂拱五年,其王敛臂遣大臣汤剑左来朝,仍请官号。则天拜敛臂为左玉钤卫员外将军,仍以瑞锦制蕃服赐之	垂拱二年,遣大臣汤剑左来朝。仍请官号。则天册拜敛臂为左玉钤卫员外将军,仍以瑞锦制蕃服以赐之	其王敛臂,使大臣来请官号。武后册拜敛臂左玉钤卫员外将军,赐瑞锦服
天授三年,其王俄衍儿来朝。万岁通天元年,又遣使来朝	天授三年,其乏俄琰儿来朝。万岁通天元年,遣使来朝	—

续表

《唐会要》文	《旧唐书》文	《新唐书》文
开元二十九年十二月,其王赵曳夫遣子献方物。天宝元年五月,命有司宴之曲江,令宰臣以下同宴。又封曳夫为归昌王,授左金吾卫大将军,赐其子帛八十四,放还	开元二十九年十二月,其王赵曳夫遣子献方物。天宝元年,命有司宴曲江,令宰臣以下同宴。又封曳夫为归昌王,授左金吾卫大将军,赐其子八十匹,放还	天授、开元间,王及子再来朝。诏与宰相宴曲江。封王曳夫为归昌王,左金吾卫大将军
后复以男子为王	后复以男子为王	后乃以男子为王

勘合三书,知同取材于同一册籍。《旧唐书》较详于《唐会要》,然亦有所阙略,未记永徽七年（656）来朝事。《新唐书》,则纂合上列二书删节其字。过求文省,转有错误。如"天授三年,其王来朝。开元二十九年,再遣王子来朝。留居长安,至明年天宝元年乃宴曲江放还"。《新唐书》并为"王及子再来朝。诏与宰相宴曲江"二句,则似王曳夫亦并留京师宴曲江矣。又省"天宝元年"与"放还"等字,则似来朝即赐宴也。又永徽七年（656）正月帝卒未废皇太子,改立代王弘。壬申,乃改元显庆。女国使正月来朝,若在壬申前,仍当云永徽七年。《新唐书》改为"显庆初",殊嫌多事。下叙西山八国与东女内附剑南事,《新唐书》文尤省略：

贞元九年,其王汤立悉兴白狗君及哥邻君董卧庭、逋租君邓吉知、南水君薛尚悉囊、弱水君董避和、悉董君汤息赞、清远君苏唐磨、咄霸君董藐蓬皆诣剑南韦皋,求内附。其种散居西山。弱水虽自王,盖小小部落耳。自失河陇,悉为吐蕃羁属,部数千户,辄置令,岁督丝絮。至是,犹上天宝所赐诏书。皋处共众于维、霸等州,赐牛、粮,治生业[①]。

此段竟误西山为八国旧居,谬误滋甚。不如《唐会要》与《旧唐书》遵从旧文义较为清晰。其文云："贞元九年,其王汤立悉,与哥邻国王董卧庭、白狗国王罗随忽、逋租国王第邓吉知,南水国王侄薛尚悉囊,弱水国王董辟和,悉董国王汤悉赞,清远国王苏唐磨,咄霸国王董藐蓬,各率其种落,诣剑南西川内附。其哥邻等国,皆散居西山（《旧唐书》作'散居山川'）。弱水王,即国初之弱水部落。其悉董国,在弱水之西,故亦谓之弱水西悉董王。"西山,为唐人对于茂州、岷江两岸诸山之通称。杜甫诗"西山白雪三城戍"是也。谓哥邻等国散居西山,可也。若弱水部,则

---

① 见《新唐书·东女传》。

东女国之附庸小部落。上文指澜沧江为弱水，则此部落所在，当不出澜沧江河谷。大约是今盐井县地。悉董国在弱水西，大约是今察哇龙地。清远、咄霸，亦当在其附近。今巴塘县之竹巴龙，为历史名地，疑即咄霸旧域。此四国国王亲至，而叙逊租王弟，南水王侄之下者。盖前四国为近边之西山部落，后四国为随女王同来之附庸部落故也。不必注释，其义自明。《新唐书》改叙之文，竟似八国皆居西山，斯为误也。《旧唐书》作"散居山川"。文义悄恍，亦无足取。

《唐会要》续云："旧皆分隶边郡，祖父例授将军、中郎、果毅等官。自中原多故，皆为吐蕃所役属。其部落大者不过二三千户，各置县令十数人理之。土有丝絮，岁输于吐蕃。至是，立悉与之同盟，相率献款，兼赍天宝中国家所赐封诰共三十九通以进。节度使韦皋，处其众于维、霸、保等州，给以种粮、耕牛，咸乐生业"①。此谓哥邻等西山四国与弱水等四王，旧已降唐，受官。自天宝末安史之乱，吐蕃侵据陇右，诸部国亦降吐蕃。吐蕃岁征其丝絮之赋。至贞元时，韦皋治蜀，军威甚振，屡破吐蕃。女国王汤立悉乃与八国盟要，同降于皋。所谓"各置县令数十人"者，谓各部国自置地方官吏以辖其众，非谓吐蕃所置官也。若吐蕃已置县令，则诣王安得率众内附，而不云杀其令耶？《新唐书》改其文为"辄置令，岁督丝絮"，则又误解矣。维、霸、保三州，皆在今理番县境。岷江（西山）河谷，唯茂、汶、理三县可产丝絮。上文既云土有丝絮，即八国旧处亦去维、保等州不远。谓"皋处其众于维、霸、保等州"者，韦皋之夸张语也。大抵女国与弱水四部，皆农牧兼营之国，其内徙后，不乐纯牧业，故转徙茂州，居近哥邻四部，徙事耕牧。唐乱之后，同降吐蕃。因不堪受其剥削，乃乘韦皋破蕃，复降于唐。皋因夸张其事如此。

综观上文，东女国者，固西康中部苏毗族所建之大国。曾役属附近若干小部落。隋蜀王秀镇成都时，已曾招之。于时其国未受外祸，拒不肯降。至唐高祖时，吐蕃松赞干布开始侵略邻部。女王畏逼，始遣使结援于唐。至贞观世，松赞干布已并羊同、苏毗、白狼、附国，远征党项、吐谷浑，逼抵唐松州，索嫁公主。则其时女国被兼并无疑。特其时吐蕃拓地骤广，不能尽派官吏治理，势不能不仍其故君，因其旧俗以治之。苏毗、东女国之王，皆仍而不废，但遣人监之，征其兵，督其赋而已。女国君臣固自不服，故闻太宗已破突厥，再来乞援。太宗实无力足以拯之，但赐玺书慰抚。至永徽末，女王因松赞干部死后，赞普幼弱，禄东赞当国，人情未安，乃复遣子偕大臣入朝乞援。阅三十余年，至天授间，唐终不能出兵，但厚抚之。其事

---

① 见《唐会要》卷九十九。

必为吐蕃所觉。且其时吐蕃亦必已设官理政于其国内，故女王之族不能再安于处。乃率弱水等四王之众，内徙依唐。苏毗原系牧部，虽建女国，营农业，应不废牧事。其内徙也，当系以游牧方式迁转，入于党项故地，缘唐边界新建牧部居之。藉唐声威以自存。其地当去松州、洮州不远，故能频年入朝。于时战役频繁，女主不足以应变，乃更以男子为王。汤立悉即男王也。自天宝元年至贞元九年（742—793），五十二年间无记述，盖即其国复降吐蕃，向南转徙于岷江河谷与哥邻等国依处之时。其时康中故地，为吐蕃设官治理，已逾百年矣。

> 立悉等入朝，差赐官禄。于是松州羌二万口相踵入附。立悉等官刺史，皆得世袭。

《唐会要》与《旧唐书》记述此节尤详。盖因贾耽、苏冕皆当时人，亲见其事其人故也。其言云："立悉等数王自来朝，召见于麟德殿。援立悉银青光禄大夫，归化州刺史。邓吉知试大府少卿，兼丹州长史。薛尚悉曩试少府监，兼霸州长史。董卧庭行至绵州卒，赠德州刺史，命其子利罗为保宁都督府长史，袭哥邻国王。立悉妹乞悉漫，颇有才智，从其兄来朝，封义和郡夫人。其大首领董卧卿等，皆授以官。俄又授女国王兄汤厥银青光禄大夫，试太府卿，清远王弟苏历颠银青光禄大夫，试卫尉卿。南水国王薛莫庭，及汤悉赞，董藐蓬，女国唱后汤佛庭、美玉钵、南郎唐，并授银青光禄大夫，试太仆卿。其年，西山松州等生羌二万余户相率内附。其黏信部落主董梦葱，龙诺部落主董辟忽，皆授试卫尉卿。立悉等并赴明年元会讫，赐以金帛，各遣还。八月（《旧唐书》作"寻"字），诏加韦皋统押近界诸蛮及西山八国使。"① 因唐庭宠待女国与其余八国，而黏信龙诺部酋亦率众降，皆贞元九年韦皋招抚之功。与《唐书》韦皋、吐蕃两传合看，其情势乃明。

> 然阴附吐蕃，故谓两面羌。

《唐会要》云："其部落至今犹代袭刺史等官。然亦潜通吐蕃，故谓之'两面羌'。"盖崔铉《续会要》所加语。《旧唐书》删去"至今犹"三字。《新唐书》并删全句也。

---

① 见《唐会要》卷九十九。

五、结　论

综述上文，可得以下结论：

1. 藏北羌塘地方，当六七世纪时，有强盛牧部曰苏毗，曾征服附近农业部落，建立女性中心制之藩国。其极西之藩国在印度河上游，印人呼为"苏伐剌拏瞿呾罗"，华人呼为"女国"。其东南藩国在澜沧江流域，吐蕃呼之为"康"，华人呼为"东女国"。藩国同俗，皆奉巫教，信鸟卜，迎女王于苏毗。

2. 印度河之女国，隋世已通于华，唐初亦曾入贡。曾被华人称为"东女国"（裴矩与玄奘）。澜沧江之女国，唐世始通于华，并得"东女国"定称，以别于其西之印度河女国。两国虽同俗，唐人记载未尝淆乱。宋以后人始误混之。

3. 两女国与其母国苏毗，并于贞观之世为吐蕃所征服，未废其王。开元、天宝间，始全夺其政权。东女与苏毗两王，曾率其亲信头领及部众奔依于唐，受唐封号。

4. 天宝末，唐室衰乱，吐蕃拓地陇蜀间，诸部复降吐蕃。韦皋镇蜀时，东女联八国内附，时则已废女性中心制，为男王矣。其葱岭外女国，则同化于吐蕃。

5. 东女国众，自韦皋时移居维、霸、保州境，自为部族。迄唐末犹以国王世为刺史。此后唐蕃衰乱，并无征伐，迄于今日，国仍当在。理县、茂县一带羌落，或有其遗民也。

附国非吐蕃[①]
——与岑仲勉先生商榷

（1947）

近读《民族学集刊》第五期，岑仲勉先生《隋书之吐蕃——附国》一文，窃服其征引之博，考订之细。然余旧考隋之附国为今西康之道孚、甘孜、德格等县地，与岑氏之说相差甚远。夫以千年后人，凭史官裁割之文数十百字，以考边裔荒绝之古地，其不能一蹴而跻遂臻至当，必有待于同道之相与研讨辨订者，亦甚明矣。故敢以此奉质于仲勉先生，兼以质于国人。

岑仲勉先生提六项理由，证隋之附国即吐蕃。兹依原列次叙辨订如次：

一、位　置

《隋书·附国传》云："嘉良即其东部所居种姓。……南有薄缘夷，风俗亦同。西有女国。其东北连山绵亘数千里，连于党项。往往有羌。"[②] 嘉良即"甲绒"，为今丹巴、靖化、懋功等县地。隋党项在巴颜喀拉山脉以北，东接临洮，西达且末，北邻吐谷浑。此皆明确无问题。所当辨者，专在女国与薄缘夷。

岑氏之意，谓《隋书》之"女国"与《唐书》之"东女国"为一部落，余之意见亦同。惟余考隋代女国为苏毗族所建国之通称。其分布地在今西藏羌塘之全部，西包阿里，与北印度相接，东包澜沧江、怒江流域。有东、西二王。东王都康延川，即今之昌都也。其国恰将吐蕃与附国隔离。此项辨证，须字甚多，已另作专文（详拙著《隋唐之女国》）。兹论附国非吐蕃，亦无庸专恃此条，可暂抑之。

[①] 此文原载《康藏研究月刊》第4期。
[②] 中华书局标点本《隋书》与本文所引标点不同，中华本为"嘉良即其东部。所居种姓自相率领"。似值商榷。

《附国传》中之"薄缘夷"，乃吐蕃也。其对音为 Bodyul，即吐蕃人自称其国境之辞，① 见拉萨长庆盟碑。隋大业时，吐蕃松赞干布时已展拓国境于西康地方。东女国降附，尚存其王。今康南诸县为"白狼夷"者（见《东女国传》）亦已成为吐蕃领土。故附国人云"南有薄缘夷"也。修史定例：四夷之国，来朝贡，通使节者有传。不然者，国虽强大，不为立传。隋以前无吐蕃传，固无足怪。岑氏疑吐蕃之"突然而起"，遂以附国当之。又疑"薄缘"当作"簿缘"（b'atk－Liwok）。指为不丹（bruk）之别译，似嫌穿凿太甚。若果附国为吐蕃，则本传尚且简略如彼，不至更以闲笔涉及其南方渺小部落。纵因标举四至而述及其南方部落，则尼婆罗当时已为大国（《唐书》及西藏史籍云然）不当舍彼而举不丹。

二、河　流

《附国传》云："嘉良有水阔六七十丈，附国有水阔百余丈，并南流。用皮为舟而济。"嘉良之水即大渡河，已无疑义。附国与嘉良同种而密接，则其"阔百余丈"之水，应为甘孜之雅砻江。盖大渡河以西之大水，如鲜曲河、雅砻江、金沙江、澜沧江、怒江，相去各数百里，行山谷中，流疾而狭。其宽阔至百余丈者，只甘孜外之雅砻江。他如道孚县外之鲜曲水，邓柯县外与巴塘竹巴龙之金沙江，号为最阔，亦皆未逮"百余丈"。且鲜曲为雅砻江之支流，金沙距嘉良绝远，言水者，固不能舍甘孜雅砻江而称及彼处。由此水，足知附国都邑是今甘孜一带。更以甘孜为附国。核校《附国传》文，则无一语有不可通处。

丁谦氏指嘉良水为雅砻江，已嫌所据图本未善。岑氏又指雅鲁藏布江为附国大水，更失之远。且雅鲁藏布江系东流而南，非南流也。

三、国　名

岑氏谓"吐蕃之名，至今未能还原"。未知拉萨大昭外，唐长庆二年（822）汉藏文对照之盟碑，固屡以汉文"大蕃"与藏文之 Bod－Chen（蕃钦）二字比对。则此 Bod－Chen 为还原本字无疑。Chen 字藏意为"大"。乃缘"大唐"之"大"字所加。藏文形容词当置主词之下，故作 Bod－Chen。实其本称只一 Bod 字也。本读如

---

① "蕃域"（Bod－yul）可译为"藏族之境"。

"播特","特"音甚微,唐人译作"蕃"字。而呼"大蕃"作"吐蕃"。大、吐同音,蕃、播亦同音故也①。藏文与印度文同形而异音,印人写 Bod 字,读作 Bhuta,与华语不可转注。岑氏谓"附"切韵 b'iu,"后汉之高附相当于 Kabul"遂缘梵语之 Bhuta,谓"附是 Bod 之音译"。实误矣。

惟《隋书》之附国究缘何为名,余亦不能指。但知甘孜东至道孚,西连德格、邓柯等县。从古为一特独之政治区域。(吐蕃时期,以此为侵略陇蜀等处之根据地。吐蕃崩裂以后,道孚有"打舍"王国,至宋为邓柯之"林格萨王"②所灭。其后复有白利王③兴,压倒林国,奄有道孚、炉霍、甘孜、德格等县。至明末季,又始为霍尔王子④推倒。直至近世,尚为霍尔各土司统治区。)吐蕃未兴以前,此间固应有一大国。附国既与嘉良同种,则羌族也。羌族无国号,依父祖名氏为部落名称,率为二字。如本传所举东北二十一小部为"大小左封、昔卫、葛延、白狗、向人、望族、林台、春桑、利豆、迷桑、婢药、大硖、白兰、北利、摸徒、那鄂、当迷、渠步、桑悟、千碉,并在深山穷谷,无大君长。其风俗略同于党项"。可知附国、嘉良、党项,与此二十一部皆羌族,名称各有二字。《隋书》于新国名无定译者,多摘一字为名。如康国、安国、石国、米国、史国、曹国、何国、漕国、女国,附国皆是。⑤"附"之非其固有国名无疑。今明正土司之祖先,世居康定下木雅乡之色巫绒。传其先为西夏别部。(近人邓少琴有文考证,谓夏读浒、色巫为西夏转音。⑥)西夏,党项族所建国也。"色巫"切昔为"附"。余疑附国本名"色巫"。与党项原为一族。牧者为党项,耕者为色巫、为嘉良、为二十一小部。而色巫最强大,有文化。隋末为吐蕃所灭。其王族与党项同入陇右,唐人混称之为党项。或有另一部王族逃来木雅营建新国,曰"色巫"。盖其地狭僻,而自元以来,世为康东大国,疑非有优秀之旺族不能致也。(邓少琴谓自西夏逃来建国。余疑元既灭夏,不至复于此再立其裔为大土司。)以此疑"附"为"色巫"二字之缩译。

此说有一旁证,即二十一小部中,有春桑、迷桑、桑悟等名。康定上木雅乡,亦有白桑、拔桑、少悟石("石"意为沟)等村名(村为小部落所蜕变)。他处地名,罕具"桑"字音。而木雅一带,与道、炉形势相连一气。可信此带原亦附国属土。

---

① 详作者《吐蕃音义考》一文。
② 作者考邓柯之林葱土司,即藏族史诗《格萨尔王》之后裔,林·格萨尔历史上确有其人。详《关于藏三国》。
③ 即明代雄霸康区,支持苯教的白利土司顿月多吉。
④ 指蒙古和硕特部固始汗。
⑤ 俱见《隋书》列传第四十八《西域》。
⑥ 邓少琴:《西康木雅乡西吴王考》。

桑悟（少惧）等故部名称，尚有能保存者。又木雅，道、炉，丹巴一带语言，自成为一体系，与康藏他部异质①，足见自木雅斜连道、炉、甘，故自有一国也。

四、王　号

"附国王字宜缯"岑氏设想为 Bod－kyi－bison－po 截中二字译成。匠心出奇，值人钦佩。惟所推时间、人物、地理，多与史事不合。西藏史籍，云松赞干布生于丑年，13岁即位，庚戌年卒，82岁。其人即娶文成公主之松赞干布。永徽元年庚戌卒，与《唐书》合。逆推生年，为周武帝天和四年己丑。13岁即位，适为隋开皇元年。即其父朗日松赞卒年也。《新唐书》之论赞素，当作论素赞，即 Gnon－ri－srong－btsan（郎日松赞）之对译。藏史传其人在位时，自中原输入医药与历法，果使属实，亦只能谓西魏后周时，间接传入之。不得为隋代曾与中原交通之证。《通典》云"隋开皇中，其主论赞率弄赞都样柯西匹播城已五十年矣"句。"论"为 Goam－ri 之对音，不作宰相之"论"（Blon－po）解。"论赞串弄赞"为"论素赞"之衍。"垟柯"为臧河（Gtsan－po）之别字，即雅鲁藏布江。"西匹播"当是 btsan－thong（"赞塘"，在雅鲁藏布江南岸）之古名。岑氏译为"跋布"甚允当。此系吐蕃开国以来之故都。朗日松赞时居此。其子松赞干布始迁居拉萨（即《唐书》之"逻娑城"）。朗日松赞时之领域，为卫部、藏部、娘部、工部、波部，皆属雅鲁藏布江流域。未曾逾丹达山脉而东。故后世藏人，皆呼此等部分为"卫藏"，而称丹达山脉以东（即雅鲁藏布江流域以外）为"多康"。迨松赞干布奠都拉萨以后，始出兵征服附国、党项、吐谷浑。隋大业中，正松赞干布威临附国、嘉良之时，附国为不胜逼胁，思结援于中夏，故"大业四年，其王遣使素福等八人入朝。明年，又遣其弟子宜林率嘉良夷六十人朝贡。欲献良马，以路险不通，请开山道以修贡职"。此其内附之情甚切，为可知矣。如其为吐蕃，安得迫切至是乎？迨"炀帝以其劳人，不许"。附国遂无后文，盖已降吐蕃矣。惟其东北二十一小部"大业中来朝贡。缘西南边置诸道总管，以遥管之"。为内属之明证。

五、城　栅

西藏城堡制度，自尼泊尔传入，其名为宗（rdsong）一般译之曰"城"。至于孤

---

① 此带通行之木雅语，与藏语三大方言俱不同，较接近羌语。

立之"碉",则惟康境为多,系自松、茂一带传入。来源不同,形制亦异,各有专称,未宜混乱。《附国传》云:"俗好复仇,故垒石为碟而居,以避其患。其巢高至十余丈,下至五六丈。每级丈余,以木隔之。基方三四步,碟上方二三步,状似浮图。于下级开小门,从内上通。"碟即碉,译土人语成字也。《后汉书·冉駹传》所谓"邛笼"是也。今康中人建碉,尚延茂州人主之。否则难佳。十余丈之高碉,唯雅砻江之东有之。其西,则有"宗"而无碉矣。虽藏人亦居平顶房,通常高三五层,但其制不同于碉,孤峭著异,藏名"空巴",未尝云碉。雅砻江以东之人,于浸浴藏俗后,亦有仿其式为屋者,多呼为"寨子",以与碉别。《隋书·附国传》谓"无城栅","垒石为碟而居"。此明是羌俗。《唐书·吐蕃传》谓"不常厥居,然颇有城郭",此明是藏俗。故附国是雅砻江一带康区之国。吐蕃是丹达山以西卫藏之国,不得相乱。

六、物　产

康藏同为海拔 4000 公尺左右之高原,土产率多相同,本无分别之必要。兹就《附国传》所有者言。"土宜小麦、青稞(青稞)。山出金、银。多白雉。水有嘉鱼,长四尺而鳞细"。今道、炉,甘、丹等县为康区出产小麦、青稞最多之地。又为最著名之金银产地。白雉即马鸡,所在成群。嘉鱼即羌活鱼,盖蜥蜴之类,特产于大渡河流域山溪间,藏中未闻有也。《唐书》言吐蕃土产为"青稞、袤豆、小麦、荞麦。畜多牦牛、猪、犬、羊、马。又有天鼠",多为附国所无。如荞麦、天鼠,迄今康北诸县尚不产之。猪、犬、羊、马,虽有,亦非名产。

综上论断,隋之附国,为党项族(羌族)之农业古国。国都在今甘孜附近一带。辖地包今道孚、炉霍、甘孜、德格、邓柯、康定、白玉、丹巴等县。为一狭长农业地带。"南北八百里,东西千五百里",东北两侧,有二十二部落与同种,承受其文化。嘉良即其最大一部也。农部之北为党项,为纯牧部,亦与同种。其国西南,接境苏毗族之女国。女国时已受役属吐蕃。附国之南,原为白狼国,此时已受吐蕃征服,号为 Bod－yul。附国初结党项以抗吐蕃。欲更结援于隋,未遂。遂为吐蕃所灭。其人北入陇右者,后建西夏国。南匿木雅色巫绒者,后建卡拉王国(明正土司)。今其语言遗俗,尚部分保存于康东北部。

"朵甘思"考略

(1989)

"朵甘思"一词首见于《元史》,其《地理志》载有"土番朵甘思""朵甘思"等地名;《百官志》有"朵甘思招讨使""朵甘思田地里管军民都元帅府"等职官。究其词,显然是来自藏语中的"多康"(mdo khams)这一地名。因蒙人读藏文,发音常将词中的前、后音明显读出,故 mdo khams 被元人译作"朵甘思"。明代时遵西番馆译语,依照藏语习惯发音译出,故不再有后音"思",写作"朵甘"(即"多康")。但是,元、明汉文史籍中的"朵甘思"与藏文史籍中的"多康",所指地域并不完全一样。与现今的"康区""西康"更有差别。过去一些藏学论著中常常将"朵甘思"或"多康",解释为"康"或"多麦"。说成"今甘孜藏族自治州和西藏昌都地区"。其实历史上的"朵甘思"或"多康"所指地域及其含义要广得多,情况也复杂得多。元、明以来在朵甘思地区多有设治。但因"载籍疏略,莫能详录"[2],加之古今地名及译音的变异,至今除清代以来较为明晰外,元、明时代的多不能指实其地,详其所以。有感于此,我们试图比照汉、藏史文,综以实地调查,对这一方面作一初步探讨。由于资料和个人水平所限,不妥之处在所难免,尚祈方家教正。

一、"多康"辨

古代的藏族史家常将一个地区分作上、中、下三个部分来表述。习惯上,常将西和西北方作为上部,东和东南方作为下部,介于二者间的就是中部。之所以这样区分上、下,可能是因藏区的大河多由西北向东南流,因而将西或西北地方作为上部。

---

① 原载于《中国藏学》1989 年第 1 期,系与泽旺夺吉合著。
② 《元史·地理志三》陕西行省附注。

这种上、中、下三部（三区）的地理划分方法，可能是因为古代的藏族史家都是宗教徒，喜以"三"来表述事物的缘故，就像形容世间有"三界"、佛有"三身"、教有"三宝"、经有"三藏"一样，在地理上也习惯以三来划分。但这种"三分法"，无疑是十分粗略的地理概念，并无具体的、明确的地理界线。有的是因先有上、下二区，后为了表述二者结合部的某些情况而硬划出来的"中区"，就像三岩原只有上、下二部，瞻对原只有上、下二瞻一样，所谓的"中岩""中瞻"不过是给上、下二部间添上的名称。另外，也还有一种相反的情况，那就是原只有一个中心地区，后其领域扩大了，为表述其扩大的整个境域，于是以原先之基地为中部，而将其西部和东部分别称为上部和下部。如像藏文史籍中的"藏地三区"就是这样。

所谓"藏地三区"，即"上部阿里三围""下部多康六岗""中部卫藏四茹"三个区域[①]。它包括整个西藏和川、青、甘、滇的藏族地区，以及现在克什米尔的拉达克地区。有的藏族史家把这一地域称为"播钦"（bodchen），意为"大西藏"，[②] 也可引申为"整个藏族居住地区"之义。

"阿里三围"，藏文史籍有多种解释，不过一般认为是指"古格岩围""布让雪围""芒域湖围"。其地域在狮泉河、象泉河流域及马泉河上游一带地区，大体相当于今西藏阿里地区地界及拉达克地方。有的藏史认为还应当包有今新疆南部地区。[③] 这是指吐蕃时疆土而言，但它已超出藏族居住区之外，故一般不取此说。

"四茹"，意为四翼，是吐蕃时期的建制。据藏文史书记载，松赞干布时，"决定了三十六种关键措施；划分了四茹和东岱"。[④] 四茹的地界："东至约卡之秀巴本顿，南至玛拉拉举（玛拉山脉），西至秀尼木（尼木县），北至扎地之郎玛古普，以拉萨小昭寺为中心，是为'伍如'。

"东至工布芝纳，南至夏武达果（错纳），西至卡热康孜（卡热雪峰），北至玛拉拉举，以雅隆昌珠（乃东县之昌珠）为中心，是为'约如'。

"东至扎地之郎玛古普，南至尼业纳木雅波纳（聂拉木），西至切玛拉古，北至弥地曲纳（黑河麦底），以香之雄巴园为中心，是为'叶如'。

"东至强木尼扎，南至泥婆罗之郎纳，西至拉金雅弥，北至切玛拉恩，以柴之土巴纳为中心，是为'如拉'。"[⑤]

---

① 见《西藏王统记》、《西藏王臣记》等书。
② 松巴堪布《青海史》（黄灏译本）。
③ 杜奇（G·Tucii）：《西藏画卷》。
④ 《汉藏文书》上册。
⑤ 《汉藏文书》上册。

简而言之，伍茹、约茹是以拉萨为中心，大体上相当于"卫"的地区，而叶茹、如拉则是以日喀则为中心的两翼，其境也大体上相当于"藏"的地区。此四茹之境，西北与阿里地区接，东部则只到工布地区；北部仅抵念青唐古拉山脉和冈底斯山，即吐蕃王朝的本土区。后吐蕃强大，整个青藏高原都纳入其统治之下，于是又在藏北添设一"孙波茹"，其境包括伍如、叶如以北，直抵青海境的一大片地区。因此，又有"五茹"之称。《敦煌古藏文历史文书》中即有四茹名称出现，如其编年史部分云："及至猴年，赞普驻于辗噶尔。大伦赞聂于'伍茹'雪之热干木集会议盟。""及至鸡年……统计、清查'茹拉'之红册木牍"，"及至鼠年……统计、清查三个茹（按：指除茹拉以外三茹）之红册木牍。"①足证明"四茹"之区划的确是早在吐蕃时期即已有之。但"阿里三围"和"多康三岗"在吐蕃时期却无此名称，由《敦煌古藏文历史文书》中我们可以发现，并无"阿里""多康"等地理名称，而是对这些地区的地方分别称为"香雄""大小宗喀""多思麻""邓""道孚"等。据此可知，所谓"藏区三部"实际上是后来的藏族史家以吐蕃王朝本土为中心，而对整个藏族地区划分的一种形象的地理区划，其形成年代不应早于元代。

正因为"多康六岗"，是以"四茹"为中心区划分出来的地理区域，故除"四茹"和"三围"区以外的整个青藏高原东部都应是它的地域。由上述四茹之地域可知：自工布地区和那曲地区以东的藏区即为"多康六岗"区。

"多康"一词的含义是什么呢？从构词看，它是藏语中的"安多"（Amdo）和"康"（khams）两个名词的组合。"安多"作为一个地区名称，所指甚广，"包括除青海的玉树州以外的全部青海藏族人口区、甘肃省的甘南州和河西藏族地区，以及四川的阿坝藏族自治州"②这样一大块地方。"多"在羌、藏语中有广阔平坦、四通八达的意思。故大草原区以"多"命名的地方极多，如称多、治多、玛多等。安多地区多有大草原，故以"多"为名是很符合当地地势的。"多"字在发音时，如"正确读其前加字，自然会发出一个'安'的音来"，③从而将"多"读为"安多"。有的藏史家认为"安多"一称是取阿卿岗日和多拉让摩两座神山的头一个字合起来而得名的。④但若以安多所包之境域来看，已远远超出大积石山以外，似不应由此得名。松巴堪布《青海史》云："多康三部之内，即有安多地区与宗喀山脉相连接的青

---

① 《敦煌古藏文历史文书》。
② 黎宗华：《安多和安多藏族》。
③ 根敦群培：《白史》。
④ 《塔尔寺志》。

海。"他这里所说的安多地区范围要小得多，这个"安多"才是指阿卿岗日与多拉让摩周围地区。

"康"（khams）又译作"喀木""甘思""甘"，其含义有多种解释：可释为"身体""地方""境界"，也有释为"十八颗种子"①的。藏族学者根敦群培则认为"所言'康'者，系指边地而言，如'边地小国'名为'康吉贾陈'"②。对于卫藏中心而言，"康"地的确是"边地"。当唐、蕃争战时，康地的一部分，正是吐蕃与唐王朝相对的"边疆"。从这个意义上讲，根敦群培之说颇合情理。不过倘若我们以"地方""境域"来解释"康"的话，"多康"一词的含义便是"广阔的地方"。比照"下部多康三岗"所包之境地，确也名实相符。

"多康六岗"，有的藏史又作"多康三岗"，③但现今一般均引为"多康六岗"。据《安多政教史》等书记载，此六岗为：金沙江与雅砻江间的"色莫岗""勃波岗"，怒江与澜沧江间的"察洼岗"，澜沧江与金沙江间的"玛康岗"，雅砻江上游与黄河之间的"玛杂岗"，以及雅砻江中游与大渡河间的"木雅惹岗"。所谓的"岗"（sgang），是藏语对两水之间高原的称呼。但"六岗"中的五大河流并非完全平行，其间多迂回曲折之处。因此，上述所谓的"六岗"，实际上不过是指以某个地点为中心的一片区域，并不能把"多康"全区包含进去。从名称看，"色莫岗"指的是以邓柯为中心的莫拉山与金沙江之间一块地方；"勃波岗"指的是以白玉县河坡区为中心的瞻对以西至金沙江边的地方；"察洼岗"指的是以察瓦龙为中心的门工、盐井一带地方；"玛杂岗"指的是以称多为中心的玛多至杂曲卡（即石渠）地区；"玛康岗"则是以芒康为中心的周围地方。"木雅惹岗"，又作"热堆察岗"，指的是木雅贡嘎山周围的地区，这一地区名称就叫做"木雅"（Minyag）。很明显，这"六岗"所包地区并不能包有"西藏三区"的"下部多康"全境。从"四茹"之东界分布，到上述六岗间，还有"娘布""波部"和"硕达洛松"（硕般多、达隆宗、洛隆宗三地区）等，按"西藏三区"的地理区划，它们都应属"多康"地区之内。至于青海境内，除玉树州和果洛州的部分地方外，其余全在上述"六岗"之外。因此，我们只应当把"六岗"（或"三岗"）看作是对"多康"地理位置的一种形象的概括，而不应当把它看成具体的、局限在二水之间的含义里的地理名称。"六岗"这个数字，一般认为是因有怒江、澜沧江、金沙江、雅砻江这四水而形成"六岗"的，但黄河发源于

---

① 格桑曲扎：《藏文字典》。
② 《白史》。
③ 《西藏王统记》《贤者喜宴》等作"多康三岗"；《安多政教史》《西藏王臣记》等作"多康六岗"。

"多康"区内,并在此境内曲折迂回,绕流一大片地区,如果说两水之间为一岗的话,"多康"区内的"岗"远远超过了"六"这个数。因此在这里"六"这个数也是一个概括性的数字。我们在藏区常遇到"六宿"("宿",山下的耕地)、"六绒"("绒",河谷地)、"六雄"("雄",两山对峙之间)、"六曲"("曲",河流)等名称,但细考其地,大都不是"六"这个数字的"宿""绒""雄""曲"。可见"六"和"三"一样,在许多场合并非实指,而是抽象的概括。

那么,"多康"的境域究竟有多大,其四至界线为何呢?我们考诸汉、藏史籍,发现在不同的时期、不同的史籍中,是各不相同的。在早期的藏文史籍中(不包括那些"伏藏"书)并无"多康"这个地理名称,就是元代前期的藏文著作中也不称"多康",如成书于1322年的《布敦佛教史》中,亦只有"康""康地",和"多麦"等名称。

只是在稍后问世的一些藏史,如《西藏王统记》等著作中,才有"多康三岗"等名称。有的藏文史籍中又增添了"多堆"(mdo stod)这一名称,意为"安多上部地区"。"多堆"是相对于"多麦"(mdo smad)即"安多下部地区"而出现的名称。在汉文史籍中并无"多堆"这一名称,而只有"多麦"(《元史》作"多思麻"或"脱思麻")和"朵甘思(多康)"。据藏文史籍记载,八思巴曾给元世祖忽必烈进行密宗三续大灌顶,作为第一次灌顶的报酬,忽必烈向八思巴奉献了卫藏十三万户;在第二次灌顶后,忽必烈又向八思巴奉献了西藏三区,作为供养。这三区即"卫藏法区""多堆人区""多麦马区"。① 三区的地界是:"自恰域、阿里贡塘以下、索拉佳卧以上,是为佛法区;索拉佳卧以下、黄河河曲以上,是为头部人区;黄河河曲以下、汉地白塔以上,是为畜生马区。"这就是说自阿里三围以下,直抵汉族地区,被分作卫藏法区、多堆人区、多麦马区三部。很明显,此多堆与多麦二区应即"藏地三区"中的"下部多康六岗"地域。所谓"汉地白塔",应即黄河北岸之永靖白塔,此塔建于元代,明景泰间又曾重建,濒临河曲,巍峨壮观。《元史·地理志》记:"至元九年,于土蕃西界立宁河站"②,此宁河应即《元史·百官志》吐蕃等处宣慰司都元帅府所属"西夏中兴河州等处军民总管府"管属的宁河县地。其地在河州西北。元代吐蕃之地自河州起,故设吐蕃等处宣慰司都元帅府于此。"汉地白塔"

---

① 见《土观宗派源流》与《萨迦世系史》等书。
② 《元史·世祖本纪》至元九年(1272)四月己丑条记作:"诏于土蕃、西川界立宁河驿。"中华书局标点本即取此文。然四川西界不应至此,故本文取《元史·地理志》所记。

或即因其地临汉地而称之。国外有的学者认为此"汉地白塔"在凉州（武威）西南。① 此说不确。因多麦地区的东界应更偏向东南，达洮河、白龙江之东岸地区，既以白塔作为多麦之界，则其地当于多麦东界之适中地点，而不应在凉州附近。

"多堆"（mdo stod）意为"安多上部地区"。"多麦"（mdo smad）意为"安多下部地区"。但在《元史》中，只有"多麦"（朵思麻、脱思麻、多思麻）、"多康"（朵甘思）这两个名称，无"多堆"之称。如：《元史·成宗本纪》有"大德元年……六月甲寅……赐……朵思麻一十三站贫民五千余锭。……冬十月……戊午，以朵甘思十九站贫乏，赐马牛羊有差"。这一记载与藏文史籍中关于忽必烈派官员建立自汉地到后藏萨迦寺的驿站一说相符。按《汉藏文书》及《萨迦世系》载："自汉藏交界地起，至萨迦以下，建大驿站二十七个。对此逐一分之则是：多麦人所管为七个驿站，多堆地区为九个驿站，卫藏地区是十一个驿站"，"西藏建立驿站，最先始自甘、青地区，即上述之多麦、多堆一带"。② 将藏、汉史籍相对照，不难看出《元史》中的朵甘思地区，即为藏文史籍中的"多堆"地区。而藏文史籍中的"多堆"，仅指今安多地区的西部，即青海藏区的大部分。而《元史》中的"朵甘思"则不仅包有安多上部地区，而且包有今天的康区（四川甘孜藏族自治州及西藏昌都地区）。但它又不等同于"藏地三区"中的"下部多康地区"。因为安多之下部地区——"多麦"，并不包括在朵甘思以内，而是另一单独区域。

"多堆"与"多麦"之分界线，藏史定在黄河河曲。但黄河曲折之处甚多，所指究竟为哪一段呢？从古今习称看，似应指青海东南部"黄河九曲"的部分，即阿尼玛卿山与巴颜喀喇山两山脉东部之间的一段黄河。其东南抵黄河、黑河、白河交汇的四川阿坝藏族自治州西北角，是青、甘、川三省交界处。因此，阿尼玛卿山东北和东南的地区是"多麦"，其西为"多堆"。

综上所述，多康（朵甘思）有广义与狭义两种概念。就"藏地三区"这一民族地理概念来说，"多康"指的是卫藏、阿里地区以东，包括青、甘、川、滇藏族地区的青藏高原东部地区。就狭义来看，它具体指的是卫藏和多麦之间的这一藏区，即指青海西南部、西藏东部、四川西部及云南迪庆州的一部。大致相当今青海之玉树、果洛二州，四川的甘孜州、西藏的昌都地区及云南中甸、维西、丽江等地。

应当提及，过去多有人把"安多"与"多麦"等同，也有将"多康"认同"多

---

① 杜奇：《西藏画卷》第一卷。
② 见《汉藏文书》上册。

麦"的。其因即因"多堆"一词在古藏文历史文书中没有,因而认为"安多"即"多麦"。又《新唐书·西域传》有"多弥",其部"役属吐蕃","滨犁牛河"。此"多弥"应即"多麦"(mdo smad)之译音别写,犁牛河即通天河,系金沙江上游。据此,史学界多认为多弥在青海玉树地区。而玉树至石渠一带,又属"多康"地方。遂将"多康"与"多麦"混而为一。其实《新唐书》等明确记载,被吐蕃役属后,多弥被称为"难磨",则藏语对此部的称呼并非"多麦",而是"难磨"(疑为"达木"),当为藏北近通天河上源之地方。

二、元代在朵甘思的设治

元代"郡县土番(吐蕃)之地,设官分职,而领之于帝师"。[①] 在整个藏族地区,设置了吐蕃等处宣慰使司都元帅府、吐蕃等路宣慰使司都元帅府及乌思藏纳里速古鲁孙等三路宣慰使司都元帅府三个最高地方行政机构。后者管理之区即卫藏与阿里三围,本文暂不论及。

吐蕃等处宣慰使司都元帅府,治所在河州(甘肃临夏),因所管为多麦地区,故又称为"朵思麻宣慰司"。《元史》中有时简称其为"吐蕃宣慰司"。据韩儒林先生考证,此宣慰司设置最早,约在至元二、三年时(1265—1266),[②] 共设有宣慰使五员。其属主要有"脱思麻路军民万户府""西夏中兴河州等处军民总管府""洮州元帅府""十八族元帅府""礼店文州蒙古汉军西番军民元帅府""吐蕃等处招讨使司""松潘宕叠茂州等处军民安抚使司""积石州元帅府""常阳帖城阿不笼等处万户府""贵德州""文扶州西路南路底牙等处万户府",以及"河州路"等。由其设治所名,可看出其管辖的境地为青海东南部、甘肃南部及四川的西北部。其西界为北至河曲的贵德、共和一带,南至多柯河、大金川东岸。由此可知,吐蕃等路宣慰使司都元帅府所辖地区的东界亦在此。

吐蕃等路宣慰使司都元帅府,因其辖境主要是朵甘思地区,故亦简称为朵甘思宣慰司。额设宣慰使四员,同知二员,副使一员及其他佐吏数员,元制:"宣慰司,掌军民之务,分道以总郡县,行省有政令则布于下,郡县有请则达于省,有边陲军旅之事,则兼都元帅府,其次则止为元帅府;其在远服,又有招讨、安抚、宣抚等

---

① 《元史·释老志》。
② 韩儒林:《元朝史》。

使，品秩员数，各有差等。""宣慰使司都元帅府，秩从二品，使三员，同知二员，副使二员。"①吐蕃等处宣慰使司都元帅府及吐蕃等路宣慰使司都元帅府所设的宣慰使分别为五员和四员，皆超过定制。说明元朝在此区推行"帅臣以下，亦必僧俗并用，而军民通摄"②之制时，也注意到众建多封以分其势。

《元史·百官三》载吐蕃等路宣慰使司都元帅府所领之地方机构共十七个。而《元史·地理志》则除"碉门鱼通黎雅长河西宁远等处宣抚司等外"，"其余朵甘思、乌思藏、积石州之类尚多。载籍疏略，莫能详录也"。今拟对照《明史》等，参以清以来之设置，择其主要者，考订其地望、沿革大略如下：

吐蕃等路宣慰使司都元帅府 辖朵甘思及黎、雅两州地。元初因四川为宋军所坚守，累攻不下，元军遂先取四川沿边地区。"宪宗戊午岁，攻破雅州，石泉守将赵顺以城降。"③黎州亦相继来降，但四川大部仍为宋守。故黎、雅二州先由河州的吐蕃等处招讨司领管。嗣后，因天全、六番等邻部俱划归吐蕃等路宣慰司都元帅府故，二州亦归属于此。都元帅府治不详，但《明实录》洪武六年（1373）十月己卯条载："锁南兀即尔仕元为司徒，镇守朵思麻、朵甘思两界，及归本朝，授朵甘卫指挥佥事"，由此可知元之吐蕃等路宣慰使司都元帅府治所似应在朵甘思之边境，距脱思麻宣慰司界不远处，大约在青海东南部玛沁一带。

朵甘思田地里管军民都元帅府 设都元帅一员，秩从二品。明之"朵甘卫行都指挥使司"即因袭其而设。邓柯之林葱土司家有明宣德五年（1430）之诰敕。其文云：

皇帝敕谕朵甘卫行都指挥使司星吉儿监藏：昔朕太宗文皇帝临御之日，尔父撒力加监藏，敬顺天道，输诚来归，朝廷设立衙门，授以官职，亦既有年。朕统天位，悉遵皇祖成宪。今尔父年老，转令尔替职为朵甘卫行都指挥使司指挥使，管束军民，安定边陲，尔宜益顺天心，永坚臣节，俾子子孙孙世居本土，打围放牧，咸膺福泽，同享太平。故谕。

考，明永乐四年（1406）三月"遣使着思巴儿监藏为灵藏灌顶国师。授札思木头目撒力加监藏，为朵甘卫行都司都指挥使，切禄奔、薛儿加俱为都指挥同知。各

---

① 《元史·百官七》。
② 《元史·释老志》。
③ 《元史·地理三》。

赐诰命、袭衣、锦绮"。① 灵藏即林葱的异写，意为"林地"。此著思巴儿监藏，即是第一任赞善王。林葱土司故治在邓柯（今德格县的俄孜），地当青、康、藏三角区，历来是藏族地区的要冲。吐蕃时期，常在此地与多康各部落集会议盟。唐贞观十五年（641）文成公主进藏，取道青海之兴海大河坝、花石峡、柏海、黄河沿、野马滩，沿通天河而下，据藏文史籍记载她在邓柯境内曾停留过一段时间。② 清代以前由康区入藏，多由甘孜绒坝岔沿雅砻江而上，在浪多渡江，经德格协庆寺、三岔河，沿俄沟而上，在邓柯西面渡金沙江而入藏。据传八思巴返藏时即经由此路。足见邓柯处于康、青、藏古代交通枢纽位置。元代"僧俗并用"，故明代既封着思巴儿监藏，为灌顶国师、赞善王，又封其地的土头撒力加监藏，为行都指挥使司指挥使。

朵甘思哈答李唐鱼通等处钱粮总管府 此为掌管朵甘思地区钱粮之机构。设达鲁花赤一员，总管、副总管各一。哈答即噶达，清代名泰宁，新中国成立后改乾宁，现已撤县，其地划入道孚县。清雍正八年（1730）迁七世达赖格桑嘉措于此，敕建惠远寺以居之。其地当康东、南、北三方之冲要，古为军事重地。雍正元年（1723），年羹尧为防青海和硕特部窜扰康藏，曾于此筑噶达城，派兵戍守。李唐，即理塘，历为康南重镇，明代在此有"札儿思东思麻千户所"等设治。③ 鱼通，即大金川下游，大渡河西岸鱼通河流域一带地区，原包括折多山以东今康定县炉城区、鱼通区、金汤区、孔玉区等地，分为上下鱼通二部。现只以姑咱周围一区称为鱼通，缘因明代打箭炉（今康定县炉城区）新兴为市镇，清初又于打箭炉设关，监督互市。雍正七年（1729）移雅州同知于此，设打箭炉厅，打箭炉成为康东政治、经济中心。于是原属于鱼通之打箭炉（藏语"打折多"之译音），名称日显，鱼通为其属。其原为鱼通一部，反不为人所知，而把鱼通当成打箭炉之一部分了。明初长河西土司理问高惟善曾奉明太祖之命招降大渡河一带土头，洪武二十一年（1388）高自鱼通等处还，上疏云："鱼通、九枝疆土及岩州、杂道二长官司，东邻碉门、黎、雅，西接长河西。原自唐时吐蕃强盛，宁远、安靖、岩州等汉民往往为彼驱入九枝、鱼通防守汉边。元初，设二万户府，仍于盘陀、仁阳立寨栅，边民戍守。"④ 岩州，今泸定县之岚安区，明代曾设岩州卫于此，因其为碉门（今天全县西五里）与"西番"茶马互市的通道口。向西则至大渡河边之烹坝渡口，向东则通碉门，向北可接董卜韩

---

① 《明实录·太宗实录》卷五二。
② 《西藏王统记》十三章云："……汉妃公主与吐蕃使臣一行至'邓玛'崖前，在石岩上刻七肘高之弥勒佛像一尊、普贤行愿品经文两部，在此等候了一个月。"
③ 贺觉非：《理化县志稿》。
④ 《明实录·太祖实录》卷一八八。

胡宣慰司（宝兴）。杂道，即察道（岔道），在今泸定县北部大渡河东岸。安靖，即岔道南之嘉庆，原名嘉庆河坝。宁远，即清冷边土司地方，在今泸定县冷碛。盘陀，即飞越岭下之三交城。元名满陀城。仁阳在其东南。由此可知元代在大渡河的东西两岸鱼通及岩州等地，曾设过两个万户府。查《元史·百官志》，天全招讨司属有鱼通路万户府及碉门鱼通等处管军守镇万户府，可知大渡河西岸鱼通地区为鱼通路万户府管领。大渡河东岸之岩州、安靖、杂道、宁远一带为碉门鱼通等处管军守镇万户府所管领，其治所疑在岩州。另有长河西管军万户府亦属天全招讨使司，其治所在大渡河西岸之咱里。

由上述可知，朵甘思哈苔李唐鱼通等处钱粮总管府，是一管理康南、康北、康东各地钱粮的机构。其治所当在噶达这样的地位适中、交通方便之处。

碉门鱼通黎雅长河西宁远等处军民宣抚使司[①] 据《元史·地理志》碉门鱼通黎雅长河西宁远等处军民宣抚司条注曰："至元二年，授雅州碉门安抚使高保四虎符。"《元史·成宗本纪》载大德二年（1298）春正月"并土蕃、碉门安抚司、运司，改为碉门鱼通黎雅长河西宁远宣抚司"。可知，此司设置时间在大德二年（1298），系并雅州碉门安抚司及鱼通、长河西、宁远、黎州等土司而设。额设达鲁花赤一员，安抚使一员，同知、副使各一。元初宋军坚守四川，元军久攻不下，只能"斡腹入寇"，先取四川周围各部，迂回包抄川中宋军。故沿边地方俱先于盆地内各地投元，其设治也较早。1253年忽必烈率军进攻大理"师次忒剌（甘肃迭部县达拉沟），分三道以进……帝由中道……至满陀城……过大渡河，又经行山谷二千余里至金沙江"。[②] 考其路线，即为经阿坝草原，循大渡河西岸南下，从黎州渡河，沿古清溪道而至金沙江，忽必烈沿途招降各土头，封以官职，授以玺书、金银符。鱼通、长河西、宁远等部俱于此时归降受职，而河东岸的碉门黎雅地区土头亦在高保四率领下投诚。为了争取宋军，元军对高保四尤为嘉赏，授以宣抚司，治碉门。

六番招讨使司 设达鲁花赤一员、招讨使一员。"雅州严道县，名山县隶之。"[③] 严道县即今雅安县地，其时为州治所在。关于"六番"，历来众说纷纭，清陈松龄《天全州志·建置沿革》称："六番部落曰：木坪、鱼通、岩州、咱道（杂道）、咱里、大坝，凡六路。"木坪即木坪董卜韩胡宣慰司所在（今属宝兴县）。大坝在大渡河东岸泸定县境。顾炎武《天下郡国利病书》则说："天全六番招讨司辖部落凡六：

---

① 《元史·百官志》作"安抚使司"，今据《元史·本纪》及《地理志》作"宣抚司"。
② 《元史·世祖本纪》。
③ 《元史·百官三》。

曰马村、苏村、金村、杨村、丽东村、西碉村。或谓六番之名始此。"杨振业《灵和杂记》则认为"五代孟蜀时，置黎、雅、长河西、鱼通、宁远六安抚司。宋因之。元初复置六安抚司，宪宗改六番招讨司，更别置天全招讨司。明初始以六番次天全为衔。近代蜀志乃云六番即六村。按马、苏、羊（杨）、陇（丽东）四村在董卜韩胡；金村在荥经水入天全处；西碉，则系以碉门冒砌村字，谬凑六番，殊自牵合之甚。余意招讨始于元，或即综六宣抚而约名之"。

上述诸说俱有片面性。缘因忽视了"六番"一词在不同时代具体所指地区亦不同。顾炎武所说是指的元代的六番，陈松龄所指为明、清时的设治概念。而杨振业所据，则是五代时六安抚司之设置。考元代天全之招讨司，只有天全招讨司之名称。"至大时（元武宗年号，1308—1311）招讨杨管陛谒，赐两佩珠，受虎符银印，文亦只铸'天全等处招讨使司印'，并无六番之名"①，证明六番招讨司并不在天全内。前述元之天全招讨使司辖鱼通路万户府及碉门鱼通等处管军守镇万户府、长河西管军万户府。而六番招讨司辖有严道、名山两县，则可知此"六番"不是指黎、雅、长河西、鱼通、宁远、碉门六安抚司，而是指雅州以西，碉门以内的宝兴、芦山、名山及雅安四县境。而以紧接天全的宝兴、芦山为中心，附带管辖名山、严道之地。宝兴西接鱼通，南近碉门、岩州，汉代为青衣夷国地，唐时为吐蕃所役属。吐蕃崩溃后，分裂为若干小部落。宋时有董、卜、韩三姓部落兴起，统治此区。元初归顺，故设招讨使司于此。明代此土司势大，雄霸一方，被封为董卜韩胡宣慰使司，清代依旧封之，只是在头衔上加"木坪"二字，以示其区域在木坪（宝兴）。故元之六番招讨使，实设于宝兴。其治所在灵关，即《华阳国志》所说的望帝时蜀之疆宇为"以褒斜为前门，熊耳、灵关为后户"②中之灵关，此地当宝兴河口，迩连天全，是一适中的地方。清康熙四十年（1701）木坪董卜韩胡宣慰司雍中七力与长河西明正宣慰司联姻，后因明正绝嗣，三度由木坪土司兼理明正土司，鱼通土司的地方亦曾划赠木坪土司，故清代木坪董卜韩胡宣慰司之地包括部分鱼通地区。

明代开碉门—岩州—烹坝（长河西岸）的茶马贸易道。碉门地位变得十分重要，故设天全州，裁六番招讨使司，而合名于天全招讨司，改名天全六番招讨使司。此时木坪、长河西等俱升为宣慰使司，地位在天全六番招讨司以上，而鱼通土司亦隶明正土司（长河西土司）。天全六番招讨司只能管辖大渡河东岸的察道、岩州、安靖

---

① 杨振业：《灵和乘略》。
② 常璩：《华阳国志·蜀志》。

等小土司地方了。此时的"六番"不过是借用元代之名,而实际含义已不同。

长河西里管军招讨使司 设招讨使二员。治所及辖境不详,但明代之长河西鱼通宁远宣慰司原驻木雅地区,元末明初才迁至打箭炉。故元代必定在木雅地区有一较大的土司设置。《明实录·太祖实录》载,洪武十五年(1382)七月"故元四川分省左丞剌瓦蒙遣理问高惟善等,自西番打箭炉长河西来朝"。洪武十六年(1383)遂"置长河西等处军民安抚司,以故元右丞剌瓦蒙为安抚使"。元制,招讨司、安抚司、宣抚司俱为正三品。分省右丞则为正二品之大员,缘因"至正兵兴……各处总兵官以便宜行事者,承制拟授,具姓名以军功奏闻,则宣命敕牒随所索而给之,无有考核其实者。于是名爵日滥、纪纲日紊"。① 故长河西土官有分省右丞之衔。但这至少说明打箭炉之长河西土司为一重要土职,考《元史》所载"长河西"诸土司中,唯此招讨司职衔最高,当为先居木雅,后迁打箭炉之明正土司的前身。

剌马儿刚等处招讨使司 设达鲁花赤一员,招讨使一员。剌马儿刚应即 Smar-Khams 之异译。明代译为"磨儿勘",设一万户于此。其地即今西藏芒康县。"多康六岗"之玛康岗,亦指这一区域。衔加"等处",应指以芒康为中心的附近一带地区。

奔不田地里招讨使司 设招讨使一员。考巴塘县南有奔白拉山。地当仁波河汇入金沙江处。"奔白"即"奔不"。其地扼金沙江口,形势险要,又处康、滇、藏交通要冲,故此招讨司设此,辖控康南巴塘、德荣等一带地区。

亦思马儿甘万户府 设达鲁花赤一员。《明实录》载,洪武七年(1375)以故元土司地设万户府四,其中有"别思麻"万户一名。考"别思麻"即清代史籍中之"别思满",其地在今四川阿坝州小金县境,与丹巴、宝兴二地相近。明代宝兴之木坪土司强大,别思满常受其侵逼,势力日微,故清代沦为一小土司。"亦思马儿甘"之对音即"别思满"。则此亦思马儿甘万户府即明别思满万户之前身。

奔不儿亦思刚百姓 设达鲁花赤二员。秩为从三品或正三品。"百姓"为元时术语,用于民政机构。"奔不儿亦思刚"与"多康六岗"之"勃波岗"(Spo-hbor-Sgan)对音,当即指此。其辖境为以白玉县河坡为中心、金沙江与雅砻江之靠南的一片地区。治所应在白玉县治。著名之噶拖寺即在此。

朵甘思招讨使 招讨使一员,其治所似应在今甘孜县一带。因明代此地有著名的白利土司,势力相当强大。"明因元制",则甘孜县境一带应于元时有较高职衔的

---

① 《元史·百官三》。

土司设置，故此朵甘思招讨使或即设于此。

除上述各职官外，《元史·百官志》吐蕃等路宣慰司都元帅府条下尚列有"苔剌苔脱脱禾孙一员"，"哈里脱脱禾孙一员"，"朵甘思瓮吉剌灭吉思千户一员"。《元史·本纪》中有"至元十五年，以吐蕃哈苔城为宁远府"，及"参卜郎千户"等设治的记载。然多不详，且有缺漏。对照明史，发现元代在朵甘思内设立的土司远比上述所列为多。由于明初基本上是对来降的元代土司官封原职，予以承认，故从明代史料中可发现《元史》未列之朵甘思各设治机构及土司情况，然因记载简略，其地多难以指实，只能就已知者夹注于下：

据《明实录》载，洪武七年（1375）十二月，明朝依据炽盛佛宝国师喃加巴藏卜及朵甘行都指挥同知锁南兀即尔的奏举，增置朵甘思司慰司及招讨司等二十七职，它们是："招讨司六：曰朵甘思，曰朵甘笼苔（木里县之隆达），曰朵甘丹（丹，丹巴之简称，今丹巴县），曰朵甘仓溏（今白玉县昌台区），曰朵甘川，曰磨儿勘（芒康）。万户府四：曰沙儿可（甘孜县杂柯枚区），曰乃竹（金沙江西江达县境的清代纳夺土司地），曰罗思端（即老思岗），曰刊思麻（即小金县之别思满）。千户所十七：曰朵甘思，曰剌宗（巴塘县南的拉宗）。曰孛里加（甘孜县白利），曰长河西（此指康定县咱里），曰朵甘思，多八参孙等处（甘孜县拖坝区），曰加巴（在木稚），曰兆日（在今新龙县境），曰纳竹（即纳夺），曰伦苔（即隆达），曰沙里可哈思的（不详），曰孛里加思东（即白利土司属甲思孔），曰果由（不详，疑为果洛），曰参卜郎（今新龙县南部），曰剌错牙（即清代之喇滚土司地），曰泄里坝（不详），曰阔侧鲁孙（不详），曰撒里土儿干（咱里、烹坝）。改故元……朵甘捕盗司为巡检司"。"以赏竹监藏等七人为朵甘都指挥司同知"，"星吉监藏等十一人为朵甘宣慰司使"。①

除上述而外，明代在青海南部还封了"朵甘行都指挥使""朵甘都指挥佥事""朵甘指挥同知"等职官多人（均见《明实录》）。明代虽奉行多封众建之策。但由这些设置亦可见元代朵甘思境内土司之众多。明末，青海蒙古和硕特部固始汗占据卫藏及整个多康地区，派营官坐镇多康各地，征收赋税，监督土司。清康熙三十九年（1700），打箭炉营官与明正土司争权，杀明正土司，清廷借以进兵打箭炉，招降雅砻江以东各土司。嗣后又因进军西藏平息准噶尔之乱的机会，相继于康熙五十八年（1719）、五十九年（1720），将巴塘、理塘、芒康、乍丫、昌都及桑昂曲宗（察隅）和洛隆宗等地招抚。雍正初，青海和硕特罗卜藏丹津叛乱，清廷在平叛中将康北的

---

① 《明实录·太祖实录》。

德格、甘孜、炉霍、道孚,及江西的江达、类乌齐等一并招抚。为稳定青海和西藏,防止动乱再发生,雍正二年(1724)川陕总督年羹尧奏准对青海与康区分别管辖。次年岳钟琪又奏准将金沙江西的洛隆宗等划归达赖管理,于宁静山划界,确定川、滇、藏的分界线。这样,就将"康"与安多地区划分开来,成为隶属四川的一单独行政区。清末,川滇边务大臣赵尔丰借军事力量将丹达山以东之藏区全划入"川边"行政区内,并以此筹建"西康省"。这时候的西康,其地界为工布江达以东,大渡河以西,青海界南、云南以北。即今天的昌都地区和甘孜藏族自治州境域,不再包含有青海南部和云南迪庆州之地。这个境域即通常所说的"康区"。它比"多康"境域要小得多。据嘉庆《四川通志》载,清代在这一境域设置土司124员。这些土司绝大多数是元以来就有的,只不过它们中许多经历了分裂或合并,其辖境和势力亦与前代不尽相同。

从历史了解西藏

(1948)

凡民族之特质，育于自然地理之淘洗者半，育于历史之镕铸者亦半。故欲了解西藏社会民族之特殊情致，当先了解其地理与历史。由此广漠高原荒凉冷酷之环境，构成蕃人犷悍强毅之特质，与信仰虚玄之心理。由积世佛法思想之浸润，克化其犷武雄强之性行，成为听天由命之民族，此前半世代之蕃人也。人类社会，易动而难静，佛法能使大多人消其鸷气，不能使少数人克制欲望，故佛化完成以后，对外之侵暴能止，而内部门户之争转烈。主宰清静教律之僧伽，即为争地争城之领袖，至于转引外力，以助其残，此后半世代之蕃僧也。由此因缘，使唐朝西邻之强敌，变为绕膝依怙之赤子。在中华独霸东亚之世，西藏为我领土，未有问题。入20世纪以来，因教法腐化，致潜伏已久之犷悍强毅诸特质次第暴露，而国际引诱蛊惑之情势亦渐复杂，西藏问题始入严重阶段。兹简述其历史如下：

一、西藏古史

土伯特高原以内，旧为游牧民族所居，华人称之曰"羌"。因高原之东北面，与我中原区之地势转变较缓，故其羌人与华人之接触频繁。然农牧殊趣，畛域判然，自商迄汉，约两千年中，皆只武力征伐，未能输入文物以同化之。时印度方面，则正奖励僧侣远出宏法，荒漠绝域，无远弗届。遂有北印度僧，溯萨特日与印度河而上，入于阿里，阐扬教法，是为西藏最初流行之宗教（Bon-Po）。因当时西藏无文字，唯指湖山为神灵，冈底斯山与马膀雍湖遂成为最早之偶像。一时梵僧来游此湖山者甚多，"阿耨达"（梵文意为"无热苦"）之名，传遍印度，更入于华土焉。此等

---

① 原载《中国边疆》，1948年第3卷第12期。

梵士，有沿雅鲁藏布江东下，以求新地者，深达卫部南方之草原，牧民以为来自天上，以肩承之入幕，奉以为主，是为聂赤尊波（gnyaa－khri－Bhan－Po，肩座赞普）为蕃部有君之始。黑教始大行于藏地，自称其人为 Bod－ba（与黑教之称 Bon－Po 含义有关），即《后汉书》之"发羌"也（"发"读如"拨"）。至魏晋之交，聂赤之裔为人所灭。有普德贡嘉王（SpuDe－Gan－rgyal）中兴，赖黑教徒往来波斯、印度，输入农工诸技巧，始兴灌溉，务农业、炼桴炭、冶矿石、铸刀犁，由是强盛，建都于孜塘，是为蕃国。由其文化高于邻部，粮食与兵器，足为制胜之资，藏布以南次第为所征服，浸及于藏布以北。凡十五世，至朗日松赞 Gnam－Ri－Srong－btsan）当北周之世，已统一雅鲁藏布流域。于时黑教在藏，盖已发展成为独立性之蕃巴文化矣。

苏毗为高原中央之强族，素奉巫教。因接近蕃族，渐知农业，有女性中心之政治组织。建国于羌塘，东包澜沧、潞江流域，西有阿里，与蕃部对抗。至朗日松赞之子松赞冈波时，始为蕃国所并。

二、松赞冈波时代

松赞冈波（Srong－btsan－sgam－Po，569－650）《唐书》作弃苏农或弃宗弄赞（苏农与宗弄，皆译自 Srong 字音）十三岁即位，建都拉萨，娶泥婆罗公主（时尼国已有较高之文化，奉佛教）。公主携其文字、佛法与建筑、雕塑等技术入蕃。赞普好之，为派遣贵臣子弟赴尼学习，遂入印度。中有名吐弥桑布札（Thon－Mi－Sam－Bho－Ta）者，返藏后仿印、尼文字制为藏文，译经典、制法律，蕃国文化勃兴，益臻强盛。松赞晚年，征服苏毗、羊同（羌塘牧国）及多康诸羌落，与大唐接壤于松州（今松潘）。贞观八年（634）与唐通使，便求遣嫁公主。时高原东北强族为吐谷浑、党项，皆受蕃军高压，不能自存；松州亦受威胁。唐太宗以宗女文成公主嫁之，同时输入中华佛法、丝绸、工巧、天文、历法、医卜诸艺，及若干农作物种。时松赞年七十余矣，为壁爱公主与钦慕中华文物故，颇改国俗，从唐制；派遣青年入唐太学，有成通人者。然文成公主甫嫁七年而松赞死，权臣当政，务为强兵，与唐争地相仇，攻战历百余年。文成公主忧悒死。

时中华对蕃，自称"大唐"。蕃人仿之，自称 Bod－chen 译称"大蕃"。唐人别其字为"吐蕃"。于是 Tu－Bod 之称，流行中亚。后乃演变为 Tubot，以至于 Tibet 也。

三、赤松德赞与赤热巴金

唐中宗时，又以养女金城公主下嫁于松赞冈波之元孙。生子名赤松德赞（kbrim－Srong－sde－btsao），为吐蕃第二名王。曾乘"安史之乱"，侵据唐之陇右诸州，屡扰长安，需索厚币。天山南北两路，河西诸州，剑南西山与大渡河外嶲、松等州，剑山铁桥，皆成吐蕃境土。喜马拉雅南侧诸部，亦皆宾服。

文成、金城公主在时，汉僧多由吐蕃经赴印度求法，出入蕃中，深与蕃之佛教徒相契。又，佛教颇与黑教徒不合。赤松德赞乃自乌苌（北印度西北部落，属印度河中流，当小勃律之南）迎密法大师莲花生（Pad－Ma－abyang－gnas）入蕃，用咒术制胜。驱逐黑教于多康地方。然莲花生食肉、饮酒、狎妇人，为蕃人所诽。复有自唐地来之禅宗和尚，与自印度来之梵僧，树党相争，赤松德赞袒梵僧，民众多袒汉僧。赤松命设座公开辩理，判汉僧论绌，逐去之。自是吐蕃始偏信印度佛法。

至赤松曾孙赤热巴金王（Khrim－Ral－Pa－Can），延入甚多之梵僧，翻译经论，修订文法，改革制度，一切皆仿印度为之。多派子弟出家，定七家供养一僧之法。政由僧侣，国力浸弱。于是始与大唐订盟息兵。盟文镌入石柱，今拉萨大诏寺外长庆二年盟碑即其一也。

四、"黑暗时期"

大臣恶热巴金佞佛太过，弑之，改立其弟蓝达玛（glang－Dar－Ma 唐书作"达磨"）。达玛竭力辟佛，一时寺庙尽毁，经像悉被焚溺，僧侣悉令还俗，不屈而被杀者甚多。仅三四僧得逃匿康区僻地，与被逐之黑教徒，同依于森林岩穴间。凡约八十年间，西藏无佛教。被称为"黑暗时期"。

五、吐蕃崩裂以后

蓝达玛灭法五年，被刺死。吐蕃政权随之崩裂。各地方镇豪强，拥兵自擅，或主护法，或主灭法，相互攻击，蕃境大乱。拉萨辟佛大臣与佞佛大臣，各拥立一幼童，称为达玛之子，互斥真伪相攻。佞佛派败走，建国于后藏。再被攻破，徙国于阿里，即后世之孟域王也。象雄、布让诸部落，皆拥奉之。其时印度佛法已衰，高僧思得新化土，相牵来阿里者甚多。当宋仁宗之世，有超岩寺上座大师阿底夏[①]（A－Di－Sha）受迎入蕃，行教于阿里，名震卫藏。

六、宗教革新运动

先是卫藏灭佛六十年后，藏人渐思先王盛世，归美于佛法感化之力。时桑鸢寺未毁，犹以王族为寺主，遂由寺主倡导重兴佛法，追寻老僧宿儒于康区，仅得黑教徒转述之红法以归。一时僧侣，自逞才智，纷为异说，无所师承，追闻阿底夏入蕃，乃争往迎之。阿底夏与其弟子多人，同来卫藏，创立噶当派（Bkar－gdama－pa），称为新教。同时有藏人玛巴（Mar－Ra）亦因不满旧说，三赴印度求法，归而创为迦举派，是为白教。稍后有萨迦人宝王（dkon－mchog－rgyae－Po）建萨迦寺，创立花教。皆称新派，斥旧派。其他尚有希结派（Zhi－Byed－Pa）、觉宇派（geod－Yue－Pa）、觉朗派（Jo－Nang－Pa）等新兴教派，及旧教分化之小派甚多。大抵当第十一、十二世纪时，为西藏佛教复兴，高僧辈出，标新立异，学说纷纭，各派角胜之伟大时期。于时崩裂之吐蕃部落，各随因缘，信奉一二派，宏扬榜标，相为矜炫，各欲以己压倒他部别派。势力既分，地面渺小，莫能相下，遂有借援外力企图。值蒙古兴于漠北，先并西域与中亚、西亚，兵力由北印度入于西藏高原。萨迦与之最先接近，结殊胜缘，遂一跃而为蕃域之统治者。

七、佛法与吐蕃民族

吐蕃昔以勇武著称，铁骑所至，无不披靡。虽如大唐之强，亦困下风。他如南诏、印度、大食、回纥，或败或降，莫能撄其锋者。迨宏扬佛法以后，一股悍气化为仁柔，戒杀禁掠，不更对外肆虐。其后帝国崩裂，而高原以内所有人民，皆以深信佛法，一致行使吐蕃之语言、文字、制度、风俗，成为同风一轨之民族。直至今日，政局虽迭有变更，民族性习迄无所变。此点为历代王朝之所忽视，而暴兴于漠北之蒙古诸帝首先觉之，故能因势利导，运用佛法，驯慑其人，使两百万方千米之骁悍民族，宛转贴伏于其管导之下，如犬羊之依其主人焉。

---

① 现多译阿底峡。——编者论。

八、花教之黄金时代

西藏史志，谓成吉思汗（Hor—Jing—Gis—rgyal—Po）之孙阔端（Go—Dan）为西凉王，曾遣大将夺打拿波（Dor—rta—nag—Po 意为黑人曳重马）率军，征服藏地。初在藏地焚杀甚惨，后为白教僧之神通摄伏，信仰佛法，奏请迎致各派高僧。

时萨迦第四祖萨班（Sa—Skya—Pan—Te—Ta）名最高，应聘至西凉，携其侄卓滚拔巴（agro—mgon—aphags—Pa，即萨迦五祖，《元史》所谓八思巴（aphags—Pa））同往。元宪宗时，忽必烈在西凉，深重萨班叔侄。其后即位，萨班已死，乃迎八思巴，封为国师，使制蒙古新字。字成，进封帝师大宝法王，主持宣政院，管理土伯特全域十三万户政务。于是萨迦成为蕃区之教皇首府，派出若干管理地方之大臣，分驻各处。又派出若干宏法僧侣，建立花教寺院于各所管地方。局促一隅之花教，遂一跃而普及于康、青、藏全部。此项成就，大为白教徒所嫉妒，曾选派若干聪慧具通神之高僧入华，争取中国皇帝之信仰，意图夺取蕃区政权。但迭为花教帝师所谗杀。

白教之止贡派（Abri—Gun—Pa）又曾引上霍尔（Stodhor 意为西蒙古，指察合台汗国）之兵入藏，与花教争权。元帝派兵协助萨迦教皇大破之，尽戮止贡派僧伽。藏史称为"林变"（Gling—Log），是为西藏有宗教战争之始。

九、白教之黄金时代

然萨迦所派管理地方之大臣，多贪污暴厉，人民为所苦。而白教各派中僧侣，多有才者，深为藏人所信奉。至元顺帝时，萨迦政治崩溃。卫藏之地归白教之帕摩主巴（Phag—Mo—Gru—Pa）王朝统治。帕摩为白教之一支。其时白教各小派，多以寺庙主为地方统治者，同尊萨迦，亦复互相攻击。结果由帕主司徒菩提幢（Si—Tu—Pyung—Chup—rgyal—Mtsgan，司徒系其先辈封号）推翻萨迦，统一卫藏与西康之一部（即明史所称之乌斯藏），自称"德色"（Sde—Srib 意为"统治者"）。越八十年，渐失政，各部寺主、土酋，纷起叛之。其王位相继为仁蚌巴（Rin—Spungs—Pa）、辛厦巴（Zhang—Shags—Pa）、迦玛巴（Ka—rma—Pa）、藏巴（Gtsang—Pa）攘夺。远地各部亦纷然独立自擅；或入朝中华，受其封号及布施以自矜炫（《明史》所载乌斯藏诸王皆是）。蕃地重入混乱之局者近二百年。于时，白教雄视卫藏地方，花教保有后藏之一部与金沙江上游之地，红教行于阿里、闷域及安多地方，黑教盛行于康北之雅砻江和大渡河流域，以及后藏一部。各挟一二酋长为护持者。明太祖、成祖、宪宗、武宗诸帝，袭元世祖故智，招诱其名僧大德，盛为供张，侈予封号，优给馈遗以宠之。藏僧如哈立麻、昆泽坚赞，及其他各派僧伽至者甚多。西藏与中朝之政治关系，渐臻牢固。

十、黄教得志于蒙古

宗喀巴（1357—1419）青海人，生于元顺帝至正十七年（1757）。十六岁入藏，游遍各派名寺，向诸大德学法。因其颖悟过人，品行卓绝，辩才无碍，所至皆有青出于蓝之誉，故能不入印度，汇汇各派之长，自托神授，创立黄帽新派。明永乐七年（1409），建噶丹寺为基本寺院，分遣诸弟子四出宏法。十三年（1415），建折蚌寺。十六年（1418），建色拉寺。十七年（1419）圆寂，年六十三。时当帕摩王朝，诸白教徒初未料此新教势力能为其劲敌，未加障害，故三寺克以建立。盖认黄教为迦当巴之支派，迦当巴从未参加政争，藏民之信奉者亦少，亦从未与任何教派发生摩擦故也。嗣觉藏民信奉黄教者众，始加裁抑。

宗喀巴有二弟子，能转世不灭本性，继续修持，称为活佛，即所谓达赖与班禅也。第一世达赖行化后藏，于正统十二年（1447），建扎什伦布寺居之。至第三世达赖琐朗嘉错（bsod—Nams—rgyal—mtsho 福海）凤慧，才辩两绝，名震蕃区。被迎至折蚌寺坐床，演法于拉萨区内。大为白教徒所增恶，多方扰害之。琐朗知其道在卫地难行。适有内蒙古巨酋俺答汗，晚年厌兵，醉心佛事，远慕其名，迎至青海仰华寺（在青海湖。其名明帝所赐，事具《明史》讲法。大悦之。率全蒙民众，顶礼皈依，是为黄教入蒙古之始。琐朗返康，复建理塘寺（万历八年）。由是多康区内黄教流行。而内外蒙古奉之尤笃。

蒙古和硕特部之顾实汗（1582—1653），于崇祯九年（1636）入青海，逐摧残黄教之却图汗，尽有其地。又灭扶持康区黑教之白利土司，奄有西康，极力宏扬黄教。崇祯十四年（1641），又逐专宏白法之藏巴汗，取前藏地供奉达赖五世于布达拉宫，置兵戍之。是为黄教掌管政权之始。顺治二年（1645），灭藏巴汗，送班禅四世至扎什伦布宫。于是康、青、藏白教徒丧失政治地位。蕃蒙民众，同奉达赖与班禅为正副教皇。

十一、平定西藏因缘

顾实汗与内外蒙古，早已降附清朝，共劝清帝迎供达赖。迨清入关，劝之尤勤。顺治九年（1652），复同达赖入京觐见。时清廷对佛法尚无所解悟，且方用兵江南，不暇求法。仅因其为数百万蕃蒙所奉，姑优礼之，以资绥抚而已。逾年，顾实汗卒。达赖之第巴（Sde－Pa 管民官）桑结嘉错①（Sangs－rgyas－rgyal－mtsho，佛海）欲主西藏，与顾实汗之孙拉藏汗不相能。拉藏汗附清，桑结外结准噶尔（Jun－Gar）为援。准噶尔为西蒙古之一支族，驻牧伊犁河附近，信奉黄教，未肯臣服于清，亦思掌握达赖以号召外内蒙古与青藏之蕃、蒙人民。适达赖五世死，桑结所奏立之六世达赖仓洋嘉错②（梵音海）轶荡无行。拉藏汗斥其为伪，更立伊西嘉错（智海）为六世达赖，举兵相攻。于康熙四十四年（1705）攻杀桑吉。囚仓洋，槛送北京，至青海杀之。仓洋虽逸荡，藏人及青海蒙古，均以为真达赖，诟恶拉藏汗，觅得转世灵童于理塘，私迎奉之。清廷不能禁，命暂驻青海塔儿寺，以兵监护，免为准噶尔所得。是为达赖七世。

康熙五十六年，准噶尔出奇兵，穿沙漠及草原数千里，突袭拉萨，杀拉藏汗，废伊西嘉错，据有藏地。欲迎真达赖。蕃、蒙汹汹应之。清廷不得已，康熙五十七年（1718），出兵分甘、川两路进讨。两路军皆覆没。清帝以其影响重大，乃声言送塔儿寺③真达赖入藏坐床。再起大兵进讨。于是青、康之藏、蒙人民踊跃协助，裹粮助军，拥护达赖同进。准噶尔不能御。五十九年（1720），大军入藏，准噶尔溃走，是为官军平定西藏之始。

十二、清前期之西藏政局

由于青海蒙古在藏势力根深蒂固，深与藏民相得。清廷语文隔阂，无力治理，乃擢拉藏汗故臣康济鼐、阿尔布巴、颇罗鼐等分主前后藏，置戍而还。已而诸人争权，阿尔布巴复结准噶尔为乱。赖颇罗鼐自后藏起兵讨定之。此后，准噶尔屡窥西藏，藏地屡乱。雍正六年（1728），清廷乃迁达赖于西康泰宁安置，以防准寇。至雍

---

① 藏族人名中"错"字，现多译"措"。——编者注
② 现译仓央嘉措。——编者注
③ 现多译塔尔寺。——编者注

正十二年（1734）始送还拉萨。乾隆十五年（1750），再定藏乱，始以西藏政权拨归达赖，置四噶伦辅之。而以驻藏大臣监督之。

十三、最大之一关键

乾隆四十四年（1779），班禅六世入觐，患痘死。其徒将所受各方布施运回后藏，珍宝甚富。班禅有弟为羊八井白教寺活佛，欲分享之。不遂。因勾结廓尔喀人入寇。廓尔喀（Gaor Kha）为尼泊尔内新兴之执政民族，强悍好战。于是侵据后藏地方，几陷前藏。藏中白教徒复冀其摧毁黄教，暗起助之。清帝乃倾国起军，三路入藏，逐廓尔喀，逼至阳布城附近，受降而还（乾隆五十六年）。大将军福康安，乘军威整饬藏务，于乾隆五十八年（1793）颁定《西藏善后章程》。以全藏政权，收归驻藏大臣主持，其地位与达赖平等，分掌政教。各地营官及其他军政人员，自噶伦以下，悉由驻藏大臣委放。民兵由驻藏满汉军官训练。惟各寺庙堪布，由达赖保请驻藏大臣奏委。外夷出入藏境，均由驻藏大臣核发执照，严禁私越。即四夷达致达赖之函件，亦须送由驻藏大臣拆阅，批明覆函意旨遵办。其他一切规定，至为详致。（详具《卫藏通志》）西藏至是，始完全为中朝管治矣。

十四、另一最大关键

章程虽已如此严密，无如中国管理西藏，一时缺乏通晓藏情之人员。而藏地险远、高寒、贫瘠，语文隔阂，满汉官吏视为畏途，贤者才者，咸多方规避之；不得已而往，亦惟瑟缩署内，不愿实际办事，或竟无法办事，大都护守印信以候三年瓜代；侥幸无事，可望报绩升转而已。举凡章程规定，职权以内之事，概付达赖处理。达赖例不亲俗务，实权落于噶伦。噶伦贪权，行贿驻藏大臣，连续任之。而取偿于卖官鬻爵。遂使西藏政治，成为公开贪污之龌龊政治。驻藏大臣不能识，朝廷君相亦莫由闻。民生苦痛达于极点，然其人深信佛法，轻视现实，重修未来。噶伦既假活佛以诏其人，其人即为佛入地狱而无怨。社会中聪明才智之士，悉柔化于佛法之中，以涉俗务为戒。故此辈贪污官吏，得意无碍，积重难返。所惧惟达赖成龄后，亲理政务，察发其奸而已。

十五、达赖连续早夭

藏俗,达赖转世后,迎入布达拉宫,选严师课以藏文与经论。至20龄前后,内典精通,能考得格西学位时,始择期行礼亲政。未亲政前,由三大寺推选贵胄活佛,为之摄行政务,称为"嘉曹"(Rgyal—Ts—hab,摄政)。驻藏大臣在藏时,摄政虽居高位,例只画行,政权全在噶伦之手。噶伦贪权恋位,利在因循,不利青年达赖执政,往往暗结摄政,危害达赖。第九世达赖11岁卒。第十世19岁亲政,22岁卒。十一世18岁亲政,当年卒。十二世18岁亲政,20岁卒。号称转世之活佛,连续夭折至四世之多,其中秘密可想而知。惟第十三世达赖,在其家族严密监护之下,克享天年。然而西藏之命运,说即斫丧于此人之手。

十六、政教不分之弊

夫佛教主清静,而政治繁剧,二者为根本不可混合之两种技术。故各派教法精进之时期,即各派僧侣未有政权之时期。接近政权,教法必坏。掌握政权之教派,盖无有不迅速堕落者也。元世祖以康藏政权委于萨嘉,萨嘉法王未曾亲揽政务,一切委于琫靖(dpan—chen,大臣),而花教之法亦坏。此接近政权而坏之验也。白教诸派继之,皆以僧侣直接管理政务,则其教法之敝坏,尤为迅速。此掌握政权而坏之验也。

然花教执政之时间甚短,白教诸政府领土皆狭,故其影响,不能甚大。黄教继之而兴,教区扩至康、青、新、蒙政区,奄有此高原之大部,时间阅历在三百年以上,而教法犹未至大敝败者,护法由政,教皇徒拥虚位故也。顾实汗虽立教皇达赖,而内辅以第巴,外监以大汗,未容教皇亲政。其后犹有第巴桑结与拉藏汗争权之乱。政权转移于清廷后,委任藏蒙俗官以主宰藏政。直至乾隆十五年(1750)止,始改用四噶伦,而以驻藏大臣监之。因当时驻藏大臣无权,而噶伦新设,一切未敢自擅,达赖之权始重。未久即有廓尔喀之乱。乱定后,政权划归驻藏大臣,直至光绪之世,将近百年,驻藏大臣虽昏庸,噶伦虽贪戾,而西藏社会安静,黄教未甚敝也。自达赖十三世亲政以后,内欲摆脱中国之束缚,以增高其教皇之尊严;外欲拒英人之窥探,以保持其宗教之秘密。不幸其时适当外力东压,中国积弱无暇眷顾西藏之际,达赖乃弃其教律,专意政争,亲俄亲英,迭酿奇变。凭借宗教信仰,驱策僧俗,穷竭其人力财力,以与祖国争土。三十年间,黄教堕落至于不可收拾,藏局亦破坏至于不可收拾。可胜慨哉！

故绥抚西藏之成功，在吐蕃沉湎佛教，与元、明、清帝之能运用佛教。西藏问题之发生，在于国人忽视佛教与佛教本身之腐败。至如国际关系，乃本身虚弱后所发生之外感。此外感屡愈，而此身迄未健全，故新外感陆续发生，迄今益剧。

十七、西藏问题之发生

第十三世达赖土敦嘉错[①]，光绪二年（1876）生于拉萨东南之朗顿，3岁迎入拉萨，因出痘抓搔而面麻，此可象征其性格之倔强。时英人已据大吉岭，胁哲孟雄王订立商约。哲王求援于拉萨。藏人助之拒英，为英所败（光绪十三年）。哲京刚朵亦为英人所据。光绪十六年（1890），清廷与英结约，划大吉岭以南入印。十九年（1893）又订续约，开亚东为商埠。藏人大噪不遵。达赖长育于此时潮中，痛恶英人，兼恨清廷之不能保护佛国，思另结强国为援。西藏问题由是发生。

十八、英俄角逐下之西藏

光绪二十年（1894），我国新败于日。俄人胁迫日本归还辽东于我。翌年，达赖亲政，适有俄籍之布利亚特蒙古人（Bariat 为西伯利亚之蒙古民族，亦奉喇嘛教）道尔吉夫（Dorjieff）在藏为僧，充达赖之经学教师。游说达赖联俄以拒英。先是西藏有预言传说一种，谓回教徒摧毁印度佛法后，有神人兴于印度之北方，曰北香巴拉（Byang－Byams－Ba－La），能造大车喷箭，扑灭回教，重振佛法。道尔吉夫以此预言，傅会英人为回教徒，俄国为北香巴拉。谓俄国信奉之旧基督教（东正教），僧侣亦守戒不娶，与佛法同流云云。达赖闻俄国强大，素仇英，深信其说。光绪二十七年（1901），遣道尔吉夫返俄，赍书乞助。俄皇尼古拉二世大悦，覆书以保卫佛法自认，并赠与最新枪械，潜运入藏。驻藏大臣不能诘，清廷亦无所闻。英人见中华孱弱，无力制藏，欲与达赖直接交涉通商、传教与探险等事宜。印度总督因数次致书达赖，皆未拆却还。遂于二十九年（1903）命荣赫鹏（Younghusfand）率军二百，由哲孟雄越界至干坝宗，胁藏官前往谈判。达赖仍严拒之。驻藏大臣有泰，欲自往交涉，亦被阻止。荣赫鹏徘徊界上一年，不得要领。藏人谓其技已穷矣。

---

① 现译土登嘉措。——编者注

十九、英军攻入拉萨

光绪三十年（1904），日俄开战，荣赫鹏乘时前进，速破藏军，陷拉萨。达赖闻江孜决战失利，委印于甘丹寺，自率亲信，拟由蒙古奔俄。经清廷严旨截回，驻留青海。

荣赫鹏既入拉萨，胁藏人出与议和。七月二十八日，由摄政及三大寺与之订立《拉萨和约》十款。开亚东、江孜、噶大克三地为商埠。赔偿军费五十万磅，合卢比七百五十万元，限七十五年缴清。以春丕谷（即车末区）为抵押。英国在西藏取得特权，且未将中国明白列出，但云"不准任何外国干预"。英政府得报后，自嫌此约太苛，电饬减赔款为二百五十万卢比，并于赔足五十万时，交还春丕地方。此约经清廷力争，于三十二年（1906）在北京与英大使归结《印藏条约》六款，收回本藏主权。但许开三商埠，准英人驻扎领事与警察（后仅实施于江孜）。

二十、张荫棠与联豫

先是光绪三十一年（1905）派唐绍仪赴印度交涉修改《拉萨条约》，遂派随员张荫棠由印度入藏，办理善后。张有才识，善能运用藏人排英之心理，以裁制英人在藏行动为号召，办理新政。弹劾有泰与其他驻藏贪庸官吏，奏请提前赔款，收回春丕地方。藏民大悦。一时令行禁止，百废俱兴，西藏政局重振。英俄亦于光绪三十三年（1907）订立《彼得堡条约》，尊重中国在藏之主权，互约不加干涉。于时，驻藏大臣联豫入藏，张荫棠他去。联豫颟顸无识，漠视藏情。在藏五年，唯知滥用中国皇帝威灵，欲削达赖权力，压抑藏人拥护佛法之情绪。僧民惶惶，避之惟恐不远，政令亦即无法推行。联乃屡疏请饬达赖返藏，思借其力以为控制。时清廷已革除达赖名号，乃讽达赖入京，为皇太后大庆祝嘏（三十四年九月）。加封为诚顺赞化西天大善自在佛，饬其返藏。达赖至青海，闻联豫在藏措施，与赵尔丰改流川边，焚毁寺庙，反对佛法各情形，大愤。嗾令康藏各藏官僧侣等，奏控联、赵。并令藏民罢差罢粮以为钳制。一时官民，俨如水火。

二十一、赵尔丰经略川边

自雍正四年（1665），划宁静山以东百二十土司地方属川，于兹百八十余年矣，迄未改流设治，亦未推动任何政治与同化工作。土人以宗教关系，暗中役属于藏。同治时，瞻对作乱，赖藏军剿平，清廷因而以地赏之。光绪二十年（1894），瞻对土人逐杀藏官，川督鹿传霖派兵剿平。因请将川边改流。经驻藏大臣文海与成都将军恭寿弹劾，未果。时鹿方征服霍尔诸部，擒德格土司至成都，并征剿乡城、三岩等处，已奠改流之局。骑虎遽下，大受藏人猜忌。而汉官在川边者，复争言功利，推行矿、垦等新法。达赖方亲政，大恶之，潜令土人反抗。光绪三十年（1904），遂因泰宁开矿，杀害都司卢名飏。又因巴塘开垦，杀害驻藏帮办大臣凤全。皆喇嘛寺承达赖旨，号召人民为之也。清廷命四川提督马维麒率兵进剿，建昌道尹赵尔丰督粮继之。

赵有大志略。乱平后，留巴安办理善后，按罪诛巴塘、里塘两大土司，并讨平乡城之乱，复请改流。适值英军入藏后，全国舆情咸主将康藏建省，加强管制，以固主权。清廷见赵之才志可用，任为川滇边务大臣，主持四川、云南两省土司改流事宜。赵曾返川代理川督，因得以川济边，筹饷练兵，调用人员，修凿道路，开发经济文化诸事业，皆得恣情为之。后任川督者为其兄尔巽，更无掣肘之虞。

三十四年（1908），赵率所练新军出关，讨平德格乱，土司僧格多吉（Seng-Ge-rto-rje，狮金刚）自请改流。其弟绛白仁青（Byams-Pari-Rin-Chen，慈氏宝）率叛党奔入西藏。时川边四大土司地方，悉已改流。而联豫在藏，因藏人不给差徭柴草，水火俱绝，困甚忿怒，请调四川新军入藏镇慑。清廷派协统钟颖率军入藏。钟以贵胄特起，少不更事，军无纪律，骄贵怯懦，沿途为藏人所阻。赵乃自德格以边军护之前进。宣统元年（1909），抵昌都，驱逐沿途藏军，送至江达而还。时边军威名藉盛，纪律良好。自丹达山以东各部落土民，苦藏官苛虐者，纷来昌都向赵投诚。赵请于江达划界，分建川边、西藏两省。因联豫争之，未获准。乃将昌都以东诸部藏官驱逐，分置理事官及设治委员。宣统三年（1912）春，赵平三岩与得荣之乱，返巴安，奉命署四川总督。乃自康北绕行回川，逐去瞻对藏官，将尚未改流各土司，一律追缴印信，勒令改流。土酋畏威，无不俯首戢服。西康建省规模，于以奠定。

赵尔丰之经略川边也，善治军。将士乐为之用，敢战畏法，令行禁止。于吏治，能一绳以法,严肃无所宽假。经建与文化,非其所长,然能注意推行之,一切作百年万世之计,不为敷衍粉饰、取悦邀誉想。在巴安建有巡抚衙门,办制革厂与印刷厂,测量察隅地图与巴安入藏路线,建修河口钢桥,移民开垦,踏勘矿产;迎蜀名士吴蜀猷往巴安兴学。至今巴安多才,实启于此。又办藏文学堂与化夷学堂,思以打破语文隔阂。其眼光之远大,气魄之宏伟,皆足与鄂尔泰、左宗棠伯仲,后世莫能及也。其人复能吃苦耐劳,以强毅力克服困难环境。初征乡城桑彼林寺(b. Sam—aphel—Gling)半年不能克,粮尽军怨。赵与兵士共以草熬牛皮食之,劳心焦思,须发尽白。军士感泣,卒以制胜。由是威名播扬,而志益锐。后征德格,叛党窜走石渠草地。时当冬月,冰雪塞阻,草原荒旷,无食宿差徭之便,全军瑟缩不肯进。赵自亲率军先之,穷追数百里,大破叛党于青海界内乃还。每至一地,必集民众讲演辩论,务服其心。故藏人畏而爱之,至今有奉祀为神者。然其治康有一短,即务在"用夏变夷",必欲摧毁土人习俗是也。彼甚恶喇嘛,所至劝阻人民入寺为僧,军士蹂躏寺庙及僧侣不甚过问。僧民间每有纠纷,僧侣无不败辱。以是受达赖及康藏社会领导人物之强烈反对,具控文件,积叠至百千,使清廷终以失民疑之。为其功不可没,故移调川督也。赵初坚辞未准。又请以其总文案傅嵩炑代理,许之。遂更绕道助傅将改流全局奠定乃去。可谓强毅之至矣。

然赵氏之才,不足以当大省。督川未久,因压抑川人争取路权,激成民变。清鼎之覆,此为导因。又当川人围成都时,赵檄傅嵩炑率边军入援。傅为报知己,将边军精锐抽调,自率入援。援赵未及,川边陷于藏军者过半。盖以力服人者,力穷则叛。诚使赵氏长驻川边,从容布置,次第完成其理想之计划,则减削僧侣势力,收移风易俗之功。虽难,可得而致。不幸殒身腹省,人亡政息,藏人与僧侣乘之鼓煽,扰攘至今,迄无继起人物为之收拾。使西藏之外交问题,直变为康藏拉锯战争之内政问题者,赵氏未能因教齐政之失,与有责焉。

二十二、达赖出奔印度

十三世达赖居青海,屡策动康藏土人反抗,亦屡失败。又不胜清廷切责,乃于宣统元年(1909)冬返藏。时联豫所调川军尚在昌都,达赖命人率民兵阻之。与联豫相恶益深。明年正月,各路藏军败溃,钟军已抵乌斯江。达赖惧,邀帮办大臣温宗尧转圜,愿恢复驻藏各官衙门差粮柴草,听受政令。要求保持教皇尊严,不究既往,不杀僧伽。温宗尧许之。既闻钟军入拉萨市无纪律,于琉璃桥枪杀喇嘛,遂即夜与其亲信二百人逃去。因仓卒无可投者，暂南向曲水，逃过雅鲁藏布江，断铁索桥与皮船。联豫派兵追至，不得渡，遂听其逸去。达赖彷徨藏南，拟沿哲孟雄、尼泊尔路绕入新疆。曾迭电各国乞助。初未愿投英印。不料最先来慰助者，即为其素所仇视之英人。

英有军官查理·贝尔（Charles Bell）旧任春丕长官，精习藏文语与西藏情俗。及是受命，来哲孟雄慰劳达赖，迎赴大吉岭居住。供张完备。后又迎往加尔各答。贝尔言行态度，悉能得达赖与其从人欢心，使彼辈仇英成见消灭馨尽，反依英印如保傅焉。

二十三、藏人驱逐汉军

达赖既去，联豫奏请革达赖名号，奉旨饬藏人另寻灵童受封。藏人不奉命，纷以秽物投掷皇诰。联豫又请以班禅代行达赖职务。时班禅九世二十八岁，为达赖受戒弟子，不敢违历代成规，拒不受。英人亦屡以革除达赖名号见责。清廷不能坚持，漫然置之。联豫虽拥兵，终不能驱使藏人，无法行用职权。藏中噶伦各官一切仍潜自请示于达赖，只佯顺联豫而已。畏钟颖兵，怂恿联豫，派其往征波密。联豫亦欲树立声威，许之。钟大败还。联改用左参赞罗长裿代之，反攻。并请边军会剿。宣统三年（1911），边藏两军平波密，改流。拟设两府一道，为西藏建省基础，付罗长裿经营。罗治军严，人咸追思钟颖宽纵。颖素骄贵，撤职后，深怨联豫，留乌斯江，截解饷以给边军，思恃内援以倒联豫。是年冬，内地革命消息经英文报传入波密。戍军杀罗长裿，溃至乌斯江，拥钟颖回藏，幽联豫。时称革命，时称勤王。勒藏人大筹军饷与乌拉，声言回川。饷既集，士兵挥霍立尽。一再勒筹，竟不成行。藏人苦之。色拉寺尤为反抗。钟颖于民元（1912）三月，发令攻色拉寺，久不能克。至七月，藏人群起反攻汉军，围钟颖于札什城。钟军饥渴乞和。七月三十日，由尼泊尔驻藏官出为调停，全军缴械，由藏人发给旅费，自印度取海道还国。驻后藏之参赞与其吏属，亦同行出藏。于是驻印两年之达赖，重被迎返拉萨。

二十四、达赖自印返藏以后

达赖返拉萨，宣言独立。召集藏中贵族、高僧、寺庙与各县代表，开会商讨亲华亲英与自力生存诸途径。时藏人皆不愿脱离中华关系。而达赖与其亲信持亲英甚力。虽云会议，实徒听达赖宣布政见而散。于是达赖下令各地藏民，驱逐汉官汉军。并将旧曾亲近汉官与协助汉军之人物与寺庙痛加惩罚。丁结林寺于是被夷为平地，僧徒解散，活佛被杀。班禅亦被科罚金。同时派遣贵胄子弟返印度及英伦学习陆军、工矿、电机诸技能，征收商税，扩充兵额，东向川边争地。连陷太昭、嘉黎、硕督、科麦、察隅诸县区。川边凡黄教寺庙所在地，叛民蜂起，逐杀官吏，势如燎原。

边军原为七营，经傅嵩炑调去精锐后，所遗不过三营，地面辽阔，不敷镇摄。兼值内地革命，各省均呈独立状态，边军时无所系属，饷械无继，领导乏人，惟尚能保守昌都、巴安、康定、盐井等重要城市，与藏军相持于瓦合山脉两侧，以待内地援军。

川边区中，属于花教地区之德格，独未响应拉萨。属于白教地区之三十九族，则竟支持汉军与藏军苦战。红教区之瞻化藏民，亦因习知藏官苛虐，未作响应。其附和西藏最热烈者，为旧巴塘、里塘两土司故地，如乡城、稻城、得荣一带，即所谓康南地方是也。

二十五、尹昌衡西征

四川都督尹昌衡，得川边告急电，于民国元年（1912）六月，集绅耆议亲征。以胡景伊代理都督，自率军援边，号称十万，设西征军总司令部于康定。困守各城边军，闻风振奋，纷起出击。叛民闻尹督斩赵擒傅，以为雄武更在赵尔丰上，悚惧还巢。瓦合山脉以东，暂告宁定。云南都督蔡锷亦请出兵助剿，乘时收复西藏。达赖大惧，向印度乞援。英人一面抗议进兵入藏，一面借给西藏军费四万镑，折以枪械运藏。并借口保护商务，驻兵江孜为藏人声援。同时俄国亦抗议进兵蒙古。大总统袁世凯，慑于英俄威势，饬尹督停止前进。尹乃集中军力，攻剿乡城。然师久无功。

达赖既得英人援助，再下令反攻，全边民乱复起，沦陷县区正多。时则胡景伊与尹有隙，饷糈不济，川军不习边情，所至愁苦，怨望思归，溃散与折损并众。十万之众，实存已不足万人。尹氏乃亲出督师，遍历理巴德格甘道诸地，所至劳军抚民。遂定乡城。各地民乱复息，维持瓦合山防线至七年之久，尹氏之力也。

二十六、陈步三之乱

是年，明定川边三十二县为川边特别行政区域，以尹昌衡兼镇守使。其秋，解尹氏川督，以胡景伊接替。尹失志，怏怏自废。十一月受召入京，被幽。张毅继为镇守使。毅惟注意理财，图以边养边，别无远略。时边军统领彭日升驻昌都，率赵使旧部,与藏人相持,屡有小胜。藏军窳弱,迄不能越瓦合山一步。

昌都以东,惟乡城民最强悍,自鹿传霖以来,屡叛屡剿,屡创不能服。经尹督平定后,历以重兵驻镇。民国三年(1914)九月,驻乡旅长稽廉,因憎旧边军营长陈步三,裁抑过情,激变被害。陈步三散库储枪弹于蕃民,借其力以抗官军。张毅电调川军援剿,五路围攻,然因昧于地形,聚理化莫敢进。陈逆于翌年正月,从小道绕出官军后方,连陷雅江、康定,窜入川境而散。川边大耗损,雅江钢桥被毁,乡、稻叛乱迭起,扰乱迄今。康局之坏,肇始于此。

张毅以失律撤职。刘锐恒为镇守使,附和洪宪。袁世凯死,自逸去。滇人殷承瓛继为镇守使,颇有志于整顿。然值川军与边军联合排逐滇军,殷氏败去。湘人陈遐龄为镇守使。

二十七、陈遐龄与绒坝岔条约

陈遐龄为人外廉悍而内多欲,矫情任性,略无法度。初为营团长时,颇着声誉。排滇之役,纵横捭阖于边、川、滇军之间,故殷氏去时以镇守使印授陈护理。北京政府因而与之。边、川两军攻殷者颇怨望。边军皆百战健儿,恃功骄慢,斥陈遐龄所带陆军为不胜战阵;陆军装备完整,纪律肃然,亦斥边军为垂老丐儿。相遇必互为诟詈,至于殴辱。恰于是时,类乌齐(时设九集县)边军与藏军因小故肇衅。英人助藏军大举东犯。因所用英国枪械犀利,边军屡败。彭日升退守昌都,连电告急。陈遐龄思借藏人力消灭边军,严电彭死守待援,而饬援军滞留甘孜、道孚,不准接济一人一弹。昌都困守三月,待援不至,四山皆为藏军所据。彭日升与藏人议和,遂全被缴械,押赴拉萨囚死。

民国七年(1918)四月二十二日,西藏噶伦绛巴登达入昌都,遂分两路东犯,势如破竹。旬日间,速陷十一县,直达德格境外之绒坝岔(Rong—Pa—rtse,属甘孜县)。陈遐龄调所有九营兵力往甘孜拒之。原期一战克敌,收复失地。殊血战四十日不能胜,乃与藏军议和,划甘孜、巴安以西新陷十一县为藏军驻地。是为绒坝岔休战条约。系民国七年十二月十七日订立。休战期间定为一年。

二十八、恢复与鱼烂

此一年中,陈遐龄派员向各方呼吁济饷济械,以休战期满,出兵恢复失地自誓。

一时博得国人同情，由北政府拨送新枪一千支，子弹二十万发，与收复失地临时费六十万元。然陈氏实无恢复之意，徒欲以此争取四川内地较优之防地而已。民国十二年（1933），与四川刘存厚、杨森等部联合，攻熊克武及刘成勋等部，大败于简阳之石板滩。退回川边。刘成勋与陈有宿怨，穷追不舍。陈以川边军政分属孙涵（康区）、羊清全（建南），自向甘肃逃赴洛阳，向吴佩孚请兵，无获。遂未返康。

刘成勋部尾追陈氏入康定，因建南军来援，回据雅、邛等县。孙涵返康定，代行镇守使。时川边所存者仅十五县，尚能征收赋税者只十一县。财用匮乏，苛税朋兴，吏贪民暴，全局鱼烂，康事之坏，于斯为极。幸时当欧战之后，英人已放弃经营西藏企图。达赖黩武日久，财穷民怨，亦不有再行东侵之力。绒坝岔一年休战条约所订之藏军驻营地界，竟成长期有效之康藏界线焉。

康藏与中原地区早期交往试探[①]

(1989)

　　康藏高原上古无人居住的说法，现已被愈来愈多的考古发现所否定。据近年地下发掘所知，至少在旧石器时代晚期，这个高原上已有人类栖息。[②] 到了新石器时代晚期，高原的东部已有了较繁盛的氏族村落存在，并已从事农业生产。[③] 按照人类安土重迁的习惯，我们完全可以认为，这些远古就生活在这个高原上的人类，就是今天藏族的先民。对这些藏族的先民，国内外学术界历来有土著说、南来说、北来说、土著与外来融合说等诸说。不过，无论何说都不能否认他们是构成今天的中华民族的一部分。在漫长的历史中，他们与其他地区的兄弟民族一起，共同缔造了我们祖国的五千年文明史。以往论及藏族与汉族和其他兄弟民族的关系时，往往仅溯至吐蕃与唐朝之联系。事实上这种联系应远较唐代为早。至少在高原东部，这种联系可追溯到上古时期。本文即拟从历史地理学之角度，对高原东部（包括今川西北涉藏地区）与中原地区的早期交往作一些探索。

一

　　《史记·五帝本纪》曰："黄帝居轩辕之丘，而娶于西陵之女，是为嫘祖。嫘祖为黄帝正妃，生二子，其后皆有天下：其一曰玄嚣，是为青阳，青阳降居江水；其二曰昌意，降居若水。昌意娶蜀山氏女，曰昌仆，生高阳。高阳有圣德焉。黄帝崩……其孙昌意之子高阳立，是为帝颛顼也。"[④]

[①] 本文系作者与泽旺夺吉（任新建）合作。原载《藏学研究论丛》（第一辑），西藏人民出版社，1989年。
[②] 安敏生等：《藏北申扎湖的旧石器和细石器》（《考古》1979年6月）。
[③] 西藏文管会、四川大学历史系：《昌都卡若》。
[④] 据中华书局标点本。

黄帝是传说中的人物，号有熊氏，是当时中原地区的氏族首领。黄帝族与羌族原有较深的渊源，因其在中原地利的影响下，农业生产有了很大发展，相继征服了炎帝、蚩尤两大部落集团，建成强大的氏族公社。后人因其"以华山为其表"，称之为"华族"，被认为是汉族的先民。黄帝的时代在距今 4600 年左右①，那时尚为新石器时代晚期，没有文字。故后人对黄帝的有关传说颇多怀疑。其实，无文字的原始民族自有一套口头传承本民族（或部落）历史的方法，今天的纳西族、彝族等民族的一些家族中，尚能背诵其几十辈，以至上百辈的祖先事迹，即可证明无文字时代传下来的一些事，并非完全没有根据。因此，黄帝的传说应有所本。春秋战国时"百家言黄帝，其文不雅驯"②，正说明此传说的广泛和未经修饰。司马迁撰《史记》时曾到过许多地方收集素材，"至长老皆各往往称黄帝、尧、舜之处，风教固殊焉，总之不离古文者近是"。于是才"据古文并诸子百家论次，择其言语典雅者，故著为《五帝本纪》"③。因此，其所述之事虽不一定完全可靠，但也非全无依据，其事应大体去历史真实不太远。

黄帝族"以玉为兵"，说明其加工石器的技术已非常精细。由于工具的改进，农业耕种的水平有了发展，物产丰富起来。又因拥有河东解池的食盐，与其他地区部落的商品交换日趋活跃。《史记》记述黄帝"东至于海"，"西至空桐"，"南至于江"，"百逐荤粥"，过着"迁徙往来无常处，以师兵为营卫"的生活。④ 既是以"师兵为营卫"，那就不是征伐，而是处于一种武装护卫的状态。为了防止交换物品遭到劫掠，派武装作"营卫"，沿途护送，自然十分必要。

西陵，《大戴礼》作"西陵氏"，证明非指一人，而是一氏族部落。其地在中原之西，岷江上游一带。

嫘祖，又作累祖，儽祖。嫘、雷同音，故又称雷祖。嫘字本为累，从丝，造字时初为 ℮（雷纹），像茧抽丝之形。篆隶演变为畾、累，女旁是后加上的。以表示其为与养蚕抽丝有关，称其嫘祖，表明是一女性氏族首领，《通鉴外纪》称"嫘祖教民养蚕"，便是证明。

蜀山氏为传说中之蜀国先王，其地在今茂汶、灌县一带之岷江河谷中。《太平寰宇记》茂州石泉县条云："蜀山，《史记》黄帝长子昌意娶蜀山氏女，盖此山也。"蜀

---

① 刘大白《五十世纪中国历史年表》判黄帝为公元前 2698—前 2599。
② 《史记·五帝本纪》。
③ 《史记·五帝本纪》。
④ 《史记·五帝本纪》。

字原写作罗,示一大眼虫,指的就是野蚕。这种野蚕岷江、青衣江、大渡河等河谷多产有,其茧较家蚕为小,色暗黄,可以缫丝。蜀山氏即因产蚕丝而得名。

江水,此指岷江中上游一段。若水,指雅砻江,《水经》云:"水出旄牛徼外,东南至故关为若水。"《汉书·地理志》云:"鲜水出徼外,南入若水。若水亦出徼外,南至大筰入绳。"汉旄牛县治在今汉源县境,汉武帝时曾于此置沈黎郡,辖县21,多为今甘孜藏族自治州及凉山彝族自治州境内的氏族部落。天汉四年(97)废郡,并蜀为西部。西部都尉驻旄牛县,"主徼外夷"。因沈黎郡时西徼至于雅砻江,于鲜水汇入雅砻江处置关,稽核夷汉出入,废郡后,关亦废,所以称"故关"。鲜水今仍为此名。藏语称其为"鲜曲",亦同义。大筰为今盐边县,绳水即金沙江。以此诸地核之,若水应为雅砻江无疑。

黄帝之时,中原地区无丝。为了求得丝和养蚕抽丝之法,自然会与岷江上游的产丝部落发生交换关系。黄帝与西陵氏嫘祖的婚媾,可能即因此发生。但我们从玄嚣和昌意都"降居"江水、若水地区,而未能生活于黄帝所在的中原地区来看,似乎嫘祖所在之氏族尚是母系社会,故子女随母,不随父。后人有谓"昌意德劣,不足绍承大位,降居斯水(指若水)为诸侯焉"①。乃是从儒家的观点,以封建社会之制来比附原始社会,其谬可知。不过,从玄嚣、昌意分别降居于江水和若水地区这一情况看,当时的江水部落与若水部落间关系是十分密切的。很可能为同一部族的两支。而且还可判定,若水与江水之间互相交通,他们之间必有一通道。否则,居于若水的昌意就不可能娶江水地区的蜀山氏女,玄嚣的孙子高辛也不可能"年十五而佐颛顼"②。更进一步,我们还可以推断江、若水地区的部落必有一条与中原地区交往的通道,否则,"生于若水之野"的颛顼也不能入主中原为帝。生于江水河谷的大禹也不可能到中原去治水,并建立起夏后氏的奴隶制政权来。

还当注意一个问题,上古之时并未有国家。当时的氏族首领都是人们公选出的,他们或是勇力过人,或是谋略出众,或是品德高尚为众人所爱戴,才会当选。黄帝不过是中原部落联盟的首领,并无由子孙承袭的理由。但他的孙子颛顼,曾孙高辛却都从远离中原的地方来担任了中原的首领。由此可知当时若水、江水部落的文化并不逊于中原文化。史籍上说颛顼"静渊以有谋,疏通而知事,养材以任地,载时以象天,依鬼神以制义,治气以教化,絜诚以祭祀"。高辛"普施利物,不于其身。

---

① 郦道元:《水经注释·若水》。
② 《史记正义》引《帝王纪》云。

聪以知远，明以察微，顺天之义，知民之急。仁而威，惠而信，修身而天下服"①，说明他们具有优秀的品德和多方面的知识和技能。当原始社会之时，人们的知识和修养往往是得自本部落内的教育。我们知道，按照氏族社会的传统，在每一部落中都有一套培养青少年的方法，以使他们从小开始掌握本部落积累的生产、生活知识。即使在当今的一些原始部落（如中印度巴斯塔尔县密林中的穆里亚人、巴里亚人部落）仍然可以看到类似的做法②。因此，从颛顼、高辛以及后来的夏禹等人身上，我们可以看到这一地区已有较高的原始文化。

颛顼既生于若水之野，他的这些品德和才能是如何被中原地方的人知晓的呢？他"北至于幽陵，南至于交阯，西至于流沙，东至于蟠木"，跑了许多地方，可知他也曾进行商贸活动。因为，无论是若水部落或是中原的部落联盟，它的辖属或影响范围都不会达到这样广远。只有进行商贸才可能与这么远的地方发生联系。因此，可以设想，颛顼是因经常到中原一带进行商贸活动，而被那里的人所了解。

那么，若水地区有何物与外界交换呢？虽无当时文献可证，但我们可从秦汉时蜀人与邛、笮部的市易物品，主要是"笮马、牦牛"这一线索寻知端倪。

由前文考订若水位置，可知所谓若水部落的地区，就是今甘孜藏族自治州折多山以西、雅砻江河谷及其以东的一片地方。这块地方就是著名的木雅（མི་ཉག）地方。藏文古籍中"多康六冈"之一的"木雅热冈"（མི་ཉག་རབ་སྒང་），即指的这一地方。这里海拔 3000 米以上，但水草丰肥、森林茂密，宜牧宜猎，是古代游牧民族理想的栖息地。藏族传说"西藏的人种为猴与罗刹女两相交合而生出的孩子"③。而远古时期的康青藏大高原，当洪水退去，出现陆地时，上部阿里部分是大象与野兽区；中部卫藏部分是野兽与猿猴区；下部多康部分是猿猴与罗刹区。则多康区内的木雅地方应很早就是藏族祖先活动的区域。地下考古发现亦可证明这一带地方新石器时期就有人类活动。牦牛原是一种凶猛的高原野牛，后被居于康藏高原的原始人类驯养，成为一种驯顺的、用途很广的家畜。藏语称这种牛为"雅"（གཡག），汉文原写作犘或氂，亦是以牙为声，说明是"雅"的译音字。后之刻本才讹为犛、氂等字。牦牛耐寒畏热，只能生活在高原地区。但因其毛特长，古代中原人喜以其毛和尾用于车马、戈矛、旌旗的装饰。中原地方不产牦牛，故必须与康、青、藏高原的部民市易。后人遂因其特点和用途，称这种牛为"旄牛""髦牛""牦牛"。羌语称人为"米"

---

① 《史记·五帝本纪》。
② 参看乔治·彼得·穆达克《我们当代的原始民族》及维纽桑德尔《印度巴斯塔尔的部落》。
③ 五世达赖：《西藏王臣记》。

(Mi)，木雅①，本读为"米雅"，因此，"木雅"即"牦牛（部）人"之义。汉代直称其地为"旄牛王国"。沈黎郡废后，更将管理这一带的县称作旄牛县，都是这个原因。由遗传学可知，驯化野生动物是一个漫长的过程。秦汉时此地既已把牦牛作为大宗特产与蜀人市易，那么，在秦汉以前的很长时期，此地应已有大量牦牛。故我们可据此判定，颛顼之时，若水地区与外界交换，主要靠的是牦牛及其产品。

二

或有人怀疑："五帝"之事，究属上古传说，以其作出若水地区与中原联系的结论，是否可信？为此，我们拟借用一些考古的资料作为旁证。

早在20世纪30年代初，一个对考古颇有经验的美国牧师叶长青（Rev·J·Huston Edgar）就曾在木雅地区的吕曲河沿岸和鲜水河流域发现一些打制精细的石器，初步判为细石器时代人类所使用之物②。为证实其发现，1931年他又邀哈佛燕京学社的人类学家包戈登博士（Dr Gordon Bowles）一起再次在雅砻江及其支流流域的道孚、炉霍和康定的木雅等地考察、采掘。又采集到一大批用石英石精细打制的石器，其中还有几件利用陨石磨制的石斧。此外，还发现了一些具有本地特色的陶器碎片。在这些石器中，大量的是磨制过的刮削器、箭镞等③。证明至少在新石器时代，这里已有人类群落，并从事狩猎。这些石器，1949年以前一直存放于华西大学博物馆内，它是若水地区当时文化的见证。

无独有偶，40多年后，在它的西部又发现了昌都卡若遗址。这个新石器时代原始村落遗址的发现，更证明了雅砻江流域所发现石器的可靠性。因为从出土文物看，卡若文化"并非西藏高原上一种孤立发展的原始文化。它不仅影响了西藏高原东部边缘地区的某些原始文化，而且与黄河中上游地区的原始文比，也有着或多或少的联系"④。雅砻江流域所发现的打制石器"很接近卡若的同类器物"⑤。而且岷江上游理县、茂汶等地曾发现的大量磨制石器，也"与卡若文化有相似之处"。如果考虑到

---

① 学术界多以为"木雅"即《唐书·党项传》之"弭药"。如是，则党项与旄牛部同种。吐蕃占领党项地后，称其人为"弭药"，乃是呼其"旄牛部人"的本称。并非因"为吐蕃役属"才"更号弭药"（《新唐书·党项传》），因此"弭药"一词也不含有什么贬义，否则后来建立西夏王国的党项人也不会自称"弭药人"。
② 叶长青：《西康石器时代遗存》。
③ 葛维汉：《华西协和大学古物博物馆的石器》。
④ 梁思永：《昂昂溪史前遗址》（科学出版社《梁思永考古论文集》）。
⑤ 西藏文管会、四川大学历史系：《昌都卡若》。

卡若"这座原始村落，其时代至少绵延了一千余年"① 这个事实，那么，不难想象，雅砻江、大渡河、岷江流域的那些与卡若部落具有同类或相似文化的氏族部落，也曾是相当繁盛，并绵延了很长时期的。因为人类的历史具有连续性，故我们完全可以认为后来的有可靠文字记载的高原东部诸部族，如秦以前之"西羌"，秦汉时之"筰都夷""旄牛王部"，隋唐之"东女国""附国""嘉良"，元明之"朵甘思""长河西""鱼通"，清代之德格、明正、理塘等土司各部，都或多或少的与上古时代活跃于这一地区的原始部落有着渊源。当然，由于在漫长的历史年代中，南北民族大迁徙和东西民族交流的结果，这些后来的高原居民中已融合了许多其他的民族或部族，但其主体部分应仍为土著者。

原始社会生产力的制约，使本部落（公社）的产品远远不能满足本部落人们的需要，因而交换是经常发生的。黑龙江昂昂溪细石器文化遗址中发现的装饰品石珠，证明是远来自外地。同样的，在昌都卡若遗址中发现的穿孔贝，也不是本地产物。这种贝属宝贝类，主要产于南海。但在中原的仰韶文化、龙山文化和黄河上游诸石器时代文化中常有发现。"卡若遗址远离南海，竟然也发现了这种贝，这除了证明它的居民与我国其他类型的新石器时代文化的居民有着共同的意识以外，也反映出了当时部落之间的交换，不论是直接或间接的，已经达到了很远的范围"②。

综上所述，由考古资料可证明：第一，在新石器时代晚期（正与传说中的黄帝、颛顼时代相符）在康藏高原东部（包括若水、江水及其相邻地区）是确有原始氏族社会存在的。第二，这些氏族部落的人与外地有着交换关系，而且，这种交换关系达到很远的范围，中原地区自当是他们与之有交换关系的地区之一。据此，本文对黄帝、昌意、颛顼等事迹的论述和中原与若水、江水地区关系之探讨，并非附会传说，而是有一定根据的。我们相信，随着地下发掘的不断发现，必能提供新的更多的证明。

由上述高原东部与中原地区的早期关系，似可证明上古之时，并无严格的民族畛域。故若水的颛顼和江水的高辛可以入主中原，黄帝族也可以到江水、若水地区来联姻。"夷夏之别"不过是后来的封建统治者所造成的。虽然，在我国漫长的历史中，由于历史的、地理的种种原因，从而形成具有各自特点的今天的五十多个兄弟民族，但追根溯源，全来自中华民族这一母体，这就是不管到了世界的什么地方的，

---

① 西藏文管会、四川大学历史系：《昌都卡若》。
② 西藏文管会、四川大学历史系：《昌都卡若》。

任何民族的中国人,都称自己是炎黄子孙的原因。现在国外有的人散布种种谬论,企图把藏族从中华民族中割裂出去,完全是痴人说梦。仅从颛顼等的事迹,我们也可略知藏族先民在缔造中华民族中的历史作用。

三

最后,试对其交通路线问题作一探讨:

岷江(江水)发源于羊膊岭,其地在松潘北黄胜关外,海拔 4000 米左右,但因系平缓之草原浅岭地带,纵马可直驰而过。逾岭北行,为包座草原,广袤无垠,直抵白龙江谷,再逾岭即入洮水地区,通联陇右,进接中原。江水地区上古时的人民与中原往来的孔道应即由此。岷江自松潘以下,穿白马岭,岸山仍为草原牧场。过镇江关后,河床渐低至海拔 2000 米以下,这一带河原开展,农业有利,擅有蚕桑。上文所述之蜀山氏、西陵氏皆当兴于此带。再由此向下流,则至茂汶盆地。河原开阔达数十里,海拔亦低至 1000 米左右,是极适合农耕之地。再南下,过涂禹山,江岸转逼狭,至于无路可通行。其下游都江堰,入成都平原,但黄帝之时这一带尚为内海,商队自然不会来这里。因此,上古时之江水地区部落与中原的交通,理当循岷江而上,经松潘草原北去,进入甘肃南部的陇西草原,从而与黄河上游的氐羌部落相联系,或径而东向与中原地区相联系。

川西高原自北纬 30°以北皆海拔 4000 米以上的草原。只金沙江、雅砻江、大渡河三大水流所经之处有 3000 米左右之河原耕地。其中有两个断层地带的狭长河原,可能是上古人类密集之区。其中最长的一条断层带,西北起自青海的曲麻莱,至甘孜自治州道孚县的松林口,长约近 1000 千米。其生成年代,约与喜马拉雅山之上升出海同时,因印度板块北移,挤压高原地壳所致。既断裂后,成为大湖。以后又因纵向造山运动的结果被分隔为三大段:西北受雀儿山运动影响,隆起为德格祝靖地垒,划开金沙江与雅砻江;东南因喀哇罗日山的抬升,形成罗锅梁子支脉,从而划开雅砻江与鲜水河,这样便使狭长湖之水分为邓柯、甘孜、道孚三段,各自穿山泄向东南流去,成为金沙、雅砻、鲜水三段河原地带,是高原上宜耕之佳地。这一断层的东南端,连接着著名的木雅地区。它的东北面通联金川盆地,北面逾若干浅岭通联第二条断层地带。

第二条断层地带长约 400 千米,西极今色达县之色尔巴地方,东极于阿坝自治州马尔康县之梭磨。由于断裂不深,梭木河与色尔巴河作一字形相向对流,至白湾西合为大金川河，是为大渡河之上游。由梭木河原之东部逾浅岭，即入陵駹水河谷，秦汉时的"冉駹夷"就居处在这一带。由此直通茂汶盆地，十分便捷。其北自中壤口经毛儿盖断层河原，与松潘草原通联。这一带全是草原牧场，应是江、若二水部落间联系的最便捷之孔道。若水部至中原，可自木雅东北行，经大金川，入松潘草原而北上。上古人类缺乏交通工具，长途旅行仰赖牛马，故必择水草丰盛之开阔草原或低浅河谷为交通干道。这种情况亦并非仅上古人类如此，就以13世纪时的蒙古帝国来看，当其从阿坝地区出发征伐大理时，其选择的这路也大致是这样。因为它全为骑兵，不能离开水草这个生存条件。

若水地区与黄河上游地区的交通，尚有一条经金沙江与雅砻江之间，穿越石渠大草原，进入青海玉树或果洛地区的道路。它直通黄河上源鄂陵、扎陵二大湖区东侧的哈姜盐海。这条道从古至今都大体未变，是一条行销食盐的道路。

禄东赞的姓

(1946)

西藏史家，都称吐蕃开国的两大伟人，一是大皇帝松赞冈波 Sron－btshan－Sgam－bo，一是大宰相迦桑赞宇松 Mgar－Sran－bthan－ynl－gzun（依法尊上人译）。这两人，在《唐书·吐蕃传》中，亦曾特别描写。传中译松赞冈波为弃宗弄赞。译迦桑赞宇松为禄东赞。《旧唐书》说：

禄东赞，姓薛氏。虽不识文记，而性明毅严重，讲兵训师，雅有节制。吐蕃之并诸羌，雄霸本土，多其谋也。初太宗既许降文成公主，赞普使禄东赞来迎。召见顾问，进对合旨。太宗礼之，有异诸蕃。乃拜禄东赞为右卫大将军。又以琅邪长公主外孙女段氏妻之。禄东赞辞曰：臣本国有妇，父母所聘，情不忍乖。且赞普未谒公主，陪臣安敢辄娶。太宗嘉之，欲抚以厚恩，虽奇其答，而不遂其请。禄东赞有子五人……及东赞死，钦陵弟兄复专其国。（《新唐书》文系剪裁旧传为之，不更录。）

这段文，可代表这位大宰相的才能、性格、态度与功勋了。不但吐蕃最英明的赞普倚重他，即中国最英明的皇帝唐太宗，亦是一见爱悦，定要嫁与他一个戚属女子。辞婚这段话，虽是史官记录之文，却显得这位文化落后的蕃人雍容娴雅，应对得体，侧立于泱泱大风的庙廊之间，一样令人敬重。足见任何民族，都有他的优秀分子。此人在松赞冈波晚年即已负国政的全责。松赞死后，他成了托孤摄政的诸葛武侯。他死以后，儿子又继续专政。穷兵黩武，拓地甚广，因为权倾王室，惹起他人忌妒，酿成覆宗之祸（武后圣历二年）。剩下一子一孙，来奔中华，受唐室封，为

---

① 原载：《中央周刊》1947年第9卷第11期。

归德郡王与拨川郡王。现在的德格土司，也便是他的后裔。

这里特别讨论他姓的这个"蓡"字。究读何音？原书无注、后人无释。字书中也无此字。《新唐书》不著此姓，而云"大论薛禄东赞"。大论便是大相，原书已有明文。看来《旧唐书》中，这无音无义、不见经传的一个"蓡"字，恰与新传的"薛"字相当。颇似其字应该读薛，或可认为是薛字的误文了。但我的意见，决不如此。我考此字应当读"噶"。是一唐代民间曾经流行的字。新书的"薛"字，乃误文也（可说是误改前书）。

此字并非我从汉文典籍内找得，乃是从藏文书找了出来的：

藏人本来无所谓姓，但有一个 Tshan 字，代表血系的一支，通常译作"家"。如德格家，孔萨家，都是此字。若兼顾译音，恰好译个"族"字。亦恰与汉文"姓"字的古义相当。《德格世谱》，系依据许多的藏籍撰成。书中列举列祖名字，书迦桑赞宇松为 Hgar ston btsan yul bzun（噶东赞宇宋）。传音文字，各人写得不同，但主音则相去不远。查其传记，知其实为一人。这个 Ston btsan 二字，恰与《唐书》"东赞"两字符合；"宇宋"二音，则被唐人译作"弃"了。《唐书》的"禄"字，当然是"论"（Blon）字的译音，意为大臣。原书虽皆已有"相为大论、小论"之解。但语文未通之时，译人将官衔误连名字，也是有的。正如法王（曲结）松赞冈波，被唐人译成弃宗弄赞一样。（曲结对"弃"音。宗弄对"松"音。截去冈波字。已另详《松赞冈波年谱》）。唯首字 Hgar 无着。藏人习惯，是常将生长地名或氏族名，冠在人名之前的。（因为藏人同名者多，故用此法区别）这个噶字，我可判断是族姓。何以见得呢？《德格世谱》，曾举出他的父亲名 Hgar ston mes khri chags。祖父名 Hgar bla mchan chenpo。他的孙子 A mye dge ba dpal，号称 Hgar chen（噶靖），是噶尔之宗由此盛大之义，A mye（阿尼，古代黑教术士之称）是职衔，dge ba dpal（绛巴摆）是名字。足见 Hgar 真是他的姓了。

再查《说文》，有"挈"字，义"拥也，抱也"。唐韵"居悚切"。集韵为"古男切"，应读如"拱"音。与"挈"音相去不远。若易手为女，仍可与拥抱之义无抵触。我疑唐人已作"蓡"字了。藏文 Mgar，意为喉，为歌。dgah，为爱悦、喜乐。此姓 Hgar 或即援此为义。译人采用此字，仍具爱悦之义。加草头者，亦如译 Bod 为"蕃"字。番字已足传音，更加草头，或有暗示为草地人语之意。正与土字加口成吐，瑶字加犬成猺，同为译人惯伎也。

于此当补一意见：我反覆端详两《唐书·吐蕃传》，并曾于官档以外，参考有唐人私撰之吐蕃野史。知《旧唐书》的绪论，系采贞观时蕃中归人的记载。《新唐书》则曾参考贞元、长庆间入蕃的记载。"论"字，"萎"字，皆是最初的译字，曾经用过极审慎的决定功夫。惜原书与作者皆失传。我寻觅着这线索正再探。

喇嘛教徒之圣城[①]

(1941)

一、喇嘛教徒

喇嘛分布地域，为西藏、蒙古全境，西康省打箭炉以西各县及盐源县之木里地方，青海省除湟源以东少数回民居住区以外之番蒙各地，甘肃西南部，新疆准噶尔盆地，云南丽江以北各县，宁夏、绥远、察哈尔、热河四省之北部，辽宁与黑龙江省西部，苏境之布利亚特地方，西藏东南之珞瑜及布丹、哲孟雄、尼泊尔与印藏间之达拉克皆是。面积约600万平方千米，人口约400万。其种族包括蕃、蒙、羌氐、摩些、珞巴、白巴、别巴、拉达克及布利亚特与少数汉人。

如此喇嘛教徒，地域种族虽各不同，要皆具有共同之信心：

1. 此身所遭受，皆以前历世善恶孽报所应得，无足计较。唯力修未来福报，为人生最大目的。

2. 诵持六字真言——唵嘛呢叭咪吽——为人生最要工作。

3. 瞻礼圣城拉萨，或罄身所有布施于此，为人生最大功德。固亦有以研究佛学为主要目的者，唯居绝对少数。且亦绝不对此二者有所疑难，不过随缘致力，不如一般之佞事耳。

通达之喇嘛教徒，皆反对"喇嘛教"一名称。以为喇嘛者，藏人尊称仪行高洁、学问宏通者之辞。意为"无上"，非教派名称。彼中教派，曰格鲁巴、迦当巴、迦举巴、萨迦巴、宜马巴、塔龙巴、绷巴等云，通为佛教。经典皆与中国及印度、锡兰、缅甸、日本等地佛经同义，只以藏文写语不同耳。或以中国佛法重显教，喇嘛重密宗，以此为别。喇嘛教徒亦否认之。谓宗喀巴教，亦显密并重，日本佛教亦显密并

[①] 原载《康导月刊》第4卷第8、9合期。

重，只汉地密宗较微耳。余谓自西藏孕育播衍之佛教，究竟与汉地、日本甚至印、缅、南洋之佛教不同。其最大不同处，在于迷恋六字大明心咒与拉萨圣城二点，尤以迷恋拉萨圣城一点为极异致。一般佛教徒迷恋印度金刚台、菩提树、王舍城址、泥莲禅河者多有之，对拉萨绝不发生兴趣。故分佛教为印度与西藏两系统，亦无不可。属于印度系统者，所尊在佛，亦谓人皆可以成佛，固既已称为佛教矣。属于西藏系统者，虽亦奉佛，而称高僧为喇嘛，即称之为喇嘛教，似亦未尝不可。

二、拉萨发展小史

拉萨，在雅鲁藏布江支流克曲（今通称拉萨河。《水道提纲》作噶尔招木伦江，盖译蒙语也。英文作 Kyi Chu）中游冲积平原上，海拔 3600 米。在西藏高原中，为最平阔温暖之河谷。古时似为湖地，其后湖面外泄，始成平原。然卑湿多荡泽，可耕地少。故吐蕃建国，初在雅鲁藏布江南侧河谷等地方。约当我国南北朝中期，吐蕃赞普拉脱脱惹蔺夏王，曾渡雅鲁藏布江，来此平原中心之红山顶（今为布达拉宫处）相度地势，拟迁国都，以规康境诸部落。已不果行。更历 200 余年，至于隋初，名王松赞干布（《唐书》作弃苏农）即位，始获迁都红山。其时吐蕃由牧国进于农国未久，都邑规制，率其简陋。大抵红山顶上，已建宫室（即最早之布达拉宫）。山下平原较高处，村落密接而已。藏人相传松赞干布前身是千手观音，启请于无量光佛，发愿阐化雪国西藏，使成乐土。曾以六字咒法，演述于地狱、饿鬼、畜牲、人、阿修罗各趣，听者皆获解脱。乃临雪国西藏，初登红山，发放四种光明。一往尼泊尔，一往大唐，遂有忿怒度母与救度母，投生尼、唐两国，为两公主，他日助其兴隆佛法。一光照射拉萨，现为亚场之六字真言。此六字盖即其法身之相也。一光照射吐蕃王宫，遂投胎为松赞干布，统一康藏，宏扬佛教，创制文字、法律，为吐蕃第一名王，年 83，唐高宗永徽元年（650）庚戌岁卒。"拉萨"二字，藏语为"圣地"，谓由松赞干布所辟也。

考松赞干布即位于隋开皇二年壬寅（582），年 12 岁，自亚伦札堆，迁都于拉萨，筑宫红山顶上。娶尼泊尔王女尺尊为元后。时尼泊尔已有文字，奉佛教。相传尼王以释迦 8 岁身相之名贵佛像，为尺尊压奁，佛教由是输入藏土。松赞干布，为尺尊营造一神殿，以供祀之，即今之大昭寺也（考系隋开皇十二年壬子岁开工，时松赞干布年 23），寺地原为湖沼，曰"倭塘错"，初用山羊填土平之，故名"饶木契"，意为大牝山羊。又名"饶萨"，意为山羊上。又名"招堪"，招，蒙语；堪，藏语,皆作"庙"解。其后因命大臣吐弥桑布札等,往印度学习经典、文字、律仪,归而创制藏文,建立十善法律。又命人至印度迎入蛇心旃檀自然生成之十一面观音像(即松赞干布之本尊佛像)、葛西夏旃檀自成佛像、七世如来舍利、吉祥茅草、泥莲禅河沙、菩提树枝、八大阿兰若土。又自尼泊尔迎入哈日旃檀中自然生成之四佛像及圣喀萨巴里像,悉以供于大昭寺内。又请尼泊尔工匠镌造多种佛像于拉萨诸土之上。

唐太宗贞观十五年(641),文成公主下嫁吐蕃,时松赞干布年73矣。藏人相传:唐太宗以释迦12岁身相之觉阿佛像为公主压奁。此像极其名贵,后当详之。

文成公主输入中华文物极众,经史文籍、方伎杂书、医药百工、纨绮绵帛、纸币墨碇、酿造诸匠、蚕桑蕉菁、百谷诸种、弓矢盾甲、雕塑占卜诸艺,一时吐蕃物质文化,大受中国影响。拉萨市容,为之改观。吐蕃习俗亦多所修正。然藏人所最称道者,为输入觉阿佛像与占卜学两事。

藏人相传,文成公主精占验术,占知藏地如女魔仰卧,倭塘湖为其心脏,故指示尺尊建大昭寺以镇之,外建十二精舍以镇其手足。余考大昭建于壬子岁,时松赞干布年23。文成公主下嫁于贞观十五年(641)辛丑,时松赞干布年73。其后九年,松赞干布卒。中间无壬子岁,则大昭之建筑,应与文成公主无涉。唯十二精舍之建筑,或是松赞干布晚年受文成公主指示为之也。

松赞干布曾孙墨阿葱王,再娶唐中宗养女金城公主,生子赤松德赞,为吐蕃第二名王。拓地西逾葱岭,北极天山,东北至贺兰大碛,东蚀大唐陇右诸州,及剑南西界松茂雅黎之地,东南并摩些诸蛮,南达印缅平原北部。文治方面,进步亦大。拉萨一城,已成万国朝会之地,市况繁荣可知。宗教方面,即迎入乌苌大密师莲花生,与印度大德菩提萨埵,创立正法,革新佛教。建筑桑耶寺,为沙弥集修之所,是为西藏最古之喇嘛寺,在拉萨西南40里。

唐之末世,吐蕃帝国崩裂,佛教亦经摧毁。其后各僧流散布各区,纷为异说。下逮宋世,遂有噶当(黄教之祖)、噶举(俗称白教)、萨迦(俗称花教)等派崛起。拉萨方面,仅为小部落酋长所居,市况一落千丈。元代统一,以吐蕃故地拨为萨迦派之帝师管辖。是为西藏有教皇之始,帝师在京师,居宣政院,回藏境,居后藏之萨迦。拉萨仍为冷落城市。

元之末叶,有名张泽嘉赞者,统一前后藏地,重建帝国于拉萨,即《明史》所称之乌斯藏也。乌斯藏王,奉白教僧为教皇。此时佛教敝坏,宗喀巴倡言改革,创建甘丹寺于拉萨之东60里。称其教派曰格鲁巴,是为黄教。黄教因无政治力扶助,初不甚显，然藏中贤信奉之。永乐十五年（1417），宗喀巴卒，其大弟子克主结嗣甘丹法座，是为第一世班禅。另有最幼弟子根敦珠巴，传为松赞干布远裔，是为第一世达赖。皆受宗喀巴遗教，修轮回不灭本性法，临死知所往生，俾弟子寻而事之，是为"呼毕勒罕"，华言"活佛"。以此灵异，藏人信奉者渐众。宗喀巴其余弟子，分向四方，推阐黄教，自建寺院。拉萨北10里之色拉寺，西20里之哲蚌寺，后藏日喀则之札什伦布寺，皆于此时创立。

达赖二世名根敦嘉错，自札什伦布移锡哲蚌演教。虽乌斯藏王力扶旧教，抵制黄帽僧徒，然由其学问仪行感人深切，民间私奉者多。活佛之名，远播于中土及蒙古等地。至达赖三世索南嘉错，得内蒙巨酋俺答汗为护法，化行蒙古、青海、西康诸地，藏中红、白、花、黑各派法王，皆俯首称弟子，人王不得而制已。

达赖五世名阿旺罗卜嘉错，生当明清之交。时俺答汗子孙已衰，另有和硕特蒙古固始汗据有青海、西康之地，为黄教护法。以兵力逐乌斯藏王曰藏巴汗者于后藏地方。取前藏地，奉为供养达赖之邑。是为拉萨确立教皇之始。驱逐藏巴汗之役，布达拉宫（原藏巴汗居之）被毁，固始汗修复之以为教皇宫殿。汗亦自营行殿于拉萨，不时往来于青海、拉萨两地，治理庶事。此时拉萨一跃而为藏蒙两族之信仰中心，礼拜熬茶者，四方络绎。渐以恢复吐蕃帝国时之盛况。

固始汗于顺治二年（1645）击灭藏巴汗，取后藏地，奉为班禅供养邑。而以前后藏民事，统摄于第巴索郎琼拍。固始汗顺治十一年（1654）卒，索郎琼拍顺治十三年（1656）卒，达赖五世曾自理政务四年。顺治十七年（1660），固始汗子德洋汗（《圣武纪》作颚尔齐汗）复至拉萨，任命蒙古人为第巴，办理藏中庶务，唯德洋汗与第巴，皆尊事达赖，一切听命唯谨。康熙八年（1669），德洋汗卒于拉萨，达赖始自署第巴。至康熙十九年（1680），得第巴桑结嘉错，博学多才艺，有权略，忠事达赖，推阐黄教甚力。因欲驱逐和硕特政权于卫藏以外，与德洋汗之子拉藏汗争斗，拉藏汗倚清廷，桑结亦倚准噶尔蒙古。康熙二十一年（1682），达赖五世卒，桑结秘不发丧，凡事假达赖旨，以行其志。拉藏汗密奏之。经清廷切责，始具报仓央嘉错为第六世达赖。拉藏汗斥其伪，改奉伊西嘉错为六世达赖。双方相攻，藏中大乱。其后拉藏汗击杀桑结，槛送仓央嘉错于京师，行至青海卒。转生于西康之理塘，曰噶桑嘉错。蕃蒙信此为真达赖，私迎奉于青海。清廷不能制，听以塔尔寺处之。准噶尔恶拉藏汗所立伪达赖居布达拉宫，于康熙五十五年（1716），以奇兵远袭拉萨，杀拉藏汗，囚伊西嘉错，欲以兵迎噶桑嘉错入布达拉坐床。清廷命川甘两省出兵拒阻，覆没于哈拉乌苏及拉里。五十九年（1720），再大举出兵讨之，并送噶桑嘉错入藏，以抚蕃蒙。准噶尔军败走，清廷以拉藏汗遗臣为四噶伦，总理前后藏事务，辅佐达赖。是为清军入藏之始。其后，因番蒙争夺西藏政权与准噶尔窥藏不已诸故，拉萨屡乱，清廷曾四度用兵平定之。唯拉萨虽屡乱，各军对宗教名迹之爱护，如出一心，以此，圣城曾无毁损。

雍正平定青海以后，始将藏中蒙人势力摒除，自为佛教护法。创设驻藏大臣，以军戍之。唯藏地政权，仍操于藏人四噶伦手。乾隆五十三年（1788），廓尔喀军侵藏，占领后藏全部，大掠札什伦布，东逼拉萨。因患疫，濡缓未进。五十六年（1791）清廷大举西征，逐廓尔喀，逼为城下之盟，恢复藏境，安定全局。制颁善后章程，规定驻藏大臣为全藏最高行政长官，与达赖、班禅地位平等，噶伦以下皆受考核任免。至是，拉萨之驻藏大臣衙门，始为西藏最高政府。

其后驻藏大臣失职，厌理政务，一切委于达赖。达赖好静，委之噶伦。噶伦贪权，不利长君，待达赖年十八九，例当亲政时即毒杀之。唯第十三世达赖阿旺罗桑土登嘉错严为防守，得免。既亲政，慕桑结嘉错行事，欲脱清廷羁勒，使藏自治。时值英俄诸国，窥觊藏地，争遣辩士游说。驻藏大臣失职已久，冥然不知所措。达赖初拒西人行近拉萨。嗣乃联俄拒英。光绪三十年（1904），英人乘日俄开战，以轻军远征藏地，深入拉萨。达赖逃入蒙古。噶伦及三大寺与英人订立和约，大损中国主权。经国人力争后，获得英人让步，仍以西藏主权交还中国。清廷采纳舆论，提高驻藏大臣权力，筹备西藏建省。殊驻藏大臣联豫颠顶失藏中人情，四年无所成就。因与达赖交恶，调入陆军镇压。军行逸纪，达赖危惧，迫于走投素所仇视之英国。终乘民元藏乱，受英人协助，返居拉萨，宣布自治，排斥汉人。迄今三十年，拉萨为西藏自治区首府。布达拉宫之巍峨如故，大小昭寺圣严如故，三大寺之辉灿如故，然汉人殆已绝迹，蕃蒙阻于兵乱，前往瞻礼熬茶者亦稀矣。

三、圣城之核心

询拉萨核心于普通人，必误举布达拉宫为对。其实布达拉宫为拉萨重要部分之一，尚非核体，更不得为核心。拉萨核体，为大昭寺。核心，为大昭寺之觉阿佛像。藏人有极繁重浮夸之文集与诗歌描写此佛像，认为佛教之根核、内法之重宝，使蕃、蒙、羌、氐、摩些、布丹之属，不远万里，赍其家产，以倾泻于大昭之前者，为此像也。兹拾其说，简略言之如次：

藏人之说，释迦牟尼涅槃后，上居天界，与四大众俱。文殊菩萨，请造法报化三身，俾供佛者有所依集。释迦颔之。由其笑靥，放射四种光明，指示三施主与一匠师。于是大梵天王（诸天之主）布施诸宝，造释迦法身，形如梵塔，质如烟云，浮游空中，人间不得而触也。复次大曜遍主（日月众星之主）布施诸宝，造释迦报身，高18由旬（每由旬相当40华里）在南方大海中。脐以下浸没于水，前后身各半日程，海舶偶能至，常人不得近也。复次帝释天子（居须弥山顶，为欲界之主）布施天界五宝，人间五宝，及其他众宝，造释迦12岁时身量之相，是为化身。皆神匠必夏噶马所作。蒙佛亲为开光，散花加持。

此化身像，先经诸天迎请，住于天界100年。复经诸智慧空行母迎请至乌苌国，住500年。其后，像自腾空，降于印度金刚台，住500年。时值中国有支丁王者，遣使奉书向天竺求迎三宝。（余考即后秦姚兴遣法显等赴天竺事。有《觉阿佛像入华考》，附《西藏政教史鉴》，载于《康导月刊》）天竺王念印度佛法已盛，即以此像及另一名贵之旃檀佛像，并诸经典，派僧伽用海舶随中国使者运赠华王。自是以后，印度佛法渐衰，中国佛法转盛。迨文成公主运输此像入藏后，中土佛法浸衰，西藏佛法始盛云。

又传此像由唐朝大力士名贾拉噶与鲁噶二人，用车载运入藏。行达饶木契平原，车轮陷入泥中，二力士不肯复挽。藏人初就其地竖杆结彩供祀之。其后文成公主就其地建甲拉饶木契神殿，即所谓小昭也。（乾嘉时记藏事各书，谓唐公主建大昭，尼公主建小昭说，不足信）迨松赞干布卒，藏人谣传唐军50万来攻，目的在迎回觉阿佛像，乃自小昭移此像入大昭，藏于明镜南门（大昭初作南门，地筑三合土涂油，明净如水，反映上方鱼龙雕刻，如在湖中，故曰明镜南门），泥封腹壁内，外塑文殊像掩蔽之。其后金城公主入藏，谒小昭。询此像，启而出之，始安置于大昭中央之威灵殿堂。

威灵殿堂者，在大昭东端，为四层楼阁构成之巨大殿堂。始建于隋开皇十年（590）庚戌，竣工于十二年（592）壬子，距今已1350年，西藏最古之建筑也。初供尼泊尔公主输入之释迦8岁时身量像，自是，乃以唐公主输入之释迦12岁身量像主之。其像大小如普通人，色暗，似铜铸五金合铸。矬短粗陋，殊不似一般印缅佛像之曼妙。唯全身嵌装珍贵之珠宝殆遍，盖千年来喇嘛教徒次第布施积装所致也。后方及两侧，配诸佛坐像。有甚高者，殿内暗黑，唯有真金制之酥油灯多盏，四时照耀。四壁及天棚上诸艺术品，悉被烟炱熏坏，殆难辨识。唯于藏僧赞咏神变威灵殿之长歌，知其梗概，藏人皆信此殿为松赞干布化身为108木匠所造成，故又曰神变威灵殿也。

正殿四周，绕以走廊，旁通之神殿甚多光线晦暗，道路分歧，初至者如入迷楼，莫知所居。大抵各神殿中，龙上殿，护法殿，松赞干布与文成公主、尼泊尔公主殿，又尼后专殿（此殿为藏人所最信奉，谓后为司财帛之神也）。松赞干布与二公主，皆作菩萨状，由导引人指述为某某，以知之耳。有一殿陈列金像甚多，皆历世自印缅迎请入藏者。亦可受贵族信徒布施雄厚者备价迎请。另有数殿供吐蕃帝国时代，远自印、尼、乌苌等国输入之名贵佛像，如前述之葛西夏旃檀像、蛇心旃檀像、哈日旃檀像、圣喀萨巴里像等是。导引喇嘛，例能逐一说明来历。大都谓自然生成，或天外飞来。各有奇迹，穷年月不能尽其辞也。各殿皆施铁幔防窃，燃酥油长明灯。供役喇嘛，常数十人。每有小鼠成群，出没殿堂间，依依近人，未虞加害。盖其忘机已数百世，未知人类足为其害敌也。

全寺殿宇参错，在拉萨市内，挺起最高，向西有大门，门内大空场，回廊绕之，廊间遍地转经幢。礼大昭寺，例有布施，始得入门。入门依一定方向，循廊转筒，达于正殿。更依一定方向，循正殿回廊，旁参各殿。再由空场侧回廊出门，亦可自其他旁门径出。各门皆有守者，接受布施，缴于商上。商上收入，恒能超过当年田赋之额。西藏政教各费，大都恃于此款。布施之物，或为金银，或为衣饰，或为珠宝，或牲畜，或钱币，或茶砖，或谷物，或家用器皿之属。凡可出售者，皆得用之。来布施者，以蒙古人及青海康藏之贵族与牛场牧民为多。藏人居近者，逐日思往礼拜，而不能逐日布施，则多于门外叩长头以致极敬之意。

叩长头者，先直立，合掌触额，触口，触心窝，乃长伸向前，足随跪地，举体前仆，伸两臂，俾合掌达最远处。然后起立，重复为之。此为佛教徒最敬礼。多数信徒，入大昭后，就各神殿外，如此礼神。致殿前石板，磨陷六七寸深。亦有近拉萨市即磕长头，入寺出寺，以至礼拜其他寺院完毕，始起立直行者。

四、圣城三环

礼拜拉萨圣城者，须绕三环道。其方向，黄、白、红、花教徒，皆自左进。黑教徒反之。其仪式，或磕长头（第二长头，立足于前时合掌所立之地藉以前进），或手摇转经幢徐行。唯口中必诵唵嘛呢叭咪吽六字不辍。缘此六字，为千手观音度脱一切有情之唯一法宝。诵读一遍，胜读全部《甘珠尔》《丹珠尔》经典也。

内环可称为核心圈。即大昭寺神变威灵殿堂之回廊。喇嘛教徒之说：人生无论累积若何功德，苟非绕此殿堂一周，终岁不得成善果。因此中有代表释迦佛之觉阿像，为世界无上稀有，唯一真正之佛体。人苟能闻之望之见之触之，即不得为近佛也。礼拜者至此，为金光宝气所震炫，阴森寒肃所慑折，庄严静穆所胁迫，亦每忘失本性，仿佛如梦，恍然如已在梵天，与诸佛菩萨对晤，不禁体为之肃，色为之恭，语为之噤，五体为之曲屈贴地，心灵为之迷惘幻惑。至于罄其所有以布施之，率其妻孥以从事之而后快。拉萨之所以成为今日之拉萨，喇嘛教之所以成为今日之喇嘛教，固赖有历世法王大德之推阐，究其为术，不只一端，然而最大成功处，是在于此。

中环，可称为核圈。即大昭寺外大环道。多有梵塔与呢嘛竿（竿上悬有印刷经文之绢布者）、嘛呢①堆（叠放刻有六字真言，或其他经像之石堆）。标识其间，周回约一里许。拉萨市民及外来人士之有闲时间者，每每整日环绕诵经，或叩长头，因绕拜此圈，不须纳费。且所礼拜者，除代表释迦身像之觉阿佛像外，尚有其他甚稀有不可思议之名贵佛像，皆已如一同参谒。功效与入寺礼拜略同也。

第三圈，为包括拉萨全部圣迹之一大环道。藏人称为灵科，为比较宽坦类似近代公路之一大走道。叩长头者，每日能绕一周。居住拉萨者，每早起绕行，凌晨已绕一周。外人瞻礼者，缓步徐行，沿途流连瞻仰圣迹，则须整日甫能一周。所为灵科包绕之圣迹，除大昭寺外，有布达拉宫磨盘山、龙王塘、小昭寺、木鹿寺及亚场石刻等。为数甚繁，兹概叙其部位形势如次。

大昭大门向西，正对噶厦。即四噶伦办公处，西藏之责任内阁也。商上亦在其侧，收受布施，兼管全藏财政。又有浪子辖在此，主管全市，相当于警察厅。大昭门外，有唐柳，传为文成公主手植，藏人以为释迦之发。其旁有汉藏文双镌之唐蕃甥舅和盟碑，为唐穆宗长庆二年（822）镌物。汉文，似李北海书。又南为大广场，藏人、尼泊尔人、缠回，拉达克及布丹、锡金人、蕃蒙人之携商品来礼拜者，就地设临时市场于此。此外环大昭寺有繁盛街道，五方巨贾居之，山海珍奇，无不具备。商户约500家，人口约10000余。平房错叠，悉较大昭为低。商肆闹街之外，为平民住宅。又外有城垣，卑小，多已圮废。或就民宅墙壁联缀为之。城西南隅，有旧驻藏大臣衙署，赫然踞列于全藏之最上位者约200年，今已成为废墟，仅石狮一对，破屋一聚，供人凭吊而已。城外多属沼泽卑湿之地，或为苇塘。唯当大昭西约2里处，突起双峰。北为红山，布达拉宫踞其上。南为铁山（藏语"假拉"，汉人曰"磨盘山"），有招拉笔洞寺，喇嘛皆习医药。医药为五明之一，佛学所重博通僧伽，必

---

① 现多译玛尼。——编者注

兼习之。今日藏中考"格西"，辩论范围，内明、因明、声明而已。医药工巧，多被遗弃。赖此寺专门习之，然其为术殊幼稚，岌岌乎不能存于今之世矣。铁山与布达拉间，连峰凹陷处，建巨梵塔，其下为门洞，大道贯之，东行经琉璃桥达大昭，通中华。西行经哲蚌寺、桑耶寺，通印度。一般称此塔下门洞曰"西门"，为游拉萨者所必经，多数乞丐麇集于此。城外与苇塘间空地，多植白杨，为贵族住宅。中有数区，划居屠户、皮匠与葬业者，是皆习近杀业，为藏俗极卑贱之人，故别居之。全市南侧，有大江绕流，是为克曲。直卫铁山西南，激折向西，自曲水入于藏河。河湖以内，游鱼成群，严禁捕取，而以施食为功德。

凡远道来此膜拜者，谒大昭后，例须先赴布达拉宫。西行出城市，经沼地，约一里，过琉璃桥。桥石碧色，桥亭覆琉璃瓦，故名。藏名"玉夺桑巴"（绿石桥），传亦唐代所建。又约一里，至达布达拉宫下。亦有露天商肆。有贵族住宅，无大商店。布达拉宫外，有圆柱形藏文碑，记赤松德赞蹂躏大唐京畿武功。又有乾隆平定廓尔喀碑（即《十全记》）及乾隆论防天花碑。宫殿外形如巨堡，其内房屋复杂，随导引人穿行半日，不能知其结构。有佛殿，有贮藏前辈达赖遗体之塔，亦有前辈达赖所居之室，并其衣褪遗物保存之。又有宗喀巴遗干酥油盘上之掌印足印。最大目的，则在叩谒现存达赖，讨其"舍头"。舍头者，达赖以其坐旁黄绫缠裹之杖，轻叩膜拜者头顶，以为降福。其义等于摩顶。达赖亦为千手观音之化身，肉体至为神圣，不能轻与凡俗人体接触，故摩顶降福，不用手而代以杖也。凡入布达拉宫者，亦必须有布施，有达赖宫中掌之。此项布施，不归商上，专作达赖私供。宫中官吏，视人布施之多少，分配有等差之导引人导引之。或游览数处即出，或游览全部始出。或仅在达赖室外遥拜，或拜达赖座前，由侍者持杖击之，或拜座下，由达赖手自击之，或并已，引头近座，由达赖手自摩顶。报施相当，有若贸易然。往时驻藏大臣或中华管理谒晤达赖，达赖须以宾礼延见，赠送"松卡"（色绫所绾小结），互搭"哈达"（白色绢布）。此项松卡与哈达，甫经携出，恒即有人以重价购去，后以好马兑换。藏人相信，曾经活佛加持之物，或接近佛体之物（如敝衣败絮），甚至于佛排泄之物（如屎尿涕唾），佩之皆能辟邪降福，免灾，消罪，故也。

出布达拉宫，穿西门塔洞西行，入灵科大环道。初向北，经布达拉山后，可望见布达拉宫，不可登也。相当布达拉宫之鬓，有嘛呢堆。巡礼者自左向右，回环绕数周，亦足以慰瞻礼活佛之志。过功德林外，循一堤岸，达龙王塘。有巨池，有龙王庙。神像以蛇为饰，藏人以蛇喻龙，且相信拉萨原为湖海，龙王所治，一经松赞干布降伏龙王，转为护法之神，圣地始得安静。故对龙王祀典，甚为隆重。其旁有中国式建筑之亭阁，池中多异鱼及羽禽，风景甚美。汉籍称为禄康插木，为拉萨八景之一。距龙王塘不远，有达赖象房，其侧有塔及嘛呢杆为旗帜。先是乾隆平廓尔喀，得驯象五头，以二头分赐达赖喇嘛，拉萨始有象房。其后布丹人续进驯象于达赖，每拉萨有盛节，则饰象游行，以炫世俗焉。

灵科自龙王塘折东，渐离沼地，穿过农村及葬业者住区，向小昭寺。拉萨唯达赖得用火葬，又因恐污秽圣河，禁止水葬。普通人死，以布包束缚，交业葬者，负向山地，割裂饲雕，或以饲犬。不尽举行天葬仪式，业葬者皆业乞丐，其人格在业屠者上。普通人下，居宅有定式。限居此区，亦颇有中产小康者。小昭为文成公主所建，已详前节。现其内仍祀文成公主。寺外有大道，横经灵科通于札什城（旧时清戍军兵营。乾隆末年所建，现已毁败）。及色拉寺，是为拉萨北门。

自小昭而东，再穿葬业者聚居之帐幕区，及广阔原野。道北为贵族别墅与柳林，道南为木鹿寺。寺有经园，为拉萨经板制造与印刷地。康藏印经业，以德格为最大，此寺约与相敌。又向东行，绕拉萨城之东北角，折而南过一小桥，有石路可通甘丹寺。又南为屠户住区。又南折西，当城与克，曲河之间，为皮业者住区。有路，渡克曲，通甘丹寺。自康来藏者，恒出此途。上游浮来之木材，亦自北部上岸，堆集待沽。沿河多柳林及富户住宅，循城垣而西，过拉萨南门，渡小桥，穿大柳林，为拉萨人士夏秋郊游之所。出柳林，行近克曲河边，有石堤护路，多已被水冲坏。水中游鱼极多极巨，出没游戏，仰人施食。相传此为水怪窟宅，经松赞干布收伏，每岁有喇嘛作法祀之。沿岸多植嘛呢杆，亦所以压镇水怪也。灵科缘岸而西，至铁山下，山水相激，凿崖梯山为路。缘崖造作佛像及六字真言。相传松赞干布收伏水怪时，雷火激射此崖，即自现出诸像，后经尼泊尔匠师雕刻明显。然历世屡有增益，多至不可胜数，谁为最先显现者，非有博通喇嘛指导，莫不能详也。逾山道而西，为一陡坡。礼拜者至此停止仪式，疾趋而下，不得稍驻。下坡有大转经幢，巡礼者例须转动数回，补偿下坡急慢之工作。折北行，当铁山后方，崖上刻佛尤多，巡礼者皆须于固定之礼拜石上，对诸像叩头。致其石光滑无论，此段崖道，为灵科重要部分。嘛呢杆密植，远达河岸，表示其为圣灵之地。再北穿柳林，回至最先走入灵科之十字路上，完成一环。

五、三大柱石及其他名寺

藏俗用锅，唯三长石支之。如喻拉萨为蒸腾佛焰之巨锅，则甘丹、色拉、哲蚌三大寺，即其三柱石也。

甘丹寺，在拉萨东60里，谷中倚山，随高低为重楼，形势与布达拉相类。金碧光彩亦足匹敌，常有僧侣三四千修持。宗喀巴永乐五年所建，黄教之发源地也。寺中多宗喀巴遗迹与克主结手制之宗教品。克主结兼通五明，尤擅工巧，其所作佛像，塔幢之属，精巧无匹，今皆保存寺内。此外收藏名贵经典亦多。

色拉寺，在拉萨西北10里，平原尽处，因山为寺，微仿甘丹。宗喀巴初至拉萨，即拟建寺于此。其后移建于甘丹，其弟子坚庆曲结萨迦伊西，曾入中国，受封禅师，所得赏赐及蕃蒙布施归，承宗喀巴意，建寺于此。所供旃檀佛像，系自中国运回，又有降魔杵一枚，长近2尺。传建寺之日，自天竺飞来，堪布珍藏之，每年开放一度，任人参观。贵族有病者，每以重大布施，迎请此杵来家供养，卜期送还。如获迎供此杵，病尚不愈，则是恶孽沉重，非佛所能救也。寺僧亦3000余。

哲蚌寺，在拉萨西南20里，印藏大道侧山坳内，依山建筑。宗喀巴弟子仓央曲结札什巴丹，梦神示其地宜建寺宇。因得聂鸟富民巨大布施，请准宗喀巴建寺于此。并遣海螺一具，为镇寺壤宝。达赖二、三世皆驻于此。此寺经典丰富，蕃蒙汉人留此习经者甚多，常有喇嘛5000人。寺外有垂仲庙，常降法神，决休咎，传甚灵验。达赖十三世时，主张恒与此寺法神违逆。故哲蚌寺，恒与达赖意见相左，为强烈之亲华反英主张。直至近年犹然。

凡朝拉萨者，礼拜三环道后，例须谒拜三大寺，布施熬茶。布施，为以财物献于寺庙，作神祀供养。熬茶，则献茶包于僧厨，熬供诸僧吸饮。茶贵僧多，所费辄巨万。亦有熬茶之外，更以藏币献请主僧分给大众者。亦有不熬茶而专献藏币者。主僧受金，依固定分配法，孰为单分，孰为双分，孰为三至若干分，传集众僧，依次授与。各人所得虽微，受必郑重，重布施也。多数贫苦僧人，专恃布施果腹。各方布施之多，由是可见。

三大寺虽以修习经典为主，然在政治上，有绝大潜力。重要政务，必以咨询。噶伦及重要官吏产生，必须得其同意。西藏议会，即以三大寺为骨干。考授革西，亦由三大寺主持。人民信奉三大寺与信奉政府之力，约略相当。苟遭三寺反对，未有能令行禁止者也。

桑耶寺，在拉萨西南40里，为西藏之最古红教寺院，现因黄红两教派，甚融洽故，此寺仍能维持千年来固有之重要地位。凡红教僧侣及其信徒，朝大昭，谒达赖，礼拜三圣路环后，俱来此寺瞻礼布施，亦如黄教派之于三大寺然。西藏若干政务，此寺亦得干预，故又与三大寺合称为四大寺也。

拉萨北 70 里浪孜地方，有白教教皇曾经坐床之地曰楚布寺。又有黑教名寺业朗寺。在宋元明代，皆曾兴盛一时。自黄教兴后，渐归沉寂。然究不失为喇嘛教名寺。与后藏萨迦寺同为各该派教徒所尊崇。黑白各教徒朝拉萨后，必往谒之。

拉萨东北二日程，有热振寺，有黄教呼图克图主之。寺以风景幽美，富有奇禽异兽著名。现热振呼图克图为西藏摄政。

拉萨城内，又有四林，曰功德林、丹吉林、罗布林、台吉林，皆黄教小寺，建筑精好，财力确厚。僧侣富有势力，传皆藏王家之私庙。所谓藏王，盖即清代有力之噶伦也。丹吉林寺，因民元之役，资助汉军，反对达赖，被达赖夷为平地，遗址在琉璃桥东。以上各寺，皆足分拉萨灵脉之一线，故附三大寺论之。

塔弓寺与其神话[1]

(1943)

塔弓在康定木雅乡之色西塘，去康定300里，不当驿道，汉人知者甚少。然在蕃族中，声名甚著。尤极受康区牧民崇拜。三十六年（1947），余同沈明伦技正探索飞机场址，住此寺一日。访得其史迹大略，测量附近地形而返。原拟撰文记之，病息未就。近有塔弓寺僧过雅安见访，重询文成公主足迹，追怀往昔，撰为此文。

色西塘纵横百里地内皆浅丘浅谷，海拔4000米左右，为康定最大牧场，所谓"木雅牛厂"是也。牧场之水，汇于塔弓寺西北，河谷降至3800米，然仍平缓迂曲。沿岸冲积平原广阔，度可耕种，但无耕者。一任野草繁滋，留为牧场。至粑桑以南，始有农地。寺建于水滨浅平原上，土松近水，不任崇隆，故无伟大建筑物，仅平房一排祀诸神像及一梵塔，外绕僧房。无墙垣，仅围木栅，一切与他寺异致。（他寺皆有崇巍之大殿与法神殿。长垣四合倚建僧寮数重，殆为定式）寺之右侧浅土垣内，"却登"[2]林立，号称108塔，皆高僧藏舍利处也。蕃堪舆人，称此寺为阴阳合局之格。寺左广原内，有民房十余家，散建如棋子，其人不耕，专割藏野草，备蕃商驮队旅宿，介绍交易，有似康定之锅庄。寺后为长土阜，阜后即色西卡大牧场。寺前，隔水兀起三峰，约略作等距离，亦等高。土浅露石嶙，无树木，形式庄严浑厚。蕃人以为神山，直以菩萨名呼之。中峰曰"简热日"，犹云观世音。左曰"却南夺吉"，犹云金刚手。右曰"降白杨"，犹言文殊。蕃人对之，极致尊敬。谓绕行三山，能获绝大福报。布施嘛呢经旗于山上，为绝大功德。随时树立经旗，如密林。颜色曜日，远在百里亦可望见。

寺僧为萨迦派，以康定上木雅，上、下牛厂二区出家者为最多。数100余。平

---

[1] 原载《康导月刊》1943年5卷2、3期。
[2] "却登"，藏语"塔"之义。

时住寺者二三十人，余皆散居家中，或赴各地念经募化。值大会期，乃集于寺。全年大会期凡三次：五月下旬跳神会，于时附近牧户，率驱牛马，来集于色西塘，度此盛节。远商亦至，交易甚盛。六月十五起，念经传戒，直至七月末始结（此时牧场收入正旺，布施故多）。此后牧事就衰，僧会亦散。至腊月二十日起，再集法会，至除夕止。

关于此寺之神话甚多，亦率与文成公主有关。据寺僧云："此寺奠基于唐太宗时，缘藏王松赞干布遣大相厄日登巴（《唐书》作禄东赞。前译《西藏政教史鉴》作臣噶）。谓迎娶大唐公主甲萨弓穹（甲萨，犹言'汉后'。弓穹，犹言'小脚'，文成公主也）。自唐入藏，阅时三年。厄日登巴与公主通，行达木雅，产一子，厄杀之，埋尸此地。其后公主入藏。相藏地形，如女魔仰卧。劝松赞干布建大昭寺以镇魔心，建八重镇精舍以压两肘两膝，又建四分镇精舍以压两掌两脚。此为分镇精舍之一。当时只塑一神，曰'臼'①，盖释迦佛之化身。其后因'臼'以建喇嘛寺也。寺中原有小塔，甚名贵。惧人偷盗，筑大塔藏之。今神殿间却登是也。"

通事告余，又与僧寺之说微异。其言曰："文成公主，既杀其私生子，建塔藏之。殉葬珍物甚多，皆在塔内。又留仪仗之半于此。其仪仗有珍珠缀成之旗伞，往时每年跳神，公开展览。寺中有女像，即文成公主，系小脚。公主入藏后，未有生育，每思念其私生子，故圆寂后，即来此间为神。公主系白度母转世。对面之降白杨山，即公主法身。简热日，即松赞干布法身。松赞干布为观音转世也，却南夺吉即厄日登巴之法身。厄日辅助松赞干布雄霸一世，犹观音之有金刚杵也。故塔弓寺为文成公主道场。其建筑仿佛中华寺院，与康藏其他喇嘛寺异制，寺名原为纳弓穹，谓小足禅寺，省称为塔弓寺也。"

李鉴铭君，精通内典，擅长藏语文，曾为省通志馆亲赴关外各县探访资料。所得塔弓寺历史，与上二说大异。其言曰："塔弓寺，藏语意为神喜寺。相传文成公主下嫁，道经此寺。所请之铜佛像自云：'住此。'公主云：'欲行者向西，欲住者向东。'于是请向西者赴拉萨（按：原意谓留向东之佛像于此），故名'纳公'（神喜之义）。后将其字误为'纳扛'（神皂之义）。今又误为'纳过'（神禅定之义）。

寺中喇嘛云：'此寺乃印度僧章赛滚宝开山。章赛滚宝之剑，忽然飞来，即来此建寺。今其剑在大塔中。'寺中有铜弥勒佛像一尊，乃八思巴由北京请来者。像前柱上悬一白石，石上有八思巴之足印。人以有此古佛，且寺中神语甚多，故争来朝拜。

---

① 藏语"觉卧"之异音。

此寺为阴阳合局之格。前为寺，后为塔院。寺外周围法轮，绕礼者不绝。"

比较三说，前二说最为荒诞。小脚相传始于六朝，实至宋代始盛。唐代妇女仅约束脚趾著小头鞋，并不缠脚成弓形。《上阳白发人》诗曰："小头鞋履窄衣裳，粉黛画眉眉细长。外人不见见应笑，天宝末年时世装。"足见唐宫不缠小脚。蕃人未见文成公主，徒见往时汉妇皆小脚，遂赘甲萨以"弓穹"二字，已诞妄矣。公主以大唐宗女，远嫁异国，仪从数百人，起居饮食，在在有人监护，何敢与人私通，抑何得有与人私通之机会。厄日登巴为雄霸一世之英主作辅相，安敢私通所奉敕迎请之未婚女后。果使相通有子，必为众人所知，讵不为松赞干布所诛，乃与其诸子当国数十年久?！大抵蕃俗于男女之私，不甚认为污。对于神天交媾之事，则更视为圣洁。乐为之传说，或绘塑之。彼等既认公主与厄日登巴为神，故竟造此谣说，以装点此寺之灵奇也。

李鉴铭君所传，比较大雅，亦与藏籍经典所传史事风格契合。大约出于《塔弓寺本传》（康藏各寺院均自有其本传）。唯亦嫌其荒诞不经。文成公主下嫁系自青海省西宁、玉树一路（见《文成公主下嫁考》），何至绕行到此。铜佛何能发声，表示愿留此地。果其如此，则已为神灵之物，又何至听从公主号令，向东向西，如令军之左右向乎。印度僧飞剑至此，已可笑。印僧知其飞到此处而跟来建寺，尤非情理。前喇嘛云殿中却登内为金塔，通事云是公主私生子，此云是印僧之剑。足见从来无人知塔内究竟是何物。徒各逞臆说，以欺世耳。以余度之，当是开山鼻祖师章赛滚宝之舍利塔。唯章赛滚宝，决非印度人。印度根本无萨迦派。此系萨迦派寺院，何至由印僧开山耶！

查萨迦教派创于北宋中叶。其时只行于后藏之萨迦寺附近。元世祖时，萨迦僧八思巴深得宠幸，受封为帝师大宝法王，管领天下释教。主持康、藏、青海全部政教事宜。八思巴弟子之封司徒、司空、国公、国师者甚众。多受八思巴派遣，分向青、康、卫、藏各地阐扬萨迦派教法。一时康、青、藏地方，创建萨迦寺院甚多。打箭炉之夷龚寺、萨迦寺，下木雅之日库寺、空松扎寺，皆于此时成立。塔弓寺之建筑，似又在日库寺后。或即与日库寺为一僧所募建。故今日塔弓寺方丈，仍由日库寺派任也。章赛滚宝，当即八思巴弟子之流。故寺中弥勒佛铜像，系八思巴自京师运来也。

元明之际萨迦派僧侣，为欲保持其历史之尊严，故喜传西藏史事。一时所出史册甚多。余前与刘立千君所译《西藏政教史鉴》即其一种。此书描写松赞干布建筑大昭与镇边十二精舍以压女魔时，有云："为压右掌心故，在康修建汤隆准马精舍。

由木雅工头领修之。"云康、云木雅，皆与寺僧所传唐时奠基之说近。松赞干布当所率为游牧军队，就色西塘形势度之甚适于其屯驻，或对三山阜有所供祀。或即曾建一神殿，亦未可定。其时藏中尚无出家沙弥，断不至即有寺院。直至八思巴弘扬教法时，始追寻旧迹建此寺耳。僧侣欲求世人对此寺院之重视，自不免附会奇迹以炫世俗。以其接近中华，遂牵入文成公主。以其有松赞干布遗迹，遂牵入压镇女魔之属。实则大昭寺早建于隋大业时，文成公主娶于唐贞观时。公主指点女魔仰卧之语，已甚无稽。十二精舍分镇手足，更属妄语中之妄语也。（参看拙著《大昭辨》）

塔弓寺与文成公主有关之说，既根本谬妄，于是因妄为妄，妄说更多，藏舍利塔指为私生子墓，或指为藏印度飞剑塔也。弥勒像为文成公主像也。三神山为公主及其本夫与奸夫之法身也。神阜寺为神所悦留之寺也。珍珠旗伞为公主卤薄遗物也。文成公主为小脚贵妇，塔弓由是得名也。甚至谓寺右却登108座，益之不能增，毁之不能减。反复数之六旬，终不可得其确数。唯智慧大德知为108云。余登寺后浅阜清点之，大小80余塔，瞬时了了。其欺妄率如此类。

寺藏珍珠旗伞，余虽未见，证以众口，似属可能。唯非文成公主遗物。康熙五十九年（1794）上谕云："明成化中，乌斯藏大宝法王来朝，辞归时，以半驾卤薄送之。遣内监护行。内监至四川边境，即不能前进而返。留其仪仗于佛庙。至今往来之人，多有见之。此载于《明实录》者。"此其所指，即塔弓寺旗伞也。查乌斯藏大宝法王，即永乐时哈立麻之封号。成化时大宝法王，推度之或为萨迦派僧。大约此王返藏，取道打箭炉，出关后曾住锡塔弓寺修法。内监不胜关外之苦寒，即此求归。法王因留此卤薄于寺以志鸿爪。后人数典忘祖，妄以加于文成公主耳。

余向感康藏史料缺乏，好搜聚民间传说，弥考订之。虚心研讨，往往有获。如此寺诸神话，苟粗心审订，则漫以"荒唐"二字贱之，一语即了。苟先有充实文成公主事迹之成见，则诸说皆成珍闻，至少可相信文成公主入藏取道于此。经如此考订之后，便得可补信史者五点：

1. 吐蕃赞普弃苏农（松赞干布）东征时，曾驻军康定之色西塘，祀塔弓寺三神山。为时在进犯松州，当娶文成公主以后。

2. 康人因赞普遗迹，奉祀塔弓三神阜至今。传此地为神圣赞普所建建镇压女魔十三神殿之一。

3. 元世祖时，八思巴弟子来康，创建日库寺与此寺宏扬萨迦派教法。其人似名章赛滚宝。八思巴曾以弥勒铜像助之。

4. 章赛滚宝为博土人之信奉，曾造作种种奇迹与异说，炫惑牧民。八思巴脚印、飞剑塔、108却登、汤隆准马精舍诸说，皆此时所创。或其弟子所为。

5. 明成化时，西藏萨迦派教皇入觐返里，曾过此寺，留明帝所赐卤薄于此，后散失之。

有清一代黄帽派势力骤盛，萨迦派失政治扶持，较元明时，有一落千丈之势。然其僧侣颇知努力，精修苦行，力图接近民众，得其信心。故在各牧场区域极有地位。塔弓寺与德格之仲萨寺，实其例也。两寺僧侣，皆不自营商业。此皆以种种方法，造成其地为商业市场。塔弓寺土民贸易之盛，殆可与康定比肩（除汉商交易言之），近因康定附近乏草场，蕃商驮队皆喜于塔弓寺云。

德格土司世谱

(1947)

藏文《德格世德颂》一卷，五十八页。道光八年（1828），土司兼伦珠顶寺主泽旺多吉仁增撰，雕版藏德格印经院，全部韵文。前经欧阳无畏先生节译为散文，寄载《康导月刊》。余三十三年（1944）与李安宅先生同游德格，曾录欧译随往，取对原书。适杨质夫先生由青海至，校阅原书一日夜，订正欧译。又询德格家臣，补辑道光以来土司，别为世系简表见赠。余自八邦寺与李分道，经麦宿、甄柯，入昌泰草原，驻夺柯寺数日，与同行德格还俗喇嘛寂墨，就原书地名绎寻其部位；又向沿途诸大德探询欧译与杨表中诸大事物之相关事项。回成都后，再与同事谢国安、刘立千诸先生研讨，将其年代与历世之政治环境，详为考订，写成此篇。

一、德格本源

《德格世德颂》谓：始祖噶尔东赞域宋（agar—STong—bTSan—yul—bznug），光明天子之裔，为松赞干布首相。考其人，即《唐书》之禄东赞也。

《旧唐书·吐蕃传》云："禄东赞姓薛氏。"余考薛即字，读如"噶"，与 aGar 音合。"禄"即 Blon—Po 之异译，意为大臣。刘立千译《西藏政教史鉴》作"大臣噶（Blon—po—a—gar）"者是也。东赞乃节称"东赞域宋"之二字。除此姓、名、官职对音吻合外，其他一切关于大臣噶之史记，与《唐书》禄东赞事迹符合之处甚多，无疑即为一人（松赞干布即《唐书》之弃宗弄赞，已成定论）。

据《唐书》：弃宗弄赞卒后，子孙幼弱，禄东赞及其子钦陵相继当国。圣历二年，赞普器弩悉弄计诛钦陵，及其亲党二千余人。钦陵弟赞婆，率所部千余人，及

---

① 原载《康藏研究月刊》1947 年第 13～16 期。

兄子莽布支，奔降于唐。武后封赞婆归德郡王，莽布支安国公。又谓禄东赞五子：长子赞悉若早死，次钦陵，次赞婆，次悉多干，次勃论。悉多干与勃论均不详所终，当系与钦陵同死也。莽布支为赞悉若子抑钦陵之子，史文未明。西藏史籍，则竟无言诛钦陵，及赞婆降唐之事者。

《世德颂》①不言东赞五子。但云："东赞生荣登结宋（you—Tan—rgyal—bzun）。结宋二子：长赤聂赤贾（khri—gyer—khri—lcags）为刹巴万户长。次阿尼札哇摆（A—mze—gdge—wa—dyal）号为'噶靖'（agar—Chen），生子赤松顿布（khri—bzun—Dum—Bu），曾任藏地山林之官。赤松生阿尼绛巴摆（Byams—Pa—dpal），为莲花生弟子，擅医术，晚岁隐居邓札热（l Dmg—Brag—ra）之林靖（Gling—Chen）。有道术，寿百八十。肉身飞去。"以此世谱勘合《唐书》，可以判断德格世胤出于禄东赞长子赞悉若。其理由如下：

1. 赞，为藏文 bTsan 之对音。《新唐书》云："其俗谓雄强曰赞。"与荣登含义（才识卓越）勉强可通。结宋，可为悉若对音。

2. 东赞五子，钦陵以下，皆以专擅得罪，或诛或逃，株连甚众。唯长子赞悉若早死，未预擅政之罪，如其有后，当获保全。

3. 莽布支可假定为赞悉若子，依赞婆于东方军中，难发时，随之奔唐。若为钦陵子，当不至远依赞婆。若然，则其人即为《德格世谱》中之赤聂赤贾也。刹巴，本西藏地，意为"园林"。此云刹巴万户长，可假定为安国公之译称，以其闲散似园林宫也。若为西藏刹巴区之首长。即不能无后裔入谱。不著其后裔者，为其降唐，无子孙留藏也。

4. 藏语"阿尼"，为古代祭师之称，即最早黑教之一派。其人颇类似内地之火居道士；在唐初世，藏中甚为流行。结宋次子名阿尼札哇摆，显然为已脱政治立场、从事宗教之一黑教僧侣，应即其未受钦陵案株连之最大原因，又号"噶靖"，"噶"即其祖宗之姓，"靖"乃光大之义，谓噶氏之族，自是光大也。夫噶氏贵盛，于东赞之世为极。乃于此世称"噶靖"者，尤见其前曾大衰残，至此人复兴。《德格世谱》虽讳全族被诛事，其意亦可推得。

阿尼绛巴摆，为莲花生弟子，寿百八十，应在唐德宗至昭宗时。晚年隐居于邓札热，应系唐末吐蕃崩裂之时。此时有林国（Gling）。林靖，应是林国初兴时之称号，犹昔吐蕃之称"蕃靖"（大蕃）也。林故国，即今邓柯县地，故都为今林葱土司

---

① 又译作《德格世谱》。——编者注

官寨。在宋元时，领土遍于多康。元明曰朵甘卫，为康中第一大国。入清始渐衰削。邓札热，意为"邓地山羊岩"。藏人称邓柯曰"邓麻"（l Dan—Meor 或 aDan—Ma），或"邓底"（DamTig），或"邓柯"（a Din—khog），书字殊无一定。此作 lDang 自与是一地。大抵绛巴摆始自藏中来康，依止林国，传演黑教。子孙蕃衍为德格世家。

今德格土司，自称其始祖迄今为五十代。据《德格世谱》逆推，第一代系指"噶靖"（阿尼札哇摆）。不以旷世人杰禄东赞为始祖，亦不以初住康地之绛巴摆为始祖，而认札哇摆为始祖者，益可证荣丹结宋时，噶氏血统几曾中绝，赖此失怙早孤，为诸叔所弃，不得侧身政界之火居道士，延续一线，衍为大宗。其被认为始祖为有由也。

二、最初二十四代

兹依《德格世谱》排列德格土司五十代世系。其前二十四代，谱皆单传。计开：
一世：阿尼札哇摆（幸运荣盛）。即"噶靖"。
二世：赤松顿布。（藏文前具者后略，下同）
三世：阿尼绛巴摆（慈氏荣盛）。事已详前。
四世：摆吉荣登（荣盛功德）。
五世：摆吉浦补（荣盛法杵）。
六世：摆吉琼奈（荣盛发生）。
七世：摆吉喜饶（荣盛上智）。
八世：摆吉札西（荣盛吉祥）。
九世：摆吉喇嘛（荣盛上师）。
十世：札西喇嘛（吉祥上师）。
十一世：荣登喇嘛（功德上师）。
十二世：喜饶喇嘛（智慧上师）。
十三世：绛曲喇嘛（菩提上师）。
十四世：札巴坚赞（名称幢）。
十五世：贡却坚赞（宝幢）。
十六世：根登坚赞（僧幢）。
十七世：绛巴坚赞（慈氏幢）。
十八世：伊西坚赞（智幢）。

十九世：摆吉绛匹马（后绛巴摆）。相传其亦如第三世祖，获大成就，寿百八十，肉体飞身也。

二十世：摆吉瑝巴（荣盛十万）。

二十一世：摆吉札巴（荣盛名称）。

二十二世：摆吉多吉（荣盛金刚）。据传波密酋长噶巴（白马噶波）即此人之裔。

二十三世：摆吉琐朗（荣盛福德）。

二十四世：摆吉孜摩（荣盛顶点）。此人始居麦多（Me—m—DO）。其前各世居邓札热也。

以上二十四世，似皆为娶妻之僧侣。世系一线单传，未著庶嫡，是否确有谱牒依凭，殊为疑问。古代藏僧，原有只生一子传法，得子后即不再与妻同居之俗。此之二十四代，或即如此。自前后两绛巴摆外，皆碌碌无可称道。故此段世系，实属无足轻重之闲文。仅由其命名，知其八世前皆为古老之黑教徒，九世后，似已奉红教，故称喇嘛。

此二十四世所占之时间，为唐、宋两代，即公元700～1200年时。

三、萨玛政权（八世）

自二十五世起，已专奉萨迦之花教。时当宋末元初，萨迦名德辈出，教法宏扬，遐迩向风，德格诸祖依集之。待元帝尊八思巴为帝师，畀以全藏政权，噶氏后裔，始得积功分食采地。是为始兴时期。此期世系如次：

二十五世：长，迅鲁多吉（童金刚）。依止萨迦班智达（即萨迦第四祖）。又遍参白教、红教诸大德，受其法义，获大成就。曾入波密行化。别号噶靖阙顶巴。

次，伊西让波（智妙），亦号"噶靖"。（此时"靖"字常用为著名大德之尊称。如萨迦初祖称"萨靖"是也。）

季，关顿诸夺瑝（SGom—STon，佛光十万）。"关顿"，修行大师之号。可以娶妻，故有二子。

二十六世：长，达马荣登（宏德）。为僧，获大成就。

次，关顿摆吉坚（荣盛名称）。有三子。

二十七世：长，乌金巴（乌苌生。莲花大士生于乌苌，藏人每用此圣地为人名），为僧。

次，琐朗仁靖（福德大宝）为萨迦名僧，帝师八思巴侍者，受封为多墨东本，筑萨玛寺居之。是为德格受地之始。《德格世谱》注云："一传其为伊西让波之子"，此或由藏俗叔侄可以共妻所致。

季，欧巴顾汝（苦行者）。有子。

考琐朗仁靖所受之地即今白玉县最南接巴塘界之萨玛村。旁有萨玛更（红土寺），即琐朗仁靖所建，今尚为德格土司所尊之祖寺，奉花教。当时辖地可能包括今巴塘、宁静（芒康）、白玉县等地方。故不云萨玛东本，而曰"多墨东本"。多墨，犹云"安多之下方"，所包之地应甚广也。《元史》之"亦思马儿甘军民万户府"疑即此区。"思马儿甘"似为"萨玛更"之异译。藏官有东本（千户长），无万户长。汉云"万户府"，即藏文之东本也。

二十八世：大哇让波（月妙）。曾入贡中原，奉元朝皇帝命，仍为"东本"。有二子。按西藏萨迦政权，未五十年而败。继之雄霸藏地者，为帕摩主巴系之白教政权。一时康中萨迦故臣，纷向中央皇朝求庇。

二十九世：长，摆登僧格（荣真狮子）。为僧。

次，坚赞让波（幢妙），有二子。

三十世：长，桑结让波（佛妙）。为僧。

次，白马丹松（莲花护）。有二子。

三十一世：长，琐朗璘（福德十五）。为僧。

次，绛曲璘（菩提十万），亦称"噶靖"。有三子。

三十二世：长，本靖根登坚赞（大班智达僧幢）。名僧。

次，得靖琐朗让波（大乐福妙）。为噶拖寺僧，行化于龚垭，颇得土人信仰，遂留家焉。是为噶族移居今德格县境之始。

季，欧巴却结多吉（苦行者法金刚）。亦为僧。

按：噶拖寺（Ra—Thog—dgon）在今白玉县境，元时原为白教帕摩系之道场，自有辖民。其北界与林国接壤。林国派有大臣驻扎龚垭、麦宿、甄柯等处，划地而治。龚垭，在今德格县治南三十里，距冈拖二十里，为濯曲（德格河）中游一广阔谷地。其时德格县治，尚为一荒僻农村，归龚垭管辖。得靖琐郎让波入住龚垭，即噶族自萨玛分支来居德格之始。

其三十二世，弟兄三人皆为僧者。当时僧侣皆可娶妻，故于世续无碍。依德格世例，长子皆出家，季子皆在家。疑根登坚赞出家，守戒未娶，故曰"本靖"。琐朗让波出家而娶，故号"大乐"（得靖）。却结多吉在萨玛娶妻，衍嗣，后乃出家，故号"欧巴"（苦行）。琐朗让波迁居龚坯，生子膊塔，初受封于德格河谷，繁衍而为今之德格土司。此后德格一支日盛，萨玛一支日微。《德格世谱》亦即专详德格，不及萨玛矣。

四、初兴期（六世）

得靖生子名洛珠刀登膊塔，为林国勇士。有女折登（美具）美而才，林王求以为妃，许给一日犁地聘礼。乃率其仆，自驾犏牛，晨自柯鹿洞起，沿濯曲南犁，暮达龚垭北郊之年达（河中有危石孤立如鱼，故曰"年达"，意为"鱼原"），得长七十里之河谷。林王因以赐之。遂得为有土地之独立小部落。惟此段河谷，有三十余里为石灰岩之绝峡，仅半段为可耕地，亦甚狭促，向为林国所忽视。当时民户，不能超过三十家。膊塔父子，筚路蓝缕经营之，竟成近代德格之盛。其事颇足称道。兹故详著其初兴六世。

三十三世：洛珠刀登膊塔意为"慧力勇士"（杨质夫云：膊塔系转译蒙语，与"巴图鲁"同义），既受七十里之河谷封邑，卜宅于河谷中心之欧达（银原，或银沟三角洲之义），即今德格县治也。卜宅之初，曾筑渺小之花教寺庙，以纪念其列祖信奉萨迦法王之世德。其后此寺发展为德格更靖寺（德格大寺），为康中一大花教中心。其故寺遗址，改建为梵塔，在今德格桥头。

三十四世：长，巴登僧格（吉祥狮子），出家于后藏之俄日寺（在萨迦东六十里，为花教第二大寺）。晚年回康，筑静室于银沟（即德格寺旁小沟）上方，隐居。今云狮子寨。

次，坚赞琫（幢十万）袭土司位。有一子。

三十五世：本靖阿额（大吏早）。按"本靖"（本勤），为萨迦法王所派管理地方大臣之名称。此子命名本靖阿额，疑是祝其早作大吏之意，非其实为"本靖"官也。或疑萨迦政权崩溃后，各地小头人亦皆称"本靖"，此小部落，因有辖地而奉事萨迦，酋长遂号"本靖"。然观下数代不称"本靖"，则后说非矣。

三十六世：长，爵旦南喀伦让（主宰妙空不变）。为僧。

次，结丕（胜增）。在家。有二子。

三十七世：长，滚噶仁靖（喜宝），为僧，创建较大之神殿一所于欧达上方，为德格大寺滥觞。

次，南喀（虚空）。在家。有一子。

三十八世：鲁图（"圣丘"或"不变圣哲"，）当明末世，林国衰弱，降附于驻牧青海之和硕特蒙古固始汗。固始汗崇奉黄教，对白教徒、黑教徒等向之摧毁黄教者，尽量予以报复。花教徒与黄教素亲睦，故德格独受固始汗优容，屹然无恙。至三十九世时，康中不愿接受蒙族统治之部落，纷来依附，德格版图始大。

噶族自建立萨玛寺以来，历以长子为寺主，主持政教两权，不娶妻（惟似仍可归家与其弟妇发生性关系）。次子为家主，娶妻衍嗣，惟不过问政务。如更有子，则皆出家，或依其兄于家庙，或外出修习白教、红教诸法。或娶或否，殊无定列。如只一子，则出家而娶妻，以寺主兼家主，是为定制。此种制度，要旨在割绝家庭羁绊，就寺庙中培育成德行纯净、学艺专精之僧酋。藉如此僧酋之感召力以发挥政治势力，且使宗教力量随政治而发展。故其法易宏，其民易集，其地易拓，其国易大。德格以欧达弹丸地，越历六世，遂已成为康北第一强国，其道在此。

此种制度，是否即为德格土司家所创制，兹未详考。今日康中如木里与东谷两黄教寺庙辖区，亦行此制。木里土司，世以项姓活佛充当，住木里寺。别有"巴尔"衙门，为项族在家者住地，留世俗一人繁衍人种，并不过问政治，故曰"人种衙门"。东谷政治实权，操于东谷寺主。其挂名之土司，世居寺西北三十里之自热村，从不过问政务，盖亦权供繁殖人种而已。

五、极盛期（五世）

固始汗（1582—1653），藏名顾实登真曲结，为河西厄鲁特蒙古之和硕特部酋长，原驻牧于青海之北。当明崇祯步初，喀尔喀蒙古之却图汗侵据青海，破坏沸法，摧残黄教。固始汗率军讨灭之，奄有其地，重兴黄教。于时康地诸王国，白利最大。国都在今甘孜县境内，辖地远达今德格、邓柯、白玉、瞻对、道孚诸县。其王顿悦夺吉（不空金刚）专宏黑教，蹂躏黄教、白教、花教备至。林国地方多被侵蚀，各派僧伽多被拘囚。德格寺主绛巴彭错，因民怨乞师于固始汗。固始汗于崇祯十二年（1640）率军讨伐白利，明年灭之，改兴黄教。将白利吊远插花地方与土民不乐奉行黄教之地域，拨赠绛巴彭错，遂使德格一变而为超越林葱之大国。绛巴彭错为鲁图之子，属第三十九代。

三十九世：长，滚噶嘉错（欢喜海），入藏出家于萨迦寺，自建敏珠林寺居之，号德格喇嘛，卒于藏中。

次，本靖鲁珠丕（龙增），在家，生四子。

叔，绛巴彭错（慈氏圆满）。夺主。受知于固始汗，拓土甚广，已如前述。

季，本靖迦玛，曾随其长兄出家于敏珠林。又曾娶妻，有三子。

少，纳松贡岱（天神护），敏珠林僧。

六，迎玛桑珠（业意成），出家为白教僧，住持汪卜顶寺（在今德格县西）。

四十世：长，阿延札什，鲁珠丕之长子，在家。生有四子。

次，滚噶彭错（喜满），继叔父绛巴彭错为寺主。

叔，嘉吾木对（大上咒师），为僧，住汪卜顶寺。（以上皆鲁珠丕大妇之子）

季，桑结丹巴（佛教）庶出，为僧。

附：本靖噶玛三子：

长，且却鲁宋（大胜），出家，继滚噶彭错为德格寺主。

次，多尔勒（金刚侧），德格名将。

季，玉结（玉胜），亦勇将。有子名阿旺札西（语自在吉祥）。出家于后藏俄日寺，精萨迦密法。返德格后，又依止祝靖寺红帽派诸大师，通达五明。为清初德格最有声名之大德，兴建寺庙甚多。康中大国明正土司与林葱土司，均崇敬其人，与通聘问。"野番"噶（SGa）柏（dBal）等部皆尊奉之。其遗体现供于德格县厌达后山之菩儿康。此处常有静坐喇嘛二十五名潜修，由德格土司供给资粮，藉以奉其香火。（因属旁支四十一代故附其父玉结条下。）

四十一世：长，琐朗彭错①（福满），阿延札什长子，出家，为德格寺主。康熙四十六年（1707），西藏达赖六世仓洋嘉错死于青海，转生理塘，拉藏汗与清廷不肯迎立。青康诸蒙古王公与蕃部酋长潜迎立之。理塘土司不顾清廷胁迫，潜送此新达赖入德格（时德格尚未降清）。琐朗彭错初供养之于萨玛寺，嗣迎奉于麦宿之仲萨寺。至康熙五十五年（1716），准噶尔袭据西藏，杀拉藏汗，清廷乃肯承认此新达赖，迎居西宁之塔尔寺。五十九年（1720）大军入藏讨准噶尔，蕃、蒙诸部率军护送达赖同行。既定西藏，新达赖入驻布达拉宫。是为第七世噶桑嘉错，以金册晶印，来酬琐朗彭错。惟渠已早于康熙五十三年（1714）圆寂。

次，汪青工布（大力救主），有二子。

叔，桑结巴让（觉贤）。为僧。

季，滚噶饶旦（喜坚）。僧。早卒。

四十二世：丹巴策零（教寿），汪清工布子，生于康熙十七年（1678）戊午。寿六十一，卒于乾隆四年（1739）乙未。一兄早卒，故以土司兼为寺主。擅文学，通

---

① 现译索郎彭措。——编者注

医方。参习俄日、祝靖诸派法义。其治德格，善于以身教人。宏法不遗余力。雍正四年（1726），受松潘镇总兵招抚，降清，授德尔忒格安抚司。十一年（1733），晋宣慰司，于时清廷新定青海。青海诸蒙古部落之不愿附清者，纷来投附德格，新收属地甚多。德格于斯为极盛矣。丹巴策零建造寺庙甚多，曾迎请俄日寺堪布来康宏法。又迎白教大活佛司徒仁波齐，建八邦寺居之，今遂成为白教首寺。又创德格印经院，开雕百零三函之《甘珠尔经集》，二百零九函之《丹珠尔经集》，及《萨迦五代帝师文集》十五函，并其他经、论、文集与造像，使德格大寺成为康藏之文化中心。式微之萨迦教派，由之复宏于康地。论者比于松赞干布云。生三子一女。

四十三世：长，琐朗贡布（福德救主），曾于乾隆七年（1742），随俄日寺堪布巴登却穹（吉祥法获）等入藏参礼萨迦，归助其父宏法。声誉亚于其父，先其父卒。曾娶妻生子，惟皆早夭。

次，彭错丹巴（满教）。出家。乾隆四年（1739）入藏，参礼达赖七世与俄日、萨迦等寺，归为德格寺主。受中原皇帝册封，承袭宣慰司职。于时瞻对藏人屡出劫掠邻部，清廷饬四川总督檄康地十六部土司出兵进剿（见查礼《西域行》），德格与焉。彭错丹巴移檄诸部，会师臧涂（gTsang—Thu，当是今白玉县之占都村）、巴塘（与今巴塘字母不同。当是两地）。诸部之师皆集，推为盟主。瞻对平后，曾受大清皇帝褒赏。瓦述长坦部落，由是并入德格，即今之白玉县之昌泰区也。

三，洛珠嘉错（慧海）。出家。于兄彭错丹巴赴藏时代理寺主。兄返，归政，入藏参礼达赖与萨迦、俄日二寺。兄死后，复归为寺主，完成父兄雕版未竟诸业，又新经论数十部，德格印经院始大充实。今康藏印经规模之宏大与经版之富，无有能逾德格者。此外，又曾兴建寺宇数处，新造佛像壁画尤多。发愿用金水书成《甘珠尔》百零三函，装以珠玉，现藏德格大寺中。生平不近酒色，惟好兵喜猎，多有杀业。当其兄在位时，北方蒙古遗族内乱，奉命率兵往征服，破濯昌王宫（铁巢宫邸）改营法部宫邸于邓马（即今邓柯县治）。时金川濯饶（甲绒纯铁），为佛法罪人（按：意指其奉信黑教与巫法），而霍尔麻书（甘孜之麻书土司）与为表里，侵渔霍尔诸部落，并及德格。洛珠嘉错出兵讨平之。远近诸奉外道者莫不慑服，深受中原皇帝嘉奖。（按：此谓乾隆平定金川时，德格忠于清室，曾出兵征服响应金川之麻书土司。足补金川之役史料）

四，央机卓玛（梵音度母）。女。出家为尼。兄洛珠嘉错卒后，代为寺主。乾隆五十一年（1786）卒。

六、极盛五世增拓之土地

德格土司辖地，包括今日西康之德格、白玉、同普（江达）、邓柯、石渠五县，及甘孜县与青海称多县之一部，为土司辖地之最广者。故其人自夸之谣曰"天德格，地德格"，意谓德格境土广如天地。然在其第三十八世以前，仍只欧达七十里河谷与萨玛一村。直至绛巴彭错为寺主时（明末清初），始突然展拓。绛巴彭错能迅速发展之原因，似由于：（一）固始汗勃兴于青海，抑缩林国政权，促成林国之崩溃，俾德格得乘时抚有其南疆之属地（林国北疆，早为蒙古族所侵据）。（二）固始汗征服白利，致白利悬辖之部落，投附德格。（三）德格历世虔奉花教正法，高僧辈出，声誉隆洽，得免于固始汗之摧残。且因其降附而截割若干插花地方界与之。（四）其西邻贡觉、东然诸部，亦同时衰乱。以此诸故德格一时新增下列地方（依《德格世谱·绛巴彭错颂》收地次序）：

麦宿。原林国辖地。此时其人叛林，改附德格（按：今德格麦宿头人办公处，名索摩宫邸〔Sog—Mo—Tho—Byang〕传有蒙古族之索摩王建都于此，为林国附庸）。其辖地为今麦宿、登龙、甄柯三村。现索摩绝嗣，宫邸尚未颓败。而登龙、甄柯两村头人尚由麦宿头人（德格土司所委二十五大头人之一）委政。足见索摩王系于此时叛离林国，改附德格。其后绝嗣，始由德格径委头人主其政务也。言麦宿附德格，则登龙、甄柯亦同附德格可知。此为《德格世谱》所未详，故补注之。

柏桠（当译柏瓦，旧籍已译柏桠，本文概遵旧译）。其地在德格南，金沙江北岸，为德格二十五大头人辖区之一。《德格世谱》云，绛巴彭错时以兵征服之。

白利。原为康北大国，辖地插花入林国境。固始汗灭白利后，曾以其一部地方赠与德格。《德格世谱》言之，而未能确指何地。余疑今甘孜县绒坝岔之阿都村（系此时自白利划入。因其地距白利最近，又与德格形格而地相属也）。

喀尔多山。山南原为林国属地，其酋他去，德格因袭据之。北原为白利领土，蒙古人以割赠德格。

谷色、得聂、娘喜。三地皆在金沙江西，原为贡觉女王属地，为色夺喇嘛（金色上师）所据。德格复取而有之。今属同普县。

波鹿。亦贡觉地，其民自来降附德格。其地在金沙江西，当同普最南，有渡通白玉（波罗渡）。

新谷色。其白教喇嘛叛贡觉，来附德格。地亦在金沙江西，属同普县。

盖玉、边坝。两地在今白玉东南，原属东然部，为德格所征服（按：东然酋长驻地，在今白玉县南金沙江侧山上。今尚存一小村，仍称东然）。

白玉。原为东然酋长属地，德格征服之。今为二十五大头人驻地之一。白玉县治所在也。

臧在白玉县东，一译臧都，原独立部落，德格征服之。今为二十五大头人辖地之一。

汪卜顶。本译"上汪"或"汪对"，今通呼汪卜顶。山南原为一喇嘛辖地，此时并入德格。山北原属白利辖地，蒙古人割以来赠。今合为一大村。

银南。在汪卜顶南，金沙江南，其头人自来降附德格。

柯鹿洞。在德格寺北五十里。其头人自来归附。

热加。在白玉县北，为一大村，亦其头人自来投附德格者。

宗拖。在金沙江西，其头人自来降附。今德格县西之矮达村后山有宗拖寺，即故治所也。

龚垭。在德格南三十里，其酋长被杀，人民穷蹙，自来降附，此地地势开旷，历为德格境内重镇。传为林国格萨尔王时名将甲萨驻地。近年藏军侵据德格等县时，派重兵驻此，今其营垒尚完好。

热登。在金沙江西。其酋长被杀，人民穷蹙乞降，与龚垭同。（按：是皆德格乘林国哀乱时，杀其头人而抚其民也）

玉隆。意为心悦。传林王格萨尔之夫人过此，爱其草原风景之美，呼曰"玉隆"，以为地名。在甘孜县西界外，为一低暖牧场。原属白利，固始汗割赠。

纳乳斑。传德格头人嘱七汉人开垦之，俾更番为长。其地在玉隆官寨附近，今并入玉隆村矣。

河坡。原霍尔阿卓巴夏族居住地，及是并于德格，地在热加与金沙江之间，以刀剑工业著名。其南噶拖寺，为明代阐教王驻地。

以上各地，概在濯拉山脉以内，即今白玉县与德格、同普两县南半部地方。其北半部与邓柯、石渠县之德格土境，则多为丹巴策零时所收抚。据《世谱·丹巴策零颂》，新抚部落如下：

革。今石渠县北，马茂曲下游有革寺，其附近之革与革贡马（上革之义）两村是也。查《四川通志》，德格宣慰司属，有上革土百户四员，所管土民共一百五十五户，并于雍正六年（1728）投诚授职。德格宣慰司丹巴策零，亦系同年投诚。则此四部原属独立牧部，与德格同受周瑛招抚，因其地面渺小，拨作德格附庸故也。

上下杂曲卡。今石渠县，旧称杂曲卡。杂曲，即雅砻江上游之藏称。上杂曲卡，指色须寺以上之地方。下杂曲卡，指菊蒙寺以下之地方。（清末改流其地，初设治于色须寺，曰石渠县。近年移治菊蒙寺。）应是未曾向周瑛办理投降手续径附德格。故《四川通志》不载而《德格世谱》及之。

且卓。在今同普县北，为德格金沙江西岸之最大牧场。

噶衣。今石渠县西北之皋日村，有噶夜寺，为旧蒙葛结土司驻牧处。该上司辖地远包今青海省之称多县，及西康邓柯县之噶衣区。现尚存在，受德格土司管辖。嘉庆《四川通志》云："蒙葛结长官司……雍正六年投诚授职。……四至共一千六十里，所辖土民三百户，每年认纳马一匹，青稞一百五十斗。"《世谱》谓丹巴策零时已并入德格，则其酋既降周瑛，仍复自附于德格，正如咱里土司之于明正家也。

马聋。在今德格县西北与林葱土司连界处，为农牧兼营之小村，约只民户四十左右。

其他若干渺小青海蒙古管辖牧部之散在杂曲与金沙江流域者，此时概已降附德格。《世谱》未详举其名。此外，尚有《德格世谱》未曾明著之地域可能查得其附入德格之时间者，考列如下：

昌泰，意为"十字无碍"，系白玉、瞻对两县间一大草原，有夺柯寺为之中心。旧为瓦述长坦长官司，其名见雍正《四川通志》与乾隆《雅州府志》。至嘉庆《四川通志》被削。可知系乾隆末年并入德格。应是彭错丹巴剿瞻对时所占领。

邓柯一作邓麻，为康藏间自古有名之地。林格萨之大将邓麻察雄封国于此。近乃为德格二十五大头人驻地之一。《世谱·彭错丹巴颂》，所言攻破濯昌王宫，改营法部宫邸于邓麻，应即并灭邓柯之时。

杂柯，杂曲出石渠境，河谷称为杂柯。分上、中、下三部：上杂柯今隶属林葱土司，属邓柯县。中杂柯属德格土司，属德格县。下杂柯原隶属霍尔章谷土司，今属甘孜县。中杂柯何时隶属德格，《德格世谱》未言，故可能为道光以后之事。再查中下两杂柯原为信奉黑教之白利王地。固始汗灭白利后，为霍尔咱王国。嘉庆《四川通志》云："霍尔咱安抚司丹津旺木，其先阿克旺错尔耻木，雍正六年投诚授职，颁给印信号纸。土司索诺木单尔吗殁，无子，以生女丹津旺木嘉庆十五年呈请袭职。驻牧霍尔咱。其地东至二百八十里交东科界，南至七十里交德尔格忒界，西至七十里交林葱界，北至四百二十里交东暑连松潘界。四至共八百五十里。所管土民七百一十户。每年认纳马四匹，青稞八十斗。"又霍尔咱安抚司属有下革赍土百户二员，所管土民共八十户。盖即今甘孜大塘坝牧部也。据此可以判断：霍尔咱地，包括今中杂柯、下杂柯两农区与大塘坝一牧部。乾嘉之间血胤衰绝，两世以女子嗣位（索诺木卓尔吗系女子名字）。大约即在嘉庆之世丹津旺木病卒，土系中断遂为德格、章谷与孔撒三土司所分；德格得中杂柯，章谷得下杂柯，孔撒得大塘坝也。霍尔七部中，麻书为最先受封之霍尔王。孔撒、章谷、朱倭、咱，皆系自麻书分封而出（东科、白利皆霍尔王所扶植之异姓小王）。故五部最亲，而麻书最大。霍尔咱故绝，其地被分，不及麻书，而有外来之德格染指者，当是由麻书响应金川叛乱，为清廷所贬。德格与章谷、孔撒忠于清室，故得分地也。惟德格能以得杂柯之因缘，虽建立于乾隆金川之役，而实行分地，则应在嘉庆十五年（1810）后。因嘉庆十五年，尚有霍尔咱土司承袭也。亦可能因德格进讨麻书时，霍尔咱响应麻书，致上杂柯先被德格占领，遂未退还，总之霍尔咱当女主当政之世，适有麻书响应金川之事，而穷兵黩武、好大喜功之洛珠嘉错适主德格政权，是为德格取得杂柯之主因。其时间总不出彭错丹巴之世。彭错丹巴殁后，德格衰乱相承，应无争取杂柯之力矣。

七、衰乱期（五世）

德格以佛法兴，亦以佛法败。当固始汗囊括青、康、卫、藏，扫荡一切教派之政治势力，专宏黄法时，兵威所加，如庖丁解牛，曩时大国，迎刃皆灭。独德格以欧达弹丸之地，由绛巴彭错弟兄，虔奉萨迦，不为固始汗所忌，峭然独存。附近诸小部落，不愿受蒙古人统治者，纷来附之。积年坐大，遂以成多康区中最大之土司。故曰以佛法兴。然而，因其世代沉湎佛法之结果，子姓衰微、女主迭起，家臣擅政，大权旁落，内乱纷乘，遂以亡国。故曰亦以佛法败。《德格世谱》为其四十五世土司所撰，撰时年四十一，卒于何年，及后嗣史传，更无纪者。兹故辑所采访，为之续谱。

四十四世：滚珠得噶让波（悉达喜乐贤）。父洛珠嘉错，出家，不近酒色，年四十四时，诸兄子皆死，乃依八邦活佛与萨迦法王劝请，于乾隆三十一年（1766）纳"东国最贵女王"（按此似系指摄明正土司之王么么，其二子分掌明正、穆坪两大土司印，为康东最贵土妇。乾隆三十八年（1773）卒。另有考）之女札西呵穆（吉祥盛）为妻。至乾隆三十三年（1768）正月，生滚珠。生七年，为乾隆三十九年（1774），洛珠嘉错卒，央机卓马代寺主，抚滚珠成立。滚珠体弱多病，年十九，承袭土位，兼寺主。二十三岁（乾隆五十五年）卒。有一子一女。

四十五世：长，策旺多吉仁增（寿势金刚学者），乾隆五十一年（1786）生。生五岁父卒，由母惹吉布（善男子）听政。惹吉执政八年，亲信祝靖寺僧。大臣不悦，讽以归政于子。不听。与大臣集兵相攻。兵败，退走汪卜顶，愤死。时策旺十三岁，受诸臣拥立。更越六年为嘉庆九年（1804），奉旨承袭土司，政由家臣摄。又三年，年二十二，始亲政务。嘉庆十一年（1806）所修《四川通志》著其名为"泽旺多尔济"者是也，于时家臣虽专擅，亦皆爱护佛法，课督策旺经典甚严。故策旺既长，精于内学，擅声明，厌政事而好典籍。年四十一时，已娶两妻，育三子，乃受戒出家，更名绛巴滚噶松结丹巴坚赞（慈喜觉教幢）。始兼寺主，搜讨群籍与其家乘，撰为《世德颂》（《德格世谱》）。完成于道光八年（1828）戊子。时年四十三。卒年无考。

次，吉总汪母（势力女），乾隆五十二年（1787）生。出家为尼。好学能文，助其兄撰成《世德颂》。

欧译《德格世谱》，所注年代，误推一周甲。本文概予订正。人名译音，从实呼也。注原文（重见之字多略）以便绎义。兼注意译，则多仍欧译之旧。尊初译也。

德格大臣，攻逐惹吉布而拥立其尚未成龄之子，又无篡弑窃权之迹。此其原因，不难测知。惹吉布青年寡居，幸其外宠，将不利于孺子。大臣忠于德格，护此血胤，诛杀幸臣，逼令女主退位。女主不服，斥大臣意图篡据，更召民众行讨伐，以此相攻耳。此乃康地土司家屡曾表演之公式事情，故疑德格之乱亦如此。策旺不忍暴其母之丑德，但云偏任祝靖喇嘛，大臣讽以归政，遂至相攻。既不非其母，亦不罪大臣，显为曲笔。若言归政，则十二龄子非受政之时。若言亲信祝靖寺僧，则祝靖与八邦，皆德格培植之寺院，其喇嘛向与伦珠顶视同一家，亲信未即为非。纵即弄权，亦易裁抑，不至举兵叛上。既乱上矣，又不穷追女主，听其自毙，反立其子而忠事之。故曰此其原因不难测知。

四十六世：长，旦策多吉泽仁南结（誓金刚寿胜）。嘉庆十六年（1801）辛未生。至道光八年（1828）时为十八岁，娶妻。妻小四岁。

次，策旺彭错（寿势满）。

季，策旺多吉（寿势金刚）。

三人俱见《德格世谱》。行事与卒年并无考。以德格世例探之，后二人并当为僧。因历世子嗣艰难，故旦策多吉以长子娶妇也。

四十七世：长，寂墨打比多吉（不死持久金刚），光绪《炉霍屯志》作"泽旺仁则"（寿势学者）。《西康建省记》作"罗追彭错"（慧满）。德格家臣云：是一人也。藏人每病危一次，恒由喇嘛为之更名一次以为禳祓，故一人恒有数名。寂墨，当是幼时名；泽旺，是晚岁名；罗追则为出家名也。娶藏妇（《西康建省记》云：名玉米遮登仁甲）生子多吉僧格与绛白仁青。同治时，清廷以瞻对拨归西藏管理。藏官驻瞻，常依宗教关系，役属康北各土司。藏妇仗瞻对藏官势，每凌其夫。夫妇反目，各有外遇。大臣亦为两党，各祖所祜而。光绪二十三年（1897），瞻对人民逐藏官。川督鹿传霖派候补直隶州张继率兵抚定瞻乱，奏请改流，设抚夷府。继欲一并改流康北各土司，闻德格内乱，率军往传两造审讯，遂擒寂墨夫妇及其二子，解送成都问罪。鹿督方奏请一并改流德格。而藏人吁驻藏大臣文海争瞻对。文海遂联成都将军恭寿会劾鹿轻启边衅。清廷罢鹿督，谪戍张继，仍以瞻对归藏。各土司复职。命送德格土司全家返康。然寂墨夫妇皆已病死狱中，仅二子获归。

寂墨有弟，为僧。传者不能举其名。

又有妹，失名，嫁孔撒土司，即德钦汪母之曾祖母。后以娇贵与夫不睦，离婚，为尼。

寂墨打比多吉，死于光绪二十四年（1898），谈者不能举其生年，以理推测，其父旦策多吉在道光八年（1828）为十八岁，母十四岁。时距光绪二十四年为七十年，以藏女十八岁生子估，则寂墨最大可能至六十六岁。又其长子多吉僧格生于光绪三年（1877），下距光绪二十四（1898）为二十一年。以藏人常例二十得子估计，则寂墨至少亦当有四十一岁。如于此间作一中数，则寂墨应生于道光末年，其父旦策多吉三十余岁时也。

四十八世：长，多吉僧格（金刚狮）。光绪三年（1877）丁丑生。光绪二十三年（1843），被逮入川。明年得释还承袭土职，时年二十二。家臣与各大头人，仍分两党相倾轧。父党拥多吉，亲汉官。母党拥绛白，亲藏官。瞻对既复归藏，藏官助母党，势压土司。多吉柔懦不知所为。其家臣奔赴打箭炉及成都请兵勘乱。光绪三十四年（1908）冬，川滇边务大臣赵尔丰率军入德格。母党拒战于甄柯。兵败。拥绛白仁青北窜，再拒战于杂渠卡，又败。遂由青海窜去。宣统元年（1909），赵旋师。讽多吉自请改流，改授世袭都司，徙居巴塘。以德格地置一府、一州、三县。宣统三年（1912），川边大乱，德格臣民仍暗奉多吉为主。至民国四年（1915），更自巴塘迎多吉归，奉为土司，县官亦不能制也。民国七年（1918），藏军东犯，据德格，挟多吉人藏。十五年（1926）丙辰，卒于藏中。年五十。生一子三女。

次，绛白仁青（慈氏大宝），初为僧。后受乱党怂恿，还俗，娶妇争夺土位。兵败入藏。达赖十三既恨清廷改流，厚奖绛白仁青。特赏邸第，给土田，封为贵族，以矜之。因更娶藏妇，生一子。先其兄卒于藏中。

八、光、宣间德格内乱实况

关于光、宣间德格内乱事，德格臣民颇讳言之。《西康建省记》曾略记述，尤未若李之诃《炉霍屯志》所纪翔实。李即鹿传霖改流康北，建设炉屯时第一任屯员也。其文云：

查德格老土司泽旺仁则，原娶藏妇，生子二人，长子多吉生格，次子昂翁绛白仁青。嗣因泽旺仁则私通民妇，与藏妇有隙，该次子绛白青仁商同该母谋逐其父，勾结夷众自立。将父置诸闲散，但给口食。该妇抱恨私通之妇，奔向汉官控告。被时委驻关外张直牧继，扎兵瞻对，该妇遂向呈控。张直牧因案关重大，当将其家父子一并解省讯办。泽旺仁则在省寓病故，川省令其长子多吉生格承袭。又以其次子昂翁绛白仁青，废父自立，羁禁华阳。后释回为喇嘛。惟多吉生格已准承袭后，由省回德，路经炉城。土司以明正为首领，谒见明正土司。明正许女为妇，允定未娶，回德。旋因昂翁绛白仁青进藏见达赖，备述伊兄订妇之事。达赖与明正有隙，以为德格与明正联婚，势将听明正号令，不听伊之指挥。遂谕令昂翁留发还德。查关外夷俗，兄弟共妇为和。昂翁回德后，即与其兄共以朗巴生家之女为妇。讵该妇与多吉生格不睦。多吉愤甚，进藏控告，极诋该妇。随即在藏番民家另接一妇，携回到德。后昂翁怒责其兄，遂各树党谋袭。兄党有大头人名空工嘉。弟党有大头人名夏格布。各势不相下。去年春间，昂翁勾结瞻番，公然向瞻番拘讼其兄。瞻番恃强干预川属土司词讼，视为固然。当调甄科藏兵及土兵数十名潜往德格，阴谋将其兄之头人空工嘉者，夜半刺毙。其兄势孤无援。有空工嘉家中念经之张喇嘛者，奔往霍尔章谷地方，向办理章谷改流委员乔震生喊控。乔令前往查办，而昂翁绛白仁青争袭情切，辄以兵力胁迫。其兄见势不敌，遂带骑驮数十匹，声言进藏朝山，甘心让袭。现仍在藏未回。此德格土司争袭之实在情形也。（《炉霍屯志·通禀遵谕查覆德格争袭情形》）

此文未著岁月。考系光绪三十一年（1905）发者。内容当系照禄通译人员语，颇嫌鄙俚，又复搀杂公文语气，多所避讳。然其大体情形与事实不谬。中间当更正处，只有三点：

（一）"达赖与明正有隙"一节殊谬。明正自康熙中受清廷扶植，信奉旧教，历与拉萨达赖无交涉，何来有隙？德格与明正为敌体，不相隶属何得虑其联姻，遂听明正号令？惟绛白仁青之还俗娶妻争袭，系西藏所教则实。西藏之意，谓德格世以长子为寺主，次子承袭土职；清廷反其例而用之，非道。故教绛白还俗争袭，迫多吉为僧也。

（二）"兄弟共妇为和"一节，亦当修正。夷俗诚许兄弟共娶。若德格家则不然。德格家制，只容一子娶妻，余皆为僧。此节当是藏人闻多吉聘明正家女，乃命绛白还俗先娶朗巴生家女，逼多吉出家。多吉柔弱，亦乐为寺主。而空工嘉等不可，乃托言朝礼萨迦入藏，行贿藏官，并表示亲藏，以夺绛白奥援。因娶藏妇以归。藏官贪贿而无成见，夏克布贿以争袭，则助绛白争袭，空工嘉贿以仍袭，则助多吉仍袭，乃当时实情。"昂翁绛白仁青怒责其兄"，谓其不当违制更娶也。

（三）"甘心让袭现仍在藏未回"一句当补注云：德格家入藏朝礼萨迦、俄日二寺为常事。多吉僧格实不愿与弟争袭，每当势绌，辄入藏避之。非真让袭。让袭当向清廷呈请，非避位即可让。因土司须得清廷承认，换领号纸也。多吉入藏后，空工嘉等仍向川吏控诉不已。赵尔丰率军来平乱时，多吉则已返回德格。

九、最近二世

赵尔丰改流各县，官吏不谙夷语，无力管理土民。令教差粮，仍赖土头传达。土头狃于故习，尊重旧制，爱戴旧主。故多吉僧格虽远居巴塘，德格头人仍遥受其约束，遇重大事件，皆专人前往请示。浸假至于潜迎之复土位。汉官乃因顺其势更委其为"土兵营长""差粮总办"等衔，政务悉假乎焉。于是土制名废而实在，直至今日皆然。惟自多吉僧格以来，土司世胤衰弱已甚。赖各头人之忠事，维持地位。彼君臣曾至成都，目击中华之富庶强大，无复负隅之念。故德格土制虽存，无害于政令。

四十九世：泽汪登登（寿势伏魔）多吉生格子，民国五年（1916）生。生二岁，父母均被藏军押去，由家臣噶玛泽加抚育成立。当藏军入德格时，绛白仁青已死，仅有一子，更幼，且当承袭藏中世职，其母亦不愿离藏远行，故泽汪登登仍得嗣为土司。藏中委绛白从亡大臣夏克布回部主持政务。亲藏派头人一时并出，土司备位而已。民国廿一年（1937），康军收复德、邓、白、石四县，登登年十七，受委为土兵营长及邓、德、白、石五县团务督察长。二十三年（1934），改委为民兵第一营中校营长，均给月薪。县府亦委为德格总保。二十六年（1937），西康保安处成立受委为德格保安队副总队长。因其相臣夏克刀登亦受委为副总队长，登登不受命，乃加委为西康第四区保安副指挥兼德格保安副总队长。二十七年（1938），年二十三，娶青海隆庆土司妹泽雍巴母为妇，旋生一子。三十一年（1942）卒，年二十七，因系单传故亦兼寺主。卒后焚尸有舍利，其妇为之建塔寺中，土人相传：登登亦河西某大喇嘛转世也。泽汪登登长姊嫁为隆庆土司妇，次姊嫁为林葱土司妇，一妹嫁昌都牙宗家。

五十世：乌金晓（莲花护），民国二十七年（1938）生。五岁父卒，由母隆庆女主持土务。政事决于"首相"夏克刀登。

十、夏克刀登

夏克刀登，河西瓦隆村人，头人夏克布之子。孩提入藏。曾毕业于达赖十三所办之拉萨学院。通晓藏文与藏情。英武有胆识，赴事果敢，复娴交际，周旋汉、藏官吏之间，能悉得其欢心。父死后，以才武为众所推，嗣为"首相"。遂委其河西庄田，长驻德格。

二十四年（1935），"西陲宣慰使"诺那倡"康人治康"说，暗怂各县僧民逐杀驻康川军与所委官吏。刀登举德格应之，杀县长陈容光与邓柯县长张子愚。（白玉县长范昌元以事前假归，石渠县长避入青海，均幸免）二十五年（1936），红军入康，建波巴苏维埃政府于甘孜。诺那走瞻化，促刀登往援。刀登集四县民兵数千人（有枪二千支）往击红军于绒坝岔，未战而溃。刀登被俘，受善待，并委任为波巴政府之财务部长。"波巴"，意为"藏人"。红军欲深得藏人为用，故诺那与刀登被俘，皆不杀而重用之。诺那不久病死，刀登仍回德格。

时青海军为御红军，进驻德、邓、白、石四县，土客不安。刀登暗约藏军渡河，协同驱逐青军。作战累月，颇多伤亡。二十六年（1937），国民政府以仪仗队护送班禅至玉树，拟经趋藏中。青、康两省军亦欲规复失土。藏军惧，自动退过江以西，依冈拖条约以四县归还西康省。西康省主席刘文辉派员前往收地，刀登出诺那手令以自解。康省亦不能究也。

时德格有头人白笃、巴、翁噶、泽忍等结伙排挤刀登，挟泽汪登登以制之。刀登乃入赘玉隆高宗彭错家，于河东（金沙江以东）另建实力以自固，且示以无返河西之愿。是年，康定开办保安行政讲习会，征训各县土头。诸土头皆以奴仆臣下应，惟刀登奋身先到，受训甚谨。且于此习成汉语，结识官绅，输诚西康省主席刘文辉。刘氏甚喜，授为保安副队长，与德格土司同阶（后因县长以为言，乃进土司为区副指挥），自是德格四县行政，明赖土司，实仰夏克刀登鼻息矣。

三十一年（1942），土司泽汪登登卒，刀登拥土妇听政。孤嫠简出，政务全出"首相"手中。刀登对康省一切政令，颇能尽力推行，且令其家人子弟率先入汉学堂。往来官吏，莫不藉藉称之，声誉隆洽，为康中土头第一，实力亦即随之膨胀。目前除王隆一区为其直辖部民外，昌泰、白玉、甄科等部落，皆徒知有刀登，渐忘其为德格属土矣。刀登又善于拊循相邻部落，强者仰之就范，不就范者除之，弱者扶之，贫者赈之，危者救之。霍尔、瞻对地方之头人，亦多受其役属。德格相臣曰"业巴"，四人；外放大臣曰"俄巴"，凡二十五人，原皆土司所直接任命。今则出于刀登之党者泰半。即非刀登党亦不敢公然违异。

十一、土妇转房事件

先是绛白仁青既为藏中贵族，娶藏妇，生子噶绒翁堆（去年充西藏"国大代表"过川，其名片作"革桑汪登"），亦曾毕业于拉萨学院。擅声明。书法为一时首选。妙解音乐工巧。风度翩翩，有佳公子之誉。而放浪不羁，年逾三十，无所成就。恋一汉女，已生子女各一，而声言未娶。藏人咸呼为"德格色"（意为德格公子）者是也。

藏俗兄弟共娶，堂兄弟亦可同房共室。泽汪登登与噶绒翁堆为嫡堂弟兄，登登既死，土妇年二十许，孀居，有人倡议迎翁堆返部转房，藏人和之，移翁堆昌都，以利商洽。此其议，人以为倡自夏克刀登。西藏地方政府利在掌握德格土司；翁堆利在返家执政，完成父志；土妇利慰其孤寂，唯不利于西康政府及乌金晓耳。西康省政府一面唆拒翁堆东归，一面勉土妇以守节。而德格名僧仲萨钦珍与忠于土府者，亦深以危害上司血胤为词，相与助西康省政府勋勉土妇。土妇为爱弱子，曾经宣布拒婚，惟其妹牙宗尊嬷，每自昌都归宁，绳翁堆之美，以动土妇。

当三十二年（1943）康省拒阻翁堆渡江之时，德格曾有谣诼，谓藏军将以武力护送噶绒翁堆回家转房云云。惟阅两载，仍未经证实。

三十三年（1944），夏克刀登使人刺杀阿都大头人翁噶。阿都头人控之不已，刀登畏康省政府追究其事，表示愿拒阻翁堆转房。去年翁堆借西藏"国大代表"名义，自冈拖过江经德格、玉隆入川。因其名在定额以外，被摈。又复自川原道返藏。两过德格时，康军皆为防备，未容其与土妇晤接。竟失意去。婚案由是暂停。

十二、行政区域纠纷

　　康、藏行政区之划分，不重在地势形便而重在传统之历史。插花飞地，所在多有，如或强为分割，则纠纷立起。有历百十年不获宁者。德格境内，多有故白利土司飞地（已如前述），德格兼并之而无纠纷者，为兼并于白利亡国之复故也（今白利土司非旧国原支）。

　　因德格兴起之历史关系不同，故其土境在各土司中尚有飞插之地颇多。如林葱土司与春科、高日两土司，土境即全在德格土境之内。又昌泰、甄科之间，沿昌泰河有牧地一区曰阿色，亦霍尔孔撒土司飞地。今尚供纳差税于甘孜之孔撒家。其地四周皆德格界，而距甘孜七站，阻以重山深谷，交通异常不便。不识昔人何以如是划分，惟因其已有隶属孔撒之历史。德格虽强大，亦不得以形便要求合并。阿色虽苦远役，亦未要求改属。康藏人之尊重历史成例如此。

　　德格改流以来，汉官曾依形便，调整县界。中间因强为抹去历史而酿成纠纷之事不少。兹举甄科与麦宿之争为一例：

　　麦宿、登龙、甄科三村，原林·格萨尔王营建之一政治区域。后归索摩王管治。索摩绝嗣，由德格委派大头人代理其政权。故其头人，今尚冠以"索摩"名号，"索摩王"自居麦宿之索摩宫，而委放两头人往治甄科、登龙两村。德格接收此地后，仍依此习惯，以甄科、登龙两头人归麦宿头人委放管辖，虽故三村分治而维持一行政系统之形势。以地位相当之头人管辖地位相当之头人，实无理可言。其唯一之理由，即尊重历史关系而已。

　　此三村中，麦宿最富庶。登龙亦富庶而地面狭小，户口少，其头人历皆服从麦宿，俨如一村。甄科地面最宽，距麦宿较远而阻以山河，故其头人先图摆脱麦宿钳制。遂有甄白家附和绛白仁青作乱之举，盖其意欲因拥戴功克升为直属于土司之大头人，与麦宿、索摩比肩而已。绛白仁青失败后，甄白家随同入藏亡命。其甄科官寨已被官军残毁。藏军入德格后，甄白家受其援引，渐获政权。乃别营官寨于旧邸之外。近年，甄白家少主人甄白拿加，不仅主持甄科土政，亦已与索摩色刀之兄泽忍，同为德格四大"业巴"之一，势力正相当也。

　　改流之初，汉官以麦宿划属德格，而登龙、甄科划归白玉，致使白玉东北隅之行政实权，暗操于德格县头人之手。幸汉官原无直接管民事之力，一切原须藉手土司，土司视德、白两县，初无内外，但嘱登、甄二村纳差粮于白玉，其余一切仍依旧规办理，故表面上并无问题。至甄白家返部后，遂因一区分隶两县，促成甄科与麦宿之离立而暗潮涌起。

本年春，双方因争一草场开衅。草场在康地随处可得，不足引起内讧。此其衅，盖不在草场，仍在甄科村历史上之政权问题也。甄科头人甄白家之意见：则甄科已与麦宿异县，而甄科头人已与麦宿头人比肩，则白玉境内草场当属甄科。索摩色刀憎恨甄白拿加之分割其地，视为叛逆。遂于本年七月二十日乘拿加赴德格过麦宿时，预使其子翁登率众匿道旁狙击之。杀拿加与从人八骑。翁登与麦宿一骑亦为拿加击毙。甄科人闻变，间道驰报夏克刀登。刀登率众至县请缉凶，将色刀兄业巴泽忍扣押，并自率骑随官军往扑色刀，色刀逸去。刀登尾随，未获。返县，迫土司及县府追究主使甚急，意在泽忍。泽忍者，德格世臣。旧曾为孔撒德钦汪母赘婿，因不合，离婚归。雍容有雅量，博学能文，以品望列位业巴。实力则寄于麦宿，素与刀登背道。当红军离康时，彼与阿都翁噶到康定谒刘文辉，意在倾刀登。然结果竟为刀登所倾。三十三年（1944）刀登杀翁噶，泽忍助其党控于当道，仍成流案。索摩色刃之杀甄白拿加，亦不过为此宿愤，藉泄于历史问题之草场争执而已。刀登既逼泽忍过急，德格土妇乃以追究翁噶旧案抵制刀登。现闻康北区专员范昌元，已集两造头领至德格县府调处。

上述麦宿、甄科纠纷，仅为德格土境内部一纷乱。尚有引致康藏间绝大扰乱之行政区划纠纷，如"冈拖条约"。划金沙江为康、藏两军分防之界水，使德格土司境五分之二（同普全县，及德格、邓柯、白玉三县之一部）隶于藏军。康省则掌握其土司与五分之三地面。而彼五分之二江外人民，依历史关系，仍愿接受土司所放头人，对土司供给差赋。刀登虽已于玉隆成家，于情难忍弃其世业。而德格土司，亦势难舍其五分之二民众与岁收。以此故潜伏之纠纷可知也。

天全土司世系考

(1949)

一、天全六番名义考

天全六番招讨司，始置于元。原系"天全招讨司"与"六番招讨司"两员，各有辖地。明洪武时，合二司为一司，以天全招讨司高国英为正招讨使，六番招讨司杨永忠为副招讨使。自是以后，始以"天全六番"为一名词。雍正改流，去六番二字，为天全州。

"天全"名义有数解，或曰："其地天之所产，莫不全备，故曰天全。"此说较有理致。或曰："天全土司世派，出自大金川。始封时，加大字一笔为天，去金字两点为全也。"此说殊无稽。元代尚无大金川之名，则安得损益其字为天全乎！陈松龄《天全州志》序云："大明洪武，二氏归城，合碉门、和川，改为天全，此天全之名所由也。"碉门指杨土司，和川指高土司。其意盖谓明太祖合高、杨二土司地而并存之，天命两全，故曰天全也。意若可取。然元代固已以天全为高氏之专称，非因明代合并二司而后有此名，则此解亦谬耳。杨振业《灵和乘略》云："元易其名曰'天全'，则因其地在大小漏天之间，而雅（州）所从入之飞仙洞，旧名漏阁，故曰全。"其意盖谓反称"漏天"为全天，倒曰"天全"，以祝不漏。犹改敛县曰毋敛，锡县曰无锡也。更或因此义而释为全备大小漏天之谓，尤谬。余意"天全"二字，为土司初投诚时所上地名之译字，不能以汉文意义解释之。且此地名，出于氐语，非藏语。氐语今日保存不多，其义已无从寻绎，正可以不解解之耳。

"六番"二字，解者尤极庞杂。陈松龄《天全州志·建置沿革》云："……天全正副招讨使司，统属六番部落，曰木坪、鱼通、岩州、咱道、咱里、大坝，凡六路，

---

① 原载《康藏研究月刊》第25、26期。

隶四川都司。"此义不著于《明史》，唯《明史·土司传》曾散见此诸部落名，盖修志时意为凑合之耳。余查木坪即穆坪，明代自为董卜韩胡宣慰司，在川边各土司中，地位甚高，非天全六番招讨司所能约束。尤不能与咱道、咱里、大坝等小土司比列。咱道即察道，在明为长官司。咱里，在明称长河西，与鱼通合为一司，非独立部落。大坝在泸定县冷碛后山上，仅冷碛长官司一头人驻地，更不得与木坪等并称。故知陈松龄《天全州志》以意为缀合，非有所据也。

顾炎武《天下郡国利病书》谓："天全六番招讨使司……辖部落凡六，曰马村、苏村、金村、杨村、丽东村、西碉村。或谓六番之名始此。"其说似出于明代之《四川通志》。杨振业《灵和杂记》①驳之云："五代王、孟时，置碉门、黎、雅、长河西、鱼通、宁远六安抚司，宋因之。元初复置六宣抚司，宪宗改六番招讨司，更别置天全招讨司。明初始以六番次天全为衔。近代蜀志，乃云六番即六村。按马、苏、羊、陇四村，在董卜韩胡（强按：皆今宝兴县地。马村余未至。苏村即苏乃，今宝兴县是也。羊村即杨村，今为五龙镇。陇即丽东村，今为陇东镇）。金村在荥经水入天全处。西碉，则以碉门冒砌村字，谬凑六番。殊自牵合之甚。余意招讨始于元，或即综六宣抚而约名之。……如'六诏''六番'，其来已远。唐韦蟾诗：'却使六蕃诸子弟'。宋欧阳公因云：'马前弓箭六番迎。'竟以'蕃'作'番'字，此岂可以元之招讨及六宣抚指实耶。"

杨氏所云"六宣抚"，指碉门、黎、雅、长河西、鱼通、宁远六部。《明史·土司传》云："天全，古氐羌地也。五代孟蜀时，置碉门、黎、雅、长河西、鱼通、宁远六军民安抚司。宋因之，隶雅州。元置六安抚司，属吐番等处宣慰司，后改六番招讨司，又分置天全招讨司。"此明言"六番"指碉门、黎、雅等六部也。顾《明史》为"元置六安抚司"，而《灵和杂记》则云："元初复置六宣抚司，宪宗改六番招讨司，更别置天全招讨司。"其文较详，而宣抚、安抚互异。再查《宋史》与新、旧《元史》地理志，皆无碉门、黎、雅六部宣抚司或安抚司之说。唯《元地志》列有"鱼通路军民万户府""碉门鱼通等处管军守镇万户府""长河西管军万户府"与"天全招讨司""六番招讨司"及朵甘思等部，同隶碉门、鱼通、黎、雅、长河西、宁远等处军民宣抚司。是合六部统设一宣抚，非有六宣抚或六安抚也。且此宣抚司，似驻打箭炉，非天全。所属天全与六番两招讨司，乃驻今天全境。是《灵和杂记》

---

① 杨振业，字铎仲，生于康熙时，天全副土司杨自唐之次子。能诗文，曾采天全事物撰成杂记，名《灵和杂记》，后随父徙往江西，更以残存之杨氏世谱与此合撰成一书，名《灵和乘略》，凡六篇，对天全掌故及高、杨二土司世系俱有较详记述。

与《明史》行文皆有疵误。大抵"六番"之名渊源于孟蜀所置六安抚司也。

孟蜀时，黎、雅两州多有夷人掺居，故不置牧而称安抚使。今天全县境，于时为汉、藏交易茶马要地，故亦置安抚使。今泸定县境大渡河西岸之地，与越西县境大渡河南岸地方之藏族，于时与雅、黎交涉频繁，故亦因其来附，置长河西安抚使。其北鱼通、打箭炉一带，为"西番"来碉门互市之要道，故亦置安抚使。至宁远安抚使，可能为管理嶲州（今西昌）附近藏人而设（因"宁远"二字联想，并无确据），抑为控制打箭炉口外众蕃而设（就《元地志》碉门、宁远等处军民宣抚辖有朵甘思等地揣想），尚难判断。大抵孟蜀所置抚夷之官，此六宣抚而已。宋代虽已于雅、黎建置州郡，而习呼此带"番夷"为六番（六部番夷）。元代综六部为宣抚司时，雅、黎已为流官治地，仅依习惯存其虚名，实不能辖黎、雅也（元雅州，领名山、芦山、百丈、荥经、严道六县。黎州领汉源一县。并隶属于吐蕃等处宣慰司都元帅府）。元代以碉门为六部番夷通商总汇，故假高氏以六番招讨司衔，俾资镇摄。复因杨氏入贡，增设天全招讨司耳。

《灵和杂记》又云："元代招讨，但称天全招讨使，并无六番之名。至大中，招讨杨管陛谒，赐两佩珠，授虎符银印，印文亦只铸'天全等处招讨使司印'，并无六番之名。至明乃奉敕并六番为衔。或云六村，或云乌斯藏朝贡六法王（按：六村已详上文。六法王，指大宝法王、大乘法王、阐教王、阐化王、护教王、护法王。俱见《明史》）。据《明史》徼外有三十六种酋长，皆由和川（今天全）出雅入京。天全实为诸番驿路。元代或略综以为名耳。然皆在和川诸关之外，正书疏所谓'和有夷道'。顾无庸必在天全近址征名也。"此论即是。大凡地名冠数目字者，最初原有专指。迨时移世易，治革迁转，即难以今地拟之。比如三江，原指南直隶与江西、浙江三省。明南直隶，今江苏、安徽两省地皆是也。但近世三江之名，虽一般仍习用，而解者遂以江苏、江西、浙江为三江。或以江南、江北、江西为三江矣。皆谬。又如四川，缘唐代有东、西川两节度，宋析其地为益、梓、利、夔四路，号"川陕四路"，省称为"四川路"。元合四路为省，因曰四川省。近解四川名义者，遂妄以四大河川拟之。皆刻舟求剑之类也。六番只缘孟蜀安抚部为名，后世因黎、雅非番，遂有种种妄解。余曩游泸定，知泸定东岸各部番落，曾与天全发生密切关系，遂妄揣岩州、察道、嘉庆、沈村、冷碛，与黎大所六长官司部为六番。兹游天全，更详考之，始知旧说非是，特为订正于此。边方文献无征，考订名物，非亲历慎察，不足成立定论,率都如此类耳。①

二、天全高土司世系

天全高、杨二土司,早于雍正七年撤废,今县境高、杨二姓仍众。或为列世司官庶裔,或由客民百姓依附。今高、杨二氏,各有族谱,详记世系,严防乱宗。余在天全多方搜得之抄本,讹乱尤多,割截弃遗,至于不可卒读。大抵杨氏谱以大儒杨振业之《灵和乘略》为蓝本。高氏谱则俗手所撰,文多荒谬可笑。天全高氏多通儒,而无注意及此者,殊可惜也。兹就《高氏世谱》(以下简称"高谱"),录存高氏世系,略纠正其尤荒谬处:

《高谱》自混沌初开序起,谓"炎帝因尝百草云游,遇女娲之妹与交,生子名姑生,为高氏鼻祖。姑生娶姜文公之女安登,生二子,名姜万春、姜万年。姜万春寿二千岁,佐禹治水。至商太丁二年,生子姜大成,即太公望,受封于齐。夫人马氏,生子杜伯,娶周宣王宫女,生姜齐。姜齐佐秦始皇,又辅汉高祖,娶汉帝宫女而生姜汉。王莽篡位,汉居北海,娶孔融之女,生姜清,后食采于高,乃易姜为高氏。"此为首段,文甚长,鄙俚不通,而考订年代颇繁。一人寿辄数千岁,与所妄造名字,俱堪捧腹。

又谓:"高柴佐汉光武,封武城侯。生子高翔,佐蜀汉后主,封将军,随武侯南征还,驻节碉阳,化导诸夷。其后武侯自碉阳返蜀,留翔镇守碉阳。武侯北伐,征高翔押运木牛流马,以功为碉阳等处守将,号安抚使,世袭守土。是为高氏受封于天全之始。厥后高崇文平刘辟之乱,刘辟逃入吐番,崇文命其子遐万追捕得之。遐万生二子,曰封、曰思,俱未袭职,避居鱼通古寨行台,世为舍人。世职传于遐万弟遐昌。昌生广寿,寿生学连,传于高封之裔昌国。国生奇正。正生镇安。安生朝福。福生万成。成生忠义。义生崇仁。仁生定。遐昌有九代孙抚族弟崇善之子继思为嗣,生高勋(勋与定为堂叔侄),得石燕、海马、玉龙、金凤及犀牛角,同定诣京师贡献。值唐太宗壬寅岁,海水为灾,定以治水功,授安抚使。后与高卜锡、高卜易同归天全。清理宗谱,卜锡、卜易乃为江南凤阳府建康郡姜万春之裔,定之期服孙也。其后卜易东归,卜锡留碉门辅政,遂承土职,加天全六番招讨使司招讨使,

---

① 作者近年对"六番"一词又有新解。认为即是《后汉书·白狼传》所谓之"白浪楼薄夷"。楼与六,薄与番,俱为对音,"六番",缘于"接薄"之名。

封荣禄大夫。"以上为《高谱》第二段，荒谬处去前段不远。高崇文，《唐书》有传，非天全人。"凤阳府"与"建康郡"，唐时皆无此称，亦非可以相隶之地名。安抚使与六番招讨使，亦非唐世之所有。唯高遐昌以下世系，或有所据。《天全州志》谓高卜锡为"江南临江府人，唐末以军校从征西路有功，留镇边邑，累世相承"。盖高氏世业开于卜锡。以前世系，皆妄引耳。

《高谱》又谓：高卜锡预平黄巢之乱，与杨端同授正副招讨使。高氏封"昭勇将军、宣慰使司，都督金事。上管口鸟，下管邛州南河，三十六堡，四十八寨，九种诸夷，十八土司各处关隘"。杨氏封"昭烈将军，虎符牌银印。管黎、雅、严道、名山、董卜、长河西等六处关隘。每奉调出师，高六杨四"。此说似有实据，实则唐末制度，决不如此。大约系修谱时就其现势追加于唐末高卜锡者。

《高谱》又谓：卜锡生楞泰。泰生兴国。国生崇。崇生曩，字阁藏，宋乾德二年（964）投诚。时孟氏尚据蜀地，宋太祖嘉高氏早归，赐绯衣，加世勋功臣匾额，颁"天全、黎、雅、宁远、长河西、鱼通等处安抚使"银印。（按：此衔颇可疑，缘《宋史》无此记载。《元史》有此衔，而天全作碉门。以理揆之，宋代无天全名。此当是以后世衔称移加于其远祖耳。）

《高谱》又谓：高曩生三子，长子金毂，于太宗嘉定时袭职。嘉定十五年（1222）率十八土司朝贡，宁宗嘉之，"授岩州安抚使"。（按：宋太宗无嘉定年号，太宗当是宁宗之误，金毂则是南宋人也。上文既云宋初已授天全等六部安抚使，此时远道入贡，乃授岩州安抚使。岩州为六部中一小地名，此犹言州牧进阶作县尹，有是理耶？）

《高谱》又谓：金毂生子宝锡，理宗开庆元年袭，在职三十四载，能以武力镇摄西陲，赐绯衣虎符，金牌银印，称"碉门、黎、雅、鱼通、宁远、长河西等路军民安抚使"。大抵高氏自高金毂始得胙土。至宝锡时，元已灭夏夷金，收抚西域与乌斯藏，征服云南，攻陷四川之大部分地方，雅州、黎州皆已属元。天全土司，亦当在元军控制下。《高谱》云宋赐绯衣虎符等语，当是宋蜀中守将王立等，姑以此术抚集边夷，谋逐元军。易代之际，大局未定，土夷每两面奉事。所得朝廷赐物，皆珍藏之。后人凭此遗物，造为此记耳。

《高谱》又谓：宝锡生德福，于宋德祐二年（1276）袭职。"智勇兼全，所向无敌。德祐皇上赐两珠、虎符、金牌、银印。所管辖地方，上至乌斯藏，下至邛州南河坎，铁牛为界。庚辰改元国号。景定四年，奉敕授岩州、察道安抚使。……端宗皇帝三年赴蜀。至元定鼎，归大元传号。太宗八年，许衡等议：高德威长河东，三师经边,四师保境,抚绥军功,加一级,纪录大功二次。"(按:此文殊谬乱。查德祐为㷃帝年号,只元年,无二年。称二年者,当亦宋守蜀主将敕便宜为之。时元军南侵,蜀地隔绝,正朔不到故也。高德福当是效忠于宋之土酋,故宋人以西陲全局畀之,遂有上管乌斯藏,下至邛州南河之命。实则乌斯藏等地,早已为元有矣。景定亦理宗年号,景定四年(1263)为元世祖中统四年,高氏旧为天全六番土酋,此时反仅授岩州、察道安抚使者,当是德福兵败西走,已失故土故耳。)

下文称"端宗皇帝三年赴蜀",查端宗即位之三年,即帝昺祥兴元年(1278),亦即元世祖至元十五年。宋已覆亡,蜀地仅重庆、合州为宋守,川西南全陷。故高氏亦赴蜀降元也。上文"庚辰改元国号",庚辰即至元十七年,宋亡之明年,纲鉴自此年始系于元。撰此谱者,亦但知是年始为元国号,其非通人可知。

《高谱》又称"太宗八年,许衡等议高德威"云云,查元太宗八年(1236),当宋理宗淳祐二年(1242),高宝锡尚未袭职(宝锡开庆元年袭职,淳祐二年,在其前十七年)。则此高德威,另是一酋,非即德福也。再查《旧元史·地理志》"至元元年,置碉门、鱼通、黎、雅、长河、宁(应是长河西宁远)等处安抚司。二年,安抚司高保四言,碉门旧有城邑,中统初为宋所废,众因山为栅,去碉门半舍,请复成"。至元元年,即宋理宗景定五年(1264),元所置碉门等处安抚司,司官为高保四,为文甚明。谱称景定四年(1263)高德福授岩州察道安抚司,适与元置碉门等处安抚司同时。于此可见此时高氏有二酋:其一高保四附元,其一高德福附宋。德福先有碉门全境,后为高保四逐,退入岩州察道一带,仍奉宋朝正朔。直至端宗末年,始赴蜀降元也。《高谱》无高保四名,但有德威名而未著其所出,附见于德福条。余疑保四,即德威之别名也。《高谱》又载有高德仁者,"德祐六年封广威将军,元贞八年退隐"。想亦附宋之小酋,于德福、德威为弟兄行辈者。

如此,宋末一段史事,设果如余所测,则当蒙古铁骑蹂躏全蜀时,边裔曾有为宋苦守之义士,演为可歌可泣之史迹,足为州志生色不少。惜谱者不学,未能传究竟,今已无凭追述矣。

高氏世谱,入元始渐明确。德威子上元,成宗元贞二年(1296)袭职。大德元年(1297),调征"西番析支木国夷",以功授威远将军。生二子,名世杰、世俊。

世杰于泰定元年袭职。顺帝至正三年(1343),赴阙朝贡,授武德将军。生三子,名国英、国华、国栋。

高国英(《明史》作高英),字嘉儒,元泰定四年(1327)荫授武略将军。至正十七年(1357),青军(按谓青巾军也)入境,土署牌印被毁。洪武四年(1371),

国英率众降明。六年（1373）赴阙朝贡（《明史》作遣其子敬严来朝），授天全六番招讨使，颁万字第九十二号铜印。"十九年，奉诰封一道。二十一年，钦依奏准，将司人民充役土军一千，茶八百，自行耕植，以备各番赏需。内选马兵二百名，自备马匹，不关粮饷"（《高氏世谱》）。生四子，名敬严、敬让、敬信、敬忠（《高谱》无敬严，有敬庸）。按杨振业《灵和乘略》谓："明师平夏，高、杨二土司赴军前投诚。高国英潜于前锋都督何文辉，让杨藏璞后至。是年，国英遣其子敬严，诣京贡方物，深蒙嘉赏。乃并两土司为天全六番，设正副招讨，而颁一印。自是，每三岁朝贡，杨、高必偕往，不独行。敬严袭职入觐，藏璞同往。因奏：旧简土民为兵，以守边疆，请更辑练骑兵以威远。诏可。归乃选壮丁健马，教之行列，署千长、百长、敢勇、大小旗以为部领。得马步逾千。二十一年，公独觐，奏兵已辑。帝嘉悦，诏更招讨为武职，俾戍守边圉，控制西番。旧制：宣抚、招讨诸秩本支御，凡袭荫朝觐皆隶吏部。其隶兵部自公始。公更陈天全茶民八百户，岁出乌茶与西番易马，民输园税，商纳引课，上下便之。今在官收买，民苦吏人侵渔，易犯法，即课亦不登，乞复原制。诏许之。天全茶户由是既获苏豁而雄边。子弟劝于爵赏，皆奋。"此记文理甚佳，亦较《高谱》翔实，足勘其谬误。

高敬让，洪武二十三年（1390）袭职。永乐十一年（1413），调遣土兵五百名，随都指挥李敬，进征"威州保县番"，以功赐宝钞、玉带、龙刀。十三年（1415）颁天全六番招讨使司，礼三百八十号铜印一颗。生四子：龙、凤、虎、彪。按《明史》云"永乐二年，招讨使高敬让来朝，并贺立皇太子，且遣其子虎入国子监受学。赐虎衣衾等物。十年，敬让遣子虎贡马。先是虎入国学读书，以丁母忧去，至是服阙还监。"高虎似死于京师，敬让以罪下狱死，凤乞袭父职。故以凤袭上司职。

高凤，字廷仪，英宗正统元年（1436）袭职（《明史》作四年）。以"抚谕杂道、岩州番夷与随征松潘等处功"，授右军都督。天顺六年（1462）以调，随督兵官许贵征剿大坝功，授怀远将军。后征西番阵亡。生一子，名崧。

高崧，字赋贤，景泰二年（1451）袭职（按景泰在天顺前。前云高凤天顺六年授怀远将军，当是据敕书年月入文，实则凤已于景泰时阵亡。是盖追赠也）。是年，奉四川巡按监察都御史并都、部、按三司案委，往岩州、杂道抚谕。天顺六年（1462），奉都司札符，调土军一千随副总兵官许贵征剿山都掌大坝苗夷，以功赏牌三面。又从征松潘等处，赏锦缎八匹。生六子，名文林、文明、文广、文韬、文炳、文华。成化八年（1472），以子文林功，追赠武毅将军，妻杨氏夫人。敕存。

高文林，字茂材，号竹坡，通晓诗文。成化二年（1466）袭职，遣使入觐。八年（1472），受敕四道，追赠其父母，授文林武略将军，妻聂氏夫人。十年（1474），①受钦差镇守太监梅忠等按验，与董卜、鱼通二宣慰使司及千户、头目等三百余名到司构和宁息。十三年（1477），征司兵一千，随太监梅忠、巡抚张瓒等兵，进征松茂，以功赏银牌二面，银碗一对，彩缎四匹。清乾隆十一年（1746），奉旨入祀成都忠义祠。子四：勋、烈、煦、烋。

高勋，字铭鼎，正德二年（1507）袭职。生子四，名继恩、继光、继爵、继禄。继恩嘉靖八年（1529）袭职，数载乏嗣。按《明史》云："正德十五年，招讨高文林父子称兵作乱，副招讨杨世仁亦助恶，命四川抚按官讨之。初，文林与芦山县民争田构衅，知县处置失宜，遂致叛乱。逾年，讨斩文林，擒其子继恩，择其宗人承袭。"《雅州府志》卷十云："正德中，高继恩与副招讨杨世绳侵芦山居民土田，强种杭稻，而芦民代之输税。知县屠峦，教民习弓矢，擒高氏头人下狱。高氏聚众来劫，峦子某督役追捕，反为所害。既而高、杨又合兵攻芦山，大肆掳掠，村舍为墟。事闻，命游击曹玉讨之。时有司已用间，令高、杨构怨，世绳遂擒继恩送按察司狱。后高氏亦擒世绳送按察司治之。皆伏法。"据是，则高继恩于正德十六七年因扰害芦山事伏诛，未曾袭职也。《明史》云"父子称兵"，盖谓高勋父子，与文林无涉。特因文林名高，遂误及之耳。"逾年斩文林"，当是斩继恩之误。文林于成化二年（1466）袭职，至正德十六年（1521），已五十四年，安能尚在。《高谱》称高勋正德二年（1507）袭职，则文林当于正德初死，足证《明史》之误。

高继光，嘉靖十一年（1532）袭职（按当是袭其父高勋职）。生三子，名定、乾、宰。

高定，字静伯，号梅川，嘉靖三十二年（1553）袭职。一子仲德。

高仲、德，字寿吾，号玉案，万历十七年（1589）袭职。中年不禄，妻刘氏袭职。一子基。

高基，字孝白，号醒麓，万历四十八年（1620）袭职。以助讨奢贼功，诰赠父仲德武略将军，母刘氏夫人，生母张氏宜人。授基武略将军，妻李氏宜人。李氏，龙安土府之女，生二子，名跻泰、登泰。

高跻泰，字九如，崇祯元年（1628）袭职。张献忠军入蜀，跻泰驻兵飞仙关拒之。受督师户部王（余考是王应熊）、总督樊（一衡）、军门詹（詹天颜）、又军门范（文光）、经历李（未详）手札奖励。以弟登泰分管灵关。献忠破雅州，执跻泰祖母

---

① 《高谱》作"三十年"。然成化、弘治皆无三十年。实讹。

张氏胁降。登泰伪降，易祖母归。遂骂敌死（乾隆四十一年八月，奉旨入祀成都忠义祠）。跻泰率兵逐大西（张献忠所建国号）芦山守将李国杰、雅州守将王国臣而还。顺治九年（1652）三月，赴嘉定平西王吴三桂营输诚。已而高承恩据雅州，奉明正朔，恶高氏降清，以兵讨之。跻泰突围赴保宁（时清军以保宁为大本营，抚院胥驻于此），导清军规复以南，以功授职。十六年（1659），颁天全正招讨司金印。加封都督签事、龙虎将军。生二子，名一柱、一椿。

高一柱，字正国，能诗文。康熙十二年（1673）袭职。十二年，赴京朝贡。十三年（1674），敕赠武略将军。十九年（1680），助清勇略将军赵良栋讨吴三桂军于黎、雅、建南。以功加都督金事、荣禄大夫。二十二年（1683），奉特旨内升四川等处提刑按察使。康熙五十三年（1713）六月二十三日，颁赐天全六番招讨司正招讨使，驻劄碉门，第六千六百四十三号铜印一颗。生一子，名若璠。

高若璠，康熙四十七年袭职。五十九年，调土兵五百名，中军游击高廷年率领，随大军征藏。六十年凯旋，以功十等，加左都督，统西南土司。雍正五年（1727）二月，奉旨改流。六年，以违法被参，迁移江西南昌府城东盛门万宜巷，赐田六十亩。子振邦、振义（据天全慈朗寺题梁，其世子名振珪），无职。

上高氏土司世系，据高氏族谱，删削冗文俚句，略加考订写成。谱中过于荒谬之处，及所附诗文诰敕，均予节去。

三、天全杨土司世系

据《灵和乘略》谓："天全杨氏出于汉赤泉侯杨喜。汉武帝时，有杨瑞者，自山西太原以骑将从拔胡将军平西南夷，留镇青衣灵关，外驭诸羌，世守其土。其裔杨竦，为益州从事，击封离叛夷，降其部三十六种。有子令田，平三襄污衍夷，率徼外诸种落内附。汉帝嘉之曰：'汉乃得此良臣。'封为奉通君。延光二年，旄牛夷犯灵关，令田以西部都尉击破之。于是以西部为蜀郡属国，以都尉领四县，职如太守。蜀汉建兴中，有杨逢者，从武侯南征，以功封于徙阳和川。"

唐时，有杨清远，其先与沈黎诸家皆称王。唐盛乃革王号。卒葬黎州汉源县东，至今犹称"王墓"。

余按此墓在今汉源街之白马寺侧，《明统志》称为唐"三王墓"。三王者，唐时黎州西境有氐人刘、杨、郝三姓，皆称王，详具《唐书·南蛮传》。余考在汉源为郝王墓。刘王墓在沈村，杨王墓应在天全境。此称汉源为杨清远墓，系缘世以三王混称而误。查《灵和乘略》，天全古墓甚多，"忠孝乡有将军铁坟，乐篱乡、三江口亦然。和川宝子山亦有古墓，俱岿阜靡塌，不应无指。"杨王古墓，应于此中求之。惜莽草遍地，不能踏查也。

又云："唐更置各羁縻州，为世袭刺史。天宝初，灵关、和川、始阳为四镇之三。有杨端者，于乾符中，受芦山郡下都督府之职。"（《灵和乘略》）余按唐雅州曰芦山郡，乾符为僖宗年号，杨端史别无所详。大约杨王之族在唐颇盛，唐末黄巢之乱，僖宗幸蜀，颇招远夷兵马平乱，或曾假杨端此职耳。高土司族谱对杨端事记述颇详，而为文鄙俚可笑，节录于此，以资考订：

"唐太宗二年，有杨端公，本系山西太原府江邑人氏，儒医，堪舆生理，至后溪落业。为卜锡公看地理，往来情密不舍，日夜相谈不倦。一日，卜锡公降诞官亭，满挂单轴。杨端公前诣贺寿，暂见得当时有翔公（高翔）泳木牛流马诗，情致浓关。向卜锡公求纸笔，刻时便书二诗以赠。诗云：'鹃啼风落剑山东，鼎足功成谨慎中，最是弥衡无器物，非关黄祖不英雄。闻道东迁汉室成，干戈纷纷渡江来，桓温亦知王猛省，不遇苻坚不尽才。'卜锡公见此诗神清气爽，可敬可爱，两相投机，日来月往。至太宗九年庚子，开科选士，点得武状元黄巢，乃山东渠武县人氏，朝宫貌丑，国母不悦，将状元当时削去。……遂反于藏眉寺……皇太子高宗，奉旨追剿。该贼得有混唐剑，利害无比，将太子围困美良川口，无将解围。旨意敕调吾祖卜锡公前往救主解厄，时卜公点土兵一千，请杨端公为军机参谋，二公同往。有皇叔李千岁讳克用，领兵救驾，十三太保李存孝为先行。端公为卜祖密用机谋，吾祖兵丁黉夜偷过大营，密将川口一路，安定豪刀，下定利钉。次日李存孝督兵大战川口。不出二公所料，贼兵由川口而出。卜锡公与杨端公督兵战前，存孝大军攻追其后。……贼兵狼狈，皆属漏网而逃。……合队回朝，唐太宗敕赐吾祖卜锡公为天全六番招讨使司正招讨使，招勇将军，宣慰使，都督佥事。……端公封为天全六番招讨使司副招讨使，昭烈将军。"

大抵杨端之事，土人传说如此。修《高谱》者，砌补时代人物，张冠李戴，种种可笑。要杨端以唐末勤王功授职起家，则可信也。至今高姓皆谓杨氏由高氏属僚起家，大约即据此谱。杨氏族谱则否认此说，谓"唐置八州，世袭刺史。于时杨氏效绩，至称都督，从韦节度兵出灵关，定峨和，逾的博，围土番，与有功焉。故前有卢照邻'仙佩下灵关'之赠别，继复有杜少陵'八州刺史思一战'之叹咏。僖宗乾符间，嗣端以主诸番互市著"。意谓杨氏早于唐初为世袭刺史，高氏远出其后。余查杜诗之八州刺史，指西山八国（东女等国，因吐蕃逼而东迁降唐，安置于松茂西山者），而从韦皋兵出灵关等路者，为三氏王。谓天全杨氏出于氐王杨氏，甚近理。谓其为八州刺史之一，则非也。

《灵和乘略》又云："五代孟蜀之际，有杨侠夫，为碉门鱼通等处安抚司。宋仍蜀旧，但以碉门等处安抚分隶雅州。南宋乾道间，杨成以抚绥沙坪土番，加授碉门和川宣抚使。"

以上皆掇取杨姓闻人著功西南者为谱，不必即其祖先。盖仍是一般修谱陋习。然皆取材正史，较高谱之附会稗官者为胜。据云："旧谱，侠夫字乘冕，号未著。"则铎仲所据之旧谱，亦必有若干荒唐文字、人物乱厕其间，与《高谱》相似。铎仲曾删削之，存其史籍有据者数人耳。

元宪宗时，仍前分设碉门、鱼通等六处安抚宣抚司。天全碉门宣抚使杨可大，字应久，辖和川、碉门、始阳、灵关之地。元世祖分其地置天全六番招讨使司，可大为天全招讨使，卒于任，葬凤水峡银甲祠后。杨管袭职。

杨管，字卓蒙，武宗时至大都入觐，赐佩珠银印。

杨嘉始，字如先，袭前职。仁宗延祐、英宗至治间，俱入觐。附杨朵儿为宗，信用番僧，曾以金银手写藏经（按此为元代天全流行喇嘛教之一证）。

杨乐鲁，字疆千，袭前职。泰定、天历间，兼始阳镇。崇修大悲寺，铸钟纪事。

杨藏璞，字和宝，顺帝元统初袭职。洪武四年（1371）归明。

以上元代四世，墓皆在凤水峡内、古濠坪银甲祠后，只一碑列次名字，不著配氏。独霸王山一碑，镌"诰封夫人高氏之墓"，傍列孙男杨钦立，则知为藏璞之妻也。

藏璞子允忠，字干国，洪武二十三年（1390）袭职。妻孔氏，生七子：钦、铭、玺、钰、镶、鉴、铎。洪武三十一年（1398）卒，合葬霸王山。子钦袭职。允忠有弟允武，字匡国，洪武二十五年（1392），以擒月鲁帖木耳，晋爵广汉元帅。归游扬州，被人鸩杀。归葬思延漕村。

杨钦，洪武三十二年（1399）袭职。建文中卒，葬霸王山。无子，弟玺袭职。

杨玺，幼为僧，名觉玺。袭爵后，因以玺名。永乐中，曾入觐。配王氏，育二子，名显昭、显英。宣德初卒，葬霸王山。子显昭袭职。

杨显昭，娶高氏、刘氏。正统初卒，葬霸王山。有四子：怀、恺、性、忻。怀袭。

杨怀，冲龄尚气，同高氏朝会争长，致酿兵祸。长嫡皆亡。次嫡文全，始二龄，弟恺抚之成立，后得袭爵。（按：与怀同时之土司为高崧，文林之父。前述高文林传所云"构和宁民"，当即指高、杨争长事也。）

杨恺，字德余，景泰二年（1451）袭土政。以功卓异，至署建南副宪之篆。摄二十余年，归政于其侄文全。成化四年（1468）卒，葬和川卧龙山仰天坪。茔工极巨。先后娶赵氏、李氏，生子文忠、文林，皆居列族。

杨文全，字韩实，号松坡，成化二年（1466）袭职（按高文林亦是年袭职）。十五年（1479）卒，葬落阴村山麓，碑题曰"上轻车都尉"，盖承恺之勋阶也。妻王氏，育子方。

杨方，字镇远，成化十六年（1480）袭职。正德间卒，葬霸王山，有碑。娶成都将军何钦之女，名淑荣，生二子，名世仁、世杰。妾乔氏、李氏，育子：英、雄、经、纶、安、昌，共八男。

杨世仁（《明史》作世绳），正德间袭职。以助高氏兵，罹祸（指争芦山民田事，详前），葬霸王山。残碑只有数寸。妻高氏金姐，育子泰。

杨泰，嘉靖三年（1524）袭职，以拒谏擅杀，致于重典。葬无所考。无嗣，以世杰子合袭职。

杨合，字龙山，嘉靖中袭兄职。嘉靖三十一年（1552）卒，葬落阴。杨升庵曾有赠联。妻高氏寿媛，育二子，名时誉、时春。时誉袭职。

杨时誉，字靖南，嘉靖三十八年（1559）得袭，在职十年卒，葬落阴。妻王氏，生二子，名位、传。时誉卒，子幼不事，王氏抚位摄政。甫二年，时誉弟时春为乱，王氏与位及传并被害。嗣绝，以世杰子合之从弟愈袭职。

杨愈，号龙冈，万历五年（1577）入继时誉，袭其爵。屡懋战功。二十八年（1600），以先锋为将军刘綎前驱，征播州，阵亡于娄山关。赠上护军，晋阶龙虎将军。归葬思延下甲金磐之阜，为悬棺。碑著"黄太君，袭子时和所立"。黄氏名守贞，生时和。后，更置妾，生时标、时栋。末运皆得袭。

杨时和，字正台，万历二十九年（1601）袭，得荫宣慰。在职三十余年卒，葬仁义乡高梁山。有碑，题"勋晋上轻车都尉"。娶王绅女震乾，生子之鼎，时和卒尚幼，王氏摄政。

杨之鼎，天启间袭爵，甫十余龄，佻达喜事。先娶芦山江绅女，嫌不媚，居之别院。更娶黎州曹宦女，名满玉，生子祖荫。崇祯三年（1630），因愤事失刑，被弑。母与妾及一子同罹于难，吏民收葬于碉门治后山麓。

杨之明，字中天，愈庶子时标之子。方之鼎被害，思延宗人辈拥江夫人自芦山入靖难。未几，江氏亦卒，乃请以之明承袭。时崇祯八年（1635）也。顺治元年

（1644），张献忠陷蜀，遣将徇雅州。之明率士兵拒之，兵败被执，不屈死，弃其尸锦江。妻洪氏，亦能兵，率诸婢自成一队，亦战败，自经于雅州山中。乾隆四十一年（1776），追谥之明"愍烈"。《天全州志》曰："献贼入蜀，分遣贼党赍符印赂土官。降者仍其职，不降者杀之。之明斩其使，按刀泣与部下曰：'……能共义愤乎？'皆泣曰：'诺'。乃椎牛飨士，统部将陈国富而下四十八人，扫境出师。同时之起义兵者，成都诸生朱凤伊（旧《四川通志》作进士），阆中诸生郑延爵（《旧通志》作川北举人）。而与之明分司天全之高招讨，约以兵来会，临发乃送款于献忠（事详高氏世系条）。其族人杨之铭、之乔，并受贼赂，反以兵拒之明于飞仙关。之明与贼遇于总冈……贼败溃，益发精锐来战。再遇于邛州南桥，自昼鏖战至夜分，贼骑愈多，遂不得脱。然亦无肯脱者。之明与陈国富而下四十八人，洪氏及诸婢皆死。……雅州人至今祠国富为土主云。见《陇蜀余闻》及杨垦诗注。"① 大抵之明之毅然拒献忠，颇受朱、郑二生劝导，而洪氏与陈国富力赞亦有关系。

杨之乔，字伏龙，愈庶出时栋之子。之明既出拒献军，之乔即纠众踞土署。肆杀失道，众叛，乃逃入穆坪，不知所终。部民迎立杨愈六世孙嫡宗人常，时当顺治五六年间也。

杨常，字中行，顺治壬辰（九年）赴嘉定投诚，授都督佥事衔。卒葬忠孝乡凤仪山。妻李氏，育子先桂。李氏别葬渔溪山，俱有碑。

杨先桂，字秋馥，顺治丁酉（十四年）袭职，以军功赠一品服传世。卒葬和陵乡较场坪。妻邱氏，育二子，名自仕、自唐。

杨自唐，字翔清，号清潘，康熙辛未（三十年）袭职。猿臂善射，亦通诗文。调理穆坪、沃日、瓦寺之乱，攻破西炉大冈之役，并著勋劳，晋阶左都督，封荣禄大夫。雍正五年（1727），川陕总督奏请改天全为州，迁高杨二土司于江西南昌。六年（1728），自唐卒于章，年七十一矣，葬南昌桃花塘。有子二，名大业、振业，俱有文采。天全六番招讨司副使一职，迄自唐止。

---

① 杨垦：即杨大业之子，乾隆癸酉科进士，早卒。有诗名，与武宁汪轫、铅山蒋士铨、南丰赵由并称"江右四才子"。著有《方悦录》（又名《耻夫诗钞》），多有江咏其家世之诗。《天全州志·艺文志》收有其诗。垦有三子：蜀年、蜀御、蜀雨，俱习文，二子曾中乾隆乡试。此后即无闻。

"藏三国"的初步介绍

(1944)

一、何谓"藏三国"

藏族僧民，以至任何使用藏文或信奉喇嘛教之民族，脑海中都莫不有唯一超胜的英雄——格萨尔王。他是西康古国名"林"国的王族，故又通称为"林格萨尔"。记载林格萨尔事迹之书，汉人叫作"藏三国"，藏语曰《格萨尔郎特》，译为《格萨尔传》，或译《格萨尔诗史》，因其全部多用诗歌叙述，有似我国之宣卷弹词也。

余于民国十七年（1928）入康考察时，即沃闻"藏三国"为蕃人家户诵之书。渴欲知其内容，是否即《三国演义》之译本，抑是摹拟三国故事之作。当时通译人才缺乏，莫能告其究竟。在炉霍格聪活佛私寺中，见此故事壁画一巨幅：楼窗内有男妇相逼，一红脸武士导人援梯而上，似欲争之。通事依格聪活佛指，孰为藏曹操，孰为藏关公；谓关公之妻为曹操所夺，关公往夺回也。此其事与古今本《三国演义》皆不合，故知其书非译三国故事。

最近入康考察，由多种因缘，获悉此书内容，乃知其与"三国"故事，毫无关系。顾人必呼之为"藏三国"者，亦自有故。

1. 此书在藏族社会中，脍炙人口，任何人皆能道其一二，有似《三国演义》在汉族社会中之成为普及读物。汉人闲话，必指奸人为曹操，鲁莽人为张飞。故俗谓闲谈为"说三国"。藏人闲话，必涉格萨尔故事，故亦呼之为"说藏三国"。

2. 历史小说例必描写最忠最奸，最智最愚，最精最粗者各一人。《三国演义》如此，《格萨尔传》亦然。最初听说格萨尔故事之汉人，就其人物性情，随意比附，遂谓格萨尔为藏关公，贾察为藏关平，超同为藏周仓，格噶为藏曹操……曾在八邦

---

① 原载《边政公论》1944年第4卷第4、5、6合期。

寺见关帝、关平、周仓三小雕像（自中原运入者），喇嘛指关帝云"贾格萨"（"贾"藏语意为"汉"），指关平曰"贾贾察"，周仓曰"贾超同"。易地则皆然也。使藏人粗解《三国演义》，或亦将呼之为"贾格萨郎特"矣。

3.《格萨尔传》叙事，以平定霍尔三国为中坚，此亦为被呼作"藏三国"之一原因。霍尔三国者：霍尔格拿，意为黑帐房胡人；霍尔格噶，意为白帐房胡人；霍尔格鲁，意为黄帐房胡人。

或谓西藏拉萨之关帝庙所祀神为林格萨尔，实则不然。拉萨关帝庙，为乾隆时满汉官员所建，清初朝野皆崇拜关羽，谓其随处显灵护国，故所在建立关帝庙。其时汉人尚不知格萨尔为何如人也。真正之塑格萨尔像，在拉萨大昭寺内，虽至今日，汉人尚不识之，只藏僧能辨其为格萨尔耳。

二、普遍流传的禁书

西藏政府，虽承认格萨尔为喇嘛教一大护法，供塑像于大昭寺内，但对于叙述格萨尔史事之"藏三国"，则禁止刊行。黄教寺院，并禁止僧侣阅读此书。惟在寺外偷看，亦不严稽。今日康藏寺院，十分之八皆属黄教，故向喇嘛寺寻访此书，僧侣皆愠而不对，惟花教寺院（藏云"萨迦更巴"）则不禁。德格更庆寺经版中，有巨幅之格萨尔雕像，供各地嗜《格萨尔传》者购印供奉。但无《格萨尔传》文之雕版。康、藏、蒙、印各地所流行之《格萨尔传》，全属写本。有若干花教寺僧，藏有其全部底本，即以替人抄写此书为业。余此次入康，所见此书抄本甚多，有书写甚恭楷者，亦有颇潦草者。书页大小、装璜精粗亦不一，有全用墨抄者，亦有夹书红字或金银字者，又有正楷与行书夹抄者。大抵神名用红字，散文用行书，诗歌作楷写。抄此书者，盖亦视之如经典，工作甚为庄严，非抄小说、剧本可比。

《格萨尔全传》，今有二十余部，每部皆在一百藏页左右。甘孜夺拖寺（花教）有一僧，能抄全部，工料各费，约需法币十余万元。常人购抄，率不过二三部，或仅一部。其此一部，属于何卷，则由喇嘛率意付与。故各地所见之"藏三国"，内容各不相同，竟鲜有知其全书之一贯的内容者。又西藏拉达克地方之流行本，与西康流行本内容亦互有出入。盖抄书之喇嘛，颇有迁就本地风光，意为修改之处也。

无论何种抄本，是何卷帙，皆有绝大魔力，引人入胜，使读者津津有味，听者眉飞色舞，直有废寝忘食，欲罢不能之势。以我国小说比拟，则兼有《三国演义》《封神榜》《西游记》《水浒传》《儒林外史》《中国古典文学名著丛书：绿野仙踪》之长。诙谐奇诡，深合藏族人心理。而旨趣，则在勉人为善奉佛，兼有灌输常识之长。实可称为西藏第一部文学著作。无怪喇嘛寺虽禁读，僧侣则无不读之。政府虽禁刊，民间自流行也。

黄教政府（现之西藏地方政府）所以禁刊此书之原因，据查理·贝尔之解释，谓因史书趣味丰富，经书内容苦涩，教皇惧僧侣因治史学而废经典，故一体禁读史书。甘孜人传说，则谓黄教某大护法神，为格萨尔诛杀，见于此书，畏读此书干彼神怒。黑教徒则谓格萨尔信奉黑教，故黄教禁传其故事。红教徒则谓格萨尔信奉红教，故为黄教所排。

前述之格聪活佛系黄教徒，室中有格萨尔故事壁画。又拉萨大昭寺，在黄教势力掌握之下，而护法像中仍有格萨尔。此为黄教徒不能自禁其僧阅读此书之明证。八邦寺为白教传法祖寺。余于其寺主室中，见供有甚精之格萨尔绘像，此与德格之有格萨尔像雕版，同为白教徒、花教徒崇信格萨尔之明证。至于黑教、红教，更无待言。

余初见此书于民国十七年（1928），在瞻化蕃戚家，曾请人段读，令通事译告。环听者如山，喜笑悦乐，或愠或嚎，万态毕呈，恍如灵魂为书声所夺。去年入康，过甘孜贡陇村，待换乌拉，见保正家有书，询为"藏三国"，令试讲述。其人诵习如流，乌拉已齐，催行再四，彼尤苦读不止，未尝念及听众之当别去。后至桑珠寺，夜宿无聊，嘱杂科保正觅此书。其人即有全部写本而读之烂熟者，闻余等嗜此，甚喜，归取书，遂披被来，拟作长夜讲述。县府谢科员任翻译，亦素嗜此书者。二人讲述已半夜，余等倦眼欲合，讽以辍讲，彼如酒徒临饮，期期不肯止。直至余等已入梦，始自罢辍。藏民嗜好此书之情状，于此可见一斑。

三、卷帙概略

据谢科员说，此书共十八部，夺拖寺喇嘛藏有，自己实未全见。据杂科保正说，为十九部，并列举其名称云：

1. 诸天会议。叙述一怨诉佛法之妇人发愿转世为魔，摧毁佛法。莲花佛知由此愿力，将产生三个力能摧毁佛法之子，为霍尔三王（见前）。召集诸天神佛会商，推举一神下凡，转生为摧破三魔国之人，即格萨尔也。

2. 降生。叙述此神投胎、生产与幼时生活情形。谓其为林国王私通女奴所生之子。初甚贱视，名为觉如。觉如意为苦孩子或滥娃娃。但觉如能以卫自立。

3. 赛马称王。叙林国王将以赛马获胜者承袭王位。觉如与诸世族子竞赛,遭受种种扼抑欺弄,终能以术解脱,卒获冠军,遂即王位。格萨尔之名由此而得。

4. 林与中华。叙中原皇帝得一魔妇,多方摧毁佛法。其公主五人,皆度母化身,以隐语召格萨尔来。用种种方法破毁魔妇之术,卒宏佛法。

5. 底纳折。以魔王名为题,讲首章发愿摧毁佛法之妇人,转生后,产育三魔子之事情。

6. 霍尔侵入。叙述霍尔格噶设法秽灭格萨尔灵智,攻入林国,劫去其爱妻珠牡,迫为配偶事。

7. 攻克霍尔。叙述格萨尔清醒后,备历艰苦,召集党徒,巧袭霍尔,夺回爱妻,斩除三魔酋事。

8. 觉林。叙觉阿撒旦甲波与林格萨尔争斗,及其子叶拉投降格萨尔事。相传其国在巴塘南。

9. 喜折。叙平喜折王国事。

10. 挞惹。叙征服大食国事。

11. 林与索布上。叙征服西部蒙古。

12. 林与索布下。叙征服东部蒙古。

13. 昔日。昔日北方国名,此叙格萨尔征服其国事。

14. 卡契。藏人谓印度回教徒为卡契。此述格萨尔自卡契取宝石事。

15. 朱古。叙格萨尔夺取海外奇器事(朱古国在印度之外)。

16. 白热。叙征服白热国事或谓白热即白布国,在波密之南,即白马冈;或谓即西康之白利。

17. 日勒得通好。日勒得为西方女国。此叙通好之事,谓藏俗执贽必衬哈达(丝织之长巾)始于此。

18. 取九眼珠,九眼珠为石理自成图案文之宝石,价昂于黄金数倍,此叙格萨尔求取事。

19. 林与地狱。此叙格萨尔入地狱救其妻事,与汉区所传目连救母事仿佛。

李鉴明云:格萨尔诗史,原作只有五部,后经藏中文学家摹拟其体,陆续增修,已至二十三部。近世某花教僧续撰一部,为二十四部。近年热振呼图克图执政时,赏某白教僧文学,复命其续撰一部。已二十五部矣。

法国女子大卫·尼尔,与其义子藏人雍登活佛合力研究藏俗,注意此书,自以英文翻译,成书发行,名《林格萨尔之超人生活》。华西大学边疆研究所陈宗祥君曾译成汉文。其书又只九部,首部亦为天神会议,大体与杂科保正所传前半部各章内容相同。

最近承庄学本君自印度购寄拉达克流行之《格萨尔传》,系藏英文对照本。于其序中,知此书德、法、英文皆有译本。我国尚无汉文译本,且尚不知其内容梗概,岂不可慨!

拉达克本只有七部,首部非诸天会议,乃叙林国十八位英雄之出生。第二部,格萨尔之出生。第三部,格萨尔与珠牡结婚。第四部,格萨尔到中华。第五部,格萨尔降魔。第六部,霍尔劫去珠牡。第七部,格萨尔平服霍尔。中惟格萨尔与中华、霍尔侵入、攻克霍尔标目略同,内容有无小异,尚未详译。

于此可知格萨尔故事,原作只有出生、娶珠牡及到中原、征服三霍尔部落之铺叙,余皆后人所续增。原作何人,撰于何时,因其久为禁书,抄写者未录序跋,故不可考。传说邓柯县林葱土司有雕版三部,青海之隆庆土司(囊谦)家有十九部。余等在德格,知林葱、隆庆两土妇皆德格家女,故向德格土妇转求,土妇坚云未闻。时隆庆土妇尚在此,延见询之,亦云未闻。又托德格土司家专函向林葱代求印本,迄今未至。大约所传林葱有雕版者亦不实,但只有三部抄本耳。

四、格萨尔确有其人

李鉴明云:林葱安抚司自称为格萨尔之后。土司驻地,今云俄兹,在邓柯县东两站。土署与新、旧两花教寺共绕一大围墙,俨如一城,旧寺地名松竹达则,意为狮龙虎峰,即格萨尔奠都之处,著在传记。明代因地震倒塌,乃建新署新寺。格萨尔生地,在石渠县东界外,雅砻江西岸,地名雄坝。今尚为林葱土司辖境。林葱土司建一神殿于此,奉为家祠。相传格萨尔诞生处,有草四时常青,今于其处立坛,即在祠内。祠内又尚保存有格萨尔所用之武器,与象牙图章。此外大部古物,则被一神通喇嘛运藏于隆庆之香达纳。又云:依藏历推算,格萨尔降生距今为九百年。林葱土司之老相臣云:格萨尔生在阿底夏之前、莲花生之后。李君于民国三十年(1941)赴德格各地考察,足迹甚广,其后赴德格祝庆寺学法,今已三年,为该寺大喇嘛之一。此其所说,当非道听途说者比。

余考格萨尔,确为林葱土司之先祖,即《宋史·吐蕃传》之唃厮罗也。《宋史》云:

唃厮罗者，绪出赞普之后。本名欺南陵温篯逋。篯逋，犹赞普也。羌语讹为篯逋。生高昌磨榆国。既十二岁，河州羌何郎业贤客高昌，见厮罗貌奇伟，挈以归，置廓心城。而大姓耸昌厮均，又以厮罗居移公城，欲于河州立文法。河州人谓佛"唃"，谓儿子"厮罗"。自此名唃厮罗。

此段，说其出身本微，因相貌奇伟，为河州羌所重，拟奉立之。唃厮罗乃河州羌语"佛儿子"之义。与《格萨尔传》出身卑微，初名"觉如"之文仿佛可合。不过汉人解为佛儿子，藏人解为苦儿子，不同。藏文同音异义之字甚多，此不过由传述者信口解释，遂不同耳（河州羌自晚唐时皆用藏文"觉如"与"唃厮"，固原是一字也）。

于是宗哥僧李立遵，邈川大酋温逋哥，略取厮罗如廓州，尊立之。部族寖强，乃徙居宗哥城，立遵为伦逋佐之。……论逋者相也。立遵贪，且喜杀戮，国人不附……厮罗遂与立遵不协，更徙邈川，以温逋哥为伦逋。有胜兵六七万。与赵德明（西夏将）相抗……

此段，说唃厮罗骤贵，此与赛马登位情形仿佛。其反复无常，贪而好杀之李立遵，颇似超同。世虽呼超同为"藏周仓"，不过由其面黑多髯，常在格萨尔左右而已。传中所记，乃系一反复奸险之人，微似《说唐传》之程咬金，《封神榜》之申公豹，实与《三国演义》之周仓，不甚相似。

大中祥符八年，厮罗遣使来贡，诏赐锦袍、金带、器币、供帐、什物、茶、药有差。凡中金七千两，他物称是。其年厮罗立文法，聚众数十万，请讨西夏以自效。

此段，说唃厮罗，朝贡中华，大得赏赐。《格萨尔传》于其建国之后，首叙入中原，次叙其与霍尔攻战，与此时次皆合。霍尔，为藏人对北方部落之通称，三霍尔国，盖指西夏之三属部，或三路将领言之耳。

已而逋哥为乱，囚厮罗，置井中。出收不附己者。守井人间出之，厮罗集兵杀逋哥。徙居青唐。

此次逋哥之乱,当由潜附西夏故。与《格萨尔传》霍尔侵入,格萨尔被秽憎昧,情致相合。逋哥应即霍尔格噶(藏曹操)传固云格噶系格萨尔同母弟,为霍尔人所养。盖以喻逋哥与唃厮罗原为一家,后乃成仇也。青唐,疑即今之俄兹。

数以奇计破元昊。遂不敢窥其境。……嘉祐三年,擦罗部阿作等叛厮罗,归谅祚。谅祚乘此引兵攻掠境上,厮罗与战败之。获酋豪六人,收橐驼战马颇众。因降陇逋、公立、马颇三大族。会契丹遣女妻其少子董毡,乃罢兵归。

是唃厮罗既屡与西夏元昊攻战,又曾与谅祚战,谅祚附契丹,是役或亦有契丹兵加入。又疑三霍尔王,其一指元昊,一当为谅祚。尚待译出全文后,再以西夏史参证。

治平二年……厮罗其年冬死,年六十九。

以此推知唃厮罗生于宋太宗至道三年(997),与林葱家臣所云莲花生后,阿底夏前合。莲花生与唐肃、代二宗同时,阿底夏于宋仁宗时入藏。唃厮罗适当其间。

厮罗三妻,乔氏有色,居历精城。所部可六七万人。号令明,人惮服之。……其二妻皆李立遵女也……

此与《格萨尔传》所云龙女情形相合。李立遵本为僧,而有二女嫁唃厮罗,足为当时其境信奉黑教之证。

其国,大抵吐蕃遗俗也。……尊释氏……信咒诅……

此亦为信奉黑教之证。林葱原系康北大国,信奉黑教。国名只一"林"字,"葱"字之意为族,乃与中原交通时行文上所追加。其在宋代,版图尚宽。元时始改奉花教。明代尚为康北第一土司,即尕甘卫都指挥使。宣德时诰敕,今尚保存。入清以后,始渐衰小。

《德格世谱》亦明载其地原属林国。林国设有疆臣分地而治。龚垭与麦宿两地,尚存林国疆臣所住碉堡之遗址。相传龚垭为"藏关平"贾察驻地。麦宿为格萨尔大将某人驻地（格萨尔有大将三十员）。道孚对岸之特日出，为古大食王都城，即格萨尔征服之大食国。又传格萨尔向朱古盗大鹏卵地，即今瞻化通宵村之格萨尔穷错神山。如此传说甚多，不尽可信。大抵格萨尔国境，东抵道孚，南至巴塘，西包隆庆，北逾青海与西夏接壤。其一生事业，在连中原以拒西夏。其与中原往来，道皆出自河州，国史遂以河州羌目之。对其所居河州附近地名如宗哥城，如邈川，记之较详。对其所经营之国都青唐，记之较略，以道远未能详悉故也。

五、引人入胜之点

此书引人入胜之点，据一般称说，皆云文字优美。文字优美到如何程度？非深通藏文者无由欣赏。余所感觉到的，只他那种布局，已经超过俗手了。例如西康本的头段：

夕阳将坠，草原里一望苍茫，老太婆驱遣她的羊群，听他们不规则地前进，有似一顷柔浪，滚滚向前移转。转过浅冈，望见山侧金碧辉煌的喇嘛寺，反映夕阳，显得分外的鲜艳华美，仿佛有万道毫光，非常锐利的排开宇宙的阴霾，把她微弱而愉快的心脏，很亲蜜、甜美地把握住。她忘记了羊群，不知不觉地下拜了。下意识使她哺哺不绝的诵着皈依三宝……

由此说到她弃家朝佛，道死野葬。其媳遭运不顺，诅诉佛法，引起全部书的事迹。单只这段，把牧场风趣、牧妇心理与喇嘛寺的吸引力，都写得情致如画。纵不解其文，但聆此意，亦当感其不凡。

第二个优点，是他设想诡奇，深能把握藏人心理。比如他说霍尔格噶劫去格萨尔之妻珠牡，强逼同宿。珠牡千变万化，多方拒绝。格噶亦千变万化，与她纠缠。最后珠牡变一枚针，隐在僻处，格噶变一根线，作龙蛇蜒蜿，在室中寻觅。将相遇时，针向满室飞舞，线亦满室跟追。他们宛转追逐，绕流如电。结果竟被这线穿进针孔去了。珠牡服了，他们成为夫妇。似此奇想，岂不较《西游记》的灌口二郎斗法高雅几倍。

第三个优点，是他常有诙谐插句，随处博人笑乐。尽管在极紧张的场面里，听众惊心动魄，爪卷趾缩的时候，他偏从容闲暇，来几句幽默插科。恰与《儿女英雄传》中安公子临到开肠破肚时，却慢慢叙述飞来的那颗弹子有同样的风趣。似此安插的诙谐语句，几乎每页皆有。

第四个优点，是他灌输康藏人的常识甚多，而插叙非常自然，非常轻松，使人不知不觉，增长了知识，开拓了心灵。比如，他灌输鸟类常识：在叙述霍尔格萨尔劫取龙女前，召集各种鸟类，商量如何去引诱龙女出室。善鸟如凤凰、孔雀、野鸽、金鸡、雁鹅等，各各发言反对。恶鸟如夜鹰、乌鸦、老雕、老鹳等，各各发言赞成。其各所言，言时所表姿态，皆能绘出各鸟之个性，仿佛今世流行之童话，亦可谓巧。（结果乌鸦自告奋勇，去诱龙女出来）其他草木、虫鱼、仙佛、山水以及一切事物品类都能随缘编入书中。

第五个优点，是他充满了教育的意义，譬如说，格萨尔既属天神下界，俗手为之，必云一往顺利。他却从卑贱的苦孩子叙起，说到赛马即位，无形中给许多自弃的人一种鼓励。格萨尔既然富有神通，英雄无敌，又得天神护、宝马与三十员神将扶助，应可无失败了，但他却叙到格萨尔一败涂地，爱妻被掳，神马饿乏，国破民散，再历多种艰苦，方获复兴。深合我国忧劳豫逸之诫。至于诱导观众崇信佛法，那更是康藏作家天赋的本领了。

还有第六个优点，是他把康藏一切情俗，描写得淋漓酣畅，使人如睹影片，有似卧游。欲图了解藏俗的人，与其读民俗记，莫如径阅此书。无怪乎英、法、德文早已有本也。

这书却亦多有弱点。第一是布局单调，叙事只有点与线的联缀，不如《三国演义》《红楼梦》等纵横成网，头头是道。除林与霍尔几部外，其余更是一段一段，生接成的，就结构说，不算上等。第二，每到势迫计穷、设想已绝时，即有莲花佛出为援救，颇似《西游记》之有观音菩萨。就玄想力说，较《封神榜》之奇变无穷，便差一等。第三，是藏人对于域外知识所得甚少，而此书各作者偏喜叙述域外事情。除霍尔三国之部，皆属藏中固有风光，特能字字落实外，他如中华、大食、朱古、白热等部一律皆用西藏情俗描写，不通之处甚多。国人读之，随处皆可喷饭。例如谓中原皇帝朝五台山，舟行海中，发现浮海美人，纳以为妃。妃自深闭宫中，如百日不与外人见面，佛法即毁。如有外人见面，则妃必死。格萨尔变一乞丐，在妃宫墙下叫化，妃不觉开窗呵之，于是遂死。将死又嘱皇帝闭尸暗室中，如百日不见阳光可以复活。格萨尔于皇帝前献技，跑马射箭，箭射达此暗室，破窗通光，女妖遂化白骨。著者盖未知中原皇宫之制度，漫以藏式宫殿拟之，以为乞丐可至宫下，窗前可以驰射也。

六、何以叫"藏关公"

藏人绘塑神像，各有定型，万手一致，入目可辨其为何神。格萨尔像皆骑马，左手仗戟，右手扬鞭。马现侧面。人首与胸正面，甚英武。盔上有四旗，顶缨为幢形。著甲与靴，皆同汉式。臂上腰间，复有袍与袖。戟缨下有长旗与风带。盔白色，帽旗红地绿缘。脸暗红色，甲金红色，绿腰围，袖袍绿色，白裤，绿靴。马赤色，蓝鬃白腹。是为定式。与我国关帝造像相较，赤脸、绿袍、赤马、金甲、绿靴，皆全吻合，但盔与武器异耳。"藏关公"之名，由此而得。若其一生事迹，则与汉关羽殆无同点。即"藏曹操""藏关平""藏周仓"等名称，亦皆"藏关公"三字引申而得，比较其行事，并无似处。

关羽在历史上，并非如何特殊人物，经罗贯中演义，特笔描写，大受清朝皇帝崇拜，列入祀典。提倡哥老会者，亦复借题发挥，推为圣人。死后尊荣，实出小说家力。格萨尔在西藏，亦不过中古时代若干大酋长之一员，连宋拒夏，足以安定疆土，成名一时。在吐蕃史中，不过尚恐热一流，并非卓绝。一经文学家特笔描写，遂获成为家尸户祝，禁不可止之神。佞佛者亦复借题发挥，推为首屈之大护法。其在藏族中之地位，正与关羽在汉族中之地位相当，死后成名之途径，亦出一轨。人马腹色又不约而同。此无怪汉人呼格萨尔为藏关公，藏人呼关羽为贾格萨也。

关于"藏三国"①

(1945)

脍炙康藏人口之格萨尔故事，俗称"藏三国"。共凡二十五函，二千余藏页，记叙格萨尔王因卫护佛法，与白、黑、黄三种幕属胡人及其蕃国争战事。全部属于宗教神话，穿插奇诡，谐趣流溢，极投藏人嗜尚。原作者谁？成书何时？何地刊印？今皆无考。余曾见印本一函，写本数函。庄学本君曾购得抄本一函，李鉴明君曾见七函，为最多矣。大抵其书绝版已久，旧刻散佚民间，鳞爪零乱，固无克窥其全文者。相传德格土司与林葱土司家各有写本一部，秘不示人。余去岁入康，知甘孜之夺拖寺僧能写全部，曾拟购写，究以费巨，愿未克偿。

格萨尔后裔，为今邓柯县之林葱安抚司。其故宫在今邓柯县第三区，属金沙江流域，当祝靖、邓柯往来一道间，有俄支、绒果二寺。俄支寺为格萨尔故都，林葱土司原即治此。明代地震，宫殿圮塌，乃徙治绒果，仍建陪宫于俄支。今林葱土司辖地，尚有邓柯县第五区，属雅砻江流域，在上杂科与石渠县间，地名雄坝。据传格萨尔生地，在此区察察寺山，自诞格萨尔后，其土长草，四时常青（此系神殿，与中杂科之黄教格萨尔寺有别）。寺中有格萨尔常用之军器及象牙章各一，由察察寺派二僧常住诵经。又传格萨尔大部分遗物，被一神通喇嘛移运保存于青海囊谦（隆庆）县之香达纳。又传格萨尔派其大将该喷建碉于白玉县之甄科，世呼为林·该喷碉，今遗址尚存。其西之登龙、麦宿，亦皆有格萨尔建碉遗址。又传德格龚垭，为格萨尔大将贾察驻防之地。如此传说，在德、邓、石三县境内，极其流行。林葱土司自称为格萨尔后裔，其臣民相信此诸传说尤笃。询所依据，亦即仅此二十五函之格萨尔故事而已。然此故事荒诞不经，显然非属信史。大抵格萨尔实有其人，曾于

---

① 原载《康导月刊》第6卷9、10期。系作者为大卫·尼尔撰，陈宗祥译《林格萨尔之超人生活》一书所作序言。

金沙江上游建设拥护佛法之国家，而与摧残佛法之胡人部落力战，获得胜利，为西藏民族所称颂。其僧假借其名，影附其事，写为宏扬佛法之理想小说，亦如因玄奘求法而演《西游记》，因武王伐纣而演为《封神榜》耳。

余曩曾拟为格萨尔全史作一考证，仓促未就，兹不妨介绍其大。格萨尔者，党项之遗裔也。党项与西藏同族，均自称神猴苗裔。吐蕃盛时，奄有其地，除一部分奔投唐外，大部降附吐蕃，奉行佛法。吐蕃因其酋而用之，比于附庸。唐末吐蕃崩溃，各部复自独立，或拥佛法，或毁佛法，由是相互攻击，亘数百年。拥法诸酋长中，格萨尔最著烈。其生当北宋初期，其所建国，当今邓柯、德格、石渠三县地。势力盛时，似曾统一理塘、昌都、玉树二十五族，与康定、道孚、炉霍、甘孜等县地，足与传承吐蕃正统之乌斯藏比肩。格萨尔殁后，境土崩裂为若干部落，其嫡裔为林葱部酋，支裔为德格部酋。元代建置土司，以林葱为朵甘思宣慰司及哈达、李唐、鱼通等处钱粮总管府，德格为朵甘思管军民万户府。明太祖授林葱酋为朵甘卫都指挥使司，与传承吐蕃正统之乌斯藏卫都指挥相当。转入清代，德格勃兴，林国衰弱，降为林葱安抚司。今林葱官寨尚保存明清两代印信号纸与诰命也。总之，康藏土酋势力，唐迄明清均以拉萨与林葱两部为巨擘，二者势均力敌，难分轩轾，拉萨袭吐蕃之余荫，林葱承格萨尔之余荫（后德格承林葱之余荫），故能成两大势力。康、藏两地各之能对立，德格之能成为康区文化中心，皆为格萨尔功烈之副产品。今拉萨大昭寺护法神中供有格萨尔，其他各寺庙，亦有奉祀者。而邓柯之俄支有专祀格萨尔之殿，土司称为家庙焉。

关于"藏三国"，似为元代萨迦派僧侣所作，其人生于福幢前，故福幢《政教史鉴》迎娶文成公主章中，曾以格萨武王与印度法王、波斯富王、突厥胡王并称，颇似格萨尔之国尚武，唐初即已知名。然僧人时代观念甚谬，不足凭也。萨迦派僧侣，喜以史事宣扬佛法。黄教当政后，则禁僧侣习史，对此记叙荒唐之史籍，似曾毁版严禁。故其故事虽脍炙人口，而书版终不可得。嫡裔林葱土司，仅能保存抄本一部，西藏西境外之拉达克，则尚有此书流行，曾有西人转译为法文与西班牙文本。拉达克在西藏政府势力以外，故能保存此版也。

法国贞女大卫·尼尔，游行探险于康青藏者，阅数十年，兼通法、英、印、藏、拉丁文字。更藉其义子雍登喇嘛之助，研究康藏情俗与喇嘛教义，并极精透。著有《拉萨游记》《康甘青游记》《西藏之灌顶》《西藏之巫术》《佛教与格萨尔王传》等书，其《佛教与格萨尔王传》系民国二十五年（1936）时，彼亲赴林葱土司家，借得"藏三国"抄本，雇一熟读此书之人，分段讲诵，手自以英文译记之，凡阅四十余日，始讫。乃参考拉达克译本，撰为此书。原书名为《林格萨尔之超人生活》（*The super human life of Gesar of ling*），凡十四章，都二百余页，关于佛学术语与藏人特用各词皆附注释。又藏文原书，多有韵文与意义重复之处，女士亦予删去，仅存诗歌数则，以示一斑。而于原书叙事之部略无删者，原书诙谐之趣，亦能保存，是皆其优点也。今无论藏文《格萨尔传》版本已毁，抄本难得，即使能得完整之抄本，亦非藏文造诣极深者不能读之；即能读之，反复歌咏，再三重复，亦将等于耗时太多，如大卫·尼尔女士作，可谓有功于世之欲知"藏三国"内容者也。

　　宁波陈宗祥先生，擅西文，喜治史，尤喜研究康藏书录，每得西人新著，浏阅余暇，恒取其有价值者译之。兹译大卫·尼尔女士之《林格萨尔之超人生活》成，以示余，余旧曾听藏人讲述此书，又曾于喇嘛寺见此壁画，演唱者与导观者口讲指画，津津然不忍自辍。从予叩听者眉飞色舞，懵懵然化人书中。窃叹其感人之深，因而佩彼作者诱导藏人沉迷佛法之技术。每欲聆取全传，若未能得，兹阅此译，一旦解脱历年渴想之苦。念世之欲闻"藏三国"内容者多矣，故亟怂恿《康导》征入，分期登载之，并为之介绍于此。

六字真言——唵嘛呢叭咪吽[①]

《西游记》说，佛祖收服了孙悟空，镇压在五指山下，写上"唵嘛呢叭咪吽"六个字，孙悟空便不再能变化逃走了。有些出家人也把这六字作为厌胜邪魔的法宝。其实，有些出家人和撰《西游记》的人，是误解它的本义了。

喇嘛教创自西藏。我国西藏、内蒙古、青海、西康的全部，与新疆、云南、四川、甘肃、宁夏、绥远、察哈尔、热河等省的一部分人民，都奉喇嘛教。

喇嘛教的经典一律使用藏文。"唵嘛呢叭咪吽"是藏文咒语，通称为六字大明咒，或谓六字真言。凡属咒文，本都不许人加以解释的，甚至只许口传，不许写成文字。但喇嘛教的咒，分作两种：一是秘密口传的咒，是为密咒；一是用文字写出的咒，称为明咒。明咒不能算是咒，只算是一位菩萨的代表；大概一个有地位的菩萨，都有一个明咒来代表他。"唵嘛呢叭咪吽"这一个咒，代表观音菩萨。

喇嘛教所称的观音，即汉地和尚所谓千手观音。说他是释迦八大弟子之一，与文殊菩萨、金刚手菩萨合称为三大救主。而三大救主中，又以观音为最尊（汉地所传的白衣观音、飘海观音，这类两支手的观音，在喇嘛教中，呼为度母，是观音的化身）。喇嘛教经典和史书说：

观音菩萨，在极乐世界的阿弥陀佛之前发愿，要将西藏这冰雪封闭、人文缺乏、恶鬼纵横、无神主宰的魔魍世界，度化为佛法普被的天堂。阿弥陀佛曾鼓励他往，他到了西藏，先向一切魑魅魍魉、饿鬼畜牲、地狱诸道中人鬼说法，进行度化工作。彼辈素来未闻佛法，及闻菩萨解说，不能尽信。为日既久，菩萨渐生厌倦怠惰，愿力崩溃，他的身体，亦即随之崩裂为无数的碎片了。阿弥陀佛知道后，赶忙来用法力将他已经破碎的身体箍拢。但因破碎太甚，箍不还原，成了十一头，千手，千眼，千足。阿弥陀佛为他说法，教他不要灰心，继续去努力度化，千手千眼，便是千千的波罗密，加增了广大的神道，帮助他贯彻愿力。于是观音菩萨复活，再向西藏度

[①] 载《新动力》（天津）1947年第1卷第6—7期。

化。结果把这冰雪重重的魔洲，化为了百分纯洁的佛法世界。

这位千手观音，第一次化身为一个猴子，在雪山石洞里静坐养功夫，附近有一女妖来纠缠他，要作他的妻子，于是他去请示阿弥陀佛。佛示准其结婚，于是传出了西藏的人种。第二次化身为吐蕃名王弃宗弄赞，统一西藏高原全部，征服四邻，创制西藏文字，建立完善法律，开始宏畅佛法，他娶了中华的文成公主为妻，将世界上最名贵的一尊佛像迎入拉萨，使西藏的佛法永无衰败之日。第三次化身为达赖喇嘛，为主宰西藏、蒙古等整个喇嘛教区的教皇。并且他灵魂不灭，躯壳老死以后，又转生为下一世达赖喇嘛。

依照这串神话说来，西藏乃是极乐世界的殖民地，由观音菩萨开辟成功的。现在观音菩萨还在主宰此土，便是托身达赖。他的灵魂，还在度脱此土的人，便是"六字明咒"。藏人深信这些神话。

达赖活佛，被喇嘛们深藏在布达拉宫里，寻常人是见不着的。寻常人所能见着的，只有观音神像与这六个字，神像太呆板了，亦太难得了，惟有这六个字的明咒，随手可写，随口成诵，亦随处可见。喇嘛的说法，任何一个人能随时念着这六个字，看着这六个字，或旋绕着这六个字，则如与观音菩萨面对面，受他灌顶，受他度化。有一部喇嘛书叫做《嘉拉卜经》说道：

大海的水，若用杯子挹取，百千万亿年后，终可取尽；惟诵持此六字的功德，挹取不尽。须弥山（佛家理想的地轴），用薄布拂拭，每次磨去些尘土，百千万亿年后，终可磨尽；惟诵持此六字的功德，磨损不尽，任随你积恶不赦，只要你一念改悔，一经诵持此咒，其罪立即消失，六道转回，任何人不能逃脱，惟有诵持此咒之人，能清醒认识六道，不至走入地狱、饿鬼、畜生的路去……

另外还有许多的话，形容此咒法力无边，权威压世，功德无限。所以任何一个喇嘛教徒，不论是在家人还是出家人，无不自晨至晚，口诵六字不绝。农人犁田播种，手虽不空，口是闲的，故亦诵此六字不绝；头人村长开会议事，一人说话，众人在听，耳朵虽忙，口还闲着，故亦暗诵此六字不绝，轮到他说话时，方才停了，说话完了以后，仍自念此六字不已。至如无事可做的闲人，那更不用说，随时随地，他们都是口中念念有词了。

喇嘛的说法，转动此六字，与口诵的效力相同，所以藏人又想出更奇妙的方法来补助口诵之不足：他们用此六字连书的经文，装在一小圆轮里，用手不断地旋转着，叫作"转经"。镇日价地口念手转，凑成双重功德。这还不够，更做造有非常大的圆轮，内装书有此六字咒十万遍的纸卷，用铁轴装在大筒的内面，下配四齿，让人用力推动此齿，使轮转动，如此，每转一周，便如同诵持此咒上万遍了。此外尚有利用水力冲动，利用风力吹动，以代替人力诵经方法，需要万言以上，才描写得完。总之，藏人毕生经营的唯一大事，即此六字明咒之诵持。

这六个字，究竟有无意义可解呢？一个红教喇嘛向我解释过，他说："唵"是发愿词。任何明咒皆冠有此字，譬如我国道士拜忏，首句必为"至心皈命礼"是一样的。"嘛呢"，是佛家最宝贵的一种宝石。"叭咪"，为藏文"叭墨多"的省文，意为"莲花"。"吽"，是咒语煞尾常用字，表示法力。所以有人合译这六字为"呜呼，莲花上之宝珠"（日人河口慧海如此解）。但喇嘛说："单字可如此解，合拢来，便不能如此解。因为咒文是不容许解释的啊。"

这六字咒是如何传入中华内地来的呢？《明书》蕃僧哈立麻传说，明成祖迎他入京为父母超荐，经坛中显出十分灵异，因而成祖很敬信他。朝廷大臣，望风承旨，都去皈依他，向他求法，他因翻译人不懂经典，不便说法，乃一律教人虔诚持诵此咒，一时朝廷上下"唵嘛呢叭咪吽"之声不绝于耳。但儒生们的习惯，总是要求了解意义的，因为哈立麻不肯解释字义，他们便自己议论猜度着，有一位讨厌僧人的御史，攘袖说道："这亦有何难解，那秃僧说：'俺麻你把你哄。'你受他瞒骗，他便用此六字麻醉你而已。"这一妙解，虽是愤激之辞，却亦有两点道理：一是对音完全吻合。二是这六个字，的确是喇嘛们麻醉世人的法宝。

哈立麻，在永乐六年（1408），经明成祖封为大法宝王，管理天下释教，用盛大的仪仗送回西藏，一时震动了天下的佛教徒，为着崇拜哈立麻，亦都诵持其六字真言。六百年来，虽然口头已不念了，庙内还是写贴其字。可怜他的注义，却始终无人懂得，导致撰作《西游记》的，误将他作为佛祖压邪之宝。

成都少城公园陈列的江渎庙遗钟，上镌有"南无阿弥陀佛，唵嘛呢叭咪吽"十二字。下面配有十二神像，其中十尊是阎王。这钟将净土宗的口号"南无阿弥陀佛"与西藏密宗的"观音咒"，连合镌成一环。每字下面又配上一小乘法中的阎王。如此混杂不清，我真不知它当如何解释。

喇嘛教民之转经生活[1]

(1945)

一、僧侣与教民

转经，喇嘛教徒之特有风习也。喇嘛教流行地域，包括我国西藏、西康、青海、蒙古、宁夏、绥远、察哈尔之全部，新疆、云南、四川、甘肃、热河、东三省之一部，与拉达克、尼泊尔、锡金、布丹等地方及俄属西伯利亚之一角。占地约800万方千米。人口约3000万。民族则有蒙、藏、番、羌、氐、戎、摩些等大小二十余种。而青、康、藏、蒙四省区之藏、蒙两族，信奉最为坚强。本篇所记，为喇嘛教区之普遍风习，不单指某地某族。特以康、青、藏之藏族人民为尤庄严隆重耳。

如此喇嘛教区之人民，可分为在家、出家两类：出家者着僧衣，住寺院，习藏文，持法念经，是为僧侣；在家者着俗衣，住家宅，治生业，不暇从事学问，是为土官或百姓。百姓或役属于喇嘛寺，或役属于土官。唯土官一切行为，亦皆受支配于喇嘛教，兹故以土官与百姓合称为"喇嘛教民"。

僧侣在喇嘛教区，为最优越之阶级。虽土官土酋，亦远不如。藏民之不出家者，非由轻视佛法，特以财力不敷出家之费；或因土职必待有人承继，差徭必得有人供应，扼于环境不得出家故也。往往在家人民，奉佛之虔笃，更十百倍于僧侣。各地寺庙之辉煌，僧侣之侈泰，法象之瑰玮，佛事之频繁，无一非在家土民膏血之凝结品也。设使差田许人辍耕，寺庙可以免费，将见康、藏、青、蒙人民，全体弃家入寺，仰望未来世界，相偕饿死，甘如嚼饴矣。

号为佛国灵魂之喇嘛，亦颇知全部人齐入寺院之危险，于是建立庄田制度（一份产业必须有人承耕，亦不准当卖增减之制度）以制止在家户口之减少。一面提倡

---

[1] 原载《文史杂志》1945年第5卷第9、10期。

布施美德，剥削教民，使财产集中寺院，消耗于佛事。僧侣生活，则仍须俗家供应；借以限制寺庙人口之膨胀，且以吸收富室子弟焉。于是在家者之向往寺庙，有如饥渴；羡慕僧侣，如中催眠；崇仰佛法，如水就下；捐输财物，如吐骨鲠矣。喇嘛教区社会关系之建立，如此而已。

号称佛国灵魂之喇嘛，亦虑在家者完全失却人生趣味之危险，于是推阐三生因果之说曰："有情皆可成佛，惟视其修持何如耳。今生所受，前世所修。今生种因，来生结果。前生已灭矣，今生是幻耳。人生究竟，在培来生。"于是教民之欲望，一律转向于未来世之修积，不复嫉妒僧侣之泰适，转以自勉其羡鱼结网之志焉。喇嘛教社会心理之建立，如此而已。

虽然在家者纵皆已转移希望于未来世，亦不能不有争取未来世优越地位之术以自娱。彼号为佛国灵魂之喇嘛，为安慰其奴隶人民之未来欲望，于是有转经之术。

二、转 经

修积未来之功业，自莫大于念经。念经非识文字不可。修习文字，为僧侣之专业；教民日夜孳孳，供应差粮力役之不暇，非惟无学习文字之力，亦且无学习文字之时。彼号为佛国灵魂之喇嘛，于是为此不识文字之教民，制作修积未来之术，是为转经。其言曰："佛法之代表物为法轮。经典之代表物为密咒，置密咒或经像于法轮中而换转之；其功德与朗诵经咒相同。人之一生，能尽量用其闲时，旋转经轮，即可忏已往之罪，消未来之灾，积再世之福。死投轮回，不昧天人之道，避开地狱、饿鬼、畜生三途。由此功德之量，可自贱民转生贵族，由钝根转为慧根，由在家人转生为僧侣，由沙弥转世为大喇嘛，大喇嘛转世为活佛，或径升天堂即身成佛。不能此者，是为不转法轮，则非佛教徒也，死必堕落三途矣。"

法轮，藏语曰"柯洛"，意为"回转体"，源出梵语"斫羯罗"（Cakra）。各喇嘛寺壁，多绘其图，作华北轿车车轮之状，有轴，有辐，有辋，外绕光焰。藏地无车，其人不曾见轮，乃有此字义，有此图象，显然为自印度输入之成语。所谓"转法轮"者，原为讲演佛法、推行佛法义。如我国寺庙钟鼓石塔上，常镌有"佛日增辉，法轮常转"等语，意为佛法宏扬。本属抽象之形容语，西藏喇嘛，乃造为具体之实物与行为，以为奉行该教之仪式。是即所谓转经也。

转经者，藏语曰"柯洛谷尔"，"谷尔"，旋转之义也。用牛皮封藏经咒，为圆筒状，贯以轴而旋转之，其圆皮筒亦曰"柯洛"。译作汉文，恰合"轮藏"二字。转者即"转轮藏"也。

我国转轮藏之制,创于梁人傅翕(即所谓傅大士)①,《佛祖统纪》有传。《释门正统塔庙志》述其作用曰:"初,梁朝善慧大士,愍诸世人,虽于此道颇知信向,然于赎命法宝(谓佛经),或有男女生来不识字者,或识字而为他缘逼迫,不暇披阅者,大士为是之故,特辟方便,创成轮转之藏。令信心者推之一匝,则与看读同功。故其自誓曰:(按谓开光词也)有登吾藏门者,生生不失人身。又能旋转不计数者,是人所积功德,则与诵经无异。"傅大士所创之制,闻今大寺院中尚有存者。于高阁中竖一柱,开八面,架一切经,设机轮,使可旋转。其阁即名"转轮藏",塑有神像呵护之。古时多塑傅大士像于阁中。又塑天龙八部于轮藏周围。又多塑有保境将军。

傅大士虽创此制于中国,但因其物笨重,建造费多,而中华人奉佛者多识字,能诵经,无须以转轮之劳代诵读之适,故其制不行。亦无人加以改善。今寺庙之建有转轮藏者,万不得一。即有建者,亦无人往转。惟西藏等边裔,不识字者尽奉佛法,故此制特流行。且改笨重为轻巧,又别出心裁,演为种种花样焉。

杨升庵《谭苑醍醐》云:"唐诗:服玩僧收为转经。今人谓写字为转经,非也。西方之俗,凡荐亡,以木规圆为二轮象,一用梵篆牝书,一用梵篆牡书……以机而圆转之。所谓三貌毋驮也。余过雅州,见西僧,说如此。"所云雅州西僧,即康藏喇嘛之入贡或经商来雅州者也。升庵此文,为追记所遇喇嘛之说,实未亲见转经品物之形制。所谓牝牡二轮,殊与今式不合,当有误解或误记。今日喇嘛所装之各种转经皮筒,只是一轮象耳。梵篆,则诚有之。

就升庵之说,可知中华转轮藏之制,唐代犹自盛行,但已习呼之为转经。至于明代,则早已绝迹,故虽如升庵之博洽,亦尚待蕃僧之说而后解。今人谢国安先生,谓"柯洛"虽为梵语,梵地则无转经之俗。藏人转经,系黑教喇嘛所创,其他各派因而采行之耳。余考黑教,为西藏最古之宗教。在中唐以前,被奉为吐蕃之国教。自文成公主嫁吐蕃,中华佛法随之输入,黑教经术仪轨,皆颇受中华影响。借用中华转轮藏制,于理可信。译其名为"柯洛",可谓善巧。其义既与佛经"转法轮"合,故红教、黄教亦遵行之,以至如今日之普遍。至其何时始变笨重之轮藏为转经皮筒,以至于大小多种式样,则不得而考矣。

---

① 傅翕(497～569),字立风,又称善慧大士、双林大士,故通称之为傅大士。与达摩、志公共称梁代三大士。

三、转经种类

转经,最普通者为手摇转经。皮制小圆筒,略大于掌,中装经咒。贯细长圆木轴于中心,以物上下绾之,使圜转不坠。轴下连柄,恰堪手握。圆皮筒之一侧载短带,带端系钮大铜球。手轨轴柄回还摇荡,则小铜球依远心力作用,圜转不已。系带牵引皮筒随之圜转。圆筒量小,贮经咒少,功德力微。然轻而省力,取携甚便,行立皆可用。有闲之人与年老男妇,每人皆有一具,须臾不离手。颇有品料甚佳、制作甚精、漆绘甚美者。然藏人不重形质,重在其经咒属谁所装与曾经若干大喇嘛之加持。如果其经咒为某活佛或大德所手书,亲装,开光,又经若干大喇嘛为之加持诵咒,则转经之效力,将有如何伟大;制作虽甚粗陋,万金不得而为易矣。

转经之大规模设备,为喇嘛寺之转经走廊。大都在神殿周围或大塔之周围,亦有排列于其他走廊者。皮圆筒,高二尺余,径约八寸,铁轴贯之,上下装于长木架上,作单行环列。神殿四周者为数大都百零八枚。凡来礼佛,或有疾病经喇嘛指定来此转经者,及农牧有暇之人未能购置有手摇转经筒者,皆来此廊,依一定方向用手攀转其筒,每筒一转,依次前进,周而复始,整日旋转,连续若干日,或终生为之。为转经者攀拉之便,往往于皮圆筒下端装一木盘,上配轮齿,或作皮扣套,以利着手。在塔四周者鲜达百零八枚,或数十枚,或仅数枚。此项经筒,皆曾延请地位甚高之大德,开光加持,故其转经效力又较手摇皮筒为大。每有持手摇转经者来此,左手摇转其小经筒,右手攀此大轮而进,则可有双重功德云。

转经筒之绝大者,呼为"洞柯"。"洞"意为"万万","柯"意为"回转"。意云转之一次,如万万转也。其皮圆筒高丈许,径五尺许,可容大藏经全部。用木柱为轴,上下端作铁圆锥,嵌铁臼内,建屋覆之。皮筒上绘梵文密咒,杂以他种图案,或绘某著名喇嘛之像。或绘神像,或绘吉祥法物。圆筒下端装十字齿,离地二尺,使人扶齿推之而转。上端亦安铁齿一枚,较长,相近木梁上,悬铜铃一具。每转轮一周,则铁齿挂铃,使之作响一次,俾转经人记其次数。此项建筑需款甚巨,惟各富裕喇嘛寺与土司头人家,能发愿为之。屋外装饰,如神殿之状。屋内四壁,皆有精致藏书涂满,大都为佛像与护法菩萨像。一壁为龛,例塑观音、文殊、金刚手三大救主像;或加塑地藏,为四像。皆西藏塑法,与汉法不同。当装修时,例必特请远近仰慕之大喇嘛装藏开光,故一般认为旋转功德最大。常见有人,裹粮来此,扶轮周旋,足不停止者竟日竟月。亦有终岁为之者。最有灵效之"洞柯",往往有人因争夺轮齿，半夜即往扶之。四人共扶一轮，不必用力，即自旋转。自晨达夜，铃声不绝。甘孜一市，土客僧俗不足万人，而如此巨大之"洞柯"，竟达二十余座之多，固由土司、寺院之富厚，亦足见市民需要之切。

转经之利用科学方法者，尚有水轮、风轮、曲拐轮三种。水轮用流水冲动齿盘，牵引"柯洛"转动，不用人力，与水磨同理。其皮圆筒大小不一，视水力大小为衡。小者高一尺，大者三尺而止，圆径称之。筒外悉绘金字梵文。亦建小屋以蔽风雨。风轮多装于住宅屋顶当风处。用招风之旋叶车轮，装于轴上，风吹轮转，皮圆筒临之，此项皮圆筒，率皆甚小，仅能装六字真言一幅。如此风水两轮，皆富家自憾其无转经时间，或转经时间不足者，延僧侣特装，以补其未逮之愿。功德属于其人自己与家庭，他人不得而摇转之，即无由分润其功德。不似装修"洞柯"，自己既有无上功德，他人亦得援之修持也。藏语水轮曰"曲科"，风轮曰"雄科"。"科"即"柯洛"，"曲"即水，"雄"即风。

"曲拐轮"，皮筒高尺余，安于床头或案侧。用铁条为轴，轴下段弯曲成弓形，于此系带，引于人手，利用远心力使之回转。公务繁冗人员，每每有之。可于批阅公文之际，运用较闲之左手引转其轮。装于床头者，寝后尚可引手转之，直至入梦以后，尚可由下意识作用，继续引转。转经时间之利用，无微不至，于此为极。

四、转经之变体

前节所述六种转经法，皆有贮藏经咒之圆轮可转，是为转经之正体。喇嘛嫌其不足，又有变体各式，以补充之。

为环绕寺庙步行 谓绕行一转，有若干功德。绕行百千万转，更有若干功德。最隆重之礼，则绕寺磕长头。即全体偃地，伸臂向前，再起，前行至掌所及处，再投地跪拜如前。如此延续行之，则佛佑无疆。西藏之大诏寺、布达拉宫周围，常见有如此磕长头之绕行者。

为环绕一圣城而行 如拉萨城，周围有一大道，名为"林柯"。"林"即四大部洲之"洲"字义，"柯"即"柯洛"，意示绕行此圈功德之广大。喇嘛教徒，什九皆曾来此，绕行此道一周，以至百千万周。亦有磕长头绕行者。拉萨住民，更以绕行此道为终生大业。

为环绕一圣湖面行 如拉萨西北之天湖，旧云腾格里海，为西藏第一大湖，亦第一圣湖。湖周甚为荒凉，且有四分之一为雪山麓之岩岸，几同无路。但常有人裹粮前往绕行，亦有磕长头者。绕行一周，需十余日，竟有绕行半年至雪深始罢者。

为绕行一神山　喇嘛教区内，神山极多。任何大雪山，皆为神山。石灰岩构成之风景美丽地域，亦为神山。山峰孤峭有势，或略肖生物器具之形，或森林茂美者，亦为神山。俱各有山神之名字，大都属于护法一类。最伟大瑰丽者，如康定之木雅贡噶（雪山）、俄洛之叶尔精山（石灰岩堆）、拉萨之念青唐拉（雪岭），等等，则指为见于经典之某印度神祇也。环绕此等山一周，或百千万周，亦云功德无量。常有人结队前往绕行礼拜。

为绕行一名塔　如康定瓦斯碉之巨塔，相传为"蛮老君"唐东甲波所建。德格之卡空大塔，传为萨迦某祖师遗体所藏，是皆灵塔。故自晨至夜，常有男妇绕之疾行，回环不息。此类灵塔，亦常有人装配转经皮筒于周围，供人攀转。但绕塔者或不攀引之，单只行绕。盖绕塔为转经之另一方式，绕行者皆先自发愿，订有转数，急于完成其愿，则不暇一一攀引其经筒也。

为绕行一嘛呢堆　"嘛呢堆"为道路中之乱石堆。石上刻有经咒佛像，石下藏有经典。喇嘛教区域内，随地皆有。大者延长百余步，竟丈许。多为喇嘛寺所建，专以供教民之绕行。如属行路人过此，不暇绕行，亦必依规定之一侧方行去，将来更由另一侧方走回，俾往返合成绕行一周之功德。

以上六种，藏语并云"谷尔"。作此功德者，心须念佛，口须念经咒，除磕长头外，亦可摇动手摇转经筒，是为身口意三重功德，与转法轮有同等价值。此外尚有两种变体，即：

一为屋顶上竖立之嘛呢旗竿。竿与升旗之竿相似，悬一长数丈，阔尺许，有缘饰之长旗，藏名"雄打"，译意为"风马"。似与我国寺檐之铁马同义。旗上有喇嘛印刷之经咒文，随风摇曳，四时不收，直至于敝而后易之。意取风之展动，以代讽诵。名虽与"柯洛"异，取义则相当耳。汉人亦多有于屋隅竖此旗者，谓可以长家运。

二为神山装饰之经旗。旗式与前种略同。但较短小，系于丈许高之小木杆或小竹竿上。插入地中，密如浅林，动辄以千万计，皆教民依喇嘛之教所为。亦有裁为方旗，印经咒，而以绳索牵引，挂于林间石间者，其义与"风马"同，即以经旗当法轮也。

五、法轮内容

　　我国傅大士所创之转轮藏，原系于轮架上置大藏经一部，转之以代念经，其经可见；喇嘛教之转经筒，装经咒其内而密缝之，不可得而见。所可见者，为皮筒外所绘之六字真言与神佛像。莫由详知其内容物也。余曾于破败巨经轮中，抽出其所装印刷物一页，见两面皆印藏文六字真言，字小而密，往复镌此六字，更无他文。再抽一页亦然。窥其轮中，以如此藏经式长方形巨叶印制品，重叠卷积，略无隙地。以每页有六字真言一百句，每层装一千页，共十层计，恰为一万万句。始知"洞柯"意为"万万法轮"之原因，盖以一六字真言为一法轮也。

　　六字真言，一云六字大明心咒，亦曰咒王。我国旧译为"唵嘛呢叭咪吽"六字。读音则为 Om，ma，ni，pad，me，hum。或解此六字为赞莲花上之宝。谓 Om 为赞词。ma—ni 即"摩尼"。Pad—me 意为"莲花"（日人河口慧海，近人李鉴铭皆主是说）。或解为诸经之总持，只属符号，无解释；或谓为指示六道轮回之咒。依西藏人说，则为观音菩萨变化身之一种。

　　藏人谓：西藏雪国，原属罗刹地狱，经观音菩萨度化，成为宝洲。西藏人类，皆菩萨子孙。菩萨又化为松赞干布（即唐书之弃宗弄赞），统一藏地，制作文字，订立法律，宏扬佛教。菩萨将降生为松赞冈布时，先放出四种光明。一投入中华，化为文成公主；一投入尼泊尔国，化为白布公主；一投入亚场岩上，化为天然自成之六字明咒；其一投入吐蕃王宫，化为松赞干布。其后两公主皆嫁松赞干布。临卒之顷，两公主皆化为光，融入松赞干布体内，乃共化一光，如虹散去。六字真言为观音菩萨之一体，即可于此说证之。

　　元末，藏人福德幢，著正法源流与法王世系一书[①]，形容此六字之价值云："唵嘛呢叭咪吽，此六字者，摄诸佛密意为之本性，摄八万四千法门之根本为一之心髓，摄五部佛主及诸秘密生每心咒一字之陀罗尼，是一切福善功德之本源，一切利乐悉地之基础。当为上善生及大解脱道也。唵嘛呢叭咪吽，此谱法心要胜说六字大明咒，若见一次，能获不退悉地，成度有情之救主。虽仅闻得，亦能获生上世乐趣，成度有情之救主。虽转授蝼蚁之尸，或已死牲畜，此咒一入其耳，立即解脱彼身，往生极乐世界。若能忆念之，如日照雪山，自无死以来所造罪障恶业悉能洗净，往生极

---

① 福德幢，即索南坚赞。所著今译名为《西藏政教史鉴》，又作《西藏王统记》。

乐世界，立即蒙受无量诸佛为之灌顶。若仅观修一次，即堪名为闻思修者，所显皆成清净法身，开利众事业之宝藏。若佩于身，善男子，此身即变为如来舍利，四百零四种病患不能伤犯，木水毒物或兵械以及上下魔厉，皆无能损。此六字大明咒，或书于珍宝，或布，或纸，或木片，最下如泥土石上，等于书写八万四千法门：今生受用安乐，即其形寿亦立获得佛果。对此勿生疑念二意。若须弥山王，尚可度量；持此六字大明心咒一次，其福德之量，无人能算。又如金刚岩室，以噶西噶布拂拭，每百年一次，亦有磨灭时；若持一次大明咒，其福德量无有尽时。又如诸大海，每一涓滴皆可以量；若持六字大明咒一次，其福德量无人能算。又如雪国微尘，花果林树，皆可数计；若持六字大明咒一次，其福德量无人能算。又十二月中无间昼夜降落淫雨略不中断，每一雨滴，亦可计算；若持六字大明咒一次，汝其福德量无人能算。善男子，无烦广说，若恭敬承待如我（阿陀弥佛自指）之百万诸佛，令其喜悦，其福德量亦可比度；持六字大明心咒一次，其聚福德，乃不可度量。"又为颂云："唵嘛呢叭咪吽。'唵'除天道生死之苦。'嘛'除阿修罗道战争之苦。'呢'除人道生老病死苦。'叭'除畜生道劳役之苦。'咪'除饿鬼道饥渴之苦。'吽'除地狱道寒热之苦。是乃诸佛所成咒，摄诸妙法之精英，现为一切有情德。六字大明灌顶，是即诸佛心灌顶。今以此法授与汝（指观音），总摄一切如来佛，以此明咒王灌顶。'唵'为布施波罗密，无有悭吝薄伽梵，总摄诸佛之法身，恳请灌顶垂加庇。'嘛'为忍辱波罗蜜，无有嗔恚薄伽梵，大乐圆满受用身，恳请灌顶垂加庇。'呢'者持戒波罗蜜，除烦恼过簿伽梵，三身顿成变化身，恳请灌顶垂加庇。'叭'为禅定波罗蜜，无有散乱薄伽梵，了达一切所知身，恳请灌顶垂加庇。'咪'为精进波罗蜜，无有懈怠薄伽梵，智悲遍覆有情语，恳请灌顶垂加庇。'吽'者智慧波罗蜜，摄诸事业薄伽梵，总集一切威力意，恳请灌顶垂加庇。所言六字金刚声，一切诸佛所加庇，妙法心藏至无上，恳请灌顶垂加庇。"（录自刘立千译《西藏政教史鉴》）此所谓"持"即"诵"与"转"之义也。

据说转经筒中，仝为六字真言，亦有装大藏经全部者，亦有装财神经、幸运经、消灾经等祷祝性之经咒者。内容秘密，余尚未曾得发见之机会。余所已见，大都只装六字真言一咒。至于道旁之"嘛呢堆"，与屋上之"雄打"，所现文字与图画，则种类颇为复杂，要以六字真言为多。黑教之转经筒与"嘛呢堆"，镌文又迥然不同也。

六、黑教徒之转经式

　　喇嘛教派甚多，约之可为黑、红、花、白、黄五大派。黑派历史最早。红派为唐代中叶乌金佛莲花大士所创。花、白、黄三派皆宋以来始有。红派以下转经，皆自右向左旋转，朝山、朝海及绕"嘛呢堆"皆然。而黑教转经，则自左向右旋转，朝山、朝海与绕"嘛呢堆"亦然。其转经筒上字与"嘛呢堆"上之石刻字，不为"六字真言"，乃"唵、嘛、遮、摩、叶、撒、勒、夺"ༀ་མ་ཏྲི་སུ་ཡེ་ས་ལེ་འཛ॥八字。亦为代表其祖师丹巴喜饶。一如"唵嘛呢叭咪吽"之代表观音菩萨也。

　　黑教徒传说，丹巴喜饶为释迦牟尼之化身。其塑像、画像，皆作释迦佛状，胸上有一卍图案。此字，汉人呼为"万"字，代表佛法。藏语曰"雍宗"，解为"不变法轮"。其象征，为一风轮，当自左向右旋转。绘于佛胸，应即表示"法轮"之意。故黑教徒之自左向右转经，实颇合于转法轮之古义。黑教徒之言曰："丹巴、雍宗、绷，为一。""丹巴"，即丹巴喜饶，代表"佛"；"雍宗"即"法轮"，代表"法"；"绷"即"绷波"，黑教僧侣之称，代表"僧"。与我国云"佛法僧三宝"是一义。我国傅大士所创之转轮藏，旋转方向如何，今不可考。若果黑教徒转经之法仿于中华，则可知我国与西藏古时转法轮法，皆系自左向右旋也。

　　黑教徒之"洞科"，不唯自左旋，且其外表所绘之梵文与藏文两种八字咒文，皆系以右方为首字，左方为尾字，作དབལཡེཛིམས॥状。藏、梵文，本系自左向右行，今乃折开字母而逆书之，自属不便写读。黑教之所以必如此者，为使先发之音向前，结尾之音在末故也。于此，亦可证我国古代之转轮藏，必系左旋。因我国文字，系自右向左行，右旋则先发之音在前也。又可证黑教转经之法，系自中华传入，故其书字亦曲从汉式。

　　红、白、花、黄各派转经之改为右旋，显然为因其字体右行之故。如此修改黑教仪式，初原出于权宜变通。既感其便，遂获通行。积久忘本，反谓黑教之术为左道，非佛法之正。

　　至于将"雍宗"改绘为卍形，余亦惑也。余遇一花教喇嘛云："雍宗本系右旋，松赞冈布建大诏寺时，即已绘于四角，至今尚在。黄教徒反对黑教，遂将雍宗亦反转绘画。"

七、结　语

由上可知"雍宗"与法轮为一相，法轮与转经筒为一物，转轮藏与转经（柯洛谷尔）为一事。只由历史演变不同耳。

喇嘛教产生自西藏，阐演于亚洲中央大高原。藏文藏俗，随之推展于此高原中诸民族间。藏俗之代表杰作，即为"转经"。转经之所以特能普及，由高原民族不识字者多故也。

宗教，迷信事业也。教徒，被教义麻醉者也。宗教推行之效率，恒视其麻醉药是否适合当地人民之情俗而定。中亚高原之土民，生活于严酷、闭塞、贫乏之自然环境中，精神无可安慰。喇嘛教士，诱导其欲望于未来世中，则社会安。集其财力于寺院中，造成人为之天堂地狱以证其说，而人民服。再用众生皆可成佛之说以鼓励教民之孳孳盲动，使人皆好之、乐之，以力殉之而甘，以家殉之而甘，终身以之而甘，则可以宛转玩弄于股掌之上，无不如意也。此中亚社会之大秘密也。虽圣人复起，亦不得而易之矣。

谈藏俗的一妻多夫与一夫多妻

研究民俗学的人，对于世界各地区民族千奇百怪的一些风俗，只去研究他为什么会形成这种风俗，并不感到那些风俗有何奇怪。哲学大师黑格尔说过，"现实都是合理的"。因为如其某一个社会公众都认为不合理的事，那就不会成为现实。纵然有权力很大的人强力去改变它，若还改变得不符合那个社会的实际需要，那就只能惹起那个社会反抗的怒火，终归要失败。

近阅赵尔丰经略川边的档案，见到他禁止藏民姊妹共夫和兄弟共妻的风俗。亏了他皇皇告示，洋洋大文，把汉族的婚姻制度说得好到天上，引了许多"圣贤名理"，制订了革新婚俗的章程，还颁布有惩奖的办法，印贴若干处，刻碑若干处，派出宣讲员若干人，尽心竭力要做到"移风易俗"，结果是全体藏民瞪目呆听，惘惘默笑而散。宣传了一年多，也有几家巴塘城区商民遵示办理结婚。农村藏民仍自是全家男丁共娶一个女人，或全家女儿招一个男人。一年之年"人亡政息"，旧俗无恙。

为什么赵尔丰能以兵力勘定西康，改土归流如摧枯拉朽，而在平定一方、万众归附之后，反把那样可笑的风俗改变不了呢？

因为他不懂得那时川边，社会发展的整体还停滞在土司统治下的农奴庄房制的阶段。庄房制还未改变，那种婚姻制度就断无可以改变之理。

什么叫"庄房制"？早在多年前的康藏统治者，就可耕的土地规划为若干份，每份修建一座房屋，安置一户农奴，配以需要的耕具和牲畜，叫他去耕种。配合制定每年交纳田租若干粮，承担力役若干日，和临时性差徭与兵役。此外农、牧、工、商收入都归你家自由支配。但这份庄房与田土，不许分拆，不许转卖，也不许典当。儿女婚配、就业以及其他社会活动，都是自由的；只有这份庄房的各项规定是铁定不可变的。这样的农户，既不是奴隶，也不是自由农民，他是真正典型的"农奴"。农奴社会是奴隶社会向封建社会过渡中的主要阶段，是千多年来藏族社会结构的经济基础，其他一切社会制度都要受到它的制约。

这个道理，是主张"用夏变夷"的孔孟之道所未有的，也是清末经营川边的赵尔丰、傅嵩炑、吴蜀猷等科名人物所设想不到的，所以才有他们那一套药不对症的愚蠢措施。有个农村头人，却已懂了这个道理。他反问向他们宣讲新颁婚姻法的县府委员：我们习惯了一家几弟兄共娶一个妻子或者几姊妹招赘一个女婿，诚然不好，多有争风吃醋，闹得家庭不和，甚至闹出命案的。但是，那份庄房只许一户人承继。那么哪个儿子才该娶妻承继，其余的儿子就该都去学喇嘛么？若还女子不许招赘，那么，只生有几个女没有生儿的人家，就该绝种了。绝种了的那份庄房又该谁承应差粮呢？若像你们汉人，能够有几个儿子就娶几个媳妇，分成几家居住，那就女子都有人家可嫁，两个人就成一对夫妇，都能各自成家，那就太好了！"

县府委员说："你们就是该男婚女嫁各自成家嘛！"

那个头人笑着说："大人！你们的皇帝，若还把他的天下分给所有的儿子，几辈人就会分得各得一村之地了。所以他们也只把他的天下传给一个儿子。听说他们弟兄争天下比我们百姓家庭内争风吃醋更闹凶。我们的土司家，从前是儿子各有妻子的。因为皇帝不许分封，也都改从我们这样的家庭制度了。看来我们的制度还比皇帝家的制度好。你能劝劝皇帝家改用我们这种制度不？"说得委员红胀了脸，大怒而罢。

若还平情批判，这个头人的话，在农奴社会阶段说来，确是颠扑不破的真理。若还是在封建社会阶段，及现阶段说来，则又是愚蠢。他与颠顶地搞用夏变夷的人，各执一面，都有理由，也都是愚蠢。

赵尔丰未曾进行"改土归流"和"移风易俗"的藏民住区，如沪定县，三个土司，民国初年都还存在，但庄房制度则在咸丰同治年间已经自然消灭，不待令教摧毁。因为采矿、采木、开阔水稻田、发展运输业和商业的勃兴，人皆有新的资生之道，不限于守耕庄田，人人皆有娶妻生子、成家立业的机会，庄房制自然会被摧毁。

在庄房制限制下，户口受到了严厉的制约。对于经济落后与文化落后的社会说来，也有一定的好处。第一是不会人满之患。第二是户口稳定，管理方便。这是藏族社会能够稳定一千多年的原因。这虽然是违反社会发展规律、践踏人生幸福，终究要受到自然淘汰的蠢事，但它在一定历史时代里，却有它一定要出现的理由。否认了历史现实而谈历史，就等于无视儿童生活而谈教育一样。

从康藏的婚俗与庄房制看殷周井田制[①]

(1978)

四川西部，从康定的折多山以西，直到西藏，有过令人奇怪的婚姻制度。即：一家人有几个儿子，就几个儿子共娶一妻，或把儿子送去学喇嘛，而为几个女儿共赘一婿作为儿子。甚至有年龄还小的叔父也与侄儿弟兄共娶一妻的。更还有青年寡妇与她的女儿们共赘一夫的。我初到川边考察时，言语不通，只从县府问俗，初未知道有那样的事。

后来考察多了，又读过一些关于民俗学的书和历史唯物主义的书之后，不感到奇怪了，而且认为在农奴社会阶段，这还是很合理的一种社会习俗。考藏族这种婚姻制度，行之已千多年了。它之所以能维持千多年的农奴社会，就得力于有许多方法来维持农民分地的庄房制度。这种婚俗，正是配合"庄房制度"自然形成的。且成了维持其农奴制度长久不败的手段。

什么叫"庄房制度"？藏俗，领主把地方可耕种的土地划分为若干份，每份配修一座住宅，连同必须用的农具和牲畜分配给他的农奴。相度土地的好坏和宽窄，分别制定每年交纳田粮若干量、力役若干日，和无定额的、临时的差徭（乌拉），如兵役和长官出行时的供应等杂役差派。完纳差、粮外，农、牧、工、商经营的收益，都归农奴自由支配。人身也是自由的。这确实比奴隶待遇优厚多了。但，这份庄房的主权，属于土司贵族或喇嘛寺，不许拆分、转卖或典当。领受庄房的人家，永远只是一户，不许分家，不许迁徙，称为"差户"。每户必须有一个壮丁应正差，还规定有几口人供应杂差，叫做差民（差巴）。差民家儿子纵多，也只能世世代代承继这一户。所以就不能不共娶一个妻子。女子可去嫁人，嫁不完的去作尼姑，或作游女。如其没有儿子，只有几个女儿，或把儿子送去学喇嘛了，只剩几个女儿，那就只好

---

① 原载《龙门阵》1981年第2期。

几个女儿招赘一个丈夫，承担差徭；若儿女都没有，抚个亲友的儿女，也要把差户承继下去。若遭瘟疫或兵祸，全家死完断根了，土司头人也要设法安插一对家庭奴隶去承继差户。土司强大兴盛的，可以利用婚姻去把别家的庄房夺取一部过来，作为聘礼或陪嫁；也可发动战争相掠夺；还可开垦耕地，修建庄房来安插有功的奴隶，发展新差户，扩充实力。

在从奴隶社会向封建社会过渡的阶段里，推行这种庄房制，有几大好处：第一是可提高生产力和收到对领主忠诚的效果。第二是便于管理分散、弯远的农户。第三是制约着户口的发展，永无人满之患。这对于高寒的康青藏大高原，是有它特别适宜之点的，所以它能维持千多年之久。它的坏处，是违反了人类社会向前发展的自然法则，所以它终必会归于消亡。

川边的泸定县，在清乾、嘉以前也是藏民住区。由咱里、冷碛、沈村三个土司分管，那时也是庄房制，和折多山外的婚俗一样。乾、嘉以来，由于兴办采木、采矿、水稻栽培、商业运输等新兴经济业务，外来汉民增多了，当地人生产生活方式渐渐改变，男女都有了独立生活的机会，庄房制自然而然被推翻，婚俗也自然而然转为一夫一妻的汉式家庭制了。三个土司，民国初年都还存在。他们在改流前的权位并未削减，但却无法再维持庄房制度和传统的婚俗。

赵尔丰平定巴塘、理塘叛乱，改土归流成功后，在巴塘修建巡抚衙门，准备建立新的省会，聘请井研老进士吴蜀猷到巴塘主持新省学务。吴老先生痛恶藏族那种婚俗，力持"用夏变夷"之说，以移风易俗为己任，假借赵大臣的威名，出告示、制禁约、立奖罚，刻碑宣传汉俗婚礼的优越，还派宣讲员四出劝告，不遗余力。行之年余，除巴塘市民有遵行者外，农村丝毫未曾推动。

西藏民主改革后，农奴们有的叛逃，有的被改造，农奴得到解放各有生业，生活宽裕，皆得成家立业，不再依靠庄房土地，于是藏民婚俗亦即自然转变。男婚女嫁，各自成家。二十多年来，藏民户口已有成倍的增长。兄弟、姊妹同婚娶的事，不待明令禁止，自然逐步瓦解了。这可说明推动社会发展前进的动力，主要在于经济基础的改变，而不是强迫命令可以解决的。

回看我们汉族的祖先，也是经过庄房制和藏式旧婚俗来的。帝尧的二女娥皇和女英，就是招赘帝舜这个丈夫，到了春秋年代，都还保存有姊妹共夫的残余。例如齐桓公的长卫姬和少卫姬，就是同胞姊妹。周代所谓的"井田制"，其实就是藏族所谓的差户制（庄房制）。《孟子》夸谈井田，已不能详其制式。后世言井田者，皆用《周礼·地官·小司徒》之说，其说有"乃经土地而井牧其田野（划分庄房田地），九夫为井，四井为邑，四邑为丘，四丘为甸，四甸为县，四县为都。以任地事而令贡赋（分领摊派的差粮）"。所谓"夫"，就是一份庄田。《孟子》云："一夫受田百亩。井九百亩。其中为公田。"他说得很机械，但是任何地面也不可能完全做到那样机械的。《周礼》说："上地家七人，可任也者家三人（指供徭役的人）。中地家六人，可任也者二家五人。下地家五人，可任也者家二人。凡起徒役，毋过家一人，以其余为羡（后俗役）。唯田与追胥作（田猎和追捕逃亡，则全都出发）。"足见庄田亦有等第。并不是家家皆一百亩。这与藏俗的庄房制是何等的相似。

综合《地官》各条制度来看，那称作"夫"家的"分地"，也必然是不许分析、变卖和典当的。若许分家析产，或买卖典当，则全部制度都会破坏了。当时的国君如何会容许呢。分地既不许分拆，则除了兄弟共妻或姊妹同赘外，能有什么办法来公平对待自己的子女呢？

不过，由于古代史官只记帝王将相家族的事，不记民间的事，又觉当时的社会制度和风俗习见不怪，因而也不记它，故后世遂无闻知耳。便如国君家庭一些发展变化，今天也只能从一些侧面事实去推究。比如，周代只许天子之子在王畿外封国。大国不过"方百里"（《王制》）。若还许诸侯的子孙分封有土，那在七八代后，会每人得不到一夫之地了。春秋以前并未闻有哪一国有公族富强。鲁三桓①、楚昭、屈、景②，都是春秋世才有的；他们才是占有土地人民的公族。从而可以设想，周代的分地制度，是春秋年代才瓦解了的。庶民的"分家析产，也只能是春秋世开始。鲁国可能是开始得最早的，所以他的属民户口发展得快，到春秋末叶，就能把一甸的军赋施于一丘之地"（《春秋》成公元年"作丘甲"）。

秦国兴于西戎，保持井田制最久。迨秦孝公用商鞅，废井田、开阡陌，摧毁了分地世承的制度。但民间仍有狃于故习不肯分家的。故商君之法："民有二男以上不分异者，倍其赋"（《史记·商君列传》），以迫使农民分家。分家，就必然要分娶。不肯分家的，就可能是共娶一妻制度还存在，并且是有贤淑妇女能够调和于兄弟之间，保得家庭和睦的农户。

如其我们自己找不出史证，最好是去研究一下藏族风俗。古圣人说过"诸夏失礼，求之四夷"呀！

---

① 鲁桓公三个儿子，分占三份庄田，后来发展成为孟孙氏、叔孙氏、季孙氏三支，世世代代执掌鲁国的政权。
② 楚国昭王之后为昭氏，《战国策》有昭奚抱。春秋初年就有屈瑕，为莫敖；屈建，为令尹。战国时又屈原，为三闾大夫。《离骚注》"三闾之职"，掌王族三姓。曰昭、屈、景。谓楚国这三姓都是王族分支的大地主。

康藏问题的关键①

(1932年在中央政治学校蒙藏班之讲演词)

此次出省考察，路过南京，承贵校何主任不弃，邀来和诸位谈谈边疆问题。我想诸位都是从满、蒙、康、藏、青、新数千里来首都求学，一足以代表满、蒙、康、藏、青、新各地同胞倾向中央；二足以证明诸同胞倾向中央之热诚及本身发奋图强之毅志。今日与诸位见面能欢坐一室，非常欣慰。我对边疆问题虽然没有深刻的研究，但亦很愿与诸位同志谈谈。不过，我个人研究的是康藏问题，而康藏问题本身亦很广泛，所以今日只能讲康藏问题的一部分。兹因时间限制，实不能畅所欲言，故只以康藏的几点关键提出来与诸位共同讨论。

"西藏"这个名词，严格的解释，是单指雅鲁藏布江流域的前、后藏而言。但现在一般的观念，都谬以为是指西藏、西康、青海的全部，因为这三部都是以藏族（旧书称"番族"）作主人翁，都是崇奉喇嘛教，而以酥油、糌粑为日常食品的。英文将这三部统称作"底伯特"（Tibet）。中国早年将"Tibet"译为西藏，所以到现在很多人还弄不清二者的区别，未能改换过来。

西藏与中国在元明以前，有时为朋友，有时为仇敌。政治经济上的关系总是非常薄弱。经前清康熙、雍正、乾隆三朝竭力经营，才获得西藏全体民众的彻底服从。乾隆帮助西藏征服廓尔喀之后，中藏间感情便非常融洽。中国在西藏的政治势力那时已达于最高程度。当时西藏一切政权都由中国政府委派的驻藏大臣管理。达赖、班禅实只管宗教而不问政治。乾、嘉时代，所派驻藏大臣如松筠、和琳等，也都办理得很有成绩。无如日久弊生，江河日下，道、咸以后遂有"贤者不往，往者不贤"之慨。因为驻藏大臣失职，政权落于达赖之手，迄到光绪之世，驻藏大臣直同弁髦，

---

① 1933年，任乃强随张澜赴广西考察，途经南京，5月5日受邀为中央政治学校蒙藏班演讲。载于《康藏前锋》1933年9月创刊号。

难有作为。恰值英人占有缅印，进窥藏边，而西藏问题发生矣。当时清朝政府，既不能约束藏人，使遵中英互订之条约，又不能帮助藏人拒阻英人之窥侵，听其英、藏两方自行冲突，于是英国的远征军打进了拉萨城来。

现在人人都说达赖亲英，实际达赖原本最憎恶英人。他憎恶英人的原因是其侵略西藏，起初他望朝廷能帮助抵抗，后来绝了望，甚至去请俄国来帮助他抵抗英国。英国远征军打进拉萨以后，才知道西藏是不能以武力征服的，草草与藏人订一个和约便退回印度。这样一来反把昏昏沉沉的中国政府一棒打醒了，朝野上下同声主张收回政权，筹备建省，于是派遣张荫棠、联豫等到西藏，赵尔丰等到川边，大刀阔斧地建设崭新的行省规模。这时英、俄两国亦因互争不下，订立了尊重中国主权，不得单方干涉侵扰的条约。所以这批大员都能挣下顶好的成绩。光、宣之间的这三四年中，要算乾、嘉以来中国在西藏政治上最得手的时期。然而，也就是回光返照的良辰美景罢了。他们最失败的是对于西藏习俗不能去因势利导，总想方设法压迫到底以便统治它，对佛教尤肆意摧残践躏，弄得藏人个个疾首蹙额，暗地诅咒他们。虽然一时无力反对，但绝不能说是心服。这样一来，结了一个恶果，就是达赖逃奔印度，与英人接近，遂变成亲英仇华派的首领。待到辛亥革命，在西藏的中国军队变乱，藏人乘势蜂起驱逐汉军出境，欢迎达赖回藏，从此达赖得了英国人的实力帮助，"西藏自治"便成了劫难之局了。

号称意志坚强的达赖由仇英而亲英的心理转变，又何以变得这样快呢？原来他是最尊最贵的活佛，四五百年来他在他所知道的世界里地位高得无比，平素养尊处优，从不会屈求于人。当英军入藏的时候，他从拉萨出走，清廷革除他的名号，他已认为万分的侮辱他了，及后来到北京去祝慈禧太后的寿，清廷强迫他行叩头礼，他更引为奇耻大辱。后来被清廷强迫回藏，一路受各省行政官吏的监视和嘲笑，更是使他受不了。回藏以后便与联豫成仇。联豫是一颗顶的满员，为想以武力威服达赖，奏请调川军入藏。川军到时，达赖害怕，又无路可逃，万不得已才奔逃印度。初还深恐英人借此报复，加以虐待。殊不知才到大吉岭边境，英员已不断地前来欢迎，不但不记前仇，反令当地官民尽心保护，优待非常。不久又迎到印都加尔各答居住，饮食供给，备极优渥，又随时为之传递西藏消息。达赖此时虽明知英人不利于藏，亦将与之亲善，于是亲英益深，仇汉愈烈。达赖回藏以后，派人留英，学习军事和新政。这样一来，所得恶果较前更甚，因其前后派遣留学英国的皆是贵族子弟，回藏以后，尽握政权，他们习见英国物质文明之进步，政治之修明，社会之富乐，自然感到西藏图强，非仿效英国不可，因此亲英仇汉更甚于前了。而英国政治、经济无形中侵入西藏亦愈深,现在西藏一切物质的建设,政治军事之布置,无一非英国留学生在策划进行,达赖亲英心理反落他们之后了。他们当政的时间,万一再久一点,中国便无收抚西藏之可能的。所幸青海、西康两区,尚未入其势力范围,这或许是老天留来试验我们中国政府经边能力的吧!

我国国民向来对于西藏问题一味激昂而不研究根本解决方法,一味责备藏人而不自省,这确是个大大的错误。所谓根本解决方法,据我个人意见,要从这三点做起:第一尊重宗教,第二学习藏语藏文,第三移民殖边。如果这三件事办彻底的话,那么康藏间的一切的问题,都可以迎刃而解,不知诸位边疆同志以为何如?本来诸位多是康、藏、青土生土长的人,应该比我看得更为清楚,用不着我来解释这些意义,不过古人说得好:"不识庐山真面目,只缘身在此山中。"所以,我才敢贡一得之愚见,与诸位同志研讨。

一、尊重宗教

我个人到西康考察前后两次,历时虽才一年多点,经历地方却还不少,我们与别人不同的是,能到各乡村去作普遍的考察,并不单在都市访问,更不专注书本。考察之后,知道康藏政治、经济、教育、实业及一切社会问题,无一不在佛教徒领导之下,丝毫莫有外力参入。举两件小事来证明:如藏人对于班禅、达赖两大活佛体系,非只信仰而已,实视之为至尊无上之神,闻其名莫不变色,见其像立即叩头,纵如达赖以下号称"本性不灭"能转世再生之呼图克图,无论是真是假,也都受藏人的非常敬仰。我曾见甘孜郎章喇嘛每出门一次,道旁男女皆跪地膜拜。似此例子,多得不可胜举,一般藏人,无论贵、贱、贤、不肖的,经过喇嘛寺或嘛呢堆都要绕行一周,以为敬礼。他们口里随时不断地念经,未曾学习经文的便只诵"唵嘛呢叭咪吽"六字经,据说这六字可以代表一切经典,所以藏人自朝至夕,自幼生到老,以至于死,无有一刻不在念诵此六字。口诵不足,复将经文装至回转圆筒中,以手转之,以补念经的功课。此转经轮遍地皆是,有借风力转的,有借水力转的,有安大道与寺庙侧,以待行人攀转的;这还不足,每人手里各拿一个,边念边转,甚至有在睡觉的床头也安机装设,俾睡着时尚能依意而引手转轮。他们劳劳于此繁重工作,并非有何功效,不过喇嘛教他如此,他便不能不如此罢了。其他如疾病、丧葬、婚姻、祈祷,无非喇嘛专利事业;教育、文艺、经济、政治更不待言了。喇嘛教深入西藏人心至于如此程度,倘若漠视了喇嘛教,如何能得西藏人的同情呢!而这官吏没一个不蔑视佛教，动辄辱骂僧侣，焚烧寺院，污毁佛像，蹂躏经籍；如联豫之威胁达赖，清廷之革除名号，凤全以烟斗敲喇嘛光头，赵尔丰禁藏民出家，马维骐焚烧巴安丁零寺，川军有以藏经作靴底，钟颖之改布赉绷寺等，皆失藏人同情之致命伤也！若夫英人则不然，其初固亦漠视佛教，致与藏人冲突，虽然它的远征军打进拉萨，仍然莫有办法。于是他们觉悟了，遂有洛兹、查理贝尔、台克满等，拼命学习藏文、藏语、藏经、藏俗，学成之后，热烈地去称道佛教。由此渐渐与达赖、班禅由拉拢而亲热，由亲热而信任，于是毫不相干之基督徒，一变而为佛教国最高权威之谋士。当太平洋会议时，藏人对国际宣称，若无英国贝尔先生出席，西藏即不赴会。你们看他信仰的程度是何等的深呵！

我们都知道，达赖曾经一度亲俄。这事的线索是俄国西伯利亚南境有一俄人僧侣，名叫德尔智，揣摩着俄皇拓疆土、觅海口的心病，想帮助俄国拉拢西藏以图印度洋的出路。于是他拼命学藏语、藏文、藏经、藏俗，学成了后，游说俄皇，取得使命，化装为蒙古朝佛僧侣，入朝达赖，乘着达赖失望于中国而又非常仇恨英国的时候，送上俄国的重礼厚币，说俄皇愿意帮助西藏抗英，同时引据一部寓言经典中的话，说：先年的佛曾说过，若干年后佛教衰微，西方有个大国会自动起来作大护法，保护西藏，推阐佛道，这个大国就是俄国。他的藏语流利，说得天花乱坠，达赖自然深信不疑，从此德尔智做达赖的经师足有六年之久，直到俄国崩溃，他才放弃了西藏的。你看他们外国人处心积虑地干些什么，是怎么干的！再看我们中国人恍恍惚惚在干些什么，并且又是怎么干的呢？我们中国古人论到政治与风俗的话说得好，就是"上者因之，其次因势利导之，再次整齐之，最下者与之争"这几句话。中国在西藏政治势力之消长，关键在于此。康熙、乾隆之维护佛教而得其心服，即是"因势利导"；赵尔丰所行"用夏变夷"的强迫政策，即是"整齐之"；联豫的低抑达赖、革除名号，即是"与之争"。而贝尔、德尔智的方法，足以代表英俄两国的方法，即是巧于运用"上者因之"的例子。我们中国人若果忏悔过去的失着，要为亡羊补牢之计，便不可不尊重边疆的宗教。不但尊重它，并且要进一步去研究它，必须经过深厚的研究工夫，才能明了西藏佛教的真义，同时方能得到西藏民众的信赖。

二、学习藏语、藏文

中国统治西藏二百年了，最可怜的是没有一个汉官懂得藏语的。汉藏语言，既然永久隔阂,所以汉方的政治,没有作用,反常常使藏人产生不良的印象。无论其有无贤良官吏到边地去,纵有亦为万恶的通译人员所蒙蔽,无从施展其长才。相传清季有个土司谒见赵尔丰,因赵生气,骂了句"王八蛋",通事竟译成"大帅要你缴狐皮七百张赎罪"。后来通事因公他往,这土司却送狐皮来了,另一通事译送上去,赵大帅才知道前通事作了弊,严惩了他。但是当通事的大都是无赖流氓,纵然枪毙一两个,后来的仍然要舞弊。类此的事,不胜枚举,康藏吏治之不能澄清,康藏事业之不能发展推进,大多是官民语文隔阂的原因。所以要想康藏政治如意,最好是藏人、康人皆通汉语,但这在短时间是不能的;其次的是希望到康藏的汉人皆通藏语,这是完全办得到的事。纵使一时不能办到,至少也得让到边地去做领导工作的人,个个都能懂得藏语。这个最低限度的需要,我们是无论如何都要办到的。并且,单是懂得语言还不行,还得进一步去懂得他们的文字才好,因为康藏地旷人稀,负领导责任的人,有了政令意旨,很难传达至家喻户晓。这时不能不利用文告来宣传的。

说起文告宣传,也很可笑:我看见在西康的汉官,每办一张告示,先由官吏说明意思,书记起草为文字,召通事来按照文稿逐句讲演为白话(因为通事皆不识字,书记又不懂藏语),通事又逐句用藏语述于仲衣(即藏文书记,不懂汉语)。仲衣译就藏文,再逐句用藏语讲解其意义于通事,再由通事转述于书记,辗转数次,原意多已失。其弊端之多,自不待言。更糟的是每每有稍不审慎,适得其相反意义者。文告的手续虽如此烦难,作用仍然丝毫无有。因为藏人除喇嘛外,大都不识文字,喇嘛又不肯看汉官文告故也。头人虽识字,亦不认真办理,反可借口鱼肉百姓,只要通事不讦发,汉官亦未由知道也。所以说,要想汉藏情感融洽和康藏事业之发展,非由汉人先习藏语文不能成功。此种重大责任,又在于诸位了!诸位都是边疆的人,以边疆为乡土,诸位若还不努力于此道,更有谁该努力于此道呢!

三、移民殖边

边疆地广人稀,利弃于地,良属可惜!开发利源,很难责备物质文明低浅的边地土人,是宜多移内地人民到边地去,与他们多多接触,待发生深厚的感情之后,文化也很容易沟通,事业才有进展。不然你尽管在内地谈边疆问题,他仍然在那儿做自治、独立的梦,非惟资源不得开发,就是政权也难安定。并且移民实边,关系国防甚大,如像西康的甘孜、巴塘、理塘,藏兵曾先后几次侵入,然不久终归退去;

而德格、察雅等部，被藏军侵入，便很难收复，这就是因为内地移民较多之处与当地情感融洽，帮助汉军甚大；内地人民未到之处，每值用兵，遍地都是敌方的间谍和助手，军事甚难胜利故也。再回看东三省，纵然被日本人占去，但因汉人移殖已多，遍地的义勇军也要闹他一年，并博得国际的同情，早迟中国是有收回这块土地的希望。目前内地人满为患，边地却人少为患，所以解决边疆问题的稳当方法，莫如移民实边，诸位都是边地人，自然用不着劝你们到边地去，只盼你们帮助鼓吹此事，因为此事由你们说出来更有价值的。

我说的这三种主张，希望全国同胞共同认识，共同努力进行，尤其希望蒙古、西藏、西康、青海的青年团结起来，努力实现这种主张，造成真实的极乐的世界。

西康蕴藏的富力与建设的途径[①]

（1936）

一、世对西康富源之误解

西康，合现存18县与陷藏14县言之，共有面积40余万方千米，人口才五六十万。即面积大于四川一省，人口不逮四川省百分之一。荒旷情形，不言可知。虽经华汉设官统治已数百年，官商卒伍出入此区者百千万计，然皆徒见荒旷，未能考究荒旷原因。皮相耳食，谬解蜂起：有谓平原广漠，土壤厚润，垦事果兴，足安置农民数千万者（过去300百年来汉官入康者之著述与言谈，百分之九十八作如此解）。有谓金矿、煤、油宝藏丰富，为中华未来富源寄顿之所者（近世留心边事而未曾入康者，与仅涉川边者，多作此解）。有谓大木参天，蔽山盈谷，足以救济内地木荒者（入康而未精细考察其经济情形者，多发此论）。亦有谓天荒地老，绝无开发之望者（近世微具科学知识之入康人员，多发此论）。甚有谓珙桐、熊猫二物，既经西人重价征求，必有特殊用途，为西康未来之利源者（民十七八年成都人士，曾有此种狂论）。其尤荒谬者，谓西康宜稻、宜棉、宜桑，又或谓烧碱、挖瓢为最大产业。居然成为著述（如翁之藏之《西康实况》，陈重为之《西康问题》等），行于案牍。（西康档案所有经济建设条陈，多属此类）发为讲演（民国十七年边区风物展览会中，有人作此演说），獭祭作家，辗转抄写，以讹传讹，流播全国。余每聆而恶之。尝拟于《西康图经·产业篇》，批摘其谬，阐究其由，籍论西康经济建设之新的途径。奈人事缠累，时不偿愿。近因远近友人，纷询西康产业情况与可以投资之事。一一置答，不胜其烦。兹特撮记此篇，用塞来者之口。

---

① 本文原载《新亚细亚月刊》1936年11卷1期。

二、产业与地形之配置

余之经验,与不解西康地文者谈西康产业,舌敝唇焦,竟仍倘恍。与解地文者言之,数十言得要领矣。兹故先从地形与产业之配置说起。

西康为平均高出海平面 4000 米之大高原,唯被雅龙①、金沙、澜沧、怒江等本支各流,侵蚀成为多数峡谷,错嵌其间,又有深到出海 1450 米者,且概向南方,正对南来温暖气流,而与北来寒风相背。如此地方,多有稻田,如泸定、得荣、察隅三县是。高至 2000 米之河谷,则只能种植玉蜀黍。再高至 2600 米之河谷,只宜小麦。更高逾 2600 米之农地,只宜大麦与豌豆。至 3200 米而止,再上即不复能耕种矣。似此高 3000 米以下之河谷,占地仅得全康面积十分之二三,且被绝壁斜坡占去大部,可耕之土又仅得其十分之二三。是故西康粮食奇乏至不能供给此每方千米一人之需要。

西康森林,在河谷两岸最为发达。2000 米以下之地,多为阔叶林。2000 米以上,多属针叶树。3800 米以上,仅有短小之杜松矮桧及其他无用之灌木,约至 4000 米而止。又凡向南山坡,森林绝少。向北一面,则一律苍翠。总计全康森林面积,约为全面积十分之二,即约为 8 万余方千米矣。

4000 米至 5000 米之地,即西康高原之躯干部分,约占全面积二分之一。一望平旷,树木绝迹,亦无农作。夏日绿草连茵,牛马蕃息其间,号称"草地",盖绝粹之牧场也。理化、义敦、宁静、石渠、纳夺、俄洛、色达、三十九族与青海玉树县,皆其代表区域。

5000 米(康南则在 4800 米左右)以上,即高原中突起之山岭部分,多数皆四时积雪,俗称"万年雪"。少数夏季雪融,生长苔藓一度,可供放牧。但因西康牧场甚广,牲畜甚少,故被弃于牧民,唯供采药民夫寻找虫草、贝母之用而已。

似此垂直的产业配置,非常整齐。(积雪界与农林极限,北部较高,南部较低,相差亦仅 300—400 米。)唯水平的分布,则因河谷纷乱而配置华离,未易以数言了之。阅者欲究其详,可购《西康图经·地文篇》,玩索西康地文图,自得之耳。

---

① 即雅砻江。

三、农垦绝望与谷物之补充

一般浅见之边区官吏，每喜妄谈开垦。赵尔丰时，曾经大举办垦，远自川鄂招来垦民，建设垦场、房舍，资给耕牛、种子，两年之中，费十余万，结果未获一粒，垦夫尽逃。盖其垦场，率在3000—4000米左右之草原附近，而所垦种者乃属2000米以上不能结实之稻、棉等作物也。此种违反科学之迷梦，至今边疆官吏尤未觉醒。试检近来档卷，查考各县呈报之待垦荒地，殆无非平阔广坦之草原区域，竟无有解高原与生产关系之人，可为一叹！

西康农垦绝望之原因有二：地势愈高愈寒，高度既大，则气温太低，不能供给谷物生长之需要，一也。高原躯干部分，逼近雪线，而呈大陆性气候。夏秋之间，地气腾涌，恒致冰雹。谷物此时，正当结实，无法避灾，二也。凡此二者，皆非人力所能挽救。康人农耕之术，虽尚幼稚，然因社会需要粮食之切，数千年来，对于可耕之土与可种之谷，实已利用尽致。其于寒之抵抗，则竭力倡种青稞。青稞者，最能耐寒之大麦也。苟为雹灾稀少之地，则虽海拔3400米左右，亦能栽种。其于冰雹之避免，则尽量提前播种，期能较早收割。然耐寒麦种，至青稞而止。提早播种，亦只能至土地解冻之日。天限既严，人力无补，于是番人利用土地之技穷。至于万不得已，忍违佛家杀生之戒，而采肉类济食，安得尚有可耕之地待汉人哉。故曰，农垦非西康有望之事业也。所可垦种者，唯不需子实之蔬菜、药材与牧草。除蔬菜外，皆非济食之具。是故西康粮食缺乏，已成无可救药之事实问题。番族社会限制生殖之习俗，与汉人移殖不能兴盛之原因，皆与此问题有绝大关系。

汉人为主食谷类之民族，西康为谷物奇乏之地区。农垦既云绝望，则非另筹补救之道，绝难达到移民填实，巩固国防之目的。所可幸者，介于川滇、西康间之宁远八县，适为一最佳之谷物产区。其对西康，最为逼近。目前康定白米，每升售银七角，而宁远之西昌、冕宁等县，半元可购一斗。一则完全仰给远道，一则完全无法输出故也。康、宁合建一省，已成举国一致之公论。果能实现，则康、宁间之交通大道，必可由此新省集中力量迅速完成。他日以农济康，以牧济宁，农牧调协，食用大备，互助共荣，百废克举矣。是故言农垦者，应属目于宁远八县。八县因猓夷扰而荒之地能获复垦，供给西康自有余裕。若必图西康就地自给，则虽以赤金为粪，膏血灌之，无益耳。

四、西康蕴含未露之真富源

　　西康草原，如此辽阔博大，又兼为比较多雨之区，与蒙古、新疆草原之干燥乏水不同，则其牧畜事业应有伟大发展。而实际情形，与此假想大谬者何耶？推原其故，一、由于喇嘛教徒反对杀生，养畜数量，以仅能供给各该地社会需要为度，不使过量发展，致多屠杀。二、由于内地汉人只解农商，未知牧事，其入康者，除经商外，唯能开垦，未肯从事牧业。三、由于康区对外交通艰险，畜产输出不便，而本地人稀，销售又不能多，故一般未知发展牧畜之利。

　　康人既皆未知发展牧事之利，故其牧业幼稚非常。牲畜既少，荒弃之良好草场甚多。余曾做一粗略估计，现在西康牲畜，不过40万～50万头，平均每方千米不过1头，每草场1方千米不过5头。如果尽量利用，可以增加3000余万头。若能栽培牧草，蓄以御冬，废除冬屠习惯（番人每届秋末，即大屠牲畜，俾河谷枯草，足以养其母畜而止），则更增一倍，为6000万～7000万头，尤甚宽裕。如此增加6000万～7000万头之牲畜，牧场所产，应可供给移民200万之需要，应可建设大规模之畜产制造工厂数处，应可使西康新兴若干经济市场，应可使西康年增2000万～3000万以至8000万～9000万之新收入，以带动其他一切经济事业。譬如英国之澳洲、南非、加拿大，俄国之西伯利亚与中亚细亚，其地方富力，筑基于牧畜一端。由此一端，可以造成多方发展之繁荣社会也。

　　发展西康牧业之道，首宜输入海外优种，施行畜种改良。次宜垦地栽培牧草，以备冬季需要。又次宜于近康及康区边际市场，建设整理及利用畜产品之工厂，以增畜产效率。就中，垦种牧草一事，为最重要。前云西康农垦绝望者，谓垦种谷物耳。谷物生长期长，而需高温，故不宜于出海3000米以上之地。若夫牧草，生长期短，需温不高，不畏冰雹，不耗人工，故可栽培于4000米以上之高寒草地。此种草原，面积30万～40万平方千米，土沃且厚，地坦而廉，乃西康真正宜垦之地，特应称为牧垦，以别农垦耳。

　　西康经营牧业，优胜之点，除草原广大气候适宜外，尚有数点值人注意。

　　1. 西康因高寒故，住民必需消费多量之肉脂肪，方足维持体力。喇嘛教徒供佛之具，需用酥油尤多。将来人口日增，畜产之消耗额亦随之俱进，不致有生产过剩之虞。

　　2. 西康邻省如四川、甘肃、云南，原皆为输出兽皮、羊毛等商品之名区。近来，且有发展纺毛、制革等工业之趋势。西康牧场，为其原料品之适当供给者。

3. 西康交通，限于地势气候，百年以内，不能超越利用牲畜之原则。他日人事既繁，交通日盛，役畜需用自必随增，非有牧场大量供给不可。

以上说明西康发展牧业之可能性与必要性。余敢断言，建设西康之首途在于发展牧业。唯发展牧业可以安插较多之移民，可以增加地方之富力，可以繁盛康区之市肆，可以改进康区之交通，可以建树康藏区域之经济中心，而为控制社会扶助政化之枢轴。盖畜牧者，草原建设之唯一骨干也。畜牧业兴，则草原与其附近之各种副业，如种药、淘金、狩猎、园艺、制草、炼乳、纺毛等业亦自缘之而兴。各业兴而西康富。目前各业之不兴者，端由牧业尚未发达。故曰，牧业为西康蕴藏未露之真富源也。

五、森林之虚伪价值与真实价值

西康森林面积8万余平方千米，参天大木，直如矢，横如墙，自生迄老，未识刀斧者，遍诸河谷。使有巨灵运臂，移之川湘，则每方里所值，无虑百万。久往木荒区内之汉人，入境骤见，殆无不惊喜作狂者。然近世此皆为虚伪价值耳。盖康区山谷纷错，路险水激，巨木在地，无法输出，则等于乱石腐薪，毫无用处也。

西康森林之伟大价值，不在树皮以内，而在树皮以外。举凡现在西康输出之珍贵物品，如鹿茸、麝香、狐皮、猞猁、豹皮、鹿胎、熊掌、獭皮、熊狐、大黄、羌活等类，皆非森林不获。其他有用之物，尚未成为商品者，不可胜计。估计全康森林中，每年所产香茸、毛皮、药材之属，价值在5000万元以上。其被取获成为商品者，年值不过百万，盖未及其百分之二也。假设能以科学方法，严密管理，推行养麝、养狐、养鹿，与栽种药材各业，则其实际生产，年值可达万万以上，皆不烦人工，自能获利之事。使无森林，安能致此。

兹姑以麝香一项为例。麝鹿俗称曰獐，为西康森林特产之兽，大如小犬，雄者有香囊，雌者无之。每年生产二次，每次二头。二龄以内之雄，仍无香，三龄始有之，然量微不足取，年愈长者，香愈佳。十龄之后，香囊大如儿拳，干之亦如胡桃，则每枚值60元～70元矣。獐无锐爪利牙，不能掘穴腾树，又无强力与机智，亦无合群御敌之本能，乃与熊、狼、虎、豹共处森林中，被吞噬者约占半数。人类所得而猎之獐，不过全獐百分之五六十耳。凡猎獐者，遍布机括于林中，七日而后视之。中机之獐，被吞于虎狼者，又约半数，猎夫所得，全獐百分之三十耳。不必皆雄，雄者又仅其半,则全獐百分之十五耳。不必皆有香,有香者约居其半,则全獐百分之七八耳。香不必皆饱,饱者约居其半数,则全獐百分之三四耳。是故全康每年输出麝香5000余枚,所杀之獐已八九万头矣。使能界划森林区,去虎养獐,及时而取,严杜滥杀,则恒年应可增收饱熟麝香八九万枚。以平均每枚30元计值,应能增加200余万元。况使果能保护得宜,防绝虎狼杀害,则年产二次,即可四倍增加其数额。以全康森林之广阔,又何止养数千万头之獐哉。养狐养鹿,亦可类推矣。

凡西康河道运输较便之地,两岸森林,概已伐尽,如泸定境内是也。又凡较大都会附近,森林亦皆伐尽,如打箭炉、巴塘、甘孜等地是也。如此地方,森林之本身价值,大于副产,办理人工造林,自有厚利。若夫现在保存森林之处,实皆不值砍伐之无用林区。有眩于良才而喜之者,妄人也。谓其无用而弃之者,愚人也。见其利而不用,用而不能尽其利者,不才人也。

六、西康矿产

世人多谓西康富于矿产,亦误解也。西康地质,可分东、中、西三纵带言之。东部大渡河流域,南延入于宁远,为一纵带,岩层复杂,富于金属矿类,铅、铜、铁、金、银、云母及煤皆备。唯矿床不厚,采掘易竭。自咸同之季,开采至今,已大部告罄。现仅少数铜苗可以经营,因运出艰难,亦无大利。其余虽有旺苗,或陷夷中,或以险邃,或因工食艰难,唯有暂时弃之。

中部雅砻江流域,为一纵带,地层新而单简,无煤、铁、铜、铅之属,但富于金。金沙沉淀高原躯干部分之草原河谷中,随处皆是。盖草原中之河流,率甚平缓,故随处皆有金屑沉淀。如二楷金厂、麦科金厂、理塘金厂,其著者也。其在深狭之下游河谷者,水流既疾,沉淀较难,偶值缓流部分,每有巨粒牙金聚集沉淀于岩床间,每得一穴,如获窟藏。九龙、木里间之洼里金厂,其著者也。草原中之金厂,虽随地可得,然有不利于开采者三点:(1)草原河谷,粮食奇乏,金夫食料,恒须自数十百里外搬运,有时须转于千里以外。(如二楷盛时,金夫2万余人,食用物品,远道负运于四川、灌、崇、雅、荥、宁远等处,盐价1元1斤,米价1元1升。)所获金值,抵偿消耗,无多盈余。(2)草原河谷,概甚高寒,半年冰雪,不能淘洗。散工,则道远难集。留工,则米贵难养。(3)草原区域,人性顽固,而无定居。其人对于采金,率多反对。厂卫稍弱,则暴起劫杀。出军剿抚,则四散无迹。以此三故,在康开金矿者,失败实居多数。况目前绥服地界,采掘略尽。富饶之矿,概在汉官势力未达之地，番人爱其地宝，未易染指。是故西康金矿虽富，经营价值，远不逮林牧之大，但亦可认为次于林牧之第三富源。且待夷务既定，交通已便之后，自有盛大采掘之日耳。

西部即金沙江流域及其以西之地，为西康石灰岩之特现区域，似应有煤及铁，唯调查者少，无所著见。宁静石油矿，现陷藏中，尚非川人所得过问。即使如近年报纸所传，确为甚有希望之油矿，然以其地之险远闭塞与国人经营能力之薄弱，亦无研究筹划之必要。夫中国内地拥有陕西、四川等伟大油田，尚不能取，况极西之宁静县境哉。

七、工业动力之新给源

西康工业，就目前言之，难有发展。第一，对外交通困难，货品输出不易。第二，地方产业幼稚，原料之供给不足。第三，人口稀少且知识简陋，劳工未易养成。第四，煤矿缺乏，原动力无所资取。虽然，果使建省完成，经济发达，移民已众，则前三者自有相当解决之道。所不可以人力补救者，其唯煤耳。

查西康可以代煤之物，厥有三种。分配情形，亦不偏枯。试析言之。

一曰水力。大凡高原四周之河流，大都短瀑蝉联，激于流矢。例如打箭炉至瓦斯沟，60里间，河床高差竟达1200米。流力之大，可以想见。随处闸水，皆可造成伟大之动力。近已有人在炉试办水电，卓著成绩。只因用电者少，尚难充分利用。果使市肆兴盛，工业发达，则此河水力，即无尽藏之煤田也。其他各地，无处不有水磨水轮（转经用）。足见康人利用水力之普遍，亦即足见康区利用水力之容易。

二曰风力。大凡高原顶部，雪山草原之地，皆无水力可以利用。然风力之大，殊足惊人。例如理塘、昌泰、宁静等处，每届冬春，北风剧烈之季，逆风行者，如溯激流，衣袂之属，顺风成矢。且终日呜呜，略无间歇。夏季南风，虽不若是暴猛，然每午后至夜，必兴狂飙，扬沙走石，为力殊伟。故旅行康中者，恒及午而息，为避风也。康人利用风力转经，亦甚普遍，惜其器物简陋，未当大用。使能仿荷兰法，利用风力，则其力源，更优于水。

三曰木材。大凡河谷两侧倾斜地方，风势已微，距水复远。则有森林密闭，木材价廉，可以代煤。今世寒带国家，如加拿大、西伯利亚、瑞典等，尚多以燃烧木材发电，或推动火车。西康木材，虽不利于搬运远地，但以补救水力、风力不及之地，则适符合。是故西康患无可兴之工业耳，不患无煤也。不仅工业，即用水、风、木材发电，办理电车交通，亦将优于汽车云。

八、开发西康的三大困难

开发西康的最大困难，在于交通。似此雪岭草原，与夫邃谷悬崖错综之地，又值产业幼稚、人口稀少，则建筑铁、马路皆属不可能之事。不唯工程困难而已，货品、人物之运输价值，亦不称此工具也。现在计划之川康马路，特为国防军事而设耳。预算款500万，选线工程屡月尤未得当，则其难于完成可知。目前川康茶货，尚赖人力负运。即马骡驮运，亦限于用建昌小马。打箭炉外，则并驮店，力夫亦无之，待征乌拉乃得行路。运货之费，倍于货值。故其一切产业，概以仅足供给地方需要为原则，不图外售。实因交通不便，不能外售也。

第二困难，在乏资本。西康本甚贫瘠，乏于财赋。民间商业，尚在实物交易时代。使用银币之俗，犹未普及。金融状况之憔悴，可以概见。各县粮税，犹系豆、麦缴纳。全康收入，仅值40万元，不敷政费甚远，安有发展产业之力？国内外各资本家，对于康情大都隔阂。何种事业可以投资，如何下手经营，有无何种障碍，政府是否能予保障，皆茫无把握。则外来资本绝望也。本地番人之剩余财物，一概布施于喇嘛寺院，消耗于供佛与蓄养僧侣之下。则地方资本泯灭也。

第三困难，在乏劳力。西康土人既少，又复交通艰阻，食物昂贵，故汉人来者，亦殊有限。其来或工或商，率皆利于小获速归，无久居之志。任何事业俱缺乏人力工作。金厂、木厂、挖药等产业，皆以接近四川之大渡河谷为较盛者，即以招致汉人劳工较易故也。折多山脉以西之地，宝弃在地，多未采取。即金矿开采，亦不似川边之尽。其原因十之一二，归于土人之抗阻，什七八由于劳力之缺乏。

九、西康经济建设方案

由上各节，可知牧业、森林副业与金矿为西康三大富源。改进交通与移民投资，为开发西康之基础。顾目前省府未备，夷患未平，交通未便，欲人投资，不可得也；食粮缺乏，市肆未兴，生业艰难，欲人移殖，未可能也；山水险恶，产业幼稚，人事单纯，欲图开发交通，亦未易也。三者互为因果，相与联袂携手，妨阻西康经济事业之前进，使开化千余年来之西康，经济情形尚在2000年前之形态。欲其启蛰飞腾，突进为20世纪之繁荣社会，非由政府作巨额投资，打破交通、移民两大困难不可。然而全康赋税收入，年不足 40 万元，政费尚且不足，安能投资于经济建设哉！所可望者，厥唯中央补助。顾目前国库亦殊支绌，巨款补助，势不可能。然为巩固西陲国防，完成西康建省计，亦断不能置之不理。笔者熟审上列情形，曾经拟就牧站联运计划，提请西康建省委员会设法举办。此案要旨，在先开办牧场于西康南北两路，与康、宁要道附近，每 30 至 50 里一所，垦种牧草，改良种畜，以期牧业之普遍发展。即于各牧场近地，附设运站，用牧场牛马，承运官商军民货件公物。分按站、破站、兼站、留站四种运输，以应缓急。遇站换畜，节节传替，以休物力。行此新法，废除乌拉旧制，以纾民困。并于各地牧场，斟酌水草丰啬情形，发展牧事，以增生产。藉各运站（原案称牧站）房舍帐幕之固定性，造成交通节点，诱致商贾，兴设市场，革新西康交易情形，以利移民之经济活动。藉卫牧卫运之武力，与联运协防之精神，为建设团政之基础，以维西康之治安。藉牧场运站，丁夫员役之安定生活，招集移民。藉移民之劳力，经营牧场附近之各种副业。有金矿则淘金开矿，有森林则养獐、养狐，有河谷则垦地、种蔬，有药山则挖药、种药，宜囤积则货殖居奇。或因过往人多而经营食宿店肆，或因客商需要而发展工艺制作。故名虽称曰牧站，实开发西康一切经济事业最稳健有力之骨干也。查西康当前最有利者，与最需要者，为商业与运输业。故此计划以承办联运为入手方法。西康将来所最有希望者为牧业，故此计划以改良牧畜、增加畜产为经营主体。移民最大危险，在生业不安定，故此计划力求安定稳健，以慰移民之愿望。移民最大痛苦，在无食宿交易之市场，故此计划力求市肆交易之养成，以便客民之安集。西康所缺乏者为粮食，此计划即先图粮食运入之便利与安全。康民所愁者为乌拉，故此计划以废除乌拉为目的。西康经济，缺乏中心事业，此计划即以牧畜承运为中心，俾其他各事业皆得如连类附而举。牧业之弊在不地著，此计划则力图牧业之地著，以利新省一切政施。利有百端，步骤最稳。论其经费，则得 30 万元可将全康办理完善。得 20 万元，可将西康南北要道办妥。得 10 万元，亦可将交通频繁之西康北路办妥。余自考查西康后，筹举此事，七年于兹矣。认为舍此一道，西康无可投之巨大资本，无可办之经济事业。今此计划已将公布，国人诚欲于西康投资与兴业者，幸留意焉。

西藏的喇嘛政治[①]

(1946)

一、喇嘛教控制的地盘

一般人说到喇嘛教，便会联想到西藏，其实喇嘛教的原产地虽是西藏，却早于数百年前，推广到内、外蒙古，中央亚细亚，土耳其斯坦，北印度的印度河上游地方，喜马拉雅山脉南侧斜面上的部落，以及云南、四川、甘肃等省的边区，甚至如西伯利亚的布利雅特人住区与中国腹地的北京、热河、五台山等处去了。凡亚洲大陆中心约300万方英里以内，除少数回教徒外，殆全属喇嘛教徒的地盘，几乎占了中国领土二分之一以上的地面。但他的人口，却尚未达中华人口十分之一。

自入20世纪以来，因喇嘛教本身的腐败和国际势力发展之结果，喇嘛教区，次第缩减，已有退回七百年前的老巢之势。所谓七百年前老巢，即今日中国领土中的西康、青海与西藏三省区，即所谓土伯特高原是也。

于此，须将土伯特（Tibet）高原，略加解释。原本7世纪前的吐蕃国，国名只一བོད་(Bod)。自入7世纪，与中原接触，因中原人自称其国为"大唐"，它亦借用这"大"字，自称其国为བོད་ཆེན(Bod—chen)，ཆེན，大者也。因中华文法，形容词冠主语前。而西藏文法，则须冠主语之后，故曰Bod—chen。但它对唐行文，则仿唐人语法自称"大蕃"。那时中原人读"大"字为"吐"字音，读"蕃"如"播"（Bo）音，故译作"吐蕃"二字。但中部亚细亚与阿拉伯人则读为Tu—bod、Tobot、Tu—bat等音。后来由拉丁文转为英文、法文、德文，便写作Tibet了。算来土伯特便是吐蕃一语的别译。故称吐蕃的基本地盘——西藏、西康、青海——为"土伯特"，是可以的。但如今日的西藏称作"土伯特"，便不妥了（详拙作《西康图

[①] 本文原载于《宏康月刊》1946年第1卷4、5期合刊。

经》)。虽然不妥，一般人却习惯了这样称呼。本文的"土伯特"，则泛指西藏、西康、青海三个地方行政区域，应特说明。

凡土伯特高原内居之土人，即所谓 Tibetan 者，社会一切，皆在喇嘛教支配之下，无论男女老幼、富贵贫贱、出家在家，无一非喇嘛教徒。社会经济，悉集中于喇嘛寺院。地方政权，虽若掌于官吏、土司之手，而其精神则无一不依托喇嘛教义。大抵每一村落，即有一小喇嘛寺。在若干村落联谊之下，又有一大喇嘛寺。如此大小寺庙，各有支配其属村落人民一切行动之权：命其人捐输财物，莫敢或吝；命其人供给力役，莫敢稍迟；命其人敌至致死，亦莫敢畏缩。多数地方，农民播种，收获之日期，农民不敢收割。否则如有天灾、疾疠或其他不幸事件发生，村人皆指以为违时收割，上天谴之所致，报请喇嘛议罚，或加刑戮，或责令延僧作法禳解，乃已。喇嘛寺犹如政府，可随所需要，无限征用民力。可于粮赋正供以外，征取人民之食粮与畜产。作字、绘画、雕塑、祈禳、占卜、游艺、教育、会计等文化生活，悉为喇嘛所专有，贵族平民，欲学习者，必以喇嘛为师。寺庙伟宏壮丽，金碧辉煌；民居狭隘龌龊，粪秽狼藉。喇嘛锦衣玉食，肥马轻裘；平民衣不蔽体，食不果腹。出家者如登天堂，在家者如坠地狱。喇嘛不自知其以何德能而至此，居之不疑，平民亦不知以何罪业而至此，受之不怨。

如此喇嘛与其寺院所享超政府之特殊权利，并非政府所规定，亦非民意曾经议决，乃其民族积千余年来之习惯如此。诚欲研究其故，自非溯寻其千余年来之历史，即难获一正确之解答。

二、宗教政治之养成

土伯特民族，最初与中原接触者，为居处于青海附近与黄河上游之游牧部落。华人称之为"羌"。其风俗习惯，详具范晔之《后汉书》中。大抵在第 4 世纪以前，尚无宗教，以血族关系相结为部落，互争雄长，时或侵掠中原沿边之农村而已。从他方面研究，知道前二世纪时，已有佛教徒从北印度溯印度河谷，传教到了河源尽头的冈底斯山，并已将此山的大概情形，由于阗、疏勒等国的佛教徒，辗转传述到了华人的耳里，见于著书（详拙文《冈底斯与昆仑》）。但此批佛教徒，无法在无文字的土伯特高原上传法，撤回北印度。

于时又有波斯、大食等国宗教徒进入，传播其教。在此形成一称为"苯波"（བོན་པོ＝Bon－po）之宗教，俗称作"黑教"。这苯波两字藏文是同一字根，应该有转注、假借的关系。或许藏名 Bod，即由其奉行 Bon 教之故。抑或教名 Bon－po（po 系表人身之字）即由其行教地为 Bod 之故，如果此说成立，则《后汉书》的发羌，应已是奉行苯教的部落了。

西藏在第 7 世纪初期始有文字，是吐蕃著名国王松赞干布派人赴印度留学后回来参酌印度文、尼泊尔文与西藏固有语言编制成的，其人自然带回一些印度佛法，但未曾压倒固有的苯波，后来松赞干布娶了唐朝的文成公主，输入些中华佛法，也未曾压倒固有的苯波。所以松赞干布时代的宗教，只有黑教。不过黑教在此长久沉闷的历史中，受外来教派影响变质而分为三派了。最初传入时，与土人原有的巫教相糅杂成为崇拜灵魂的一支，称为"阿民"（A－ni），今日尚有存者，后与印度佛法相杂糅成的一支为"白苯"（Bon－gar。藏语 gar 白色之义）。与中华佛法相糅杂的一支称为"黑苯"（Bon－nog 藏语黑为 nog。中华曰 Rgya－nag）。统称 Bon－po。有西藏最古的一部史书，记载黑教甚详。今其书已失传，但各史家记载古事往往引用到它。

土伯特高原，高出海面 4000 米至 5000 米以上，寒冷枯燥，生计艰难。其人体坚实，性情偏急，轻身乐死，尚勇言杀，在松赞干布以前，为十分野蛮之民族。松赞干布利用此野蛮好战之民族性，征服四方，统一此广大而荒凉之土伯特高原，以外国家，如大唐，如印度，如西域诸国，彼军皆占优势。此英武强毅，而具远方眼光之蕃王，知武功既盛以后，非展开文治，不足以安定内部，固持统一之治。故创制文治，颁布法律，提升佛教，兴举礼乐，奖励道德，运用强大之政治努力，强迫其所征服之高原民族，遵其教诫，养成同风一轨之局面，复因此王在位日久，故其成就伟大，且十分贯彻，世所称之为 Tibetan 民族，即由此王所育成也。

佛教主旨，在打破人生之现实主义，专为未来世修持，其人之言曰：今生幻耳，来生乃是真实，由前生善为修持，故今生得为喇嘛或贵人；故今生如能善为修持，即来生即为喇嘛或贵人。修持之道，须遵佛教戒律，佛教戒律最大者有十条：身不杀盗淫，口不妄语，不在言巧语，不反复两说，不作粗鄙丑恶之言，意不存害人之念，不嗔恚恨人，不有贪欲，如此者称为十善。松赞干布之法律，即依此十善建立，过去高原野蛮横悍之人，受此轻视现实勤修未来之佛教淘洗，与依于佛法之十善法律所拘束，一变而为拘谨、恬淡、仁爱、守礼而迷信佛与菩萨之驯民。千余年来，虽在贪酷之土司政治与骄淫之喇嘛教化之下，亦能安宁不乱。

松赞干布虽已建立此种政治方案，并努力推行之。但究以地域辽阔，交通不便，尚未能收十分贯彻之效。到他第五代子孙，名赤松德赞，又大宏乃祖之道，尽量推行佛法。兼因固有的苯波教义粗疏，未能担负此项责任，乃另从北印度之乌苌国迎取密法大师莲花生来蕃创立新的佛教，修建桑耶寺，派遣大臣子弟前往出家修持，研究经典，讲演教法。因为此时的出家人是贵族中选的聪明子弟，又有政府优给衣食费用，与印度请来的名师教导，所以他们的学问成就很大。出身贵族，又有学问德行，足以服人。国王又能遵礼奖饰之，所以他们影响于其国家社会者特别深厚，使西藏的佛教，进入于巩固的阶段。

赤松德赞三个儿子，一个孙子，一个曾孙相继即位，俱能绍其祖德，竭力宏扬佛法。这时正是吐蕃全盛时代，政治力量足使佛教普遍深入人心，至于牢不可拔。尤以他的曾孙赤热巴巾，佞佛为极，规定七家人供养一僧，僧侣地位在国王之上。修改法律，使其完全与佛教千条之繁重戒律相合。全国政权，付与僧人作宰相者执掌，他在位才二十年（817—837），把全国造成如一大寺庙，把僧侣奉作菩萨，官吏与人民通成了烧香拜佛的了。虽因当时有一大部分大臣不服，把他刺杀，扶立其弟朗达玛为王，摧毁佛法。但大多数人皆不肯服，远方藩镇、近亲王族，纷起背叛，别立拥护佛法的小邦。并且朗达玛下令毁灭佛法不久，便被一个喇嘛刺杀了。虽然他的大臣仍然拥立其子，继续推行摧毁佛法之政，究因拂逆人心，做不通。六十年后，仍不能不将佛法迎回拉萨来。这便是吐蕃帝国时代，用政治势力推广佛法于整个土伯特高原，养成迷信佛法的土伯特社会特殊情形的经过。至今藏人称松赞干布、赤松德赞、赤热巴巾为三大圣王，为观音、文殊、普贤三大菩萨转世；称朗达玛为恶魔转世；称灭教时期为黑暗时代。

三、六大教派

赤松德赞以前，西藏宗教徒称为"苯波"。他们穿黑色衣服，以自别于普通人（因那时无出家人，苯波亦娶妻生子，与普通人同）。故后世称其为"黑教"，其时，汉地和尚亦规定穿黑色衣服。印度僧侣，却穿的白色衣服。松赞干布时期，随文成公主而来的汉地和尚，与西藏的苯波甚为契合，联合起来排斥印度的和尚。故西藏文字，虽从印度学来，但在松赞干布以下四朝蕃王任内，印度来僧不能建立教派，只能迁就苯波，导以改革，养成白苯这一支派而已。

赤松德赞时，接来莲花生，相传他是具有神通变化的大密法师，神奇莫测足以压倒黑教徒，始创一新派，穿红色衣以自别，今云红教。藏人呼红色为 dmymera，故称此新教徒为 mye dmar。其后更新教派出，称此派为"宁马巴"（Snin—ma—pa）

（意为旧派。音该与 mye－dmar 略同音而字异也）。莲花生在藏不久，因不悦离去。他的弟子，另自印度迎来口辩敏捷的名僧，来与汉地和尚公开辩论。结果是汉地和尚辩输了，拥护他的教徒随之失败，被赤松德赞一同逐出雅鲁藏布江流域以外[①]，独让红教派在拉萨附近发展，这下红教才算立住了足。

朗达玛摧毁佛法，红教徒逃到西康、青海境内去，与先逃来的黑教徒同病相怜，混为一家，几十年后，西藏人到西康来找寻佛教，将黑教徒承受的红教法带了回去，不能满足藏人的希望，于是又纷纷向印度去寻求正法，此时间内，西藏产生了三大新教派：

噶当派 这是印度一位很负盛名的和尚阿底峡受后藏阿里国王迎请，率领许多弟子入藏传教所创立的[②]。他认为藏中佛教已坏，应该树立新的学风，以图矫正。与其弟子及新信奉他的藏人，以身作则，挽回戒律，翻译经典，阐演法义。于红衣、黑衣以外，别树一帜，称为"噶当巴"，意思为印度正法之传授者。他是1038年到的阿里，1042年又到拉萨宏法。1054年卒于拉萨西边的业塘。他这一派，未曾参与政治活动，全持信奉弟子，世代传演，至今犹存。虽不十分发达，但其余的教派，都能尊敬他。

噶举派 这是藏人玛巴（1011－1097）创立的，他生长于藏南近不丹的边界上。在阿底峡未入藏前自赴印度求学，回西藏时，阿底峡已经建立噶当派了。于是他亦自行创立此派与之抗衡，噶举的含义，是正法之传承未断者。因他是藏人，讲说法义最能投合藏人心理，所以信徒很多。他有几个非常卓越的弟子，使他这教派压倒一切教派，在前藏地方独霸了500年。他与噶当派最初都是穿的白衣，后来似因西藏的白色衣服不漂亮，仍改为穿红衣。但庙宇墙壁，必用白土涂饰，所以特有"白教"之称。

萨迦派 这是后藏雅鲁王扶持成功的一派。雅鲁王族的衮却杰布（1034－1102）于1027年在萨迦（意为灰色土地）地方创立寺院。其子号为萨钦（1092－1158），驻此寺宣教，创立新派曰"萨迦巴"，在后藏地方，甚有势力。信奉此派的寺庙，照例在墙壁上涂饰大幅灰色，与小幅的红白二色，远望甚为鲜明，因此被呼曰花教（汉语颜色华丽，不单纯曰花也）。

以上三大教派，创立时间都不甚远，虽内部修法的仪式、治学的方法互有不同，

---

① 此指赤松德赞令汉僧大乘和尚与印僧莲花戒公开辩论"顿悟"与"渐悟"二说之"吐蕃僧诤"事件。
② 噶当派虽源于阿底峡，但正式创派为宗派者是其弟子仲敦巴。

但都是一致主张革新的，所以又自称为新派，而称黑教与红教为旧派。后来，又单称红教为旧派，而斥黑教为非正法。红教徒亦随之自称旧派，以表示他与黑教不同了。

自第12世纪至16世纪，前藏（拉萨附近为西藏政治经济之中心区）都是白教的地盘。他们排斥别的教派，将黑教与红教逼迫到西康、青海一带去立脚。花教亦只能在日喀则以西发展。到13世纪时蒙古人崛起，先并西域后并中原。花教地盘，与西域接近，故首为元朝帝王所知。萨迦第五辈祖师八思巴（1235－1280）受蒙古人迎请，1253年与忽必烈（即元世祖）晤面。甚见遵礼。1260年，被封为国师。1269年，受封为帝师、大宝法王，管理土伯特全部人民。此时花教势力，突然膨胀。黑、红、白教徒，皆当受其管辖，萨迦寺成了全藏的政治中心。派出管理地方的僧侣官吏甚多。拉萨亦在管辖以内。白教徒不服，亦派遣甚有学问才能与神通的僧侣到元大都（今北京）去，与花教徒竞争比赛。1331年，元朝皇帝，将白教徒也封了帝师。后来花教徒诬告白教徒谋反，被元朝皇帝杀了。拥护白教的拉萨王子菩提幢①，遂据西藏，驱逐花教。所派大臣建立以白教为中心的Situ王国。

此时西宁地方，产生一位名僧曰宗喀巴（1357－1419），于1372年入藏，遍向白教、花教、红教与噶当巴的名僧学法，荟萃众人之长，创为新的教派。大旨在严守戒律，勤修学问，广宣教化，善度众生，他虽未留学印度，但他托言文殊菩萨附身，解说一切经义，确能发前人之所未发。加以他天资卓越，口辩敏捷，德行修谨，所以信奉之人甚多，他于1409年在拉萨东边100里建立甘丹寺，聚徒讲道，自称为格鲁派，戴特殊的黄色帽子以与他派示别。因此被称为"黄教"。黄教是十分推崇阿底峡的，故引噶当派为一家，因此，有人呼噶当派为"老黄教"，称格鲁派为"新噶当派"。

四、黄教与白教的争斗

宗喀巴欲大行其教于拉萨附近，分派弟子向各地行教，分为布施，皆命于拉萨附近建寺，及身成就者，甘丹寺外，有色拉寺（拉萨西北40里，1416年建）、哲蚌寺（拉萨西南80里，1418年建），是为今日的黄教三大寺。但黄教势力渐大，亦渐遭受白教之嫉妒与排斥。宗喀巴死后，更无人能在前藏任何地方建立黄教寺了。只

---

① 即建立西藏帕竹地方政权的大司徒绛曲坚赞。

有后藏阿里、西康等地方，白教政治势力薄弱之处，乃有黄教新建立。

宗喀巴有两个弟子，传都能身死而灵魂不灭，转生婴孩，能识前生接近的人物。儿童时代，特别好学敏慧，具有成人的能力，由前生的徒众，迎回供养，称为活佛，这便是后来的班禅与达赖。前两世班禅、达赖因在白教势力压迫之下，只能潜研学问，不能向外宏扬教法，到了第三世达赖，名索南嘉错（1543—1588），知道在白教控制下的西藏地方打不开出路，乃亲身到青海去，向内蒙古人宣教。因他口辩、道德、学问都非常优越，上至蒙古王公、贵人，下至百姓，都五体投地地拜服他，因而黄教大行于蒙古地方——青海蒙古、内蒙古、外蒙古、西蒙古以及布利雅特蒙古。

17世纪初期青海蒙古王子顾始汗（1582—1650）成了黄教非常坚强有力的护法。1641年，他用兵将拥护白教的西藏王藏巴汗驱逐到后藏去，拥立第五世达赖（1617—1682）作了拉萨的教皇。复于1645年率性将藏巴汗攻杀，奏迎达赖五世的师父班禅四世（1570—1662）作日喀则的教皇。此时清朝业已兼并中华，定都北京，顾始汗与内外蒙古，早已降服附了清朝的，于是又介绍达赖于清朝皇帝。1652年亲护达赖到北京与顺治皇帝觐见，受了封号。从此以后，西藏归属于清朝的管理。清朝皇帝，亦成了黄教的护法。

此时蒙古的准噶尔部未附清朝，却信奉黄教，其王极想掌握拉萨的教皇，以便号召其余的蒙古民族（皆黄教信徒）组织一蒙古大帝国，与清朝相抗。故于顾始汗死去后，用权利方法，去与达赖党羽联络，劝西藏人独立。他愿做黄教及独立西藏的保护者。1717年，准噶尔出奇兵绕行荒漠之地数千里，潜到拉萨，将降服清朝的顾始汗曾孙拉藏汗杀了，将西藏占领。但这时的达赖六世（1688—1707）早被拉藏汗攻评说成荒淫无道，用囚车给北京皇帝送去，行到青海死了。虽然他确是一个风流早死的偶像，但一般蒙古人与西藏人都认他是真活佛，一定要转世，并且在西康的理塘，将其转生儿童寻出，是为第七世达赖（1708—1757）。其初清廷不肯承认，但蒙古人民上下若狂地奔走，一定要拥护他。清廷无法制止，又怕准噶尔人接去了，影响蒙古全局，乃于1720年使用大军号称百万，将达赖七世送往拉萨。借此号召内外蒙古与青海、西康的蒙藏人民，使其出军相助，以驱逐盘踞西藏的准噶尔军。

在西藏准噶尔军，只1000人，本无抵抗百万大军之力，但藏中已被黄教摧毁的白教徒，乘时拥护准噶尔军，帮助抵抗。首次抵抗，清军两路7000人全被歼灭。第二次抵抗，亦支持了半年，但终归失败。准噶尔军逃去了。清朝大军入藏，杀了许多附逆喇嘛，毁了许多白教寺院，达赖得入布达拉宫重做教皇。西藏政权，由清朝皇帝直接派人管理。

此后，白教徒尚作死灰复燃之计，屡与准噶尔部勾结，望他复来，又屡次游说皇帝派任的蒙藏族官吏，劝他叛清自立，皆无非想恢复顾始汗以前，白教雄视前藏的局面。但俱归失败。每失败一次，白教的寺院和僧侣，即重遭一次惩罚或诛戮，直到西藏的白教势力摧毁殆尽而止。

白教徒最后一次挣扎，是在1788年：由羊八井寺的喇嘛沙马尔巴勾结尼泊尔的廓尔喀人入侵，将后藏全部占领，攻向前藏。他的企图是想与黄教平分前后两藏。前藏人已经与他私和了。中国皇帝震怒了，于1791年派百万大军入藏，追逐廓尔喀人到其京城加德满都城下，使他降服，送出白教肇事喇嘛受诛，并每三年朝贡中华一次。此次羊八井寺被毁，僧侣被戮，中国也将西藏行政制度改革，剥去教皇特权，将一切行政拨归驻藏大臣掌管。

五、驻藏大臣遗失了实权

表面看来，清朝派的驻藏大臣，已依法制，取得了西藏最高政权。达赖、班禅成了人间真正活佛，不得再干预政务，甚至如外邦人来朝活佛，及与班、达通信，都得受驻藏大臣种种限制，达赖不得自行接待与批回文件。但事实上，却因驻藏大臣不谙西藏语文，无法直接处理西藏一切政务。结果是觉得与其假手通译人员，无宁交与达赖处理，痛快妥善，所以乾嘉以后的历届驻藏大臣，大都忘却了本身的职责，背着清朝皇帝暗将实权转移达赖之手。久而久之，积重难返，连清廷君臣，亦俱忘记祖宗遗法，而另遵从积年的习惯，一切责成达赖办理。驻藏大臣衙门，变成了传达文书的机关了。

算来清一代250年中（自明亡以后算起），西藏算得黄教独霸时代，亦可说是达赖政治时代。但是达赖死了，方能转生，孩提时期，不能执行政务。依藏人之俗，前达赖死后，即须由三大寺推举一位喇嘛出来，摄行达赖政权，待转生的达赖长到20岁左右，已能诵习一切经典，并经过召集三大寺高僧开会考试，认为学问可取格西学位了，方能择期亲政。所以这位摄政喇嘛例可享受20年左右的政权。倘若达赖于亲政之前又病死了，则须重访灵童，如法训练，经过考格西及格后，方能移交政权。

从前摄政，只管理宗教事务，关系很小，自驻藏大臣放弃职权，一切都在达赖肩上，摄政责任加重，事权扩大，遂有贪恋政权。且摄政与侍奉新达赖的宫内大臣勾结，俟其临亲政时，放毒杀害。达赖九至十二世，都是如此死掉了的。

九世达赖（1805—1815），11岁卒，未及亲政。

十世达赖（1816—1837），19岁亲政，22岁卒。

十一世达赖（1838—1855），18岁亲政，是岁卒。

十二世达赖（1856—1875），18岁亲政，20岁卒。

此四位活佛之不得享其天年，不止由于摄政贪位，四位噶伦亦是不疑的凶手。噶伦是达赖以下，处理地方政务之官。由达赖提出，请驻藏大臣转奏皇帝任命，因达赖与摄政，大都是迷恋佛法、遵守戒律、不得干预俗务之人，所以经驻藏大臣将一切政务，交与达赖处理以后，达赖便转交此四人处理，无形之中，将此四人权力，提到极大。他们只需与驻藏大臣行贿要好，得其欢心，则无论如何倒行逆施，藏人亦无如之何。唯有达赖活佛，始有撤他的权。若活佛一死，摄政虽云代理活佛照例，对这批前辈达赖的旧人与驻藏大臣的好友，要客气相处，不敢轻易去动荡他，怕的动他不了，反招愧辱；如果摄政是一利害打算最清楚的政客，更非与他勾结不可。大概第九世达赖，是摄政勾结噶伦等杀害了的，十世至十二世死于亲政之后，那便可疑是噶伦的行动了。因为此时摄政已下野，无再出任摄政之例，大约噶伦等的呈件，偶被青年达赖批驳，便成了被害的原因。

英人贝尔的书 *Tibet Past and Present* 说，连世达赖之夭死，皆出华官暗害。这话全是荒谬的。小达赖住在布达拉宫内，长育于宫内大臣与其侍者之手，这全是藏人。华官与汉人，除岁时典礼在严密的礼节拘束下见面外，决无接触机会，如何可以进毒？况华官法定的政权，尚且假手于达赖，则根本与达赖不但有何冲突，有何杀害达赖之必要？纵使华官狂谬有意毒害达赖，亦必经过其侍从藏人之手。何以四位活佛的传记，对其夭死，总是厌弃俗务，并未说有华官进毒之迹象呢？盖必系藏人行毒，其藏文史官，方能为之讳饰也。

六、达赖十三

第十三世达赖（1876—1933）的父母很机警，当他儿子被确认为活佛、要他住在布达拉宫时，密嘱以非父母送交之食物不准食，因此逃脱了传统的毒害手段。他于1895年亲政，直活到1933年。他能将不利于己的噶伦调换，任用他自己的心腹人物，得以快行其行政意志。他是个麻子，由其麻面可以表其为一个个性强顽的人。盖藏人皆知：天花豆抓破是会成麻子的，所以天花豆疮纵然奇痒，亦相当戒不得抓搔，但他竟不顾一切，自己抓破了，遂成了麻子。他的一生事迹与其结果，亦正如抓破豆疮成了麻面。

他最初因憎恶白种人严禁西人入境游历，至于违抗清朝政府的命令与驻藏大臣的警告，拒绝持有护照的英国人入境，使柔弱无能的清政府在对英外交上，连吃若干次苦头，才应付下去。他反憎恨清廷不能为他捍御外人入境，受俄皇派遣的间谍德尔智（Darliofi）的游说，瞒过清廷，联俄以拒英。1905年英军侵入拉萨，他想逃向俄国，被清廷挡回，后到北京去见清帝，跪拜认错，得以恢复尊号重返拉萨。

中国根据国际公法，对英军入藏抗议，修改了他们在拉萨所订条约，收回西藏诸权，自然全国人都痛恨达赖乖张任性，闹成如此国耻。要将西藏政权重新整肃一番。驻藏大臣重新再做西藏行政首长，恢复1793年的西藏旧章。于是这位麻子达赖，又痛恨清朝了。当1910年川军入藏时，他恐惧出奔，逃亡到锡金边境，乞援于自己早时所痛恨的英国人，英人迎接他到加尔各答住了两年，他又变成了非常强顽的亲英者。1912年乘中国革命，回拉萨来，宣布西藏自治，自为元首，宣布驱逐汉人出境，并督派大军向东争取已经建省的西康地方。从1912年到1932年这二十年中，西康的土地争夺战，从未一日断见。藏族痛苦不堪，各大喇嘛尤其反对，都说喇嘛教义，是反对战争和杀人的，况且西藏的人力、财力实在不堪忍受如此的长期战争，但达赖悍然不顾，力排众议，一定要用兵，将许多反对背华亲英的喇嘛杀了，寺院烧了（从前他反对英人入境之时亦曾杀过客留英人的喇嘛，毁过住宿英人的庙宇），用大压力压伏了西藏的舆论。至如与其宗教地位平等，历世互为师徒的班禅，亦被他逼迫得逃入内地了。恰好这十多年，国内战乱频仍，无暇兼顾西藏，西藏军队竟次第向东蚕食。

国民政府建都南京（1927）以后，中国统一，达赖亦曾表示臣服，但如此一个个性强顽之人，受了这十多年连连胜利的娇养，如何放弃他一贯的主张？所以，他于1931年乘着西康的地方冲突有利于西藏之时，突然发动了向东的军事，将国民政府派往调停冲突的官吏当作敌国的使臣一般。9月18日，日本占据了满洲以后，他更骄妄了。结果被康青军队将藏军击破，收回许多地方，方才低头乞和。于是藏人群起责备，主战派噶伦阿丕畏罪自杀，达赖也随之羞愤以死。

七、喇嘛政治的现况

喇嘛政治，在藏人心目中，是神圣政治。但喇嘛政治是否神圣，在西藏以外的人看来，的确大成问题。就喇嘛教本身的规律讲，他们有三大力行的目标——戒、定、慧。戒，是戒律，凡属戒律中规定的条款都不得犯。定，是静思，要屏绝一切人事，断绝一切爱悦，自己关进洞穴去，几十年不言不动，单只运用思想以求悟解。慧，是知识，要勤读经典，造成佛教的博学者。综合三者来说，佛法根本就是与人世隔离的。佛教徒他的灵魂是死寂的，只不过让躯食息于人世而已。这样说来，根本就不能从事政治。因为政治是应付人事的繁杂业务。

但西藏的佛法，偏偏是由政治力量扶植成功的。黄教政权更是若干政治护法人之所赋予，所谓达赖活佛不过是个木偶。蒙古的俺答汗，青海的顾始汗，清朝的顺治、康熙诸帝，都成了这木偶的雕制者。拉藏汗和准噶尔人与西藏官吏，都是这个木偶的玩弄者。清代的皇帝，便是木偶戏班的班主。乾隆皇帝，曾将这班子刷新组织，大事整顿，使他声光放大。但可惜领班任用非人，被木偶的人盗窃了班主的权益，来自己牟利。他们对观众说，台上表演的玩偶，真是天神精灵之附托，具有不可思议的神权与智慧，要求众人彻底服从他。

到了达赖十三世，他真个的变成了有灵魂的木偶了，但他究竟是寻常人的灵魂，不能使藏人蒙受福利，反闹得全局混乱，一塌糊涂。他本人早已丧失了"戒""定""慧"三字德行，他的官吏呢？更不用说了。他的政治呢？可以说是世界上最贪污的政治。他的教法呢？可以说完全是与根本教义背驰着的。

就戒律说，喇嘛教戒条几千。最大四戒条曰杀，曰盗，曰淫，曰妄。杀，指的杀害生命，战争便是大规模的杀业。喇嘛们不但吃肉，近年更不断地从事战争，这显而易见的犯杀戒了。还有因为亲英、亲汉的政见不同，所引起的内部杀害，更属非常残酷，拉萨的天嘉林寺，亦是黄教最有声誉的寺庙，因为亲华，被达赖十三世毁为平地，重要喇嘛都全杀了。班禅出亡的原因，亦即为达赖要杀戮他宫内的几个亲华大臣。近年在西藏政府很有地位，有功勋的几个大官如龙厦，如琼让，都因政争失败，受了挖眼流配的重刑，并且不免于死。总而言之，近年西藏政府里是充满了杀气的，这是喇嘛政治自毁戒律的一事。

盗戒，指的不能妄取他人财物。贪污和剥削人民，都是盗罪之大者。喇嘛政府之贪污，真令人意想不到，无论文武官吏、内官外官、僧官俗官，其举任标准，概以赂多少来定；任职久暂，则以在任期内，每年行贿多少来定。大官卖小官，小官卖更小的官，如此层层卖官成了正常的宦情，大家不以为异。官既以贿得来，自然取偿于所能管辖的人民，剥削蹂躏之惨，难一语形容。有政权的官吏，固然如此；有教权的喇嘛寺，亦并不示弱，他们利用宗教迷信，刮剥百姓，其道多端，不可胜举。所以西藏社会，除了官吏与寺庙外，无一家不是贫乏非常。我所见过的民家，无论牧户、农户、头人、百姓，从未见过有贮谷物的仓廪，贮衣物的箱柜，钱银更不用说了，这是喇嘛政治自毁戒律的第二事。

妄戒，谓不能以不实之言语行为欺人。依我看来喇嘛经典中便有不少公开欺人之说，譬如《俱舍论》所述的须弥世界，便全是妄言。现在任何喇嘛，却牢牢地信着他。至于玩魔术欺骗乡愚，以博施舍的游方僧侣，我见得更多了。喇嘛政治，为要人民拼死替他打仗，便制造许多经教来鼓励杀人。说是杀人虽然有罪，为宗教作战便是功德，死后可以直升天堂。为要人民倾家破产来满足他们的贪欲，也造作多教义，说今生是幻，来生才是真实。今生布施最多，至于穷困以死的，必升天堂，或转生为富贵人家。总而言之，喇嘛教社会是充满了妄语的。这亦是喇嘛政治的结果。

就禅定来说，那是根本与政治完全冲突的，无须解释。就智慧说，喇嘛学问，有五大：曰内明——佛学，曰因明——论理学，曰声明——文字学，曰工巧明——工艺学，曰医方明——医药学。昔日喇嘛，非兼通五明的，即不得号为通人。现代喇嘛不然了，只须能通内明，便可考得格西，因明成了考格西时辩论的方法，亦还学学。此外三明，全都抛弃了。即拿藏文来说，喇嘛教徒共约百万人中（合蒙古、西藏地），文字已通的，凑不够1000人。打胡乱画、随声拼音、满篇白字的，与不识文字的，要占百分之九十九以上。我曾考察许多黄教大寺，考试他们的职事喇嘛，对他本寺名称的藏文，亦写不出来。我曾批评现在富有权势的黄教喇嘛是绣花枕头，几个比较有知识的喇嘛亦都承认而叹息。喇嘛政治的影响竟已使喇嘛的品质低落至此。

从西藏整部的历史看来，任何一个教派，在野初创之时，无不规律严整，德行高洁，有许多学问渊博的僧侣产生，声誉足以服众，但声誉隆洽、人情倾附、取得政权以后，规律德行便自然的一天一天堕落下去了，以至于敝坏不堪。于是新的教派再由民间建立起来，收拾人心，将他推倒，红教推倒了黑教，花教又推翻了红教，白教又推翻了花教，黄教又推翻了白教。现在呢？黄教独霸已近三百年了。政治之腐败，教律之敝坏，都已达于极点。其他被压在野的教派，却在力图整饬，颇有复兴之象。黄教从学问、德行两方面，已经无法与之抗衡，只能从政治力量上去施行高压的排斥政策。而它的政治，又非常的丧失人心。我料它的崩溃，是不会很远的吧？

热振摄政以来，控制政局的能力，远不似达赖十三之大。1941年，他被藏官排斥下野，由一地位更低微的达扎活佛继之摄政。无须举证事实已可想见，从此政权操于噶伦之手了。达赖十四世现才十三岁，颇为藏中诸实力派所不喜，待他满二十岁得格西后，西藏的黄教是否还能执政，只怕已成问题了。纵使黄教政权不垮掉，恐怕他亦未必即能执掌政权，或许会在某次政变中，已被宣告升天了。

八、现在各派概况

黄教现掌握了整个的西藏政局，势力远达西康、青海、蒙古各部，除旧在外蒙外，一切尚能维持清代盛况，只是内部太腐化了而已。现在康、青、蒙各地，一千喇嘛居的大寺庙，全都是黄教的，举其最著的如：

西藏 拉萨的甘丹寺、色拉寺、哲蚌寺，日喀则的札什伦布寺。

西康 昌都江巴林寺，巴塘的丁零寺，乡城的桑披林寺，道孚的灵雀寺，炉霍的寿灵寺，甘孜的甘孜寺、大金寺。

青海 西宁的塔尔寺。

甘肃 夏河县的拉卜楞寺。

察哈尔 多伦大寺。

其他几百喇嘛的大黄教寺，便多不胜举了。

白教（噶举巴）亦是执政甚久，内容腐化了的教派。既被黄教再三摧毁以后，已经找不出500人以上的寺庙了，前藏（卫部）堆龙的楚布寺，西康德格县的八邦寺成了它仅存的两大主寺，寺僧都不过一二百人。其他多属数十僧侣住持的小寺院，与几个修行者坐守的岩洞。但他们因失掉政治保护以后却十分整饬起来，高行喇嘛却亦不少，大都隐居在深山老林里。

花教（萨迦派）失政较早，其被黄教排斥，不如白教之甚。在八思巴时代建筑的花教寺院，现在大都保存着，只不过都是几十个僧人的小寺院，不能像黄教寺院那样繁荣罢了。它有两个传法的祖寺，皆在后藏，一即萨迦寺，一为其东不远的俄日寺，任何花教徒，都须到两寺去传习秘法。正如黄教徒之须到三大寺传法一样，但两寺常住僧侣，亦不过四五百人，比较黄教的三大寺，差太远了。此外一百人左右的中等寺庙及数十人以下的小寺，则以西康、青海两省为多，尤其集中在德格、玉树一带，这是德格土司及玉树各土司自元代以来奉行花教，而历次政变，他的土司皆未覆亡之故。德格土司，是传世最久的花教拥护者，其土署侧的伦珠顶寺，僧侣曾达千人以上。附设印经院，为喇嘛教内规模最大的印刷组织，黄教徒的拉萨印经院、理塘印经院，与之相较，亦有愧色。现在在教喇嘛之有真学问者，实比黄教为多。

一般呼为老黄教的噶当巴（详前），未取得过政治势力。其内容亦从未腐化，近世虽蒙黄教徒承认他为同派，但它自己是不承认的，仍各自选在深山穷谷里，建立白色小庙，聚徒静修，不问世事。因此无人注意及他。但各派喇嘛，对他们都相当尊重，假如他得了有力的护法和富有政治才能的喇嘛，必能很顺易地推翻黄教，做一番澄清教法的工作，但目前尚未有如此的人。

红教是早已失掉政权的教派了，它分化为几十小派，都崇奉拉萨南方的桑耶寺为主寺，但无综合或联合的组织，各小派自成一家，各行其是。最有名的要算德格境内竹靖寺所演的竹靖派，它的规矩仪行最为严格，亦最讲究学问与修持。它的声光，远达后藏、羌塘、不丹、内蒙古等地。它是丝毫不凭借政治力量，专凭真实功夫为号召的。说到康藏喇嘛教的正规仪行，实当以它为最标准的楷模，其余的红教小派，据说有四五十种，但有许多是怪诞、妖妄无足取的。

黑教是失掉政权最早的一派，屡受后起各派排斥，直到于今。可怜此派喇嘛，千方百计，修改内容，以求与他派适应，与平民心适应。宛转百变，克以幸存。因此之故，支派很多，有倾向于巫法的，有类似汉地佛法的，有倾向于印度佛法的。当明代末期，他有三个大的祖寺，一在后藏叫墨日寺，一在西康叫丁靖寺，一在四川边徼叫雍宗寺。清乾隆时，雍宗寺帮助金川土司作乱，失败后，寺庙被毁，改修为黄教寺庙，其喇嘛潜逃到后藏重建一座小雍宗寺。这称为黑教的"三大祖寺"，都能传法。黑教与其他五派的教法大异，故被人斥为非喇嘛教，但他的僧侣同样呼为喇嘛，同样有活佛，寺庙建筑、藏文经典，大体都与他派相同，不能不算是喇嘛教，他们在政治上毫无势力。但他有些巫术，足以号召一般的愚民，所以下层社会仍有力量。

黄河入川与俄洛界务

(1947)

本年七月，松潘参议员马必杰，谈到黄河流经松潘，引出方域司长傅角今氏一段谈话。又因中央社记者的访问，发表了我的谈话。我谈话全是就事论事，并未指责任何人。不想各报转载，自加子题按语，惹出傅司长的误会，在上海《中华时报》发表，对我谴责，说我"负有盛气"，要我"以平心静气的态度，在不失学者身份以内，多多赐教"。成都《中兴日报》，亦登载过。虽然又有两位记者，再来访问，我都答复过了。但其记录发表与否及是否会变质，都无保证。看来我不能偷懒，千万有自写文章答复傅司长的必要。

但傅氏原文，发于误会。我不能以误会报答误会，抓着别人的话苦驳。并且中国太大了，地理调查甚不周密。任何一人，亦不能完全了解我们国内一切情形。我不能说谁人谈话错误，便是了不得的事。实在说：我国地理记载与图籍，应当订正与修补之处太多了。我们只当以求知态度去努力调查、研究，以真知的资料勤勤报道于国人，这才是学者的正经。争与辩，都是无庸有的事。所以我今只提出下面四问题来解答。借以说明我的知界与态度。闻傅氏亦恂恂儒者，料想看了此文，自会了解我的。②

一、黄河上游是块什么地方

黄河自贵德以下，水色始黄。以上的黄河，水是清的。这段清水黄河，我们称为黄河上游，长约900千米。它蟠绕大积石山的七面（只让开西北一面），故又呼为

---

① 原载《康藏研究月刊》第11期。
② 1947年前，国内对黄河是否流过四川，尚不清楚。针对四省划界问题，作者首先提出了"黄河流经四川"的观点，批驳了国民政府方域司长傅角今等的错误说法，引起各界的关注和争论。后来，经金陵大学等校专门组织考察团赴川西北实地调查，肯定了黄河经川之说。

积石黄河。禹贡导河，止于积石。却将积石山脉以南的黄河，呼为"析支"，"析"当作"拆"，即汉书所谓"赐支"，乃羌族住区的中心部分（这是《后汉书》的解释）。魏晋以后，此部羌人，称为党项。至唐初，为吐蕃所征服。党项诸羌，或内徙到陇右诸州，役属于唐，或留居故地役属于吐蕃（详《唐书》党项、吐蕃两传）。因为党项是羌族的中央部落，富于民族自尊心理，不易为他族所同化，故陇西党项，随时在叛乱中（详《唐书·本纪》），后来建立西夏帝国。留在积石黄河的党项，乃是些民族意识较薄的人，因为吐蕃强力推行其宗教与文化，他们便蕃化了，这便是今天的俄洛藏人，他们已是喇嘛教徒，但只奉行旧派的喇嘛教（黑教与红教），并无新教（白教、花教、黄教）传入。因为新教出生于宋代以后，其时吐蕃崩裂，俄洛已回复为旧时独立状态，并无任何政治势力可使新教传入此区来。

现在的俄洛人，已不自知其源为党项了。他们已遵用吐蕃的语言、文字与宗教，自称为"蕃"。他们虽非西藏人的同种，但往时的吐蕃喇嘛，总说他们是同种的，同是猕猴菩萨与岩妖祖母的子孙。所以隋唐党项传，便已说他们是"猕猴种"了。因为他们与西藏之语言及习俗，都有很多不同之处。喇嘛们又造一谣言，说西藏的念靖唐纳神山为父，俄洛的大积石山为母，那边山神一箭射来，这里山神受了孕，便传出俄洛的人种来了。

"俄洛"两字，或作"果罗克"，或"郭罗克"，或"鄂洛克"。藏文写作 mGo－Log，意为"掠头人"。亦有写作 Go－Log（逆酋）、Ngo－Log（面恶）等字的。总之是不佳的称呼。这当然非其人固有的命名，但他们却已自己承认。这正如浙人自称越人，贵州人自称黔人一样，旧时不美的称呼，习惯亦便无怪了。积石黄河藏名"玛曲"（rMa－Chu），意为"幸运河"。大积石山，藏名"阿尼玛靖"（A－Mye－rMa－Chen），意为"大幸运神山"。或作 A－NI－ rMa－ChIn，意为"大黄河的姑母"（叔母同义）。

俄洛是纯粹游牧部落，有四十八支酋领，称为"俄洛四十八姓"。其上有五大总酋，称为五大族。一曰汪青夺德，二曰阿穹蒁巴，三曰呷马特多，四曰俄洛哈溪，五曰俄洛□□（据《川边档案》之招抚俄洛文档）。其三部于康熙六十年归附四川省，称为"上中下三郭罗克"，即呷马（今作半妈部）、阿穹（今作阿尔俊部）、汪青（今同）①三大部也。其一部在大积石山北，今属青海同德县。一部在巴颜喀剌山脉南，即赵尔丰招抚之部（四川十万分一图作"无任何省份管辖之地"，实当属康）。

---

① 原注：今，指民二十七年（1938）实测之十万分一地图上所标字。

五大部共有面积 33000 余方千米。人口不详。以西康石渠县人口密度为标准推算之，应有 5000 余户、30000 余人。松潘县得其五分之三。

俄洛地方，是一绝大草原。除大积石与巴颜喀剌外，海拔全在 4000 米与 5000 米之间。最低之黄河谷，亦有 3500 米以上。所以树木不能生长，只河水近旁，有些灌水丛。森林是断无有的。牧民各随其小酋，春夏放牧向丘陵高处，秋冬放牧向河谷低处。所至聚帐而牧，转徙皆有定时。其人质朴纯厚，并不如外人所传之凶悍。民国二十三年（1934），庄学本（现寓上海南京路慈淑大楼四四五号）深入考查，将照相器遗失，其人追赶数百里，为之送还。二十五年（1936），班禅行辕大队过此，彼等亦照常支应夫马。惟每人只承驮两包，不计大小。每包重至百斤，亦不较。若以两三小包折一大包，即峻拒。仪仗队枪械犀利，彼亦不惧，公然挥木杵相抗。其地从无赋税与城郭。二十一年（1932），青海军因俄洛阻扰开矿，出军讨之，遂深入川界，设县治于下郭罗克之白衣寺。二十六年（1937），因征税筑城，为土人所逐，营长兼县长马虎声被杀。青海军进讨，俄洛诸部惊惶，或求救于松潘，或向拉卜伦寺①投诚乞助，或乞援邻部，这才引出四省争界问题。

二、俄洛何以隶属松潘

近年的松潘县府，管理口内二十土司尚且管理不了，哪能兼顾口外（黄胜关以外）。口外五十二土司，全是牧部，官府根本无有管理牧部的能力。况俄洛三部，相距十余日至月余路程之地，如何管他得了。将俄洛划隶松潘，原是一件极愚笨的事，但前人不能不如此，亦有个原因。

原因是清康熙年间，口外已投降的四十几个部落，常受未降的俄洛"野番"劫掠。受害各部纷请剿护。清廷为着面子，不能不剿。四川提督岳钟琪奉命，将三俄洛剿平，受降之后，不能不有个安顿。那时青海与西康，还是罗卜藏丹津驻牧管辖之地，只俄洛是独立部落。剿平之后，只好将他拨归松潘镇管辖，因此成了松潘厅地。其后二年，平定青海。又二年，招抚康北各土司。兵威既盛，未投降的两部俄洛，潜伏未动，亦未投降，官府亦未理他。所以直到清末仍只有三俄洛在松潘县著籍。民国的疆界，承清而来，既未曾明白公布过俄洛的新建置，或改隶谁省，则三俄洛地方，当然是松潘县属地。这所说的三俄洛，是指俄洛五大部中，住在黄河南

---

① 即甘肃夏河之拉卜楞寺。

北两岸的呷马、汪青、阿穹三部，并未涉及积石山北与巴颜喀剌南的两俄洛。然则说黄河流经松潘县境六七百里这话，岂不对吗？老实说：六七百里，只不过就俄洛境内言之，若加上作革一段，则足有千里长啊！

岳钟琪剿俄洛，用的杂谷土兵。见《清史稿·本传》与《杂谷厅志》。兹录其本传一段为证：

六十年……五月擢四川都督。……十月命剿郭罗克逆番。钟琪以郭罗克隘口三，宜步不宜骑，若调内地兵多，贼闻，得为备，不若以番攻番。与总督年羹尧议，檄附近郭罗克之杂谷等土兵，率往剿。至则击败伏贼千余，连破下郭罗克二十一寨，中郭罗克十九寨，擒首恶骏塔楞素布六戈。乘胜攻上郭罗克押六等寨，首恶假磕等亦就擒。余众悉降。上嘉其功，下部议叙，予骑都尉世职。

《清史稿》这一传文，根据他的行状做成。行状重在夸功，将这次重大军务，说得轻松容易。其实这次，大大费了事来，出兵亦不只四川一路。征用杂谷土兵，资其熟悉地理，长于草地作战，并非因攻那三个隘口需用步兵。作战时间，将近一年。征服地面非常之宽。作战转饷之兵，都非常之多，所以能有这样成就。至于许多"寨子"，乃是当时用于夷落的惯称，并非真有寨子或房子。口外五十二牧部亦皆常见这"寨子"，不止三郭罗克如此。若独三郭罗克如此，我便不敢判其为游牧的俄洛了。兹再将《四川通志》的"土司志"摘录，以见三俄洛地面之宽：

上郭罗克车木塘寨土百户泽楞查什，系西番种类。其先噶顿于康熙六十年归诚授职，颁给号纸，无印信。驻牧上郭罗克车木塘寨。其地东至一百里，交上阿坝寨界；南至一百里，交中郭罗克界；西至四百里，交阜和协所属番寨界；北至一百里，交小呵树界。四至共七百里。所管十寨番民二百五十一户。向无认纳税粮，每年征马价银二十两零八分，交松潘镇漳腊营上纳，备补倒毙马匹。

中郭罗克插落寨，土千户索浪丹巴。系西番种类。其先丹增，于康熙六十年归诚授职……四至共三百一十里，所管十七寨番民共四百八十五户。……征马价银三十八两八钱……

下郭罗克纳卡寨土百户析论札舍，系西番种类。其先彭错，于康熙六十……四至共四百五十里。所管二十九寨，番民共三百三十户……马价银二十六两六钱四分……

这是嘉庆年间的情形。那时，三个土司每逢承袭，还要到四川总督下的布政衙门换号纸。所以《四川通志》能列出土司名字来。但其内部情形，便非汉人所能知了。故所载四至，颇混乱。又说他们"住高石碉房"，这无非妄揣之辞。其实口外土司，惟三阿坝有碉房，余皆黑帐房（《四川通志》恰恰说反，它说三阿坝与班佑等十二寨相同，是黑帐房）。足见那时土司虽然来挂号，官府却不明白他的情形，除档案文字外。一切是在瞎猜了。

三、何者是可靠的地图

我说松潘管的三郭洛克管地到了鄂陵湖，乃是根据四川陆地测量局的十万分一地图。近有陈梦熊氏著文，说这图不可靠。陈氏或未见及此图的俄洛部分，未免一概抹煞。我知四川的十万分一图，关于盆地部分，是依照前清陆军测量学堂二万五千分一实习图与陆军测量局补测的五万分一图制成的。大部都很可靠。四川边缘部分，则是民国以来补制的一些路线图，多未行三角定点，路线以外，便不可靠。甚至有些部分全是向壁虚构的神仙图（如建南部分）。惟独俄洛部分，是可靠的。据说民国二十七年（1938），四省界务纠纷起时，该局奉行营命，派队深入实测。后因经费不敷，该局曾停止办公，将全部经费送往草地，完成此举。那时我在西康，知道他们测入石渠县内，曾多方求得其图十余幅（尚未得全）。知道他们曾用三角定点精细测量，高度与部位、牧部分布情形、翻译名称等，全是可靠的。因为我这时已收有西人的路线图几种，又有几位到过俄洛朋友的谈话记录，与赵尔丰招抚俄洛的档卷，全都合得。在此无妨自夸，我鉴别地图之力，强过一般人，任何地图，入眼即可辨识其可靠的程度。我初见此部分图的标绘方法便已判定它可靠了。只后来收到沿黄河的几幅，有些可疑。但黄河以北的有几幅，又觉可靠。大概他们起先是精测，后因经费困难，亦有草草了事之处。但若用以证明三俄洛的部位与界至，那是绰有余裕的可靠了。

傅角今、陈梦熊两氏，曾经举出许多地图，都是未将俄洛标绘入川的，以为这是俄洛不隶四川之证。可惜那些地图，都是抗战前的坊间售本。最精的一种，要算申报馆的分省新图，但他所能的增的新资料，亦不过北平地质调查所搜得的一些中西学者的路线图。路线图根本无法订正疆界。所以这册图，边疆界线错误甚多。至于松潘一带，他只得有英国参谋部的亚洲地图一种。原图亦是根据西人路线图绘的。

西人脚迹虽到,却未知俄洛与松潘这些历史。迨民国三十年(1941),曾世英氏亲赴松潘关外一行,到过所宗寺与南摩寺,看见黄河了。他修正分省新图,又才将黄河的一段,划进四川来。但他未到俄洛,亦未曾参考四川补测的俄洛地图,所以尚不敢将四川界划过鄂陵湖去。

我所根据,除十万分一图外,尚有:

1. 谢竹勋的《草地日记》与插图。他于民国十八年(1929)亲到阿坝办理界务纠纷,在黄河边上的齐哈玛驻了数月。虽未走入俄洛,但已知俄洛广远,属于松潘的三部,直与石渠连界,记有道里。

2. 庄学本的《俄洛游记》。他于二十二年(1933),由理番深入俄洛汪青部。亦曾达黄河岸上,由抗甘、抗申回松潘来。我曾拿西图与他详较过路线。

3. 葛赤峰的《边藏采风录》。他从拉卜伦寺渡两道黄河,到抗申、抗甘去办牧场小学,有记有图印行。他虽知这两个小酋与甘肃的黄正清发生关系,但他亦不能说那便是甘肃的地方。他证明黄河北岸有阿树与乔柯部落。这都是松潘管辖有案的土司。

此外的零碎资料,足证四川十万分一俄洛地图为正确的尚多。无庸详举了。

四、这块地究应如何处置

尽力争取地方的管辖权,争到手却不能管理,徒以妨害他人的经营。正如伊索寓言说的,狗霸据在马槽里,这乃是件可耻的事情。单我国同志,却专喜的这套。记得民国二十四年时(1935),四川的行营边政委员会,制了一幅川康甘青交界地图,依据谢竹勋的资料,将三俄洛划属松潘。被青海人强力反对,因而停止发行。那时青海省,在白衣寺设治管民,当然不能承认此带划归四川。四川省若还能让,将此区让与青海,亦便完了。因为不能让,所以便有争界问题。迨俄洛人民与青海军冲突起来,许多部落去投附那与青海反对的拉卜伦寺,西康亦认俄洛是西康之地,遂又有四省争界的酝酿。结果,是青海军退出俄洛,静候中央处置。中央因为抗战,未处置他。胜利后,又因为许多事件太忙,仍未能处置他。大概距有暇处置它的时候,尚还遥远。在中央尚未有新的处置之前,三俄洛当然还是松潘属地。

松潘县府的面积,大过台湾二倍。但它实际所管的 9 乡 549 甲,不过两万多人,并且亦常管理不到。所有土司地面,都是"天明白"的政治关系,漫说三俄洛早被县人遗忘了。即如有农业,有商场的三阿坝,何尝有县府的政令到达。上阿坝与下俄洛、三乔柯、四阿树及作革十二部,大都已与拉卜伦发生关系。铁布七寨、后山五部,则已与卓尼的杨土司发生了关系。即南摩寺是松潘北界，亦是民国十八年（1929）徐近之先生经过此寺，从匾上发现的。松潘县府并未梦想到它的疆域广远至此。像这样情形，纵然争得三俄洛，又有何用？如要充实松潘的政治力量，则非添设六县不可。南坪、铁布、作革、阿坝、白衣寺与达克拖，皆宜设治。但以四川之大，省府对盆地中的百多县，已是闹得天昏地暗了，那有暇能顾及盆地以外的边荒。要他委官便可能，要他拿出这笔设治费来，是断然无望的。所以三俄洛虽然被四川争得，永久仍然是三俄洛，于四川，于松潘，并无任何好处，却于俄洛等草地之开发有大害。

至于拉卜伦寺之吸收属地，亦属不足为训之事。平情来说，甘肃省太宽了。像拉卜伦、卓尼这些喇嘛教区，省府实难管理尽善。现在的情形，亦与松潘县的土司区域相似。既然管不了它，划出让别人去管，亦非损失。若说争取松潘界地，那更可不必了。

青海、西康，都是新建的省份。省内已经设治地方，尚未收拾清楚，更无远争此区的必要。即如从前的白衣县，虽已经青海建立，旋被土人推翻。足见由一省的力量来辟土设治，困难滋多。西康省费了许多力气将绰斯甲从四川争来，已满十年，仍然是荒废着。若果将俄洛划归了康、青，或分划与川、甘、康、青四省，其为愚笨行为，又与昔年之划归松潘何异？

我的结论，主张将黄河上游这广阔草地，建一新省，用中央力量，来经营成为一个发展牧业的模范省。因为这带，是我国版图中心一个水草丰美的最佳牧场。目前尚无任何国际势力渗入。土人驯良易治，未曾感染任何党派思想。正似一束素丝，在无人干扰的实验室里。及早下手，染成一种合于理想的颜色，是极易的。若还迟了，只怕今天是省界问题，明天会与阿山区一样，成了个国界问题。阿山区从民国元年（1912）正式划归新疆，从未受过新疆省府的重视。因为它是正规的中国领土，苏俄侵略不得，表面上不会有问题。谁料疏忽了蒙古的管理，便会有外蒙的独立。有了外蒙的独立，便会影响到这向被忽视的阿山区来。今日因北塔山战争，国人方才觉得水淹近了，闹嚷起来，又徒知痛斥苏蒙，却无一人检讨过去忽视此区的恶因，岂非一蔽。

若果在黄河上游建省，则四川的松潘全县，理县的松冈、梭磨、卓克、党坝四土司地，西康的绰斯甲、邓柯、色达、俄洛，甘肃的夏河、临潭、岷县、西固、武都以西之番地，青海的同德县，都可划入。省会宜设于阿坝，取其有农地，有森林，又居全区正中。省府与许多新县，可以同时成立。并以研究管理牧场，化导土人与开发牧业为中心工作。省府暂不设厅，只设研究与技术两室。多设省营示范牧场。

其经费，全由国库开支，但监督使用，不限数额。省县府职员，皆以研习牧业及农垦之技术人员充任，少用职业官吏。如此十年，此新省可望成为中国边政之模范省，亦为牧业经济开一新局面。

这计划在一般人看来，太理想了，太书生气了，但如要挽救我们边疆的颓局，只有这一条路线。望体国经野的先生们，注意这书生的理想。

记西藏热振事变[①]

（1947）

本年四月之拉萨变乱，近得各方通讯，始悉详情。兹绎其因果渊源，为一简确报道。

西藏之政治首脑，为达赖活佛，其内阁称曰"噶厦"，设三品官四员，一僧三俗，协议办事，称为"噶伦"（Bkna—Blon）。噶伦下有大秘书（Drung—Yig—Chen—Bi）四员，襄理办事，皆四品官，居噶厦内，其余皆小吏。噶厦外之重要衙门：有会计处，设四品"孜本"（Rss—Dpon）四员，管赋税钱粮，皆俗官。又有"仓储巴"，设四品僧官四员，专管各方布施收入之保管与利贷事宜，藏名"拉桑匡追"（Ba—Erang—phyag—mtsod）；蒙云"商卓特巴"，我国旧称"商上"，是为西藏两大财政机关。又有军务处，设四品僧俗官各一员，称为"马稽"（Drag—Pyi），主管军务。又有"浪子辖"（Gnang—Atshe—Shags），设五品俗官二员，曰"密本"（Mi—lpon），率警察若干名，管拉萨市之治安。唯每年春季两度大祈祷期内，浪子辖不行使职务，另由哲蚌寺推举两员威严喇嘛，称为"濯靖协鄂"（Tshogs—Chen—Zhal—Ngo），执铁棒，率僧队，巡逻市面，维持秩序，共权得管达赖以下之僧俗人物（因此时各地僧侣会集，非浪子辖所能管理，故特有此制），为时共约两月而罢。

噶厦在大昭寺外，达赖居布达拉宫，相距约3里。重大政务，由噶伦签拟办法，送请达赖核行。为加强对噶厦之控制，于十三世达赖起在达赖与噶厦之间，设传令官一员，称为"司伦"（俗称藏王），亦三品衔，名为领导噶厦，实不管实务，但备达赖顾问，传达其意旨于噶伦而已。

达赖死后，由三大寺公推贵族活佛一人为摄政，名曰"甲曹"（Rgyal—

[①] 本文原载《边政公论》6卷4期。

Tshabs），执行达赖职务。访求达赖真魂投生之儿童三人，卜定其谁为主魂，迎入布达拉宫，教习藏文经典，须至二十岁左右，经典纯熟，经三大寺考试（集僧论难，由辩才决定）取得"格西"（Dge－Eshes）学位后，方得亲政。故摄政政权，可得二十年久。若达赖未及亲政而死，则又可继续二十年。嘉、道、咸、同间，达赖九世至十二世，曾连续于二十岁前后短命，此其秘密不难猜想。至达赖十三世土敦嘉错，独享天年。相传其非家人所治之食物不食，故得免也。

然此达赖生逢列强角逐西藏之世。彼见中国积弱，而英人窥藏不已，遂有摆脱中央管理另结外援以自立之心。初则联俄以拒英，后乃亲英以排汉。掀然大波之西藏问题，实由渠手所酿造。最后乘大金寺与白利寺之争，发动侵康，兵败，惭恚，民国二十二年（1933）死，死后三大寺推举热振活佛摄政。

热振（Rwa－Sgreng）为一青年有才之贵族活佛，亲见达赖晚年叛国任用群小，征税扩军，民穷财困，人怨潜滋诸情形，颇欲弃英亲华，弭兵息民，以利佛教之发展。唯亦惧中央干涉其政权，故采不即不离之态度，以观时变。其时西藏执政分两派：一为前达赖幸臣擦绒与宫璧二人，诸留学英国与印度之青年如龙虾等附之，主张亲近英印、结外援以图强；一派为三大寺僧侣及部分世家贵族，民众多附之，主张维持现状，保守旧制。"新派"大多出身低微，而身当大权，深为达赖所信任，而民众所怨诉。达赖既死，热振因民情罢免了首席噶伦擦绒，放逐幸臣宫璧。马稽龙虾被革职剜目幽死，军官琼让充军阿里，屡兴大狱，铲除"新派"略尽。藏中僧俗同声称快。热振政权，由是臻于牢固。乃复以次更易诸大臣为己党。

前任司伦，即前达赖之亲，有妹生子于前达赖死之翌年，被指为转世灵童之一。其余二名，皆平民子，一出西藏，一出西宁祁家村汉化已深之藏族民家，名纳姆敦珠（Lha－Mo－Don－Agruq）。司伦盼其甥得为新达赖，主张三童掣签决定。热振意在迎立西宁灵童。拉萨南三日程有小海，传为天女洗马之魂海，能现异景，指示休咎，为人决疑，热振往观，指纳姆敦珠为正魂。谓司伦阻挠迎立，嗾三大寺罢免之，自兼司伦。遂于民国二十七年（1938），迎纳姆敦珠入藏坐床，是为十四世新达赖，时年五岁。

司伦罢免后，与丧失职权诸贵族及新派人物，暗相勾结，构成反热阵线。指责热振亲汉，并以新达赖未经依照旧例掣签为不然。各贵族见热振锋利，又惧其援引中央势力入藏，改革政治，消灭贵族之特殊地位，率同情于反热人物，屡有所行动。热振大感不安，又占得蛇年大凶，当避位，遂于民国三十年（1941）告休，回热振寺静养，以荣增打查（Yongs－Adsin－Stag－Brag）代行摄政。

西藏之法，最重资格与成例。具摄政之资格之活佛，只有四家。四家皆于拉萨建有寺庙，曰功德林（Kwn－Sde－Cling）、丹结林（Bstau－Rgyas－Cling）、策墨林（Tse－Smon－Cling）、锡德林（Gzhilse－Cling），是为"四大林"。丹结林因亲汉为前达赖撤毁，现只三家。热振出于锡德林。打查为业党寺之小活佛，不出四大林家，现年七十余矣，以淹贯经典，与热振同为新达赖之经师，故号"荣增"。平时敬事热振甚谨，故热振举以自代。未更推"四大林"活佛者，实有休息数年后，重作摄政之志。热振之徒，固谓打查敬顺，热振可以遏制。反热诸人，唯恐热振不去，亦利在打查老昏，而扎萨贪鄙，可待热振卸政柄后徐图之。故能反违常例，一致通过其为摄政也。

凡活佛，例有一人为之佐理俗务，称为扎萨（Dsa－SaS）。达赖与摄政之扎萨，皆副三品职，虽不得干预政治，而有操纵人事之实权。卖官鬻爵，抑扬刑赏，多出其手。打查既摄政，其扎萨亦随之骤贵，贪污弄权，甚于他人。反热诸人，逐得夤缘阶进，渐登显要。热振旧僚，次第被排。至民国三十四年（1945）时，热振已失遥制之力。热振之徒大愤，力劝复辟。热振不能无动，曾于民国三十三年（1944）春节，突莅拉萨，意在复位。当时拉萨政府中人，迎送极恭，然暗自凝结，使复辟之说，无由提出。热振住拉萨二月，不得要领而归。我国抗战胜利后，热振之徒，复盼结中央援助，推翻打查。热振意持稳慎，未许积极进行。打查之徒，为固位计，则积极防备，不择手段。热振自恃威望，未虞有何意外，而本年四月之难作矣。

西藏贵族拉鲁家，主人于拒荣赫鹏入藏时战死，有女，赘龙虾（Lung－Shar），长子为嗣，是为拉鲁色（Lha－Lu－Sras）。龙虾剜眼抄家时，拉鲁色未受株连，龙虾次子亦来依之。西藏官吏，凡贵族，皆可以贿得之。拉鲁色于热振去后，渐升至孜本，由孜本进为噶伦。热振时，首席噶伦丹巴绛秧（僧官），其次为彭须、彭康、郎穹。打查时，升大秘书然巴代丹巴绛秧，升孜本噶须巴继彭须，升总管索康代郎穹。彭康虽一度曾为首席噶伦，且其人已六十龄，素无强硬主张，终以其为热振旧员，民国三十五年（1946），被黜。升然巴为首席噶伦，拉鲁色所补即彭康缺也。噶伦既全更易，反热派之努力突增。布达拉宫之总管堪布，噶厦之大秘书，次第皆被更换。反热派乃易守为攻，日夕媒孽热振派之长短，图甘心焉。

热振寺距拉萨三日程，热振回寺后，留其扎萨（即其外甥）驻守拉萨之公馆（活佛公馆名为拉章。形式如一小寺院），有卸任扎萨喀托仁波齐亦住其内。甘孜富商萨都仓（Sa－Adu－Tshaug）弟兄五人，共娶热振之妹。其仲在拉萨，三人为热振派之主脑。在藏之西康藏族，皆拥热振。色拉寺戒扎仓之堪布，为甘孜大金寺僧，热振之所任命，亦拥热派之有力分子。此堪布于民国三十五年，因债务关系，杀害贵族偏博宗本。打查政府，曾与色拉寺发生冲突，此堪布逃回康地，为藏军追杀。打查委一外蒙僧为堪布，并将寺中所储精利枪弹提出，当时几曾牵连热振，究未得主使迹象而罢。

噶伦噶须巴者，本非贵族，以善承迎至五品官。其人翻复奸险，善伺人意以抨击所怨，由告发龙虾等秘密，获升孜本。又夤缘打查扎萨，升任噶伦。遂复与拉鲁色等为死党，制造种种冤案以诬热振。本年春，有康人赠送新任大秘书阿旺郎杰礼品，启之，乃手榴弹。据称炸损一柱，伤一仆，而送礼者无主名。上下皆谓热振派所为。至第二次大祈祷节中，则有噶须巴致热振扎萨之密函，谋叛打查政府。此函乃误投打查扎萨之家，由是构成热振谋叛之证据。四月十四日，噶须巴被传讯。同时，由哲蚌寺之濯靖协鄂率队往热振公馆，逮捕热振扎萨与喀托仁波齐。时大祈祷节尚未竟，拉萨市政府已派警察复岗，全市戒严。彭康与萨都仓亦被捕，家被抄。另一方面，则由拉鲁色与索康两噶伦率军二百，驰赴热振寺逮捕热振。因热振寺有僧五百，多新武器，虑其拒捕，翌日复加派达赖卫队二百人往。热振实无备，立被擒，于十八日解到拉萨，下狱。

三大寺者，噶丹寺在拉萨东 80 里，有三扎仓（学院）僧侣 3000 人，哲蚌寺在拉萨西南 40 里，有四扎仓，僧侣 7000 人。色拉寺在拉萨西北 8 里，有 4 扎仓，僧侣 5000 人，皆宗喀巴在时所创建，号为黄教三大柱石。藏、康、青、蒙之僧侣，皆须至三寺受戒学法，考得格西后，方得任寺庙堪布，方受社会尊崇。西藏政府之民意机构，皆以三大寺之意向为意向。各寺亦皆蓄有武力，养不学经典之沙弥以自卫护。色拉寺距拉萨最近，特易牵入政潮。民国元年（1912），与驻藏汉军作战，将汉军缴械逐出，威名籍甚。其四扎仓中，戒扎仓人数最多，势力尤大。热振即出于此扎仓。热振政权，深赖支持。热振失势后，堪布被杀，僧侣颇议打查相负。及是闻藏军往捕热振，群情激愤，聚议发难。打查所委外蒙堪布率高级僧侣前往弹压，立被殴杀。遂破库取械，往途间截夺热振。拉鲁色等先有备，从间道解入拉萨。寺僧复屡攻拉萨。拉萨常驻藏军 500 人，不敷分配，噶厦乃与寺僧议和，而暗召江孜驻军入援。至二十六日援军至，布置攻寺。翌晨大战爆发，至二十九日，将全寺占领。寺僧死者数十人，被俘数十人，余多逃去，或留下者原未抵抗（因无枪械），寺藏被劫一空。同时，藏军驰赴热振寺，僧众尽逃，凡所掳获尤众。热振寺为西藏名寺之一，创自宋代，原为戒学最佳之迦当派道场，后为黄教寺，山林茂密，禽兽忘机，号为雪国之乐园。历劫未经兵燹，珍藏甚丰。今一旦与三大柱石同折，诚佛国之浩劫也。

寺乱既定，藏政府乃组织特别法庭，审讯热振等。讯后收禁，由龙虾次子看守。五月七日午后，传热振不豫。翌晨，则已死矣。藏政府乃依习俗，展陈其遗尸，自五月十日起，受祭三日。尸体跌坐，面盖绸巾，眼鼻部尚有浸血。其为毒毙可知，外传剜眼者不确。

五月十八日，全案宣判：彭康与萨都仓恢复自由。热振扎萨与喀托喇嘛囚禁官牢。色拉寺僧大部释放。牵连人犯，或鞭背分禁，或放逐，或罚金。热振罪状，公布于浪子辖外七日，附有各项证件。"勾结中央"为其罪状之一。至于噶须巴，则传讯后即已无罪，作噶伦如故。

论边腹变迁与西康前途①

(1943)

我国每遭外族凌逼一度，恒能促成后方疆土之开发一级，外祸去而国土转以滋大。盖我地大物博人众，民族精力恒有余裕，自当有其纳之所。外患宁，则或建设于腹地，或浪费于内争，或怀安于享乐，莫肯舍其故土，劳形边荒。外患炽，故土沦，享乐无所，内争渐弭，凡国族所有之人力、物力、财力，除用于抗战者外，自然趋流于后方之建设，向日边荒，由是化为腹地故也。

禹贡辨土，杨荆之地，下下下中。当周秦时，长江大湖之间，尚为草莱蓁莽之墟，楚吴虽霸，未获齿于中国。迄汉遭胡患，长城内外，扰攘弗宁；大江流域，乃以边荒乐土，渐获增殖人口，开发地利，于以成为我国财赋中心。洎夫五胡乱华，晋元帝保据江东，衣冠之族，南聚海隅，然后浙闽化为内地。温州曰永嘉，福州曰晋安，泉州曰晋江，皆以晋世移民而著。时则两广尚为迁人谪客待罪之区，退之官潮，子厚守柳，并以斥在荒裔，诗文寄怨，与屈原、贾生之居湘水正同。南宋偏安，大江南北，化为战场；地利之资，人力之用，渐移注于两广；其后遂成我国文化昌盛之地，近世尤盛。滇黔自元明建省，然其化为内地，实在明社南迁以后。永历帝资残明遗臣，流寇余党，与暴清相抗于川、湘、粤、桂之间，播越十余年，皆以滇黔为凭借。孑遗人物，克以周知其天时地利，人民情俗，开发之宜。秘奥既启，利用突增，吴氏父子之割据，鄂尔泰、张广泗之改流，实依赖之。迄今乃成我国抗建根据地。凡此，皆我民族前方抗战，后方开发之鲜明成绩也。

夫长江大湖，闽浙沿海，五岭南北，云贵高原之地，自今视之，并非天时地利有何缺憾，不足与黄河流域之所谓中原者比。而秦汉前人，弃之如遗，俨如泻卤硗确，瘴雨蛮烟，绝无利用价值，不可一朝居处者，讵非国人安土重迁，局促无远略

---

① 原载《康导月刊》1943年第5卷6期。

之弱点所蔽惑乎？此其情形，正与过去国人之鄙薄西康相似。今日西康，诚若山荒地老，高寒不毛，无有值人经营之处。然以比于往时西伯利亚之荒凉，台湾琉球之瘠苦，似皆较胜。俄人失意于欧陆，而经营西伯利亚，日人被扼于大陆，而攘台湾琉球，数十年间，各已使其变为乐土，生聚阜康，比于本部。苟我国人，因此外力压迫之时，曾集中民族抗战之余力，内循先民开发长江大湖五陵南北之陈迹，外追俄日经营西伯利亚台湾琉球之伟效，以临西康，则数十年后，一方人物之盛，利用之厚，未必不有后来居上之感。

溯自赵尔丰经略川边以来，内地人士，有受调入康而规避不行者，有勉强成行而觑便乞归者，有初志颇锐，抵康而绥，惘然颓废，无以自振者。人情如此，物力可知。故西康改流已三十年，而荒旷如故。即二十五年（1936）建省委员会初移康时，每以高官厚禄，延聘国内名贤，赞襄政务，亦多掉首不愿，有洗耳逾垣之德。亦有甫到康定，拂袖自去，追挽不肯暂留者。此时"开发边疆"口号，业已嚣然，人情之不乐到边区实际工作，尚且如此，更谁肯以财力物力，投入此区耶？迨抗战军兴，前方沦陷，难民游资，奔集渝蓉以后，瑰玮奇逸之士、专门技术人员，与夫企业家、资本主等，向之不谈向康问题者，今亦灼灼注目。于是宁远之荒地，购买略尽矣。雅安、西昌、康定之银行公司，骤达三四十家之多矣。专门人员之足迹，遍荒陬矣。由暴倭压迫之所致耶？夫以刘主席之英明干练，宏志伟力，上受特知于中枢，下负重望于夷汉，励精图治，宵衣旰食，以临此土。国人又复各有攘臂相助之愿力，以赞其功。如此十年，而西康不能与滇、黔、粤、桂比盛，余不信也。

虽然，就我国历史陈迹观之，由边疆化为腹地之例固多，由腹地化为边疆之例亦殊不少。辽东日南，秦汉之郡县，魏晋为边疆矣。陇西河湟，汉魏周隋之腹地，衰唐为边疆矣。燕云十六州，唐以前之腹地，五代与宋为边疆矣。更就近康省言之：庄蹻收滇为楚之边疆，汉代辟为郡县。一时殖民之盛，同化甚深，商路畅通，政教流行，已同内地。入晋以后，沦为异域，虽欲目为边疆，亦不可得。康省宁属八县地方，在汉为越巂郡，析县十五，治道之隆，比于巴犍。汉末夷乱，沦为边疆，守令每为土夷所杀，不敢到任。虽经武侯征讨，张嶷经略，亦未挽回颓势。张嶷甫去，更复沦为异域。周隋唐世，始复收为边疆，略置官吏。唐末又复沦为异域。清雍正后，又始复为郡县，渐进而为腹地。民初多乱，夷患频仍，汉户日蹙，演为今日。将来为边为腹，未易卜矣。今雅、荥、天、芦、汉源等县，汉为沈黎郡，后并蜀郡，又后置汉嘉郡，为内地矣。芦、雅两县，文物之盛，尤与中原同风一轨，无所轩轾。迄灵献时，旄牛（今汉源县）、徙县（今天全、泸定），沦为外化。入晋以后，全郡治权，若断若续，降为边疆。宋齐以后，完全沦为异域。唐宋又始复为边疆。清雍乾后，又始复为内地，以至今日。越嶲、汉嘉，皆西康地。然则西康之由边疆而腹地，由腹地而边疆，边疆而沦没，沦没而边疆而腹地者屡矣。安能跻于永定，直前不返，遂能如长江大湖，闽浙沿海，五岭南北之竟成后来腹地哉。此其机权，亦视国人经营边疆志略，与其毅力为定耳。

是故西康前途，可乐观矣，而未可完全乐观。如今日之西康，物资不足以自给也。苟中央眷顾稍疏，补助不足，则百举俱废矣。今日之西康，地旷民稀，治权未固也。苟经营者忽此三点，奠基未善，则虽建设成绩，如火如荼，终亦崩坏堪虞矣。今日之西康，方在襁褓中调育，荆棘中营造，建设之难，如航逆流，苟国人无同情协力之援，有倾挤撼荡之业，则前途危矣。西康命运，孰能决之。

大积石山与俄洛藏族①
——献与大积石探测队

（1948）

一、伟大之探测队评价

报载："美国原子笔大王雷诺与华侨青年探险家杨帝泽，即将以十七万美元之巨资，前往探测川甘青三省界上之大积石山。我政府亦派遣有多数地理学者，与之合作。原定以成都与兰州为基点，用雷诺氏特装之飞机，进行空中摄影测量。自三月起工作，五月内完成。"

兹当探测队出发伊始，谨将平昔所得关于此山之局部知识写供此伟大探测队参考。

二、阿尼玛靖②与黄河释名

阿尼玛靖，藏文作 A—mye—rMa—Chen。"阿尼"可解为姑母、叔母、保姆，或女性护持者（如格萨尔故事中之间尼固莽马，即格萨尔之护持者。格萨尔若干困难与疑问，皆恃此妇为之解决）。古黑教（苯波 Bon—Bo）具有法力之师巫，亦恒享用此称（如《德格世谱》巾之阿尼绛巴摆即是）。今俄洛与金川地方尚有此种师巫，号称"阿尼"。昔康定之明正土司，每年必延请此阿尼来家修法一次，以保家族之清吉。俄洛藏人之尊称此山为"阿尼"，意谓其为该族之总护持者也。藏文"玛"（rMa）字，可解作美妙、幸运。亦可解作疮癞。又为黄河之专称。故黄河名"玛

---

① 本文原载《康藏研究月刊》17 期。此次选编时略有删节。
② 现译阿尼玛卿。——编者注

曲"（rMa－Chu）可解为幸运河，亦可解为佳美河，亦可释为癫河。藏民之说不一，亦各附会有一故事以实之。"靖"（Cnen）意为"大"。玛靖释为大黄河，亦可释为大佳，或大幸运。以故"阿尼玛靖"四字，有释为"大黄河之保姆"者，谓黄河绕之而流，如赤子之相依恋也。有释为"大佳妙之保姆"者，谓其积雪晶莹，风景美妙也。有释为"大幸运之母"者，谓朝礼此山必获幸福，亦由此山从古未受外力蹂躏或占领故也。

阿尼玛靖，又被称为玛靖棒热（rMa－Chen－Spam－Ra），"棒热"，美丽山峰之义。合释为"大幸运美妙之峰"。西洋图于此山名书作 AMNE MACHIN，当是直译藏语之音，未能用罗马字母改写藏文所致。希探测队他日出书，改作 AMYE RMA CHEN 三字，音义皆合。

此山脉斜卧于两道黄河之间，长达 600 里以上，并未与其他山脉相连。东南端极于黄河转折处。西北端没于野马塘大草原。野马塘今为康青公路所经，已无山岭之痕迹。若谓为此山脉低部受冰雪浸削风化成塘（藏语"塘"，平原之意或译为滩）。则此山脉出生之时代已早，应不得为少年山岳，而海拔将低至 6000 米以下。但依一般雪山推测，此山至少有三处高达 7000 米左右，必为少年姿态之山岳。其尾脉不能通过野马塘也。

三、俄洛^①藏族史略

此山脉附近之藏民，特称"俄洛"。藏文俄洛（mGo－Log）为"掇头"或"逆头"之义，或异译为"果罗克"，或译为"鄂洛"，皆是此字。

此族为羌族之嫡裔。汉代羌族以赐支川为大本营。《后汉书·西羌传》谓赐支即禹贡之析支（当析读如柝）。即黄河上源之部也。南北朝时，鲜卑族之吐谷浑入居青海。羌族仍得保守贵德以上之黄河流域，南至巴颜喀拉山脉（白兰山）是为党项。此山脉踞党项中心，应已为该民族所崇奉之神山。于时黑教已为党项所信奉，"阿尼"之称或已建立。

唐初，吐蕃兼并党项之地。该民族分为二部。不愿受其役属者纷纷内徙，唐为安置于陇右诸州，生活汉化。但亦曾发生若干衅乱，被诛者甚多。乾元以后，吐蕃占有陇右诸州，此辈或逃避北地之灵、夏、盐、原诸州，依唐军自存。其后曾建立

---

① 现多译果洛。——编者注

西夏帝国。又后为蒙古所灭，更复同化于蒙古。其留居党项故地者，则接受吐蕃文化，奉喇嘛教，用吐蕃文字。初亦称为党项。后因其人倔强难驯，被呼为"俄洛"。久而其人忘具非佳名，遂亦只呼如此。

党项驯服于吐蕃之时间，相当于唐贞观至会昌之世。亦正西藏旧教（黑教与红教）流行之际。迨入宋代以后，西藏新教（白教、花教、黄教等）盛行，吐蕃政权亦崩溃，俄洛还为独立状态。故虽至今日，此族仍只信红教与黑教。

清中叶时，第一世嘉木样佛创建拉卜楞寺，为黄教侵入此区边缘之始。嘉木样之得建立黄寺，实唯蒙古河南亲王宏扬之力。因蒙族皆奉黄教，而河南亲王牧地，深入洮水上游，西倾大草原，及于此山脉北侧之黄河两岸故也。其侵入之时间，在清初世，和硕特蒙古统治康、青、藏全部之时。故俄洛人无力抵抗。退处此大山脉之南。而奉叶尔济山为神山（在阿坝之西，白衣寺东）仍自保持旧教。其后黄河南蒙族日衰，俄洛复出，渐渐夺还牧地。而拉卜楞寺之黄教势力，则日臻强固。欲取河南亲王势位而代之。近自黄正清当政以来，拉卜楞与俄洛之争地争民，益尖锐矣。

今日之俄洛藏民，约可分为两部：一为阿尼玛靖山脉以北之俄洛，大都已受拉卜楞寺之羁縻，改奉黄教，以热迦寺为中心（今由青海省设置同德县，此寺在黄河岸建立，以阿尼玛靖为后山。可望见四时积雪之三峰）。朝礼此山者，多至此寺遥礼而止。谓此寺即为神山之代表可也。阿尼玛靖山脉以南，即四川与西康所管之俄洛四十八部，皆信奉红教或黑教，不愿受拉卜楞寺约束。彼辈之信仰中心，近为白衣寺，远则为德格县境之祝靖寺（红教）与定靖寺（黑教）。然拉卜楞寺为推展化域，常欲得而役属之。乃自山脉东端之黄河转折部伸入势力。先笼络三乔柯、四阿树与抗申（康申）、抗甘（康干）、上阿坝等部落。现已于上阿坝扎定脚跟，势不可拔。唯受中阿坝强力拒阻，而抗申、抗甘部亦连合三俄洛与中阿坝拒之，此四省界务纠纷所由起也。

四、四省界务纠纷

阿尼玛靖以南之俄洛藏部，曾于康熙六十年（1721）时受四川提督岳钟琪征服，与口外五十二土部亦同拨归松潘镇漳腊营管辖。清末裁营后，沦为荒裔，视同化外。而山脉以北之俄洛则隶属甘肃，受河南亲王役属，为拉卜楞寺教民，并以同种族关系，请导该黄教寺之势力入于松潘之五十二部。近年黄正清累称代表一百零八寺，即包括松潘属之五十二部诸寺院言之。此川甘界务争端所由起也。

初因松潘县府无力管理口外部落，亦无法抵制拉卜楞寺之争取属民。而俄洛极西部落，本伸入青海省境。当青海建省时，拉卜楞寺反对自甘肃划隶青海。马步芳与黄正清结成宿怨，故俄洛人之反抗拉卜楞寺者，乞援于青海省。由是青海进军俄洛，建县治于白衣寺，以营长马虎声率军戍之。征徭派赋，颇形苛扰。俄洛人自由已惯，转恨青军，相结起而扑之。马虎声败死，青军退出俄洛。藏众当抗拒青军时，分别乞援于拉卜楞与松潘县府。于是成为川、甘、青三省界务问题。

清末，赵尔丰经营川边时，规定川属土司皆在改流之列。宣统元年（1909），赵氏进兵德格，平定绛白仁青之乱时（详《德格世谱》），闻俄洛地面辽阔，向奉祝靖寺教法，因命祝靖寺僧前往招之，导令改流。僧还报称俄洛诸部对改流设县事或愿或不愿。时赵方全力经略昌都以西，未暇顾及，此案搁置未理。

俄洛人例于每年秋季以其牲畜赶来甘孜贸粮。俄洛反抗青海军时，亦曾非正式乞助于西康僧氏。以是界务纠纷发生时，西康省亦援据旧档，加入争界。

二十八年（1939），曾有川、康、甘、青四省派员商讨界务之说。后复终止。三十二年（1943）黄正清代表百零八寺至重庆向中央献礼，揆其志，实在稳固安多（A—mdo）全区之管理权。然中枢对于此区情形，素颇茫然。加以抗战紧张，无暇解决此区界务问题。含糊给奖，盛大招待而已。黄正清返寺后，自认为中央已承认其统治安多，仍力向川界推进其政治势力。遂有最近之松潘五十二部落代表，白衣寺活佛康静晞等来成都请愿之事。

此事件必须有彻底之新的解决，方足使此四省界间广大牧场之特殊社会归于安定。余曩撰《川边概况》一书与《黄河入川与俄洛界务》一文主张此区建省。然余未曾亲历此区，所见容有未是。此行多地理学者，必能有以评定余说之价值者。

五、何以称为大积石山

《禹贡》曰："导河积石。"自汉以来释积石者，皆指为山，而不能确定其处。聚讼数千年，积文充栋，阅之使人晕眩，终不可得一明解。此由黄河上游千里，地属草原，为汉地儒生所不曾至。至者多属蠢钝不学之人，言谈不足以发其概，听者口传仿佛，诸儒生以意撮授，难免有扣盘扪烛之误也。兹不更举前人陈言，略依地理实际情形，参证古籍，条列积石山说，流变如次：

1.《禹贡》之积石山：今青海循化县与甘肃永清县间之积石山是也。此山旧名河关，又曰啊述山，羌语"神山"之意。《水经注》谓："黄河北有神山"是也。唐于南岸置积石军，后遂称为积石关，而啊述山亦缘之改名积石山。此山东河为峡，旧为汉羌两族之界山。自此以上为羌界。草原广阔，河水常清，而不通舟楫（近世由人力之展拓，沿河已有循化、贵德两县，为汉族开垦之农业地区。羊皮筏亦可自贡德起放。并注）。自此以东，为黄土河原之农业地带，为汉族世业之地。黄河亦可畅行舟楫。《禹贡》称："浮于积石，至于龙门西河。"则积石为雍州航线之终点。禹为治水与拓土而旅刊九州，非寻河源。则其导河，当以至此而止。

唐人取积石名军，自系采用《禹贡》成文。唯仍未信其即为大禹导河自始之积石山。由《唐书·吐谷浑传》亦有河源积石之说，足以知之。盖昔人皆信大禹导水各穷其源。此积石关距河源尚远。而云河源另有积石，则所承认者当在彼也。

2. 河源积石：《唐书·吐谷浑传》述李靖征伏允，"侯君集与江夏王道宗趣南路……经涂二千余里……达于柏海，北望积石山，观河源之所出焉。"按《唐书》之吐谷浑及吐蕃传，屡言柏海。揆其地望，应即今之札陵湖，距河源星宿海甚近。星宿海者，蒙语鄂顿塔拉（一作火敦脑儿）藏语喀玛尔塘，皆星宿沼原之意。谓其平地涌泉千百如列星也。此带皆沼泽沮洳，不可行近。此塘地之西南北三方皆山，而西北为高。其名"阿勒坦噶达苏齐"（蒙语）旧地图所谓"葛达素齐老峰"是也。据乾隆时探测此山之阿弥达之报告，谓"阿勒坦噶达苏齐"即此山一特殊巨石之名，足见此山多石。唐人所言之"河源积石"山，应即此。

3. 大积石山：《汉书·地理志》金城郡，河关县条下云："积石山，在西南羌中。河水行塞外，东北入塞内，至章武人海。"漠河关县即今甘肃永清县与青海循化县地。谓唐述山扼河成关，故曰河关。绎汉书文义，积石山尚在其西南羌中，则所指为阿尼玛靖也。《汉书·西域传》："河有两源……东注蒲昌海……其水亭居，冬夏不增减。皆以为潜行地下，南出于积石，为中国河云。"此所谓积石，应即河关县条之积石，即阿尼玛靖。缘羌人奉为大神山，故为斑氏所知指为《禹贡》积石。因不能确指其地，旋复湮没。至唐侯君集等，乃指星宿海北之高山以当之。元世祖时，吐蕃全入版图，鉴于儒生解积石者聚讼无当，乃命近臣往探河源。当时行程，系自河州（今临夏县）出发，经阿尼玛靖，至星宿海。于时称阿尼玛靖为"阿木奈玛勒占木逊"（"占木逊"当是蒙语追加字）。以其距星宿海尚远，未即指为河源积石。然自《元统志》刊行以后，国人皆知黄河上游有大雪山。参证《汉书》指为河源积石者，渐有其人。清康、乾两世，再曾派人探河源。皆系自西宁出发，径赴星宿海，未曾行经此山，但遥识之。《清一统志》与《河源图说》流行后，西部地理渐明。遂有人主张阿尼玛靖为禹贡导河之积石，称为大积石。循化之河关河为禹贡"浮于积石"之积石，别为小积石。近世国人，因阿尼玛靖之译名难道，遂一体呼此山为大积石山云。

六、此山之发见者与探险者

此山之最先发见者，自当属于羌人。若汉人之最先发见者，余判其为秦始皇帝时采寻不死方药之方士（说已详《岗底斯与昆仑》一文）。张骞未曾行经此部，而能判断昆仑河水（塔里木河）自蒲昌海潜流复出，为积石黄河者，为其曾读方士之书，或采其传说故也，如无人描绘星宿海百泉涌出之状，则蒲昌海潜流重出之说，断无人敢于建立。此就《汉书》所能推断者。此后国人之窥见河源与此山者，已如前章所述。

西人之最先（光绪十年）行达此者，为俄国人普瑞瓦斯勒克自夸为发现黄河真源。其后有俄人柯恣诺夫等来此带探测。英国军官柏里拉在川边旅行甚久，知此带雪山分布情形。曾将阿美玛靖与木雅贡噶等雪山指示与美国探险家洛克。洛克曾于1918年自拉卜楞寺西行，达热加寺摄取此山照片，在美国《国民地学杂志》发表。并附有简略之地图及游记。后复于1928年探测康南之贡噶岭雪山，1929年探测康定之木雅贡噶雪山，亦皆发表游记于该杂志，由是引起若干地理探险家之好奇心，陆续前往各山搜奇。关于木雅贡噶者，则有1930年瑞士人哈姆由广东中山大学资助派遣前往，研究该山冰河最详。续有美国新闻记者 Burdall 与 Emmons 及一黑人 Moore 前往工作一年。攀登山顶，测制完善地图，专书发表。该山之地理知识，于是大备。此行之引导员，即与雷诺同来之杨帝泽君。

杨君系美籍华人，青年精干，通晓华语。旧曾伴同小罗斯福两次到川边猎取熊猫，故探险木雅贡噶者亦请充向导。忆民国二十六年（1937）杨君再至打箭炉，余与会晤，据云到康购取牦牛，即将往探阿尼玛靖。时冗务烦剧，未暇详询，竟忘其旅伴为谁。

大抵川边雪山之探测，启自柏里拉（此人墓在康定北关）造端于洛克，而促成于杨君。木雅贡噶如此。阿尼玛靖亦如此。布尔莎与雷诺行动，虽受美国文化界之奖导，杨君牵合引导之功亦不可没也。

四川第十六区民族之分布[①]

(1949)

一、地理因素

"四川省第十六行政督察区",即茂县、理县、松潘、汶川、懋功[②]、靖化[③]六县地方。号为四川边区,一切情形与四川盆地内部不同。

第一不同之点,是地面的海拔很高。四川盆地内的百多县,海拔全在1000米以下,以300—400米之地为多,此区地面,概在1000米以上,并且大部皆在4000米以上。只有岷江、大渡河、白水江三大河谷的一部分,在3000米以下。低在2000米以下的河谷面积,不及全区百分之一。这些河谷,只可认为高原周边被河水刻削成的罅隙。河水蚀余部分,便是大山,尚多保存高原固有的高度。如茂县的鳌华九顶,松潘的雪宝顶,汶、理、懋间的巴朗山、洪峤山、鹧鸪山皆是。所以我们可以说:本区原是四川盆地西北一个3000米以上的大高原。因为四川盆地的夏季风是向西北吹的,带来多量的湿气,遭逢这高原,被迫上升。因上升而温度降低,湿度的饱和点小了,保持不住原所含有的水分,排泄成雨,降落于此高原的东南侧斜面上。诸水汇集,成为岷江、白龙江、大渡河与其许多支流,分道流去。由此诸水的侵蚀力,年复一年,积巨万年,便将此高原的东南斜面刻划成个山高谷狭、峰岭回环的复杂地形。那河谷以外的高原本体,现尚维持普遍的4000米左右的高度,只有平丘浅谷,并无大山。其水一体流入黄河。故一般人通称之为"松潘草地"。

地面空气的温度,愈高愈冷。平均每上升1000米,降低6.4度。所以松潘草地的气温,比较四川盆地常低20余度,不能生长谷类与树木,只有野草。呼为"草

[①] 本文原载《康藏研究月刊》第24期。
[②] 今四川小金县。
[③] 今四川金咱县,旧名大金。

地",名符其实。草地东南的河山错杂地带,气候比其他地势更为复杂。最狭、最深的谷底,常有燥热的"焚风"吹起,使地面成为局部的沙漠或半沙漠性气候,尤以向南的河谷为甚。较高、较阔的河谷,与狭深河谷的两侧山腰部分,1000米以上至2000米左右的地方,才是正规的温带气候,颇与四川盆地的情形相同,为目前汉族分布的主要地带,出产苞谷与稻米,重要城市与农业村落集中于此。3000米以内的高河谷,和2000米左右的山坡地方,是温度不高而雨量颇大的冷温带气候,为主要的麦类生产地带,为汉族与土著混居之区,偏僻处保存森林颇多。3000米以上的山岳,则已成为雪山。因为山峰吸收日热的机会少而放热的方面多,故同一高度的山岳与河谷,气候是不同的。鍪华九顶诸山高度与松潘县城相差不远,气候便相差较远。此为山谷区内气候比地文更形复杂的原因。至于4000米以上的草地,那便只宜畜牧,不宜农耕是必然的了。但因为牧民需要粮食,所以在这草原,亦有许多具有冒险性的农耕地区产生。比如阿坝和下包座与铁布七寨,他们在夏季温度颇高的高原河谷里,栽培麦类,以应四邻牧民的需求。虽然常遭霜害、雹害、旱害、寒害,使其收获失望,但如幸而收获成功,获利便非常大。品算下来,庄稼仍做得着。因为纵然收成很少,仍比远向河谷区域运来粮食合算。

综括上面说来,因为海拔高度影响各地气候,气候又影响到生物的分布。由生物分布的制限,影响各地住民的生业和一切有关生活的经济与文化各情形。故如研究十六区的内容,最好是从地理下手。而研究十六区的地理,不必在一山一水上去苦用功夫,只须能明了他山水生成的原因与其结构的公式。

如此以简御繁地来观察十六区全貌,最易掌握他的要领。我用这方法将十六区划为下列的部分:

东南山谷区,再细分为:

1. 岷江流域 包括汶、理、茂三县与松潘小部。为本区的主要部分。
2. 金川流域 即大渡河流域,包括懋、靖两县与理县的一部。
3. 白水流域 即松潘的南坪区与已被甘肃管理的铁布区。
4. 涪江流域 即本区平武、北川、安县连界的地方,属九顶山脉的东斜面。

西北草原区,全为松潘辖地,又可依民族性质分为:

1. 包座区 即松潘北面的包座河流域。河为白水支流,但海拔较高,牧业重于农业,其人民亲近松潘,与铁布土人异趣。
2. 作革区 在松潘西北,属黄河流域,当河曲之东,为纯牧民部落。
3. 阿坝区 在松潘正西,作革部西南,属大渡河上游,其人农牧兼营。

4. 毛革区　在松潘西南，属岷江支流黑水之上游，其人称"播洛子"，自为风气。

5. 乔柯区　在阿坝北，黄河两侧水草腴美之地，面积不大。

6. 俄洛区　在阿坝与乔柯之西、黄河南北，西近河源，地面辽阔，亦最高寒。

余近编绘十六区地图，用实测经纬度定点，再依据若干中西探险者与实测者之地图、地记，组织填绘。其各部落界限均经绘出，面积数字，可按缩尺推求。因尚未借得测面积器，尚不能分别列出。大抵，草地面积可三倍于山谷区，而俄洛区面积又约占草地面积三分之二。

二、历史因素

十六区与四川盆地第二不同之点，为民族复杂。除汉族外，有羌、戎、氐、蕃、蒙、回。而各种民族中，又自分为若干部落，各有其特殊的习为。

本区民族复杂的原因，是历史造成的，亦可能说是地使之然。因为这高原草地，与西藏的羌塘相接，长亘2000余里，都是景物类同的草原。其北循黄河九曲通连甘肃的黄土高原，下降的程度极缓。其东北方的大夏河、洮河、白水亦是介绍此高原于陕甘农业区的媒介。为了这个关系，使古代放牧于羌塘与黄河上游的羌族，曾通过此高原，向甘肃、陕西、四川寻求农产品，发生商业、劫掠、战争，与其他的各种政治交涉，于是此区便成了经营农业的汉族与经营牧业的羌族拉锯作战地带。有时汉族杀进去，有时羌族杀出来。结果是农民不能克服牧民，牧民也亦无力征服农民。徒使农牧两族在这高原与其边际，势力消长，回环不息。谁得势时谁也想在此区殖民，迨失势时，移民被他的政府遗弃，或被消灭，或为新来者所同化，或仅屈服而尚保存其固有习俗。如此变来变去，从殷商、周、秦、汉、魏，下迄隋、唐，3000余年都未宁息。这是造成本区住民驳杂的第一原因。

唐代加入吐蕃势力，使此区更复杂化了。吐蕃兴于西藏的雅鲁藏布江流域，是农牧兼营的民族。他南阻于喜马拉雅山脉，西阻于昆仑山脉，东阻于横断山脉，只剩平坦宜牧的东北羌族住地给他发展。因他农牧兼营，发挥出较羌族高的经济力量与文化力量，而又与羌族同属高原民族，同具有配合这大高原的生活能力，所以羌族部落次第被吐蕃民族征服而且同化了。到唐代初期，吐蕃势力达于松潘草地。贞观八年（1634）围困过松州。其后屡从松州东北的洮河、黄河、湟水诸河谷，侵扰陇右地方，循羌族故辙与大唐在此区域作拉锯战。吐蕃一方面从金川出维州（今理县地），从西康出黎州（今汉源）、嶲州（今西昌）来争西川，在四川盆地的西侧作拉锯战。双方面都利用境界上的土人部落武力作助。胜利，则论功行赏，给予官号，作为世袭土酋，建立藩篱部落。失败，则率部内徙，安置于较安全地，以资保护。久而久之，这些藩篱部落，或因不满朝廷的待遇，或因不胜边吏的诛求，或因受了敌方的诱引，又复叛此降彼，或暗通两国，投机取便。于是又有征讨杀伐，迁徙流动，增戍益防，屯田兴垦，等等部署。使住民复杂之后再分化，再组合，再淘洗，变化到复杂之至，几乎不可条理。宋、元、明代与清代，抚绥西域，都曾用军队与经济力量，透过此区。政治设施的张弛演变，更不用说了。其时西藏方面，政治力量虽然衰息，宗教力量却在此高原内十分发展，并且代替昔日的政治力量，浸入到高原边际的农村来，使各部落人因信奉喇嘛教的程度深浅与教派不同而加强分化。随政治势力而徙居之汉民，亦用儒教与汉族文化去诱导土人，使此区成了汉藏文化的角逐场与竞赛所。土人在此复杂环境中淘洗日久，遂亦各依因缘自他本族固有习俗中分析出来，至于忘失本来面目。

综括这区的历史，可以分作两大时代：

汉羌角逐时代　隋唐以前。此时代产生了若干种羌（如先零、烧当、罕羌、三河槃于、污演、白狼、党项、宕昌等是）与若干种氐（如白马、冉駹、青衣、邓至等是）。

汉蕃角逐时代　唐代以来。可分为两期：

1. **武力斗争期**　唐、宋两代。
2. **政教斗争期**　元、明、清代。

此两期内产生了若干个羌的变种（西山八国）、氐的变种（如迁移向大渡河谷的三王部落）与蕃的变种（如嘉戎①、播洛、俄洛、墨哇等），却亦保存有羌、氐、蕃的纯种。

三、民族分布情形

下面综合研讨一下十六区的民族分布情况。为了叙述方便，当以民族为提纲：

（一）汉　族

汉族移居本区的历史，远在唐虞之世。夏禹，便是生于岷江河谷内石纽山的人。

---

①　现多称嘉绒。——编者注

不过那时中国是无严格的民族分野的，整个四川盆地内所有的人，都可视之为一族。四川的文化分辨不出谁是华人，谁是夷人。后来华夏文化渐高，卑视他人，方才有了夷夏的界划。四川的文化是汉时开发的，所以本区的汉族与夷族界限，入汉才得明朗。汉以前，如"庸、蜀、羌、髳、微、卢、彭、濮"八部落，以同等资格参预牧野之师，并未说"蜀"是华人，羌是夷人。所谓"文王化行江汉之间"，江水便指岷江而言，并未说江水的上游不在行化的南国以内。汉高祖初封汉中，利用蜀人还定三秦，最有功的范目、纪信辈都是不识字的粗人，他们统率的武士苗裔，后被呼为"宕渠""板楯""巴賨"，都是后来文化较高的蜀人给予他的称号，并非他真是异族。岷江过玉垒后，流入成都平原。平原住民文化较高后，便将岷江狭谷的土民呼作"异族"了。

汉武帝开冉駹为汶山郡，当然曾有汉人移入此区。但因土客不安，屡为叛乱，不久便废郡县，并入蜀郡。先时移居的汉民，必有留而未出的。大概叠溪以下的汉族，已有汉代即已移入者，不过后来失却汉官保护，曾经投附土人。亦曾有自土人中奋起造成新势力者。茂县的土司当中，便有这一类的人。

汉族移入最盛的第二期是唐代。唐代屡与吐蕃争夺维州，在西山三奇置戍，便是军屯的规模。大概自茂县以下的汉族，多有此期已移入的。历五代至宋，此段河谷汉族文化甚高，曾出过一位状元宰相谢方叔，他是威州人。

汉族移入的第三期是明代。明代松潘设卫，茂县建州，龙安开府。在三处开辟通连腹地的交通网，当然移入许多汉族。尤以明末四川大乱时，汉族逃避此区者为多，大都分布在松潘以南的岷江河谷，及松、茂东南与龙安、石泉的通道上。明将朱化龙与詹天颜，曾借此批汉族的力量，抵抗张献忠与清朝甚久。这批汉族子孙，现多存在，且颇繁荣，但他们有些瞧不起先前移来的汉族。

汉族移入最盛的第四期是清代。清因明末移入汉民已盛，开置府厅州县，又置若干绿营，镇服土司。使地方政局安定，移民日增，以成今日岷江流域汉民的盛况。又于戡定金川之役后，大量移民填实，使现在的大渡河上游，成了七成汉族三成土民的现况。为我国历史上移民极著绩效的一次。后因回疆用兵，又开置南坪分县，使白水江上游亦成汉族住区。

汉族移入的时期不同，所保存的礼俗亦当有异，于是有"新汉民""旧汉民""汉化之土民"等出现。这其间颇难明白分辨出来。谁是"真汉人"，谁是"准汉人"，要待多事的人种学专家去鉴定。但如此多事，大可不必。中华传统的教条，是"夷狄进于中国，则中国之"。能自称为汉人的人，总该列入汉族以内，不得歧视。

何况"五族共和",皆为中华民族也。

总之,本区汉族,分布于东南四大河域的谷地,从事耕垦与小商业、小手工业、采矿业、伐木烧碱挖瓢业的经营。保守汉族农村传统的习俗与衣着、语言与文化。种吸运售烟的主动者,十之八九都是汉人。

(二) 羌 民

羌民原是松潘草地的旧土著。今日的俄洛区黄河,便是古代的赐支川,乃羌族大本营所在。秦汉时岷江河谷早已有羌徙居。这徙居到岷江河谷的羌民,受地理影响,跟着汉人经营农业,同时亦未忘却牧业的本行。又与汉族聚居的内地通商贸易,得习一些汉语,而仍保守他羌人民族社会遗存的习俗,敬奉白石为神,信守巫法。汉魏之世,汉人势力压来时,他便自托于汉族;羌族势力压来时,他又归宗为羌人;氐族势力压来时,他又自附为氐族。所以冉氏、冉羌,迄无定称。唐以后,吐蕃势力压来,北半部的羌人,概以输诚,为吐蕃所同化。南半部的羌人,靠汉军保护,尚能保持羌俗与其血统。现在汶川与茂县的羌民便是这样保存下来的,但他们已经是吸收了部分汉族文化的羌民了,与汉代赐支羌民习俗大异。

藏化了的羌族,如今日松潘县关内七寨,他们原本是羌,其后,受藏族同化,现又正在汉化中。藏化时期,他们曾奉喇嘛教,现则多有汉姓、汉名,读汉文,说汉话,模仿汉俗。因而他们的土司头人,竟也有汉人去充当的,政令已能推行于其间。

藏化较浅而汉化尤深的羌民,是接连北川县界片口、白草场等处的羌族。明代还自称为"番人",即所谓"白草番",又称为"白草羌"者是。经过明、清两代的痛剿,才算被征服。因他住在九顶山脉的东侧斜面,接近汉人村落,所以未征服前与汉人发生冲突甚易。既征服后,被汉人"同化"亦易。现在是已完全汉化,再找不出他羌民的遗迹了。

藏化程度最深的羌民,概在松潘草地与理县境内,及金川区。他们已不自知其为羌了。一般列入吐蕃族系以内。将另详之。

(三) 氐 人

古以氐羌并称。大概他们原是西戎一个族类,后来因居地不同,分习农牧。习农者居于陕、甘西徼低暖河谷,汉人称之为氐。习牧者居于河曲草原,汉人呼之为羌。羌,牧羊人也。氐者低也。皆汉人所加之词。因为执业不同,习俗亦渐殊异。牧人去汉族远,受汉族文化影响少。氐人距汉族近,当然依慕汉族文化,倾向汉习日深。至魏晋时,中原大乱,他们这才把氐人团结起来,强化氐族畛域,建立几个政府。如前秦的苻坚、蜀汉的李特、仇池的杨氏父子祖孙，都是已经使用汉姓、汉名而自别为氐人的英雄豪杰。杨氏建国最久，在氐族中声光最大，所以后世氐人，多半姓杨。唐宋的三王部落，元明清代的天全杨土司，和现在甘肃省的卓尼杨土司都是。

氐族历代以白水江与洮水为大本营。汉代的白马氐，南北朝时的仇池杨氏，现在的卓尼土司皆是。其势力循川边山域地带向西南发展，汉代黎雅的青羌（青衣羌），在鱼豢《魏略》里是与冉羌同被称为冉氐与青氐的。三王部落与天全土司消灭后，其子孙全已汉化，只宝兴县的尧碛区还保存有氐族的土人，氐语与氐俗于此尚得窥其梗概。

松潘县羊峒三部与后山七寨的土著人，大约亦是氐，但现与武都文县的氐民大都已汉化了。

白水江上游伸入包座与作草的北部，两岸住民都是氐类。故虽海拔已高，而必经营农业。最著的民族，便是上下铁布和卓尼土司，他们全是宕昌、邓至的遗裔。古代曾于铁布置叠州，城址今尚可见。他们曾经役属于吐蕃，接受喇嘛教文化，现在大部受拉卜楞寺的教化，信奉黄教。

（四）嘉 戎

今日大小金川与岷江西侧理、汶两县地。藏语"嘉绒"，原是"大河谷区"的意思。近人缘此称称此带土人为"嘉戎"，认为是羌、蕃以外的戎族。我考"戎"是古人用于"西夷"之通称，并非专指一族。藏语河谷为"绒"，亦不得借用为民族之义。但金川土人确实自有特殊的语言和习俗，应为藏族之一独立支系。我从他们原来所奉的宗教，判断他们的来历如下：

大金川的广法寺，原名雍宗顶，是黑教三大寺之一。乾隆平定金川后，乃改为黄教寺院。但虽在清廷与西藏双重扶掖之下，此区黄教迄难宏扬。现在金川区内，喇嘛寺虽多已奉命改兴黄教，但古老的黑教，仍有许多教徒散布民间，传演黑教，至今不衰，这批黑教徒的教法，颇类于巫。往时康定明正土司，每年必自金川延请此辈到打箭炉作法一次。说他禳凶驱邪，较他派喇嘛为有效。

从西藏宗教历史来讲，最早的黑教，原是与羌民奉行的巫法相杂糅的。莲花生战胜黑教后，西藏的黑教徒逃避到了西康。那时西康的部落，有数十部，附国与嘉良为最著名。附国在今甘孜、德格一带，嘉良即今的金川（唐时仍称嘉良，亦作嘉梁，有东西二部，详具《唐书》）。附国与嘉良及其他十余部落，都是奉巫教的羌族。隋炀帝之世，他们不胜吐蕃压迫，屡派使臣及王子，请求内附。其事详具《隋书》。

到了唐代，遂无附国之名了。足见附国在当时已被吐蕃征服，亦可想见其人当有一部逃避到嘉良来，因为羌人是善于流徙的。而唐代的嘉良，常在唐王朝的保护之下（曾设为羁縻州，属雅州都督府），可以避得吐蕃。黑教便是如此携带进金川来了。

藏人呼金川为"嘉绒"，乃是"嘉良人的河谷"之义。大概吐蕃并未彻底征服此区的人心，所以土人能保持黑教至清代，亦曾借黑教力凝结人心，故不为吐蕃所彻底征服，而能保存其固有之语言与习俗。

综而言之，嘉绒是嘉良遗裔，混有原住西康许多同种人之徙来者。初奉巫教，敬白石神（今尚保存此俗），实为羌族。但早于千年前臣服吐蕃，为适应吐蕃政令，奉行最早出现而近于巫法之黑教。至清乾隆时，由黑教之怂恿，与信奉黄教之清朝斗争，作战近三十年，几被杀尽。其地为汉族移民所填补。幸有少数部落，未参与反抗清朝，克获保存。如今日丹巴之巴底、巴旺、丹东、格什咱，懋功之沃日、别思满、汗牛、宅龙皆是。

嘉戎在明代势力最大，其军力与移民东至岷江西岸，屡扰杂谷地方。西至雅砻江岸，与明正及朵甘土司争地。迄今理县境内与西康道孚县内，尚有其人。但他们并未建立统一国家，只同族部落相结而已。

（五）藏　族

藏族即真正吐蕃戍军与官吏之遗裔。原住雅鲁藏布江流域，随国势之发展、武力之推进、文化之传播而来此区。其人自视甚高，故保存其故有习俗甚笃，同化力亦较大。但数量并不甚多。最多之部在理县杂谷脑一带。原因是唐代吐蕃与剑南争夺维州甚久，双方各驻重兵于其附近，积久便成土著了。别思满、沃日、瓦寺（汶川索土司）、梭磨、松冈、卓克基、党坝、杂谷诸土酋，皆由吐蕃创立，但其民众则不必即为吐蕃遗民（嘉戎及其他羌民）。现在本区的藏族，由于历史上他们社会地位较高，经清朝一代尽力绥抚诱导，故受汉习熏染渐深。

松潘草地的阿坝三族，大抵为吐蕃戍军之遗裔。其移殖时间，大约在唐代开元、天宝之际。那时唐蕃争斗甚烈，彼此不相上下，松、叠、潘州一带，为双方出入频繁之区。唐人在临洮屯兵积草，吐蕃在此区亦有屯粮积草的大本营，才能应付争斗。阿坝是此长数千里大草原中唯一可耕之地，又可控制四周诸羌落，诚使吐蕃兴屯，必选此地。此带羌族重牧，不习农事，独阿坝一区皆习耕种。其耕种又为藏式方法，不从汉式。此为由藏中移民来此之证一。阿坝之"阿"字为藏文第四字母，"坝"字为藏文人身名称，藏语称某地人曰某巴（巴、坝、哇是一字），属某部人，亦曰某巴，属某教派人亦曰某巴。西藏军队编号，用藏文字母次序，迄今犹然。则阿坝可能为戍军第四组之人称，后遂成为地名。此为二证。阿坝有寺庙甚多，皆红教，足证其人系红教已盛时期移来，恰与开元、天宝之时相合，为证三。

今日阿坝辖地甚宽，属民不尽为西藏移来。但上、中、下三部之农村区域，可判其为藏人戍军遗裔。又今日阿坝已有黄教寺院，以上阿坝之骨摩寺（郭门寺）为阐教中心，乃拉卜楞寺推演黄教所建造，去今只百余年。未有此寺以前，阿坝唯有红教寺庙而已。

中阿坝所属之麦哇牧部，原是西康瞻化县麦科牧部。清末时，因与邻部斗败、逃来依附中阿坝，得住牧于此，亦藏族也。唯凡西康称"科"之部，皆西康土著羌族之同化于藏族者。因其同化程度已深，丧失羌族旧习，故列于藏族。

（六）俄 洛

为党项遗裔。党项本羌族之一支，在南北朝时，种落蕃衍极盛，旁支别出，皆号党项。牧场西极羌塘，东连宕昌，北迄洮湟，南届巴颜喀拉，为群羌中最大一族，与中华发生交涉颇多。唐初吐蕃勃兴，征服党项。其人或避地内徙，经唐朝安置于陇西州县，其后曾建西夏帝国，即世所称"唐古忒"（或唐兀惕）族也。其一部留而未徙，屈服于吐蕃，接受其教化，是为俄洛（或果罗克），其意为"掫头人"，盖吐蕃恶其人倔强，故为此称。其时西藏唯红教盛行，故俄洛人所奉尽红教，亦偶有黑教徒行化。当西藏白教兴起时，此部已离吐蕃而独立，故其他新兴教派概未传入。直至近百年来始由拉卜楞寺传入黄教于其东部康干、康撒两区。

俄洛凡分五大部，四十余支，各有固定牧场，分区游牧。五大部者：汪清（意为"大权"）、白马（意为"莲花"）、阿琼（意为"大鹏"，或释为"护主"）、瓦述（意为"狐族"）、仁青显（意为大宝），我国各书译文互异，列表如下：

书名	川边档案	陆地测量局图	《甘宁青史略》	《最近之青海》	备注
部名	汪青夺德 呷马特多 阿穹蒉巴 瓦述 俄洛哈溪	汪青部 半妈部 阿尔俊部 阿秀色尔打 —	汪千得巴族 河可马族 阿群日摸族 娃西色多族 仁亲显木族	汪旌得巴族 可可马族 阿群日摸族 娃西色多族 仁庆现族	即上俄洛 即中俄洛 即下俄洛 以上三族属川 属西康省 属青海省

《四川通志》所载：松潘漳腊管辖各土司中，有"三阿树"部落，似即为俄洛瓦述之异译。又有"郎堕"部落，似即今日之独柯。唯据陆地测量局实测之十万分之一松潘草地图，已将独柯与阿秀色耳打（俄洛瓦述）标为"不属任何省份之地方"，

意即不属松潘之地。又查《四川通志》雅州打箭炉阜和协所辖百二十土司中，有瓦述色他长官司，盖即阿秀色耳打，一曰俄洛色达。是此瓦述部向属打箭炉厅，不属松潘。陆地测量局人员所采访者未为堪误（该图所谓不属任何省份之地，实即当属西康之地）。然则三阿树究何在乎？余考《四川通志》所载之川边土司部落，为乾隆时之旧档。土部时有迁移兴灭，非长久固定者，故乾隆档与雍正档不同，而现在档又与乾隆档不同。大抵俄洛瓦述各部，旧曾分别向漳腊营与阜和协投诚，故双方档籍皆著其名。清末时郎堕与三阿树皆南移近康，脱离松潘漳腊营钤束，自称为不属任何省份之民，而陆地测量局人员采信其言也。

俄洛五部，向皆只奉红教，以白衣寺与德格之竹靖寺为两大信仰中心，尊银部叶尔济（叶尔济神山）为远祖，以自托于西藏民族，则喇嘛导之然也（详见拙著《大积石山与俄洛》）。自拉卜楞寺兴，黄教渐渡黄河而南浸染本区，康干、康撒两部皆建有黄教寺院一座，然皆近数十年内事。

诸部落中以康干、康撒两部最有名，因其居近叶尔济神山、白衣寺与阿坝。地势在五部中又最低暖饶水草，无论宗教上、经济上皆占优越位置。又因其地最东，较近内地，得风气先。今其土头康万庆、康克明，皆屡至内地，了解汉族文化。又与拉卜楞寺黄正清司令联姻，外援强固，势力日张，隐然为俄洛五部之领袖者。在康氏兄弟未兴起前，俄洛大部之领导者为一女王，属共妈颗。共妈与二康皆属下俄洛阿琼部。遂有人谓俄洛所辖只阿琼部，共妈为上俄洛，康干为中俄洛，康撒为下俄洛。此妄言也。阿琼所属尚有红摩颗，辖地甚大，岂可谓其在三俄洛以外耶。

俄洛已自忘其为党项，唯自其语言发音与西藏不同，喜牧恶耕，不解西藏所流行之各种新教派诸点推之，可知其旧为党项，即唐古忒。清初蒙古满洲人入藏者，皆用唐古忒任翻译。由其人使用藏语，遂并呼西藏人为唐古忒。民族之被误认，往往如此。

（七）播 洛

毛革（毛儿盖）与黑水区之土民，自称"播洛"，一般书作"播倮子"。其人不甚信奉喇嘛教，语言与他部殊异，又多赤脚，遂有人谓其为倮族（今之彝族）之被清移戍于此者。余考"播洛"之"播"字，即吐蕃之"蕃"字，本读"播"音。其"洛"字藏文可作两种书法，两种解释。一为南方之义，今藏人尚称雅鲁藏布江南之地方为洛区。据播洛人自称，谓系自西藏移来，则"播洛"为吐蕃征调其南部人民之来戍此者耳。另一解释，即俄洛之"洛"字，意为"扭捩""反常""叛逆"，或由其人信奉宗教不笃而倔强难驯，故云"播洛"。总之非倮族也。清代曾调用倮兵，但无移成倮族之事。倮族族性，亦决不容人移成之也。藏人原习赤脚，唯高贵人着藏靴。播洛喜赤脚未足为倮俗之证。倮族初期移民，皆无强烈之宗教信仰，而"播洛"亦有喇嘛寺，非即不信佛教。至于语言则移居一地岁久者自必发生变异。况古语今语不同，而藏南语与藏中语又复不同，此必待语言学家深入研审，非吾人所能判也。

（八）作革与乔柯

作革十二部之土民，亦嗜牧而不耕，其地暖于阿坝，而无农业，足知其为羌族历世保守之地。乔柯四部亦然。其人应是党项以外之羌族，或即宕昌之类，或是宕昌与党项间之另一羌族。大约为唐代羁縻州区，臣服吐蕃之时甚短，吐蕃崩溃后即已独立，成为反对喇嘛教之部落。入清以后始奉黄教。

作革及乔柯，皆无历史记载，又尚未访得民间传说，故只能作上列判断。大约两部血系甚近，或原是一部，后来分裂，又后更分为小部，故其牧区相依而俗亦相似也。

（九）包　座

此农牧兼营而信奉黄教之部落，似属氐族。但又与铁布、卓尼异趣，故亦似羌类。唐时为羁縻州区，隶属之日颇长，其受吐蕃同化，当由宗教力量，非由军事力量。因其与作革、铁布为两族，故特揭之。其来历不得而详也。

此外如理县之九枯三屯，与茂县静州陇木等土部，皆难详其来历。大约为"西山八国"之遗裔。

达布人的族源问题

(1979)

　　四川平武县白马乡，住有少数民族2000余人。他们自呼为达布（一写作夺簸）。新中国成立初，川北行署把他们划为藏族，建成"藏族自治区"。他们自己不承认是藏族，曾多次向省、地有关部门反映意见。经四川省民委组织调查小组，前往周细调查后，即送调查报告，邀集人员，于1978年12月18、19、20日座谈达布人的族别问题。我应邀参加，作了几次发言。兹把我零乱的发言，作一整理，微有删削和补充。第一天是从达布人是否就是氐族开始辩论的，本文亦就从这一问题说起。

一、达布人是否就是氐族？

　　首先，我怀疑"氐族"这个名称是否应该成立。

　　"氐"这个字，首先出现在《诗经·商颂·殷武篇》，"昔有成汤，自彼氐羌，莫敢不来享，莫敢不来王。"自汉儒说诗，至于近代，都把氐和羌说成是两种民族。但是，有五点可疑：

　　1. 殷墟甲骨文，有很多的羌字，却还未见有一个氐字。不只甲骨文无有，后世奉为经典的《尚书》《春秋》，也无有。周秦兴于氐羌地区，应与其人接触时多，而《史记·周、秦本纪》亦不见氐人字。《穆天子传》有数次"入于汉中"，汉中亦在氐区，仍未见氐人字。武王伐纣，从国八百，西戎有羌、髳、庸、蜀、彭、濮，亦无氐人。《周书·王会》，具列远方民族，有义渠、史林、唐戎、渠叟、楼烦、十卢、区阳、西申、丘羌、巴人、方杨、蜀人，皆西夷，亦无氐字。所载伊尹献令，亦无

---

① 本文原载四川省民委所编之《白马藏人族属问题讨论集》。达布人即白马藏族之自称。1978年，四川省民委根据其重新识别民族的要求，召开研讨会专门讨论。本文为作者在会上之发言整理而成。

氐人。汲冢《竹书纪年》记周显王八年"瑕阳人自秦，导岷山、青衣水来归"。瑕阳，为今天全县地（汉曰徙阳，唐曰夏阳，今曰始阳），从青衣、岷山、秦地入周，正是后世所谓"氐族"分布之地，当时亦无氐区之文。《尔雅》文义，纂自三代与先秦之书。其"释地"，提出"九夷、八狄、七戎、六蛮，谓之四海"。又无氐羌。《周礼·职方氏》发展为"四夷、八蛮、七闽、九貉、五戎、六狄"。亦无氐羌。然戎即羌也。狄氐音同。考《殷武》诗，实为宋襄图霸而辱于楚，因建祖庙落成，颂其祖德，以激励臣民敌忾，谋以报楚之诗。所举汤事，或有旧传语言依据，而字则可疑。疑"氐羌"当作"狄羌"，汉儒传诗，缘音而作氐字。商汤时有狄字，无氐字，则安得有"氐羌"之文乎？

2. 氐字单用，最早见于《诗经·小雅·节南山》"尹氏大师，维周之氐"句。旧儒解说这个字义，与"根柢"及"砥柱"字同，未有民族的含义。许慎《说文》释"氐"字（古氒字）云："巴蜀名山岸胁之自（古堆字），旁箸欲落堕者，曰氒。氒崩，声闻数百里。象形。"《扬雄传》，"功若泰山，响若坻隤。"应劭注曰："天水有大阪，名曰陇坻。其山堆旁箸，崩落作声，闻数百里。"是许说之"氒"，应说之"坻"，与诸史之"氐"字，同为陇蜀边徼狭谷崖壁间，顶上危石突出，其下可以居人之地。是表示这样危崖的特用字（后世邸字，亦缘此为义）。甲骨文尚未见。金文作ɖ，篆文作ϝ，皆是象形，初无人身含义。如此山崖分布地区，概在陇西、巴、蜀边鄙、海拔1000至3000米的狭隘河谷之部，从来有"陇坻""蜀坻"之称。本为从事农耕的华族所弃，只少数民族自称为羌，被称为戎者居之。华人称其地为氐区，分称则有陇坻、蜀坻、巴氐（宕渠）等区。疑《商颂·殷武》之"氐羌"，如其不是"狄羌"字，亦当是氐区羌族之谓，不是原指氐族与羌族。羌族分布地域辽阔，支落众多，成汤安能尽臣服之？只此坻区之羌。以土产与商殷交易，商人颂为"来享""求王"耳。周秦皆兴于汧陇之间，与氐区密近，故周代始晓悉其地，与其危崖旁箸之石，而造作氐字。宋襄时已有氐字，故其颂汤，变狄羌为氐羌耶？要其所指，不是氐族。氐族之称自汉始。

3.《墨子·节葬篇》言："秦之西有仪渠之国"（即义渠）亲死火葬，"熏上，谓之登遐，然后成为孝子"。初不言为羌、氐。（《荀子·大略篇》）因墨子文而变其说云："氐羌之虏也，不忧其系垒也而忧其不焚也。"（《吕览》同）义渠，本陇西羌国。荀卿易言"氐羌"，亦当是误用《诗经·商颂》字，俱尚不得谓为战国时已有"氐族"之证，用氐字为族名称呼，始于司马迁。其撰《西南夷传》，把夜郎、滇、邛等各什数君长属地，划为"魋结，耕田，有邑聚"的一类，即农业部族。把嶲、昆明等"编发、随畜迁徙,毋常处,毋君长"的划为一类,即游牧部族。把徙(即相如传的斯榆)、筰、冉、駹、白马划为"或土著,或移徙"的一类,即农牧兼营的一类。加上"在蜀之西"与"皆氐类也"两句。再加上"此皆巴蜀西南外蛮夷也"。最后加上这句,是说明他把这些族落不称为戎而称为夷的原因,是当时已把"东方曰夷,南方曰蛮,西方曰戎,北方曰狄"这些对少数民族的称谓字义打破,通可以称之为"夷"了。其"皆氐类也"一句,则是用来结束农牧兼营地区住民之通称的。徙、筰、冉、駹,在蜀之西。白马,在蜀之北。所以把"自冉駹以东北君长以什数白马最大"句放在"蜀之西"句下。并非把白马人的经济生活另作一类,也并非氐字不包括冉、駹、徙、筰。徙即青羌与冉羌俱又称为冉氐、青氐(《魏略》)。白马氐亦原称白马羌(西汉书)。这只说明汉代已经开始把羌与氐作为两个民族看待了。大概是以秦岭、西倾、昆仑以北为羌,以其南为氐。但这还只是一部分华人的分类法,并非全部汉人都已约定学成,无例外了。《赵充国传》和《西羌传》,便都只有羌称,不有氐称。是故释《殷武》"氐羌"为两个民族,是绝对错误的。说荀卿与司马迁时已是把氐作为民族称呼了,是可以的。如此称呼是否正确,则还有待于更深入的讨论。

4. 确定氐为一个民族,始于鱼豢《魏略》。裴松之《三国志注》引《魏略·西戎传》,分西戎为氐人、赀虏、西域三部(西域最辽阔,自玉门至大秦)。大抵以陇蜀间戎落为"氐人"。又说"其种非一","或号青氐(青衣羌),或号白氐(白马羌·白水羌),或号蚺氐(冉駹)。""中国人即其服色而名之也。其种自相号曰盍稚"。这就明明说他们自己有个一致的称呼,是"盍稚"二音,不叫氐。所谓"氐人",也与夷、蛮、戎、狄字一样,是汉人强加给这些族落的称呼。正与当前把达布人叫作藏族是一样。达布人既然不承认他们是藏族,若还又把千余年前施加于此区住民的废称,强加于他们,他们如何又会乐于接受呢?氐称已废千余年的今天,若还把达布人划为氐族,岂非极大的荒谬么?

5. 陇蜀间山谷居住的人,虽然在魏晋世有自呼为"盍稚"的氐人,并且在西晋崩溃以后,有几个自称为"氐族"的人建成了国家,但也还不能说今天还真有氐这个民族存在。那几个国,是:前秦苻氐,原是略阳郡临渭县的豪族。蒲琪乘晋衰乱,自称"护氐校附",把当时尚未完全融合于汉族的羌人团结起来,组成地方政权。别自称氐,改姓苻。到他孙子苻坚,几于灭晋,统一华夏。另一个是仇池杨氐,从汉末杨腾据仇池山起,世据此山,后为苻坚破灭。苻坚败死,杨氐复据其山,扩展地盘,占有武都、阴平等郡。附晋、附南、附北,向多方称藩。亦自立王、公称号。前后阅 200 余年,才被后魏所灭。还有后凉吕光,他也是略阳的人,从苻氐征伐起家,继张轨之后,乘乱据有凉州,为"五胡十六国"之一。至于割据巴蜀的李氏,也是从略阳出发的,他与其同伙原居巴地,故略阳人称他为"巴氏"。这四个自称氐族的国王,他们全是早已融合于汉族的氐人。用的华夏语言和文字,穿衣吃饭、经济生活,与其立国的政治制度,完全与汉族无异。他们已经不自知其相称为"盍稚"了。不过有些汉族人还呼之为"氐",他们便利用这个称呼来作号召,以利于与压迫他们的部分官吏战斗。过去的史学家们无识,硬把氐列为"五胡"之一。今尚有人说他们是"自呼为氐",便是古有氐族存在之证。这是"本本主义"误人。

综上五点,我认为氐之成为一个民族名词,是一个对民族历史的误解。它原为华夏文人横加于陇蜀边区山谷住民的一个地域属性的称呼,与夷、蛮、戎、狄、胡、越等字一样,是各民族自己所不承认的。并且它也是隋唐以来已经消灭了的民族名称。过去被称为氐的人,早已完全融合于汉族了。不但达布人不会接受"氐族"这个划法,恐就是李特、苻洪、杨腾、吕光的嫡系远孙们,在今天也不会承认他们是氐族。平武白马乡的达布人,既然不知道"盍稚"和"氐人"是什么含义,若还提出他们是"氐类"的说法,是很不必要的,也是很不应该的。达布就是达布,名从主人,才叫实事求是。不应回溯到千多年前已经泯灭了的氐人这个名称上去,用他来再加于达布或其他的人。

座谈会上,辩论热烈。多有淹博学人,为我指出氐为民族名称,除《诗》《荀》的"氐羌",《史记》的"氐类",《魏略》的"氐人",和五胡的苻、杨、李、吕诸氐国外,还有《山海经》的"氐人之国",《淮南子》的"羌氐"联称,和宋、元、明、清史籍、方志的许多资料。① 我认为这些资料,还须细致分析。《山海经·海内南经》有氐人国。说其人"人面而鱼身、无足",是反科学的妄言。《大荒西经》又说,"有互人之国,人面鱼身"。若还据以为实,则与初办学堂时成都某经师讲"彼美人兮、西方之人兮",就是周代已经有美国人了,一样成为笑谈了。《淮南子·地形训》整理《山海经》诸国名,未收氐人、互人。疑今本《山海经》这两条,是东汉人窜入的。至于《齐俗训》之以"羌、氐、僰、翟"为句,亦不过因当时世俗习语,以代戎、夷旧义,不是实指某族。其书之成,与《史记》同时。谓其同为汉世分氐羌为两族之始,可也。不得谓为其前已有氐族之证。氐族之称,唐、宋已泯。宋、元、明、清典籍仍有其字者,皆属沿袭旧文之失,不可能实指某族。盖亦如夷、蛮、戎、狄、胡、越、苗、濮等字之存于近世耳。

---

① 参看四川省民族研究所整理印出的讨论记录。

二、达布人应否属于藏族

鉴别民族支派，首当以语言差别为依据。因为人类的风俗习惯，会因流徙所至的地理环境不同，和所接触异民族的经济、文化、生活环境不同，而有所变化；唯语言是世代相承、幼而习之、不容易随环境而变的。平武县白马乡的达布人，与南坪和文县境内的达布人，合成一个民族区，不记已有若干世代了。他们不与异民族通婚，也不轻易与异民族往来。虽与汉族市易和受汉官管，却很少上街进城。过去几千年，顽强拒绝异民族的文化侵入。直到解放前，只受他们自己的土官（番官）管理，不直接亲近其他民族放来的官吏。他们经受过汉族、鲜卑、吐谷浑、蒙族、满族、藏族和其他异民族的统治。最富于感染力的宗教文化，如孔教、佛教、回教、喇嘛教和耶稣教，都曾向他们进攻而未曾浸染到他们身上。他们自己也未曾以政治、经济、文化和武力去干扰过别族邻人。像这样一个坚守民族院墙，深闭固拒，不受异民族影响的纯洁民族，应该是我国五十几种民族中保存原始语言、习俗素质最多的典型。把这个民族的语言与相邻各民族的语言比较分析，不仅可以把该民族的族别问题弄得清楚，还可从而把我国西陲各兄弟民族派系支分的渊源弄得清楚。

四川民委会印发的调查报告，把达布语与夏河藏语，和川边的茂汶羌语、普米语作了比较，说"达布话属于汉藏语系藏缅语族，是不成问题的"。参加调查工作的民族语言专家孙同志，又在座谈会上作了翔实的补充说明。参加座谈的白马公社书记宜马他同志就是达布人，新中国成立后才进小学，学汉语汉字，现在他已能说流利的汉语，能写读通畅的汉文。我请他把日常使用的物象名词用达布语说来，与藏语比较，可惊地有十之五六与藏语完全相同。约有十之二三根本相同，但已有音变。也有一二点与汉语相同。足见1950年川北行署的民族工作者把达布人"暂定为藏族"，并非"率尔操觚"，而是有一定根据的。

那么，为什么达布人又坚决不承认是藏族呢？讨论这个问题，请允许我先从藏族的族源说起。

我们现在所称的藏族，他们自己的称呼叫"播巴"。其原始分布地区，在今雅鲁藏布江流域，古代称为"播域"。他们原是羌族的一个支派。在《后汉书·西羌传》里，称为"发羌"。足见他原是前汉时代华夏人已经知道的一个地区。《前汉·赵充国传》和后汉初年，伏无忌撰的《东观·西羌传》，就有他们的历史记载。范晔《后汉书》收入，还保存有"发羌、唐旄等绝远，未尝往来"和"迷唐遂弱，其众不满千人,远逾赐支河首,依发羌居"之文,与曹凤的"逃亡栖窜远依发羌"的奏语。(后汉章帝时事)。发字,古音读如拨。《诗经·豳风》"一之日觱发"、《卫风》"鳣鲔发发"、《小雅》"飘风发发",皆读拨、泼音。汉时仍是如此,故刘熙《释名》曰:"发,拨也,拨使开也。"《西羌传》"发羌"二字,说明发羌即播巴,属于羌族的一支。"唐旄",即《唐书》的"羊同",其居地今称羌塘,与"多弥""党项""东女""白兰"等同为羌族的支分。播人(发羌)在汉世已成著名部落,亦与藏族自己的古史传说符合。他们因入居雅鲁藏布江这个温暖宜农的河谷较早,在群羌中首先进入了农业社会,有较高的文化。在隋唐世,因雅鲁藏布江的险阻,分为南北两大部类。结果是南部的松赞干布父子把北岸的孙波(苏毗)属部兼并了,徙都拉萨。又进一步征服整个康、青、藏高原诸羌落(包括苏毗最后残存的东女国在内)和吐谷浑、南诏、泥婆罗及西域诸国。最后还侵占了大唐帝国的陇右诸州,曾在长安另立儿皇帝。他与唐朝往来文书,自称"大蕃"。唐朝廷初不愿他称"大蕃",史官书记只称作蕃。后来扭它不过,才译写作"吐蕃"(吐、大同音)。又后到长庆年间,与吐蕃订立和好条约,不能不缮写成"大蕃"二字了。这个汉文与藏文对译缮刻的"甥舅盟碑",原有三通。立在长安和两国界上的两碑,被毁灭了。立在拉萨大昭寺外的一块,迄今还在。它为《唐书》的"吐蕃"二字作了极其宝贵的古音见证。证明蕃字古音读播,而"吐"字是唐代还读"大"字音近于"土"的证据(加口旁,是我国人对译音字贯用的标识)。由于吐蕃使臣读大字音不准,近于土、杜之音(今吴语尚读大如杜),故用了"吐"字。①

由于吐蕃强盛时,自己制造了文字和宗教,形成为"吐蕃文化",随其军事和政权的发展,向四方推动。各被征服的民族部落,未能自己创制有文字和宗教的,不能不为吐蕃文化所风靡。因而学习藏文和喇嘛教的羌族部落,日渐发展起来。浸渐

---

① 由于时代不同,华人对其他民族的称谓字用得不同。加以不同时代的字形和音义的发展变化,扑朔迷离,千变万化,多有线索断烂、难以会通的。前人不察,沿讹益误,转相牵乱,陷于无法清理之处,在少数民族称谓用字上,是经常遇着的。西南各民族,流动杂居,历史复杂,混乱甚最。今天要清理他们的族别和流派,单凭古籍文字和残缺不全的历史记载来推究,是不能解决问题的。还必须用历史文献去核对文献所指地区的地理条件,分析历史发展阶段是否到达,和地理条件能否许可的,加以实地考察的资料。三者考订,都说得通了,才可以下断案。最初的断案,还只能作假定,不能算作定案。更还待经过多数人反复的考察研究,认为断案可以成立了,才算成为定案。纵然已经可以成为定案了,还会有人反对。不过它不可摇撼绝大多数人都已承认的定案罢了。回忆我1928年考察西康时,发觉土著不懂"藏胞"的称呼,而自称为"播巴"。怀疑到吐蕃二字的对音,才开始赶学藏文,深钻典籍,次第发见《同文韵谱》和《唐蕃盟碑》,证实了吐蕃二字的音义及其衍变发展。由于法国汉学巨子伯希和说了蕃无播音,国人自从。我与这批盲从的人斗争了二十多年,获得大多数国人认为定案了。世俗之难移如此!我在这次发言中,又提出了上文这样新添的假定。我不敢自信可成为定论,只算在百家争鸣的号召下,发表个人的见解,希望能够引起同道的批评订正,共同反复研究,以利于求得定论而已。

深入，普及整个大高原，并影响到高原四周的地面。原来的羌族部落，坚决拒绝接受吐蕃文化的，在高原上站不住脚，除了逃避远徙，尚有保存者外，凡留居在这大高原上的羌族，都融合于蕃族而称"播巴"了。宋、元、明、清年代，吐蕃帝国虽然崩裂成为若干小部落，但喇嘛教，却成了这高原上共同的信仰。即是说：吐蕃文化仍统一着的。从而语言、文字、风俗、习尚，社会的经济基础与其上层建筑都能一致。他们不自知其原是"羌人"了，一体自称为"播巴"。华夏的人，还是称他们为"吐蕃"（《宋史》仍有《吐蕃传》。实际只说的河湟诸播巴部落的事）。西域与西亚和欧洲诸国的人，也因唐蕃旧称，称其人其地为吐蕃。辗转音变为土伯特、图伯特和底伯特了（伯、番、波，古同音。转译而变）。

"番"字的古音，原只读唇音，《诗经·小雅·节南山》"番为司徒"，与《史记》《汉书》的"番君"，音义可证。故从"番"声之字，鄱、播、幡、蕃，今皆同"番"之古音。南北朝民族曾流离，混杂错居，发生地方音变，才有读为"翻""幡"（孚袁切）音的。宋元以后，番、蕃字音才变同"翻"。从而"吐蕃"字也变为"土番"，音作tufan，与Tibet等中西音义不通了。清代把雅鲁藏布地区称为"西藏"，称播巴为"藏人"。藏布，藏文里原是圣洁者的含义。吐蕃强盛时，原自把康青藏人高原分为卫藏（元明称乌斯藏）、喀木（康）、安多（阿多）三部。其对地区住民的称呼，原曾有"藏巴""康巴""多巴"的区别。故现在称播巴为藏族，能为已奉喇嘛教的民族所接受。未奉喇嘛教（即未受吐蕃文化的）的民族，就不肯接受。例如：岷江上游的原杂谷土司属民，是信奉黄教的冉遗裔，称他们为藏族，他们就接受。同一冉故地内，未信奉喇嘛教的，就不肯接受而自称为"羌族"（今茂汶羌族）。同样，康滇之间的木里县住民，原是古代白狼族（白兰同）遗裔，由于清代以黄教喇嘛为土司，经过几百年的强制熏染，大部分已自己承认他是藏族了，但仍有一小部分未受吐蕃文化浸染的人，就不甘被称为藏族，而自称为"普米"。同地区丽江的古摩些人，虽然已经信奉喇嘛教，但他也信奉儒教，并且已经自己创有文字，逐渐形成自己的一种独特的文化，他们就不乐于被称为"播巴"，而是自称为"那哈"的民族了。这种事例，在川、滇、甘、新的依近高原地区，有很多，不可胜举。然则达布人之反对称他们为藏族，岂不是民族学的规律所必然的吗？

总结本章所谈，就是：所有这些民族，族源同出于"西羌"。其中"播巴"这一支，因为他已经有一千余年的独立文化，而与他母体羌族脱离，自成一族。本自称为"蕃族"，现被称为"藏族"，他们愿接受。达布与茂汶羌、那哈和普米等，不肯规划藏族，就不该强以藏族加之于他们。现在他们久已不自知其出于羌族了。不但达布如此，便如藏族和普米与茂汶羌，亦都忘记了他们这一族源。或许还会不相信他们有这样一个共同的族源。这就只能"名从主人"，遵用他们的自称达布，以别于其藏族好了。

达布人虽与藏族应当分别为不同的两个民族，但在语言体系说来，他们与藏族是汉藏语系中的两个分支——羌语支和播语（藏语）支。藏语支是经过喇嘛文学洗练过的语言，形容词、疏状词和发音姿态要丰富些，所以夏河县与南坪、平武、文县地方虽接近，语言也基本相同，而"韵尾"与"复辅音"（调查报告第二页）不同。因为夏河受拉卜楞寺黄教喇嘛熏染已深，而达布人没有。藏文，是吐蕃王取印度文来拼写羌语的文字，所以藏语与达布语基本相同，而又有殊异。达布是保存古羌语的本音较多，但亦不能代表古羌语。他与茂、汶羌语及普米语又会不同，正如藏族分布地区的地方语不能与拉萨语是一致一样。那又是分支下的若干小支了。

三、达布族别问题如何解决

达布族别问题究当如何解决，个人管见，认为可作这样的假定：

达布人是汉藏语系，古羌语支，宕昌语属下的一个小支。尽管他的人数很少，仍应该划为一个单一的民族。

所以要称为"古羌语"，是因为要与茂、汶羌族的语言有区别（他们实际也是同源异派）。古羌语已不可能在今天找出完整的化石来作标本了，但它的图像轮廓还在。藏语、达布语、茂汶羌语、普米语和康青藏大高原上所有一切地方土语，都是从它的轮廓转写下来的。他的分支派别，将来会从普查语言的工作中分析出来。这里，须得先把宕昌的历史作个说明：

宕昌，《南齐书·氐羌传》称"宕昌羌"，《梁书·西北诸戎传》说他"羌种也"，《魏书》《北周书》也都称"宕昌羌"。各书对仇池杨氏则皆称为氐。这说明当时羌、氐两字，皆随其人自称不同而有区别（杨氏称氐有说，已详第一章）。《北周书》记宕昌最详。首段仍《魏书》文，说他是先零羌、烧当羌的后裔，"姓别自为部落，酋帅皆有分地，不相统摄，宕昌其一也。""无法令。又无徭赋。惟战伐之时乃相屯聚。不然则各事生业、不相往来。"这段话，说明他在南北朝时仍还保持原始氏族部落的形态，尚未进入奴隶社会，无论封建制度了。但是，由于习近封建社会，也受到了封建名号的感染。故《魏书》说"有梁勤者（《周书》作勒）世为酋帅，得羌豪心，乃至称王焉。勤孙弥忽，世祖初，遣子弥黄内附"。《周书》接着说，"自弥忽至企定九世"。企定为其下所杀（547），"乃更以其弟弥定为宕昌王"。由他这些人名，父子联缀的方法，也可肯定其保持着西羌旧俗。只是由游牧的社会已经转进到定牧和农牧兼营的社会了。又说：保定四年，"弥定寇洮州，总管李贤击走之。是岁，弥定又引吐谷浑寇石门戍。贤复破之。高祖怒，诏大将军田弘讨灭之。以其地为宕州。"

宕昌的地界，按《北周书》说，"自仇池以西，东西千里，带水以南，南北八百里。地多山阜。部众二百余落"，仇池山，即西汉水上源的瞿堆，属氐杨氏地界。自此"以西"，即今甘南武都县以上的白龙江河谷地区。"东西千里"，则已抵达赐支河曲（今青海果洛州界）。"带水"，即今洮河上游（岷县以西的部分）。"南北八百里"，则已抵达大渡河上游的金川地区了。"二百余落"，说明他们是分散居住在这广大地区的各河谷内的。周武帝虽然灭了宕昌王，仍置宕州，说明他只是把本族酋长统治改为华族的流官统治，并非消灭了这个民族。故《隋书》《唐书》与《寰宇记》，还有《宕昌传》，都叙述这一民族的分布情况。

现在达布族分布的地面，恰好是在仇池以西、带水以南的地面。他们是这样坚强保守自己风俗的民族。住居在深山穷谷，汉人足迹难到之地，既未被吐蕃所同化，又未融合于汉族及其他民族。可以估计：其人就是宕昌二百余落之一的后裔。这自然还只是我就历史地理和文献记载作的初步推断。

宕昌王覆灭后，党项王从唐、宋史籍里冒出来了。按《唐书·党项传》所记的党项民族风俗和地理部位，几乎完全与《周书·宕羌传》相同。党和宕，几乎同音。从前曾经有人怀疑隋、唐、宋的党项，就是魏、周、隋的宕昌。只是部落酋长变了，民族还是一个，华人译写不同。这种推论，符合历史实际。隋、唐、宋人称述党项，也都附有一个"羌"字。羌语与汉语不同，异代译音字异，是无足怪的。便如"达布"这两个字，参加这次调查工作的人，也有写作"夺簸"的。我问在白马乡工作二十多年的张同志，他说"该作夺颇"。又问白马公社的宜马书记（本族人），他为我作其民族本语的发音，只作 dan 这样一个单音，没有布或簸的后续音。可以设想为就是"宕"字的音。即是说：宕、党、达、夺，只是一个支派自呼之名的译写不同。本只一个"宕"（dan）字，由于与汉族交接，汉族不习用单音名称，他们便加上一个代表人身的字布（簸），或昌、项等音，表示其为民族称谓。

既然藏语与羌语同一族，藏文是用羌语写成的拼音字，则藏文音义，亦可作为探索羌语的手段。藏文པ·（巴）、བུ（布）、ད（簸）、མ（马）、ཕ（颇）等字，皆常用为表示人身的字。"达布"或"夺簸"，既是羌语，也就当是"宕人"之义。藏文的ཚང·字，与汉文"昌"字同音，它有同类聚处之义。可以设想：汉文籍里的"宕昌",在羌语就是宕族王国之义。藏文འངチ字,与汉文"项"字同音(一般译音作向字)。它有母族血统之义。故"党项"二字,可以设想为宕族母家之义。验于历史事实,也是如此。党项所居,在赐支河首(今青海果洛自治州)。那原是汉时烧当羌的根据地,也就是《西羌传》所描述的羌族的核心地区。宕昌羌,正是从那里向东延展出来的。当他东进到汉族封建势力强大的仇池山附近时,不能再前进了。并且不能免于要受封建制度的影响。于是有了梁勤这样的人,向封建文化前进,作了北魏、北周的诸侯。其实也只等于近世达布族里的一个"番官"(土司),不过所管地面宽一点。但是,他管的百姓,大都不愿跟着他走。跟着他走的只有少数好事鲁莽的人。他们触怒了周武帝,被消灭了。周武帝把宕昌故地改立宕州,派流官统治。流官不习宕俗,必然管制不了。不知要经过若干次叛乱,直到唐代沦陷于吐蕃。原来拥护宕昌王的一批人,自知不敌周师的压力,逃离宕州地界,回到老家赐支河首,重建党项王国。后亦降于吐蕃。吐蕃文化,不是他们所喜爱的。但迫于威势,不敢反抗吐蕃的令教。吐蕃征发他们入侵大唐的陇右地方。他们(党项)缘之内徙,后来遂在银川建立了西夏王国,终为蒙古所灭。其不迁入陇右者固守其旧俗。但亦不免被迫慢慢信奉一点喇嘛教。直到现在,果洛州的藏族,还只信奉黑教和红教(旧喇嘛教)中的祝靖派,没有信奉白教、花教与黄教的,因为这三大派新教,都是吐蕃帝国崩溃以后,从各小王国中兴起来的。没有政治力量压服这个倔强顽固的族落,喇嘛教就传不进去了。至于宕州界内的土著呢,他们受吐蕃压力的时间更浅些,喇嘛文化根本未传播进去。尤其是达布这个地方,他们最多只是稍稍有点吐蕃最古老的黑教的影响(调查报告里说的"端公"和"道士")。同他们在元、明、清代,受番官管治下时不肯接受儒教的封建文化是一样。

这就是宕昌的民族历史。也就是达布人的真实历史。

四、达布、宕昌与古羌族的历史关系

人种学这门科学,是达尔文《进化论》行世以后才产生的。最先是人种一无论,其后有人种多元论。无论一无论和多元论,都有这样一个共同的论点,那就是:人类这个动物,是不会永久停滞在一个地区,而是要向四面八方扩散流动的。随其流动方向,分歧而成若干支派。有些支派,转进到适当地方,创造为适合于当地环境的文化,从而形成为新的民族。有的支派,流转到某些地方,遇着更优越的民族文化,从而融合于别个民族去了。有些支派,已经流转到远地了,生活方式已随地理环境有所改变。但还勉强要坚守他传统的语言和习俗。也还有留在原始住地，不迁徙和不愿转变的。后两类的人，往往是保守落后，逐步在他种民族优势凌轹下被淘汰，或因战斗失败而衰亡，或受大自然的摧毁而消灭，现在还保存着的，实在太少了。达布，便是这样一个典型的民族。他们本源的羌族，在石器时代，曾有过几千年的辉煌历史，所分出的支派繁多。他们之间，现还各自保存着一部分原始的羌语。若还有人把羌族派分各支的语言调查清楚，把其中相同的部分提取出来，研究他们相互间的地区音变，就可使古羌语重见于世。同时还可以把羌语体系的各支，亲、疏、远、近的关系分析清楚，而把羌族派分的支系正确地绘出一枝"人种树"出来。到了那时，达布人的族别问题，就不成问题了。

以下略论羌族与达布的历史关系。

羌族的原始居住地在今青藏高原上最高的部分，今天藏语把它叫做绛塘。如用万国音标写出来，当作 Byang－thang。用英文写出来，便是 chang－tang（羌塘）。"羌"这个字，现在藏语只作北方解释，与藏文"洛"字现只作南方解释是一样。原本是羌巴和洛巴的民族称呼字。因羌在播巴的北方，洛在播巴的南方，当播巴制造藏文时，便用二字来代表南、北方位，正如汉文用"胡、越"来代表南北方位一样。不过汉文已习用南、北二字，藏文仍习用羌、洛二音而已。

羌塘（绛塘）在今天，已经是海拔 5000 米左右的荒漠或贫草原了。我兹把它说成是羌族文化孕育之地，是会遭致"下士闻而大笑之"的。故必须多费几字来作解说。

羌塘的海拔，就地质年代说，原不是现在这样高，大约在去今 600 万年以前，它还曾经有一段时间浸浴在海水之下。从冒出海水，渐渐上升，大约已经过四五百万年了，而人类入居这个高原，只是近百万多年的事。当人类初到时，这里是水草丰富的草原，野牛、野马、野驴、野羊成群密布，而没有毒蛇，很少猛兽。人类感到这是比其他任何地方都安全和富足。气候是冷一点，由于有毛皮遮身，能够克服。最可喜的是，它空气清洁，没有瘴疠疾疫为害。更重要的是，遍地都有白石英块和黄金粒块；前者是天然犀利的截割石器材料，后者是天然的最好的投掷武器。这些石器，胜过其他任何石材作的武器，保证了他们衣食丰足，无忧无患。于是羌族很早便形成了。他们最先驯养野牛成为牦牛，野羊成为藏羊，野马成为藏马。还驯服了一种凶猛的狻猊，成为忠勇于人的藏犬（獒）。更还创造了异种杂交而育成乳、肉、毛、皮和役用俱优于牦牛但不能传种的犏牛。这些成就，在原始社会说来，都非经历几千年或几万年不能做到的；而羌族的人，早在华夏文化尚在萌芽时间就已完成，而且作为商品行销到华夏来了。且不说"织皮"（毛皮）、獒（"西旅贡獒"。见于《尚书》）、犛（牦牛尾毛）、犣（牺牛屡见于"礼经"）这些畜产品；即如麦种，也是羌族最先育成，唐虞时才引种到华夏来的（《周诗·颂后稷》云："贻我来牟，帝命作育。"故华文麦字从来）。华夏古代用的玉兵和玉器，也都是从羌域运来的商品。甚至有些语言也是用的羌语。这一切，都说明羌族在上古年代，已具有远远优越于亚欧其他民族的文化；包括黄河流域的华夏在内，各都要落后于羌族几万年。

但是羌塘这个高原，不断在陆续升高，气候在陆续加冷，生产受到了地理条件的限制，最近几千年内，中原文化突飞猛进，羌族则停滞不前。相形之下，逐年落后。到了现在，他还保留有原始文化程度的地方，而华夏地区已进入社会主义社会。这个差距之大，就难计算了。

当羌族文化高速度发展时期，他的人口也不断增加，势必然要分向四面八方延展，寻找新的出路。于是，播巴、多巴、康巴的地域区别产生了。成就最大的，便是播巴（住居雅鲁藏布江流域的羌族，《西羌传》称为"发羌"），后来发展为吐蕃国，现在称其人为藏族。"康巴"就是现在甘孜州住民的祖先旧称，也曾建成过许多部族集团的名号，这不在本文叙述范围之内。"多巴"在隋唐时还保存有"多弥"国。随即为吐蕃兼并了。其国原在今日青海省的玉树州，以产黄金著名于《唐书》。康与多的两大地方民族，后来随着吐蕃分裂，成为若干民族支派，都在青藏高原以内。

他们是不是还曾再向高原以外发展呢？那是肯定的。并且早在五千年前，就已经向高原以外的四面八方扩展了。唯因北、西、南三方都是大山脉，向外拓展甚难。唯有东北面的黄河上游，与陇西地区，是由草原向农耕地区缓斜降落的。并且联接到内蒙草原，它与青藏高原地理条件相似。所以羌族向这个方向迁流的人最早，也最远。大概早在第四纪冰期开展不久，便已迁流到陇西和冀北，与辽东地面了。我国古时所谓"北狄"，实际是东向迁徙的羌族。考古学家所发现的"河套人""山顶洞人"，都可能是从青藏高原迁来的羌族古人。所在陇西、华北和东蒙发现的旧新石器遗址，也可能是羌族古人留下的遗址。连华夏古代传说中的民族英雄，如黄帝、后稷、大禹，等等，都与羌族文化有许多纠缠不清的关系。关于这些史实的证据，我个人搜罗到的还不很多。未来是会要陆续得到证实的。因为这条路线，还不是达布族东进的路线，这里也不详论。

青藏高原向东北与陇蜀之间交通的次要途径，是缘巴颜喀拉分水线通向四川盆地边缘的山谷地带的路。由于羌族习于高寒，畏居暖地，故羌族循此带东进者都难于进入四川盆地，而乐于依傍海拔1000米至3000米的山谷地带前进（冷季下入河谷，热季回上高山，对他们生活相宜）。他们很早就已循大巴山脉进入鄂西与南阳地带了。但是遭逢比较进步的华夏文化，结果被融合了。楚国的芈姓这个"芈"字，与"羌"字很有可以联想之处，这都还可以不论。大巴山南北居住的李特家族，被人称"巴氐"。其祖为"东羌猎将"，就说明他们是已经汉化了的羌族后裔。至武都的"白马氐"，五胡十六国中苻秦、吕凉，仇池杨氏之自称"氐种"，更可证他们都是已经汉化了的羌族后裔了。

华文惯例，把东羌之汉化了的称为"氐"，未汉化的羌族称为西羌，或"羌"。宕昌、党项、迭部、达布，便都是古羌族东徙进陇蜀边地而尚保持他本族习俗未变的羌人，故史籍皆与他们加上一个"羌"字，以与"氐人"分别开来。其实他们是比较后期向东方迁流的羌族人。迁徙时间，大约在东汉以后，魏晋之际。或许就是从姜维屡次连接羌族代魏之时开始的；到杨氏据有仇池时，便停顿下来了。所以宕昌的东界，抵仇池而止。但是由宕昌留下来的族姓部落，保存在宕昌故地的，就有达布这一族落。

五、古羌语的"化石"

达布族这个古居住区，出产熊猫，被人们称为"活化石"。因为熊猫与达布人同居住在这人迹罕到、外敌伤害不大的地方，虽然肉类食粮缺乏，被迫改吃竹子，也能保留它猛兽时代的身体结构。达布人保存了羌族的语言和部分旧俗于古羌族消灭千余年后，亦可以说成古羌语的活化石了。

最难得的是他并非藏族而与藏族有大量相同的语言。证明了他是古羌族遗留下来的正规羌语。是故，再把古羌分布地区的民族语言全面调查，分别异同，把它们与达布语言作一比较，其相同的与基本相同微有音变的，提取出来，那就可以肯定其为古羌语的全貌了。这些提出的语言，称为古羌语的化石，亦无不可。

我希望民族工作部门，再组织一队或几队语言研究者，进入古宕昌区去，进行一次广泛调查工作。首先把下列各处土著语言选择录取，用与达布语比较，察辨他们是否与达布同族。或只是近支或不相干。这样，可以把宕昌（党项）遗裔以至与古羌族的遗裔一同寻找出来。对于正确解决这些人民的族别问题有益。自然，同时亦可比较他们的习俗和社会组织。

可能属于宕昌遗民的地区，如下：

1. 甘肃的宕昌、舟曲、迭布三县，主要是铁部土司旧民。迭、铁、叠，与宕、党、达、夺是一音之转，可能就是一个羌语的异译字。

2. 四川松潘县的铁布寨，今为若尔盖县治地是否与甘肃迭部是一族，可由土著语言比较而知。由迭部至松潘途间，可能还发现一些使用古羌语的人。

3. 四川马尔康县的党坝区和丹巴县的丹东区，都是土司保存得最久，临近解放才消灭了的。丹东土司与霍尔、明正土司交界的界山，藏语汉语都叫"党岭"。顾名思义，可能就因是党项南界得名。党、丹、宕、铁，也是一音之转。疑皆宕昌遗裔的部族，保存有宕昌古语。

4. 茂、汶自治县的羌族，按史传考察，可能是康巴"西山八国"的遗裔，若然他就不是宕昌遗民，他们的语言虽然也是古羌语，却不能从同于宕昌语。但他们也可能是宕昌地区冉羌、羌的旧民。因为他们与宕昌同是羌族，故比较上列各地人民的语言，对于清理羌族支派和正确划分他们的族别工作有益。茂、汶羌语与杂谷语也应是相同的，只缘杂谷与藏族同宗教，因而被划为藏族。黑水区的羌族，则是不奉喇嘛教而与茂、汶羌甚为接近的。是否与达布有同族关系，也值得因便考查。

5. 川边的宝兴县，原是明代很强大的木坪土司辖地，民国年间才改流置县。其尧碛一区，至今还基本上住的羌民，使用羌语。其发音多与藏语不同。是否与茂、汶羌语一致，和与达布语相差多远，值得考查研究。

6. 大渡河谷，康定县上下鱼通两区的土著，保存一种鱼通土语，与藏语大大不同。妇女装束，亦与康定以西的康巴不同。应该是羌之顽固保持旧俗者。他们与木坪尧碛接近。宜同时进行调查。这对于羌族分支，与川边民族的区别和历史发展的研究，有很大作用。

7. 盐源县的普米族，他和木里县的土著（藏族），原皆康巴南下的一支。由于尊信喇嘛黄教与否而形成为两个民族。他们之间的语言也应多有共同之点，可以代表一部分古羌语。

以上七个地区的土著，都是居于川边山谷僻险地区，拒绝接受吐蕃文化和汉族儒教文化的羌族遗民。前四者属多巴大支，后三者和其他甘孜州与阿坝州的所谓藏族，都该属于康巴大支的分派。而整个青藏高原上的藏族，都可以说是羌语系若干支派接受吐蕃文化者的统称。其中仍还有一些部分的人保持不同程度的、世代传统抗拒吐蕃文化的情绪。虽然已经自己承认是"播巴"了，语言上保存古羌语实质者，必然还较拉萨语和一些喇嘛黄教盛行的地方语为多。也是值得调查比较的。那些具有特殊语言的地方，就我所知，亦可列举如下：

1. 青海果洛州的土语。那是与达布语比较相近的党项语。

2. 青海玉树州和西藏穹波（三十九族）的土语。那是多巴语的典型，虽已混于藏语，不同之处仍应多。

3. 康北草原地带的"牛厂话"，即札柯定曲河源一带的娃许话和石渠土语、色达土语、独柯土语、阿坝土语以及理塘毛丫、昌泰一带的牧民土语，都是康巴语的分支，而保存古羌语较多的民族，也值得调查研究、分析比较。

4. 藏北绛塘（羌塘）土语。那是羌族文化发祥之地。汉代被称为"唐旄"，唐代被称为"羊同"，都是独立部落，并且是抵抗吐蕃的。他们接受吐蕃文化很晚，应该保存正宗的羌语很多。很值得调查研究，寻找古羌语的活化石。

兹就个人闻见，把达布与古羌族的关系，依历史地理的演变过程，制为《羌语发展体系图》，见图1。

六、结束语

我国是一个多民族的大国，对民族学的研究来说，现还只在萌芽阶段。要把现有五十多种民族的族别源流调查清楚，人力还远远不够，尤其是我们这大西南地区，又不仅是民族问题，更还有多种民族交织流动，相互影响，历史复杂，和历代书籍记载不符，称谓谬乱，无人清理，辗转讹的缺点穿错其间，积有几千年了。这样一个错综复杂的问题，如同一团乱丝。要想在短时间内，借助于几十个人的座谈讨论，便得到美满、正确的解决，是不可能的。这次座谈会的收获，只在于把部分有志研究民族问题的人的注意力引导到实地调查工作，让他知道：不能单靠书本，"纸上谈兵"了。

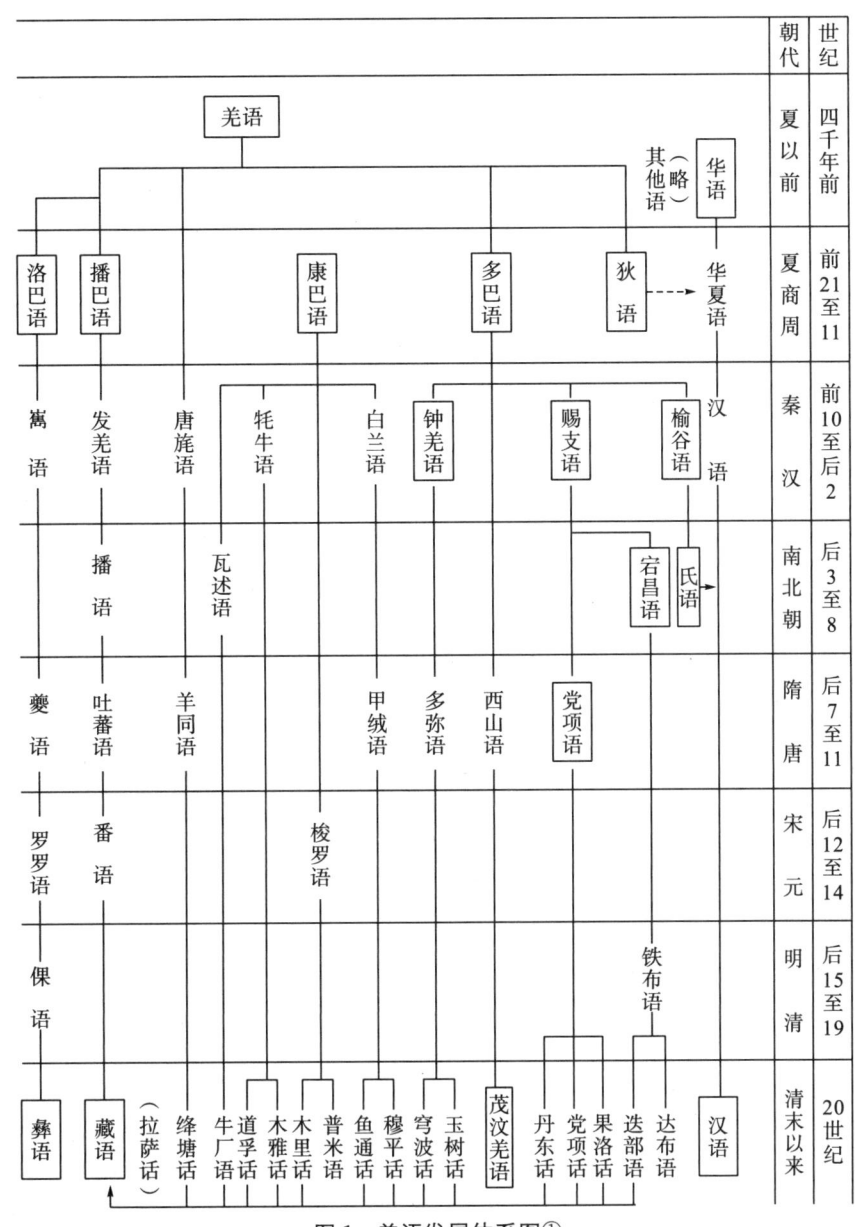

图 1　羌语发展体系图①

---

① 我国的民族语言，约可分为汉语、羌语、缅语、越语、胡语和维语几个大类。它们也代表民族渊源的几个大类。羌族形成的历史最为久远，所以他的语言派流散播最宽、支系很多。现在所谓藏语、彝语，实际也只是古羌语的支派。其他还有很多的支派，与本文无关的，概未列入，只用"其他"二字。例如拉达克语、泥婆罗语、哲孟雄语、门巴语、月氏语、龟兹语和"潞子"、"倮子"、摩些语等，都删去了。这幅图，只选列其与达布人有关的和本文所提到部分。其中有些语言是已经分化成为若干种，原语本身已消灭了。有些语言，也因种族融合于他民族而消失了（例如"狄语和氏语"）。有些语言，本自在发展变化，而有古今的不同（例如"彝语"和表中的，随历史时代异称的各一支派）。"狄语""氏语"融合于汉语，它本身消失了，图用虚线围绕着，并矢示其融合的方向。有许多羌语的支派，已经或行将融合于藏语了；也用矢线表示出来。其有顽强自守，尚未融合于汉、藏语的，才用线条围了，以示区别。可以肯定的关系，用实线联缀。其尚难肯定的，用虚线联缀。

我的意见，正确解决民族族别，只能注重调查，不能依靠书本。书本资料只能作为研究民族历史的参考材料。调查工作又首当注重语言。比对多种语言，才可能把各民族渊源流派比较准确地清理出来。所有衣、食、住、行的习俗形式，经济生活与文化生活的特点，只能用作参考的资料。并须探索各民族历史阶段的地理环境，校订它所可能发出变化的方向，才能够得出比较合理的结论。历史探索，自然离不开书本，但也要善于审核书本资料。四库五车中，辗转抄写、沿讹、增伪的文字很多，若还都取来用，那便是"治丝而棼之"，"尽信书，则不如无书"了。所贵在于找得第一手资料和接近于第一手的资料。并且用实地考察的资料去校核他，分析出可靠部分与可疑部分来使用。少数民族有自己文字记载的史料和考古发掘的资料，应该是优先依靠的对象。各本民族人口头的祖先传说和大民族史籍对他们的历史记载，就更有审慎分析的必要了。

这次省民委印出的调查资料之所以可贵，便是作了各个方面的实地考察工作，并且是首先注意语言的比较分析。作为肯定达布是单一的民族而不是藏族的条件，已经足够了。只是还不够解决他的族源问题。

由于我们当前还没有足够的调查资料可以指出达布族源的轮廓，而书本上又还从未见过达布这个名词，更说不到谁见过他的历史资料。我们这些援据书本发言的人，只如"盲人摸象"一样，"扣盘扪烛"之误，是难免的。"书本误人"，是我国读书人的古今通病。《庄子》寓言说得好，"蚿怜夔。夔怜蛇。蛇怜风。"他们自己相信有脚和脚多的好处，似乎是唯物的。实际是蚿不及夔快，夔不及蛇快，蛇不及风快。必须经过实践检验，他们才会自己明白的。班固《艺文志》，也有一句名言："安其所习，毁所不见，终以自蔽。"单纯靠古人著作来说达布是氐族，是羌族，或其他民族的，也正如此。我也正是其中的一个。唐人小说，有"日近长安远"与"日远长安近"的争论。近人妙喻，有"究竟是先有鸡，还是先有蛋"的提出。这些问题，在科学蒙昧时代是无法解决的，在科学昌明的今天，便只可作一场笑话看了。

实践检验真理。反复实践，直到完全适合客观条件时，便是正确的了。当前我们对于达布人的族源问题，若还付诸讨论，是必然会有多种多样的争论的。因为我们现在还处于"群盲论象"的阶段嘛！但这些争论，若还都能各抒己见，写出书面来，公诸国人，敞开研讨，先做到"求同存异"，便可跃过"群盲论象"的阶段，找出解决问题的大方向来。然后又经过反复调查分析，则可由一条一条的乱丝理出，而取得全部民族历史问题一齐解决的胜利。

西藏的自然区划[①]

(1947)

一、喜马拉雅与闷域

西藏高原南界，为喜马拉雅山脉。此山脉西起帕米尔，东极于西康察隅北部八宿交界之阿大冈（A ta－Kang），长达2500千米。西段在印度克什米尔（Kashmir）南境，即《大唐西域记》中之"大雪山"。中段当尼泊尔、锡金、布丹与西藏交界处，藏名冈靖捉呃（Gang－chenmdsod－lnga），意为大雪五库。东段为珞隅（Klo－yul）与波密之界山。华金栋氏（F. Kingdon Ward）常称呼之为东喜马拉雅（Himalaya East）。

此长达2500千米之伟大山脉，高入雪界之山峰，殆逾千座。皆成嶙峋峭拔之少年姿态，足证其为造山力一次之所造成。山脉之脊线，平均海拔6000米。其南侧急剧降落为500米以下之印度平原。北侧，则平均5000米左右之西藏高原也。如此6000米之脊线，亦即为西藏政治区之南界。脊线南之斜面部落，藏人称为闷域（Mon－yul），包括尼泊尔、锡金、布丹、珞隅与拿达克诸区，其与印度之天然界线，亦即600米同高线也。不只今日如此，数千年历史区划，亦皆如此。中间偶有出入，亦甚微细。

然此山脉之脊线，并非西藏与印度之分水线。印度大河，殆全部发源于此山脉之北，委曲迂回于此巨长之雪墙中，造成绝峡，以放泻于印度平原。印度河（Indus R.）、萨特里日河（Sttlej R.）、恒河诸巨源中之Karnali、Bherl、Arun诸河，布拉马普特拉（Brshmapuira）上游之雅鲁藏布，皆是其例。如此奇象，可证明西藏高原南部原与印度平原之高差甚微。自喜马拉雅山脉产生以后，始渐上升。其上升速度

[①] 原载于《康藏研究月刊》1947年8期。

之大，约略与山脉完成之速度相当。否则山脉北部众水，将郁闭于山脉之北成内陆湖。不得从容刻削此巨长之雪墙为峡谷而归其祖宗之旧巢也。

喜马拉雅中若干雪峰，皆被藏人认为神山，如觉摩贡噶（Jo—mogangs—dkar）、觉摩纳日（Jo—mo—lba—ri，皆在尼泊尔界）、查日（Tswa—ri 皆在尼泊尔界）等，其尤著者。

二、雅鲁藏布流域

雅鲁藏布（Gya—ru—gtsang—po），藏语意为雅鲁区之圣者。藏人称拉萨河为藏布，《唐书》译作"臧河"。臧，藏语圣洁之意。布；人身代词。彼佛教徒，崇拜山水为神，故称此河藏布。原只加于拉萨河与其下游。其他流入此河之水，有被拟为圣水者，则冠以其所经之地，曰某藏布。如自波密流来者曰"博藏布"（Sbo—gtsang—po），自工布流出者曰"工藏布"（Kong—gtsang—po），自热噶流出者曰"热噶藏布"（Raga—gtsang—po），此例颇多。亦如我国，入江之水皆曰某江，入河之水皆曰某河，实则江河为长江与黄河之专称，非普通名词也。雅鲁为后藏日喀则附近之古地名，代表今日后藏地方之大部。拉萨人称自此区流出之大水曰"雅鲁藏布"，原限为藏布会口以上之专称。此正如我国以岷江为江源，可单称为江。金沙江虽源远流长，只认作支流，不得单独称为江。然在西人，则谓金沙江为长江正流。外人初入藏者，自亦必以雅鲁藏布为西藏正流。故今地图，率将雅鲁藏布四字，标写于曲水以下之藏布地位。藏人自呼其地，殊不如此。

西藏为海拔 5000 米以上之高原，气温随高度降低，大部地方不能栽培谷物。唯此雅鲁藏布，刻削高原，造成海拔 3000 米左右之河谷台地，温暖，可以种麦，故西藏之农村、都邑、寺庙，皆密布于此河本支流所在之地。近代西藏人口与其政治、经济、文化，无不集中于此。

三、念靖唐纳①与羌塘

雅鲁藏布与印度河流域之北界，有一大山脉。西接黑昆仑（Kara—kuenlun）、经冈底斯（Kailao）之北，天湖（Gnammtsho）之南，迤东接于丹达山。此山脉与

---

① 现多译念青唐拉。——编者译

喜马拉雅并行，长度相当。斯文赫定称之为外喜马拉雅山脉。我国旧图称为冈底斯山脉。余以为"外喜马拉雅"之名，国人碍难采用。冈底孤立于此山脉南侧颇远，虽名山，不在脊线内，即不当以名山脉。若缘"名从主人"之义，则当重视藏人观感，称之为念靖唐纳山脉。

念靖唐纳（Gnyen-chen-thang-lha），意为"大亲眷光明之神"，为长亘百余里之雪山汇。拉萨人往朝天湖者，必须逾此。从山口积雪而过，望见其旁雪峰晶莹奇丽，尊为天神，谓是西藏绝大护法。其神甲胄骑马，余在西康各寺庙中，随处见画像，附有题名，足见其声誉之广远。自此而西，山脉脊线中，高于念靖唐纳之雪峰亦多，但位置偏僻。成名不若念靖唐纳之大。在藏人一般概念，谓彼诸山，皆念靖唐纳之眷属。故称此山脉为念靖唐纳山脉，较允当也。

此山脉亦如喜马拉雅：南侧急斜剧落，北侧平衍为一大高原。其脊线，亦不与分水线一致；唯止极少数之河水，自此脊线北穿峡流入雅鲁藏布。其源去脊线亦皆不远。大体可以脊线代表分水线。分水线北，为西藏一大内陆湖区，平均海拔在5000米以上，是为羌塘台地。

羌塘台地之北界，为昆仑山脉（Kuenlun Mts.），此乃高原极界陷落地带之棱角，自北侧塔里木盆地望之为祁连山。自羌塘越之，如自阶梯斜下尔，未觉其有山也。此山脉，遥接于甘肃河西之南山（Nan-sban，即祁连山）。其内为土伯特（Tibet），藏人为呼蕃域（Bod-yul）。其外为东土耳其斯坦（Ost-Turkestan），藏人呼为霍域（Hor-yul）。

四、丹达山脉与康区

丹达山，藏名"斜贡拉"（Shar-Gangs-la），意为"东雪山口"。其西三日程，尚有较低山口曰"鲁贡拉"（Nub-gangs-la），意为"西雪山口"。两山各出小水汇于阿兰多（A-la-do），穿长峡入博藏布。阿兰多至两山之间，自为一小部落，曰"阿日"（A-rt），为西藏最古一重要部落。吐蕃未并东女国时，此地为吐蕃东门司锁钥者，故常驻委员。以此，称其水为"中水"（Dbus-Chu），而山为东西雪山。其后汉人经此，因东山之东侧台站地名"丹达"，遂呼"丹达山"也。

此山口在康藏大道中，为最高峻险恶，7世纪以前，为苏毗民族与吐蕃民族之天然界线（直连念靖唐纳山脉皆然），直至今日，尚为康巴（Khams-ba）与藏巴（Gtsang-ba）之界标。此山脉向东南斜行，为怒江与雅鲁藏布之大分水岭。中经八宿呼图克图地界，故我国旧地图有作伯舒拉岭者（八宿拉）。又南行与东喜马拉雅结会于阿大贡（A-ta-gang），意为父雪，为波密察隅诸水发源处。又南偏西，与缅印间之骈列山脉相属。

此山脉之西侧，为雅鲁藏布流域。东侧为怒江、澜沧江、金沙江、雅砻江、大渡河之纵列河谷与横断列山，地理结构与藏区大异，不止住民血系，文化渊源及政治沿革互异而已。此康藏之所由分也。

此山脉之北端，屈曲西折，与念靖唐纳衔接。故康区之北部，以辽阔草地连接羌塘。广义之羌塘，实包括康藏之北部，直达甘肃、四川之间。康区自然区划，当另文述之。兹论以藏区为断。

五、未允当之旧时区划

藏人相传，有一甚规则之区划云："上阿里三绕（Stod Mngna-riskordsum），中卫藏四汝（Bar-Dbus Gtsang-ru-bzhi），下多康六冈（Smad-Mdo-Khams-sgang-drug）。"彼人习俗，以西方为上（夺，Stod），东方为下（墨，Smad）。故云上阿里、下多康。非即地势有高下也。所谓阿里三绕者，谓："布让雪山环绕，谷格板岩环绕，孟域海子环绕。"卫藏四汝者："耶汝（Gyas-ru）、涌汝（Gyon-ru）为藏部，伍汝（Dhu-ru）、约汝（Gyo-ru）为卫部。"多康六冈另详。

此种地理区划，全属俱舍论方法之文艺作品，甚与科学方法背谬。例如卫藏地方，所辖甚广，如达部、娘部、工部、波部，即在四汝以外，而实卫藏区中之重要部分，岂可因其不称为"汝"，遂不收入？多康六冈，挂漏尤多。然其所称阿里、卫藏、多康三大部，实与自然区划之方法符合。比较国人旧时康、卫、藏、阿里四部之分划法为合理。

康、卫、藏、阿里四部分法，系清人依固始汗征服区域之先后，次第为之命名。即固始汗1640年以前所征服地为康，1644年以前所征服之地为卫，1645年以后征服之地为藏。第五世达赖时所新抚拿达克地为阿里，实则卫与藏固是一自然区域，无分割为二之必要也。

又前两种分法，皆遗弃羌塘、闷域于不论，亦有未合。

六、西藏之自然区域

兹参综上列各情形，厘订西藏高原之自然区划如下：

（一）卫藏盆地

即雅鲁藏布流域。自丹达山脉以西，喜马拉雅以北，念靖唐纳以南，马荣拉（Ma-yum-la）在冈底斯东三日程，为横连喜马拉雅山脉与念靖山脉之一分水脊以东皆是。为西藏文化结穴之区。河谷深峡，出产较丰。山岩虽多，森林砍伐已尽，改为牧场。广阔之高原牧场，较二、三、四区为少。气候亦较三区为优，温度与湿度，均适合于一般藏人之身体。村邑发达，人口稠密。包括下列各部：

1. 卫部（Dbus）。旧译乌斯，凡拉萨附近之地，东至鹿马岭（GyaOla），北至念靖唐纳，西包曲水铁索桥，南包子塘一带之藏布河谷皆是。卫，意为中央。相传吐蕃开国，初建都在子塘。6世纪末始徙都拉萨。故此区为吐蕃之畿辅，称之曰卫。依藏人习惯，更分为伍汝、约汝二部。拉萨河流域为伍汝，藏文 Dhu-ru，首部之义。桑耶寺子塘一带之藏布河谷为约汝，藏文 Gyo-ru，副部之义也。

2. 藏部（Gtsang）。凡曲水以上，日喀则附近，雅鲁藏布本支流所在之地皆是。藏，圣洁义。此区原名雅鲁，清康熙中，建都拉萨之藏巴王为固始汗所逐，迁国于此。后遂称此区为藏部也。依藏人习惯，又分为耶汝、涌汝二部。藏文 Gyas-ru，意为右部，日喀则、江孜一带属之。Gyon-ru，左部之义，萨迦以西之地属之。地渐高寒，多成纯牧区域，生产力逊于右部。

3. 达部（Tag-po）。或译大博，或译塔克部，为自子塘后山直达布丹与珞隅界上一片高地之通称。

4. 娘部（Nyang-po）。在达部之东，工部之南，藏布下游地方。此二部，在历史上皆曾为独立部落，藏人或列之于卫部以外，或并入于卫部之约汝以内。

5. 工部（Kong-po）。旧译工布。为鹿马岭以东工藏布流域之总称。自古即为独立部落，后并于西藏。设两营官驻此管理。民国曾拟设太昭县，未及实施，已为藏人所据，地面之广阔，人口之富庶，皆约当与卫藏之一汝相当。

6. 拉里（Lha-ri）。一作拉日果，意为神山之顶。在工部北，为一小区，西藏派僧官理之。清代设粮台于此。民国拟设嘉黎县，未成。其地高寒，农地较少。

7. 波部（Spo-po）。一曰波域，在工部东，属博藏布流域。自古为独立部落。后虽并入西藏，以其险远，未能严密管治，恒成半独立状态。汉人称为波密，清末曾征服之，拟设一道三府，未成。今年复为西藏征服，数官管理。其地分上下二部。上部曰波得，汉人谓上波密，在其东北部，近察隅、硕督两县界。下部曰波墨，在西与工部密接，昔汉人误以之为波域之总称，音讹为波密。后因发见波得，乃又称此为下波密云。

（二）阿　里（Mngaa—ris）

藏文本意为统治区或领土。自马荣拉以西，大雪山以北，黑昆仑以南，印度河与萨特里日上游地方皆是。东部近冈底斯，150千米内皆草原。西部南部河谷内有小面积农地与森林。气候与产业，随高度而异。原始的西藏文化，即孕育于此区。其后逾冈底斯发展于雅鲁藏布河谷，此区沉滞未进，反被认为域外。其后有羌塘之苏毗族来此，建西女国。8世纪末，与勃律同被吐蕃所并。遂有阿里之称。吐蕃崩溃后，佞佛派大臣拥立其帝族建国于此，号曰孟域，史家一称之为西土伯特（W. Tibet）。11世纪以后，西藏佛教重兴，实赖此国自印度汲引灌输之力。至17世纪，政权为拿达克民族所篡。第五世达赖时，拿达克始臣服于西藏，又至1839年（道光十九年），英人灭拿达克，此区始为印度与西藏所分有。依藏人习惯，分此区为三部：

1. 布让（Spu—rang）。一作Bu—rang在马膀错之南方，逾山即是。为Ka—nali河上源地方之一段峡谷，在雪山中，温暖产麦。地面虽小，甚富庶。有白教大寺院。

2. 谷格（Gu—ge）。旧曰象雄，属萨特里日流域。西藏原始之黑教，出自此区。

3. 孟域（Mor—yul）。一作Mang—yu，即印度河上游地方之总称，面积甚大。除今日西藏所设噶尔渡（sGar—tog）、日多（Ru—dok）两营官管辖地外，印度克什米尔之印度河流域地属之。列城（Sle一字地名）为此区之旧首府，今天已入印。

（三）多　康（Mdo—Khams）

丹达山脉以东之广大地域。另文详之。

（四）羌　塘（Byang—thang）

藏语北方荒原之义。念靖唐纳山脉以北，昆仑山脉以南，海拔5000米以上之广大内陆湖区。无农业，无木本植物。唯有浅草可牧。人口极稀，昔为苏毗、羊同两羌族之游牧地。8世纪并于吐蕃之后，更未建立独立部落。迄今为西藏之外库。内部情形，已详谢国安先生《西藏高原之顶部》一文。

（五）闷　域（Mon—yul）

喜马拉雅南侧斜面上诸部落之总称。尼泊尔、哲孟雄、布丹、珞隅与拿达克之一部并属之。地势自雪界直落，达于印度平原，重山叠巘，全部崎岖，无平地。气候渐低渐热，盛产稻与竹。其人犷悍，数千年来，或臣服于西藏，或自奉其首长。大抵北部高寒地奉西藏文化，南部低热地染印度文化。详见谢国安先生《闷域》各文。

多康的自然区划

(1947)

一、释"多康"

丹达山以东之地,藏人称为"多康"(Ndo－Khams),或单称为"康"(Khams)。或指今西康省地为康,今青海省地为"阿多"(A－mdo,或译安多)。藏语"多"字,恒指交通便利,商道四达之地。如康定曰"打折多"(Dar－rtse－mdo),昌都曰"察木多"(Chab－mdo),玉树曰"戒谷多"(Skyid－kbugmdo),皆缘此字为义。又经典曰"多得"(Mdo－sde),亦取通达无碍之义。阿字在藏文恒单用,为发语助势之音。阿多与多,其义正同。西康北部与青海境内地方,无峭拔严阻之山岳,无幽深邃峡之河川,藏人乘马往来,甚为便利,故呼其地为阿多也。藏语"康"字,本意为身体。如称"贵体"为"祜康"(Sku－khams,祜尊称语),与"祜鲁"(SkuJus,尊躯)同义。后乃用为丹达山以东之专称。

丹达山以东,即今青海、西康两省之地,与西藏同属土伯特高原,藏人特称之为康者,纯由历史的原因,非其自然地理有何大殊异也。缘吐蕃创制文字时,境域尚未逾丹达而东。但已与丹达以东诸国,如东女、附国等信使往来。或因丹达山以东之部落甚多,而东女与附国为敉大,当时吐蕃文化低,用字少,故称附国东女为康(体干),而以其余部落为肢臂也。其后吐蕃灭东女、附国及其他各小部落,国境直达党项与吐谷浑,遂称所新征服丹达以东之地为康。又后(唐贞观七八年时)并征服党项吐谷浑地,亦仍并称之为康。

康之境界,因吐蕃东向征服地面之增长而益广阔。大约当唐中叶时,河西、陇右与剑南边徼,剑山铁桥以外之地,皆为康域。当晚唐时,华蕃商贸已盛,蕃商往

---
① 原载于《康藏研究月刊》1947年9期。

来陇右者，喜康北之平旷坦爽，随地草场，便于商队驰牧，特为之命名曰多，或阿多。然尚只认为康之一部，未即为分立名词。迨吐蕃迸裂为数十小部落时（唐末及宋代），康域北部（阿多）全为牧国；其南部（今西康）则为农牧兼营之国。由经济形态，影响社会情俗，由社会情俗，影响政治集团，由政治集团而成地域名称，多与康始为二区矣。

二、多康六冈

藏人所云之"上阿里三绕，中卫藏四汝"，前期已予分析。兹释"下多康六冈"。六冈者：

居热冈（Skyu—sgang）

饶冈（Rab—sgang）

波博冈（Spo—abor—sgang）

马察冈（qmat—tsha—sgang）

煞摩冈（Zar—mo—sgang）

阿渣冈（Ar—rdsa—sgang）

六冈各为今日何地，已无能确指者。查藏文冈（Sgang）字，专指不甚高峻可任牧耕之山陵，与汉文冈字意义全同。凡康藏大高原中，两水相夹侵蚀之部，常能发生此种地形。在此高原边际，大河流经之部，地名称冈者比比皆是。若夫羌塘、阿多等高原顶部草原绵旷地方，山皆低丘，河皆浅谷，即绝无得称为冈者。由是判断，此六冈者，皆当是今西康南部（昌都、德格、康定以南）与东部边缘之地（大渡河与岷江上游之地），决与多区无涉。然则"多康六冈"一语，有不可解者二点：

1. 六冈之地，断不能包括多康全部。

2. 如不能包括多康全域，则此六冈以外，复为何地？

大抵"多康六冈"一语，只可认为文学名词，或戏剧性之纪录。正如我国"五湖四海""三川五岳""九江八河"等语，谓其无稽，则最初确有依据，只相沿岁久，莫能确指。如必要确指，聚讹立兴。盖此等不合选辑之名色，只可认作文学成语，断不可采作地学用语也。

三、六冈以外之多康地方

由于六冈今地之无法确指，可知此六冈者，系古地名，或即某时代之政治区划名称。余从康藏历史沿革，多方推断，此语当出于萨迦法王统治康藏之时。

元世祖假萨迦法王八思巴以管理吐蕃旧境之权。其地西包列城，东抵雅黎，北界洮河。法王曾划区分部，派遣大臣驻扎管理。当时所划，究为若干区部，因其统治时间颇短（约五十年），又未遗留档籍，无可查证。然自吐蕃崩裂，直至第五世达赖总制康藏之间（唐末至清初），只此五十年中为统一上阿里、中卫藏、下多康之政局。而此所谓"阿里三绕，卫藏六汝，多康六冈"者，既非吐蕃时代所当有，又非五世达赖时之规制，则为萨迦法王之区分，为必然也。

此时萨迦法王所派管理地方各大臣，皆驻扎于农村所在之地。若纯牧部，则遥征其赋税于土酋而已。故所谓阿里三部、卫藏四部、多康六部，皆农业区（六冈虽不知所在，由一冈字，亦可知其如此）。若纯牧区，如羌塘，如俄洛，则地虽广阔，亦未收列。至如青海省与西康之石渠、邓柯、德格、甘孜、道孚等县，即当时所谓"多"者，亦当在六冈之外。因此时此带地方，为格萨后裔所建之林国（Gling）与其他若干部酋所统治，此等部酋，亦受元室封拜为军民宣抚司、万户府、招讨司、总管府等职，只能受萨迦法王节制，不容其委派大臣来管辖地方也。

由上判断，可知"下多康六冈"一语，"多康"所代表者，为丹达山以东之吐蕃故地，凡萨迦法王所曾统治之属地与属国之总称。"六冈"则仅为萨迦法王直派大臣管理之六区属地。此六区地位，当于元代未曾建立土司之地方求之。余考其地，不出下列各部：

1. 今康定南境，与瞻化、雅江、九龙、木里等雅砻江流域地方。

2. 今巴安、武成、得荣、定乡及云南中甸等县之金沙江流域地方（或云此带即古之马擦冈）。

3. 今昌都、察雅、类乌齐、八宿、四呼图克图辖地。

4. 今硕督、桑昂、察哇龙等怒江流域地方。

5. 今盐井、门空及德钦（阿敦子）、维西等地方。

6. 今波密地方——波密自然区域，本属卫藏区。唯波博之波字（Spo）与波密之波字全同。可能是古曾以波部划在康区也。

近人不解多康六冈之历史意义，遂有谓多康之外，上有六宿（Shong－drug 山麓耕地曰 Shong）、六雄（Gshong－durg，两山夹峙之耕地区曰 Gshong）、六绒（Rong－drug，低暖之河谷耕地曰 Rong）、六曲（Chu－drug，即六大河流）、六体尔（Mthil－drug，中心紧要之地曰体尔）者。每类之数必六，此与我国九州、九山、九川、九囿之说相似。夫大地之生，安能如是匀称配合。此其为文艺用语，而非事实的区划，又可知矣。

四、多康之自然区划

如以科学方法划分多康之自然区域，当如下表：

（一）多　区

约当北纬 32°以北之草原地方，包括：

1. 柴达木盆地——都兰县以西。

2. 青海湖区——湟源县以西。

3. 黄河上游地方——贵德县以西及松潘黄胜关外。

4. 洮河上游地方——夏河、临潭、岷县以西。

5. 金沙澜沧江上游地方——玉树二十五族（玉树县以西）。

6. 雅砻江上游地方——石渠县与甘孜、炉霍、道孚三县以北之瓦许、俄洛、色达、罗科、榆科等地方。

7. 大渡河上游地方——靖化县以北之独河、绰斯甲、阿坝及松冈、梭木、卓克基、党坝等地。

8. 怒江上游地方——西藏黑河区与三十九族诸草原。

（以上八区，悉可并入广义之羌塘以内，若狭义之羌塘，则专指藏北之内陆湖区。并注。）

（二）体尔区

约当北纬 32°以北、30°以南之地。此部地形，介在多与兴冈之间。旧无特殊命名，今例称为"康北"。余以其地除少数四时积雪之少年山岳外，馒头之土丘与平坦之草原甚多。除少数河峡外，平阔浅露之河谷甚多。农牧兼宜，实为多康区之体干，重要都市集中之处，故借用"体尔"（mthil）一字为名。细分之，可得下列各部：

1. 甲拉（JGags－la）——即旧明正土司属土，以康定木雅乡与泰宁、九龙县为主体，旁及道孚、雅江、泸定、丹巴之一部。

2. 霍尔（Hor）——即甘孜、炉霍、道孚三县旧霍尔七土司地。

3. 德格（SDe-dge）——德格、白玉、邓柯、同普四县旧德格土司地（石渠除外）。

4. 雅砻（Myag-rong）——今瞻化县，旧云瞻对（Jcags-mdud，意为生铁凝结）。

5. 理塘（Li-thang）——今理化县与稻城、义敦、雅江三县之一部，旧理塘土司辖地（定乡与稻城之南部为冈区）。

6. 巴塘（aBa 本为一字地名）——今巴安县与义敦之一部，旧巴塘土司地（得荣、盐井为冈区）。

7. 麻康（aMar-Khams）——宁静县，为西康之蒙古人（Sog-sde）住区。贡觉（贡县）亦可划归此部。

8. 乍丫（Brag-gyab）——即察雅活佛辖地。

9. 察多（Chab-mdo）——即昌都活佛辖地。

10. 类乌齐（Ri-bo-che）——类乌齐寺辖地。

11. 硕达洛松（Zhc-da-lhe-gsum）——即硕般多、达隆宗、洛隆宗之总称。民国置硕督县。

（上十一区，略依清代土政区域，民国县分，藏族称呼之习惯区划。）

（三）冈　区

约当北纬30°以南，河流侵蚀最深之高原边缘部分。气候温暖，农产发达，山峦重叠，交通不便。缺乏高旷草原。一切与多区相反。包括下列各部：

1. 甲绒（rGyal-Rong）——即大、小金川地方。一作嘉绒。广义之嘉绒，包括松、茂、理、汶四县。此在康区之东，北纬30°以北。其他各部皆在30°南。

2. 木里（Mi-li）——理塘河下游地方，土司旧隶盐源县。

3. 乡城（Cha-aphrin）——理塘南方之狭谷农区，包括定乡与稻城南境。

4. 得荣（sDe-rong）与盐井（Tshaw-KHa）——皆巴塘南方之狭谷区。

5. 桑昂（Gsang-sngags-chos-rdsong）——桑昂曲宗包括怒江下游之冷卡、察哇龙、门空、察隅等部。

6. 三岩（Sa-nagn）——意为地恶，今武成县是。

7. 波密与白马冈——旧似曾划入多康。（前详）

西藏辖县的探索

(1948)

余近编康藏地图集,对西藏各要地位置,重下考订功夫。首先自己提出的问题,便是:

1. 西藏究有若干县?
2. 各县名称之藏文本字,与旧籍及西图之译称者何?
3. 各县治位置?

我屡曾问过自西藏回来的官吏:"西藏究有若干县?"大都说:"通称90余县,实有100余县。"的确数字,却无一能举。我又听说,前驻藏办事处孔庆宗先生,曾钞②有西藏噶厦档卷中之各县名称表,全是藏文。我一时狂喜,专函蒙藏委员会,请借此表。恰逢孔先生到成都来,当面询求,他说并无此事。"藏政府对于汉官,唯恐泄漏了他行政上一切秘密。不但不能借档传钞,即委婉探询,彼亦不肯实对。"我失望后,乃从中国旧籍与西文地图来探索它的轮廓。这套功夫,直如考古学家想从茫茫大地下发掘出原人骨骼来解决史前人类与其生活情形一样,艰难是万分艰难,但为了需要,仍然要做。现在,我虽未能全部解决,亦可算解决了十分之六七。这是我衾影之间曾引为骄傲的事。

我所凭借的,只有四种资料和一个活人。四种资料是:

1.《大清一统志》。这虽是嘉庆年间的书,故只能代表康熙、雍正时间的西藏地理情形。当时用的通译,全是蒙古与唐古忒(党项)人,译音既怪,地名亦非常古老。好在它于城之下,皆注有方向与道里,虽不精湛,却已给吾人以考订的方便甚大。那时前藏(卫部)有30城,后藏(藏部)有17城,喀木(康区)有13城,阿

---

① 原载于《康藏研究月刊》1948年22期。
② 今作"抄"。——编者注

里有 5 城，共为 65 城，即是 65 县。

这里须得说明这个"城"字，西藏根本无城，他设每个宗本辖区，相当于我们内地之所谓县。宗本所驻之地，悉有官寨一幢，大都为石砌四方，五六层的碉堡式大厦，周围配置较低的民房，这便叫"宗"（rDsong）。它本不是城，从前的汉人不得适当译字，译之为城。

在康雍时，巴安、理化与云南的中甸皆西藏宗本辖地。故《大清一统志》的西藏所辖 65 城中，有巴塘、节达穆（中甸）、理塘 3 城在内。雍正四年宁静山划界后，3 城分隶云南、四川，西藏应只 62 城了。故《嘉庆一统志》，虽详具 65 城名称道里，却于总叙只云"共辖城六十余"不举的数。其仍列此 3 城于西藏，乃是沿用《乾隆一统志》的旧文，他们无有剪裁的识力。而乾隆志文，又系依据康雍时的积档。

2.《卫藏通志》。这显然是嘉庆十年（1805）以后所纂之书，所搜材料，截至乾隆平定廓尔喀。且编纂人显然驻藏日久，故能收入许多藏地直接资料。卷十，表列边缺营官 14 缺，大缺营官 10 缺，中缺营官 42 缺，小缺营官 24。名称系列，边缺皆注明部位。余无注。卷十四下，又开列"各处营官驻地每年屡下子种及收回各数目"，可与前表参订。此皆自驻藏大臣衙门档中录出。为福安康等办理西藏善后章程时所核定，可以代表乾嘉间西藏辖县。计凡 90 缺，已无巴唐、理县、中甸三城。足见西藏县缺，随时在析置与增设中。

营官即宗本（rDsong—dPon）之译称。藏制兵民合一，地方官皆兼理兵民钱谷之事。用兵时皆率民兵赴战，故旧时译称为营官也。

3. 戴新三先生①钞给之《西藏各宗名称》。余求藏文西藏各宗名称表未得。幸得戴先生钞给此表，共 81 宗。据云："在藏时嘱官署通事钞报，录为汉字。非得之噶厦档案。通事虽熟知各处，记忆未必详尽，恐今日西藏所辖，不仅此 81 也。"

原表去《卫藏通志》所载不远。首列者皆边隅要地，即与前书之边缺相当。其次似即大缺、中缺各宗，小缺排列最后。原表虽未分注缺级，由其不依区域排列，可与卫藏志勘合者于后次序亦同，足以知之。其数少于通志者，似由漏列，非西藏有所省并。且此表颇有重复（如对宗与对尔宗实为一地）。足见通事凭记忆钞报，固不如官档之可靠。

然《卫藏通志》各宗，未注部位，而译字又无标准，难于查寻部位。此表各宗下注有卫、康、藏、堆、妥等字。卫，即前藏区。藏，即后藏区。堆，即上部后藏

---

① 戴新三，康藏研究社发起人之一，曾任蒙藏委员会官员，赴西藏考察。

与阿里之地。皆便查索。妥，字久不可解。嗣因"妥宗（康）"一语，知其即藏文之"LHO"字，意为"南方"。通常读如"洛"，古音实如妥字。拉萨唐碑汉藏对译文，曾以此字对"土"字是也（洛隆宗意为"南河宗"，一般省云洛宗）。前藏藏布以南之地，一般习称"山南"，藏人呼之为洛，此书作妥也。由此线索得地名数处，果皆山南之地。赖此简单注字，使我将许多简单而晦昧之生僻译名，次第寻得。

4. 印度测量局制百万分一西藏地图。此为今世最大、最详、最精确之西藏地图。原非卖品。国内尚无全幅。经庄学本先生在印经营多年购得一份，近闻我正编绘藏地图集，特许借我参考。摩挲累月，知此图亦非实测，但将欧人探险西藏者路线图纂合而成。搜难之备，可谓空前。编纂嵌合，亦极审慎，凡未经探险测绘之地，皆仍阙之，未曾妄自增绘一笔。图中所称 Dzong 之地，共 100 余所。此 Dzong 字，即藏文 rLsong 之旧译。

既有上列三种资料，用来勘合此种地图，应能将西藏宗本所在之地全部寻得。唯事实上可能寻得之数仍不多，其原因为：

1. 近世探险西藏的外人，多属化装土人，躲躲藏藏地混进西藏，不敢走进藏军驻扎地方。绕越之地，即为路线图所不载。路线图所不载，本图亦即无可添补。

2. 近世探查西藏的欧美人，虽有 100 余队之多。究竟西藏地面太宽，他们彼此交识的足迹，尚不能盖满西藏庞大的地面。许多西藏辖境，尚未遭逢他们的踪迹。

3. 第三个原因，西藏的地界，往往有许多可有可无的加头续尾字，有时被用为地名之别称。例如"无尤纳林噶宗"，可称为"录尤宗"，亦可称为"林噶宗"，仍可称为"无尤林噶宗"。布丹界上的"康延宗"，又可呼为"纳岗宗"或"门拉康宗"。这都与其地之历史及社会习尚有关，非过路西人随便一问便能曲尽其义的。因此，有许多地图上的宗名，与任何一个国译宗名皆不合。我们不能运用旧称来翻译他，亦不能判断，他是确是误。

4. 藏语：农村曰"仲"（Grong），发音与"宗"字相近。西人访问时，难免不有误仲为宗之处，故不能说西图标 Dzong 或 Jong 字的便全是宗本驻地。

5. 西藏贵族住宅例筑巨碉，虽非宗本所居，亦恒被呼为宗。西人于此不能鉴别，一例标注 Dzong。如此地称为宗，而实非辖县之列。为不能与前列三种资料勘合之一原因。

6. 西藏近年增设类似宗本之地方官颇多。如三十九族区内，巴达松多之"孜仲"即是。如此之类或无官寨，或驻地无宗之名，西图即未能备注 Dzong 字。此本为辖县而图称宗之例。亦即不能与前三种资料勘合之一原因。

为有上列六种原因故，虽得如此佳图，仍不能解决西藏之辖县问题。于是更乞助于足迹遍于全藏之谢国安先生①。

谢先生老矣，对于壮龄以前漫游之地，自不能全部确记，如数家珍。唯经提及其音与部位，则旧游尚可忆及。经我以上列四种资料见行互为勘合编成一表，并图持往询之。阅时二日，得将重要宗署查确，并得其藏文本字。虽尚未能及完整，亦可谓空前成就矣，甚盼续起研究人士，依于此作，陆续有所发现以补本篇之不足。有能指示本篇错误，惠予更正者，尤所欢迎。兹将连月研讨所得列为简表：

西藏县官驻在地表（附说明）

第一栏，"统志"，录《嘉庆一统志》所载西藏诸城名，并依其次序。

第二栏，"通志"，录《卫藏通志》第十二卷所载营官名称。并注其缺分。原文分边缺、大缺、中缺、小缺造列。兹为与统志对照不能依其次序。只分注边大、中、小四字。（下为注文）

第三栏，"戴表"，录戴新三钞录之表。为与前者对照，亦不能依其次序。唯原表所注简单之部位字则照录。

第四栏，"西图"，照录印度测量局之百万分之一西藏分幅图中注有 Dzong 字之地名，偶有此图不著而别见于二百五十万分一西藏与其邻部图及其他著名西图者，亦采而补充之。唯因罗马字不足仅排出可疑各宗。

第五栏，"藏名"，为已查得之各宗藏文本字，全依谢国安先生手录，而利用本刊第十二期发表之方法改写罗马字（亦因字丁不足，改用已得，未得二词表示。唯可疑者录存）。

第六栏，"备考"，为本表之简单补注。

西藏县官驻在地表

统志	通志	戴表	西图	藏名	备考
拉萨城			有	已得	藏首县
得察城		德庆宗，卫	有	已得	入藏宿站之一
奈布东城	乃东，大	勒东宗，妥	有	已得	在孜塘侧
桑里城	桑隆，中		有		孜塘东
灵佳管郎城	琼结，大	冲超宗，妥	有	已得	孜塘西南

---

① 谢国安，藏名多吉作巴，甘孜县人，著名藏学家。时为华西大学华西边疆研究所研究员。

续表1

统志	通志	戴表	西图	藏名	备考
野而古城			有	已得	策古错西
达克匝城	达尔马，中	达马宗，妥	有		在罗札
则库城	拉康，小	哈冈宗，界	有	已得	即康延宗
济撮纳城	错拉，边	崔纳宗，妥	有	已得	康延宗东
拉巴随城	拉载，小	拉岁宗，妥	有		在达波
扎木达城	江达，中	江达宗，卫	有	已得	即太昭县治
达喇马宗城			有		在拉萨宗东
古善纳本吉牙城	古浪，中		有	已得	在达波
硕噶城	工布硕卡，边	学噶宗	有		在查松错西
朱木宗城	角木宗，中	羌门拉宗，工布	有	已得	即脚木宗
东顺城			有		即冬九地近波密
则布拉冈城	工布则冈，大	者冈宗，工布	有	已得	工布水曾
纳城			有		在娘波
吉尼城			有		纳城东
日噶牛城	业党，小	紊宗？妥？	无	已得	距拉萨一站
楚舒尔城	曲水，中	曲水宗，卫	有	已得	藏布水会
日喀尔公喀尔城	贡噶尔，大	贡噶宗，妥	有	已得	曲永东南
岳吉牙夹杂城			有		夹杂宗在羊卓南
多宗城	夺宗，中	对尔宗	ToWa	已得	在罗札
僧格宗		森格宗，妥	有	已得	同前
董噶尔城		洞噶宗，雪里	有	已得	错拉宗北
第巴达克匝城	打孜，中	打者宗，直属噶厦	有	已得	即翁噶宗在山南
伦珠布宗城	冷竹宗，中	吞珠宗，彭波	有	已得	在盆宇
墨鲁恭噶城	墨竹工，中	墨工宗，哲贡	有	已得	即墨竹工卡
蓬多城			有	已得	在盆宇北
	仁孜，中	仁孜宗，妥	无	?	
	卡尔孜，中	喀者宗，彭波		已得	在盆宇
	羊八井，中	羊径宗，初布	SukagnD.	已得	在对龙北部
	仑孜，大	纯则宗，妥	LkantseD.		在达波南
	嘉尔布，小	嘉灰宗，卫	CkayulD.	已得	"洞噶附近"

续表2

统志	通志	戴表	西图	藏名	备考
	辖鲁,中		ShaloD.	已得	在孜塘东南
	颇章,小	颇章宗,妥	Potrang		在孜塘南
	札溪,小	乍启宗,妥	AcheD.		在羊卓极东
	色,小	色宗曲水附近	无		
	琼科尔结,小	春科鉴宗,妥	有	已得	在翁噶宗东
	蔡里,小	蔡宗 噶厦	无		拉萨东
	浪荡,小		有		拉萨北
	札称,小	札称宗,卫	无		拉萨北
	哲布岭,小	哲岭宗,卫	无		
	洛美,小	妥默宗,卫	无		
		日噶宗,妥	无	Zangs-Khar	桑耶寺西?
		牙堆宗,妥	Yalugto	YaTodrDsong	即土雅龙
		杂卜塘宗,妥	ChitishioD.?	dKye-dDe-zhus?	桑耶寺西南?
		工郎宗,妥	无		
		恰噶宗,工布	无	Chab-dKar	工布有此地名
		杀打门宗,卫	Darn	Sa-Dam	达木蒙古
			Donnamgyaling		杂第宿南
			TeDjong		羊卓湖东北
			Rong		桑里宗南
			Gyesang		桑里西北
			Lhagyari	SDe-Pr-rCyal-Ri	辖鲁东
			Gyatse		春科鉴南
			Grang		娱波东部
			Shi		宿噶宗东近
			Onpa		工布江达东北
			TrayerPa		拉萨东
			Changda		曲水西南
	以上卫部诸城（各栏同前例）				
日喀则城	昔孜,大		有	已得	后藏首城
林奔城	仁本,中	仁布宗,藏	有	已得	

续表 3

统志	通志	戴表	西图	藏名	备考
纳拉噶则城	郎，中	郎宗，羊错	有	已得	即浪噶子
拜的城		白地宗，藏	有	已得	羊卓西北
拜纳木城	巴浪，中	白拉宗，藏	有	已得	江孜西北
季阳则城	江孜，大	江孜宗，藏	有	已得	后藏商埠
乌雨克灵噶城	岭喀尔，中	岭喀宗，藏	无	已得	即无尤宗，在对龙西
丁吉牙城	定结，边	丁鸡宗，藏	有	已得	近尼泊尔界
罗西噶尔城	协噶尔，大	协格尔宗，堆	有	已得	定结西
帕尔宗城	帕克哩，边	帕里宗，藏	有	已得	藏南重镇
盆苏克灵城			无	无考	可能是宗喀
济隆城	济咙，边	鸡中宗，堆	有	已得	藏堆近尼泊尔
阿里宗城			无		可能是绒辖
尼牙拉木示城	聂木拉，边	聂拉宗，堆	有	已得	尼泊尔入藏首站
尚纳森城			有	已得	日喀则北方
章拉则城			有	已得	协噶尔北，即拉……
章阿布林城			无	已得	拉孜西北，即昂忍孜
		达坝喀尔，边	达噶尔…，堆	有	已得	近卓摩当是干坝不在堆
	绒辖，边	绒协尔，堆	无	已得	聂拉木西
	宗喀，中	绉宗，堆	有	已得	济龙北
	撒噶，中	萨噶宗，堆	有	已得	藏部最西一城
	岭，中	岭宗，藏	有	已得	浪噶子东南
	郎岭，中	郎里宗，藏	无	已得	
	堆冲，小	独穹宗，藏	有		白拉宗南
	纳布，中	冷推宗，藏	无	已得	
	汪垫，小	注邓宗，藏	无		
	甲错，小	甲蹉宗，藏	无	已得	在江孜东北
		哲古宗，羊错	DsarngoJong	已得	
		Mono Dzong			萨迦北
		Chong			萨迦东南

注：上表列数与部分行内容对齐以原书为准。

续表 4

统志	通志	戴表	西图	藏名	备考
		Chu			定结北五站
		Dobtru			定结北二站
		Tongsher			独穹宗南
		Tongdeng			江孜宗南
		Cho			浪噶子南
		Talung			岭宗西北
		IJongdot			日喀则西北
		Pabai			拉孜西北
以上藏部诸城					
布拉木达克喇城	补仁，边	补仁宗，堆	有	已得	即布让
古格札什鲁布则城			无	已得	即谷格
拉达克城				已得	即列城，今属印度
毕底城			Lah	BHal-Ti	在列城西，今属印
鲁多克城		如朵宗，堆	有	已得	在班公湖南
	堆噶尔本，边		有	已得	阿里有邑
以上阿里诸城（《清·一统志》之阿里宗，非阿里地）藏人习惯，呼阿里为堆里，唯亦称拉孜以西之为堆。兹从《一统志》分部					
巴塘城☆			有	已得	今属西康省
节达木城☆			有	已得	即中甸，今属云南省
桑阿充宗城	桑昂曲宗，大	桑昂曲宗，康	有	已得	即故科麦县治
匝坐里冈城	作岗，中		有	已得	察哇龙
藩宗城☆	博窝，边	波宗，康	无	已得	在波部极东
苏圃莽城☆			Surmau（台）	已得	今属青海省
罗隆宗城	洛隆宗，中	妥宗，康	有	已得	嘉峪桥西
解冻城	子夺，中	折朵宗，康	无	已得	在硕督东
舒班多城	硕般多，中	鲜朵宗，康	有	已得	故硕督县治
达尔宗城	达尔宗，中		无	已得	即边坝
索克宗城	琐庄，中	所宗，康	有	已得	在三十九族西北
滚卓克宗城	官觉，边	贡觉宗，康	有	已得	即故贡县

续表 5

统志	通志	戴表	西图	藏名	备考
理塘城☆			有	已得	今属西康省
	江卡，边	马康宗，康	有	已得	故宁静县治
	拉里，中	哈日郭巴，康	有	已得	故嘉黎县治
		过拉你宗，康	无	Gong-Lag Nyis	疑即阿兰多
		热几拉你宗康	无	Ri-gCis-LagNyis	疑在瓦合山近
		桑昂宗，康	Sangen（台）	已得	故武成县治
			Showa		宿宗在波部
			SumDzong		松宗在波部
			Chumdo		春多宗在波部
			Nilo Dz		在春多宗北
			Shari		霞里宗，属八宿
			Trashitza		查四春宗，属八宿
以上康地诸城之可知者（后六城应非西藏直辖）					
	哈剌乌苏，边		有	已得	藏北重镇黑河
	纳仓，大	纳仓宗，降	有	已得	奇林湖东
	郎如，小	郎乳宗，降	有		天湖西北
上绛塘诸城之可知者					
		沃卡，中			
		杂仁，中			
		茹拖，中			
		结登，中			
		直谷，中			
		沃隆，中			
		文札卡，中			
		策堆得，中			
		聂母，中			
		拉噶孜，中			
		麻尔江，中			
		金东，小			

续表 6

统志	通志	戴表	西图	藏名	备考
	撒拉，小				
	曲隆，小				
	札什，小				
	哩乌，小				
	降，小				疑在绛塘
	工布塘，小				
		泥马宗（无注）			疑即聂母
		札生宗（无注）			
		聂耳宗，藏			疑与聂宗木误重
		对宗，妥			疑与对尔宗误重

以上无凭考订者，《卫藏通志》18 宗，戴表 2 宗，又疑重复者 2 宗。

统计本表所收列者，155。西藏现所管辖者 149 城。就中，早见于《清·一统志》者，59 城。见于《卫藏通志》者，合拉萨 91 城。其 32 城，可认为乾隆时新增。戴表所增于通志者 19 宗。通志有而戴表所无者 24 宗。统志有而通志与戴表并无者，亦 13 城。西图有而图籍所无者 27 城。如此彼此有无之间，必有若干为异名歧列，应行归并之处，目前仓促尚难尽考。尤以西图之 Dz，不必尽为宗本驻地，前已言之。估计此 150 城中，实为西藏现在管辖者，最大不过自 20 县。然戴表与西图阙漏之处尚多，此表应尚有当增补之处。故西藏现在辖县，当在 115 县至 125 县之间（例如后藏之彭错岭，冈底斯之巴尔喀，三十九族之巴达，皆实如辖县，而西图不表为 Dz，戴表亦为收列）。如此较通志更增之数，为 24 至 34 县，即嘉庆以来新增之数。

本表考订中西图籍皆合，地点确定，殆无疑义者，共 94 城。属现西藏政府管辖者 88 城，即占全数十分之八。

《西康通志》撰修纲要[①]

(1940)

1. 近世方志，分编析目，不出明清《一统志》窠臼；支离割裂，有如类书，使阅者不易得其要领。至如自然地理与社会组织、经济情况、政教方略及历史演变之相互关系，更无由窥知焉。西康远在边荒，省制新建，其特殊复杂之状况，非唯省外贤达所未洞知，即省内人士亦不尽晓。兹撰通志，当以使人易于明悉本省一切实况为主。依据实际调查，应用科学方法，约为六篇，播为百目。有关事物，以次相依。于分类之中，寓联系之义。若网在纲，自成一体。务期尽一卷，即得一部之实况，竟全篇而一切如罗指掌。庶于化民成俗，体国经野之义，有所裨也。（另附分类纲目表）

2. 周礼于九州封域，皆有分星。后世地书，遂竞详星野，剿袭盲从，无关实用。兹于境域门，详志各地经纬度分，以明地域与天文之关系。经纬既明，日出入昼度，亦有一定算法，故于星野昼度，不更著录。

3. 方志以地理为本。地理非图不明，图非实测不足据。康省地势崎岖，加以荒远，实测地图，殊非易办。四川陆地测量局，虽曾派队测量，然亦仅详路线数道而已。所幸中外人士，入康考察者，颇不乏人，且多携有高度表及经纬仪，制成之图，无虑百种。此外，更有省府前后派员调查路线图及各县府呈报地图。本馆参考以上诸图，用经纬度定点，精审详绘。其漏阙处，更自派员测绘补缀之，务期精密。依此图稿，缩放为各种地图，分插志中。现经拟定者有下列各种：

关于全境者：计有境域图、地势图、地质图、气象图、行政区域及城市分布图、民族分布图、宗教分布图、产业分布图（多幅）、交通图等，一律用 1∶2000000 缩尺。

关于各县者：每县一幅，一律用 1∶500000 缩尺。

[①] 此系作者担任西康省通志馆筹备主任时，为《西康通志》编撰所作之总体设计。

关于各部分者：城市图、水利图、矿区图、都市附近形势及古迹名胜地区图等，用 1∶25000 至 1∶100000 缩尺。

关于沿革者：历史插图与建置沿革图等，一律用 1∶5000000 缩尺。

4. 昔贤有以全志纳于编年一体者。有以编年体之世编为方志之重要部分者。良以地方历史演进之迹，与各重大事实之时代环境，皆非藉编年通纪，不易明了。本志仿此，创为史事一编，综纪历代开拓、建置、政治、经济、文化等人事演变之迹。以事系年，以纲总目。俾同年并世之事，举目可知，前后贯穿，因果易究；无复过去项目星分、史事棋错之弊。

5. 晚近史家，不纪见存之人，与当代之事，苟以避请托，远恩怨，非史之正也。夫方志难以时修，史料易于散逸。道将华阳，辍笔永和；实斋永清，躬访节妇；信今传后，为世所称。西康建省伊始，百端发轫，尤当略远详近，以章利弊。故本志史材，截至脱稿。但求秉笔直书，不为苟訾而已。

6. 方志为辅治之书。人民为施政对象，其种族分布、社会结构、文化情俗，关系重大，甚于地理。乃过去方志，人物传外，户口风俗，率寥寥数语。于其社会相象之全、因果构成之理，胥费经意。本志特立人民一编。调查必密，记述必详。期能即果求因，明体达用，庶几辅治之意云尔。

7. 西康为汉、藏、猓①三族混居之区。过去汉人，狃于用夏变夷成见，对彼两族文化，过于轻视，酿成种种错误，大为国防之累。本志对两族之宗教、语文、习俗等，概以研究精神，平情叙述。痛矫昔人漠视边民之习，而副总理民族平等之义。

8. 人物为地方民族文化之产品，不宜离开人民志，别立专篇。在腹地各省，历史久远，传记浩繁，自不妨独为一志。西康新建省区，人物未盛，无取因袭。兹以古今名德硕彦、豪杰技巧、懿仪淑行之士女，汇为数目，附列人民志后。

9. 洪范八政，首唯食货。总理遗教，特重民生。西康省制初创，经济建设，最为要图。过去方志，虽有物产食货等目，记载率甚简陋，未足供经建参考。本志产业篇，综合全省物产、职业，利用厚生之事，缕析述之，务为翔实，俾供有志开发边区者之采择。

10. 近世科学昌明，调查周密。西康虽在边隅，未为学者所弃。考察之士，前后相续。动、植、矿物标本之采集，学名之厘定、应用之研究，勒为专书者，已属不少。夫以西康地面之广阔，地质与气候之复杂，天产品类之繁多，若必一一采入，

---

① 彝族。——编者注

政恐篇幅过繁。本志所收，暂以有用产物为限，并各依其致用之途，附于产业各条内记述之，庶免流于枯涩。

11. 方志之体，虽入乙部，其用则为政书，顾政本在于人民。民生恃于产业，产业资于地利。人地之宜与不宜，史事详焉。地理、史事、人民、产业之情况既明，而后可言政务之宜。夫政，当前之法也。绎过去嬗变之陈迹，为当来演进所取鉴，非一定不易者也。故于诸篇之后，继以政务，依当前实施之项目，分类纪述。详其因革，阐其旨趣，则是政也。究适于如此地理环境、人物情态与否，当世足资以批评，来者亦有所取则云耳。

12. 掌故、艺文、轶事、异闻之属，自为方志所不可或缺。然仅有资于兴观，无关于政要。昔贤有主张附系志后，以示轻重缓急之意者；亦有别为专书，与志并行者。西康建省未久，此类材料，尤感缺乏。另撰专书，自不可能。即分篇过多，亦未免简阔空虚。兹概汇为一编，统曰类纂。更于其中，析为三部：曰丛谭，仿章实斋湖北丛谭例，传轶闻也；曰目录，仿陈振孙直斋书录解题例，章文艺也；曰表，各篇所不能摄者，汇录于此，存掌故，备检寻也。

13. 本志以编年之体，记述史事，务持大端，宜重关合，属辞比事，必多遗珠，虽非体要所关，亦方志所不当弃也。故集史部遗闻、名贤轶事，与地方琐记、民间传说，汇为丛谈，系于类纂。名宦政绩，酷吏暴行，载在人口，足为彰瘅，而非前五篇所存录者，并纂入焉。

14. 各省通志，胥集属县志材而成，属县各志，所采职官题名、选举题名等，务在详尽。省志汇而辑之，遂至连篇累牍，如阅卯簿，然亦不无偶供参考之处。兹概编为表，入类纂篇，亦章氏阙访传之意也。

15. 灾祥妖异之纪，方志例有之，虽无重大意义，亦有足供科学家研究之处。蠲免、赈恤，掌故所关。兹并依年月次序，编列历代灾祥表、历代蠲恤表，入类纂编。

16. 各县祠祀、机关法团、物价指数，及其他有关政化民生，足供来日参考之事，为前各篇所未收者，亦概编为表，入类纂篇。

17. 康藏虽我领土，而其内容，外人所知者反较国人为多。纪其探险之迹，亦足以深自激励。兹以时代先后，汇列各国人入康考察者之时日、路线、目的，为入康考察人物表。国人之入康藏作学术考察者，亦著录之。

18. 童氏志例，力主文征单行。此在中原文物之邦则可，非所以语于边地也。兹辑为康藏图书目录，收中外人士有关康藏之作；康人著述目录，收本籍人士之作，皆附题解，入类纂篇。康藏图书，以印有单行本者为限。康人著述，无论已刊未刊，但成书者，皆著录之。至于短篇诗文、令教诰敕之类，凡因本省人地事物而发，皆挥其尤雅醇者，各附于所关人地事物条下；庶可增益，阅者兴趣，助其了解。

19. 金石、镌刻、绘画、雕塑、陶冶诸艺术物品，关系地方文献甚巨，本志并广为搜集，或摩拓，或影印，编为西康金石目录与艺术品目录入类纂篇（将来采访征集时，如所得书籍物品已多者，亦可别立文艺志）。

20. 省志与县志不同，县志有闻必录，无妨详尽，省志则宜撮取纲要，多所裁弃。兹为便利国人对本省各事物作更详缜之专门研究起见，除于康藏图书目录一卷，博采汉、藏、英、法、日、俄文图籍，一一为之提要介绍外，并搜罗国人著述或译本之已经成书，尚未印行，而具问世价值者刊之，作为西康通志馆丛书，与志并行，藉补志所未备。此项丛书，现经拟定者，有下列各种：

《藏文文法》《藏文字典》《倮文研究》《倮山考察记》《西藏全史》（译藏文）、《西藏佛教史》（译英文）、《台克满游记》（译英文）、《木雅贡噶探测记》（译英文）、《二十万分一西康分县地图集》《摩些文研究》《西康生物志》。

21. 西康近以调查周密之故，统计数字渐多。本志择其尤精确者，制成各种统计图表，编入相关各文中，以便检索（参见分类纲目表）。

22. 山川人物，一切实体事象，本志皆摄制影片，分别刊于各卷首页，以便印证。预计全志，插画 1000 幅左右。

23. 本志引用藏、倮、英、法文书籍，凡稀见各名词，皆附原文，以便检校，并于卷末附制译名对照表。

24. 本志文字，唯取达意，不尚艰深。引用成文，不加改窜，并于文尾注明出处。

25. 此项修撰纲要，系筹备修志之初，权为拟定，聊作标的。他日尚当集合众思，依据志材，详为厘定，以期善美。志成之日，另撰凡例。

26. 此项撰修编要，经省政府咨请内政部审定后实施之。

［注：此项撰修纲要业于二十九年（1940 年）十月经内政部咨复西康省政府准予备案。］

西康通志分类纲目表

预拟卷数	篇	名目	内容撮要
卷首			序,志例,撰修姓名,目录。 插画——撰修人员肖像,通志馆全景。
卷一	地理一	沿革	历代建置沿革表。 附表——历代建置沿革表。 附图——省境全图。
卷二	地理二	境域	县区分划与其面积。 插图——各县分图(三十余幅)。
卷三	地理三	地势	总述全省地形与高度。 插图——全省地文图。
卷四	地理四	地质	总述全省地质。 图附——全省地质图。
卷五	地理五	山脉	总记全省山脉、雪峰、神山、关隘。 附图——全省雪山分布图,木雅贡噶图。 插画——各名山照片。
卷六	地理六	水道	总记全省水道、湖泊及古水考。 附图——全省水道图。 插画——关于水道之照片。
卷七	地理七	水利	分县记述航利,灌溉,附温泉。 附表——全省塘堰总表。 附图——重要塘堰图。 插画——关于水利之照片。
卷八	地理八	气象	总记全省气象。 附表——重要城市全年气象变化表。 附图——全省气象图。
卷九	地理九	城镇	分县记述重要城市、场镇,附古城镇考。 附表——全省市集表。 附图——重要城市图。 插画——关于城市之照片。
卷十	地理十	道路	总记全省道路、程站、津梁。 附表——全省公路概况表。主要道路程站表。 附图——全省道路分布图。 插画——关于道路津梁之照片。
卷十一	地理十一	古迹名胜	分县叙记古迹名胜(坊表、茔墓、废墟、古堡、名刹、古塔、泉池、游览之地并属之) 附图——重要古迹名胜部位图。 插画——关于古迹名胜之照片。
卷十二	地理十二	卫藏上	记西藏境域、沿革、地文、山水、气候。
卷十三		卫藏下	记西藏城镇、道路、古迹、名胜。 附图——西藏全图,拉萨附近图。 插画——关于西藏之地理照片。
卷十四	史事一	秦汉	自昌意开国,历开西南夷,至白狼入贡。 附图——秦以前西地图,两汉建置图。

续表 1

预拟卷数	篇	名目	内容撮要
卷十五	史事二	蜀汉迄隋	自武侯南征，历西南夷乱，至周隋招抚群羌。 附图——蜀、汉、晋、宋、齐、梁、魏、周、隋各建置图。
卷十六	史事三	唐	自吐蕃勃兴，韦李筹边，至南诏内犯。 附图——唐代建置图。唐末蕃诏形势图。
卷十七	史事四	五代两宋	自王氏据蜀，至蒙古入蜀。 附图——两蜀两宋建置图。
卷十八	史事五	元明	自蒙军入康，至黄教兴盛。 附图——元明建置图。 附表——元明入华蕃僧表。
卷十九	史事六	清一 （顺、康、雍朝）	自西藏通使至宁静画界。 附图——清初建置图。
卷二十	史事七	清二 （雍、乾、嘉、咸、同朝）	自雍正改土归流，历平定金川、廓尔喀，至石（达开）军覆亡。 附图——乾嘉时建置图。 附表——乾嘉川边土司表。
卷二十一	史事八	清三 （光、宣朝）	自藏英交涉，经光绪改土归流，至清亡。 附图——清末建置图。 插画——赵尔丰与其建设之照片。 附表——清末川边土司表。
卷二十二	史事九	民国一 （辛亥至丙辰）	自尹昌衡西征，至刘锐恒时代。 附图——民元至民六之川边地。 插画——尹昌衡、张毅、陈步三、刘锐恒、张武岚等照片。
卷二十三	史事十	民国二 （丁巳至丙寅）	殷承瓛、陈遐龄、刘成勋时代。 附图——民六至民十五之川边地图。 插画——殷承瓛、陈遐龄、刘成勋、孙涵、羊仁安、贺中强等照片。
卷二十四	史事十一	民国三 （丁卯至癸酉）	自二十四军接防，至大白之役。 附图——民国二十一年之西康地图。 插画——民十六至二十三年康、宁、雅区军政首领肖像。
卷二十五	史事十二	民国四 （甲戌以来）	自建省委员会成立，至本志脱稿。 附图——最近康省境域图。 插画——建省委员会时党政军各长肖像。
卷二十六	人民一	民族	就康省现有民族，依汉、康、羌、氐、倮、摩些、猡、苗、蒙等次序叙述（下各目次序同）。 附图——康省民族分布图。 插画——关于各民族面貌、体格之照片。
卷二十七	人民二	户口	分县分族记列。 附表——各县人口调查表。 附图——康省人口密度分布图。

续表2

预拟卷数	篇	名目	内容撮要
卷二十八	人民三	语文	分族叙述。 附表——西康各族重要名词声文对照表。 插画——关于各族经济文字之照片。
卷二十九	人民四	宗教上	喇嘛教之源流、派别、教义、仪法及信奉者。 附表——西康喇嘛教流派图解，喇嘛寺院调查表。 附图——康省喇嘛寺院分布图。 插画——关于喇嘛教之各种照片。
卷三十	人民五	宗教下	回教、耶教、巫教及其他各宗教与信仰组织。 附表——康省寺庙调查表。 康省宣讲会调查表。 康省回教堂调查表。 康省外国教堂调查表。 附图——康省外国教堂分布图、康省宗教分布总图。 插画——关于上列各宗教之照片。
卷三十一	人民六	生活	分族叙述其饮食、衣服、居处、用物与其主要职业。 插画——关于各族食、衣、住、用、物之照片。
卷三十二	人民七	礼俗	分族叙述其社会组织与冠婚丧祭宴会祈祷等礼俗。 插画——关于各族礼俗之照片。
卷三十三	人民八	岁时	分族列纪其历法与岁时娱乐。 插画——关于各族岁时娱乐之照片。
卷三十四	人民九	土司	记各土司沿革与其现况。 附表——西康现存土头势力表。 附图——西康现存土司势力地域图。 插画——关于土司头人之照片。
卷三十五	人民十 （人物各目，如果志材丰富，得综为人物志，列人民志后，产业志前）	人物一（显达）	综合男女名宦、武勋、显爵为一传（此门以曾服官、有爵者为限）。
卷三十六	人民十一	人物二（学术）	综合男女经术、文学、技艺为一传（高僧与师巫属之）。
卷三十七	人民十二	人物三（懿行）	综合男女孝友、节义、隐逸为一传（此门以未曾服官受爵者为限）。
卷三十八	人民十三	人物志（货殖）	综合男女以实业成功者为一传（此门亦以未服官受爵者为限）。
卷三十九	人民十四	人物五（杂传）	综合男女叛逆、豪霸、金壬为一传。 附表——康省人物分布表。 附图——康省人物分布图。 插画——入志各人物照片。

续表 3

预拟卷数	篇	名目	内容撮要
卷四十	产业一	农艺	分区叙述农业、农产。 附表——各县农产表。 附图——康省农地及农产分布图。 插画——关于产业农产之照片。
卷四十一	产业二	森林	林地分布、林产、林业合志。 附表——康省林木种类表。 附图——康省森林分布图。 插画——关于森林之照片。
卷四十二	产业三	畜牧	牧业、家畜种类、畜产合志。 附表——康省家畜种类表。 附图——康省牧场分布地图。 插画——关于畜牧之照片。
卷四十三	产业四	药材	药材种类、产地与药业合志。 附表——康省药材表。 插画——关于药材之照片。
卷四十三	产业五	狩猎	野禽兽种类,与猎业合志。 附表——康省野禽兽种类表。 插画——关于野禽兽与猎业之照片。
卷四十四	产业六	养殖	蚕业、蜂业、蜡业、渔业合志。 附表——康省生丝产量表。 附图——康省蚕蜡养殖地区图。 插画——关于养殖各业之照片。
卷四十五	产业七	矿冶	金、铜、铁、铅、锌、煤、云母、石棉、石膏等之产地,与采炼情形合志。 附表——康省矿产总表。 附图——康省矿产分布图。 插画——关于矿产之照片。
卷四十六	产业八	工业	糖、酒、油、纸、土木、织纫、铸塑等业合志(新兴工业、政务志建设门详之)。 插画——关于各类旧工业之照片。
卷四十七	产业九	盐业	地产、煎煮、运输与历代盐法合志。 附图——康省食盐运销图。 插画——关于盐业之照片。
卷四十八	产业十	茶业	种茶、制茶、运茶与历代茶法合志。 附表——康省历年茶引消长表。 附图——边茶运销图。 插画——关于茶业之照片。

续表 4

预拟卷数	篇	名目	内容撮要
卷四十九	产业十一	商业上	金融与商业总说。 附表——康省商品种类表。
卷五十		商业下	各商业组织及其营业情形。 附表——康省商店调查表，康定锅庄调查表，西康各商业市场调查表。 插画——关于商业之照片。
卷五十一	产业十二	交通业	驮队、苦力之生活，与其营业情形。旅栈业附。 插画——关于驮队苦力之照片。
	产业十三	其他生业	宗教业、屠业、译业及其他生业。 插画——关于上列生业之照片。
卷五十二	政务一	党务 （中央特派驻康办事各机关附）	康省党务发展史，及现在省县党务推动情形。 附表——康省党务机关调查表，中央特派驻康办事机关表。 插画——党务与中央特派机关主办人员之照片。
	政务二	省府组织	省府小史，与现在组织。 附表——最近省府组织与职员表，省府历年办理公文统计表。 插画——省府全景及历届主干人员照片。
卷五十三	政务三	民政一	民政史、吏治、保甲、仓储、地政合志。
卷五十四		民政二	差徭、赈恤、警政、卫生及其他民政事务合志。 附表——关于民政各统计表。 插画——关于民政之照片。
卷五十五	政务四	财政一	财政史与历年国省税征收情形。
卷五十六		财政二	地方关税与各县财务情形。 附表——关于财政之统计与税率表，最近年度康省收支统计表。 插画——关于财政之照片。
卷五十七	政务五	教育一	教政史与学校教育推动情形。
卷五十八		教育二	社会教育与边民教育。 附表——关于教育之各项统计表。 插画——关于教育之照片。
卷五十九	政务六	建设一	西康经济建设总说与建政推动情形。
卷六十		建设二	省立研究机关与省营各场厂合志。 附表——关于建设之各项统计表。 附图——省营各场厂地址图。 插画——关于建设各照片。
卷六十一	政务七	保安	保安行政工作与保安团队合志。 附表——保安团队表。 插画——关于保安之照片。

续表 5

预拟卷数	篇	名目	内容撮要
卷六十二	政务八	动员	国民精神总动员、征役与国民军训合志。 插画——关于国民动员之照片。
	政务九	合作	康省合作事业发展情形与现在状况。 附表——康省合作社一览表。
卷六十三	政务十	交通	路政、邮政、电政、航空各机关与其工作合志。 附表——关于路邮电航各统计表。 附图——西康公路计划图、西康邮政团、西康电局分布与其联络情况图。 插画——关于路邮电航之照片。
卷六十四	政务十一	禁政	禁烟机关与其工作情形。 插画——关于禁政之照片。
	政务十二	司法	法院筹备经过与现在司法概况。 附表——康省各司法机关历月受理案件统计表。 插画——关于司法之照片。
卷六十五	政务十三	军政一	驻防军沿革与现在军队配备。
卷六十六		军政二	军饷、军械与操余作业（空防附）。 附表——关于军政各统计表。 插图——关于军事各照片。
卷六十七	政务十四	夷务	历年夷患与治夷情形。 附表——历年夷变表。 附团——悍夷盘踞地与难治地区图。 插画——关于夷务之照片。
	政务十五	垦务	康省垦殖历史，与现在垦务实施情形。 附表——康省荒地调查表。 康省现在殖垦体团表。 附图——康省荒地分布图。 插画——关于荒地与垦务之照片。
卷六十八	政务十六	藏务	西康政情，与历年康藏纠纷，及现在情况。 附表——康藏纠纷月表。 附图——历年康藏战争地图。
	政务十七	民意机关	省县民意机关沿革与省参议会工作近况。 插画——关于民意机关之照片。
卷六十九	类纂一	丛谈一（隽闻）	史事篇未经收入之轶事遗闻、名将传记等类。
卷七十	类纂二	丛谈二（循迹）	史事篇未经收入之名宦政绩等类（恶吏事迹附）。（上二类，皆以省外人士服官于康省者之事迹为限）
卷七十一	类纂三	丛谈三（轶献）	人物志未经收入之名贤轶事。（此类，以著籍康省，及流寓康省子孙因而著籍者为限）
卷七十二	类纂四	丛谈四（琐语）	地方故实之未经收入地理政务各篇者属之。
卷七十三	类纂五	丛谈五（志异）	省内汉、康、倮各民族间流传之异闻奇事属之。

续表 6

预拟卷数	篇	名目	内容撮要
卷七十四	类纂六	表一（职官名表）	汇录省县过去职官题名为一表。
	类纂七	表二（选举名表）	汇录各县科举名表，自贡士以上。 各县中级以上学校毕业生名表续之。
卷七十五	类纂八	表三（旌恤名表）	汇录各县因乱死节及节孝义烈人士之受国府省府旌表抚恤者为表。
	类纂九	表四（耆寿名表）	汇录各县耆年瑞寿为一表。
	类纂十	表五（流寓名表）	汇录各县流居配住之仙释、名德为一表。
卷七十六	类纂十一	表六（历代祥异）	汇录各县祥异为编年表。仍纪其经过情形。
	类纂十二	表七（历代蠲恤表）	汇录各代蠲恤政令为编年表。
	类纂十三	表八（各县祠祀表）	分名宦、先贤、坛庙、淫祀等目，汇编为各县祠祀表。无者阙之。
卷七十七	类纂十四	表九 （各县机关法团表）	汇录各县机关法团为一表。无者阙之。
	类纂十五	表十（各地物价表）	依划一日期之调查记录，编制各地物价指数为一表。 附图——物价调查市场地位图。
	类纂十六	表十一（入康考察人名表）	汇集历年入康及藏探险考查人士之姓名、籍贯、年月、探险路线及探险后发表之著作为一表。 附图——历届探险者路线图。 插画——历届探险者与其遗迹之照片。
卷七十八	类纂十七 （目录四门，如将来材料丰富时，得编为文艺志。仍列全书之末）	目录一 （康藏图书目录）	集中外人士关于康藏之著述书目，依出书时代先后排列。各附提要。
卷七十九	类纂十八	目录二 （康人著述目录）	集省人著作之成书者，无论已刊未刊皆收，分县，并依时代先后排目。仍附提要。
卷八十	类纂十九	目录三 （金石目录）	搜集康省金石碑铭、镌铸摩勒之品，分县排目。并附考证。 插画——金石照片。
卷八十一	类纂二十	目录四 （艺术品目录）	搜集康地所产或康人所藏之书画、图表、佛像、古器、奇物、技巧、美术品之类，分县编造目录。并附说明。

［注］1. 本纲目编制理由，另详西康通志撰修纲要各条。
2. 此系筹备之初，预为拟定。实行修志时，自可因志材丰啬，变通编制。唯其大原则，可以不改。

说明：此文尚须补入插图。

西康建省委员会实施工作计划书①

(1935)

一、建省前亟当先决事项

本会职责在筹备西康建省,西康建省应行先决有四要端:

(一) 关于省境之划定

省为地方行政之极限,区域辖境无定,则政施对象不明,疆理未清,则邻封之争端易启。故为确定施政方针与消弭无谓纠纷起见,首应划定省界。窃维康省西境紧连藏区,清末改流迄今,竟未明白划定中间,引起英人干涉,藏族内犯,种种藤葛取断为难。现在汉藏两军互防金沙江两岸,应即维持现状,静待中央处决。康省北境以巴颜喀剌山脉为适当之天然界标,唯山脉以南之玉树二十五族地方,自清定青海即属西宁大臣统辖,民国元年(1912)复经川边、西宁两方派员划清界线,现在青海建省已明定,玉树为属县,自宜仍守旧境,将来不必更张。其山脉东端之俄洛牧场,向分属于川、康、甘、青四区,荒原旷渺,界划未明,每因牧民内部纠纷惹起省方争议,应请中央饬四省派员会勘,改流设置,明定界线,以便治理。西康南与滇省犬牙相错,应当厘正之界标颇多,唯目前滇西建省问题甚嚣尘上,应俟该项问题解决,同时厘正界线较为省便。目前,最费考虑者为东境之川康界划问题。盖就地文上言之,四川盆地与西康高原自是两个天然区域,其界线为雅州西方之邛崃山脉,宁远8县与汉源县及金川4屯地方皆当属康;就人文言之,则上举各县、屯属川,属康皆有理可持。即松、理、茂、汶与雅、荥、天、芦之隶属问题,亦皆有考虑之点在焉。兹分别列举其根据之点:

---

① 本文为作者受西康建省委员会主席刘文辉委托,代拟的建省工作实施计划。刘文辉采用上报后,得批准将宁、雅两属地方划入西康。现据手稿刊出。

1. 民族分布。西康全境与松、理、茂、懋、汶之土著皆为番族，仅有少数汉人移居其间。唯松潘以南，康定以东，番人多已汉化，汉语通行，应可作为汉族看待。此外，则全属番语、番俗流行之区矣。至于宁远8县，则以猓猓为土著，汉民移居者，略与相当汉源县境。原属番猓混居，近世始完全汉化。大渡河外，即宁远地方则汉族反多，被掠卖而同化于猓者至盐源、小金河以西，即木里地方则与西康同俗，又与宁远完全不同。是故，若依民族分界，则松、理、金川与盐源之木里应属西康；茂、汶、泸定、汉源应属四川；宁远应属云南。

2. 历史沿革。唐以前建制州县，西迄松、茂、雅、黎而止。唐代，吐蕃强盛，茂、雅以西皆属之，宁远则属南诏。宋太祖玉斧划界，弃大渡河以外之地。元代，松、茂、雅、黎与西康、藏同属陕西行省，宁远属云南省。明代始收松、茂、雅、黎、宁远入四川，碉门以西仍弃为番。碉门，即今天全县也。清雍正时，始收西康入四川省，将天全县改流。乾隆移雅州同知于打箭炉，统制西康120土司。清末改流，川滇边务大臣收各土司印，置康、泸、巴、理、道、炉、甘、瞻、乡、稻、得、盐与德格等州县，初定旧打箭炉厅地为康境。民元尹昌衡置丹巴县，姑划金川之章谷屯入康。陈遐龄任镇守使时，抚定宁远兼有雅属各县。直至今日，宁、雅与康皆隶同一行政首长之下，金川则分隶川、康，迄今无异。故就沿革言之，宁、雅与金川之地属川，属康，俱有根据也。

3. 经济关系。西康高寒荒寂，农地不过什一，雪山居其什二，什六七为草原牧场。经济发展限于牧业，粮食缺乏，则移民难安。移民不安，则省政不固。非得相当农地以济其乏，则省政终难发展。至于宁远，则平原低暖，四时温和，农业发展未有限度，适为川边之天然谷仓。其与西康皆因地旷人稀，同为亟应移民垦殖之地。合建一省，则农牧互济，共臻繁荣；分谷两省，则西康将因缺乏粮食而竟归荒寂，宁远将因粮食过剩而农业不振。所谓合则两利，分则两败。雅属虽在四川盆地中，然历为西康出入内地之门户，输入文化之总口。譬如杭州地文虽与江苏同属大三角洲，然为浙省利益计，不可不划入之也。尤有要者，康藏经济生命唯系于茶，雅属为边茶出产中枢，划隶康省者，则便于瞻察西方需要情形，随时改良制造，伸缩货量以资发展。划分两省则难免隔膜凿枘之弊。故据经济上言之，西康非宁远不足以自存，非雅属不足以发皇，而宁、雅离康亦失其经济上重大之便利。此宁、雅两区必须划隶康省之理由也。

4. 政治需要。大凡新省建设，不难于设计，而难于推行；不难得推行之官吏，而难得推行之绅民也。康省汉夷杂处，将来新政施行，无论如何利民，夷族亦将扞格不受，非有多数习与夷处之汉人宣扬、解释、领导扶进，难以为功。纵使骤移多数汉人入康，不习夷情，亦难胜此重任也。西康现有18县，汉人与已经汉化之番族不足十万人，且有数县尚无汉人脚迹。若不多划川边汉夷混处地区栏入省境，则不唯推行新政缺乏下层动力，即欲训练扶进政治之工作人员，亦须远取之于他省。其不便利可知。是故，就行政需要言之，宁属、雅属与松、茂五县三屯之地俱宜划入康省。

5. 地势形便。西康为出海3000米以上之高原，四川为出海500米以下之盆地，宁远为出海3000米以上之山地，是其地势去康为近，去川为远，将来之交通建设亦以打通康方为易，打通川方为难。至于雅属，则通康艰险，通川平易。故自地势形便言，宁当属康，雅当属川也。金川即大渡河上游丹巴、懋功两县及抚、绥、崇三屯与梭木、松冈、卓克基、党坝、绰斯家五土司地为一天然区域。其与川省间有巴朗山脉横阻，交通不便。故社会民俗、经济、文化皆与西康接近，过去分属川、康殊嫌不合，宜全划归康省。此地多河谷，产粮食亦足济康之所乏。所谓无损于川有益于康也。

就以上五点乘除推敲，觉宁远七属及汉源县与金川地方应全划属西康省境。即以邛崃山脉与大凉山脉之脊为其省界，雅、荥、天、芦、宝兴五县亦以划属西康为宜。唯松、理、茂、汶四县虽行番俗，仍应划归川省，使整个的岷江流域在一政府管治之下也。如此，划分西康省境包有康区18县，宁属8县，雅属6县（汉源在内），与金川1县3屯，共为33县3屯。将来可发育为36县，人口、财赋足与内地20中县相当。省会康定适居全区正中，策应既便，省政不难施行也。

(二) 交通之整理

西康、宁远地位偏远，文化落后，一般土民未经观光华夏，不免夜郎自大、深闭固拒，坚守习惯，恶闻新政，每每视官为仇，时起骚扰。为图灌输文化、推行新政、震慑叛变起见，皆应首先从事交通建设，必使血脉畅通。而后声教浦被、政足行远，而后建省有益也。惜以山谷盘错，雪岭纵横，地盘艰险，民户旷稀，施工既艰，给养尤乏。除通联川康省会之成康马路外，皆宜暂因简陋开凿骡马大车通行大道，或负贩小道，以济亟须。俟边境繁荣、交通价值已高时，再图改建铁道与汽车路也。本会历经考察，已将全境亟应修治之各种路线分别拟定。惜以款项无着，尚未建修计。

1. 成康马路。自成都至康定，过去川康边防总指挥部曾经拨款建筑其大部，尚未完成。现蒙行营自江西调队重测，计划续修。

2. 炉甘马路。自康定、甘孜，此线地势平坦，交通价值亦大，拟修汽车路。

3. 康宁公路。自康定经越嶲河道通冕宁、西昌，为运输粮食入康之干道。过去，川康边防总部曾开凿其一段，现拟建筑全线为骡车大道。

4. 金川公路。以丹巴县为中心，西循牦牛河谷至泰宁，接炉甘马路；东循小金川，经懋功，逾巴朗山通灌县；北循大金川，经崇化、绥靖、绰斯家、余科，通道孚。因周边全部是河谷深峡，只可开成骡马负运之大道。

5. 巴理公路。自康定西经雅江、理化，至巴安，即清代之粮台大道，久失修治，废坏不堪。拟稍改定路线，增修台站，使复清代旧观，以利南路商运。

6. 德格公路。自巴安北经白玉、德格联于甘孜一线，赵尔丰时曾略修治。民国七年（1918）失陷后，复归废坏。兹拟建筑为巴理公路同式之大道，以固金沙江防支线，别通邓柯、石渠，联于青海玉树县。以全县在故德格土司境，故曰德格公路。

7. 瞻对公路。自甘孜循雅砻江谷，经瞻化出雅江一线为联络南北干线，开发瞻化产业之要道，河谷、深峡拟建与金川同式之公路。

8. 稻乡公路。自理化南经稻城、定乡，更西北联于巴安之得营路，为巩固康南政权，开发乡稻产业之要道。拟建筑与巴理公路同式之路。

9. 木里公路。自稻城分支循小金河谷达木里，再由木里渡大金河经九龙接康定之路，为开发木里之要道。拟建与金川同式之公路。

10. 盐源公路。自木里经盐源渡打冲河接西昌分支，南经盐边，接于云南之华坪，为推销白盐之要道。

11 会理公路。自西昌南入会理达金沙江岸，可建汽车路与云南衔接。

12. 宁南公路。自西昌东南至披砂一线。

13. 越嶲公路。自西昌逾小相岭，经越嶲至富林、汉源一线。

14. 昭觉公路。自西昌东经昭觉出雷波一线，上3线旧皆有路，为夷匪破坏者已多。剿夷兴垦后，或建车路，或驮路，临时定之。

上14线为西康省道之干线，其经过路以河谷为多，其有经过高原，逾越大山之部，均应建设台站，附办牧场，以牧护台，以畜济运，使行旅无露宿之苦，马牛无长途之厄。则全康交通已臻，便利足以建省行政也。

西康航空因地势过高，颇多不利。唯康定、西昌两处不能不亟图开发其航线，似以循大渡河谷为宜。盖如横度邛崃山脉，因太高，积云浓厚，殊多危险也。他如电政、邮政以及河道之开发等，均有相当调查与计划。总以目前地旷人稀，番族复锢闭，自甘不乐采用新式交通工具，致使无所发展。均应待汉民移殖已甚，或番人思想改革后再图发展。目前，除道路应当积极建设外，其余皆不得不因陋就简也。

（三）人才之储备

西康与内地根本不同之点在于地势过高，已成垂直的寒带。因而一切气候、产业与夫民俗、宗教皆呈特殊异致。将来建设新省，施行新政，自然需要一班新的人物，以资推动。取自边地，则文化落后，未可胜任；取之内地，则又隔漠边情，仍感凿枘。故无论教、建、民、财各界之工作人物，皆须即早招致内地有志边疆青年，施行特殊训练。如：

1. 藏、倮文①语之研习。
2. 边地生活习惯之养成。
3. 经边道德与技能之训练等。

俾成将来推行省政之中坚分子，关于此事，拟于炉城开设边政专门学校一所，分设边政、边教、垦牧三系。招收边腹各地高中毕业生，授以下列之通习科目与分习科目：

通习科：藏文语、倮文语、川边史地、殖民学、公文程式、军训。

分习科：

边区系——政治学、经济学、法学。

边教系——教育学、宗教学、佛学。

垦殖系——农学、畜牧学、垦荒学。

其余一切皆照专科学校办理，预计常年经费为7万元。一俟筹得的款即行开办。

（四）经费之划拨

西康地旷人稀，产业幼稚。建省后，一切政费、军费皆不能不仰于腹省之协济。据清宣统三年（1912）度支部核定川滇边务经费如下：

1. 经常门

行政费：250487.045两（原指边务大臣公费及边务大臣衙门各府、州、厅、县衙门经费）。

民政费：17000两（原指警务学堂与医药局经费）。

财政费：15376.6两（原指边收支局、驻川饷械所与盐茶税局经费）。

教育费：30000两（原指巴塘学务局经费）。

军政费：247963.653两（原指防营及新军饷项与转运粮饷费）。

---

① 彝文。——编者注

官业费：3974.4 两（原指制革厂、印刷局经费）。

追加之款：3000 两（原指土司世职养赡费）。

2. 临时门

行政杂支：1200 两（原指夫价）。

民政费：40000 两（原指垦务费）。

军政费：2500000 两（原列陆军一镇军费）。

工程费：350000 两（原指桥路工程与营缮费）。

合计：3459001.698 两（即合 4842 百 6023 元）。

预算岁入田赋：67500 两。

杂税：7000 两。

合计：74500 两，即合 1043000 元。

相差：3384501.698 两，即合 4738323.779 元。概由川省协济初议，协拨油捐、糖捐 484301.9289 元。嗣经度支部覆，核增为 775182.257 元。其不敷之 2609339.341 元，仍据资政院报告书内称：川滇边务属于边防，所列岁出之款均属要需等语。饬由川滇边务大臣察酌情形，随时咨商四川总督增筹的款协济。是故，赵尔丰时代，每岁自川协济川边之款实为 300 余万两，即合 400 余万元矣。现在西康收入无增于往时，支出殆将倍之。纵划宁、雅两属入康，亦不过行政上有所利便，收入上实无增益。除日前建筑川康马路应请中央政府担任经费外，其建省后之一切政施所需经费拟仍援清代成案，请求中央自川省协拨的款 400 万元自康建省完成，收入渐裕时，按年核减。至其详细预算书应俟省区划定后再行拟制。

二、建省后亟当推行事项

（一）关于交通建设者　建厅

1. 路网之完成
2. 台站之敷设
3. 航空线之选择
4. 屯站之推进
5. 驿递之整理
6. 津渡之改良
7. 电政之推广

8. 河道之疏治

9. 运输之改良

（二）关于同化夷民者　教厅

1. 分区开办化夷师范学校

2. 各县推广夷民义务学校

3. 诱至夷民内地观光

4. 奖励汉僧入康习经，番僧入川讲经

5. 炉城与甘孜、巴安、西昌等处筹办通俗教育馆，陈列汉藏文物、奇巧，任人观览，以资兴发

6. 编印汉藏合璧之教科书籍与通俗书籍

7. 编印藏、猓文之通俗教育图书

8. 炉城开办边政专科学校与佛学研究院

9. 组织藏、猓语游行讲演团——以艺术招致听众，以猓语宣扬国光

（三）关于经济建设者　建厅

1. 康定附近开办垦牧公司——改良畜种，栽培牧草，改善运输

2. 南北大道沿线荒地开设西康垦牧分场

3. 调查开采各县金矿

4. 开办农事试验场，研究种药、蔬菜

5. 管理狩猎，提倡养殖

6. 试办水力、风力发电与各种电气工业

7. 改良纺毛、制革、炼乳

8. 改良制茶与茶运

9. 招民领垦宁远各县荒地

10. 开采宁远五金及煤矿

11. 改良俄洛与盐源盐业

12. 改良宁远糖业

13. 开采近边森林

14. 制定领垦条例

（四）关于其他政治设施者　民厅

1. 继续培植通晓夷语、夷情之行政人员

2. 划分行政督察区

3. 整理乌拉行政，待牧场与市肆发达时并废除之
4. 建修各地市场，招商设肆
5. 规定土司头人职责、权届，徐图废除之
6. 规定寺院待遇条例
7. 规定汉夷公断条例
8. 规定戍军代休、受训制度

开办牧站联运以期永废乌拉（附：论牧站十便）[①]

（1936）

理由

关外无商肆可资食宿，无力役可资雇用，未改流前，文武官吏，藏康行役，不能不援用土司征役习惯，派集乌拉。于时出关人少，役不时集，康藏人民，未以为苦。赵大臣改流之初，因见关外市肆骤难兴集，官吏行役，仍令援例办理。二十年来，战役频兴，差徭繁数，民不堪命。尤以北道大路沿线，更当冲要，农牧良民，弃业供差，应接不暇。加以征用人员，不知体恤，每有吝发刍秣，强迫过站，及挞挞头人，估索折价等事。于是驯者逃徙，黠者顽抗。因抗差而抗粮，因抗粮而逆命。逃徙之民，无复归宿，流散为匪，与之勾结，因而查坝、木茹、鱼科、罗科马、冷卡石、乡、稻、得荣等部，无形之中，成为化外，夷匪遍地，不可爬梳。流弊所及，不堪言状。川康边防总指挥部，接管康区后，曾饬由西康政务委员会，设法整顿。仍以弊端庞杂，治法空疏，未能深中症结，殊少实效。最近西康宣慰使署在炉召集各县代表，举行宣慰大会，出席六县番民，发言者凡十六席，无不痛诉乌拉苦况，足见创巨痛深，群情激愤，苟非设法彻底解决，则边民苦痛，终难减除，妨碍内向，至深且巨。

过去论乌拉者，佥以限制滥支，实行给价，严禁过站等条，为唯一办法。不知滥支乌拉，乃治人问题，非治法问题。发给马牌，权操于各县胥吏或保正公所，而索取马牌者，恒为有力之官吏与官僚之亲信人物，县胥团保，地位卑微，安有施行限制之力。又况多填马牌，惠而不费，此辈方将相与勾结，因缘为利，纵令督责严加，亦难塞尽弊窦（如商民运货、串购马牌、支取乌拉等，乃关外常见之事）安能望其施行限制哉。实行给价，似可稍慰差民。乃实际考察，大谬不然。支乌拉者，

---

① 原载《康藏前锋》1936 年 4 卷 4 期。为作者向西康建省委员会提交的议案。

为从事农牧之差户，而调集乌拉者，为凌轹差户之头人。给价于催集之头人，每被尽数干没，差户畏其复派，无敢与争。给价于从役之差民，则头人恨无分润，辄故为濡迟误期，或以老赢乖毙之畜搪塞，逼迫征调人员出于通同舞弊而后已。又况每值大役，需用乌拉至五六十头以上者，大都征调于数百里外（例如康定常向九龙、吉曾、义侍、孔玉与龙灯坝子、塔弓寺等处征调乌拉），赴役所费，多于从役数倍。给价系按从役日算，每站藏洋半元至1元，不敷人畜食料甚远，又何有于体恤耶。过站恶习，养成于军事急迫之际，前站乌拉，一时难集（征调于百里外者，至少须3日始能齐集，苟非齐集，近地先至者，亦匿不敢见，因慌汇载过量，倒毙人畜也）。主运人员，情急无状，遂以武力，胁迫疲畜，过站续运。救急一时，遗害无底。于事固属可诛，于情实所难免。使康区运输竟无根本妥善办法，则当军行紧切之际，虽王者之师，不能免此也。至其他种种弊端，空言剔除，固若其易，实际施行，困难孔多。一一言之，更侯难尽。夫内地胥役积弊，经数千年政治家之研究，尚难革除净尽，况西康政治文化俱形落后，又复语文不通，官民隔阂之地乎。根本解决之道，在筹雇赁力役与取得食宿便利之方法。使官府与承运两方，成为商业交易之形式，种种弊害，自然扩清。在官府所费相同，而民方之食德无量矣。

窃维此种承运事业，不能不由官府筹办。其原因有三：一、关外海拔过高、空气稀薄、运输代步，非借牲畜不可。欲成大规模之运输组织，必须有大牧场供给其牲畜。康民畜牧制度，甚不适于此种事业（不种牧草，无以御冬。每届秋末，即大肆屠杀，以节食量。各户畜数，不能增加。缺乏牛马，承办运输。旧时承运茶驮，皆系多数牧户，各出牛马一二三匹，凑于秋冬春间，包揽茶驮，且牧且走，日行四五十里而止。其供给乌拉，则每户一匹为限，临时凑集，亦且出于强迫也）。二、康人素乏此项常识与兴趣，责令办理，必将稽延无成。关外汉商，财力薄弱，自亦难于承办此种伟大事业。三、欲求联运迅速，牲畜不疲，非节节筹设牧站以资接替不可。此种计划，应求衔接周妥，接替灵活，必须由政府统筹规划，机器完密，不能任人民自由发展（纵归商营，亦必须政府之扶持协助，监督管理，故莫如径由政府办理，较为迅速）。

借政府之力，完成此种联运事业，为利政府者厥有五点：一、牧站蝉联替运，缓急从心，公文要见，军实急需，以及疾差官吏，均可兼程齐达，无征集乌拉濡迟时日之苦。二、废除乌拉，释民重负，可以深得民心，裨益治理甚大。三、牧站附近，市肆自兴。康区商业借此普遍推进，裨益地方经济甚伟。四、以此原则，向康民征集牧场与种畜，均必乐为输助。得以遍设牧场于重要各地，从事改良牧畜，树之风声，为民示范。于整顿交通，减轻民困之中，仍寓改良牧畜之意。五、藉牧站牧场丁夫，稽查匪徒，保卫道路，供给食宿，便利商旅，传递消息，通达政情，宣抚应化，沟通情感，种种辅助政化实效，均将缘之而获。

俟官办日久，布置就绪，商旅习惯养成之后，再行遂渐改归商办，其势乃易。兹依此旨，拟成《西康公运局管理牧站计划》，提请议决。

附　论牧站十便

牧站与乌拉比较　旧制乌拉与牧站联运相较，则旧制乌拉不唯病民，亦濡滞过甚，不济急用。例如，康定一城，徭役最繁，而纵横百里以内，能支差者，不过六七十户，多数差户，皆在数百里外。有时尚须越县征集（如丹巴、九龙及道孚之查坝）。出关人员，大都于前数日向政府办好马牌，照会康定保正公所。保正公所，再行查明轮支民户所属村保，分发传差，按保催集。村保头人，据以转催差户。而差户牛马，又各在山上放牧，当夜始得收回。纵是急差，连夜赶赴，有时亦须四五日后，方能到齐（如吉曾义、孔玉、上牛厂等处，赶程亦须五日）。如系大差（乌拉在百头以上之军差）非历时半月不能成行。小差成行较易，但须节节替换。例如行北道者，往时取道长坝春、八美、道孚一路，自康定出发，40里至折多塘一换，折多塘100里至长坝春一换，长坝春60里至中古一换，中古50里至八美一换，八美40里至吉色宗一换，吉色宗80里至可拚一换，可拚至道孚一换。中古与吉色宗，民户稀少，不胜差徭。民国六七年，完全弃业逃差，乃改由长坝春与八美两处并站运送。于是，长坝春与八美两站，延送百廿里。中经荒地，每有劫匪。八美至可拚间之松林口，尤为匪窟。去时差马，赖有军团护送，安全通过。返时赤手驱畜，常被劫掠，不唯牛马丧失，乌拉娃生命亦多危害。于是当差民户，次第逃亡。存户既少，又恳他处帮差。换马一次，费时辄一二日。其后八美民户逃亡殆尽，完全失却支差能力。政府又饬长坝春差民改送泰宁，暂由喇嘛寺负责替换。于是，长坝春差民能力，政府又多送30～40里，困苦既增，逃户益众。折多塘等处亦然。每每差马在路，无人接替，往返催集，稽延旬日。自康定至道孚，380里中，通常须行8日，有时延至半月。官民俱困，无法挽救。近岁改由海子山出泰宁一路，原只205里。但自康定卅里至三道桥换差一次。三道桥十五里至牛窝沟换差一次，牛窝沟35里至中谷换差一次。80里中，换差三次，即须耽延三日。其中谷至泰宁120余里中，皆系荒山，无有差户替换，往返四日，复多劫匪，其困难情况，恰与八美相似。近年亦以支差疲困，其不能不陷于濡迟之状，大抵如此。如果办理牧站联运后，一则役畜有备，呦差立集，大小差驮，可以计日运到，无复濡滞之患。二则，各站距离，略有一定，按站替运，畜以时休，无疲乏倒毙之害。三则，农自为农，牧自为牧，不与差运相涉，各安其业，无复惊扰荒废之弊。四则，牧站蝉联，呼吸灵通，守望相助，可免夷匪劫掠之患，较之征用乌拉，利害悬于天壤矣。

牧站与汽车公路比较　边地办理汽车运输与牧站联运相较，则汽车运输不唯耗款过巨，即运输急需亦不及也。缘山高谷深，岩岸壁立，建筑车路，工事困难，旷日持久，竟鲜成功。即如雅安至康定一段，仅长400余里，因须横逾邛崃山脉及大渡河，选线累年，俱无定论。最近，四川公路局选定荥经小河一路，经军事委员长行营及川康当局分派三队测勘。耗费巨万，结果认为不能施工，仍须另外选线，并估定他日建筑经费当在500万元左右。关外山谷重复，多有更难于此者，其一时无力完成全省汽车公路可知。况边区僻远，财力不济，汽车汽油材料缺乏，运费昂贵，且常有受外力操纵，陷于停顿之虞。边地海拔过高，十分之七八以上地面冬季土冻，养路之费，倍于修路。今如办理牧站联运，则能恰与目前西康之社会地理经济情形相适合，事半功倍，以解亟需。

牧站与军台比较　往时边地用兵，常于饷道沿线建设军台，置兵设戍，联以塘拨，藉为卫护饷运，驰达情报之用。牧站联运，实即兼俱军台、塘汛、卫饷、传邮之意义。若以军台、牧站比较利弊，则军台有不如牧站者数点：（一）军台、塘汛，只有支出，年货不赀。不似牧站，兼营生利事业，收支抵偿，尚有赢余。（二）军台只能卫运与传递消息，其济运饷糈公物之夫马，仍须向土民征集，不似牧站之毫不扰民，即能经用。（三）军台只宜短时暂设，历时稍久，易滋流弊。如军纪废弛，暴虐土民，丁夫缺额，有名无实，舆夫官不到地，兵不守职等皆是也。即如前清，雍乾以来在康藏间所设粮台、塘铺，嘉道以后废坏殆尽。至赵尔丰西征时，乃复重设台站济运，是其明证。牧站联运，乃具备永久性之营业性质，有流水不腐、户枢不蠹之美。

牧站与力行脚店比较　内地车船不通之地，行旅运输，赖于力行脚店。人畜行程，每日七八十里，沿途勾留，不能加疾。宿食储秣在在需钱。力脚所费，恒成巨额。不似牧站之牛马替运，缓急随宜，就地放牧，牲畜常饱，脚费甚廉，而运用亦如是也。盖边地所缺，为沿途之食宿商店，而其所利，则在随地皆有低廉草场。故移牧站于内地，则不可。移脚行力店于西康，亦不可。各因地宜，原难比较。唯就运费之廉贱与运输之妥速计，则牧站优于力行脚店多矣。

牧站与铁肩队比较　闻军事委员长行营，在川于车船未通之地，招募壮丁，编成"铁肩队",运输军费。每夫每月工食10元,更设队长职员以管理之。就运军米而论,每夫负担两斗,合60斤,实只50余斤,每日行40～50里或60～70里。姑以平均每人60斤、日行50里计算,则每120斤运1500里需时1月,需费20元有奇(若以之施于川康之间边荒各地,则因口粮昂贵,食宿艰难之故,夫价须略增加,则其所费当为30元矣)。若为牧站替运,则120斤(即一驮重量)于1500里程中,仅须费时15日,费款9元。(按站)或费时10日,费款15元。(破站)又或仅费时8日,款24元(兼站)而已。

牌站与康地旧式商运比较 边荒地域之商业运输,旧皆利用牧余牲畜且牧且运之濡缓办法,因地制宜,别无善道。所不足者,缺乏严密组织,以利替换而已。牧站联运,即系运用且行且牧之原理,而以缜密组织,保障货流安全与畅利。使运费不加,而利加数倍。

牧站代邮与推广邮站比较 关外邮线,难于推广之原因有二:(一)番人不习汉文,邮员不通番语,寄邮件者全属汉人,邮件遂稀碍,难得推广。(二)邮件既稀,恒数日一班。加以风雪险阻,递送迟滞,不足应急。故公私要件,皆以专人递送为原则,付邮为例外。牧站联运,即可代邮。将来推广邮局,如委牧站办理,则经费不必增加,运递更觉妥便。且牧站人员,驻地既久,渐习番语,遂能指导土人采用邮递。即欲于番文信面,译填汉文等事,亦可受附近番人请托,代为办理,较邮局自行推广邮站更为便利。

牧站附办改良畜牧与特设模范牧场比较 改良畜牧,为西康建省后必须举办之重要经济建设事业,若专以改牧,势难急切成就。指定数处,则接触之番民有限,减低推广效率;分立多场,则开支不免过巨,财力亦且不胜。且若专以改良畜牧为事,则于生利之道,暂时无有把握,即过剩之牲畜仍非消纳于运输事业不可。苟无完善的运输组织以济之,则为利亦属有限。所谓良善组织无他,仍为牧站衔接递运而已,则莫如率性先办牧站运输,附带经营改良牧畜事业。用营业之盈余,谋牧业之改进。徐使模范牧场随同牧站星罗棋布于全康要地。土民既得就近观摩,产品亦得就近销售。诚切实有效之牧政也。

牧站与屯垦比较 论者谓"西康夷匪出没之地,宜即施行农垦,如古屯田之制,即以屯部兼任开发地利,清剿夷匪,保卫运输等责任"。查西康夷匪出没之地,皆属高寒荒旷,不能耕种之大草原,或高山深林地带。所具地利,唯有畜牧,充其量可以河谷比较低暖之部栽培牧草及药材,与少数之叶用蔬菜而已。其余,如狩猎、养狐、养麝、养鹿等,皆非与农垦接近之事业,而以牧场兼营为便,一般牧业之弊,在不地著。此案设计之牧站，即为地著之牧业。故于可能范围内，经营以上各业，甚为便当。且于清匪卫运各种任务，俱能适当负责。其丁夫人员，仍可以裁编余剩之兵士，或现任士兵训练后充之。故若利用编余士兵组织牧站，较之空言屯垦为更切实。

推行牧站与建设商市比较　论者咸谓"关外市肆缺乏，为经济不能发展之最大原因。主张于相当地方建筑市场，招商兴肆，以图挽救"。固是深切事情之论。然，查市肆之兴，与交通之节点有绝大密切关系。过去，关外交通涣漫，并无一定之节点，实为市场不能发达之大原因。例如，清季亦曾于南路之营官寨、卧龙石、八角楼、西俄洛、火竹卡、理塘喇嘛寺、小巴冲、巴塘等处，北路之泰宁、觉乐寺、道孚、蝦拉陀、炉霍、甘孜、绒坝岔等处，金川、章谷（今丹巴）、旄牛、东谷、林卡街、约咱、翁古、喇嘛寺、绒岔沟等处建筑市场，招商兴市。结果，除理塘、巴塘、甘孜、炉霍、道孚、丹巴数处外，余俱不振，至于萧条废坏，即由未能同时养成其为交通节点而已。今若办理牧站联运，则人物行止，自有节制，食宿商店，日用货品，自必缘之麇集，商肆发展，不待建筑市场，远道招商矣。

道炉行船计划书①

(1929)

一、河道略测

东谷河即炉霍水②,自东谷纳斗村经东谷土司官寨、东谷喇嘛寺、棒达村,炉霍阿德龙、充谷、埂达、东班等村,朱倭官寨、雄鸡岭、加河口,绕孔马岗,经勾底、棒达、热日中、邓达、龚达、瓦角、甲姑等村至炉霍县治外,汇泥坝沟水,绕热马冈、瓦达、章达、蝦拉沱、甲基龙、中仁达、仁达、呷拉宗,绕将军梁子入道孚境,经角卡、奔龙、大寨、得妥、喀龙、麻孜至道孚县治,皆自西北向东南流至道孚,始折南为瓦日沟峡江入查坝境至雅江县北,汇于雅砻江。凡道、炉两县精华区域,皆经流贯,东谷、朱倭、炉霍、仁达、呷拉宗、大寨、麻孜、道孚皆大市场或为台站。自东谷至道孚,水程 500 余里,海拔高差约 300 米,除将军梁部有急流外,余尽平流,无怒湍激石,河面阔 4 丈至 6 丈。章达至仁达间多岔港,支渠纷纭播 10 余丈,主流仍阔 3 丈许(目测数),河水冬夏无甚涨缩,深浅差度亦甚微。盛夏深 7 尺至 5 尺,严冬深 5 尺至 3 尺。河心深处,冬不结冰,浅处只结薄冰一层。道孚附近则深浅皆不结冰,支流泥坝沟自凝巴以下与干流同。

河床与两岸尽系砂质,夹以角砾,淘深筑坝,并易施工。两岸段丘,亦皆土质,阔自 15 丈至 35 丈。段丘以上,即为绝壁,高 10 余丈,其上为草原。如此河谷,每当午后,即有大风自东南吹向西北,人行其间,衣袂如矢,苟行舟船,则顺风张帆,可使逆流如顺水(余过该地时正当八月,每日必有此风,恐冬令北风起时,未必如此。询之土人,无注意此者。然即只夏秋有此风供人利用,其利已不可言矣)。

---

① 此为作者 1929 年考察康区时,给西康政委会的建议书。原载于《边政》1929 年第 2 期。
② 此指鲜水河及其上源尼曲、达曲。尼曲、达曲汇于炉霍后称鲜曲(鲜水河),经道孚县,至雅江县两河口汇入雅砻江。

二、行船计划

拟分三期办理：

第一期　时间一年

由政委会选雇内地船工 4 名兼充水手，资遣来炉霍，设造船局于炉，先自炉霍、东谷、道孚 3 处，依次订船各 1 只。道、炉 2 只，暂为渡船。东谷 1 只，由船工放下道孚，复自道孚牵上东谷，探测河道有无阻碍，随即试载商货旅客作为试办。

（说明）道孚、炉霍 2 县精华区域，分踞大河两岸，河岸宽阔，未建桥梁（炉霍治外虽有新都桥，业已倾圮不能行人）。官商往来，概以皮船浮渡。皮船形如巨盆，仅容 3 人局促团座，宛转流水中，历半小时，始能达岸。队商过渡需半日，牛马皆令涸水，时遭淹没。皮浸水稍久，则船重下沉，须提岸晒干，方可再渡。其不便情形，深可叹息。苟能以木船横渡，其便利当百倍于皮船工程，亦远胜于架桥也。

番民无木工，建筑房屋皆恃名山木匠。数千年来，不知有木船，故须特雇内地船工来此制造。初次行使，番民必多怀疑反对者。用于渡船，使人渐习而后行驶，始不诧怪；或探测河道另有障碍，一时不能驾舟，便使多造渡船，亦有大利也。

炉霍、道孚沿江多产枞树，木材直而绵韧，颇宜造船，唯无铁钉、竹茸、桐油之类，但如以木钉代铁钉，酥油代桐油，已为关外所习用。施之以船，当亦可能。又关外牛皮甚贱，船底使用牛皮缝被亦无不可。

第二期　时间五年

前期试行有效，随即添造船只，招商运货，定东谷、朱倭、瓦角、炉霍、呷巴、仁达、大寨、道孚 7 处为码头，增设市场，开设堆栈。河床宽浅处，于两岸筑堤，或断岔港逼水归漕，便渐次增订大船扩张航业。

（说明）东谷为皮业之中心，俄洛野番之牛毛、羊毛皮概从此地输出。朱倭为北道台站，往来甘孜入藏、出藏之商货与行客，皆住宿于此。炉霍为本县政治中心，兼泥坝沟航道会合点。呷巴为泥坝沟人物繁庶之地，仁达为瞻化入关孔道，大寨为北道台站兼罗科马、阿色麻牛厂货物出入总口。自此溯流绕越将军梁子，水道较急，上行货物恐宜卸载于此。

河道当章达以下岔港太多，港间砂坝丛生，酸枣子成灌木林，或为草场，其实皆良耕土也。航利既兴，治水自易。于时筑堤闸断岔港，使水归漕。不仅便于行船，即开港间坝土亦已增加良田无数容纳垦民。至于择宽浅河道筑土堤捍水，固亦增加垦地，便利航行两利之道也。

第三期

道炉航利既兴，河道既治，便可试行汽船。同时修筑道孚至康定马路与朱倭至甘孜马路，增设甘孜至绒坝岔航道，使北路交通舟车连络，为经营康北基础。

（说明）察道、炉水量与川省沱江相似，而平缓过之。通行汽船本属可能，但须运入机器来此装配耳。欧美内陆河湖通行汽船者颇多，不难仿办。

自康定循雅拉沟，逾海子山埂、格达梁子，经泰宁至道孚一路，并无雪山陡岭为之障隔。建修马路较成——雅路尤易施工（海子山埂、格达梁子、松林口三处海拔虽高，然在高原中仅如丘陵，仿佛邛雅之黑竹关、金鸡岭等处而已）。窃经营边地首重交通，而康区南路远逊于北路。试略比较：

南路自康定至昌都为半圆弧线，北路为一直线，一也。南路有折多、高日、格拿、大锁等雪山，气压极低，寒气砭骨，冬春过此，多道毙，北道无之，二也。南路须横渡雅江、巴塘两大峡谷，断无经营铁路之可能，北路始终平坦，三也。南路须经理化大高原，纵横千里，无人烟、无树木，遍地草原，尤多甲坝，难于治理。北路气候温和，村舍栉比，设治有年。民多慕化，堪为政治重心，四也。有此四者，故将来关外施政，势必集注于北道交通事业，自宜首先经画此路。道炉航利诚兴，再以马路与康定衔接，不唯便利交通，亦使道、炉、甘、瞻等县政治势力益臻巩固之道。

现在此道商业中心在甘孜，甘孜与朱倭间隔以罗锅梁子六十里土冈，修行车路更易。逾土冈为雅砻江整治水道，亦勉可行船至绒坝岔。

三、通船利益

本计划实行后，其利益可预知者：

第一，废除皮船，改良津道，使道、炉二县交通便利，治化易施。

第二，自东谷至道孚间乌拉四站，改舟行只需二日，自道孚至东谷上水遇风仍只二日，节省畜力，缩短日程。

第三，陆行津渡重复，土路层崩，骡马往来甚不方便。沿江多土岩，夏涨没岸，避向山顶行，上下跋涉，迂回迟滞，舟行较捷而安适尤过之。

第四，西宁、西藏、俄洛等处与康定间商货往来，利舟行，省费，皆取水道。东谷、朱倭、道孚三处将为起卸商埠市场，因而发达。

第五，航路既通，商旅安便，则可量设关卡，增加税收。

第六，北道马路、航路连接时，康藏商业将悉吸收于此途，道、炉、甘三县将日趋兴旺。

第七，将来北道用兵规复昌都，收复俄洛，进窥西藏时转饷运输将大得力于此河。

开凿大渡河计划书[①]

(1929)

一、设计理由

  丹巴、泸定两县与康定之鱼通、孔玉、瓦斯沟三区同在大渡河谷,因河水漂激,不能行船。而鱼通、孔玉之间,又未开有官道,岩壁陡绝,不通骡马。故往来丹巴者,皆自康定绕道大炮山行。大炮山高 2600 余米,九月凝雪,五月始化,山脊直竖,如刀背两侧,皆冰河漂石,行无定路。土人植木杆积雪中,望之而行,时有失脚坠入雪坑者。其地接近草地,多暴客,无民居,荒原野宿,备诸痛苦。故丹巴地势、气候皆同内地,而治理之难,甚于关外。土人恃其险阻,常萌二心。民国二年(1913)以来,迭遭丧乱,幸赖凝结未固,不久讨平。现虽暂时贴伏,难保将来无事,拟于鱼通、孔玉间开凿新路,自丹巴县沿大渡河直达瓦斯沟。瓦斯沟西至康定 60 里,北至丹巴四日程,不复绕行大炮山。丹巴为关内,一也。

  道循河谷,无祈寒积雪、匪劫路宿之苦,其利二也。

  丹巴食粮有余,杂货不足,人民交易舍康定而趋懋功,使康定粮食不给商货不行,军饷时亏,市场日败。新路成,则有无互通,利无外溢,其利三也。

  鱼通、孔玉两区,矿产之富,为近边冠。交通未便,开采困难。新路成,则宝藏启,其利四也。

  懋、抚、绥、崇四县与丹巴同在金川,天然地势成为一区,东以巴郎山脉与灌、茂、松、理隔绝。巴郎山高度在大炮山之上,近世政治区划,虽以四县划归川境,而势禁形格,经营困难。现其地,名归二十八军统辖,实呈无政府状态。兵匪祸变,殆无已时。每有乱事,无不牵涉丹巴。诚能设法划归康境,则其地之生产能力又强

[①] 原载于《边政》1929 年 2 期。亦为作者考察康区时,给西康政委会之开发西康建议书之一。

于关外各县。顾边地隶属问题，恒以政治关系定之。诚能开此新路，则丹巴与西康之关系深。丹巴与西康之关系深，则懋、抚、崇自不能不生关系，既生关系，则请中央划拨甚易。修一路，而辟数县，其利五也。

丹巴、康定二县境可垦沃土倍于耕地，人口稀少，未能开辟，向内地招垦则费用甚浩，仍难集事。因兴路工，游民自集。工竣之后，工人习于边土，留者必多。例如今日康定、孔玉汉户400余家，丹巴绒坝沟、铜炉房等汉户百余家，皆清代矿工之留垦者。因兴工而收招垦之效，其利六也。

另呈计划康、泸、丹三县种茶果付实行，则大渡两岸新成一产茶地带，如能以新路贯通之，则瓦斯沟将为三县输出茶叶之总口，办理茶务、榷务并极方便，其利七也。

二、沿河地势

康定、丹巴之间岩层甚古，多含矿质。凝结坚固之岩层与比较松软之岩层，相间重叠，与地心垂直，自西南向东北斜走。大渡河适从此带斜走岩层间，横穿通过，河水漂疾，破坏力大，凿断岩层成为深峡。两岸小溪流又沿岩层脆弱部斜流来，曾分划河岸为对齿状之冈岭。沿河既多绝壁，民间小路，概距河10余里。行逾一峻岭，度一深谷，如次循环200余里。自新房子至梭波西岸，自丹巴至干沟，皆如此。虽有沿河岩脚行者，唯冬季水落时，勉强可走。入夏水涨，便不能通。兹拟自沿河距冬季水面10丈高之部，照夔峡鲍超路办法，凿岩为弓字形壁道，遇溪口则平曲向内架桥度之，使路平夷可行骡马，且为将来敷设铁路之准备。

三、筑路工程

拟招石工100厂，每厂15人，分段凿岩。先以炸药爆裂岩石，使成缺凹，乃以锤凿修治之。另以木工10厂，修造桥梁，限期1年可以藏事。

各厂工人工具，照内地修马路法，由工头自行招集购置，其待遇方法另议规定之。

工役、粮食照二楷金厂办法，运薪柴就近自向野山采伐。

炸药与建筑材料由地方人民团甲供给，并监督使用以免滥费。

设工程总处一所，由军部派员经理之。酌设工程分处，由两县知事派员经理之。

使其相互稽核，以杜弊端，其细则于开工时另议定之。

四、经费预算

工费与办事经费，定每日 2000 元，以 10 个月完工，计共需 60 万元，筹集非易。拟并其他开发边地需款巨大之案，商情中央政府借用外债办理。

3 年以后，征收茶税，每驮较高于内地之茶。俾出关茶驮，内地来者与边地来者，成本略同，以恤雅邛茶商，究应多征若干，届时由财务统筹处议请核行。

（说明）目前康定鱼通、孔玉、瓦斯三区，烟苗税 11000 余元，丹巴全县 17000 元，泸定待查。暂估丹巴种茶面积 2 万亩，康定三区 1 万亩，泸定 2.5 万亩，以每亩产茶 120 斤，每百斤征税 1 元，计足抵烟款有余。五六年后，茶务日兴，茶税可至 2 倍 3 倍，即以卖地价言，每亩卖价藏洋 5 元，合大洋 2 元，当不为过。分 3 年缴，每亩年 1 元 3 咀，1 万亩 17000 余元，亦足与烟税相抵。

上计划书实以旅次匆匆，粗拟梗概，未能精细钩稽，详订条理。果付实行，尚宜遴选专员议定细章程颁行三县，以资奉守。

开办康泸丹三县茶务计划书①

(1929)

一、总 说

1. 康定之鱼通、孔玉、瓦斯沟三区与泸定、丹巴两县地方，皆在大渡河流域。河谷左右，凡属海拔2000米以下之地，气候温和，空气湿润；冬无淀雪，遍地粗沙，无论气候、土质咸宜种茶。且地面坡陀急斜，不便耕种之地约占一半，现皆听其荒芜，无有设施。为利用荒地，欲发民生计，宜种茶。

2. 番人以茶为饭，非茶不生。其地数千年来，三面闭塞，唯恃邛、雅粗茶以饮以食。近经西人历年探险，发现新路多处。云南、印度以及灌、彭茶业，自康区南西北三面输入者为额日巨，邛雅茶商复因麂子冈、大相岭等处时有劫匪，妨碍运输，业由15万引减至9万引，炉关收入有日减之势。非于大渡河谷速办茶业，增加输出，不足以拒绝外茶，维持税收。此为杜塞漏卮，维持国课计，宜种茶。

3. 查自唐宋以来，以雅茶为羁勒西番之实，故严定引岸，禁止茶种输出，以防摆脱羁绊，抗衡上国也。当时华夏西番，名以大渡河为界，实以河东雪山脉为界，故茶种不许通过相岭。今已势易时移，若犹株守成法，徒逼西番购用外茶。因购用外茶而亲外人，亲外人而背叛益易。今日之西藏其著例也。况自归流以来，大渡河谷内土司势力完全消灭，汉人移居已过半数，夷户汉化。打箭炉早已称为川康之界石，则大渡河域不当复以夷区待遇。种茶地界，应当推惠此部，以利移植而奖汉化，宜种茶。

4. 川边自陈遐龄统治以来，即于泸定、丹巴二县与康定县之孔玉、鱼通、瓦斯沟三区劝民种烟，岁取重税，后援为定案，征税至今。细查三县唯汉人种烟，夷家

---

① 原载于《边政》1929年2期。为作者考察西康时，向当局提交的开发计划建议之一。

不种不食，征税反较汉人为重。加以地方无货输出，可易现金银两奇窘，措款无术，故其人民谈及烟税莫不蹙额疾首。如能尽铲烟草，劝民种茶，利其税收以代烟款。在人民方面，可以荒坡种茶，熟地艺谷，粮食无亏，完征甚易。在政府方面，既免种毒收税之讥，仍有岁收不减之益。此为剔除人民痛苦，改善税征办法计，宜种茶。

有此四利，未见一害，谈者犹或以邛、雅商人反对为疑。夫茶岸破坏久矣，即以内地论有引岸，任意乱销已数十年，况边地系与外商竞争，岂能为内地少数商人之私利而坐致失败耶。目前体恤雅邛茶商之法，唯有肃清匪徒，减免厘税，以利输出。决不能限制他处种茶而使专利，不然则外茶日进，雅茶日减，其不利将百倍于大渡河茶之与竞利也。况雅、邛、康边，均属本军统治，轩轾茶税，权衡在握。固可斟酌损益，使两方茶夫出关成本相似，自无可损于雅，有惠于康也。

二、计　划

兹谨依三县之自然状况、经济情形，远顾经营川边之大计，近为增益公私之收入，拟呈开办康、泸、丹三县茶务计划书如下：

（一）种茶地限

本计划所定种茶地域以泸定、丹巴全县及康定之鱼通、孔玉、瓦斯沟三区为限。

（说明）凡茶树皆不耐寒，在5℃以下数日即死。上列之两县三区，皆在大渡河谷，其农作地界内，十分之九地方皆在海拔2000米以内。冬季气温，罕有降至5℃以下者，故能种茶。其地域应以丹巴之林卡、瓦角、东谷，康定之哇郎、俄日、柳杨，泸定之松林坪、喇嘛寺街为界。自此以西，冬季地面积雪之地，种茶易遭冻死，甚难长育。老林内，可播种野茶而已。至如扁耳牦牛，康定以西则绝无种茶之可能矣。另具地图一幅，详其地界。

雅砻江以西，如九龙、乡城、雅江、巴安、盐井各县多能种茶，应仍照旧案严令禁种。令康定、道孚等处关卡禁止茶种输出。俟将来政治势力稳固以后，再行开禁。

据地图看，三县种茶区域似与农作区域冲突，其实三县农作区域中夹有荒坡甚多，并非完全可耕，目前皆听其荒芜。有一种不堪焙饮之野茶，土人呼为三分瓣者，随处丛生，高可齐人，足见其地种茶之宜。开茶禁后，斜坡种茶，平原种谷，同一区域生产加倍。

（二）茶务机关

康、泸、丹三县各设茶务局一所，或即称为实业局，设局长一人，书记一人，局丁一人，先行筹款购入种子，招民领地种植。二年后，设立各区蒸焙所，每所设技师一人，收集茶户鲜叶代为蒸制，领回出售，征收手续工费，以足敷消耗为度。其收入细则，则由各局茶务人员拟呈核行。

（说明）种茶甚易，制茶甚难。边民初种，必不能制。故须由茶务局招雇内地茶匠代为制造。茶树三年长成，可以采叶，故蒸焙所须于第二年成立。

茶务局（或可称实业局），设于下列三处：康定江嘴、泸定县治、丹巴县治。

蒸焙所设于下列各处：

康定县：江嘴、孔玉、巴朗、葛坝、五大寺、瓦斯沟、初咱。

泸定县：县治、咱里、烹坝、冷碛、龙坝、沈村、磨西。

丹巴县：县治、东谷、大桑、巴旺、林卡、太平桥、喇嘛寺街、翁古街、约咱街、棱波、成都、绒坝。

（三）领地种茶

三县岩坡瘠土，向无主人刍牧采樵，万姓共之。开茶禁时，即可由茶务机关协同知事公署，招民呈领，薄取地价，永定主权，随印编为茶户，量地给种，并由茶务人户即发。经营播种诸方法，于领种时，详为讲解。俾自播艺，随时出示保护，禁止侵伐踩躏，以待成长。其招领荒地、规定地价、发种子各详细办法，由各县茶务人员拟呈核行。

（四）岁收概算

三县种茶，地价分三次收，每年收入总数准烟税旧案数目，免征烟税。

（说明）三县烟税办理困难情形，已于丹巴视察报告书中陈述一般。无论三县百姓，即西康办理此种税款人员，亦莫不切盼蠲免。良以民实不支，名亦未详也。然边民对于征役，减之不必知感，增之即足致怨。此种税款，行之既已数年，岁收列为定项，漫言取消，或有妨碍政费预算之处。唯能以生利之道取民，则民怨可息，困难自已。如果打开茶禁，则茶苗长成后，税收之数抵消烟款，固属极易。唯初办三年，无茶可税计。唯于农民呈领种茶地区时，援照契卖官产办法征取地价，事本有益，业为世有，纵加强制，尚非病民。是可由茶务人员与知事征收课长，估计茶区面积，品除烟税总数，定为地价，分三年征之，即以收入抵偿烟款，维持旧有之税收，树立万年之厚利，其名甚顺、其质甚惠也。

青藏高原采金刍议

(1977)

一、总 论

(一) 论康青藏大高原的地下藏金

我国四川省西部、青海省南部和西藏自治区全部，大约 260 万平方千米的地面，是世界著名的第一大高原，同时也是世界注目的黄金产地。它几乎是任何地面的土壤皆含有金屑，任何一个低凹部分的土内皆聚有金粒。从它流出的河流，其流速骤减部分的河原内亦皆有金屑、金块沉积，金块有大至重数百两者。

此高原旧称西藏高原，与行政区划不合。近人或称康藏高原，或称青藏高原，皆有所偏废。依藏籍历史区划与我国建置郡县先后，应称为康青藏高原。

康青藏大高原富有黄金的科学论据，地质学者说有分歧。光绪初年，德人劳策深入甘、川、藏、青考察地质。判为主要是玄古代地层。1929 年谭锡畴、李春昱入康考察，否定劳策之说，判为主要是侏罗纪煤系。按李四光主编之《中国古地理图》，定此高原为"古地中海"未曾淹没之部分，称为"西藏岛"。即等于肯定此大高原从地壳开始凝固时已是大陆，与其他迭经沧桑变化之大陆不同。则玄古代地层说为可信。玄古代地层，历数十亿年迄今，亦当崩解过半。自其裂罅中喷积之山岳。乃当有巨形金块存在。此种山岳可称为"古金山"。历数十亿年迄今，亦当崩解罄尽。此乃康青藏大高原藏金丰富之理据。

即主水成岩变质说者，亦谓黄金系与石英伴生，唯石英岩脉多处产金丰富。此大高原各岩层中，正有甚多之石英脉存在。且高原顶部遍布有石英砂与石英砾块。此等石英砾块，经流水搬运至川、滇、甘、新各省区河谷者甚多，搬运愈远，愈磨缩成为小块，以至于为沙。无论大小块，锤粉淘洗皆可得金。据此以推，原始地壳裂罅喷出之"金山"，其崩解后之黄金，固当多有巨块，非现代地层岩脉石英分解所得而有。则康青藏大高原埋藏之黄金为玄古代地层所已有，为可定矣。如此始终保存陆相之地壳，地球上并不很多。是为康青藏高原产金最多之原因。

康青藏大高原产金丰富之历史见证，多不胜举。兹撮举其概要数点：

1. 当代史学大师徐中舒撰文，阐述战国时楚国拥有黄金最多，谓其黄金来源，在金沙江（犁牛河）、雅砻江（旄牛河）、澜沧江（长傍川三面山）、怒江（金宝山）中游，皆此大高原流出之水。与今世金矿地理符合。

2. 藏族史籍证明：松赞干布时，吐蕃已知冶铸黄金。其向唐皇帝请婚公主，一次献有黄金五千两、金甲十二副及其他金器，可见其拥有黄金之多。其后各大喇嘛往印度求法者，皆以黄金为贽。归而传法，亦向其求法者索取黄金为贽，称为"黄金法"。可见吐蕃不只赞普拥有大量黄金，即其民间亦皆普遍拥有黄金。

3. 自吐蕃至近代，藏僧与贵族皆拥有大量黄金。表现在：著名喇嘛寺神殿皆用金板作瓦，神像皆用黄金与铜银等合铸，供神用油灯及净水碗等具皆纯金铸。贵族家佛堂亦然，至于揉糌粑用碗亦木制内外镶金。家具、衣饰更不论了。稍有社会地位的人，随身皆有几种金饰。此金皆是历世藏民自地面采来。

4. 英帝国殖民印度后，对西藏黄金垂涎百尺。曾雇用瑞典人斯文赫定，借"考察东土耳其斯坦地理"为名，入新疆后，即偷入西藏绛塘地区进行勘探。先后十余年，潜入勘探四次，全非"东土耳其斯坦"地面，亦未与驻藏大臣和达赖接头。其最后两次已部署英商潜入藏偷采。他曾再往视察督导。后经藏人报请清廷驱逐。英国印行他的游记和地图，虽极力把勘窃黄金部分讳削，字里行间仍不能掩。自是以后，英人谋攘夺我西藏主权甚亟。帝俄亦派人引诱达赖，酿成西藏动乱数十年。印度独立后，仍图承继英帝衣钵图藏，皆垂涎其地下藏金丰富。

5. 由于喇嘛教禁取地下，我国过去淘金的范围，局限于四川缘边喇嘛教势力薄弱地区。清末，组织公司在川边招商开采，一时洼里、隆达、漳腊、二楷、色耳巴等处，淘金兴旺，达数万人。洼里金矿局、二楷梁财神、漳腊张达三及西康刘文辉等，皆于一二年左右获得大量金人。其他中小资本商人，难于引举。其金矿之旺可知。

6. 民国初年，瞻化麦科、甲司孔、磨房沟、雄龙溪，理化金厂沟、杜沟、跑龙沟、霍岑、夹郎、瓦角、新都、章达，道孚将军桥、鱼柯、磨子沟，以及乾宁、雅江、康定、九龙地面，皆有兴旺金矿。这说明此高原内，无处不可采金。据老于此业者谈："凡属河沟两岸表土，每背（百斤）可以淘金一厘以上，堪敷口食。向下淘土，得金较多。大金粒总是在岩盘底的石腔内，相聚成窝；必须穿洞求之。这是撞运气。或撞中金窝子,数十两至于数百两,无准;或落空无获。"这与此大高原产金理论完全相符。

综合以上历史事实,结合科学理据,可得如下之结论。即这一大高原藏金情形,可以分为高原顶部与高原河谷两部分。凡海拔 3000 米以上之草原与开敞河原,为高原顶部,大体属于玄古代"金山"崩解之天然金,为块、为粒、为屑不一。其一部分已被流水搬运以去,又一小部分暴露于地面者,亦已被先民拾取使用。尚有大部分保存于地壳低凹之部,成为巨块荟聚之"金穴"。其上面皆复有颇厚之沙土与河湖之水,不易取得。凡 3000 米以下之高原河谷,在高原内者皆深狭疾迅,不易沉积黄金,只偶遭石阈截阻,有回旋缓流之处,得有沉积,当诸水流出高原,转入平流以后,流速骤减,沉金最多,尤其是在流向被迫捩转之部。这是金矿构成之规律。由此规律,可以判断这一大高原上黄金贮藏最多之处在哪里。可以肯定:我国虽已采金两千多年,并未接触到这一大高原的主要藏金之处。主要藏金之处,在此大高原内的土壤深处。

(二) 论社会主义的采金方式

过去的一切采金方式,是利少害多的采金方式,也是不可能迅速有效、大量采取康青藏大高原中地下藏金的方法。

何谓"利少"?穿洞地下探寻金窝,或什不中一,或交臂失之,绝大多数皆徒淘取浮沙,就藏金量言,为利少。金藏于地,地属国家,而淘金之利归于少数富厚有势之人,就所利者言,为少。

何谓害多?河原皆沙土叠积而成,非同岩石,钻穴挖洞,容易造成地面坍塌,甚为土著所恶,为一。淘一成之金,弃万倍之土。弃土堆积地面,覆压农牧用地,零乱难于整理,甚为土著所恶,为二。矿工多系失业游民,无人负责管教,往往邀朋结伙、欺负土著民家,结成一方民怨,为三。矿工侥幸获得多金,则每每吸烟聚赌,狂欢堕落;其或连月无获,则偷盗扒窃,至于为匪;边方醇良风俗,为之败坏,故为地方良民所痛恶,为四。每逢大厂所在,四害俱重;土司喇嘛之严禁采金,至于武力驱逐,演为民族战争,实无足怪,积累民族仇恨,导致土客矛盾,为五。弃土与塌方,零乱在地,浪费资源,破坏探寻线索,使后来科学采探不易施展,为六。这种利少害多的采金方式,实不足取。应予坚决摒弃。

社会主义的采金方式,应该是利益归于人民,符合整个国民经济建设的需要,而不是徒为得金,不顾其他的破坏性的采金。采金既然不免要大量取土和弃土,就正好利用土壤的搬移,进行改土造田。一个地区的采金完毕,同时也就把一个地区的高产田建设好了，淘金的土沙，并未白挖一粒。原来的荒山，随着淘金变为良田了，岂不是有益无害！这样的采金方式，在人稠地狭耕种略无隙地的腹里地区，可能无用。若在土旷人稀、生产落后的地区，尤其是康青藏高原区，则极适用。

康青藏高原人口极稀，荒地最多，许多经济资源皆因人力不足、交通不便等关系未能开发。虽有大量黄金埋藏地下，未能解决其人的贫困。若能因选点淘金，兼顾选点建设，在此大高原内，随着采金建成若干足与整个国民经济建设相配合的公路铁路、水电、风电、太阳能电站和大的居民点，改变分散居处，提高人口密度；建成若干高产稳产的良田，来保证人民的优裕生活，使其地足以养民，民足以乐居，初虽只属一点一线的示范，亦足以带动附近地区人民仿效前进，徐徐完成全面的建设。此刍议想之远景也。

刍议简称此种采金建设工作为"社会主义的采建"方式。意即不能为采金而采金，更需通过采金富民强国，推动青藏高原之建设。采建，要包括采金与建设两个方面。要使这两个方面统一起来，就必须在选点问题上注意到它们的共同需要之点。这在当前选点问题上，至关重要。高原地面辽阔，选点必先进行科学勘查，若还估计所得之金不敷采建所需，则保存原地不动，留待未来开采可也。

（三）论这个高原的改土造田

康青藏高原虽然海拔已经进入寒带了，但它与依纬度线划分的寒带实质不同。纬度线划分的寒带，全年受到日光斜射的时间也很短，所得日光不能足以生产粮食，故不可能发展农业。此高原位于北纬 28 度至 36 度之间，终年日光强烈，每年有 3 个月以上平均气温在 10 摄氏度以上。午后的最高气温，虽严冬也有高达 20 摄氏度以上的，土壤良好，不乏于水，日光能量大，都是栽培谷物的良好条件。但多霜害，凡属高过 3000 米的地面，虽在盛夏，夜犹降霜，一般在 4000 米以上之地，几于夜夜有霜。过去农民没有防制霜害的能力，所以耕地受到了限制。若还有办法防治霜害，则广大的草原内的河谷皆可生产粮食，可以拓展耕地三至五倍。还能更多。因而人口密度亦可增加许多。

现代科学技术，已有多种防霜之法。但适用于腹地的，不一定适用于边区。康青藏大高原有它地理条件的特殊，亦即当有它适宜的防霜方法。熟察它的自然现象，可以得出下面的结论。

1. 为什么腹省海拔 1000 米以上之地就难于经营农业，而此高原 3000 米以下的河谷，大都是少霜，甚至于呈现亚热带气候？科学答案是：河谷愈深狭，谷内气温放散愈难，积累反易。因为只有河谷上口放热，两岸崖壁都放散不了热量。

2. 为什么高原顶部的农民，把河谷底部的宽平腴润的平原放弃不耕，而把耕地限于附山的台地和山坡部分？科学的答案是：太空的冷气沉降，往往在河谷底部造成逆温层，霜气夺占了河面，逐渐积厚，能使作物嫩弱部分被毁。山坡箱地不滞积，擦地流过，不犯作物花芽和花穗，故反得结实有收。然则若河原霜气能得陆续流走，不至厚积到浸淹谷穗的高度，也就不受霜害了，是故在河原深掘渠道使籍气流走的"排霜沟"，就可以把许多荒弃的河原变成无霜害的良田了。

3. 为什么到了冬季，广大草原皆已冰冻，百草萎黄的地方，却有向阳的岩石之间生长着鲜荣的绿草？科学答案是：霜气接触不到，植物便不枯萎、土壤亦不冻结。然则当改土造田时，建造防护障以御寒风，亦是防霜的一法。

综合此三点启示，就可以在此高原上选点建造无霜田。即因采金之便，建成排霜沟和高出沟上一定高度的平田。在河谷平田的外方，即当冷风面，建造防护障。使田区外来的霜气无法缘地面流入，而太空沉降的霜气，又有沟道排除以去，便已基本能防除霜害了。加上人工防箱的准备（如塑料护膜）以防寒潮及其他意外袭击，便可成为此高原上新增的稳产高产田。

无霜田只是用来突出避开霜害这一高原农耕主要原则，它也须要斟酌各个地点的具体情形，作多方面的具体适应，不是刻板划一的。在海拔高度的限制下，也不可能是尽能生产谷物的，也可能只生产蔬菜和牧草。但就当前情况说，蔬菜的重要还大于粮食。栽培牧草，发展养畜，引导牧民由游牧转入定牧来，也是增产乳肉类食粮必要的方向。

（四）论这个高原的采建选点

如上所述，这个大高原上采金和建设相结合的选点，需要有个统一的规划和先后的步骤。最先一步的选点，要兼顾到三个方面：

一是能够迅速有效地采得大量黄金；

二是有利于其地环境建设；

三是与整个国民经济计划相配合。

国民经济建设计划，包举万端，非刍议所能涉想，若只就此高原本身需要言之，则唯移民与铁路两大端。

当前此高原上各县皆已修通公路，这只能算行政需要基本解决了，对于经济开发和国防需要则只初步奠基，还必然要紧跟上进一步的发展，那就是修造铁路。

铁路选线，也是重在地质勘探工作的，因而与深挖到底的采金和造田工作结合得起来。借这种采建工作，发现岩盘地质，对于将来建造桥梁涵洞，具有一定的方便，所以关于采金造田的选点，也应照顾到铁路选线。

我们过去在这高原中的公路选线，曾经发生过错误，如有条件都应该改正。例如经雀儿山的一段公路路线。为了使铁路选线正确，提供下面的愚见，供设计参考：

1. 高原铁路，宜选建在农牧交叉山原地带，一般不超过海拔3500米。俾其既能促进沿途城镇发展，也能促进农、牧业的发展和工商业的发展；还可避开大山大谷，省得较多的造价。

2. 宜尽量选就产金最多的地带，俾与改土造田的工作结合发展，可以省些附带工程费和护路养路费。

3. 路线的外端。应达到国防最前线，内端联接人力、物力最丰富的腹里地区，伴调动支边因家方便，以利于高原的开发。

4. 高原辽阔，宜先有两条以上铁路贯穿全境。以后，随经济发展形势陆续增加。

综合以上要求，刍议以为青藏铁路与川藏铁路该是当前首先建成的，青新路、滇藏中路次之。陇西、襄汉，都该有铁路进入高原。

二、分区论述

（一）康青藏离原的金区划分

按当前行政区划，结合自然地理与采金建设的叙述便利，分为如下的十三区：

1. 西藏绛塘区面积60万平方千米
2. 西藏阿里区10万平方千米
3. 西藏藏布区35万平方千米
4. 西藏澜怒区15万平方千米
5. 青海玉树区25万平方千米
6. 青海果洛区10万平方千米
7. 青海海西区25万平方千米
8. 康北断层区5万平方千米
9. 阿坝金川区5万平方千米
10. 川甘草地区6万平方千米
11. 康南高原区10万平方千米
12. 川滇金江区15万平方千米

13. 新疆昆仑区 15 万平方千米

此 13 区中，前 12 区都是藏金丰富的地区。就中海拔 3000 米以上的地面占三分之二以上，主要的产金地，集中在川、青间的巴颜喀喇山脉地区、西藏绛塘区和康南高原三部。故刍议对于这三部特作重点论述。

（二）论康北断层区的采建

康北断层区，在 13 区中面积最小，但其可能取得黄金的数量则比任何一区为高，经济建设的条件也比任何一区优越。故首先作为重点。

这个康北大断层，东南从道孚县的郭卡村起，西北至青海省曲麻莱县止，长逾千里。断层线南侧，涌起为大山脉，中段高出雪线以上。其北侧，则微下沉、作斜平的草原。它截断了通天河、杂柯河（雅砻江上游）、鲜水河与其支流的水，潴积成为狭长千里的断层湖。

这个古断层湖，由于后来的造山运动，分割成三段：雀儿山以西，邓柯县入青海省的通天河部分为西段；甘孜县境为中段，属杂柯河流域；罗锅梁子以东、炉霍、道孚两县为东段，属鲜水河流域。按地文学推断，最初原是西段低，东段高；后来成了东段低，西段高了。因而西段集合的水量最大，其被金沙江袭夺的时间亦最早。东段集合的水量最小，其被查坝河袭夺的时间亦最晚，大约近在百万年内。从而西段湖底储金，被金沙江搬运走了的较多。东段湖底储金，被查坝河搬走的极少，几乎全部保留在道孚、炉霍两县的湖迹河原的底部。

中段与东段，原是连接成为一个湖的。这两段河谷的南侧，都是壁立的高山。山麓河谷，都有平浅近水的宽阔河原。河原北侧的丘陵，才是古断层湖岸。这些丘陵坡地和台地，全是古断层湖的湖积土。清末民初的汉民已经在此淘金。最兴旺的矿是道、炉界上将军梁子下的将军桥沟。将军桥沟之所以金旺，是由于那里是古湖区内一个洄水旋涡地方。水从狭隘的将军梁子峡口拥挤流出，散开奔流，这部分独很宽展，故形成了回旋的现象，因而沉金特多。湖涸后，成了沙土含金甚多的支谷河原。

这个河原的出水口，在县治东南的铜佛山与虎山（打日神山）之间。口面不宽，有石梁封锁。其内水流平缓。出石梁外，便是疾流，十里以外，地名王官桥，以下便属查坝河的本身，是狭而深邃的河谷。王官桥附近，是未来建造电站的适当之地。附近菜子坡还有很好的磁铁矿，大森林也多。

郭卡河，是鲜曲支流的逆向河，本原也是断层海的一部，只缘出水口受到袭夺深陷，它才成为逆向的支流了。它的下游十里之内，是宽阔的一个碛坝，应该作为湖迹河原的一段，同在改土造田之列。合计道孚一县，经采建后改造的无霜田除整理旧河道和留排霜沟、灌溉集外，可得稳产高产良田 3000 亩以上。

将军梁子的上方河原，就是炉霍县的"大中坝"。它与道孚河坝是一样的荒着，面积相当。鲜曲分作南北两条水道把它包围着。两侧台地皆有耕土，征与道孚河原相同，但没有可以建造发电站的地方。因为它的出口，就是道孚河与灌溉渠的入口。两个河原，只算得一个葫芦形的河原。

炉霍县中部和西部的鲜曲河谷，还有一连串的小河原，也都是古断层海海底的遗迹，也都是藏金丰富的河原，也都有石梁可以截断上游，进行采建。因为古断层海淹没面宽，金子沉淀面也宽。这些支谷，也是海底的最低部分，为金粒所归。每当有石梁约束处，黄金因湖水的回旋，更容易集中沉积下来。需要注意的是，炉霍有个缺点：每隔六七十年有一次地震。程度能够破坏房屋和地面。

甘孜县外的广阔河原，东至罗锅梁子，西包括绒坝岔及德格县境的中杂柯和玉隆草原，都是古断层湖的底部，地面很宽。藏金最集中的地方，应是甘孜县城外的河原。它的出水口在断层线的两段雪山之间，是藏名"自呷格龙"（石门坎）的十余里长峡。这个峡内，水流漂疾与道孚王宫桥的河谷相似。故在断层线上同样可以建成大发电站，供应甘孜、新龙两县与杂柯等地区的电力。

甘孜海拔高于道孚约 300 米。若还在罗锅梁子南端开一条河，使杂曲与鲜曲两河通船，可在康北发展成千里的航线。起码使道、炉、甘三县的物资交通更方便。这样配合公路和铁路，发展经济，就会使此狭长地带成为康育藏高原的交通中心，而且成为高原上的经济和文化中心了。

（三）康北石阈采金区的典型

康青藏大高原顶部地层的特点之一，是有很多的直立和斜矗的坚硬地层。它们往往横截河流，阻遏其直向前进。虽然河水的侵蚀作用仍然刻削了它，使其随同河床不断下陷，但它的遏制作用始终存在，长期地使上游的水流平缓，下游的水流湍激。因而河水所搬运的重量较大的物质在这样石阈的上方沉淀下来。若上游是产金地区，则这些石阈所在，必然会形成黄金沉聚的地方。按采金的习语，就叫"金穴"或"金窝子"。

在这样辽阔的高原顶部寻找黄金，最有效而能迅速采得大量金子的方法，就在于寻找这样的石阈。上章叙述的断层海，不过是截留黄金最大的一个地方结构。更还有许多的小断层和小石阈，散布在这大高原顶部，构成为中型的黄金沉积区。它们虽然分散存在，藏量的总和可能比道炉甘这个古断层湖区要多出很多。而且这些草原内的石阈金穴，掘采较易。

中杂柯的定青寺外，有一条斜截杂曲河水的大石阈，是太古代坚硬的起立岩层，厚约丈余。杂曲河水把它刻削成一些齿状的袭沟流过，有些齿状突起还露出水外。其上方的河，平静如湖；翻过石阈，则汹涌似澡。这就说明上游搬运来的黄金，必须要沉淀在这石阈的上方河底。而杂曲上游，正是巴颜喀喇古金山的西南侧，应该是产金较多的地区。为了稳健不败，请先试行钻探证实。证实藏金丰富，再行淘采。

杂柯河的上游，在石集县境，全是草原，没有耕地。那里筑坝拦水很容易。出石集境，入邓柯县界为上杂柯，是森林、牧场与少量耕土交杂地区，农田皆在土坡，河原是荒地，筑坝截流也无妨碍。过中杂柯，这条大石阈以下，便沿河都是耕土，就不便筑坝拦水了。若还探确这石阈内藏有大量黄金，就可知它的上游是产金地区，和它所经过的若干道石阈、石梁和小断层之处皆是"金穴"。那就可以从上源的河谷第一石阈开始作坝截流，进行淘采。用淘金的弃土，在石阈上再作坝、截水，淘取第二石阈的藏金。如此节节作坝截水，节节采金。支流亦可如此进行。道炉鲜曲上游的达曲（达柯河）、泥曲（泥柯河）自亦可以如此节节淘采，节节作坝拦水。

不但康北断层区可以如此进行，就四川境内说，属于"杂坝金川区"的色曲（色尔巴河属色达县境）、独柯河、俄曰河、太阳河（二河属金川县境）、摩尔柯河（麻柯河）、阿坝河与梭磨河，以及属于"川甘草地区"的黑水、岷江、涪江、白龙江诸水上游地段的河原采金，也得如此进行。

阿坝金川区的几条河谷，当秦陇由松潘进入康藏的要道。现在是公路，未来可能建成铁路。它的北方地势高，能阻挡北来的寒流，现在是森林发达和农牧交织区，未来可能迅速成为主要农业区。它的地面产金丰富，地下石阈纵横，河流在通过繁密的石阈时沉留下来的黄金当不会少。过去著名的二楷、色尔巴金厂，皆在此区。若还都从上游起，按石阈所在，分段节节作坝拦水，建水电站，同时节节向下游淘金，改造无霜田，发展居民点，可以把色达、坡塘、阿坝、马尔康等县繁荣起来。

前文曾说到雀儿山公路选线是错误的，应该从杂柯、祝靖、柯鹿洞平行到德格。而要建桥波杂柯河，就该利用定青寺外这个大石阈。将来修造川藏铁路，仍必须经过杂柯，并在中杂柯建桥过河。恰好中杂柯就有两道同样相当的这样的大石阈，相去也不远。这就公路桥和铁路桥基都有了。是故杂柯河谷的采建工作，与道、炉、甘、邓四县的古断层湖迹地区同样重要。他们的采建工作，都应该配合川藏铁路的修建设计。因此，杂曲上游的作坝拦水，节节采建的工作，即采建石阈的工作，比其他各金区重要。

（四）青海省的石阈采金区

青海玉树区，即青海省的通天河流域地区，是康青藏大高原最中心的地方，是一个石阈纵横的大草原。通天河与其支流，通过若干的石阈，流入曲麻莱县，进入康北大断层西段的古断层湖内。这个古断层湖，很早就为金沙江所袭夺。故湖积土不甚显著，又由于水量太大，湖底沉金可能流失已多。但它经过的若干石阈以内，仍当沉聚有黄金不少。

风闻毛主席在世时，曾经有引通天河水入黄河，增益华北地区农业用水的计划，但已停顿多年了。按地形说，是可能的。若这一计划实现，则通天河谷的藏金可以取出，无霜田可以建成了。

四川省的邓柯县，可以建成炉霍县同样的良田数千亩，并在袭夺口处（林冲沟口外）建成水电站，供给邓柯、德格、玉树、石渠四县的电力。玉树、称多、治多、曲麻莱四县经采建后，新增许多高产良田，提高了人口密度。取得黄金，至少足敷这一切建设之费。则引通天河水入黄河的利益，就不仅止于增益华北农业用水了。窃谓这一工程，终有一天会要实现。

玉树区还有澜沧江上游的扎曲（囊谦河）、子曲、吉曲三个与通天河并行的河谷，都贯穿于牧区与农区之间，是适于修造铁路的地带，亦都有石阈藏金可采和建设无霜田的必要。等到开始进行高原铁路选线时，就可以进行采建。

引通天河水入黄河，必须要凿断巴颜喀喇山脉，开一条深沟。这是很难的工程，但是一个很有意义的工程。巴颜喀喇山，是玄古代出世的金矿丰富的山，现在已经崩解成浅丘了。它的山座部分，还有阔厚的石英脉没有？还有其他稀有矿物没有？这对于研究这个大高原的地质、矿产很有帮助。把这条沟作为高原矿产研究的发掘看，也是有益的。

青海果洛自治州，是黄河上游的草原区，也就是巴颜喀喇山脉的北侧地带。这段黄河，自玛曲县以上，长千余里，越过了数十重石阈，它的河床下，应该蕴藏有若干金穴。

（五）西藏地方的采金建设

西藏的念青唐古拉山脉以北，安多、那曲两县以西，日土、革吉两县以东，北至昆仑山脉新疆界，有50多万平方千米的地面，海拔高达5000米左右，是我国人口密度最低的地区，藏语称作"绛塘"，意为"北方草原"。它就是英间谍斯文赫定五次越境进行金矿勘探之地。

按地质学说，它是原始地壳保存下来的"古西藏岛"的典型。经历几十百亿年来，古金山崩解完了，玄古代地层也风化殆尽了，遗下来的只有崩解后的沙石，作泥土状平铺在地面，黄金则沉淀在地壳凹陷之部。这一地区是内陆湖区，没有水向外流，所以保存得相当完备。

绛塘有数以百计的湖泊，它们是玄古地壳低陷部分的标志。湖底必然埋藏有大量的黄金。目前我国还没有掘取海底物质的技术，可以暂置勿论。但是中间有许多已经干涸了的湖迹小盆地，它们的底部也必然埋藏有不少的黄金，那是可以露天开采的，可先选点采探或钻探。若涸湖盆地没有沉金或沉金不多，则也就无容考虑绛塘采金了。

绛塘现在已有班戈、申扎、措勤、改则四个县，两条公路横贯全境，这就必须在公路沿线建设许多居民点出来，供护路和政教方面的住用。县治附近，更需要建设起来。跟着还需要建设一条铁路才行。采金只可在建设需要的地点进行。即是说，为了建设而采金。

在此高寒草原建造居民点，首先要有能避日晒与寒风的住宅。其地没有树木，只好建造土屋或窑洞，只需外援木材盖顶和做门窗。要注意淡水供应，又必须有蔬菜自给。所以必须利用淘金弃土造大篷式无霜田，也必须为牧民和牲畜过冬保健营造处所。

高原铁路，是必然要建造的，也是必然要通过绛塘的。选线问题，当与采金造田、发展居民密切配合。当议认为这段铁路，宜依念青唐古拉山脉分水线（即绛塘的南方边缘），从那曲（黑河）经过申扎，修到阿里的革吉县。将来好延伸到新疆。利用分水线的坡度，在沿线比较倾斜的小河谷建造居民点和无霜田为便，不宜穿过湖泊区，只可挨近湖泊区。湖泊区外表平坦无山，实际是不平的，有些地面不适于载重的火车通过。

雅鲁藏布江河谷，是西藏的主要部分，同时也是交通建设比较困难的一部分。此区地下藏金多少无法估计，现在也还无须向它采取，可以不论。

西藏澜怒区，是高原中高山深谷错综复杂的一区。原是产金很多的地区。怒江的上游，旧译蒙语为"哈喇乌苏"，藏族本语为"那曲"，都是"黑水"之义。是半农半牧地区。现在的康藏公路由此通过，未来的川藏铁路也不免要从此通过。它的大支流察哇龙，是从盐井县运盐入八宿昌都的要道，将来修建滇藏铁路，不从澜沧江谷，就必然从此路。

（六）川滇间的金穴集中地

四川省大渡河以外，旧西康省地面，被康北断层山脉划为南北两部。可以说为南北两大产金区。北部金区已在前面论述。南部被金沙江、雅砻江刻削为深狭河谷，划割成东西两高原。东为木雅高原，西为理塘高原。它们与上述各金区同是"古西藏岛"的一部，同样是产金的地方。现在这两高原的顶部，4000米以上的平浅河原内，是著名的金厂所在。3000米左右的河谷，多是农地，过去无人淘金，但实际是藏金较多之处。因为它们分散在交通不便之处，现在也还说不上开采。2000米以下的河原，即与云贵高原衔接之部，又成了我国著名的金穴地区。要在康青藏高原采得大量黄金，除了康北断层区与金川区及西藏绛塘区外，只能指望这个地区。

康南高原流出的几条大河，金沙江、理塘河、雅砻江、大渡河，原都是直向南流入海的。由于"古地中海"退出亚洲后，云贵高原的上升，阻挡它们南流，并迫使它们全部汇合于金沙江，流入四川盆地，并东向流入东海了。它们把搬运出来的黄金陆续沉淀在缓流回水之部，构成了许多金穴。国人把它叫作"金沙江"，是名实相符的。

金沙江，古称"丽水"，原是经过云南的剑川、洱海南流的。后为丽江的玉龙山脉截阻，从石鼓村披转向北，流入稻曲盆地。又后滋出稻曲盆地，向南，再阻于鸡脚山脉，又才东流汇合雅砻江。袭夺杂柯河的雅砻江，南流至瓜别、洼里，同样被锦屏山截阻，捩转向北，至九龙县东界的兰址，又捩转向南，合于金沙江。木里县的理曲（理塘河），原地是南流的，与雅砻江同时被锦屏山脉截阻，东转入于雅砻江。这三条河构成的五个大抉折处，差一点形成一条直线，沉积的黄金应最多，并且集中于石鼓、三江口、木里（博瓦）、洼里、三垭五处。

这些河的原始河道，高出于今河床千米以上。随着侵刻向下，经过几十万年或几亿年的时间，才逐步成为今日的水道。金粒，也是分散埋在高低不同，各层古河原内的。上举的洼里，就是雅砻江南套一个内弧河原，高出河面数丈至数千米。过去，技术人员从河原外侧断去的土层间，看出是古河道沉金处来，穿穴取沙淘洗，获金多，且多有重数十两以至数百两的巨粒，因而兴盛。这种穿穴搜运气的淘金，采出数量不会太多。至于木里河谷，则过去由于土司禁止采金甚严，其藏金毫厘未动，可能是五区中蕴藏最多的一区。

这五处，迄今还只木里、石鼓两地通汽车。采建工作，首当修路。宜从冕宁修一条公路，经三垭、洼里、木里、永宁（属宁蒗县），至三江口，由三江口经隆达至云南中甸（中甸与石鼓、丽江已通车）。路基宜按铁路标准建造，准备将来铺设铁轨。

这条铁路修成后，可由中甸延修为滇藏路。

　　这一地带，河谷温暖，资源丰富，民族情感侠洽，建设工作无困难。经淘金改土后，可把梯级河原改造成梯级水稻田。逐级引上游河水，开渠排灌。年可稳收三季，大大增产食粮，可使经济落后区一跃而为先进区，各种资源皆得缘之开发，还带动了滇西北民族区的前进。

记西康奇药——独一味

(1943)

云南白药精，治创伤、痨伤有奇效，世所稔知。其材质甚秘，世莫得而言也。余于西康，发现草药一种，名"独一味"，效验与白药精殆同，或且过之。疑云南奇药原质，与此颇有关系。余发现此药，已十四年，初未尝作文介绍，但以语于亲友。由其奇效，屡转传说，今已成为西康大宗商品矣。采掘过滥，参伪多端，用者每每无效，疑诋渐兴，销路渐滞。兹故记其因缘，论其品效，愿采运者知所注意，购用者知所抉择，便国人之利用，为康省谋厚生耳。

民国十八年（1929），余亲察西康，至瞻化，得肺疾甚剧。其疾先于左乳旁，起一白点，似疗而平，不红肿，亦不溃烂。但以一线剧痛自左胸穿出肩胛骨下。初以为疮疾，求药。时关外无医士与药店，瞻化距康定快马十余程，无从得药。有县府职员李君，旧藏河南药客制之狗皮膏药一枚，惠以见赠。贴之数番，药力已尽，不可复用。白点愈而肺痛转烈。伏案呻吟，左手不复能举。县长张赐培与此间汉人，频来抚问，相顾束手。余颇知生理，告诸人曰："家世遗传肺病，旧曾咯血。此痛自左肺透出肩胛骨下，皮不红肿，是肺组织破坏，非药力所能达。待死而已。"县府高科长曰："此间有土药，治跌打损伤奇效。有蕃人被乱石殴击，骨骼已碎，敷之获愈。汉人见者，藏数支备非常。忘其藏名，姑呼曰独一味。谓不需他药，只此一味足矣。既属肺内溃坏，或可服此。"当取赠一支，圆细如烛柄，长二寸许，微曲，色暗黄。嚼之微甜，无纤维渣滓。高云："生嚼，微饮酒最效。"余不饮，仅生食之。尽一寸，遂能卧眠，翌日愈矣。惧复发，珍藏其余，与鹿胎胶同裹。归途过理化，为土人窃去。土人非贵此物，徒以其什袭锦裹而窃之耳。

念此物产瞻化山中。瞻化之山，与关外各县之山，天候土质、生物种类，莫不

---

① 本文原载于《康导月刊》1943年5卷5期。

相同。则归途所经理化、雅江、康定各县，应亦有之。殊遍询土著，莫能答者。盖独一味为瞻化汉人所私说，非他县汉夷所解也。

其明年，在上川南考察途中，一夜咯血甚多，而无所苦，唯心甚忧惧。翌晨肩舆返成都就医。甚恨遗失良药，无以救急矣。殊上路后，疾忽自已，康强无异平时。夫二次咯血，已可危矣。乃一夜晨间，突然暴发，突然自已，前后复无所苦，正如排泄痰唾，是可异也。生理不能解释，余颇疑为此药之余效。故民国二十五年（1926），再赴西康，首以重金，托瞻化县长求之。此时县长仍为张赐培氏，所用多十八年故吏，故瞬即求得寄炉。谓"据采掘者言，此非掘时，所者得细弱乏力。应俟春间，采其宿根，乃佳"。余复请其多量采掘，并希得茎叶兼备者压成标本寄炉，俾得绘其形色，微解于药物专家。翌年夏，有茎叶完全者寄至，惜概已碎裂，不能制图。大抵其叶宽阔，作倒卵形。柄长约当叶身之半，丛集甫出地面之茎端，如玉簪车前然。地下肉根细长，即药体也。茎端方作芽状，细毛茸茸。干枯后与叶皆作蓝白色。似夏秋时，尚会抽茎，放花，结实。新苗自种子发生。以一年生之单根肥苗者为佳品。二年三年之根，则已老大，满体织维，扁而不圆，枯而不润，除新生须根可用外，略已失去药用价值。此其情形，正如鹿茸之与鹿角，豆芽之与豆箕也。

瞻化县人，初亦非普遍知此药效，仅少数猎夫用之。经余称其功效，屡次函索，张县长与县府中人，再三向药夫征购，全县始骇然注意，争起采用。或向远方亲友馈送。其情形，又正与民十七年（1928）之珙桐，十九年之白熊相同，虽举国若狂，以获一见为快，而实未知其真实用途。

其后驻康汉人，得瞻化亲友贻赠者，每有病，苦关外无医药，姑试服之，莫不着效。积若干事实，证明此药万能。跌打创伤固效，咳嗽气喘亦效，胸腹剧痛亦效，头昏鼻塞亦效，四肢萎痹亦效，甚至眼瞎耳聋亦效，花柳病亦效，戒烟亦效，又有戍康军人，试寄之回乡，治其亲友积年痼疾，竟获盲者复明，腐者复起。喜跃不胜，争为宝传。于是瞻化独一味之名，震动全康。（详见二十七八年时，理化驻军所办《戍声周刊》。）

独一味既已声誉鹊起，遂有在瞻军民人等，大量收采，成为巨装，运销康定等处。其事始于二十九年（1940）卸任瞻化县长欧阳枢北，初次运到数量，传有800斤～900斤。每斤售价才32元。三十一年（1942），遂有贩运雅安、成都批发者。亦有提筐零售于市者。皆标自曰："瞻化奇药独一味。"每斤售价，近达200元～300元，然颇滞销。滞销原因，固与未先普遍宣传有关。但品质低落，使用乏效，实为主要原因。

前曾言之，独一味之采掘有时，有效之部分亦有一定。往时瞻化，唯少数药夫子（以挖药为业者之称）采之，时间部位，皆到好处。故其效能奇效。其后汉人尽往采掘，驻军有暇，亦结队为之。但识其物，未详其用。不分时季，根茎并收。枯老失效者，居大多数。滥采既甚，新苗渐少。新苗已稀而滥采不已，于是所得无非枯根老头，甚有赝品乱真者。又有不肖药商，于捆扎时，将泥土包藏于中，冀增分量。泥土有吸收水湿之力。药之本身，既未风干，又与泥土相缠，而紧扎之，俾其吸收空中水湿，渐使药质霉败。尤以运至内地者为甚。内地夏季入霉期间，空中湿度过大。举凡关外运至之物，莫不骤遇水湿，为霉菌所乘。独一味生于燥地，容易霉软变质，与关东人参正同。参商保存人参方法，至为精细，故能远销内地。独一味商人，全无此种经验，乃以未经风干之药，缠附泥土而紧扎之，堆叠室隅，从不曝晒，听其绿霉遍体，临售而拂拭之。乃不知其质已变，效等于零矣。余曾购用两斤，解之皆藏巨块粘土，虽于枯根间得新根几丝，亦皆朽败如土，嚼之不甜，多有苦味。服后全无效益。意甚恨之。

"独一味"三字，已可成药物学上一新名词。分类学上属于何科何属，真形原色，余尚未能知之。即其原名，亦未访得。往年延李监铭君出关探访，曾以此为重托。据来函云：藏人呼为"考晓"，或名"枯宿"。查译其义，为"他来"。余颇疑此名不真。缘蕃人于己所不知，每有对汉人妄作一名相戏之事。今亦不敢易用，故仍呼以独一味云。

独一味能治百病，已为确凿无疑之事实。此其学理，兹亦可以论及：生物所含原质，有极其神妙，非今世科学所能解答者甚多。例如人参、鹿茸，往时曾经食品化学专家分析，谓并无如何特殊营养价值。但我国人，依历世经验，莫不信其确有功效。人体为一极复杂巧妙之机械。独一味与白药精，似皆有维持人体白血球增减适量之力，故能疗治人体内外一切因机械破坏而发生之病苦也。相传白药精能治疗弹伤。子弹在体，能使自行退出。称颂独一味者，亦云其具此效，世人恒不敢信。余亦未曾目见。然白血球既能使肌肉复生，则排出体内有害固形物，原属可能。固未可遽斥其不然。

独一味，决非瞻化特产，全康应皆有之。已如前论。余曾以其形色，询康定杨卓之医师，据云："此间亦有，土人呼为野秦艽，以治畜病，未知其能疗人病苦。"余欲得所谓野秦艽者验之，亦尚未得。夫人之有志于事而不克及身完成者，多矣。苟使于世有益，便当罄其所知以告人，俾后来有志者继续探究之。兹甚愿在康人士，就此零碎报告，参以实验所得，转相吸引，俾此物效用大宏，亦一方之福利也。

再谈西康奇药独一味[①]

(1945)

余为独一味功效之发见者与宣扬者。因宣扬而成商品，因成商品物，流弊百出。因流弊百出，而功效全失，且成毒害。意甚病之。曩曾撰为一文，略述发见经过与效、不效之原因，载《康导月刊》五卷五期。于时，余尚未获见全苗独一味之标本。民国三十二年（1943）夏，受华西大学边疆研究所派遣，同李安宅先生入康。途中精细查考此物，所得新资料甚多。缀记于此，俾需要此物者知所抉择焉。

一、真正之发明者

独一味之最初使用者，为简阳人周复兴。其人自幼流落金川，从一丹巴土人，学猎取麝香之术，相随出没深山峭岩间，情同父子。每有跌伤，其师出药敷之，或服少许，立效。后有夷人被人凶殴，伤重，其师将往雪山为其采药治疗。爰周谨顺，欲传此药，令同裹粮登雪山采撷，俾识其形状。丹巴境内雪山不多，此物殊不易得，周甚珍秘之，未尝告人。鼎革后，丹巴有三土司之乱，周避地至道孚，时瞻化金矿旺盛，遂应募往麦科淘金。麦科地高，多产此物，土客民皆不识，周独识之，乃秘密采晒成药，将图专有其利，然亦仅知其能治创伤，未知其尚有别效也。周由是微有积蓄，入赘沙堆夷民家，仍以猎麝为业。久乃恋其妻妹，疏冢妇。其岳窥见私蓄，与商借贷，复被拒。妻与岳皆恨之，沙堆人情凶悍，伺其寝，抽刀猛砍，周头裂晕绝，妻父女取其麝香七枚，藏洋百余洋去。妻妹窃抚其体，尚温。见流血满床，头虽破，脑尚未溢。目珠微动，口尚能言，嘱速扶走入林中。指示其药，敷服并进，七日而创复。赴县具控。衙中人怪其愈之速，周始泄其秘。谓："我之疮药无他奇，

[①] 原文载《康导月刊》第六卷，第九、十期。

只此一味而已，因假为命名独一味，实未知夷人作何称，师亦未传也。"然周但言识之，未能详述其形状。县署在狭谷中，地温暖，不产此物，故县署中人但争求其药，竟无知其形态与产地者。数年后，余过瞻化，病肺疮，痛苦无药，科员高雨峰，姑以小段见赠，嚼之，奇效（已详前记）。自此始知其药能疗内伤。其后，周复兴因房事成痨，姑妄服此药而愈，自此知其药能治虚损。县府职员纪小山，有舅在蜀，以酒色虚损，枯瘦瘖废者有年也。闻此药治色痨，姑邮寄一束，劝其舅炖肉服之。数月后，得其舅函云"今虽枯槁如昔，精神较佳。数年失明，近忽开朗。此函余所手书也"云云。自是，人始知其能疗目疾。瞻化尤叔清之幼女，病疥痢头，僻地不能得医，姑以此药调酒洗之，遂疗。自是知其亦治癣疥。排长王仲良驻瞻化时，迫令士兵戒烟，无从得药物，但禁闭给水，烟兵痛楚欲死，姑与此药服之，遂戒绝无苦，自是知其能戒烟。如此次第发见之新功效甚多。以上所记，仅就瞻化所得者言耳。尤可怪者：民国三十年（1941）时，周复兴头上旧疮复溃，自溃脓中检出骨盖之碎骨多片，小如米粟，盖昔年被砍时震碎之物。溃后复敷此药而愈，活至三十二年，在炉霍之色尔巴淘金，别以病卒。此其碎骨，潜在脑中十余年，乃自成脓溃出，颇与余肺疮愈后之败血于越年后以无痛苦状态自气管排除，事恰相同。盖此药不但能治疗伤口，且能包围残存物而搬运排去之也。

周复兴云："其师又曾指一药草能接筋续骨。其物瞻化无有。"未知究系何物。高雨峰云。

二、名称种种

余旧托李鉴铭兄探访此药之夷名，时为民国三十年（1941），此药已成为商品。经李君勤密寻问，知道炉一带土人，呼为"伙速"，恰是汉语"他来"之义。其后来信，谓德格一带土人呼为"阿速伙速"。系录音，未详其义。余此次过瞻化，指其人以询土人，皆呼为"尼格仲巴"，意为老人胸，谓其叶绉似之也。指另一种草为阿速伙速。揆于情理，当以瞻对之说为是，然此皆俗名也。

此物在藏籍中，亦有学名，且屡见于经典。李鉴铭近在祝靖寺学法，与各大德通人接近，访以此物，经诸通医方明者，检证诸经。承鉴铭逐一钞译，为函赠余，遵录于此志感：

"疮药甘露滴"：无量劫前梵天应战，被阿修罗以法轮击伤颊部。呼云"须疗"，即著《医疗瓶》，是书疮品第十八，载有独一味单方。此为记录之始。

释迦佛著《八部四宗医经》教授徒众，仍单独用之。——是书蒙藏文皆有刻版。蒙版在北平，藏版在德格。

海童著《医疗甘露瓶》，加灵芝、熊胆、龙骨、朱砂、麝香五味熬膏为疗疮药，是为配剂之始。

月喜于前六味中加用三七、地丁、芸香、马勃四味，共十味配用。

法藏（斯笃第一代）随其师父噶玛巴（大宝法王第一代）谒见大明皇帝，曾于前十味中加硼砂、皂矾两味，共十三味配剂，在京师医疮（事见《法藏本传》，《方见其集》）。是为汉地敷用独一味之始。

依李君所访，则此物藏籍作为"打把"音，意为"虎皮"。释迦佛时即已入药，且系单独使用。元明之世，藏中医僧，盛行采用，且已输用于汉地，但已采用他种药相配为君臣也。虎皮义殊无取，或系译印度音，或系以状其叶之广阔多绉。既有第一代斯笃之传记为据，则此物确当书作此字。此字确是经籍中文应无可疑。医方明虽为五明之一，但近世僧侣偏嗜内明因明，鲜习医药，几同失传。此物为康藏人所忘，盖已久矣。僧侣虽或知之，又密不传人，态度正与周复兴相似。必由以上种种因缘，始为他人所觉。又必待多方访问，始获与藏籍会通。嗟呼！人读此函，必甚易之。曾未知其来路之崎岖幽邃，千回百折，阅若干岁而始达也。

三、产地之限制

独一味产地，受高度限制极严。在西康省内，以海拔4000米草原，合于以上诸条件者，总难觅得。未解其故。余初疑为过3700米左右为最发达。3700米以下，即未见之。4300米以上高寒地，亦不易得。4500米以上，则绝无矣。又多产于向阳之肥沃土内。若阴寒之北山、瘠薄土壤、森林地内或广平原野，又复不生。故西康地面虽广，产量亦殊有限。依余之估计，合康区现有之20县计，全数挖掘晒干，不能一百石也。

不能产育3700米以下低暖地方之原因，是此物根质柔而细长，非在冻土内，不能蔓延发育。冻土者，冬季土分子间所含水分，冷至零点以下则结冰而膨胀，推挤土粒扩上，使地面隆起。至春暖解冻，水分还原为水，土分子变成非常疏松之海绵姿态，仅表面一部受空气雨雪之作用比较紧密。地面愈高愈寒，则冻土甚厚，冻达1米深度之土壤，使利于此物之生长。海拔3700米以下之地冻结深度难达1米，故此物绝迹。即有，亦难繁荣适用。

不能产 4500 米以上之高地与阴寒山地者，因此物生长期中，需要温热，约四个月久，此时期内，如地面冻结，则死如地气结霜，则叶之组织破坏不能存活。4000 米以上之阴山，或 4500 米以上之高地，纵属夏季，往往夜间结霜，春秋季内，地常冻结，故此物不能繁殖。

地瘠土薄，则不利其根之延展，其害于暖地同。森林地因有枝叶保持气温，故土不易冻。且阳光不足，由此物叶面之阔大，与贴地，即可知其为需要阳光极多之植物，故无论灌木与乔木林，林中纵有适宜土地亦不产之。

此物喜生于厚土之倾斜地面，连株叠叶，密如地衣。广平去采药者滥采绝种。旋念此判断非正确。缘多数汉人未到自之僻地亦然也。又疑由牛马啮食过甚所致。旋念亦必不然。倾斜沃土，牛马皆易至，且其叶贴地牛马未易啮及也。最后疑其体中特种营养物之形成，与日光之斜度有关。其叶面之必贴地而作蟾蜍背之凸起，或是为求日光斜度配合故。然此系余之假说，非有真解，甚盼有科学家前往研究，予以解释。

独一味不产于瞻化，特最初能采此药之周复兴在瞻化泄其秘密耳。然就西康各县论，实以瞻化出产为多，此其故，即瞻化地文，适于此物繁殖之条件最大，除雅砻江河谷一线地外，皆为 4000 米左右之高原。高原上部，全属牛胃偎积式之丘陵，土厚而冻期有定，无森林亦无平原故也。与瞻化西境相连之昌泰平原，余意其出产必多，迨往觅之，则竟无有，盖其地过平故也。以此判断毛垭草原亦必不产此物。理化县境出产此叶之地，当在东西两大平原以外之丘陵高地。

余所见出产独一味最密之地，在德格县竹靖寺之附近山坡间，其分布限于高丈许之一横线。过高与低皆鲜有之，是为极堪玩味之一现象。

四、形态与其生活方法

独一味苗，春末解冻后发芽，为时恒在 5 月。茎短而弱，凡二节。节各抽叶二片。两重相对成十字展开，平贴地面。下一对叶较大，上一对叶较小。多年生者，每更多生两歧或三歧之托叶一对，但不常见。叶柄甚短而阔，两相对抱，全遮茎之节间；上连中脉，直达叶端。侧脉歧出，皆作暗白色。细脉网状。叶肉厚如布，而自网脉间向上方凸起，作蟾蜍背疣状，甚密，使网脉深陷如隐。全叶作心脏形。叶绿钝尔。叶面青绿色，有时呈局部紫色。具浅茸毛。叶肉与脉，因颜色不同，平突互异，入眼即可辨别。叶背面作白绿色，网脉叶肉则凹陷如不规则之蜂窝状矣。此其叶肉皱绉情形，有似爬虫类之皮鳞，又似老人胸皮，故瞻化呼为尼革仲巴。

叶全展开不久，即抽花茎。花茎位叶位正中，或二三节，或四五节，各节皆作四棱，上宽下削，两面较阔，两面较窄，构成扁厚之美术方柱式。节间密着花柄数排。花冠管状，五瓣相合，合缝处突起为细刺。紫色。花蕊隐在管中，花柄甚短。每花有萼叶二片，亦浅小如细刺。为状酷似荆芥花。如此节节着花，细小丛密。节间与花体同高。下层花数最多，以上递减。积成塔状。每节有苞叶一对，亦两轮错列，依次成十字位字。苞叶细长。在最下节者最大，往往发育成叶状。愈上者愈小，或仅如一披针，或竟缺乏。

果实如何？余尚未及细察。余于九月中在祝靖，掘取标本多株，见花皆干枯成黑褐色，悉保存花时原形，并不脱落。于时叶尚绿润鲜活，而花已如此，则是果实成熟，花冠未褪，非枯槁也。花柄即为果柄，仍与已枯之花冠紧连，并不断脱。花冠又复向上。初疑其种子无法逸出散播，以为其繁殖不由子实也。迨数日后，严霜侵地，叶骤萎黄，花叶遂与茎节脱离。随风飞转，远驰他处。花中种子，盖于此时坠落扩散也。

独一味为宿根草，根之上端接临地面处，每年出芽一枚（有时二枚）。春暖芽发，为叶为花，秋霜既降，则前抽芽，自生护膜质，隔断维管束，使茎节萎缩，叶与果穗之部萎黄脱离，随风卷去。时则前芽之侧。又已有一新芽，潜伏地下，以待翌春。如此延续生命。但余所掘若干标本中，主根上端之芽痕，无达十位者。疑此物生长达十年后，主根枯老，不复发芽。否则其主根延续生长，应有至百千年者。当粗如指如臂。余乃未尝见之。余又曾发见土中已断之支根，上方断口，亦能自造新芽。可知独一味虽以主根上端递续发芽繁殖，但当其生长岁久，主根枯老之际，亦常借土冻地坼等机会，断绝其支根，借以产生新株。盖任何主根，皆无发芽至十次以上者也。其支根之必需脆弱易断，盖为此也。

主根上任何部分，皆可发生支根。支根细长。初出细裁如发。发展无一定方向，向下发展者较多。根色淡褐，其质柔脆非常，稍受打击即断，断后尚能生长。其二三龄以上之根体，圆粗如烛柄者，为最标准之药品。风干后，表皮淡褐色，作粉末胶凝之状，无维管束。味微苦，微甜，微香。无难受之味。其霉败者乃变苦，则药效已失矣。

别有一种半寄生植物，叶似酸浆草，又似苜蓿叶。体形细小，木质，与独一味混生一处。蕃名"然巴"，似属豆科。茎短如隐，根细如发，长不可竟，在冻土层内乱窜。遇独一味根，即穿贯之，吸其养分，独一味根柔脆，毫无拒阻之力，唯本身善于愈合，常使与此根接触之细胞，重新造成表皮，构成一孔或一长木槽，让其细如发之半寄生根通过，此项半寄生物，无吸收脚与须根，故不能抱持其寄主，单任根冠向前发展，以寻取其寄生之幸运。故一经寄主以愈合脱离之方式，拒绝其吸收作用，即不复能为害。余所掘得之标本中，有一贯穿数寸始行外，然巴细根为独一味根所包裹，如管贮丝，可以抽送，成为奇观。又多有发展为分而复合之骈根者，由然巴所造成也。独一味之主根上部，体积甚大，与然巴根接触之机会较多，往往被创至数十处。虽次第愈合，多已失其圆筒状本形，别成圆柱骈粘，或老树空破，及草烟叶柄干棱之状（俗云芋头），如此被创之部，药用价值，自当不逮完好无创者。

独一味生于适宜地带，已达数年者，主根粗如指（但概已受创），支根如烛柄，小支歧出达百余条。向下者深达底土（从未结冻之土层或岩石），旁出至七八米远。叶幅径至 3 寸许，四叶相配，覆地如盘。花柄至六七节。下方二节之苞叶亦变化成普通叶状。亦有抽出花穗二枝已上者。其生于不良环境中者，或年龄浅者，叶或小才如钱。花只一穗。大抵根肥者胜者体亦茂，根瘦瘠者体憔悴。未可以数字志其大小长短云。

五、独一味别种——又一味

独一味有一别种，藏医亦名之为"打把"，瞻化土人亦呼之为"尼革仲巴"，德格人亦呼之为"阿速伙速"。传其药与花与独一味有同样功效，汉人则不用之。以是无汉名。余兹为称呼与叙述便利，姑名之为又一味。

此物地上之部，出土较高。亦四叶射戟成十字位置。叶柄叶脉之状与色，皆同独一味。叶片亦作心脏形，但为全绿，无缺齿。叶肉平滑，无瘤状突起与细茸毛，叶幅率径寸许，无甚阔大者。并不贴地，对地平作 20 度左右之斜举。花茎亦抽出于叶位正中，向上直立。但作蓝色，无细刺。苞叶颇繁，且作钝矢形（最下一对苞叶亦常特别发达），以此与独一味异。

其地下之部，则与独一味大相悬绝；茎颇长，圆细。烛柄，木质，凡 2 节，共长 1 寸余，皮褐色，质白色。主根作块状，大小如香附子。满生须根，数十条至数百条，无支根。须根长 2 寸，末端多曲折，亦有小细枝，但不甚著。主根上端抽茎处之另一肩，生长一芽，颇锐长，色黄白。

此物地下部分，仅深 2 寸许，故所需之冻土层，以 3 寸为足。以此能生长于海拔较低之地。余在 4000 米之祝靖平原，未曾发现一苗。在 3800 米之昌泰草原，则与独一味相并生长。在 3500 米之道孚南山草地上，则只见此物，绝无独一味矣。又此物之花期，较独一味迟。昌泰独一味叶概已萎黄，花枯茎绝之际，此物尚青绿在地，花变褐色未久。茎间毫不现萎黄断离之状，拔其叶则茎芽与须根同出。想见其繁殖方法亦当与独一味异。

藏医用独一味，只用叶与花，捣碎敷疮，不作别用。对此物，亦捣碎敷疮。仍为性质功效，无不相同。余在昌泰嘱蕃妇之家族为余掘取此物。半日中相率来缴，堆积成丘。百分九十以上，皆系此物。仅得真正之独一味数十本。怪而诘之，彼辈佥云固是一物，余精细比较之，显然为两品种，只可谓为同科。同属与否，尚成问题，以其疗疮有同样功效，故名之为又一味。

独一味药效最大之部在根肉，理当如此，事实所证亦如此。故汉人皆取根弃叶，而摒又一味不用。呼之为假独一味，以其貌似而无肉根可取也。藏医则专用独一味之叶者，非不知根之效益。特由其地缺铁而工技朴陋，无深掘之工具，仅能以手拔之。根既深埋土中，柔脆易断，则彼辈无从得之也。

六、真赝良劣之鉴别

余为欲掘取独一味根茎叶花完好无残之全苗标本，曾竭多人竟二日之力为之，迄未成功。初时人各一锄，遇苗即掘，所得全属茎叶与主根之近茎一小段。乃改二人一组，于每苗叶盖地之外周掘土，愈支根即循之远掘，冀得全根。未虞其柔脆易折，转瞬即失所向。乃更集全力，共伐一株。选茎叶最繁荣者，自其周围四尺许处，掘为长濠，深达底土，自公路督修站借钢锹、铁杆抬起全土，自高坡滚转之，俾土粒徐徐散逸，冀得全根。未料冻土粗松，无如细根与土粒相互，土离根断，竟未获得全根标本。再重新掘濠起土，以锄精细拨土，亦然。如此数回迄未偿愿。然因此所得之优良断根甚多。有粗圆如烛柄，长达三尺，上下完整，未生枝根，亦未经然巴创伤，质色白褐致密细润，嚼之甘香，晒干作淡黄玉白色者，是即余最初在瞻化服用之品，亦即最标本之药用部分也。

如此最标准之药用部分，十之八九生长于多年生独一味主根下方，入土半尺许处所发之支根，十一二为生长二三年苗之下部主根。其距地面率在一尺左右。一般掘取独一味者，无不一锄掘起之法，所得概为主根上方之枯老部分，去如次标准药用部分之距离尚远。偶有得者，亦不过一二年生苗主根之上部。药用价值已大贬矣。

高原植物，吸收水湿之力甚强。故曝干甚难，而霉变最易。汉蕃人之掘取此药者，所得既为容易掘取之较劣部分，又不顾及此点。一经出土，扑去泥沙，即用羊毛网扎成把，并小洗净泥沙与施行曝干风干初手续。甚者更包藏土泥于内，以加重量。此在高原中时，因空气干燥，霉菌不生，尚属无碍。一经输入汉地，吸收潮湿，真菌乘之寄生，菌丝窜遍全体，吸取养分，因而使其变质，丧失药性，而人不觉也。

与独一味伴生之植物，种类甚多。最普通者，为一种高原蓟草，茎叶花与独一味相差悬绝。肉根则与独一味之主根上部大体相似。掘独一味者，往往同时掘得。又有一种类似腹地所称为"岩白菜"者之植物，在高原中生长甚繁。其肉根细长，纤维甚少，细者颇似独一味，干后殆难分别。其物有毒（其叶作匙状，直立甚高，肉厚而色美，似甘蓝，但牛马羊畜决不食之，亦如牛马羊畜之不食曼陀罗叶，盖已宿世养成其鉴别毒物之本能也），误入者尤有害。

鉴别独一味之真伪，当以带叶者为最可靠。至于品质之良劣可以区别如下：

上品　圆粗如烛柄，淡黄色，皮白黄，有薄褐膜或无之，味微甘，不苦。宜生嚼。服二三分，即有奇效，不待多服。

中品　扁而多创或分而复合之大形根（味微苦），以及细如麻线之小圆根（味不苦），干脆，白黄色衣褐膜，无可憎之苦味。药效不如前者。

下品　近茎之主根，已有纤维，创节累累作草烟骨状者，有褐膜，味苦多渣。亦有药效，宜浸酒，煮肉。

恶品　已经霉败之品，色暗褐，味奇苦。服之无益有害。浸酒仍有药效。生服则易致他病，由真菌有毒也。

赝品　不合于上列条件之品，皆为赝品，服之无益，且虞有他害。当慎。

七、药性宜忌

独一味在藏医，原仅用于捣碎敷疮一途，本无治疗他病之说。且所用仅为地上部分及主根之上端。使用下段肉根，治疗多种病症，全属汉人所发明。其发明之过程，皆由于困处医药缺乏之地，无可奈何，姑试服之，克收奇效，辗转告人，非曾经医学师之研究保证也。自余前曾撰一文外，尚未见有他人之宣传文字。乃竟能嚣腾众口之新商品，可谓不翼而飞，不胫而走，是知名不虚得确有奇效也。

民国二十八年（1939），中央卫生院向各地征询土药。瞻化县政府曾以此药寄请化验。后得覆函，谓"确系伤科要药"，未详其成分及所以能治疗伤病之原因。华西大学医学院亦曾试以此药施行分析，尚无公开之报告，据传其中含有大蒜质，或是其能疗病之原因。余以为今世化学分析所能考见之物质，尚属有限。多种具有医疗作用之有机物，皆非今世医学界所能明悉之药物，例如人参、鹿茸、贝母、大黄，皆两千年来华人认为确有功效之药物，初未为海外医师所采用。然则，谓今世之医药师，尚未能解答独一味能治疗疮病之原理可也。

原理虽尚未得，治疗多种病症之事实则不能因而埋没。就余所知，此物之已著明效者，依其效力之大小，列举如次：

创伤 使创口不致腐烂扩展，内部容易愈合。通常治疗创伤，重在防腐，多用杀菌药。此药似无杀菌之力。其主要作用，似偏在促进肌体组织之愈合。其亦能防腐者，盖由驱遣白血球包围毒菌所致，非其本身杀菌力。服食独一味，不生他种坏恶的反应者，由其本身无毒性故也。

痛症 凡脏腑、骨骼与内部肌肉所发之各种痛症，服食此物皆可平止。有被判为肺癌，服此而愈者。有被判为盲肠炎，服此而愈者。余曾假定其理由为此药能愈合人体机构之内部创伤。

肺病 服食上等生独一味，能治肺病，为余屡试屡效之事实。其理，似由此药能运用血液造成肺结核病灶之包围圈，以制止其蔓延，使其他细胞得以照常工作，不至蒙受疾病灶之影响。余之服量，每半年一二分许，每感肺有不适即生咽之。服后必感安适。如因剧劳而肺病有复发之症，始再一服。未尝用大量。大量服之似反有害。

月信病 妇女患月信不调者对期服之，可使之调，大抵此物行血破血之功绝大，凡血液循环失常之症，皆有巨效。

消化病 胃溃疡一类，盲肠炎等恶性病，此药能治之，服量初宜少，以次渐增，要以病者感觉舒适为度。病后静养期间，尚宜服之。不骤服过量者，畏内伤口出血不停也。

虚损 虚损者常服，可使渐渐康复。如与补品同用，尤效。故以此药炖肉，可治色劳[①]。然炖肉尚不如生食。炖肉非大量不可，生食则少量足已。

湿气病 独一味治湿气病特效。有用以泡酒饮服者，与生食同效。

五官失灵 如目盲耳聋等，如在未衰老年即已发生，即为人体机械失灵之症。此药能为之修理。每日服少许，久必著效。

其他 据各方传说，此药能戒绝烟毒，能治疟疾，能振奋精神，能治疗癣疥，能治一切病，能使人却病延年。是否如此，余尚未能全信。尚盼社会人士多方试验之。

此药亦有当忌服者，亦述如次：

---

① 色欲伤。——编者注

吐血病 家兄患肺咳血时，余以此药治肺病故，寄请试服，据云服后吐血益甚，遂未更服。康定吴君告余，曾患鼻出血，认此为跌打药，大量服之，遂涌流不止，几殆。其后得活衰困甚久。别有五人因剧饮后鼻出血，服用此物，遂流血不止，次第死去，曾载《西康新闻》。泸定某公务人员，亦因服此药致死。故康定一隅争传独一味有毒，销路为之大滞。余按此药治疗人体之作用，盖即在于催促血液流动，其能增加血压自属当然之现象。故服食者不宜多量。过量，则出血不止。凡出血症，皆宜避之。

血压过高病与发炎病，理说如上条。

至于此物有无杀菌之力，能否治疗毒疮，于理尚成疑问。但藏医则以之为治疮之药，颇能著效。大抵此物之叶与所谓又一味者之叶，颇有杀菌力，能治疮，故藏医用之。至于霉败之独一味，则必然有毒矣。

八、独一味标本

余此行入康采掘独一味标本，自祝靖始，竭二日力，所得不过百茎。当时无纸与压板，但风干之。干后叶与根离，根皆脆断。后至德格，始于闵营长玉泉、范县长仲山处，得四川输入之草纸百余张。得此间又无此药。后携此纸入瞻化境，穿昌泰大高原，阅五百里程觅取此药，时已飞雪祁寒，叶皆已坠离。无从发见其苗，久之始于河谷内，得行将脱叶之苗数本，及又一味苗甚多，乃就此用纸压榨，共得独一味大小六苗。又一味则只制压三苗而已。

此标本，经余用草纸夹压晒干，藏于箱底，携返成都，阅时八月，幸完整未败，叶色亦尚未大变。兹写此文，检出参印，即曾改载于硬纸上，共凡四幅，移赠华西大学边疆研究所保存。备国人之欲知此物真形者展观。此文不更绘图。

余愿此文为世所知，因缘此以研究独一味之实物与其功效，为未来医业界开一新鲜之奇迹。

余愿经营独一味之商人，了解此文，对于此药之采掘、风干、运输、保存等，善为调制，以维护此药之信用。

余愿购用此药物者，注意此文，辨识良窳、慎重使用，俾多著效益，无复流弊，使此药不负世人，世人不负此药。

余以此稿为服务华西大学边疆研究所工作报告之一。亦即本研究所对社会贡献之一种。

我所知道的夷族土司岭光电先生①

(1947)

正当边疆民族问题紧张期中，倮族②代表岭光电先生，适来成都，准备赴京请愿。连日在四川大学、华西大学等学府讲演倮族问题，听者甚众，皆表热烈同情。岭君所呼吁者，为倮族参加政府问题，闻已有某党派人士，为同情岭君故，愿尽力援助，谓必要时，亦可让出取得之席位云云。岭君言行之值人感动，于此可见。余与岭君旧相过从，知之较深，特为此文介绍于欲知岭君之为人者与愿研究倮族之问题者。

岭君属倮族之斯补支，本名斯补木理，世居越嶲县之田坝，为强族。清康熙中内附，受土千户世职，管土民千二百五十户，土目十五员，号暖带田土司。与暖带密土千户，同建衙署于田坝后山，称上下两衙门。上土司岭国恩，下土司岭承恩，以兵力协助川督擒太平翼王石达开，厚蒙封赏，由是亲附朝廷，颇习汉仪。光电君，即国恩嫡孙也。生时土制已废，家门衰落。君以歧嶷③，受羊仁安氏奖拔，入富林小学、西昌中学习汉文汉语，转成都石室中学，升南京中央军官学校。毕业返康后，更精习倮文，服务西康军政各界，历以忠勤强干著称。

倮俗分其人为四阶级，一土司，倮语"资惹"，犹云贵人也；二黑夷，倮语"洛惹"，犹云贵族也；三白夷，倮语"取惹"，犹云平民也；四娃子，倮语"介"，即奴隶也。土司必黑夷为之，白夷为昔代娃子之取得生活自由者，故概括分析，亦可为黑夷白夷二级。黑夷人数，仅当白夷十分之一二，然承用其世传特殊之方法，足以管制此多数白夷，绰有余裕。故凡倮族住区，黑夷言行，具有左右多数动向之魄力。

土司虽已废，在民众心理上之地位尚存，岭君在倮族中，一般呼为"斯补资惹

---

① 原载《边疆通讯》1947年第4卷第8—9期。
② 当时，称彝族为"倮"，亦称为"夷"。
③ 歧嶷，意为幼年聪慧。

木理"。虽无实权，别具伟大之潜力，数年来调处汉猓纠纷，卓著异绩。

大抵猓族通性，甘其食，美其服，安于朴陋，对外界政治、经济、文化、军事之一切排斥力并极顽强。近亦微知外方文明轮廓与其威力程度，颇思自奋，所畏在追逐不及，枉失其故有之尊严，乃遂自守于深闭固拒之境。建南猓族（大小凉山），因交通闭塞及历世与汉族划地离居，相互仇视之关系，固执尤甚。近年中央政府虽屡有明令优待边民，诱至向化。然无具有适当地位与技能之人，介绍此种德意。猓族不由闻之。关于大小凉山一切设施，良法美意，亦皆在猓民猜阻防闲之中。所以未能使其了解接受者，由如岭君之人太少。即如岭君，亦未能得适当可为之地位故也。近年西南猓族人物之较有地位者，仅邓秀廷、岭光电，及曲木藏尧与曲木昌明（王济民）弟兄。邓氏沉默寡言，不谙汉文，唯善以武力征服猓族；曲木弟兄皆白夷之归汉者，与猓族脱节已久，骤难得其信任。故皆不能沟通启发之效。独岭光电君，以土司世族，深通汉情，兼能了解国际现势与社会进化之理，亦未曾挟用武力，造成何方恶感。虽汉化未尝背弃猓族之任何习俗，热忱宏愿，专在领导本族进化。故其受猓族心悦之程度较他人为高。现邓秀廷与曲木藏尧已死，仅存岭君与王济民二人，谓岭君为今世唯一之开明黑夷可，谓其为猓族之权威领导者亦可。今岭君方将赴京争取猓族参加监察、立法两院名额，各地猓民为之筹集旅费至千万之多，亦可见猓族对彼信任之程度，与盼望实现其理想之迫切。

余囊著书，谓猓族为"中华民族之铁豆"谓其保守性强，散处汉族地域中阅数千年，仍自保持其特独之文化与习惯也。后遇岭君，乃知此铁豆者，非即不能吸收水分之石粒，如有农人钻破种孔，亦可使之发芽。岭君即凿破铁豆之金针也。苟能应用得当，次第浸润，则入土可以为苗，入釜可以为糜，何必望困搔首，徒谈其为铁豆乎。

岭君语人云："猓族有掳人为奴之恶习，积习如此，不自知其非义。使我未入内地求学，未获知世界之大，人物之多，道义之严，今日亦在掳人行动，自称英雄。数千年来政府忽视教诱猓族之计，务在以暴易暴，施行挞伐。猓族不愿放弃习俗，亦不甘束手待诛，自必多方设法，与外界撑拒。于以养成数千年来残杀相争之拉锯战争，在民族为两败俱伤，在国家为徒劳无益。若还消弭此种损失，必求民族互谅。但目前汉猓民族隔阂甚深，纵欲互谅亦难得谅解之道，今年官府颇欲以惠政施于猓族，然所施惠政，无非隔靴搔痒、掩耳盗铃之事，例如在猓山提倡建筑厕所，在汉人视之，无厕所则粪尿遍地，有碍卫生，耗款建筑厕所，而猓民仍不入厕所，是为顽固。自猓俗观之，则数人共厕，廉耻荡然，况猓俗翁媳叔嫂不得于六步以内见面，误犯则女子必须自杀，打冤家战争立起。若必养成如厕之俗，则此项纠纷必然增多。故建厕在内地为善政，在倮山为虐政矣。又如近多有人主张汉倮通婚，以图消灭民族界限，亦是善意。但在倮俗，如有非黑夷（各级汉族在内）向黑夷女子让婚，或进行恋爱，甚至如有赞颂其美丽之言语，皆为甚大侮辱，女子虽立即自杀，女之父族、母族、夫族更向侮辱者打冤家，或追索苛刻之赔偿。倮族依此方法，保存纯血统成为异常神圣之习俗。故提倡通婚在汉族为善意，在倮族为侮辱矣。如此之例，不可胜举。固不能谓谁是谁非，要其各自保持之习俗与道德如此。今国家即将行宪，而制立法律，行使法律，与监察行使之人，皆无倮胞及通晓倮俗之人参与；则干扰习俗，违反习俗之措施必不能免，民族隔阂，势必与日俱深，甚非总理民族平等与中枢优待边民之本意，此行争取立法监察两院倮族参加名额，非为私人干禄计，实欲有确切了解倮俗之人参加政府，以预防对倮行政之谬误措施，消灭倮族之误解，徐徐建立其对中枢之信念，以收同化功效，不仅对倮族当如此，即对任何异俗异宜之小民族，均当如此。"此论至为宏伟正大，故所至得人同情。谅当轴诸贤，必不能忽视之。

　　岭君汉文、倮文并佳，已著有《倮情述论》，译有《倮族神话集》，及其他论文甚多。新修《西昌县志》，有其所撰《汉倮语文对照表》，皆为研究倮族之大好资料。

悼罗哲情错

1949

一

余蕃妇罗哲情错，西康瞻化县上瞻总保夺吉郎嘉之甥，白玉县得雍酋长甲屋村批之女。民国十八年（1929）归余，从至成都，尚不解一汉语。夙夜强学，未几而语文双通。历任西康省府宣化员，西康妇女会常务干事，西康白玉县国大代表，国民政府宪政督导员。其佐余也，内如家务经纪，子女鞠养，文书检点，以至余起居饮食琐细诸务，料理无不得当；外则为余奔走款洽于亲友族戚之间，以至团体服务与公私文件商洽事项，莫不胜任愉快，人称其贤。累劳成病，于本年五月卧床，至八月四日，即阴历七月初十日，于睡眠中气绝。距生于前清宣统元年（1909）十二月初八日，享年四十岁。家计方艰，含殓俭素。即于翌晨送柩葬于四川大学狮子山公墓。有子新建，十二岁。有女新雅，七岁。俱川大附小肄业，时值暑假，侍病在侧。妇尝自知不起，顾子女谓余："憾不再得十年，见彼辈大学毕业"。嗟乎！哀哉！

甲日家者，藏文作 rGya－Ri－Tshang，意为"大山族"，原为瞻化县北五十里甲孜村之小部落，不足百户，聚居于雅龙江西岸一台地上。台地高出江面十余丈，微斜，纵横不足十里，北端临江之部，昂作小丘，土人呼为"甲日"（即大山）。有红教喇嘛寺据丘顶，曰甲孜寺（rGya－rTse dGon，意为大顶寺），即此族家庙，故亦呼甲日为甲孜村。19世纪中叶，隶属其北五十里之波惹家。波惹酋工布朗吉，雄视康区，建瞻对国，与华藏抗衡。清同治中，经华藏会军剿灭。甲日人尼马茨里，斩其附逆小酋以降汉军。因得承袭为甲孜酋长，由是起家，至土百户。尼马茨里生二子，长喇嘛茨里，次四郎罗布，共娶一妻名得西，生子即夺吉郎嘉（rDo－rJe－

---

① 原载《康藏研究月刊》1949年第29期。

rNam—rGyal，意为"金刚尊胜"）。喇嘛茨里更悦女子唐莫些，憎得西，使酒殴辱之。得西妒忿，自缢死。喇嘛茨里遂与其弟异居，更娶唐莫些，生子札喜然登。四郎罗布亦更娶女曰白楼，生女名卓妈情错（sGrol Ma—Chos—mTsho，意为"度母法海"），即罗哲之母也。

同治平瞻对后，以其地险民悍，距华辽远，拨归西藏管辖，俾达赖喇嘛以佛教化导之。殊不料瞻对皆红教与黑教寺院，不信黄帽法，而藏官复贪虐苛暴，民变迭起，终至逐杀藏官。光绪二十年（1894），川督鹿传霖以兵威抚定瞻对，拟改流建府。甲日家力助汉军。时四郎罗布与兄析居，别营家于甲孜寺北八里饶曲水会，称为饶禄（Rab Ru）。蕃语"饶"，意为清浅小河，又为丰富与清洁之义。"禄"，意为部。此间有小水发西山二十里外，上游多牧场。自此入江，作扇状河原，为良耕地，有住民十余户，故曰饶禄也。

夺吉郎嘉既长，饶智略，强毅骁勇，果敢善战，复善抚循其众。自鹿传霖时，已为甲日全族所敬服，以功升上瞻千户。既而清廷仍以瞻对还授西藏。藏官畏其勇，不敢修怨，因以上瞻十二村一千二百户治权畀之，以为羁縻。宣统三年，赵尔丰再逐藏官，改流为瞻化县。夺吉郎嘉出力甚多，得赵氏特令嘉奖，为上瞻总保。瞻化凡设四总保，此其首也。夺吉营总保官寨于饶禄，庄田仍在甲孜，牧场在饶曲上游山间与麦科等处。辖地南至县治北十里之地龙，北至官寨百二十里之沙敦，东至麦科金厂，西抵德格界。联姻于麻书之尼巴家与河西之通霞家。其部民勇敢善战，与乡城娃齐名。铁骑驰骋康北十县间，莫敢或撄其锋。由其支持汉官，使瞻化宁平者三十余年。余娶罗哲时，即其家极盛时也。

卓妈情错嫁得雍头人甲屋村批。得雍（sDe—Yung—Ma），意为"芜菁部"，为德格昌泰界上一牧部。或曰：其人嗜战争，邻部互劫以为乐，故曰得雍（sDe—gYul），意为"战民"也。甲屋村披（rGyal Ba mTshan dpe），意为"战胜者标识"，盖此牧部酋长之一也。时甲日家尚为土百户，故得联姻。卓妈情错生子女各一：子名奇珠（Che Gros），女名罗珠（Blo—Gros），意为"大心计"与"慧心计"。土人读音讹异，曰奇拙与罗哲。

罗珠长于牧场。七岁时，家为怨家所袭，父母被杀，兄妹被俘。其舅夺吉郎嘉依蕃俗，命怨家赔命价，释其子女，归还部民与畜物。乃以家人佐奇珠牧于得雍，而抚罗珠于饶禄，视如子女。

夺吉郎嘉娶麻书土司相臣尼巴家女曰白玛（Pad Ma，意为莲花）。生二女：长寂墨卓妈（aChe—Med—sGrol—Ma），义云"长寿度母"。次琫母卓妈（dPon Mo—

sGrol—Ma），义云"女官度母"。为罗珠更名却错卓妈（Chos—mTsho—sGrol—Ma），义云"法海度母"。蕃俗：经疾病大厄，则请喇嘛念经更名，以为禳解。兹为其遭破家之祸，故更名以禳之，且示与所生二女为一体也。其后复病，再更名为罗珠却错（Blo—Gros—Chos—nTsho），义云"智慧法海"，瞻人发音与拉萨微异，读如"罗哲情错"，既嫁余后，遂以"罗哲情错"四字为定译，省云罗哲。亲友未解蕃语者，恒呼以"罗先生"云。

先是，余于民国十八年（1929）春，为二十四军刘文辉军长邀视察川边，历泸定、康定、丹巴、道孚、甘孜，至瞻化。所至遍涉其乡村，考察民间情俗，风土之宜，测绘地图，辨正译名。每县阅时一二月。五官并力，昼夜勤劬。所为报告书，颇为刘氏及省中名流所赏。因思撰为西康图经，作一完善之地方志。自慊未习藏文，于民情犹未透悉，思得精藏文之蕃民相助。遍访殊未易得。过瞻化，因助县府办理大盖寺凶杀劫财案，滞留三阅月。汉蕃人士，俱称夺吉郎嘉诸女，精习藏文，书札文移之佳为康中冠。军部原派董委员兆孚，万委员腾蛟同行，及是并怂恿余求婚于饶禄。故倩董君一往探之。归云：寂墨、璀母皆已婚，夺吉愿以罗哲情错嫁余。于是定议，结婚于县府。婚后，始知夺吉诸女，唯寂墨文字精绝，璀母与罗哲皆未曾习。盖藏文惟僧尼习之。寂墨曾因婚变为尼，后虽还俗，日夕与喇嘛亲近，性复聪慧，能撷诸僧文学之长而融贯之。他人无此机缘也。

罗哲既婚，余知其未习藏文，急延仲译教之。未几大盖案结，随余离瞻，跋涉考察康南各县，未得续习。后其藏文程度，反不逮余。然伊生于牧场，长于农村，为土司养女，盖平民而贵族，牛厂娃亦庄房娃也，其生活与闻见，皆足以代表蕃族之全型。佐余了解康藏内情之处甚多。《西康图经》之获受国人称许，半得力于娶此妇也。

蕃俗：亲姊妹共赘一夫。寂墨与璀母，共赘其舅父之子阿希多吉（A—Shes—rDo—rJe，义云智金刚），瞻化发音为"翁须夺吉"。其人秀雅而强武，事寂墨甚谨。顾寂墨颇不喜之，而悦部民麻里工曲雄健，曾与偕逃。阿希奉夺吉郎嘉命，率骑士追及之于昌泰老林中，枪杀麻里工曲，押寂墨归。多方慰解，寂墨仍不悦之，拒与同宿。后复私通健仆沈朗（bSod Nang，义云福德。瞻人读如"四郎"）及喇嘛多人，淫乱失度。然以其才，夫婿皆优容之。凡上瞻公文处理与官寨上下钱粮仓囷之务，俱操其手，条理井然。亦能马上作战，帷幄运筹，夺吉郎嘉之能称雄瞻化者，深资其力，故爱之逾于他女。

余娶罗哲时，寂墨二十九岁，为麻里工曲养一子，且十岁，粗犷强雄，气象可畏。时琫母二十六岁，为阿希养一子宜玛绛村（Nyi Ma－rGyal－Tshan，义云日幢），方在褓褓。寂墨送婚至县府，汉蕃聚窥，争述其行事，讥者讼者不一。其后夺吉郎嘉迎予夫妇至饶禄官寨，大会宾友，为秋赛之聚。寂墨每夜讲述格萨故事（俗云"蛮三国"），琫母出听，诸蕃男女亦争集窥觇之，甚赞其美。罗哲于二人中，于寂墨为最友爱。其后离瞻，寂墨再赴县府送行。送至博兹，又派仆二十骑护卫至理化乃返。

罗哲呼寂墨"阿姊"。既离瞻化，因尚未解藏文，不复能函通情愫。初时常致怀想，久之乃忘之。后闻其遘家难，哭泣不已。每言及阿姊仇家，切齿怒目，如欲报之。余为之解譬百端，勉以努力前程，以图恢宏本族。伊颇解悟。故于其所恨诸人间，周旋进退，未尝有忿忿之色，往来酬酢，维持友好焉。

二

所谓甲日家难者，罗哲秘记甚详，（另见其我的家乡一文）兹撮言其要领：

民国二十一年（1932），藏军据有德格，入侵瞻化。夺吉郎嘉因助县长张赐培苦拒，同为藏军所俘。解昌都后，寂墨罄家所有为赤金，携往赎归。明年，二十四军反攻，藏军败走。甲日家供应战役差粮，为力已尽，而汉官怒其四头人供应未惬，捕系在军，声言杀之。甲日家有青色骏马，相传为神马，团长张行索之。夺吉郎嘉献马，乞免四头人死。蕃人迷信：马去，其家必败。果而琫母卓妈病死。阿希失妻，欲与寂墨偕婚，寂墨峻拒之，父母不能调。阿希大怒，回母家，联其戚家瞻化河西总保巴登夺吉（dPal－lDan－rDo－rJe 吉祥金刚）与甲日家相攻。战争自二十二年（1933）至二十九年（1940），反复相报，迄无宁岁。甲日家初谓历世亲汉，效忠累绩，必可得官军支持。既而失望，转恨汉军。曾向康定各衙门及二十四军部控张行贪污婪索，与不能维持判案等由。致为二十四军诸军人所痛恶，无肯理其诉讼者。且暗助尼巴家与河西之军，袭破饶禄官寨，任阿希为上瞻总保。夺吉郎嘉父女不胜其忿，欲赴雅州叩刘军长。值西陲宣慰使诺那至康定，方图推翻二十四军，攘其政权。得其控状，大喜，资以人枪糇粮，并助寂墨至成都申控二十四军于蒋委员长行辕。寂墨至成都，已获蒋氏延见，匆匆不克致其词，仅得赏赐枪旗奖状而归。时为二十三年（1934），余夫妇在江安办学，未知寂墨来川。寂墨亦未能访得余夫妇所在。迨余为教厅接收农学院到蓉，闻知其事，则寂墨已返康去矣。

时康人在成渝京沪者，亦反对二十四军甚力，咸愿暗助诺那。寂墨与诸人，相为鼓荡，誓以驱逐二十四军。既返康，中央军长李抱冰，亦追红军至康定，深恶二十四军所为，厚抚寂墨父女，嘱诺那助其返瞻复总保职。甲日家遂随诺那出关。至道孚发难，擒二十四军官吏，勒其军士缴械。次及炉霍、甘孜、德格、瞻化，所杀官吏甚多。二十四军在康北之政权，一时尽拔。甲日家则自道孚回军至康定之长坝春（Khram-Pa Grong），阻张行自康定赴援。既破张行，与中央军政工人员整旅返瞻，杀代县长郭阔，及其怨家多人，重驻饶禄官寨。尼巴阿希与巴登夺吉等皆逃匿。

殊不料未一月，红军自丹巴及云南等路攻入西康，诺那不能御，退入瞻化。甲日家亦不能御。诺那欲奔巴安，过雄龙溪，被巴登夺吉擒献红军。一时全康俱受红军控制。寂墨父女率其众再弃官寨，小道绕行赴康定，依李抱冰。尼巴阿希，重作饶禄主人。

二十五年（1936），红军弃康入陕。李抱冰军亦将撤离西康。刘文辉受中央命，自雅州赴康定，以建省委员会委员长兼二十四军军长名义，筹备建省。时建省委员张铮死，余获简派补缺。屡以书招寂墨父女，保其与二十四军修好，仍任上瞻总保。嘱留康定，待面谈一切。寂墨观望不敢信。其年八月，余夫妇至康定，彼尚不敢来晤。先使仆役窃窥于道，已见罗哲，知余确能保证前言，寂墨始于夜间来见。与罗哲相拥痛哭者久之。时彼已决意随李军离康，与二十四军为仇。余以流离非计，嘱罗哲力阻之。先后导寂墨与夺吉郎嘉晋谒刘氏，说明冤愤，获许仍回饶禄任上瞻总保。而二十四军旧军官，多主诱杀其父女，以报怨。刘氏不可，厚抚而遣之。时宜玛绛村已十一岁，相从在甲日流军中，以寂墨为母。余夫妇复导伊母子往谒张行，希释前怨。而新任康北驻防团长章镇中窃不服，必图快意于甲日家。值刘氏命其会同瞻化县长，讯结甲日、尼巴纠纷积案，禁止再有战争。指示判决要点：为阿希离婚，返其本族；寂墨为尼，准在家侍亲；宜玛为上瞻总保，仍由夺吉郎嘉代理土政。章团外不敢违，而多方挫辱甲日家以快意。

时寂墨已逐阿希，入驻饶禄，传闻尼巴家贿章氏，将甘心之。因不肯赴审。夺吉郎嘉冒大雪来康定求在炉城讯结。余已知刘军长开示要点，料章必不敢违。责其不当再忤章团，命其即时返瞻赴审。夺吉垂涕欲言，余挥立去。罗哲素服余，兹为译语，依余严厉，不容夺吉置词。既归赴审，遂与寂墨并为章氏所拘，禁人探视。时被告尼巴家人尚未到庭。夺吉父女，本为原告，因何下狱，无人能言其故。但曾闻章氏收系该父女时云"尚欲炉城求任某耶！"甲日家人大骇，派五骑飞奔炉城告变。余不料章团颟顸至是。既求军政各首长电饬先放夺吉，复为长函婉述过去处理之失策，与刘军长重理康局，必须绥抚甲日家之苦心，及余夫妇招徕甲日家之困难情形。嘱其勿逞意气，重启边衅。即付甲日家人，命返呈章团长，谓必可立释。殊不料彼辈归与甲日族人相商，以为章团恨余，投函后或且促寂墨父女之死，竟不肯投。月余后，原封送余，但汗湿过半而已。时刘氏已离康。余料瞻化且有祸变，而苦无可挽救，亦惟叹息而已。

章镇中既迭奉康定电饬，而不见余有私函解说，益疑余助甲日家与之为敌，忿置诸电不理。待邀尼巴家至，始出寂墨父女于狱，判阿希离婚。将寂墨当堂剃发，勒入寺为尼。而瞻化无尼寺，莫可安顿，则重收入监，候觅尼寺。盖寂墨孕沈朗子，章欲其产于监中以辱之。且谓寂墨无夫而孕，足为阿希作翻案借口也。

夺吉郎嘉因余招而就抚，又因余促其赴审而被拘，疑余夫妇卖之。既出狱，不复与余相闻问。唯谋脱寂墨于狱。宛转求于章氏，不可得。遂率众扑瞻化狱，劫取寂墨以归。章氏兵少，不能制，怀惭回驻甘孜。日夕思助尼巴家攻杀夺吉父女。虑刘不肯为，则连电捏报寂墨出劫与其他叛状以动摇之。至二十八年（1939）春，竟得刘氏密令：袭杀寂墨父女。

章氏奉命后，先调兵一营驻瞻化，与县长欧阳枢北谋，召夺吉父女议事。不至。又召四总保议差粮，欲执夺吉以召寂墨。夺吉不至，仅宜玛往。如此数四。乃于旧历端午之夜，潜军夜行，以袭饶禄。翌晨黎明，抵寨下。呼门。时夺吉先赴牧场，寂墨居守，拒不启门，放枪与来军相攻。官军预携火油至，泼于门而焚之。寨着火，寂墨率众穴墙突围。其母白玛与麻里工曲之子皆战死。寂墨负伤被擒，余众死者逃者与返寨就焚者不一。宜玛先在康定时，拜建省委员会秘书长杨永浚为义父。杨方推广青年党于康省，而欧阳县长为青年党员，阻官军射击宜玛。宜玛与数小儿故得逸去。甲日亲族六十余户三百余人，闻变，仓卒弃家奔逃，与宜玛、夺吉郎嘉等，聚于牛厂，谋夺寂墨。至瞻化，则已枪决，竟盗其尸还，双眼已被剜矣。

此后阿希复为上瞻总保。甲日部民不服，潜通夺吉郎嘉于山中，迭次袭杀办理差粮人员与尼巴家干吏。章团不胜忿怒，饬驻军与县长征全瞻民军分两路进剿。甲日家邀击于半山，熊连长阵亡，官军惨败归。夺吉郎嘉亦受班禅行辕招抚，移牧甘孜界上，相约同攻章氏团本部。

是年西康省政府成立，余被摈为闲员，贫不能归，以地方干部人员训练所教官隐居汉源。至秋日，始闻上瞻事变，尚不料章团受命为之。检前甲日家所退回致章氏汗函，呈刘文辉主席阅。刘氏表示惋惜曰："诚使此函达章，必不至有此恶局也。"余因请再函招夺吉。刘氏许之。殊发数函皆不应。最后来一蕃商致语云："我甲日家方图一死路，不敢再累足下。"盖其进攻章团部之计已决也。

是冬，班禅行辕为救孔撒女土司德钦汪母，进攻甘孜县府与章镇中团部。尼巴家助章团，甲日家助班辕，阻瞻化援军，战斗甚力。未几，章团部破，章镇中与其弟县长家麟全眷及军士被俘，财产抄没。甲日家请杀镇中，为寂墨报仇。又砍杀尼巴阿希于甘孜市。全瞻复入甲日家手。

二十九年（1940）春，刘主席调劲旅出关，击走班辕。甲日家随班辕流亡青海。宜玛入京，甚受中枢优待。夺吉郎嘉则率所部归牧于德格界上，依夏克刀登。屡劫商旅，官军患之，而无可如何。上瞻区一千余户，向受总保钤辖，差粮遵制，人重汉官。班辕之役，夺吉郎嘉倡言反汉，叛民纷起，所在截杀官军，道路阻绝。兹虽收复，而尼巴阿希已死，甲日家流亡滋扰，不更受抚，总保无可委者。差粮俱停，地方纷乱。政府乃废土为区，设汉区长驻饶禄。语文扞格，区长政令不能出户，屡被蕃民逐杀。乃升三头人为土百户，分地而理。其二人畏甲日家，禀命以行。官府虽恨之，莫可如何。

三十三年（1944），余在华西大学边疆研究所任职，同李安宅主任往德格考察。过康定，谒刘文辉主席。时仲萨倾真方为刘氏招抚孔撒土司德钦汪母。余询刘氏"亦须招抚甲日夺吉郎嘉否"？刘以为然。余夫妇受命同出关，连发汉藏文三函，约晤夺吉于甘孜。时夺吉七十余龄矣，尚能驰马作战，足摄其众。与宜玛共率精骑百人，与余夫妇会晤于雅砻江岸。罗哲离乡十五年，向时小儿，今皆已二十余龄，为赳赳武士，尚能相识。帐中相见，彼此唏嘘良久。始得询悉夺吉返瞻后经过详情，夺吉尚能从容叙述。诸青年则拔刀砍地，汹汹发愤。有时述及报仇快意事，则复欢笑跳踯，情同狂醉。未尝以流亡为戚也。

驻防康北团长龚耕云，前以营长自理化率军赴援甘孜，至乌霞，被夺吉率军截击，全营伤亡过半，龚几不免。以此恨甲日家。时方驻甘孜。余过道炉时，诸县人士闻将招抚甲日家也，无不色喜。而告余注意龚氏。余至甘，为龚氏阐述刘主席必抚之原因，与治康根本大计。龚颇感动，愿助余完成抚局。余先领宜玛往谒。礼待优渥。再引夺吉往。夺吉与龚，终不能无所芥蒂，双方戒备，几酿祸难。余夫妇持以镇静，谈笑周旋于其间，竟获欢宴而别。于是罗哲率宜玛返康定谒刘主席。余考察德格后，自白玉县之昌泰入夺吉牛厂，带夺吉返瞻化县，洽商复职事宜。其后宜玛返饶禄为总保，重建官寨。夺吉仍与其从亡之六十余户，同驻牛厂，而征差粮于饶禄。盖彼痛恶汉官，不愿更与接近。且谓如此，方足保饶禄之安全也。

罗哲原住康定，余入康时，伊大病新起，实不当远行。而伊盼晤甲日家人情切，冒险出关。既晤夺吉郎嘉与儿时诸故人，悲喜交集，兴奋过量，加以为余翻译，连日劳顿,大病复发。自足下发肿,渐达胸部,至于呼吸困难。地僻医药两乏,无可施救,生命已濒绝境。幸甘孜县长张镇国,自督修公路处暂归。其人精医,就市中药物处剂,三服而愈。罗哲于此绝境困顿中,精神愉快,志气不衰,未尝以病苦为戚。盖即由其能超脱于生死之戚,所以药物能特著灵效也耶?

三

罗哲初嫁余时,不解汉语,余时亦未解蕃语。闺房谈诉,亦赖翻译。离瞻化时,有县府马夫向某女春秀,解蕃汉语。愿同赴汉地,即携为家庭译员。至打箭炉,犹着蕃服。余托诸友人妻之通蕃语者,教之汉装汉语,伊不肯学。至雅州,蕃装入市,市民嘲逐而观之,伊无所窘。然已慕汉妇装束,求购高跟鞋与旗袍矣。至成都,与余友朋眷属往来,渐感不安。始虚心学习语言、装束、应对进退之礼。时为民国十九年(1930)阴历正月。是年夏,已能以汉语作普通应对,装束一如汉人。每参加朋俦燕集,谨慎缄默,旅进旅退,不知者莫能辨其为新至之蕃人。有时受人挑弄,迫作汉语,则贻笑累累。迨一年后,言谈亦如汉人矣。

蕃语动词置于所加名词之后。如我乘马曰"我马乘",你打他曰"你他打",吃饭曰"饭吃",进屋曰"屋进"之类。其云穿衣,曰"谷拱"(Cos-Gon)。戴帽,曰"厦拱"(zhwa Gon)。着鞋曰"统拱"(lHam-Gon)。其"拱"字,正与古文"服物初御"之"御"义相当。罗哲初习汉语,自穿衣、吃饭二语始。后乃多识名词,而以蕃语译汉法应用。常奉余帽曰"帽子穿"。甚至"椅子穿""桌子穿""枕穿""被穿"。为客设床,曰"这床你穿"。余屡为之发笑。经春秀逐一为之更正者又半载,始能汉语不误。民国二十年(1931),春秀嫁人而死,时罗哲汉语已有基础,能以成都音作诙谐语。即与蕃人谈话,亦往往杂入汉语。二十一年(1932),独身至重庆,言谈悉无窒碍,人莫知其为蕃人。距初至成都,仅两年耳。

当余于十九年(1930)夏赴川南考察时,留一甥在省教罗哲与春秀文字。甥以共党嫌在被逮之列,急谋逃去,而苦无资,又不敢明言,托云母病,向罗哲借资斧。适余寄函归,命甥读之。甥因改读云借百四十元俾奔丧。罗哲付讫。月余余归,见家用窘乏,诘之,始知受骗。罗哲恨未识字,痛哭自挞。自此语文并习,日夜孳孳,年余已勉能阅读信札。时已二十二岁,始入小学。其后从余至江安,已得入女中肄业。惟因子女累系,时读时辍,迄未毕业于任何学校。尤苦汉字书写困难,缮录恒不如法。故其一生,羞以文字示人。然其册记颇多。与余隔阔时,信札往来,往往叮咛冗长。惟余辨其书，他人不能尽识也。

二十五年（1936），建省委员会自雅安移入康定，罗哲同余入康。委员长刘文辉，以罗哲为已经汉化之蕃民，询余"宜给何职"，余方以整肃人事，革除冗滥为己任，不欲其受俸给，求以宣化员空名，服译导蕃民事务，刘氏领之。入康后，罗哲见同事多占虚领薪，意甚不服，屡以责余。余为讲"守死善道"之义，伊亦领悟。其后招抚甲日家流军，招待孔撒土司德钦汪母，及组织蕃民妇女等，皆甚尽力。三年未受薪舆津贴，未尝有怨意。

二十八年（1939），西康省政府正式成立，余失省委，罗哲宣化员职亦裁汰，贫乏不能返川，余于著述之余，每发愁叹。罗哲乃反慰藉余曰："我辈幸未沾染宦场奢侈恶习，食贫自乐，则饰物与家藏尚可资以为活。君不颓废，我不患贫也。"乃自出入市场，居贱射轻，经营小贸于汉蕃之间。使余衣食差给，资以返川。于雅安置产，安顿家小十口。余得静虑致力于《西康通志》，研寻汉藏典籍，阅五寒暑，写成文稿甚多，未尝劳形于子女饥寒之务者，伊妇之力也。

罗哲居康定久，与文武官吏相习，亦颇留心政务。尝欲得一康县小试，屡求余为刘主席言之。余辄笑斥以为妄，而勉以努力学习。默然颇怨。伊与刘夫人往来甚稔，尝私求之，而不敢告余。迨亦失望，始泄于余。余哀其志，再勉以努力求知，培养能力。伊于三十一年（1942）由西康妇女工作委员会求赴重庆受训。受训期中，各教官以其蕃女，皆加青眼。既归，意颇自得。谓："委员长有明谕，保证受训人员工作。今后当可为我求有给职于刘主席耶？"余笑其妄，令仍经商于炉雅间。伊复欲集赀为大举，曾赴成都募股，所获甚微。而雅州商业，惟鸦片利厚，时已为军政有力者所专揽，伊不敢插脚，仅营茶布油米，资愈多而利愈小，连有蹭蹬。适余就聘成都，命其结束康局来蓉，学习安乐寺市场业。伊至，亦颇胜任。数年来，币制屡改，物价万变，伊能辨其消长乘除之理，臆则屡中。每余得薪俸，伊即持之入市，购家用什物悉尽。旬月后，其值数倍。故余薪虽不足以瞻家，经伊运用，家乃裕如。其聪慧敏捷，率如此类。

罗哲为其家难，内恨刘主席。屡为余言，忿忿切齿，若将得而甘心之。然其面对刘氏夫妇，则委婉尽礼，反以余对刘之淡漠为不然。师友知其事者，甚称其政治才能，谓其实贤于余。余亦自觉孤高与偃蹇为通病，既任教蓉中，益不愿与政界人物往还。凡有当接洽事，悉以委之罗哲。伊恒为余出入于省市政府机关暨各界人物集会间，虽无所表见，亦已省余劳烦多矣。

三十七年（1948），罗哲竞选西康省国大代表。时国府规定：国代必有女性一人。罗哲得受刘主席支持，为白玉县代表。始发其累年抑郁，提出"请以法律规定边民参政权益案"，甚受真正边民暨一般边疆学者所称道。然该会目的不在此，未予付议，审查通过而已。既返蓉，复写《我在国民大会的提案》一文，于《康藏研究月刊》第二十期发表，以抒其二十余年觖望于政治舞台之积愤焉。今西康已用蕃人为县长也。然而罗哲死矣！

罗哲于其家难积忿，记录甚详，迄未尝以示余。本年病甚，自知不起，始为余启之。嘱为整理发表，抒愤于地下。悲夫！

四

罗哲未嫁余前，其性格足以代表整个之蕃族：佞佛、仁慈、从容、有礼、节用、爱物、矫捷、犷勇、乐天、安命、自尊。嫁余后，往来皆上流人物，无恶习染。以此环境，洗练其固有美德，所成就之新性格，能兼汉蕃之长：诚挚而有机权，诙谐活泼而有典则，强毅而知止足、尊亲、尚贤、敬老、慈幼、任侠急难，风义过人、勤奋力学，争取上游。一举一措，皆有计划，有条理，不复如嫁前之率然行事。能用理智判断一切，不复如前之徒有迷信也。

罗哲初嫁时，每夜必就床榻上跪拜诵经咒。日间有暇，即摇所携转经手幢，念六字真言不辍。洗涤器物，拂拭几案时，虽不摇经幢，亦自喃喃不已。入学校后，即不更作此态。手幢搁置箱中，经历年月，已自忘其所在矣。然在康定时，每日延僧数人到家念经数分钟，谓可获福。至成都后，每有喇嘛到蓉传法，都人争赴，伊乃未尝留意。同街人好巫。每数日必有延巫作法者，伊无所信。病剧时，街邻劝延巫，余力拒之。伊亦不争。惟于测字算命看相诸术，深信之。由是可知蕃族之迷信，为环境所养成。非其偏嗜喇嘛术也。

伊初至成都，不杀蝇蚊蚤虫。每夏日为蚊所扰，空双掌而捕之，捧至窗外释之，频频不厌其烦。入川一年后，始肯杀蚊。又年余，始肯扑蝇。近则杀虫剂常购储室中，杀之唯恐不尽。

伊对小儿，无亲疏皆极爱之，煦煦惟恐不当。既自有子女，乃悉抛素所努力诸务，以事鞠养。爱之过当，婴儿早夭者屡矣。经余多方启导，虽渐知保育之道，而以爱故，仍往往使小儿丧失健康。此为其仁慈之短。忆民国二十一年（1932）育一子，名甲拉夺吉，义云"汉地金刚"。黧黑健壮，目光炯炯，甫匝月，余抱之，力觉不胜。生半年，未尝有疾病。余离成都甫数月，此子病矣。苟不医，当可自愈。伊为治病情切，闻人荐一医即延致之，日二三医聚诵于室。伊不能判所用方，则逐一试之。由是病益重，转为风疾，求医愈切。闻省外州县有医者，亦往延之。卒死此子。其后伊为余泣血言其死状，谓小儿匍匐床榻，往来不息，起仆颠连而吁者八九日乃死。其为体健而误于医者甚明。死时适当周岁。使其存者，今已将二十岁，应为蓉市一翩翩少年也。二十六年（1937），再育次子，乳名泽旺夺吉，义云福胜金刚，今名新建，体质远逊前儿。术者谓其必须离开生母，始易长养，故常依余。三十年（1941）正月，更育一女新雅，体轻如叶，乳名躰伯。以此知罗哲体健之日益衰退也。

余有结发妇青仪志，育二子二女。忠厚憨直，颇能谅余娶罗哲苦衷。民国二十二年（1933），余任教重庆大学，青避兵，率子女自家乡来依。罗哲亦自成都来会，颇能以姊妹之道相处。时甲拉夺吉已死，罗哲对大妇子女爱如己出。余办学江安，留青在沙坪坝，以罗哲携大妇长女懿，同往就学。其后余任西康建省委员，先率罗哲赴成都，亦携懿与一干侄同行。俱只八九龄，罗哲抚育，竭尽母道。见者无不料为亲生子女。此后余在康定，在汉源，在雅州，在成都，或偕大妇，或偕罗哲。二人或异居，或同居，子女皆互易抚育，至于长大。诸子于所生母与所育母，亦无所轩轾，家庭和乐，孝友无间，罗哲实倡导之。

罗哲非惟对家人极致亲爱，同辈戚友间有缓急待助之事，亦莫不奋臂助之。在渝时，友人李伯谐稚子深夜暴疾，思得其外祖母苾治，而家人无可遣者。罗哲足不及袜。询明道路门向，率往求之。警察以其干夜禁，将加逮捕。伊侃侃与之辩争，竟获传送至所求处，迎其外祖母来。其在成都，因谙习市场情形，凡尊长家有购售事，奔走尽力，视如当然。友朋或相托，亦莫不热情奔走，毫无苟私。人称其风义。亦以是得友人多助，所至欢洽。近岁余在成都，屏绝交游，而朋辈未尝斥余孤介者，罗哲故也。

罗哲初性俭而吝。每有朋友到寓，消耗纸烟洋烛过多，辄表不满。余甚怒之。近十年来，处己甚约，待人则力从厚腴。对尊长犹能尽礼，未尝稍有吝色。在家人中，对余饮食起居之照料，周到备至，凡事先余所求而设，先余所需而治，先余所恶而屏去之。其于子女，不能免于偏爱新建，然亦未许新建享受高于其他其子女。

然罗哲究属蕃人，由于蕃汉习俗之差殊，与其先天性质之潜伏，在德行上发生瑕疵不少，要不足以掩其美德。大妇及其子女，以及同乡戚好，初皆不甚喜之。迨相处既久，无不叹其贤而多能。

余一生清廉，无蓄储，屡患空乏，赖罗哲营运而瞻。子女皆不甚觉，每以家产全操伊手为危，常为余言之。余则以全部锁钥付罗哲，虚实一无所问。罗哲濒危，始自交出。既殁，检验筐箱，封识井然，毫厘未有所苟。于是家人皆服余之能任人，而敬佩罗哲才德，痛悼有加焉。

五

蕃人习食生牛肉，每有绦虫寄生肠内，由其体健，故若无害。罗哲初嫁时，顽健过人，肌肉坚实，不露骨椎。见内地汉人臂腕距有圆突起挺出，自抚不能得，以为是汉蕃体格之异。二三年后，肌肉消瘦，腕椎渐露，则骨骼固与汉人无殊也。生育渐多，体羸日甚。至二十五年（1936），肠内排出第一绦虫脱片，不识何物，持以问余。余立与同往四圣祠医院疗治。药下大虫长数丈，又小虫二条。以为愈矣。三十四年（1945），自康定来成都，再脱该虫节片数枚，再往华西新医院疗治。复下长条数丈，惟无头。此后每年治虫一次。且在省立医院施特别手术，直灌药幽门，然所得虫皆无头。其健康之根本创伤，似即在此。危病期中，每日皆有虫片排出，体弱甚也。

康地空气干燥而清洁，人无肺病。罗哲肺量初亦甚佳。入内地后，渐染结核，至成严重之肺病。又蕃人饮食单纯淡泊，与其肠胃适合。入内地后，辛酸刺激之味，与其胃不适，渐有消化病。加以产耗贫血，与寄生虫病互为因果，近数年来，罗哲常病中，特其精神健旺，意气强盛，声音清刚，肤色黧黑，人不见其有病。实则全身只存皮骨，肌肉不存者已什九矣。

罗哲旧只迷信喇嘛。住成都后，受科学环境洗练，又复迷信药物。闻药之可以克某病者，即购服之，身体为之益坏。亲友怜其病者，辄为荐医，伊无不延至以验。成都名医，无论中、西、针灸、按摩、太素诸术，并曾尝试。服方愈赜，病愈以剧。入本年后，渐至不能行立。余为之日讲生理卫生一小时，劝以道术自培养。然其性急，终不肯如余教，服药愈速愈杂，遂至倒床。余乃谢绝一切荐医者，专任刘金科医师，徐徐探察而层治之。先以盘尼西林针退高热，链霉素疗肺疾。肺疾愈而腹肿，难进食。改服中药。有资中陈自强君，川大文学士也，精金匮术，意为诊治，曾奏奇效。已能起行绕室，饮食起居如常人，他无所苦，惟肿未退。罗哲既能行动，复窃召他医治之。经余痛责，虽勉强自抑，而抑郁滋甚，时作怨叹。适陈君返资中，乃求乡人冯树丹医师诊治。冯君旧好，罗哲向服其药，兹每诊，必求消肿。冯君殊审慎，未肯直用消肿药。其后未服泻药而腹泻。泻三日，肿消，遂虚脱死。

死之前日，溺便不能起床。大妇与儿媳以竹纸厚叠承之，屡易不胜其烦。罗哲感痛，祈速死以轻家人之累。八月四日晨，泻止。发声尚清越。先自呼新雅。命转呼新建，至则无所语。命呼余。余披衣往视。伊仰卧作安卧状，闻余呼声，惊视，力睁其目，闪烁四觅余，久乃若见。喃喃不能成语。盖目已瞀、舌已僵矣。余急延医，医不肯至。方仓促备后事间，伊忽命媳与子女，扶之下床，坐椅上。亦如往日，作厚絮垫，矮凳支脚、倚高枕。伊未作声，以双手扶栏，俯其首。首随腰下垂，浸及膝。儿辈扶之使仰。仰倚枕作安眠状，张口以助呼吸。小儿女侍立其旁，尚作嬉戏。余方为《建设日报》写文，久未闻有声息，往视之，气已绝矣。

罗哲自去冬已渐不支，每见故人辄泣，今春转甚。余已知其不祥。迨卧床后又复起行，窃幸其可康复。最后肿病亦消。于是家人咸庆，以为必愈。伊则知不起，与余商谈身后事已详尽。故其死日，更无所言。所遗儿女，大妇爱之亦如己出，诸兄姊抚之尤厚。夫能善终无苦，身后无憾，亦可谓善人之报也。嗟夫！

死当夏日，又值世乱人贫，余不欲以累生者，即日含殓，翌晨出殡，葬于狮子山川大公墓。余自为堪舆，向北郊凤凰山，远岸为彭县关口海窝子，层峦屏叠，上至鎣华九顶，积雪在望，皑皑未融，有似蕃中群山。罗哲有知，将满意于常睹此景，庶足弥补其客死异乡之憾也。

余旧撰《西康图经·民俗篇》，有"余之蕃妇"一节，叙述罗哲性行，谓其足以代表蕃人之一般。时罗哲嫁余才两年耳。今又十八年矣。觉旧文已无足存录，更为此篇以悼之。

民国三十八年（1949）九月七日，值罗哲五七祭时完稿。

附一 罗哲情错"我在国民大会的提案"

我从民国十八年（1929）到四川来，开始学习汉话、汉文，和生活于汉地所应知道的一切一切。我现在已能与一切汉地情俗相适应了，能在汉地愉快生活了。

反观治理我们康人的汉官，他们抱守"用夏变夷"的金科玉律到边地去做官，高拱在汉式衙门以内，吃他内地运来的米菜饭，穿他内地传统的长袍大褂，或崭新式的中山服，连洋火、马灯、清油、盐巴、泡菜、麸醋、酱油以及门神、对子、香烛、火炮和揩屁股的草纸，都得从内地搬来。只能说汉语、写汉字、读汉文书，用汉地法律，推行汉化教育与建设。

他们这套，只够敷衍功令，欺骗上峰，对于政治的推动，是毫无用处的。因为政治的对象是人民，不明白民情便不能推行政治。关外人民，不懂汉话的边胞占百分之九十九，客居的汉民不过百分之一。像这样的做法，只可说做了那百分之一汉人的官，与那百分之九十九的土人不生关系。

我小的时候，看见汉官过境，衙门的通事，雄赳赳地跃马来家，吩咐传令全村人民出迎，献纳，办差。闹得全村人手忙足乱，鸡飞狗跳。结果是送了汉官一些东西、通事一些银钱，招待他们一大群人饮酒食肉之后，半个谢字不说，一齐挺着肚子，骑上我们所预备的马，走了。我们小孩子们，绕着问母亲："汉官是干什么的？"母亲说："是收账的。"

我的丈夫任筱庄劝我学习汉文，他说："未来的康区官吏，必然是懂得汉情又懂得康情，说得汉话又说得康话，认得汉文又认得藏文的人。现在此项人才缺乏，所以才勉强用些不懂的汉人去做官，他们若不学会康情康语，将来必被淘汰，让这批一切懂得的人来管理。那时就亟须你们这批人了。"我深信他这篇理论，勤恳地学习，经过整整的二十年，但并未做官。

我们喇嘛教徒是迷信宿命的。本身不做官，一点不会发生怨叹。独可叹是筱庄的理论竟不实现。二十年来，西康官吏懂得康情康语的渐渐有了。康人学习汉文汉语的，尤其很多。但做官的，仍然不是他们。一批一批新的收债人，由我们那批还债的乌拉载运出关，去干那增加我们康胞痛苦的事。连我自己亦是家破人亡了。

我很感谢刘主席的扶植，使我今年作了西康白玉县的国大代表。我想切切实实帮助解决西康官民间的隔阂问题。其实这亦是我国整个边疆的政治问题。目前西康所害的政治病，正是过去蒙古、新疆、西藏所害的政治病。而现在许多边疆民族所同引为苦的政治病，西康本是与西藏通联的，但我们康人却不愿随着西藏死去，仍盼望与许多的边疆民族一起复生健康，成为中华国民之一体。只看医生药来得对症不！中央政府是医院，地方官吏是医生，治边方案便是药饵，要药能对症，必须经过望、闻、问、切的诊断工夫。我便是久病知医的病人，敢于说出症结，贡献医治方案。

我的方案是要国家以法律规定来打破边区官民间的隔阂。要使若干年后，懂不得边民语言文字与其生活习惯的人，便不得在边地作公务员。而边民之能了解汉情、懂得汉文汉语，足以打通政府与边民之隔阂者，必有他政治上的出路。像这样双方努力，自然会使边疆化为腹地，边民进为腹民。

所以我在国大会里提出了下面的方案。经许多了解边情的同仁赞同副署，审查会认为也是有价值的。但大会忙着行宪和戡乱的几个重大问题，不暇议论此案，看来实行还算无期。虽然实行无期，却终非实行不能解决千头万绪的我国边疆问题。

我在这六年任期、三次大会以内，每次都得将它提出，并向国民呼吁和向立法院建议，总期通过了法律程序，建立为实施方案我才会罢休。

我的汉文不成，提案不能不请人代笔润色。但我自己的一盘主意仍必须自己尽量表达。

附二　请以法律规定边民参政权益案

理由

边民参政，虽经元首与国内贤达尽力提倡、扶植，促其实现，但因语文隔阂故，参加政府与民意机关之真正边民，仍无法发挥参政之效能。伴席坐听，瞠目不解所云者居多。即能略解国语，亦不能运用汉语辞令，表达边民意识。若用翻译，则须消耗四倍之时间方能成一问答。非惟通材之译员难得，每嫌隔靴搔痒；即会场多数人之时间似亦不容如此浪费。此会议场之困难情形，应图解决者一也。

边省边县政府，办理政务对象，或全在边民，或半属边民。自宜应用边民语文，搜讨边民需要，顺情俗之宜，为利导之计。是非有边民参加政府，助其研讨设计，则措施难洽于边情。非有边民参加政府，为之传达民隐，则上下终不免于隔阂。今边省边县官吏，皆以汉人为之。即有少数边民参加，亦仅伴食坐啸，无可致力。于是官自为官，民自为民。政务实权操于通事土兵译人之手，利在官民隔阂，倒行逆施，莫得而制。于是边民每闻新政，莫不疾首，每见译人，为之落魄。不惟未收教育之功效，且以增进边民之痛苦。边腹之睽离，实由于此。此行政上之积弊应图革新者，二者。

边民自嫌鄙僿，向风慕化，思欲同文一轨，溶冶于汉族领导之大中华民族结团者极多。近得总理之倡导与国府之力行，已予我边疆少数民族以励进之机会，然因乏于切实之良善办法与法定之确切保障，结果毫无实益，反以引出边疆若干之骚动。窃谓提携少数民族之终极目的，在于消化边腹畛域，完成大同盛治。达此目的之手段，当使民族混处，情感交融。诚能容许边民之先进者与我治边之士混处一堂，则既可使得学习政治之机会，又可藉昭提携边民之智识。此为打破民族隔阂、改善边政规模计，有必须切实扶掖边民参政者，三也。

办法

属于参加议政机构者

1. 边疆省县应依所辖人口使用语言之种类分别改造户口册。即依各种语言之人口比例，选举省县参议员。凡使用国语（汉语）者为普通人民，使用边语（藏、蒙、回、猓及其他少数民族之固有语言）者为边民。能说两种以上之语言者，由其自行认定一种造册。

2. 省县所辖某种边语人口，占总人口十分之二以下者，所选省县参议员，须为能解国语之边民，以便议事。其人口占总人口十分之二以上者，所选省县参议员，不必兼通汉语，应于参议会内特辟边语议场，用自己的语言与国语议场同时讨论议案。惟表决票数，仍与国语议场票数综合计算以决定议案之通过与否。

前项边省省参议会议员，不必每县一人，但得依各边语人民分布地域划分为选举区分区选举之。

（说明）例如西康省人口约二百六十余万。雅区六属全为汉民，约五十万。宁区十一属，汉猓各约八十万人，藏语人民约七万。康区三十三属，藏语人民约四十五万，汉民约三万，猓民不足一万。合计汉语者一百三十余万，占十分之五，分布二十余县。猓语者八十余万，占十分之三点五，分布十一县区。藏语者五十余万，占十分之二，分布三十余县区。如省参议员定为二十名，则汉语者十名、猓语者五名，由宁区选出，藏语者四名由康区选出。汉语者十名，内雅区四名、宁区五名、康区一名。省参会设汉、猓、康语三议场。政府交议案，须用三种文字交议，派员分明三种语言说明。县参议会准此办理。

3. 下届国大代表、监委、立委之选举，属于边疆少数民族者亦当依照前两条原则办理。其有牵涉宪法之处，并宜修订宪法。

（说明）所谓前条原则，即第一，依各种边语人口比例决定人数。第二，人口比例不足总人口十分之二者，所举须为兼通国语之边民（惟亦必须为通晓边语者）。第三，人口比例在十分之二以上者，得分设边语议场议事，综合票数表决。

属于参加行政机构者

1. 边县所辖人口，有边语人民占县人口十分之二以上者，均应于各科之下设置译政股，全用边语人员。占十分之五以上者，应设译政科。除主官得用兼通边语之汉员外，除应尽量任用边语人员。占十分之八以上者，应紧缩各科，扩大译政科为民、财、教、建、保安五股，汉员边员各半。

2. 边省各厅处以下，应依语言不同之地域分设科股，准前条原则，尽量任用各该区内之边语人民。

（说明）例如西康省建设厅，应分设康、宁、雅三科。康、宁两科，应多任通藏语猓语之人员，以通藏猓两族之情。庶经建措施，不至与地方人情凿枘。教育厅应分国民教育、康民教育、猓民教育、中级以上教育四科。康、猓两科，皆当任用边语人员半数以上,始能打破"学差"问题,使边民乐于从学。边民教育之需要兼通边语人员为教师更无待论。他如民、财二厅,保安、秘书二处,亦当有译务科或译务组。

3. 中央机关,如蒙藏委员会或边政部,均应有半数职员为兼通汉语之边民。

4. 其他行政机关之与边民有关者,均应参用边民(通晓边语之人员)著于法令或列入组织规程。

回忆贺老总召谈解放西藏[①]

(1981)

1949年12月,四川全面解放。1950年元旦,解放军整队进城。那时四川大学还未放寒假。有一天下午,我正在课堂讲课,助教邱俊杰从系办公室来说:"解放军李夫克(西南军区副参谋长)同志在办公室待你问话。"我结束了讲课,回到了办公室,会见李夫克同志。才知他是来向我征求有关西藏问题论著的。农经系同事们已经把我著的《西康图经》三册从图书室提供给他了。他又同我回藩署街家里,取去了《康藏史地大纲》《康导月刊》《康藏研究月刊》各全份,和我已经绘正的五十万分之一康藏地图。他说:"中央人民政府有命,解放四川后,陈赓即进军解放西藏西南军区访得您是研究西藏问题的人,故来征求资料,准备着手研究。"我欢喜地尽量提供了一切。

李夫克去了不久,又回来说:"贺老总看了地图很欢喜,派他自己的车子来请您去面谈。"我不胜惊喜!因我当时衣履破旧,想换了衣服才走。李说:"贺老总已经知道您生活朴素,他就是喜欢生活朴素的人。他在等你,不用换衣服了。"于是我仍旧穿着破毡鞋、旧长袍,戴着绒瓜皮帽上车同去。

到了西南军区客厅,只一位李秘书在,说贺老总还在开会,快要完了,叫他在客厅招待。他似乎迫不及待地要我先谈一谈。我刚开谈不到5分钟,那边开会完,贺老总同一大群干部都到会客大厅来了,有30多个人。李夫克只引我介绍了贺老总。后来知道,那天在座的有李井泉、廖志高、李大章和胡耀邦等同志。我们足足谈了两个多钟头。

贺总和蔼可亲、虚怀若谷,细致地提出许多问题,就好似在与我商讨一样。那种爽朗而真挚的丰仪和谦虚而恳诚的态度,令我十分感动,终生难忘。现还清楚记得当时问对的情形:

[①] 本文载于《中国藏学》2001年第4期。

贺总先问："你看解放西藏应该注意那些问题？这是我们大家的事，请就你的看法，爽快提出来，我们大家研究。"

我说："红军长征，是经过了这个高原东部的，经验比我丰富！可能因解放战斗工作繁忙，还未总结出来。我试就研究所及提出在这高原上行军的几个困难之点来，请予指正。"

贺总："你就直接说好了。"

于是我放胆说了：我们内地绝大部分地方平均海拔皆在600米以下一般的大山，如泰山，最高处也才1000多米。特殊的高山，如峨眉、太白，也不过3000多米。西藏和康青这个大高原，却绝大部分是海拔4000米以上的草原，随便一条山脉都高出5000米；低于3000米的河谷，便是悬崖绝壁的峡江，几乎没有通路。这样高的大高原上，不只是气候寒冷和给养困难的问题，更还面临着空气稀薄的威胁，一定容积的空气内，含氧量比内地少，因而与内地人的肺活量不相适应。就我所知，清雍正、乾隆时入藏部队，清末赵尔丰的边军，和解放前陈遐龄、刘文辉等经边部队，绝大部分不是死于战斗而是死于"晕山"的。所谓晕山，就是因为负重的人不谙海拔高空气稀薄的道理，仍照在内地一样的奋力爬坡，到了体能已尽时，不知不觉，未感痛苦就倒地死去了。内地部队到这高原上作战，气压与肺活量不相适应。唯有历世居住在这高原上的藏人，则是能与这样的气压相适应的。在汉藏双方发生战斗时，汉人士兵比藏人士兵就输了这一筹。这是高原作战困难的第一点。

但这一点是容易克服的。首先要检验入藏部队的身体是否绝对健康。一定要是没有肺病、心脏病和神经衰弱的人。其次是须要保持轻装缓步，从容办事，慢慢锻炼身体，使与地理环境相适应。作战时最要紧的是不容轻进轻退，要有能坚持的阵地，必须有骑兵与步兵配合。入藏官兵先有这样一种生理关系的调整，即好办多了。

入藏行军的更大困难，在于语文隔阂。内地人民备受三座大山压迫，人人痛恨蒋匪帮，盼望解放军胜利如大旱之望云霓。解放军所至，皆能深得人民协助。所以能以小米加步枪打垮国民党军七百万美式装备的部队，解放全中国。若论西藏叛逆势力，其不得民心是更甚于国民党军的。它的军队实力，更是不值一击。但由于民族间习俗不同，语言隔阂，解放军的爱民行动在那里无所展施；藏人的云霓之望，当着面也无从表达。因而在西藏高原作战，解放军开初只能有步步荆棘之虞，没有内地作战那样取得民众协助之望。譬如在内地对国民党军作战，侦察其行动，处处可得人民协助。作战转移中的伤员，也处处能得到人民的掩护和医疗。但若在高原上对藏军作战，就由于语言隔阂，无法与土人通情达意。土人虽向往解放军，也无法接近。解放军要侦察藏军行动，就难乎其难，迷路掉队的军士或伤员，很少能取得土人的援助。若还有一支两支能说藏语的解放军配合入藏，那就方便得多了，但这是当前还不可能有的。当前只能多多征募能通藏语的人员入军，进行教育、训练协助解放军作战，藉以克服语言隔阂的困难。

现在金沙江以东的四川，有20万平方千米的藏民聚居区，都是早已脱离了西藏统治、拥护我军政权的藏民。他们之中多有能兼通汉藏语的，至少有1000人可以征募拢来，协助进军。其中有些人是旧官府的"通事"，染有借官勒索、鱼肉人民的积习，所以征召到后，必须集中加强教育，使他们思想转变。待遇宜优厚，管理宜严格，惩奖要认真。否则他不但不能宣扬解放军解放藏民的德业，反而会造成土民对解放军的误会（另外还谈了些通事舞弊的实例）。

我建议：未来的驻藏部队与其他工作人员，要普遍学习藏语和研究藏俗。要多多吸收藏族青年参加解放军工作，让解放军的汉族战士与藏族青年混居一队，互相学习，逐步培养成为兼通汉藏语的解放军战士。至于培养藏文翻译人员，就更不用说了。

入藏行军第三道困难，即最大一重困难，是汉藏文化上的基本矛盾，这是单凭军事力量还不能解决的矛盾。我认为，解放西藏的工作，必须着重考虑到这一点，考虑到喇嘛教的潜在力量。喇嘛教统治西藏人心，已经1000多年，根深蒂固、牢不可拔，这是事实。喇嘛教一切理论和设想都是唯心荒谬的，它与辩证唯物的马列主义毫无共同之点。我们要解放西藏受压迫的农奴和牧民容易，要解放西藏上层人物的思想情感甚难，但在当前我们还不能直接管理广大藏族人民的时候，还不能不通过旧有的西藏统治阶层来慢慢进行民主改革。我的看法是，解放西藏的第一步，还只宜做到收回和稳定国家的主权这一步。解放受奴役和压迫的西藏人民，与如何推动社会前进的工作，尚有待于语言文字的隔阂基本打通以后，随着科学文化浸润、滋长，经济建设逐步开展，藏人生活方式的逐步转变。在藏族自觉的情况下，慢慢推行起来。即是说，不可把西藏与内地等同看待，不能随着军事胜利就立即推行民主改革。因为它是一个喇嘛教深入人心的地区和语文隔阂的民族地区。

为此，我希望解放军进入藏族聚居区以后，就要按捺下看不惯喇嘛教的情绪，要保护寺庙，尊重高僧，宽容土司头人，争取他们对解放军的信赖。这样表示我军尊重民族本俗的鲜明态度，对于解放西藏的军事才会顺利收功。

贺老总问："我们宣布信教自由，可以了吧?"

我说：还盼望再提高到尊重喇嘛教旨、保护寺院和僧侣、维持民族旧俗这一步来。我举了许多历史事实作说明。述说了汉、唐两代武力虽强，未能征服这个高原，反受到高原人民的困扰。元、明、清代因其俗而治之，就能建成统一的版图。清自乾隆时已把西藏政权收归驻藏大臣管理了，但是由于语文扞格，未收到直接管理西藏的实效。清末赵尔丰经略川边，军事政治方面都是成功的，只由于他和他的边军憎恶喇嘛教，激起藏人的强烈反对，结果是人亡政息，一切化为乌有。刘文辉被刘湘联合的军阀们打得一败涂地，只剩下川边十几县的藏区地盘。他的政治生命已到垂危的时候了，但他玩出一套"弘扬佛法"的花招，便能稳住阵脚，慢慢又爬起来。他到康定后，首先在自己住宅布置一座经堂，迎请阿旺勘布、格聪活佛、日枯古学等名望喇嘛为他讲经修法。自己随时也拿着手摇转经幢旋转，口念"唵嘛呢叭咪吽"不绝。那几个喇嘛替他宣扬出去，说他是真正的护法韦陀转世。他的旅长曾言枢，首先带兵出关，更是完全的一套喇嘛装束和行动，军士们叫他做"曾喇嘛"。这样一来，于是西康几十年不能到任的县官，也次第随军到任了。抗粮几十年的县，也自动迎官输粮了。素来不肯出寺见官的高僧活佛，都枉驾来到康定，参加刘氏召开的佛教弘扬法会了。西藏政府也派代表来商谈和平相处的条件了。由于地方人民拥护他，他未用一兵一卒就把康区局面稳定下来，使蒋介石无法把他吞下。这是我亲身看到的事实。刘文辉这一做法，虽然是不足为训的，但用来说明"因势利导"的效果，却是很有益的。

这里恰好引证司马迁在《货殖列传》所论述移风易俗的一段话。他说："俗之渐民久矣。虽户说以眇论，终不能化。故善者因之。其次利道之。其次教诲之。其次整齐之。最下者与之争。"他这段话，原是说"至若诗书所述，虞夏以来"中华内部社会发展习俗转变的过程中，政教措施效果的大小好坏，颇有一定的道理。对于不同语言文字风俗习惯的民族之间的政化措施，无疑是更应当要重视这个道理。这是个人管见，谨提供进军西藏各领导的参考。

还说："我不是佛教徒。刘文辉在西康，文武僚属没有不皈依喇嘛的。未皈依喇嘛、不去参加法会讲诵的，只我一个。"用来表明我不是为喇嘛教说项。

贺总与全体干部听这段话，不发一言，也不表示任何态度。最后还是贺总说："关于宗教影响的事，就谈到这里。请另谈解放进军的路线问题吧。"

我说：西藏的正规军队，有11营，分统于11个代本。实际都不足额，战斗力都不很强。就历史经验看，他经常要留一营常驻拉萨，两三营分驻西藏地方。历次东犯所用的部队，不过七营以内。四川与西藏两军多年来都是划金沙江分驻的。这段金沙江长1200千米，水流湍急，只用皮船横渡，每船只载得几个人，要斜漂到一里以上才能划到对岸。只需有一只步枪守在对岸射击一支皮船，皮船就只会沉没，无登岸之望。若还两军夹岸，谁要抢渡，都是万分困难的。

估计解放大军入西康后，藏军必然集中兵力扼守金沙各渡口。1200千米中，有几十座渡口，都得防守，他的兵力不能不分散。我军声扬从多处渡口抢渡，待他兵力分散以后，才集中威力从一个渡口抢渡。那就突破金沙江防线不难。一点突破，他的全线都会崩溃，也必然退守昌都，那是西藏经营藏东西康地面，部署了几十年的兵要重镇，分驻噶伦一员在此指挥军事的地方。他们是必然要企图死守的。

我军前进困难，在抢渡金沙江。一经突破金沙江后，要攻占昌都，便如瓮中捉鳖，是可毫不费力的。因为昌都东边的岸山。绝壁顶上不是险峰而是与草原相接的坦途，敌军无法守住。我军占领东山，俯临昌都市，正如俯看围墙下的院落一样。只需几响迫击炮就会摧毁敌军营地和喇嘛寺与整个市场。但我建议大军占领昌都东山后，只用藏语喊话，说服昌都噶伦，派员进行和平谈判，并容许他向拉萨请示，促成和平解放西藏。只要达赖喇嘛愿意取消独立，恢复前清旧制，容许和平进军，巩固国防，那就可以省却高原作战的麻烦。稳定国家领土的主权之后，在民族融洽之下协商推行新政，慢慢进行改革，就好办了。

若还西藏执迷不悟，稽延不答，非得用兵不可，则宜先从青海玉树编组一旅骑兵。每员配备两匹快马，携带十天食粮和用具，轻装疾驰，从当拉山口（唐古拉山口）、黑河、当雄、羊八井一路，抢过曲水的雅鲁藏布江渡口，在南岸建设阵地，布置游骑，防制达赖喇嘛与其亲从逃向印度，然后从昌都进兵向拉萨。在我军尚未进取昌都以前，达赖是不会出走的。他的十一营正规军，必然都要调向东方，企图固守昌都。对青海草原这方面，布置的兵力必弱。例如黑河，也是藏北一个重镇，但那里并无险阻可以扼守。我们的骑兵不去攻占城邑，只取道驰过，藏军无力制止。当雄、羊八井、曲水等处，只有民兵守卫，那是不能发生截阻效果的。西藏民兵虽多，大都只有明火枪和刀矛、弓箭，有快枪的很少。他们都不愿为奴隶主出死力。奉令守着隘口，便只保持隘口不失守罢了，对于轻疾掩过的骑军，不会能起扼阻的作用。所以一旅精锐的轻骑，可以纵驰藏境。直到渡过雅替藏布江南面建成营地，达赖亦无可如何。

若还青海方面更有大军随轻骑虚张攻势，则轻骑更容易深入雅鲁藏布江南面去，截断达赖逃奔印度的路。截断达赖南奔印度的路而不进攻拉萨，则达赖必能派遣代表商谈，接受和平解放的条件。

若还我军不留这点余地，渡过金沙江就取昌都，就向拉萨进军，达赖等人自然无力抵抗。但他们必然会在大军尚未抵达拉萨之前向印度逃跑。他若跑到印度，就会受英帝国主义的利用，造成国际上许多麻烦，这是有多次历史教训的必然趋势。例如：当清末荣赫鹏率英军侵略我西藏时，达赖本是仇英的，他布置藏军节节抵抗。在江孜的最大防线崩溃后，达赖恨清廷不帮助他抵抗，便从青海、蒙古准备逃奔俄国。被清廷饬军截阻，才到了北京。荣赫鹏与驻藏大臣和商上签订的拉萨条约，由于达赖未签字和清廷不批准，便成了国际上不能生效的一张废纸，这才保持了我国对于西藏完整的主权。

接着清廷派赵尔丰经营川边，派钟颖率新军进藏，一时西藏建省的声浪很高。由于赵尔丰与钟颖这批人无视喇嘛教在藏族人民中的潜在势力，未提防达赖突然向印度逃跑去了。虽然他的逃跑无损于中国的主权，也不能影响我国对西藏的设施，但他仍能暗中策动藏中部分人物的骚动。临到辛亥革命，清朝倒台，钟颖是满族人，不能指挥新军，那时，英帝国主义帮助达赖指挥藏人驱逐钟军，闹西藏独立，至今（大陆解放初）未能收拾。这次解放西藏进军，攻取拉萨诸城邑，是不难的。若还通得太急，达赖自知无力抵抗的时候，必然又要向印度逃跑。企图再得帝国主义的帮助，等待复辟。所以我期期陈论到这一点，希望解放大军注意。

贺总又问金沙江渡口情形。

我举出：邓柯县境水较平缓，但公路未通，对岸有春科喇嘛寺，藏人必有重兵守护。德格的卡松渡还未通公路，冈拖渡口的后方有龚丫村的现成营房，为藏方视界所不能到，很适合于作为抢渡营地，准备抢渡工具。对方的防江营地，只能扎在岸山后的矮坝村，江岸掩体战壕是经不起炮击的。若还我军在龚丫准备好抢渡，突然推出一排炮火，击毁对岸守军工事，压住敌军火力，便可用皮船和木筏抢渡一批战士过岸建成桥头阵地。跟着载过钢缆铁桥建成斜跨江面的索桥，用木筏缘缆运载大军过江。敌军待援迟缓，必然溃退。只要突破这一点，敌人沿江守军都会退走昌都，来不及层层布防，我军便如进入无人之境了。德格以南，白玉、三岩、巴安、得荣等县，渡口虽多，地形险通，殊少有利于抢渡之处。例如巴塘的竹巴龙和牛古渡，水势都较平缓，后方也有大路。竹巴龙并且是几百年来川藏间的台站大道，但岸山对峙，无后勤掩蔽之所，抢渡是很困难的。牛古渡比较好点，它距茶树山比较近些，可以从茶树山安排抢渡的一切设备。若还安排南北两处一齐抢渡，两路进军，则冈拖与牛古两处是最适当的。

贺总又问我所绘制地图的可靠性。

我说：五十万分一康藏全图，是用印度测最局绘制的十万分一喜马拉雅山区与西藏部分地图作蓝本，按经纬度定点，用圆锥投影法，分幅绘制的。参对过斯文赫定、罗克西尔、荣赫鹏、高伯克、柯尔斯、台克满等人的实地考察路线图，全都是符合的。更还有赵尔丰作四川总督时，调派四川陆军测量局人员实测的从巴塘经昌都、硕板多、拉里、工布江达到拉萨，更由曲水渡雅鲁藏布江到江孜、日喀则一路的十万分之一缩尺路线图，和刘文辉请四川陆地测量局实测的西康部分地图，与谭锡畴、李庚扬测定的二十万分一川边地质图，以及我自己考察绘制的各县地图纂合制成的。所有地名部位完全可靠。也收集有很多处测高点，绘有等高线，表示地形；但不是全面绝对可靠，只有些重要地点部分是绝对可书的。全图依经纬度分割为二十几幅，现只有两幅还未绘成。

贺总是曾率解放军通过巴塘、甘孜到达陕北的将领，先看到李夫克拿去的地图，具有好的概念。听我说到此时，他兴奋地说道："我接收了胡宗南的测量队和四川测量局的人员，正无用他之处。从今晚起，就全部拨给你使用，赶快把全图绘完。愈快愈好。"

我要求请假一天，到文教委员会去把我写的《张献忠》那部小说申请立案的问题办了，才开工绘。贺总不许。他说："那个我给你办。你必须今晚就作安排，明天开始绘图。"还立即把文委会主任委员杜心源同志请来，当着我的面对他说："任先生有申请立案的事，请你替他办一下，让他把时间腾出来绘地图。"

贺总宣布散会后，仍嘱李夫克送我回家，并立即安排绘图工作。两个测量队共40多人，由我一个人供稿，我无法应付，乃只留6个人在我家绘制五十万分之一康藏图的未完部分，其余的人留在皇城旧测量局内翻绘旧图。经过大约20个昼夜的辛劳，先把清末测绘的自巴塘到拉萨、日喀则的十万分之一路线图缩绘为二十万分之一的地形图，由我分幅加以说明，交上去。贺总立即付印，分发给部队了。

五十万分之一的康藏全图绘成后，贺总不在成都，军区参谋处准备付印分发。我因为那地图原是上海大中国地图公司董事长顾颉刚与我订约、由他出钱资助我绘制的，按契约出版权应属于他。便请求先行商得他的许可再印。那时李夫克已出勤离开成都，总部另派的江参谋和蓝科长与我联系。由于有的部门不承认版权问题，曾经发生误会。经我把原签的合同与顾颉刚的来信，请江、蓝二人拿去给参谋长看了，才准许只使用、不印行，并在使用后交还我，给顾颉刚寄去。

后来知道解放军抢过金沙江后，果是进取昌都后便停止前进，号召和谈。这年五月，真的取得和平解放西藏了。回想起贺老总那样虚怀若谷、重视旧知识分子研究成果的爽朗态度，令我万分感慨！

康藏研究月刊启事两则

一、发刊小启[①]
(1946)

二十年前,研究我边疆者,全属外国人士。彼能精深透辟,无微弗届;认识既清,运用自巧。于是我之边疆多事。于是我之国土日蹙。

二十年来,国人思患预防,急起直追,以从事比于边疆问题之研究者不乏其人。顾因考察难为普遍,资料各有偏枯,散处诸方,同感孤陋。如何可以通功易事,挈长补短,用收综合会通之效;为国家弥补阙失,与外人争一日长,此我研究边疆人士所当自图解决者也。

目前如东北,如外蒙,如西北诸问题,已渐入解决阶段。唯兹西陲,杌陧未定,光昌前路,亟待人谋。同人等,为协力争取此责任故,组织康藏研究社。为便利交换研究意见故,编印此刊物。

为在财力薄弱,印刷价昂,所有资料不能尽量登载。故呱呱坠地之初,只此渺小篇幅。惟成立大会决议:按月出版,不愆期,不间断,不合刊,不著浮文泛语。同人之意,将以涓涓泉流,滴穿封闭康藏秘藏之巨石,俾国人洞见其症结所在。

昔有修士辈,欲竭海水以制戾龙,相与持瓢日夕共汲水,垂老而水不灭,汲之勿已。天龙怜其意,助以风雷,一夕湖涸,全境获安。同人涓滴微力,诚不足解决康藏之繁重问题;亦冀在天龙八部,诸天神佛,矜其苦志,助以甘露醴泉,俾此涓滴克成洪流,藉收冲破盖障之捷效已耳。

[①] 1946年任乃强发起组织"康藏研究社",发行《康藏研究月刊》,此文为发刊辞。

二、我要支持本刊的生命[①]

(1948)

老于世故的人明白：社会上的一切努力，都该叫作"多事"，亦即是自寻苦恼。但另有一部分人说：人生的意义，便该寄托在那自寻苦恼的事业上。安于苦恼，便是乐趣。由苦恼里挣扎出来的成绩，才是人类的真正安慰。我是属于后一类的人物，故于离开边疆岗位以后，还在岗位以后，还在啸聚同志，发扬边疆文化工作。闹到山穷水尽，马人仰马翻的今天，苦恼全耐得过，气力快用完了，却是无可奈何的事。算来整整两个对年了。我既然一手包办了康藏研究社，亦应该将办理情形向社友报告一次。将来万一力不从心，将本社工作停顿下去，亦算有个报销。老实说：我并非怕社友不原谅我而写此文，实是向社会呼吁不平。

研究边疆问题，先进国的通例，都是由国家政府奖励，文化机关提倡的。许多专家，都为仗了上面两种动力，得着丰厚的资凭、能有伟大的成就，贡献于国家、贡献于世界。这样人才，我国并不缺乏。这样事业，亦并非国家所不需要。但我国政治作风，是传统不变的固定作风，只能采用西洋人的口号，不能放弃东方国的精神。边疆问题，是只在政府注意之下，而不能奖励人去研究的。学术机关财源来自政府，政府如未建立这项预算，学术机关亦无法提倡起来。

人民呢？在这种环境之下，谁人去走深入研究的路，谁人便该倒霉。这也是必然之理。我并不是见不及此，误入歧途。我实在是知其不可而为之，想用精诚格物，挽救这国家民族的遗传性老病。所以在三十五年（1946）7月，邀集国内研究边疆问题的同志，组织个纯粹人民自动的康藏研究社。自恃我在康藏社会里有点信誉，可以募得一部分捐款充作基金。便在当年10月6日，开了成立大会。会员二百余人，全是文化界有地位的人物之曾经研究康藏实际问题者。当日出席者四十余人，用信函发表意见者三十余人。通过社章，选出理事九人，监事五人。同时接获西康各方来信，募捐甚为顺利。遂即于13日开第一次理事会，订聘财务、文书、事务、会计、交际各股干事，与研究主任及研究员，立即展开工作。研究成绩，按月以《康藏研究月报》发表。我由理事被推为理事长，衷心原属不愿。但被推了，无理由

[①] 1948年下半年，因通货膨胀，经费支绌，《康藏研究月刊》已难以为继。故在该刊第23期上，写了此文，说明两年来办刊之艰难历程，表达继续苦撑不停刊之决心。

卸脱。我自请担任的研究部主任，改聘了谢国安先生。

那时根据各方信面上的数字，募集基金一千万元，决无问题。那时的一千万元，是很值钱的。按照优厚的利息，再加社员常年捐，足够聘用专任研究员二人与职工二人。住所问题，由我捐借全院房屋，自己将全部家属搬迁到四川大学铮园宿舍去。一切办公费，相约撙节开支，待事业展开后，再拿出自己表现的成绩，另向四川与中央各有识者募捐，来图发展。大家认为这是文化人自力更生的妥善办法，鼓舞着努力上前，便在10月30号发刊了研究月报第一期。报字被承印人误排作刊字了。以后遂沿用《康藏研究月刊》这名称。宣言以后"按月出版，不愆期，不间断，不合刊，不著浮文泛语"。不料宣言易出，事实难副。我的痛苦，便从此一天加深一天了。

第一是两位担任研究工作的谢国安与刘立千先生被华西大学留聘了，不能搬入社内居住。我曾函邀杨质夫先生，又未肯来。于是充实本刊的稿子，煞费张罗。我为编辑它，每月要外跑几次，讨得稿子，计算还差多少篇幅，再来决定自己的题目写文补充。因为文章不许折滥污，写简文都要经过许多检讨，耗时特别的多。各方来稿，又须退还原件。另行钞誊以后，必须我亲自校核一过，方能付印，印刷稿虽然有人校对，但如偶未经我校阅，仍是错落很多。学术文字，错了便能贬损价值。所以每期出刊，任何一字都须经过我，催稿、算稿、校稿、校印的四步工作，比自写一篇更为麻烦。但这乃是我所能熬受的。

第二是经费的困难，入了绝境。千元以上的大钞，与本刊同时出笼。物价像野马般的奔跑。原募的捐款一千多万，第二年（去年）3月大体结束，实只收到九百余万，康中许多有力人物承认代为募捐的，如刘师长俊琳、李厅长光普、杜秘书长履缣等结果都将捐册弄掉了，一个钱未曾交下。大人物中只刘主席出了五百万，伍参谋长五十万，此外二十万、十万的共有五人。多数捐款，还是社会中下层人物寄来的。因为寄到太迟，法币贬值，不惟不能运用利息来推动上项事业，便连基金用来维持刊物一年，亦尚差得远。这时民生困难，任何地方也无法募捐了。乃将开支部门紧缩，维持刊物的"四不宣言"。好在研究员未曾支薪，稿费亦用大义与私情夹攻，使其贬值到不成稿费。事务会计与办理校对钞稿发行的，由三人并为二人，二人并为一人。一人专任，改为一人兼任。一人兼任改为完全由我夫妇、子女纯义务包办。房钱是不要的，办公费亦都由我一手负担，将现金用来买纸和开支印刷费。我更大胆，早于去年发行万元钞时，将所有的钱一气买足两年的用纸，再由我用义务写稿的方式，去换取报社的义务印刷。十三期以来，承《西方日报》为我印到现在，我却替它写的稿子很少，亦未曾难我。这是十分可感的。

社友中亦多可感人士，常常自动地兑给钱来，超过常年费额。但只是零星小数，不敷每月发刊的邮费。刊物并未发售，因为太专门了，只售合订本，卖了十多册，仍属无济于事。只证明了远在江浙平津以至海外皆曾有人订购，给我们一点安慰。

这两年来我们实践了"四不"的宣言，满望政府认识了我们，给予援助，但除四川省府慨拨一千万元外，我曾两次三次四次向中央乞助，又经许多同情者的奔走，只于今年5月承在文化奖助金项下补助了一千万元。

有人劝我再募一次捐，来维持以后的继续出版。我的回答是：募捐乃借私人情感信誉筹款。我只能以事实建立信誉以博人扶助，不能借私人情感对人募捐。社会能认识我这事业，只要我努力不懈，自然必有能扶助我者。如果我这事业不足以使人同情，徒借私感向人募捐维持，亦太可耻。所以我对过去发出的捐册，未募款来的从未催过，他不乐于为此事业募捐，也便罢了。若能认识，自会募得捐来。纵山穷水尽，我亦只能尽我自己的力量苦熬，不强迫不情愿的人负担我所愿扶持的工作。

本期是已经脱期了，但我仍必维持他下去，不让他死灭。有一个钱，就做一个钱的事，做到永远再无一钱为止。但"四不"宣言，从此不能不予取消了。

又有人劝我召集大会改选，以卸责任，我想摊子滥到此刻，谁个傻子来替我？改选便是解散，这我决不肯做。

后　记

先父任乃强一生涉猎广博，笔耕不辍，著述甚多，颇有影响。早在二十多年前，著名学者萧萐父先生就曾呼吁出版《任乃强全集》，嗣因经费不足而未成。2015年，四川人民出版社高瞻远瞩，为弘扬四川名人文化，决定出版《任乃强全集》，得到四川省社会科学院的全力支持，由我负责主编，并指派何洁副研究员协助我，全面搜集先父著作、遗稿，进行整理、编辑。参加搜集、整理、编辑工作的还有孙逊、李韶东、李海毅、杜敏、任旭、任曦等。由于先父著述涉及领域较多，旧时发表之文多有印刷不清和错漏之处，校订难度较大，加之遗稿整理工作量大，经过近五年的努力，才得以完成。

值此全集出版之际，谨向一直关心和大力支持此书编辑出版工作的四川省社会科学院李后强书记、侯水平院长与高中伟书记、向宝云院长前后两届领导，四川新华出版发行集团、新华文轩出版传媒股份有限公司罗勇书记，四川人民出版社黄立新社长、刘周远总编辑、章涛社长助理表示衷心感谢。

全书篇幅巨大，图文兼有，编校印刷工作较为繁难，四川人民出版社高度重视、精心部署，为保证本书的顺利出版投入了许多力量。编辑、校对人员花费了不少心血，韩波老师为本书的审读提出了很多宝贵的建议和意见，喻磊老师和邹近编辑在组织协调等方面作了大量工作，付出了很多辛劳，在此谨向他们表示衷心感谢。

此书在出版过程中还得到了许多专家学者和喜爱先父著述的读者的关心和支持，在此一并向他们表示谢忱。

任新建

2021年12月